MATERIALIEN ZUM AUSLÄNDISCHEN UND INTERNATIONALEN PRIVATRECHT

HERAUSGEGEBEN VOM MAX-PLANCK-INSTITUT FÜR AUSLÄNDISCHES UND INTERNATIONALES PRIVATRECHT

Direktor: Professor Dr. Konrad Zweigert

15

GUTACHTEN ZUM INTERNATIONALEN UND AUSLÄNDISCHEN PRIVATRECHT

1969

veröffentlicht im Auftrage des
Deutschen Rates für Internationales Privatrecht

von

MURAD FERID GERHARD KEGEL
KONRAD ZWEIGERT

Redaktion
HILMAR KRÜGER

1971

WALTER DE GRUYTER & CO.
BERLIN

J. C. B. MOHR (PAUL SIEBECK)
TÜBINGEN

Printed in Germany
Druck: Buchdruckerei Eugen Göbel, Tübingen
Einband: Großbuchbinderei Heinr. Koch, Tübingen

ISBN 3 16 632651 0 (Mohr. Brosch.)
ISBN 3 16 632652 9 (Mohr. Lw.)

ISBN 3 11 003774 2 (Gruyter. Brosch.)
ISBN 3 11 001603 6 (Gruyter. Lw.)

VORWORT

Dies ist der erste Ein-Jahres-Band. Leider erscheint er etwas später als geplant. In diesem Jahr hoffen wir, den Band 1970 herauszubringen.

Folgende Institute haben mitgewirkt (in Klammern die Namen der Direktoren):

Institut für internationales Privatrecht und Rechtsvergleichung der Universität *Bonn (Beitzke, Schröder)*;
Institut für ausländisches und internationales Privatrecht der Universität *Freiburg i. Br. (Müller-Freienfels)*;
Max-Planck-Institut für ausländisches und internationales Privatrecht in *Hamburg (Zweigert)*;
Institut für ausländisches und internationales Privat- und Wirtschaftsrecht der Universität *Heidelberg (Niederländer, Serick, Wahl)*;
Institut für internationales Recht an der Universität *Kiel (Menzel)*;
Institut für internationales und ausländisches Privatrecht der Universität *Köln (Kegel)*;
Institut für Rechtsvergleichung der Universität *München (Ferid)*.

Die Bearbeitung der Reihe erfolgt jetzt ganz im Institut für internationales und ausländisches Privatrecht der Universität *Köln*. Die Redaktion des vorliegenden Bandes hatte Herr Assessor *Hilmar Krüger*; für Korrekturen und Register danken wir Herrn Referendar *Sighard Wilhelm*.

Für die Herausgeber

Gerhard Kegel

Zitierweise: IPG 1969 Nr. 1 (Heidelberg)

INHALT

I. Allgemeine Lehren des Zivilrechts

Siehe auch Nr. 5 (Italien); Nr. 13 (Uruguay/Argentinien); Nr. 18 (Israel)

Nr. 1

Großbritannien (England)

1. Namensänderung nach englischem Recht.

2. Umfang der Rechte aus einer „custody-order" eines englischen Gerichts.

Heidelberg 220/69 vom 17. 10. 1969

Das Landratsamt Backnang hat in der Einbürgerungssache Hammer* um Auskunft über internationales und englisches Namens- und Kindschaftsrecht gebeten. Der Auskunft liegt folgender Sachverhalt zugrunde:

Die am 8. 1. 1930 in Hamburg geborene britische Staatsangehörige L. Hammer, geb. Förster, hat für sich und ihre am 16. 3. 1960 in London geborene Tochter M. die Einbürgerung beantragt. Frau Hammer ist von Geburt deutsche Staatsangehörige gewesen. Nach ihrer Eheschließung mit dem britischen Staatsangehörigen J. D. Pritchard hat sie die britische Staatsangehörigkeit angenommen und die deutsche Staatsangehörigkeit verloren. Der vor der Eheschließung geborene Sohn R. besitzt angeblich die deutsche Staatsangehörigkeit, die Tochter M. ist englische Staatsangehörige.

Bei Scheidung der Ehe in England im Jahre 1967 wurde der Mutter das Sorgerecht für die beiden Kinder übertragen unter dem Vorbehalt, daß die Kinder in den Zuständigkeitsbereich des englischen Gerichts zurückgebracht werden müssen, falls dies vom Gericht angeordnet wird. Nach der Scheidung hat die Antragstellerin in England für sich und ihre beiden Kinder den Familiennamen Hammer angenommen; sie ist inzwischen nach Deutschland zurückgekehrt.

Weder wegen der Namensänderung noch wegen der Einbürgerung hat Frau Hammer sich mit ihrem früheren Ehemann in Verbindung gesetzt und seine oder des englischen Gerichtes Zustimmung eingeholt.

---

* Die Namen wurden geändert.

Es soll geklärt werden, 1. ob eine wirksame Namensänderung erfolgt ist, und 2. ob das Kind M. bei dem Einbürgerungsantrag durch seine Mutter wirksam vertreten wird.

A. NAMENSÄNDERUNG DER FRAU HAMMER

I. Deutsches Internationales Privatrecht

1. Nach der Vorschrift des Art. 7 EGBGB sind Fragen des Persönlichkeitsrechts und damit auch des Namensrechts nach den Gesetzen des Staates zu beurteilen, dem der Betroffene angehört[1]. Da Frau Hammer auch nach ihrer Scheidung englische Staatsangehörige geblieben ist, verweist das deutsche Recht auf das englische Recht.

2. Nach Art. 27 EGBGB ist eine eventuelle Rück- oder Weiterverweisung des ausländischen Rechts zu beachten. Es ist deshalb auf die Frage einzugehen, ob das englische Recht die deutsche Verweisung annimmt.

II. Englisches internationales Privatrecht

1. Wie überhaupt der anglo-amerikanische Rechtskreis, so kennt auch das englische Recht oft keine ausdrücklichen Kollisionsnormen, die unseren Artikeln des EGBGB entsprächen. Vielmehr sind solche Regeln häufig den Zuständigkeitsvorschriften zu entnehmen[2], deren zentraler Begriff die „jurisdiction of courts" ist. Hat ein englisches Gericht in personen- oder familienrechtlichen Angelegenheiten „jurisdiction", dann entscheidet es nach der lex fori, also nach eigenem Recht. Das englische Recht nimmt damit eine deutsche Verweisung an, wenn es die „jurisdiction" seiner Gerichte bejaht[3].

Wann es sie bejaht, regelt das englische Recht ebenfalls nicht allgemein[4], sondern entscheidet je nach dem einzelnen Gegenstand. Für Fragen des Namensrechtes knüpft es die „jurisdiction" an das „domicil" des Betroffenen[5].

2. Zu untersuchen ist deshalb, wo die Antragstellerin im Augenblick der Namensänderung ihr „domicil" hatte. Dabei ist dieser Begriff, der weder

---

[1] Vgl. *Erman-Arndt*, BGB Bd. II, 4. Aufl. 1967, Art. 7 EGBGB Anm. 9.

[2] Vgl. auch *Käser*, Anm. zu einer Entscheidung des LG Stuttgart, 12. 11. 1953, RabelsZ 19 (1954), 158.

[3] Vgl. *Cheshire*, Private International Law, 7. Aufl. London 1965, S. 8 unten.

[4] Vgl. *Cheshire* aaO 74.

[5] Vgl. *Dicey and Morris*, The Conflict of Laws, 8. Aufl. London 1967, 225 ff.

den deutschen Begriffen „Wohnsitz" noch „Staatsangehörigkeit" entspricht, im englischen Sinn zu verstehen[6].

Während der Ehe teilt die Ehefrau, hier die Antragstellerin, das Domizil ihres Mannes[7]. Ob sie nach der Scheidung dieses Domizil noch behielt oder ein neues begründete, kann indessen offenbleiben. Denn geht man vom Domizil ihres früheren Mannes aus, so geben die Akten keinen Anhalt, daß er als englischer Staatsangehöriger damals ein Domizil außerhalb Englands hatte. Nimmt man dagegen an, daß die Antragstellerin nach der Scheidung ein eigenes Domizil begründete, so kann auch dieses nur in England gelegen sein: Denn zum Zeitpunkt der Namensänderung lebte sie noch in England und hatte lediglich die Absicht, nach Deutschland zurückzukehren. Das genügt noch nicht zur Begründung eines neuen Domizils in Deutschland[8].

Im Zeitpunkt der Namensänderung lag ihr Domizil daher in England, dessen Recht die Verweisung des deutschen Rechts damit annimmt.

III. Englisches materielles Recht

Nach englischem Recht kann im allgemeinen jeder britische Staatsangehörige ohne Genehmigung und Formalität seinen Nachnamen ändern[9].

So kann auch eine Frau nach Auflösung der Ehe ohne weiteres den Namen ihres früheren Ehegatten (Pritchard), ihren früheren Namen (Förster) oder auch jeden anderen Nachnamen (hier: Hammer) annehmen[10]. Aus Gründen der Klarheit erfolgt eine Änderung des Nachnamens im allgemeinen förmlich. Meist geschieht das durch einseitige Erklärung („deed poll"). Diese Erklärung soll dann im „Central Office" des Supreme Court eingetragen werden[11]. Die Namensänderung einer Person kann „in addition to or in substitution for his original name" vorgenommen werden[12].

---

[6] Vgl. *Dicey and Morris* aaO 113, 114; *Cheshire* aaO 167.

[7] Vgl. *Dicey and Morris* aaO 113, 114; *Cheshire* aaO 167.

[8] Zu den weiteren Voraussetzungen der Domizilsbegründung vgl. *IPG* 1965–66 Nr. 33 (München), 347 ff., und *Cheshire* aaO 143 ff.

[9] Vgl. *The Encyclopaedia of Forms and Precedents*, 3rd ed. London Vol. XI, 1943, 1; *Halsbury's* Law of England, 3rd ed. London Vol. 29, 1960, 394.

[10] Vgl. *Rayden's* Practice and Law of Divorce, 10th ed. London 1967, 904: „When a marriage has been dissolved, or annulled, on the petition either of husband or wife, the latter is entitled to call herself by her late husband's name, or by her former name, *or by any other name*, she may obtain by reputation, provided no one thereby suffers any injuria or damnum of which the law take notice."

[11] Vgl. *The Encyclopaedia of Forms and Precedents* aaO 2; *Halsbury's* Law of England aaO 395 f.

[12] Vgl. *Halsbury's* Law of England aaO 393.

Nach englischem Recht hat Frau Hammer ihren Namen wirksam geändert, da sie die Namensänderung durch deed poll vor dem Solicitor B. in Barnet vorgenommen hat und Anhaltspunkte, daß dadurch einem anderen Unrecht geschieht oder ein Schaden entsteht, nicht ersichtlich sind. Eines Zusatzes, der auf ihren früheren Namen Pritchard hinweist, bedarf es nicht, da sie laut eidesstattlicher Erklärung ihren Namen „in substitution for" Pritchard geändert hat.

IV. „Ordre public"

1. Nach Art. 30 EGBGB ist die Anwendung eines ausländischen Gesetzes ausgeschlossen, wenn die Anwendung gegen die guten Sitten oder gegen den Zweck eines deutschen Gesetzes verstoßen würde. Ein Verstoß gegen die guten Sitten kommt hier nicht in Betracht. Fraglich ist, ob die Anwendung englischen Rechts im vorliegenden Fall gegen den Zweck eines deutschen Gesetzes verstoßen würde.

2. Nach deutschem Recht (§§ 54, 55 EheG) hat die geschiedene Frau hinsichtlich der Namensführung ein dreifaches Wahlrecht: Sie kann

a) den Familiennamen des Mannes (Pritchard) beibehalten (§ 54 EheG),
b) ihren Familiennamen (Förster) annehmen (§ 55 Abs. 1 EheG) oder
c) den früheren Ehenamen, den sie bei Eingehung der nunmehr geschiedenen Ehe hatte, wieder annehmen (§ 55 Abs. 2 EheG).

Dadurch, daß die Frau nach Scheidung der Ehe nicht jeden beliebigen Namen annehmen kann, soll verhindert werden, daß die Identifizierung der Person erschwert wird. Die englische Lösung widerspricht zwar diesem Zweck. Art. 30 EGBGB ist jedoch nach herrschender Meinung in Literatur und Rechtsprechung einschränkend auszulegen [13].

Erforderlich ist ein schwerer Verstoß gegen den Zweck eines deutschen Gesetzes, der die Anwendung des ausländischen Rechts als schlechthin untragbar erscheinen läßt. Ein solch schwerwiegender Verstoß kann jedoch hier nicht angenommen werden, zumal die Namensänderung durch „deed poll" geschehen ist, wodurch ein hohes Maß an Klarheit und Offenkundigkeit bezüglich der Änderung gewährleistet ist. Frau Hammer kann unter ihrem jetzigen Namen in Deutschland registriert werden, ihre Identität ist feststellbar. Eine weitere Namensänderung nach der Wiedereinbürgerung würde den erschwerten Voraussetzungen des deutschen Rechts unterliegen. Die Vorschrift des Art. 30 EGBGB ist daher im vorliegenden Falle nicht anwendbar.

---

[13] Vgl. *Erman-Arndt* aaO Art. 30 EGBGB Anm. 1; *Soergel-Kegel,* BGB Bd. V, 9. Aufl. 1961, Art. 30 EGBGB Randnr. 14.

B. NAMENSÄNDERUNG DES KINDES M.

I. Internationalprivatrechtliche Fragen

Die Frage, ob die Namensänderung für das Kind M. wirksam ist, führt, da das Kind kraft Geburt die englische Staatsbürgerschaft besitzt, wie schon oben unter A I, II ausgeführt, über Art. 7 EGBGB zunächst zum englischen Recht und wegen einer möglichen Rück- oder Weiterverweisung wieder über die Frage der „jurisdiction" zum Domizil des Kindes. Auch hier kann offenbleiben, ob das Kind das Domizil des Vaters oder der Mutter teilte. Da zur Zeit der Namensänderung Domizilstaat beider Elternteile England war, lag auch das Domizil des Kindes in England; deshalb ist die Wirksamkeit der Änderung nach englischem Recht zu beurteilen.

II. Englisches materielles Recht

1. Ausgehend von dem oben erläuterten Grundsatz fast unbeschränkter Namenswahl ergeben sich Zweifel an der Wirksamkeit der Änderung nur wegen des Alters des Kindes.

In der Tat fordern die englische Rechtsprechung und auch die Literatur als Voraussetzung wirksamer Namensänderung die bewußte Entscheidung des Namensträgers und verneinen bei einem Kind unter 15 Jahren die Fähigkeit dazu[14]. Statt des Kindes haben dann seine Eltern oder Ersatzpersonen[15] die Wahl des neuen Namens zu treffen und die Änderung zu erklären. Ob dieses Recht, wenn beide Eltern noch leben, ihnen gemeinsam oder allein dem Vater zusteht, kann auf sich beruhen. Im Normalfall hat die Mutter allein jedenfalls keine Befugnis, den Namen ihres Kindes zu ändern[16], und auch eine Scheidung läßt diesen Grundsatz zunächst unberührt[17].

Diese Regel könnte hier allerdings auf Grund des englischen Scheidungsurteils durchbrochen sein, das der Mutter die „custody" (Obhut) über die Kinder übertrug. Ob dieses Urteil vom deutschen Standpunkt überhaupt zu berücksichtigen ist, kann noch offenbleiben, denn zuvor ist sein Einfluß auf die elterlichen Rechte zu klären.

Dabei bedarf keiner Entscheidung, welche Rechte überhaupt mit der „custody" übertragen werden. Der uns zugänglichen Literatur läßt sich jedenfalls entnehmen, daß der Vater durch die „custody order" des Ge-

---

[14] Vgl. *In re T.* (An Infant), WLR 1962 Bd. 3, 1477; auch zitiert in *Cracknell's* Law Student's Companion Nr. 6; *Penry-Davey*, Family Law, London 1967, Nr. 472, S. 109; *The Encyclopaedia of Forms and Precedents* aaO 8.

[15] Parent oder guardian, vgl. *In re T.* aaO 1480.

[16] Vgl. *In re T.* aaO 1481. [17] Vgl. *In re T.* aaO.

richts nicht alle elterlichen Rechte verliert[18]. Welche Rechte der Vater allerdings behält, ist in der Literatur wenig erörtert. Immerhin spricht eine Entscheidung aus dem Jahre 1963 in einem gleichgelagerten Fall der Mutter das Recht ab, den Namen des Kindes ohne Zustimmung des Vaters zu ändern, da die „custody" nur das Recht zum Aufziehen des Kindes gebe, im übrigen aber das Kind seine Bindungen an beide Elternteile soweit als möglich behalten sollte:

„... In the present case the deed was executed without the consent of the infant's father and indeed without his knowledge at all; it was executed by the mother of the infant who was the person to whom the custody of the infant had been given by the order of the Divorce Court. An order for custody is as its name implies, an order which gives the person in whose favour it is made the right to the custody of the child and the right to bring up the child subject, of course, to any direction which the court may think right to make from time to time under its jurisdiction in relation to any matter. It does not deprive the father, who is not given the custody of the child, of all his rights and obligations in respect of his child. He remains, subject to the rights conferred upon the person to whom custody is given by the court, the natural guardian of the child and among the residual rights which remain to him are any rights which he may have at law with regard to the name of the child. In my judgment, the deed which the mother has executed with regard to the child is one which she had no power to execute so as to have any effect on the infant.

In my judgment the infant's mother had no status which entitled her to take any step on behalf of the infant which would result in her being known by some surname other than the surname of her father, and I can find nothing in the facts of this case which would make it desirable that the infant should be known by any name except that of her father." [19]

Dieses Ergebnis ist auch noch mit folgender Erwägung zu stützen: Die „custody" kann außer einem der geschiedenen Gatten auch einem Dritten übertragen werden[20]. In diesem Fall erscheint es jedoch undenkbar, daß der Dritte berechtigt sein sollte, ohne das Einverständnis der Eltern den Namen des Kindes zu ändern. Nicht anders kann der Umfang der „custody"-Rechte sein, wenn ein Elternteil sie erhält.

Die zitierte Entscheidung läßt allerdings ausnahmsweise einen Weg zur wirksamen Namensänderung offen, wenn nämlich der Name das Kind übermäßig belastet – etwa durch unglückliche Assoziationen, die er hervorruft – und seine Änderung deshalb dem Besten des Kindes dient. Nicht genügt jedoch, daß Mutter und Kind verschiedene Namen tragen:

„One can imagine cases in which it might be in the interests of a child to cease to be known by a particular name, perhaps because of some particularly

---

[18] Vgl. *In re T.* aaO 1480, 1481; ebenso *Latey* on Divorce, 14. Aufl. London 1952, § 542, S. 284: *„Father's rights* ... moreover a guilty father is not necessarily to be deprived of all future parental influence ..."; *Tolstoy*, The Law and Practice of Divorce, 6. Aufl. London 1967, 198.

[19] Vgl. *In re T.* aaO 1480 f.

[20] Vgl. *Tolstoy* aaO 199.

unhappy association which that name might have acquired or possibly in order to comply with some condition contained in some trust document. But in the present case there seems to have been no reason at all for this change of name, except that the mother conceived that it was embarrassing to the child to be called by one surname while she herself was called by a different surname as a result of her having remarried." [21]

In dem zu begutachtenden Fall könnte der Name Pritchard das Kind in Deutschland wohl nur dadurch belasten, daß er als ausländischer Name erkennbar ist. Ob damit überhaupt Nachteile für das Kind verbunden sind, ist zweifelhaft. Sie wären jedoch wohl gering; es erscheint uns daher als sicher, daß ein englisches Gericht hier dem Interesse des Vaters den Vorrang einräumen und die ohne Zustimmung des Vaters erfolgte Namensänderung nicht als wirksam anerkennen würde.

Damit hat auch das Scheidungsurteil der Mutter insoweit keine Vertretungsmacht übertragen; die Namensänderung für das Kind war daher unwirksam.

2. Aus den schon oben genannten Gründen ändert sich dies Ergebnis auch nicht unter dem Gesichtspunkt des Art. 30 EGBGB, so daß M. weiter Pritchard heißt und vorläufig auch nur unter diesem Namen die Einbürgerung beantragen kann.

Welchen Erfordernissen eine wirksame Namensänderung genügen muß, ist hier nicht auszuführen und gegebenenfalls einem Zusatzgutachten vorzubehalten. Nach einer Einbürgerung wäre ohndies deutsches Recht anzuwenden.

C. DIE EINBÜRGERUNG DES KINDES M.

Nach § 8 RuStAG kann ein Ausländer, der sich im Inland niedergelassen hat, auf seinen Antrag eingebürgert werden, wenn er u. a. nach den Gesetzen seiner bisherigen Heimat unbeschränkt geschäftsfähig sein würde oder sein Antrag in entsprechender Anwendung des § 7 Abs. 2 Satz 2 RuStAG von seinem gesetzlichen Vertreter oder mit dessen Zustimmung gestellt wird. Da das Kind M. weder nach deutschem noch nach englischem Recht geschäftsfähig ist und das 16. Lebensjahr noch nicht vollendet hat, ergibt sich aus dieser Vorschrift i. V. m. § 7 Abs. 2 Satz 2 RuStAG, daß der Einbürgerungsantrag von dem gesetzlichen Vertreter zu stellen ist.

I. Internationalprivatrechtliche Frage

1. Die Frage, wer gesetzlicher Vertreter eines Minderjährigen ist, stellt im Rahmen des Staatsangehörigkeitsrechts eine privatrechtliche Vorfrage dar, die selbständig anzuknüpfen ist [22].

---

[21] Vgl. *In re T.* aaO 1481.

[22] Vgl. *Makarov*, Die privatrechtlichen Vorfragen im Staatsangehörigkeitsrecht

Soweit das Staatsangehörigkeitsrecht selbst keine ausdrückliche Regelung enthält, nach welcher Rechtsordnung Bestehen und Umfang der Vertretungsmacht zu beurteilen sind, müssen die allgemeinen Kollisionsnormen herangezogen werden, und zwar nach ganz herrschender Meinung die Kollisionsnormen derjenigen Rechtsordnung, deren Bestandteil das anzuwendende Staatsangehörigkeitsrecht bildet[23].

Es ist somit nach den Vorschriften des deutschen internationalen Privatrechts zu prüfen, welche Rechtsordnung über das Bestehen und den Umfang der gesetzlichen Vertretungsmacht entscheidet.

2. Nach Art. 19 EGBGB beurteilt sich das Rechtsverhältnis zwischen den Eltern und ihrem ehelichen Kind nach den deutschen Gesetzen, wenn der Vater Deutscher ist. Diese einseitige Kollisionsnorm ist nach allgemeiner Ansicht zur allseitigen zu erweitern, so daß sich das Rechtsverhältnis zwischen Eltern und ehelichem Kind nach dem Heimatrecht des Vaters richtet[24]. Für die Anwendung des Art. 19 EGBGB ist es unerheblich, ob die Ehe der Eltern geschieden ist[25]. Da der Vater des Kindes Engländer ist, verweist Art. 19 EGBGB somit auf englisches Recht.

3. Es ist weiter zu prüfen, ob das englische Recht die Verweisung annimmt[26].

Die englischen internationalprivatrechtlichen Regeln sind auch hier wieder den Zuständigkeitsvorschriften zu entnehmen, die das englische Recht für die Frage der elterlichen Vertretungsmacht aufstellt.

Für diesen Bereich[27] sind englische Gerichte zur Entscheidung befugt, wenn das Kind britischer Staatsangehöriger ist oder seinen gewöhnlichen oder vorübergehenden Aufenthalt in England hat[28]. Da das Kind auch jetzt noch die englische Staatsbürgerschaft besitzt, und das die „custody" der Mutter übertragende englische Gericht sich seine „jurisdiction" ausdrücklich vorbehalten hat, ist englische „jurisdiction" gegeben und englisches Recht anzuwenden[29].

Das englische Recht nimmt also die deutsche Verweisung an, und nach seinen Regeln ist der gesetzliche Vertreter zu bestimmen.

ZfRV 1962, 147 ff.; *derselbe,* Allgemeine Lehren des Staatsangehörigkeitsrechts (Allgemeine Lehren), 2. Aufl. 1962, 239 ff.

[23] Vgl. *Makarov,* Allgemeine Lehren aaO 241 mit vielen Nachweisen.

[24] Vgl. *Soergel-Kegel* aaO Art. 19 EGBGB Randnr. 1 mit weiteren Nachweisen.

[25] *Soergel-Kegel* aaO Randnr. 10; *OLG Breslau,* DR 1939 869 mit Anmerkung *Lauterbach.*

[26] Eine Rückverweisung wäre beachtlich, obgleich Art. 19 EGBGB in Art. 27 EGBGB nicht genannt ist, allg. Meinung, vgl *Erman-Marquordt* aaO Art. 19 EGBGB Anm. 6.

[27] Bei *Dicey and Morris* aaO 394 mit „guardianship" umschrieben.

[28] Vgl. *Dicey and Morris* aaO 383 ff., 396, Rule 50; In re P. (An Infant), 1965 Ch. 568 ff., 582 (C. A.), eine Entscheidung des Court of Appeal.

[29] Vgl. hier auch die Rule 50 bei *Dicey and Morris* aaO 384.

II. Materielles englisches Recht

Gesetzliche Regeln finden sich auf diesem Gebiete nicht. Grundsätzlich stehen jedoch die elterlichen Rechte, darunter auch die Vertretungsmacht in Staatsangehörigkeitssachen, der Mutter nicht allein zu, und sie kann deshalb auch nicht allein über die Staatsangehörigkeit des Kindes entscheiden[30].

Im vorliegenden Fall könnte nur die „custody-order" des englischen Gerichts dieses Recht übertragen haben. Doch muß auch hier gelten, was schon oben zur „custody" gesagt wurde. Mit ihr wird nur das Erziehungsrecht übertragen, nicht aber dem Vater jeder Einfluß genommen. Wenn ohne seine Zustimmung schon eine Namensänderung nicht möglich ist, so muß das auch für den Staatsangehörigkeitswechsel gelten. Er bricht ebenso wie der Namenswechsel eine der zum Vater noch bestehenden Beziehungen ab und reduziert die Verbindung zwischen Vater und Kind. Gerade dem will die Rechtsprechung in England entgegentreten:

> „In the case of a divided family of this sort it is always one of the aims of the court to maintain the child's contact, respect and affection with and for both of its parents so far as the circumstances will permit." [31]

Der Mutter muß deshalb die Befugnis abgesprochen werden, ohne Zustimmung des Vaters die Nationalität des Kindes zu ändern; insoweit fehlt ihr die Vertretungsmacht. Das Kind M. ist deshalb nicht wirksam vertreten.

Wann es im Falle einer Weigerung des Vaters wirksam vertreten wäre, ist auch hier einem eventuellen Zusatzgutachten vorzubehalten.

ZUSAMMENFASSUNG

1. a) Die Wirksamkeit der Namensänderung richtet sich nach englischem Recht.
   b) Frau Hammer hat ihren Namen nach englischem Recht wirksam geändert.
   c) Der Name des Kindes M. ist nicht wirksam geändert, das Kind trägt weiter den Namen Pritchard.
2. a) Für die Vertretungsmacht der Mutter bei der Einbürgerung des Kindes gilt englisches Recht.
   b) Nach englischem Recht ist das Kind durch die Mutter nicht wirksam vertreten.

---

[30] Vgl. *In re T.* aaO.

[31] Vgl. *In re T.* aaO 1481.

Nr. 2

Japan

1. Verbot des Selbstkontrahierens.

2. Handelsrechtliche Ausnahmen von dem Verbot des Selbstkontrahierens.

3. Rechtsgeschäftliche Abdingung des Verbotes.

Kiel 24/69 vom 18. 11. 1969

Rechtsanwalt K. aus Schleswig hat um ein Gutachten über die Regelung des Selbstkontrahierens im japanischen Recht gebeten.

Folgender *Sachverhalt* ist mitgeteilt worden:
Eine japanische Firma mit Sitz in Japan führt einen Rechtsstreit gegen einen japanischen Staatsangehörigen, der aufgrund von Geschäftsverbindungen mit der vorgenannten Firma in St. Michaelisdonn eine Kükensortieranstalt betreibt. Der Vertrag zwischen der japanischen Firma und ihrem Geschäftspartner ist durch einen Vertreter des Letztgenannten abgeschlossen worden, der gleichzeitig Vorstand der japanischen Firma war.

Das Gutachten soll die Frage beantworten, ob das japanische Recht eine ähnliche Regelung kennt, wie sie das deutsche Recht in § 181 BGB aufweist.

I. Vorbemerkung

Die ersten drei Bücher des japanischen Bürgerlichen Gesetzbuchs (Allgemeiner Teil, Sachenrecht, Schuldrecht), die am 27. April 1896 als Gesetz Nr. 89 in Kraft getreten sind, weisen erhebliche Einflüsse des deutschen Zivilrechts auf. Das Bemühen, durch eine neuzeitliche Gesetzgebung die Handelsbeziehungen zu den europäischen Staaten zu fördern, hatte seinerzeit den japanischen Gesetzgeber dazu veranlaßt, die Ausgestaltung der Teile I–III des Bürgerlichen Gesetzbuches in einem beträchtlichen Ausmaß in Anlehnung an den zweiten Entwurf zum deutschen BGB, an die Motive zum ersten Entwurf des BGB sowie an das hierzu erschienene Schrifttum vorzunehmen[1].

Daher weist insbesondere der Allgemeine Teil des japanischen BGB, der von den zahlreichen Änderungen dieses Gesetzes in den vergangenen sieben Jahrzehnten weitgehend verschont geblieben ist, starke Ähnlichkeiten mit dem Allgemeinen Teil des deutschen BGB auf.

---

[1] Vgl. hierzu *Lönholm,* Das Bürgerliche Gesetzbuch für Japan, Tokio 1896, III; *Röhl,* Fremde Einflüsse im modernen japanischen Recht, 1959, 39.

II. Das generelle Verbot des Selbstkontrahierens im japanischen BGB

So enthält der Allgemeine Teil des japanischen BGB eine Vorschrift, die ähnlich wie § 181 des deutschen BGB dem Vertreter den Abschluß von Rechtsgeschäften mit sich selbst verbietet. Es ist der § 108 des japanischen BGB, welcher bestimmt:

„No person may, in one and the same juristic act, be a representative of the other party or of both parties; however this shall not apply in respect of the performance of an obligation" [2].

Niemand kann für dasselbe Rechtsgeschäft zugleich Vertreter des anderen Teils oder Vertreter beider Teile sein, es sei denn, daß es sich um die Erfüllung einer Verbindlichkeit handelt [3].

III. Handelsrechtliche Ausnahmen von dem Verbot des Selbstkontrahierens

Ebenso wie § 181 des deutschen BGB gestattet mithin § 108 des japanischen BGB das Selbstkontrahieren ausdrücklich, sofern es zum Zwecke der Erfüllung einer Verbindlichkeit geschieht. Doch während § 181 des deutschen BGB eine weitere Ausnahme von dem generellen Verbot des Selbstkontrahierens für den Fall trifft, daß dem Vertreter das Rechtsgeschäft mit sich selbst (gesetzlich oder rechtsgeschäftlich) gestattet ist, fehlt eine solche Ausnahmeregelung in § 108 des japanischen BGB. Dies besagt jedoch nicht, daß das Verbot des Selbstkontrahierens im japanischen Recht bis auf die in § 108 ausdrücklich genannte Ausnahme uneingeschränkt gilt. Vielmehr hat der japanische Gesetzgeber das Selbstkontrahieren durch eine Reihe von Vorschriften ermöglicht, ohne auf diese weiteren Ausnahmen in § 108 besonders zu verweisen, wie es § 181 des deutschen BGB tut.

Im vorliegenden Sachzusammenhang sind in erster Linie die handelsrechtlichen Ausnahmevorschriften von Bedeutung, die für die japanischen Handelsgesellschaften *(Kaisha)* gelten. § 53 des japanischen Handelsgesetzbuches (Gesetz Nr. 48 vom 9. März 1899; mehrfach geändert), das wie das japanische BGB weitgehend nach deutschem Vorbild gestaltet worden ist, bestimmt den Kreis der Handelsgesellschaften folgendermaßen:

---

[2] Engl. Text in Law Bulletin Series, Series of Japanese Laws in English Version, No. 2100, The Civil Code of Japan, under authorization of the Ministry of Justice and the Codes Translation Committee published by Eibun – Horei – Sha, Inc. Tokyo 1962.

[3] Übersetzung aus dem japanischen Originaltext von *Vogt*, Japanisches Bürgerliches Gesetzbuch, 3. Aufl. Tokio 1956, 24.

„Companies are of three kinds, namely, *gomei-kaisha, goshi-kaisha* and *kabushiki-kaisha*" [4].

Es gibt drei Arten von Handelsgesellschaften, nämlich die offene Handelsgesellschaft, die Kommanditgesellschaft und die Aktiengesellschaft [5].

Besonders zu bemerken ist, daß alle drei Arten von Handelsgesellschaften *juristische Personen* sind (§ 5 Abs. 1 jap. HGB: „A company is a juristic person").

1. *Ausnahme vom Verbot des Selbstkontrahierens bei der offenen Handelsgesellschaft (Gomei-Kaisha)*

Das japanische HGB bestimmt für die offene Handelsgesellschaft in § 75:

„A partner may effect a transaction with the company on his own behalf or on that of a third person only in cases where it has been so decided by a majority of the votes of the other partners. In such case, the provisions of Article 108 of the Civil Code shall not apply" [6].

Ein Gesellschafter darf ein Rechtsgeschäft für eigenes Interesse oder das (Interesse) eines Dritten nur in Fällen vornehmen, in denen dies durch eine Mehrheit der Stimmen der anderen Gesellschafter gestattet worden ist. In einem solchen Fall finden die Bestimmungen des § 108 des Bürgerlichen Gesetzbuches keine Anwendung [7].

2. *Ausnahme vom Verbot des Selbstkontrahierens bei der Kommanditgesellschaft (Goshi-Kaisha)*

Hinsichtlich der Kommanditgesellschaft besagt Kapitel III, § 147 des japanischen HGB:

„Unless otherwise provided for in this chapter, the provisions governing *gomei-kaisha* shall apply mutatis mutandis to *goshi-kaisha*" [8].

Soweit in diesem Kapitel nicht anders bestimmt, finden die Vorschriften über die offene Handelsgesellschaft entsprechende Anwendung auf die Kommanditgesellschaft [9].

Unter den §§ 148–164 des japanischen HGB, welche Sonderregelungen für die Kommanditgesellschaften enthalten, findet sich keine Bestimmung, welche das Selbstkontrahieren eines Gesellschafters abweichend von der

---

[4] Engl. Text in Law Bulletin Series, Series of Japanese Laws in English Version, No. 2200, The Commercial Code of Japan, under authorization of the Ministry of Justice and the Codes Translation Committee published by Eibun – Horei – Sha, Inc., Tokyo 1957.

[5] Übers. d. Verf.; zur Übersetzung der japanischen Gesellschaftsbeziehungen vgl. *Vogt,* Handelsgesetzbuch für Japan, 1927, 9.

[6] Engl. Text in Law Bulletin Series aaO No. 2200.

[7] Übers. d. Verf.

[8] Engl. Text in Law Bulletin Series aaO No. 2200.

[9] Übers. d. Verf.

für die offene Handelsgesellschaft geltenden Vorschrift des § 75 regelt. Daher findet die in § 75 des japanischen HGB für die offene Handelsgesellschaft getroffene Ausnahme vom Verbot des Selbstkontrahierens über § 147 auch auf die Kommanditgesellschaft Anwendung.

3. *Ausnahme vom Verbot des Selbstkontrahierens bei der Aktiengesellschaft (Kabushiki-Kaisha)*

Für die Vorstandsmitglieder einer Aktiengesellschaft bestimmt § 265 des japanischen HGB folgendes:

„When a director intends to acquire the company's products or other properties by transfer or to transfer his own products or other properties to the company or to receive loans from the company or to effect any transaction with the company on his own behalf or on that of a third person, he shall obtain the approval of the board of directors. In such cases, the provisions of Article 108 of the Civil Code shall not apply" [10].

Wenn ein Vorstandsmitglied beabsichtigt, Erzeugnisse oder sonstiges Vermögen der Gesellschaft zu erwerben oder eigene Erzeugnisse oder sonstiges (eigenes) Vermögen an die Gesellschaft zu veräußern oder Darlehen von der Gesellschaft zu erhalten oder *irgendein Rechtsgeschäft mit der Gesellschaft für eigenes Interesse oder das (Interesse) eines Dritten vorzunehmen*, muß er die Zustimmung des Vorstandes einholen. In solchen Fällen finden die Bestimmungen des Art. 108 des Bürgerlichen Gesetzbuches keine Anwendung [11].

Die Zustimmung des Vorstandes, der aus mindestens drei Mitgliedern bestehen muß (§ 255 jap. HGB), liegt vor, wenn sie von der Mehrheit der berufenen (nicht der anwesenden) Vorstandsmitglieder erteilt worden ist (§ 260 Abs. 2 jap. HGB).

Sämtliche vorstehend aufgeführten Vorschriften finden auf *alle Rechtsgeschäfte* Anwendung, sofern diese zumindest für *eine* der Parteien Handelsgeschäfte darstellen. § 3 Abs. 1 jap. HGB bestimmt hierzu:

„This Code shall apply to both parties, if an act is a commercial transaction in respect of one of the parties" [12].

Dieses Gesetz findet Anwendung auf beide Parteien, wenn ein Geschäft für eine der Parteien ein Handelsgeschäft ist [13].

IV. Rechtsgeschäftliche Abdingung des Verbots des Selbstkontrahierens

Abschließend sei noch kurz auf die Frage eingegangen, ob nach japanischem Recht jenseits der dargelegten Ausnahmeregelungen ähnlich wie nach § 181 des deutschen BGB eine rechtsgeschäftliche Gestattung des

[10] Engl. Text in Law Bulletin Series aaO No. 2200.
[11] Übers. und Hervorhebung durch d. Verf.
[12] Engl. Text in Law Bulletin Series aaO No. 2200.
[13] Übers. d. Verf.

Selbstkontrahierens zulässig ist. Den Ansatz für eine Lösung bietet der zu den allgemeinen Vorschriften für Rechtsgeschäfte gehörende § 91 jap. BGB. Diese Generalklausel, die den Vorrang der Privatautonomie festlegt, besagt:

„If the parties to a juristic act have declared an intention which differs from any provisions of laws or ordinances which are not concerned with public policy, such intention shall prevail" [14].

Haben die Parteien eines Rechtsgeschäfts einen Willen bekundet, der von den Vorschriften in Gesetzen oder Verordnungen, soweit sie nicht der öffentlichen Ordnung dienen, abweicht, so ist ihr Wille maßgebend [15].

Nach dieser Vorschrift wäre eine rechtsgeschäftliche Gestattung des Selbstkontrahierens (z. B. gleichzeitig mit der Bevollmächtigung) zulässig, sofern das Verbot des Selbstkontrahierens nach § 108 jap. BGB als „nicht der öffentlichen Ordnung dienend" im Sinne des § 91 jap. BGB qualifiziert werden könnte. Einer Erörterung dieses Problems bedarf es im vorliegenden Fall jedoch nicht: Das Selbstkontrahieren ist von dem Vertreter einer Körperschaft vorgenommen worden, die nach dem mitgeteilten Sachverhalt (Einzelvertretung der Firma bei Vertragsschluß durch den „Vorstand") offenbar in einer der drei im japanischen HGB abschließend geregelten Handelsgesellschaftsformen betrieben wird. Für den Fall des Selbstkontrahierens eines vertretungsbefugten Gesellschafters oder Vorstandsmitglieds, der bzw. das zugleich Bevollmächtigter eines Dritten ist, entfällt das Verbot des Selbstkontrahierens nach Maßgabe der dargelegten Vorschriften ohnehin kraft Gesetzes, so daß eine rechtsgeschäftliche Abdingung des § 108 jap. BGB hier nicht in Betracht kommt.

ERGEBNIS

I. Das japanische Recht verbietet in § 108 jap. BGB das Selbstkontrahieren. Diese Vorschrift trifft eine Ausnahme ausschließlich für den Fall, daß das Selbstkontrahieren zum Zwecke der Erfüllung einer Verbindlichkeit vorgenommen wird. Eine ausdrückliche Ausnahme von dem Verbot des Selbstkontrahierens bei gesetzlicher oder rechtsgeschäftlicher Gestattung findet sich in § 108 jap. BGB nicht.

II. Gleichwohl enthält das japanische Recht eine Reihe handelsrechtlicher Vorschriften, die das Selbstkontrahieren unter gleichzeitigem Ausschluß des § 108 jap. BGB gestatten.

1. Der vertretungsberechtigte Gesellschafter einer offenen Handelsgesellschaft darf als Vertreter eines Dritten ein Rechtsgeschäft für

---

[14] Engl. Text in Law Bulletin Series aaO No. 2200.

[15] Übersetzung aus dem japanischen Originaltext von *Vogt* aaO 20.

diesen mit der Gesellschaft vornehmen, falls die Mehrheit der übrigen Gesellschafter dies gestattet hat (§ 75 jap. HGB).

2. Für den vertretungsberechtigten Gesellschafter einer Kommanditgesellschaft gilt das gleiche (§ 147 i. V. m. § 75 jap. HGB).
3. Ein Vorstandsmitglied einer Aktiengesellschaft darf als Vertreter eines Dritten ein Rechtsgeschäft für diesen mit der Gesellschaft vornehmen, falls er die Zustimmung des Vorstandes hierzu eingeholt hat (§ 265 jap. HGB). Zustimmung des Vorstandes bedeutet die Zustimmung der Mehrheit seiner berufenen Mitglieder.

III. Darüber hinaus könnte die *rechtsgeschäftliche* Gestattung des Selbstkontrahierens dann zulässig sein, wenn § 108 jap. BGB *nicht* als eine der „öffentlichen Ordnung dienende" Vorschrift im Sinne des § 91 jap. BGB anzusehen ist und daher nach dieser Bestimmung der Disposition der Parteien unterliegt. Ob dies der Fall ist, brauchte nicht erörtert zu werden, da nach dem mitgeteilten Sachverhalt jedenfalls eine der dargelegten Ausnahmevorschriften den § 108 jap. BGB ausschließt.

II. Schuldrecht

1. VERTRAG

Siehe auch Nr. 42 (Italien)

Nr. 3

Frankreich

1. Internationale Zuständigkeit deutscher und französischer Gerichte für Klagen aus einem zwischen einem französischen Verkäufer und einem deutschen Käufer abgeschlossenen Kaufvertrag.

2. Maßgebliches Recht für die aus einem solchen Kaufvertrag fließenden Ansprüche.

3. Folgen der Vertragsverletzung durch den Verkäufer nach französischem Recht.

4. Aufrechnung im französischen Recht.

Hamburg G 252/69 vom 10. 12. 1969

Rechtsanwalt Dr. R. bittet um Auskunft über internationales und französisches Privatrecht.

Der anfragende Anwalt vertritt eine Reihe deutscher Geflügelimporteure. Sie kauften in den Jahren 1964/1965 erhebliche Mengen geschlachtetes Geflügel von der Fa. S. S. A., Quimper, Frankreich, die dieses wiederum von der Fa. D., Port-Launay, Frankreich, bezog. Die Verträge wurden stets fernmündlich oder fernschriftlich geschlossen; Vereinbarungen über das anzuwendende Recht, den Gerichtstand oder den Erfüllungsort wurden nicht getroffen. Die Lieferungen erfolgten „prix marchandise rendu franco destination".

Im August 1965 teilte Fa. S. den deutschen Importeuren mit, in der Zukunft würden wegen einer Neuorganisation der Buchhaltung die Rechnungen für die gelieferten Waren unter dem Namen der Firma D. ausgestellt. Die für die Rechnungen von der Fa. D. verwendeten Formblätter tragen den Aufdruck: „En cas de contestation, le Tribunal de commerce de Quimper est seul compétent".

Es wird gefragt, wem der Kaufpreisanspruch wegen der bis zum 31. Dezember 1965 erfolgten und in Rechnung gestellten Lieferungen zustehe und wann dieser Anspruch verjähre.

Die Mandanten des anfragenden Anwalts glauben, ihrerseits Ansprüche zu haben, die sie aus nachstehenden Tatsachen herleiten. Die Ware war von sog. DD – 4 Warenbescheinigungen begleitet, auf Grund deren die französischen Verkäufer in den Genuß der für EWG-Ware bestehenden Zollpräferenzen kamen. Die Papiere waren gefälscht. Wer die Fälschungen ausgeführt hat, ließ sich noch nicht feststellen.

Die Zollbehörden nehmen nun die deutschen Importeure in Anspruch wegen der Differenz der Präferenzzölle und der auf nichtprivilegierte Ware zu zahlenden Zölle.

Es wird gefragt, ob die Importeure die Nachzölle und die durch die Inanspruchnahme von Rechtsanwälten und durch Verhandlungen mit dem Bundesjustizministerium entstandenen Kosten sowie den Zinsschaden von der Verkäuferin erstattet verlangen können.

Einige der Importeure, die nach Rechnungen der Verkäuferin zu berichtigen hatten, haben mit ihren Ersatzansprüchen gegen die Kaufpreisforderung aufgerechnet.

I. Klage der Verkäuferin in Frankreich

Französische Gerichte wären nach französischem Recht (international) *zuständig*, über den Anspruch auf Zahlung des Kaufpreises zu erkennen.

Art. 14 C. c.:

„L'étranger, même non résidant en France, pourra être cité devant les tribunaux français, pour l'exécution des obligations par lui contractées en France avec un Français; il pourra être traduit devant les tribunaux de France, pour les obligations par lui contractées en pays étranger envers des Français".

Ein Ausländer kann, auch wenn er nicht in Frankreich wohnt, wegen der Erfüllung der von ihm in Frankreich gegenüber einem Franzosen eingegangenen Verbindlichkeiten vor französischen Gerichten verklagt werden; wegen der im Ausland gegenüber Franzosen eingegangenen Verbindlichkeiten kann er gleichfalls vor die Gerichte in Frankreich gezogen werden.

Einem in Frankreich ergangenen Urteil wäre jedoch, sofern sich die Käufer auf das Verfahren nicht eingelassen haben, in Deutschland die Anerkennung zu verweigern. Dem französischen Gericht würde die internationale Zuständigkeit im Sinne des § 328, Nr. 1 ZPO, d. h. des deutschen internationalen Zivilprozeßrechts, fehlen. Dessen Regeln entsprechen denen der internen Zuständigkeitsordnung (§§ 12 ff. ZPO) [1]. Insbesondere könnte sich die Verkäuferin, soweit sich nach dem mitgeteilten Sachverhalt beurteilen läßt, auch nicht auf eine Gerichtsstandsvereinbarung berufen. Dadurch, daß die Käufer den Aufdruck auf den Rechnungen der Fa. D. widerspruchslos hinnahmen, ist eine solche jedenfalls nicht zustande gekommen. Nach dem erklärten Willen der Fa. S. sollte die Einschaltung der Fa. D. bloß buchungstechnische Gründe haben; die Fa. D. sollte also den Käufern gegenüber nur die Funktion einer Zahlstelle übernehmen. Sofern die Käufer vor dem französischen Gericht nicht erscheinen [2] oder wenigstens dessen internationale Unzuständigkeit rügen, würde also sein Urteil in Deutschland voraussichtlich nicht anerkannt und vollstreckt werden.

II. Verfahren vor deutschen Gerichten

1. Internationales Privatrecht

Die streitigen Ansprüche, der Kaufpreisanspruch der Verkäuferin und der Befreiungs- und Erstattungsanspruch der Käufer, beruhen sämtlich auf *Vertrag.*

a) Das auf Vertragsverhältnisse anwendbare Recht bestimmt sich in erster Linie nach dem Willen der Parteien. Fehlt es, wie im Streitfall, an einer Rechtswahl, so ist der hypothetische Wille der Parteien zu erforschen. Mangeln Anhaltspunkte für den hypothetischen Parteiwillen, so verzichtet man auf eine Anknüpfung des Schuldvertrags als Ganzes und unterwirft die aus ihm fließenden Verbindlichkeiten jeweils dem Recht ihres Erfüllungsortes [3]. Hierbei beurteilt sich nach deutschem materiellem Recht, an welchem Ort eine Verbindlichkeit zu erfüllen ist [4].

aa) Der *Kaufpreisanspruch* ist gemäß § 269 I, II; 270 IV BGB am Ort der gewerblichen Niederlassung des Käufers zu erfüllen. Demnach untersteht der Kaufpreisanspruch wie auch seine Verjährung [5] dem deutschen Recht.

bb) Für die *Gegenansprüche* der Käufer gilt: Nebenansprüche sind grundsätzlich am Ort der Hauptleistung zu erfüllen [6]; Klauseln wie die verwendete („franco destination") haben gemäß § 269 III BGB auf den

---

[1] *Riezler,* Internationales Zivilprozeßrecht, S. 219 ff.

[2] Vgl. *BGHZ* 52, 30, 38.

[3] *BGH* NJW 1960, 1720; Betrieb 1958, 162; NJW 1968, 750; *BGHZ* 17, 89; *OLG Nürnberg* AWD 1959, 61; *Soergel-Kegel,* BGB Bd. V, 9. Aufl. 1961, vor Art. 7, Randnr. 204.

[4] *BGH* NJW 1961, 25; *Soergel-Kegel* aaO Randnr. 206.

[5] Vgl. *BGH* LM Art. 7 EGBGB, Nr. 13.

[6] Vgl. *RGZ* 55, 105; 70, 199; *Soergel-R. Schmidt* § 269, Randnr. 4.

Leistungsort keinen Einfluß[7]. Der Erfüllungsort für die Verkäuferpflichten liegt demnach in Frankreich. Also ist französisches Recht auf sie anwendbar.

b) Nach Auffassung des BGH und eines Teils der im Schrifttum vertretenen Meinungen handelt es sich bei der Anknüpfung des Schuldstatuts an den Erfüllungsort um eine Kollisionsnormverweisung. Eine Rück- oder Weiterverweisung wäre hier beachtlich[8]. Frankreich hat das Haager Abkommen über das auf den internationalen Kauf beweglicher Sachen anwendbare Recht vom 15. 6. 1955 in Kraft gesetzt. Art. 3 Abs. 1 des Abkommens unterwirft einen Kaufvertrag grundsätzlich dem Recht des Verkäufers:

„A défaut de loi déclarée applicable par les parties, dans les conditions prévues à l'article précédent, la vente est régie par la loi interne du pays où le vendeur a sa résidence habituelle au moment où il reçoit la commande. Si la commande est reçue par un établissement du vendeur, la vente est régie par la loi interne du pays où est situé cet établissement."

Haben die Parteien ein Recht nicht unter den im vorangehenden Artikel genannten Voraussetzungen für anwendbar erklärt, so wird der Kauf von dem Recht des Landes beherrscht, in dem der Verkäufer zu der Zeit, da er die Bestellung empfängt, seinen gewöhnlichen Aufenthalt hat. Geht die Bestellung einer Niederlassung des Verkäufers zu, so wird der Kauf von dem Recht des Landes, in dem die Niederlassung liegt, beherrscht.

Demnach weist auch das französische Kollisionsrecht auf das französische Sachrecht.

c) Es beurteilen sich somit der Kaufpreisanspruch und seine Verjährung nach deutschem materiellen Recht, die Nebenverpflichtungen der Verkäuferin und ihre Verjährung, folgt man der Ansicht des BGH, nach materiellem französischen Recht. Freilich ist nicht auszuschließen, daß auch ein deutsches Gericht den *Kaufvertrag insgesamt* nach französischem Recht beurteilen würde. Die Anknüpfung des Einzelschuldstatuts an den jeweiligen Erfüllungsort wird nämlich zunehmend als unbefriedigende Notlösung erkannt[9].

Wie *Kreuzer* (S. 285) nachgewiesen hat, ist es seit nahezu vier Jahrzehnten zu keiner Entscheidung mehr gekommen, die auf ein einheitliches Ver-

---

[7] *RGZ* 87, 134 („C. i. f."); Warn.Rspr. 1917, Nr. 113 („franco verzollt X"); *RGZ* 111, 24 („frei Hamburg").

[8] *BGH* NJW 1960, 1720; *BGH* NJW 1958, 57; *OLG Frankfurt* NJW 1967, 503; *Soergel-Kegel* vor Art. 7, Randnr. 218; *Palandt-Lauterbach*, BGB, 28. Aufl. 1969, vor Art. 12, 2c; *Graue* AWD 1968, 121; A. A. *Raape* IPR, 5. Aufl. 1961, 70; *Mann* JZ 1962, 12; *Hartwieg*, Der Renvoi im deutschen internationalen Vertragsrecht, passim, insb. S. 157; *Kreuzer*, Internationales Privatrecht des Warenkaufs, 290, 291.

[9] *BGH* LM Art. 7 EGBGB, Nr. 16; *OLG Saarbrücken* IPRspr. 1950–1951, Nr. 16.

tragsverhältnis zweierlei Recht angewandt hätte. Es ist deshalb denkbar, daß ein deutsches Gericht, um das unerwünschte Ergebnis einer Vertragsspaltung zu vermeiden, den Vertrag einheitlich dem Recht des Geschäftssitzes des Verkäufers unterstellen würde, wie es ein gewichtiger Teil der Lehre will[10].

d) Fallen das Statut des Kaufpreisanspruches und das der Verkäuferpflichten auseinander, stellt sich die Frage nach dem Recht, das den rechtlichen Zusammenhang zwischen Käufer- und Verkäuferpflichten ordnet und insbesondere darüber befindet, unter welchen Voraussetzungen der Käufer gegenüber dem Anspruch auf Zahlung des Kaufpreises mit vertraglichen Schadensersatzansprüchen *aufrechnen* oder aus ihnen ein *Zurückbehaltungsrecht* ableiten kann.

aa) Nach herrschender Ansicht entscheidet über die *Aufrechnung* das Recht der Forderung, *gegen* die aufgerechnet wird[11].

bb) Entsprechend richtet sich nach dem Recht der Hauptforderung, inwieweit ein Schuldner die Erfüllung unter Berufung auf einen eigenen Gegenanspruch *verweigern* kann.

Demnach bestimmt sich, wenn das deutsche Gericht die Kaufpreisforderung deutschem Recht unterstellt, nach materiellem deutschen Recht, ob die Käufer gegenüber dieser Forderung aufrechnen oder ein Zurückhaltungsrecht ausüben können. Französisches materielles Recht hingegen ist anwendbar, wenn das zuständige Gericht den Kaufpreisanspruch mit dem Ziel, zu einem einheitlichen Vertragsstatut zu gelangen, ebenso wie die Verkäuferpflichten französischem materiellen Recht unterwirft.

2. Materielles französisches Recht

a) Wird auf Grund einer einheitlichen Anknüpfung des die Vertragsbeziehungen der Parteien beherrschenden Rechts der Kaufpreisanspruch dem französischen Recht unterstellt, so ergibt sich die Verjährung aus Art. 189 bis C. com.

„Les obligations nées entre commerçants à l'occasion de leur commerce se prescrivent par dix ans si elles ne sont pas soumises à des prescriptions spéciales plus courtes."	Die Verbindlichkeiten unter Kaufleuten aus dem Bereich ihres Handelsgewerbes verjähren in zehn Jahren, es sei denn, sie unterlägen einer besonderen kürzeren Verjährung.

Lediglich die aus Geschäften mit Nichtkaufleuten erworbenen Ansprüche der Kaufleute verjähren in zwei Jahren, Art. 2272, Abs. 3 C. c.

[10] *Rabel*, The Conflict of Laws III, 54–71; *v. Caemmerer* JZ 1959, 363; *Soergel-Kegel* aaO vor Art. 7, Randnr. 201.

[11] *BGHZ* 38, 254, 256; *RGZ* 26, 66; *OLG Augsburg*, OLG 36, 105; *OLG Frankfurt*, JW 1924, 715; *Soergel-Kegel* aaO vor Art. 7, Randnr. 249; *Lewald*, Das deutsche IPR, 282, 283; *Raape* aaO 515; *Wolff*, IPR, 150; a. M. *OLG Karlsruhe*, Bad.Rspr. 26 (1924/25) 170 De; *Dölle*, RheinZ 13 (1924) 32–47.

b) Gegenansprüche der Käufer

aa) Freistellungsanspruch bzw. Anspruch auf Erstattung der Nachzölle.

Die Lieferklausel „franco destination" dürfte auch bei Anwendung des französischen Zivilrechts dahin zu verstehen sein, daß alle anfallenden *Zölle* vom Verkäufer zu tragen sind. Ausdrückliche Stellungnahmen hierzu waren dem Institut allerdings nicht zugänglich.

Im übrigen ergibt sich bereits aus dem Umstand, daß die Verkäuferin die beim Grenzübertritt anfallenden Präferenzzölle offensichtlich bezahlt hat, daß die Zölle insgesamt von ihr zu tragen waren.

Ferner ist anerkannt, daß dann, wenn die Ware an den Sitz des Käufers zu liefern ist, grundsätzlich der Verkäufer den Zoll zu bezahlen hat[12]. Erhöhen sich die Zollsätze vor der Lieferung, so kann der Verkäufer die erhöhten Kosten nicht auf den Käufer überwälzen[13].

Auf Grund dieser Erwägungen muß den Käufern ein Freistellungsanspruch gegen die Verkäuferin zustehen, der sich in einen Geldanspruch umwandelt, sobald die Käufer ihrerseits für die von der Verkäuferin nicht beglichene Zollschuld in Anspruch genommen worden sind.

bb) Die Verkäuferin war also nach dem Vertrag verpflichtet, das Erforderliche zu tun, um die Käufer von der Inanspruchnahme durch die Zollbehörden freizuhalten, also entweder beim Grenzübertritt echte Warenbescheinigungen vorzuweisen oder aber die üblichen, nicht privilegierten, Zölle zu bezahlen. Eine Schadensersatzpflicht der Verkäuferin ergibt sich aus Art. 1611 C. c.:

„Dans tous les cas, le vendeur doit être condamné aux dommages et intérêts, s'il résulte un préjudice pour l'acquéreur, du défaut de délivrance au terme convenu."

In allen Fällen ist der Verkäufer zum Schadensersatz zu verurteilen, wenn daraus, daß der Verkäufer zur vereinbarten Zeit nicht leistet, dem Käufer ein Nachteil entsteht.

Die Vorschrift umfaßt alle Arten von Leistungsstörungen auf der Verkäuferseite[14].

Die Beweislastverteilung folgt aus dem allgemeinen, in Art. 1147 C. c. niedergelegten Grundsatz.

Art. 1147 C. c.:

„Le débiteur est condamné, s'il y a lieu, au payement de dommages et intérêts, soit à raison de l'inexécution de l'obligation, soit à raison du retard dans l'exécution, toutes les fois qu'il ne

Zum Ersatz eines etwaigen Schadens, sei es wegen Nichterfüllung oder sei es wegen Verzugs, wird der Schuldner, auch wenn er nicht bösgläubig ist, verurteilt, sofern er nicht beweist, daß die

[12] *Juris Classeur Civil,* Art. 1603–1609, Fasc. P, n° 69.
[13] *Req.* 24. 6. 1873; D. P. 74. 1. 17; *Juris Classeur* aaO.
[14] *Juris Classeur Civil,* Art. 1610–1613, Fasc. Q, n° 1 ff.

justifie pas que l'inexécution provient d'une cause étrangère que ne peut lui être imputée, encore qu'il n'y ait aucune mauvaise foi de sa part."

Nichterfüllung auf einem von ihm nicht zu vertretenden Umstand beruht.

Zufolge des allgemeinen, in Art. 1146 C. c. enthaltenen Grundsatzes wird der Schadensersatz erst von dem Augenblick an geschuldet, in dem der Schuldner in Verzug gerät[15].

Art. 1139 C. c.:

„Le débiteur est constitué en demeure, soit par une sommation ou par autre acte équivalent, soit par l'effet de la convention, lorsqu'elle porte que, sans qu'il soit besoin d'acte et par la seule échéance du terme, le débiteur sera en demeure."

Der Schuldner wird durch eine förmliche Zahlungsaufforderung oder einen gleichwertigen Rechtsakt in Verzug gesetzt oder allein kraft des Vertrags, wenn darin bestimmt ist, daß es einer Erklärung nicht bedarf, sondern der Schuldner mit dem Eintritt der Fälligkeit in Verzug geraten soll.

Die Rechtsprechung hat allgemein ausgesprochen, einer Mahnung bedürfe es nicht, wenn die Leistungszeit bestimmt ist[16].

Im Streitfall ist nach der Natur der Pflicht des Verkäufers eine Mahnung undenkbar, da der Verkäufer verpflichtet war, vor Ablieferung der Ware das Erforderliche zu tun, um die Inanspruchnahme der Käufer durch die Zollbehörden zu vermeiden. Die geltend gemachten Schäden sind alle nach Eintritt des Verzugs entstanden.

Grundsätzlich sind Schäden aller Art *ersatzfähig*[17], wie etwa die Kosten für erforderlich gewordene Beurkundungen und Reisen[18] oder die Kosten, die der Gläubiger für die Anerkennung seiner Rechte hat aufwenden müssen. Endlich hat der Schuldner dem Gläubiger einen unbestimmten, in das Ermessen des Gerichts gestellten Betrag zu ersetzen, der dem Ausgleich des sog. „trouble commercial" dient[19].

Es scheint sich um die pauschale Abgeltung der im einzelnen nicht erfaßbaren Unkosten und Schäden zu handeln, die dem Gläubiger durch das Verhalten des Schuldners entstanden sind. Ob ein französisches Gericht den Käufern alle geltend gemachten Ansprüche zubilligen würde, läßt sich nicht sagen. Das deutsche Gericht wird hier dasselbe pflichtgemäße, unüberprüfbare Ermessen walten lassen müssen, das die Cour de cassation den französischen Instanzgerichten bei der Bestimmung des ersatzfähigen Schadens zuerkennt[20].

---

[15] *Juris Classeur* aaO n° 6.

[16] *Req.* 16. 2. 1921, D. P. 1922. 1. 102.

[17] *Juris Classeur* aaO n° 77.

[18] *Malaurie*, Répertoire de droit civil, s. v. Vente, n° 1214.

[19] *Civ.* 1. 2. 1956, Rev. trim. dr. com. 1956. 487; *Paris* 22. 4. 1929, J. C. P. 1929. 707.

[20] *Req.* 16. 6. 1926, S. 1927. 1. 221; 21. 6. 1937, D. P. 1938. 1. 28; *Civ.* 1. 2. 1956, Rev. trim. dr. com. 1956, 487.

Die *Verjährungsfrist* des Art. 189 bis C. com. gilt auch für die Schadensersatzansprüche, die aus den Handelsbeziehungen von Kaufleuten entstehen[21]. Da also nach dem mitgeteilten Sachverhalt sowohl der Kaufpreisanspruch als auch die Gegenansprüche der Käufer noch nicht verjährt sind, verliert die Frage, ob die Geltendmachung eines Zurückbehaltungsrechts oder der Aufrechnung die Verjährung „unterbreche", ihre Bedeutung.

c) Aufrechnung und Zurückbehaltungsrecht

Nach französischem Recht tritt die *Aufrechnung* ipso jure ein (Art. 1290 C. c.). Die sich zur Aufrechnung gegenüberstehenden Forderungen müssen wie im deutschen Recht in einem Verhältnis der Gegenseitigkeit stehen (Art. 1289 C. c.). Sie müssen ferner beide fällig und gleichartig sein (Art. 1291 C. c.). Ferner müssen beide Forderungen liquide sein (Art. 1291 C. c.), d. h. zwischen den Parteien nach Grund und Betrag nicht ernstlich streitig sein[22].

Unterstellt man, daß die von den Käufern zur Aufrechnung gestellten Gegenforderungen nicht liquide sind, so ist der Kaufpreisanspruch noch nicht durch Aufrechnung erloschen. Doch können die Käufer diesem Anspruch die Einrede des nicht erfüllten Vertrages (exceptio non adimpleti contractus) entgegensetzen. Macht die Verkäuferin ihren Kaufpreisanspruch im Klagewege geltend und berufen sich die Käufer ihm gegenüber auf ihre Gegenansprüche, so werden diese, wenn sie das Gericht für begründet hält, durch den Richterspruch liquide und damit zur Aufrechnung reif. Ob die sich mit dem Erlaß des Urteils vollziehende Aufrechnung zurückwirkt auf den Zeitpunkt, zu dem die Gegenansprüche rechtshängig geworden oder gar entstanden sind, ist streitig, bedarf hier aber nicht der Erörterung.

d) Aktivlegitimation

Die Kaufpreisforderung ist in der Person der Verkäuferin, Fa. S. S. A., entstanden. Es ist denkbar, daß diese die Forderung an Fa. D. abgetreten hat. Ob und unter welchen Voraussetzungen der Käufer eine solche Abtretung gegen sich gelten lassen müßte, kann hier jedoch dahinstehen. Jedenfalls gilt sowohl nach deutschem wie auch nach französischem materiellen Recht der Grundsatz, daß der Schuldner seine Einreden durch die Abtretung nicht verliert[23].

---

[21] *Jaubert*, Juris Classeur Com. Art. 189 bis, Fasc. B, n° 56.

[22] *Civ.* 7. 2. 1905, D. P. 1905. 1. 432; *Civ.* 15. 4. 1942, Gaz. Pal. 1942. 2. 23; *Mazeaud*, Leçons de droit civil II, no. 1149; *Jaubert*, Juris Classeur Civil, Art. 1291, Fasc. 110–111, n° 68 ff.

[23] *Mazeaud* II, 1271.

Nr. 4

Großbritannien (England)

1. Statut des Schiedsvertrags.

2. Zur Auslegung von Schiedsverträgen nach englischem Recht; insbesondere zur Frage, ob eine im Grundvertrag enthaltene Schiedsklausel sich auch auf eine wechselähnliche Forderung erstreckt, gegen die mit einer streitigen Gegenforderung aufgerechnet wird.

3. Voraussetzungen und Folgen der Erhebung einer Schiedseinrede nach englischem Recht.

4. Aufrechnung („Set-off") und Widerklage („Counter-claim") nach englischem materiellen und Kollisionsrecht.

Köln 84/69 vom 9. 12. 1969

Die Herren Rechtsanwälte Dr. B. und B., Köln, haben in der Prozeßsache W. gegen U. de B. S. um ein Gutachten über internationales und materielles englisches Schiedsvertragsrecht gebeten.

SACHLAGE

Die beklagte Firma J. A. W. & Co. in Köln (die Berufungsklägerin) war Alleinimporteurin für bestimmte X. Y. Kraftfahrzeuge und Ersatzteile in Deutschland. Die gegenseitigen Rechte und Pflichten waren in dem „Distributor Agreement for Services and Sales" vom 9. Mai 1966 zwischen der Beklagten und – zunächst – der Firma X. Y. Export Sales Limited, England, später – kraft Änderungsvertrag vom 1. Dezember 1967 – mit X. Y. (Europe), Lausanne, Schweiz, festgelegt. Die Bestimmungen des Agreement sind von der X. Y. Corporation verfaßt, die es formularmäßig bereithält (Ausgabe 1965).

Unter § 17 des Agreement werden Streitigkeiten an den Schiedsrichter verwiesen:

„If any difference shall arise between the parties hereto as to the interpretation of this Agreement, or the rights, duties, or liabilities of either party in connection therewith such difference shall be referred to a single arbitrator in case the parties can agree upon one, otherwise to two arbitrators, one to be

Falls zwischen den Parteien irgendeine Meinungsverschiedenheit in bezug auf die Auslegung dieses Vertrages oder auf die Rechte, Pflichten und Verbindlichkeiten einer Partei in Verbindung mit diesem entsteht, dann soll diese Meinungsverschiedenheit einem einzelnen Schiedsrichter vorgelegt wer-

appointed by each of the parties hereto. Such arbitrator or arbitrators when so appointed shall be deemed to be an arbitrator or arbitrators within the meaning of the English Arbitration Act 1950 or any statutory modification or re-enactment thereof for the time being in force."

den, wenn sich die Parteien auf einen solchen einigen, sonst zwei Schiedsrichtern, von denen je einer durch eine jede Partei benannt wird. Der oder die so benannten Schiedsrichter sollen als Schiedsrichter im Sinne des englischen Arbitration Act (Schiedsgerichtsgesetzes) von 1950, bzw. jeglicher zur Zeit in Kraft befindlichen gesetzlichen Änderung oder Neufassung angesehen werden.

§ 20 (a) bestimmt das maßgebliche Recht:

„This Agreement shall be construed in accordance with English law."

Dieser Vertrag soll nach englischem Recht ausgelegt werden.

Die Regelung von Einzelheiten des Bezugs und der Bezahlung der Kraftfahrzeuge und Teile überläßt das Agreement den jeweils von X. Y. herausgegebenen Geschäftsbedingungen, die pauschal mit einbezogen sind. § 4 (a):

„The Terms of Business issued by the Company from time to time shall be deemed to be incorporated in and form part of this Agreement, as though set out herein verbatim. A copy of those in force at the date of this Agreement is annexed hereto. The Company may from time to time and at any time by notice in writing to the Distributor change such Terms of Business and such change shall take effect from the date of service of such notice."

Die von der Gesellschaft von Zeit zu Zeit herausgegebenen Geschäftsbedingungen sind als in dieses Agreement eingeschlossen und als Teil desselben anzusehen, so als ob sie wörtlich darin stünden. Eine Ausgabe, der im Zeitpunkt dieses Vertrags gültigen, ist beigefügt. Die Gesellschaft kann von Zeit zu Zeit, und zwar jederzeit, die Geschäftsbedingungen durch schriftliche Benachrichtigung des Importeurs abändern, und die Änderung ist wirksam vom Tage der Zustellung der Benachrichtigung an.

Die Geschäftsbedingungen behandeln Kauf („purchase") der Fahrzeuge durch den Importeur (sec. A) und Verkauf („sale", sec. B). Nach § 26 (b) wird die Art der Bezahlung von Zeit zu Zeit durch die Gesellschaft (X. Y. Corp.) festgesetzt.

Mit der Beklagten war Bezahlung in der Weise vereinbart, daß sie jeweils für in bestimmten Zeitabschnitten erfolgte Lieferungen von der X. Y. Corp. ausgestellte „drafts" (= Wechsel) akzeptierte, die 90 Tage nach Sicht fällig wurden.

Im Rahmen dieser Regelung akzeptierte die Beklagte am 30. 9. 1968 in Köln ein von der X. Y. Corp. in Lausanne ausgestelltes Papier des Inhalts:

„...

At ninety (90) days sight pay to our order the sum of [i. W.] 18,988.– £ payable with interest at 8% per annum from 26. 9. 1968, to approximate date of arrival of proceeds in Lausanne. For value received.

...",

das anschließend durch Indossament auf die U. de B. S., die Klägerin, übertragen wurde. Ob es sich um ein Vollindossament oder um ein solches lediglich zum Inkasso handelt, ist in der Berufungsinstanz unter den Parteien streitig.

Zwischenzeitlich wurde das Geschäftsverhältnis zwischen der Beklagten und X. Y. aufgelöst. Die Beklagte stellte sich auf den Standpunkt, daß ihr infolge einer vertragswidrigen Kündigung gegenüber X. Y. Gegenansprüche in Höhe von etwa 4,5 Millionen DM zustünden. Mit dieser Begründung verweigerte sie die Akzeptierung weiterer „drafts" und die Bezahlung bereits akzeptierter in Höhe von über 250.000 £, darunter am 23. 1. 1969 auch des hier streitigen. Hierüber wurde eine Wechsel-Protesturkunde aufgenommen.

Die Klägerin hat im Wechselverfahren Klage erhoben und Bezahlung verlangt. Die Beklagte hat sich in erster Linie auf § 17 des Agreement berufen und nach § 274 Abs. 2 Nr. 3 ZPO die Einrede des Schiedsvertrags erhoben. Das Landgericht hat der Klage stattgegeben und die Einrede verworfen, weil nicht erwiesen sei, daß die Schiedsklausel nach dem Willen der Parteien auch derartige abstrakte Verpflichtungen erfassen sollte.

Gegen das Urteil hat die Beklagte Berufung eingelegt mit dem Antrag,

unter Abänderung des Urteils die Klage abzuweisen ...

Die Klägerin beantragt,

die Berufung zurückzuweisen ...

Der Vortrag beider Parteien entspricht im wesentlichen dem erstinstanzlichen.

ANFRAGE

Die Herren Rechtsanwälte Dr. B. und B. bitten um ein Gutachten darüber,

„ob der von der Klägerin erhobene Anspruch aus der Annahme der kaufmännischen Anweisung vom 26. 9. 1968 nach englischem Recht der Schiedsgerichtsklausel unterliegt."

RECHTSLAGE

A. ANWENDBARKEIT DER SCHIEDSKLAUSEL

I. Internationales Privatrecht

1. Staatsverträge

In Staatsverträgen enthaltene internationalprivatrechtliche Normen haben Vorrang vor den Bestimmungen des EGBGB [1].

Das *Genfer Protokoll über Schiedsklauseln im Handelsverkehr* vom *24. 9. 1923* [2] und das *Genfer Abkommen zur Vollstreckung ausländischer Schiedssprüche* vom *26. 9. 1927* [3] sind gegenüber Großbritannien noch anwendbar [4]. Sie enthalten aber keine Bestimmungen über das für Schiedsklauseln maßgebliche Recht [5].

Das *New Yorker Übereinkommen* (UN-Übereinkommen) *über die Anerkennung und Vollstreckung ausländischer Schiedssprüche* vom *10. 6. 1958* [6], in der Bundesrepublik in Kraft seit dem 28. 9. 1961 [7], in dessen Art. V Abs. 1 a die Frage des maßgeblichen Rechts angesprochen ist, gilt nicht gegenüber Großbritannien [8].

Internationalprivatrechtliche Regelungen finden sich auch im *Europäischen Übereinkommen über die internationale Handelsschiedsgerichtsbarkeit* vom 21. 4. 1961 [9], in der Bundesrepublik in Kraft seit dem 25. 1. 1965 [10]. Art. 7 dieses Übereinkommens bestimmt das von einem Schiedsgericht anzuwendende Recht; Art. 6 Abs. 2 befaßt sich mit dem für die Schiedsfähigkeit der Parteien und dem für die Gültigkeit der Schiedsvereinbarung maßgebenden Recht. Das Übereinkommen gilt jedoch ebenfalls nicht im Verhältnis zu Großbritannien [11].

Es sind somit die allgemeinen deutschen Kollisionsnormen anwendbar.

---

[1] *RGZ* 105, 340 (341); *Soergel-Kegel,* BGB Bd. V, 9. Aufl. 1961, vor Art. 7 EGBGB, Randnr. 9; *Erman-Marquordt,* BGB Bd. II, 4. Aufl. 1967, vor Art. 7 EGBGB, Bem. 7 a. E.

[2] RGBl. 1925 II 47.

[3] RGBl. 1930 II 1067.

[4] Vgl. *Zöller-Scherübl,* ZPO, 10. Aufl. 1968, § 1044, Anm. 3 b, S. 1024.

[5] Vgl. hierzu auch *Schröder,* Die Genfer Abmachungen über die Schiedsgerichtsbarkeit, in *Schönke,* Die Schiedsgerichtsbarkeit in Zivil- und Handelssachen in Europa, Bd. 1, 1944, 15–49, 19.

[6] BGBl. 1961 II 122.

[7] BGBl. 1962 II 102.

[8] Vgl. Beil. BGBl. II Fundstellennachweis B 164 f.; Bekanntmachungen danach: BGBl. 1968 II 776 (Ghana), 1969 II 1019 (Italien). S. auch *Zöller-Scherübl* aaO § 1044, Anm. 3 a, S. 1023 f.

[9] BGBl. 1961 II 427.

[10] BGBl. 1965 II 107.

[11] Vgl. die Bekanntmachungen über die beigetretenen Staaten BGBl. 1965 II 107, 1598; 1967 II 1194, 2156; 1969 noch keine Bekanntmachungen.

2. *Allgemeines deutsches IPR*

Nach heute ganz herrschender Meinung gelten für den *Schiedsvertrag* die *allgemeinen Regeln über* das *Schuldvertragsstatut*. Denn er wird angesehen als ein materiellrechtlicher Vertrag über prozeßrechtliche Beziehungen [12].

Haben Parteien eines Vertrages das für diesen maßgebliche Recht ausdrücklich bestimmt, so gilt das [13]. Da die Parteien unter § 20 (a) des Agreement die Geltung englischen Rechts für den gesamten Vertrag vereinbart haben, also auch für die Schiedsklausel, gilt *englisches Recht*.

Eine ältere *Mindermeinung* will die Schiedsvereinbarung demjenigen Recht unterstellen, dem der *Schiedsspruch untersteht*, billigt den Parteien aber ebenfalls insoweit die Möglichkeit zu, das maßgebliche Recht zu wählen [14]. Auch diese Mindermeinung führt hier zur Maßgeblichkeit *englischen Rechts*, da die Parteien unter § 17 des Agreement das Schiedsverfahren dem englischen *Arbitration Act* unterstellt haben.

Englisches Recht bestimmt somit *Gültigkeit* und *Auslegung* und damit den *Anwendungsbereich* der Schiedsklausel.

II. Form

1. *Internationales Privatrecht*

Nach Art. 11 Abs. 1 S. 1 EGBGB bestimmt sich die *Form eines Rechtsgeschäfts* nach den Gesetzen, die für seinen *Gegenstand* maßgebend sind. *Alternativ* läßt Art. 11 Abs. 1 S. 2 EGBGB die Form genügen, die die Gesetze des *Geschäftsortes* vorschreiben.

Der Geschäftsort geht aus dem Agreement nicht eindeutig hervor. Jedoch ist *Geschäftsrecht englisches Recht*.

2. *Englisches materielles Recht*

Das englische Recht unterscheidet *zwei Arten* von Schiedsgerichtsverträgen: solche nach *„common law"* und solche nach dem *„Arbitration Act"*. *Nur für letztere* ist eine *Form* erforderlich [15].

---

[12] *BGHZ* 40, 320 (322 f.) = MDR 1964, 317 = NJW 1964, 591 = WM 1964, 321 mit zahlreichen Nachweisen; *BGH* WM 1965, 1014. Vgl. weiterhin z. B. *Zöller-Scherübl* aaO § 1025 Anm. 1 a; *Baumbach-Lauterbach*, ZPO, 29. Aufl. 1966, § 1025 Anm. 1; *Erman-Arndt*, BGB Bd. II, 4. Aufl. 1967, vor Art. 12 EGBGB, Bem V.

[13] Ganz herrschende Meinung, vgl. für alle *Soergel-Kegel* aaO vor Art. 7 Randnr. 167–173, 180 f. mit Nachweisen.

[14] Vgl. *Stein-Jonas-Schönke-Pohle*, ZPO Bd. 2, 18. Aufl. 1953 ff., § 1025, Anm. I 2 und § 1044, Anm. II 2 b α; *Schröder* aaO 19 und 24. Vgl. auch *Baumbach-Schwab*, Schiedsgerichtsbarkeit, 2. Aufl. 1960, 77.

[15] *Hailsham* in 2 Halsbury's Laws of England, 3. Aufl. 1953 (Simonds Edition),

Die Parteien wollten nach § 17 Satz 2 des „Distributor Agreement" eine Schiedsabrede nach dem „Arbitration Act" von 1950 treffen. § 32 dieses Gesetzes bestimmt über die Form:

„In this Part of this Act, unless the context otherwise requires, the expression 'arbitration agreement' means a written agreement to submit present or future differences to arbitration, whether an arbitrator is named therein or not."	In diesem Teil des Gesetzes bedeutet der Ausdruck „Schiedsvertrag", sofern sich aus dem Zusammenhang nicht etwas anderes ergibt, eine schriftliche Übereinkunft, gegenwärtige und künftige Meinungsverschiedenheiten der Schiedsgerichtsbarkeit zu unterwerfen, gleich ob ein Schiedsrichter darin benannt ist oder nicht.

Diesem Erfordernis entspricht § 17 des „Distributor Agreement".

III. Materielles Privatrecht

1. Keine spezielle Regel festzustellen

Zu der Frage, ob eine Schiedsklausel für Streitigkeiten „in connection with" einem Vertrag auch Forderungen aus erfüllungshalber gegebenen abstrakten Verbindlichkeiten erfaßt, ist eine grundsätzliche Regel, wie sie etwa „im Zweifel" im deutschen Recht angenommen worden ist[16], an Hand der zur Verfügung stehenden Literatur und Entscheidungssammlungen nicht festzustellen[17]. Der Anwendungsbereich der Schiedsklausel muß somit anderweitig bestimmt werden.

Arbitration, §§ 4, 5, S. 3 f.; *Wolff*, Die Schiedsgerichtsbarkeit nach englischem Recht, in *Schönke*, Die Zivilgerichtsbarkeit in Zivil- und Handelssachen in Europa, Bd. 2, 1948, 23–100 (32); *Kronstein*, Das Recht der internationalen Kartelle, 1967, 380.

[16] Vgl. *Stein-Jonas-Schönke-Pohle* aaO § 1025, Anm. V 1, Fußn. 54, unter Berufung auf *RG* SeuffA 79, Nr. 57 (S. 94 f.); vgl auch *Baumbach-Schwab* aaO 79, B II b mit weiteren Nachweisen.

[17] Vgl. z. B. *Russel*, The Law of Arbitration, 17. Aufl. bearbeitet von *Walton*, 1963, 8–14, 36–54; *Gill*, Evidence and Procedure in Arbitration, 1965, 21–32; 2 *Halsbury's* Statutes of England, 3. Aufl. 1968, S. 459 (Note); *White*, The Arbitration Act 1950, (o. J.), Reprint from „Current Law" Statutes Annotated, 2; *Hailsham* in 2 *Halsbury's* Laws of England, 3. Aufl. 1953 (Simonds Edition), Arbitration, §§ 10, 26–37 (S. 6 f., 11–15); *Chitty* in 2 English and Empire Digest (1958), 440–442, 445 bis 462 (Leitsatzsammlung); *Kronstein* aaO 379 f.; *Sutton*, Arbitration in English Law, in Internationales Jahrbuch für Schiedsgerichtswesen in Zivil- und Handelssachen, herausgegeben von *A. Nußbaum*, Bd. 1 (1926), 53–65 (55); *Wolff* aaO 32–36; *Macassey* in Arbitrage International Commercial, Bd. 1, o. J. (1957?), 60–99 (68–71); *Lietzmann*, Schiedsgerichtsbarkeit in England, RiW 1956, 116 f. – Vgl. desgl. für die *USA: 6 C. J. S.* (1937 m. 1962 *Cum.* Pocket Part), Arbitration and Award § 17 (S. 166–168); *5 Am. Jur. 2d* (1962 mit 1968 *Cum.* Supp.), Arbitration and Award, § 14

2. *Generelle Möglichkeit der Anwendung einer Schiedsklausel auf den Streit*

a) Grundsatz, Voraussetzung der „echten Streitfrage"

Wenn englisches Recht die Reichweite der Schiedsklausel beherrscht, bestimmt es damit, ob die Schiedsklausel auf einen bestimmten Fall überhaupt angewandt werden *kann*, sodann, ob sie nach dem Willen der Parteien auf den Fall angewandt werden *soll*. Die erste Frage soll zunächst untersucht werden.

Gegenüber der Schiedsgerichtsfeindlichkeit des älteren „common law" hat sich die Möglichkeit von Schiedsvereinbarungen über gegenwärtige und künftige Streitfragen in neuerer Zeit durchgesetzt [18]. Immer noch sind die Eingriffsmöglichkeiten der staatlichen Gerichte „im englischen Recht größer als in den meisten anderen Rechtssystemen" [19]. So besteht das Verbot, „to oust the jurisdiction of the court", d. h. die Zuständigkeit staatlicher Gerichte vollständig auszuschließen [20]. Demgemäß sind die Gerichte an ein „arbitration-agreement" nicht streng gebunden, sondern haben noch einen gewissen Ermessensspielraum.

Vgl. § 4 Arbitration Act:

„... any party ... may ... apply to that court to stay the proceedings, and that court or a judge thereof, if satisfied that there is no sufficient reason why the matter should not be referred in accordance with the agreement, and that the applicant was, at the time when the proceedings were commenced, and still remains, ready and willing to do all things necessary to the proper conduct of the arbitration, may make an order staying the proceedings."

... Jede Partei ... kann beantragen, daß das Gericht das Verfahren aussetzt; und das Gericht oder einer seiner Richter kann einen Beschluß erlassen, daß das Verfahren ausgesetzt wird, wenn es oder er sich überzeugt hat, daß kein hinreichender Grund besteht, die Angelegenheit nicht entsprechend der Vereinbarung zu verweisen, und daß der Antragsteller bei Verfahrensbeginn und noch immer bereit und willens ist, alles Notwendige für die ordentliche Durchführung des Schiedsverfahrens zu tun.

Es handelt sich in der Praxis um eine Art Generalklausel, in besonderen Fällen von der Durchführung des Schiedsgerichtsverfahrens abzusehen [21].

(S. 530 f.); *Kahn*, Handelsschiedswesen in den USA (1958), 17–26; *Domke*, Arbitration, N. Y. Univ. L. Rev., 1954 Annual Survey of American Law, 537–548 (537–541); *Harnik*, Schiedsgerichtsbarkeit in den USA, in (Öst.) ZfRVgl. 5 (1964), 124–140 (126).

[18] *Kronstein* aaO 379 f.; *Sutton* aaO 55 f.

[19] *Wolff* aaO 27; *Kronstein* aaO 379.

[20] *Wolff* aaO 27; *Hailsham* in Halsbury's Laws aaO 18 f.

[21] Näheres bei *Wolff* aaO 33–36; *Sutton* aaO 58 f.

So versteht das englische Recht die Tätigkeit eines Schiedsrichters streng als Beilegung einer echten *Streitfrage,* einer *Meinungsverschiedenheit,* durch Laienrichter. Anders als im deutschen Recht, wo die Klausel auf den Fall eines wirklichen Streits beschränkt werden *kann,* aber nicht *muß*[22], erscheint dem englischen Recht die Tätigkeit eines Schiedsrichters überhaupt nur sinnvoll und möglich, wo er über eine echte und tatsächlich vorhandene Streitfrage („difference", „dispute") zu entscheiden hat[23].

Das ergibt sich bereits aus dem Wesen und der Definition der englischen Arbitration[24], so daß man gar nicht erst das Ermessen des englischen Richters zu bemühen braucht, um beim Fehlen einer Streitfrage die Schiedsabrede nicht anzuwenden[25]. Selbst wenn es auf das Ermessen ankäme, würde das durchaus gefestigte Erfordernis einer Streitfrage sogar innerhalb der Ermessensanwendung die Reichweite der Klausel für uns verbindlich begrenzen, auch wenn der Ermessensspielraum sonst unbeachtlich sein sollte. Denn wir können die Klausel nicht weiter ausdehnen als das für sie maßgebende Recht[26].

Demzufolge ist zu prüfen, ob es sich um eine *echte Meinungsverschiedenheit* handelt, über die zu entscheiden wäre.

---

[22] Vgl. *Stein-Jonas-Schönke-Pohle* aaO § 1025, Anm. II 3; jedoch wird im Handelsverkehr eine solche Beschränkung regelmäßig anzunehmen sein, daselbst, Fußn. 34.

[23] Vgl. *Gill* aaO 11, 13; 2 *Halsbury's* Statutes aaO 460 („In any arbitration it is a condition precedent that a difference has arisen ..."); *Russel-Walton* aaO 28 („If there is no difference there is nothing for an arbitrator to arbitrate"); *Maccassey* aaO 64, 65; *Hailsham* in 2 Halsbury's Laws aaO 7 oben; *London and Northwestern Railway v. Jones,* (1915) 2 K. B. 35 [38]; *Bede Steam Shipping Company, Ltd. v. Bunge y Born, Limitada, S. A.,* (1927) 43 T. L. R. 374 [375]. Vgl. auch 6 *C. J. S.* aaO § 10, S. 158 („settlement of existing controversies") [USA].

[24] Vgl. § 32 Arbitration Act, oben unter II 2 („present or future *differences*").

[25] So aber anscheinend *E. Wolff* aaO 33.

[26] *Raape,* IPR, 5. Aufl. 1961, 560, scheint die Ansicht zu vertreten, daß die Ermessensbefugnis des Richters nach englischem Recht einen deutschen Richter *niemals* daran hindern dürfte, eine prozeßhindernde Einrede nach § 274 Abs. 2 Nr. 3 ZPO anzunehmen, weil dieses Ermessen der deutschen lex fori unbekannt und der deutsche Richter an eine gültige Schiedsklausel (auch englischen Rechts) gebunden sei. Dem läßt sich entgegenhalten, daß die Parteien gerade unter Berücksichtigung dieses gerichtlichen Spielraums es unterlassen haben können, die Klausel genauer auszugestalten, insbesondere Ausnahmen festzulegen. Vgl. *Sutton* aaO 58 a. E. f.:

„... the parties may have agreed to the submission precisely because of the discretionary power thus vested in the Court. They may very well have said to themselves ‚If in any particular case it would be unfair to allow the arbitration, to which we are agreeing to proceed, we shall have the protection of the Court'."

... die Parteien können gerade wegen des gerichtlichen Ermessensspielraums der Klausel zugestimmt haben. Sie können sich gesagt haben: „Wenn es im Einzelfall unbillig ist, das von uns vereinbarte Schiedsverfahren zuzulassen, dann haben wir den Schutz des Gerichts."

b) Bedeutung der Gegenforderung

Ein Streit im dargestellten Sinne kann nur vorliegen, wenn die Bezahlung der abstrakten Forderung überhaupt mit Berufung auf die Gegenforderung, nämlich auf vertragliche Schadensersatzansprüche, verweigert werden kann. Denn im übrigen ist die Klageforderung unbestritten.

Wenn es sich um einen von vornherein ungeeigneten Einwand handelt, um *keine „good defense"*, dann wird eben nur die Zahlung verweigert, und für die Tätigkeit eines Arbitrators ist *kein Raum*.

In England kann einer Forderung im Prozeß eine Gegenforderung in zweierlei Weise entgegengesetzt werden: durch *„set off"* und *„counterclaim"*. Bei *ersterem* handelt es sich um eine *Einrede*, unserer *Aufrechnung* ähnlich, die aber außer im Konkurs oder einverständlich nach englischem Recht *nur im Prozeß* erhoben werden kann. Bei *letzterem* handelt es sich um die rein prozeßrechtliche Figur einer *Widerklage*[27].

aa) „Set-off"

Eine Streitigkeit über die Klageforderung könnte dann bestehen, wenn ein „set-off" mit der geltend gemachten Forderung möglich wäre[28].

Das „set-off" ist keine Figur des „common law". Es entstand zunächst als ein Gebilde der Billigkeitsrechtsprechung („equity") und wurde später – mit strengen Voraussetzungen – gesetzlich geregelt. Diese Regeln wurden wiederum von den „equitable courts" übernommen und teilweise erweitert[29]. Nach Beseitigung des Unterschiedes zwischen Law und Equity durch den Judicature Act von 1873 – heute geregelt im Supreme Court of Judicature Act von 1925, §§ 38, 39 – gibt es nunmehr einheitliche Regeln.

---

[27] Näher *Kegel*, Probleme der Aufrechnung, 1938, 11–18. Vgl. auch *Curtis-Bennet* in 34 Halsbury's Laws of England, 3. Aufl. 1960, S. 395:

„In its effect set-off is essentially different from counterclaim in that set-off is a ground of defence, a shield and not a sword, ..."	In seiner Auswirkung ist das „set-off" vom „counterclaim" wesensmäßig verschieden, weil es ein Verteidigungsmittel ist, ein Schild und kein Schwert ...

Curti, Englands Zivilprozeß, 1928, 65; *Stooke v. Taylor* (Cockburn, C. J.), [1880] 5 Q. B. D. 569 (575–578).

Nur wenn dem Beklagten der Überschuß zugesprochen wird – dazu *Curtis-Bennet* aaO 398 mit (nicht eindeutigen) Nachweisen und *Megarry und Baker*, Shell's Principles of Equity, 25. Aufl. 1960, 517 – wird insoweit das „set-off" zur Widerklage. Vgl. *Kegel* aaO 41 (für das amerikanische Recht).

[28] Vgl. für das deutsche Recht *RGZ* 133, 16 (18), wo gegen eine unstreitige Forderung, die im Streitfall vor den Schiedsrichter sollte, mit einer streitigen aufgerechnet wurde.

[29] Näher *Kegel* aaO 11–13; *Spry*, Equitable Set-offs, in The Australian Law Journal, Bd. 43 (1969) 265–272 (265). Zweifelnd: *Megarry und Baker* aaO 516 f.

Erforderlich ist zunächst, daß es sich um *gegenseitige Geldforderungen* handelt, wobei keine Partei teils in eigenem, teils in fremdem Recht handeln darf[30].

Dagegen ist die früher bestehende Voraussetzung der *Konnexität* grundsätzlich fortgefallen[31], ebenso anscheinend die, daß die *Gegenforderung* nicht erst *nach Klageerhebung entstanden* sein darf[32].

Schon früh wurde grundsätzlich verlangt, daß die Forderung, mit der aufgerechnet wird, liquide *(„liquidated")* ist[33]. An dieser Voraussetzung haben nach in England weitaus herrschender Meinung auch der Judicature Act von 1873 und seine Nachfolger sowie die darauf beruhenden – übrigens mit Gesetzeskraft ausgestatteten[34] – „Rules of the Supreme Court, 1883" (order 19 rule 3) nichts geändert[35].

Unklarheiten haben die „Rules of the Supreme Court, 1965" gebracht, deren o. 18 r. 17 bestimmt:

„Where a claim by a defendant to a sum of money (whether of an ascertained amount or not) is relied on as a defence to the whole or part of a claim made by the plaintiff, it may be included in the defence and set-off against the plaintiff's claim, whether or not it is also added as a counterclaim."

Wo sich ein Beklagter zur Verteidigung gegen die ganze oder einen Teil der vom Kläger erhobenen Klage auf einen Geldanspruch bezieht (gleich ob über einen festen Betrag oder nicht), kann dieser in die Verteidigung einbezogen und gegen den Klageanspruch aufgerechnet werden, gleich ob er auch als Widerklage erhoben ist oder nicht.

Hieraus könnte ein Verzicht auf die Liquidität gelesen werden („ascertained amount or not"). Die herrschende Meinung nimmt aber wiederum an, an der Rechtslage habe sich nichts geändert[36].

---

[30] *Curtis-Bennet* in 34 Halsbury's Laws aaO 395, 399 a. E.; *Curti*, Englands Privat- und Handelsrecht, Bd. 2, 1927, 78; *Megarry und Baker* aaO 518 a. E.

[31] *Kegel* aaO 13; *Megarry und Baker* aaO 517, vgl. aber unten.

[32] *Curtis-Bennet* aaO 501 mit Nachweisen.

[33] *Kegel* aaO 14, 170 f.; *Curti* aaO 78; *Curtis-Bennet* in 34 Halsbury's Laws aaO 397; *Stooke v. Taylor* (Cockburn, C. J.), [1880] 5 Q. B. D. 569 (575 f.); *Hanak v. Green* (Morris, L. J.), [1958] 2 All E. L. R. 141 (145 a. E. ff.).

[34] 1 *Supr. Ct. Prac.* (1967), S. 2.

[35] Vgl. *Kegel* aaO 170; 1 Ann. Prac. (1962), 451 (Anno.); *Spry* aaO 269 mit Nachweisen; *Curtis-Bennet* in 34 Halsbury's Laws, 397:

„This is not to say that the legislation of that date, which brought about the fusion of law and equity, extended the right of set-off to cases where it had not previously existed."

Das soll nicht heißen, daß die damalige Gesetzgebung, die die Verbindung von Law und Equity brachte, das Recht des „set-off" auf Fälle ausgedehnt hätte, wo es vorher nicht bestanden hat.

Weitere Nachweise auch für abw. Ansichten, bei *Kegel* aaO.

[36] Vgl. 1 *Supr. Ct. Prac.* (1967), 268: „This Rule, however, does not itself define or describe what type of claim may be pleaded as a set-off". (Diese Regel definiert oder beschreibt jedoch nicht selbst, welche Art Anspruch aufgerechnet werden

Der Begriff der Liquidität einer Forderung ist unscharf. Gewöhnlich wird gesagt, die Höhe des Anspruchs müsse sich einfach durch Berechnung feststellen lassen. Jedenfalls gelten *Schadensersatzforderungen*, vertragliche und deliktische, *regelmäßig als illiquide*[37]. In diesem Sinne ist der geltend gemachte *Schadensersatzanspruch der Beklagten „unliquidated"*.

Vom Grundsatz der Liquidität der aufzurechnenden Forderung wird eine *Ausnahme* gemacht, die aus der Billigkeitsrechtsprechung stammt („equitable set-off"). Sie besagt, daß dann die aufgerechnete Forderung nicht „liquidated" zu sein braucht, wenn sie sich aus *demselben Rechtsverhältnis* ergibt wie der Klageanspruch und wenn noch *weitere Billigkeitsgesichtspunkte* für eine Aufrechenbarkeit sprechen. Das letztere Erfordernis wird mehr oder weniger betont[38].

Eine solche Beziehung besteht hier zwischen beiden Forderungen *nicht*. Es ist schon fraglich, ob es sich bei dem Distributor Agreement und dem einzelnen Bezug der Kraftfahrzeuge um *denselben* Vertrag handelt. Denn die Geschäftsbedingungen sprechen insoweit von „purchase" (Kauf). Jedenfalls bilden Wechsel („drafts") auch nach englischem Recht als abstrakte Schuldforderungen einen vom Grundvertrag unabhängigen Klagegrund („independent cause of action")[39]. Zudem fehlt es hier noch an den weiteren Billigkeitsvoraussetzungen.

bb) „Counterclaim"

Somit konnte der geltend gemachte Schadensersatzanspruch der Beklagten vor einem englischen Gericht *nur durch „counterclaim"* erhoben wer-

kann). Ebenso *Spry* aaO 270. Unklar *Hale v. Victoria Plumbing Co. Ltd.* [1966] 2 Q. B. 746.

[37] Näher *Kegel* aaO 172.

[38] Vgl. *Kegel* aaO 171; *Curtis-Bennet* in 34 Halsbury's Laws, 397:

„In this way unliquidated claims may now be set-off against liquidated claims, provided they are so linked as to raise an equity in favour of the party seeking to rely upon them, ..."

Auf diese Weise können illiquide Ansprüche jetzt gegen liquide aufgerechnet werden, vorausgesetzt, sie sind damit so verbunden, daß dies einen Billigkeitsfall zugunsten der Partei bildet, die sich darauf bezieht;

1 *Supr. Ct. Prac.* (1967), 268 f. (Anno.) mit Nachweisen; *Spry* aaO 268:

„Further it was not enough to show that the various claims arose out of the same contract ... What must be established was such a relationship between the claim of the plaintiff at law and the claim of the defendant that the right of the plaintiff should be regarded in equity as dependent on satisfaction of the claim of the defendant."

Weiterhin genügte es nicht darzulegen, daß die verschiedenen Ansprüche aus demselben Vertrag erwuchsen ... Was dargelegt werden mußte, war, daß zwischen dem Anspruch des Klägers und dem des Beklagten eine solche Beziehung bestand, daß das Recht des Klägers nach Billigkeitsregeln als von der Befriedigung des Anspruchs des Beklagten abhängig anzusehen ist.

Nachweise daselbst.

[39] Vgl. die Definition in § 3 Bills of Exchange Act („an unconditional order").

den. Dieser berührt aber als reine Widerklage[40] den Klageanspruch selbst nicht, kann insofern also auch keine „difference“ entstehen lassen, wenn der Klageanspruch selbst unbestritten ist. Ein *streitiger „counterclaim“* kann ein englisches Gericht daher *nicht* veranlassen, den *Klageanspruch an den Schiedsrichter* zu verweisen[41].

cc) Besonderheiten des Falles, Zwischenergebnis

Zwei Besonderheiten müssen jedoch im hier zu beurteilenden Fall beachtet werden:

Einmal handelt es sich *nicht* um einen englischen Wechsel, wenngleich die Urkunde den typischen Inhalt eines „draft“ hat[42]. Denn sowohl nach deutschem[43] wie nach englischem internationalen Wechselrecht[44] richten sich Form und Wirkung eines in Deutschland akzeptierten und zahlbaren Wechsels hinsichtlich des Akzepts nach deutschem Recht. Danach handelt es sich hier um keinen Wechsel (Art. 1 WG). Soweit die Urkunde aber als Wechsel („draft“) gemeint war, was nach den Umständen zu vermuten ist, ist die Erklärung nach § 140 BGB in eine kaufmännische Anweisung an Order umzudeuten. Da diese in ihrer Rechtsnatur dem Wechsel ähnelt, ist nicht anzunehmen, daß sich an der dargestellten Rechtslage aus diesem Grund etwas ändert; denn für ein englisches Gericht sind Fragen der Aufrechenbarkeit immer solche des (englischen) Prozeßrechts[45].

Die zweite Besonderheit ist, daß der Rechtsstreit *nicht vor einem englischen Gericht* anhängt, *sondern vor einem deutschen.* Es muß zunächst aus unserer Sicht über das Liquiditätserfordernis entschieden werden. Qualifizieren wir es als *prozeßrechtlich,* wofür die besseren Gründe sprechen[46], dann ist von vornherein eine *Aufrechnung* nach der deutschen lex fori *möglich.* Qualifizieren wir es als *materiellrechtlich,* so gilt *deutsches Recht,* wenn man mit der herrschenden Lehre das *Recht der* (hier deutschen) *Hauptforderung* maßgeben läßt. Stellt man mit einer *Mindermeinung*[47] *auch* auf das Recht der *aufgerechneten* Forderung ab, so gilt für die Möglichkeit der Aufrechnung *ebenfalls deutsches Recht,* weil das englische IPR diese Frage als eine des Prozeßrechts der lex fori überweist[48]. *Nach deutschem Recht* ist die *Aufrechnung* mit einer „illiquiden“ Schadensersatzforderung *möglich.*

---

[40] Vgl. oben 2 b.

[41] *Bede Steam Shipping Company, Ltd. v. Bunge y Born, Limitada* (Justice Mac Kinnon), [1927] 43 T. L. R. 374.

[42] Vgl. die Beispiele bei *Richardson,* Negotiable Instruments, 1958, 40.

[43] Art. 92, 93 WG.

[44] § 72 Abs. (1) und (2) Bills of Exchange Act, 1882.

[45] Vgl. unten.

[46] Näher *Kegel* aaO 174 f. und *Soergel-Kegel* aaO vor Art. 7, Randnr. 249.

[47] Näher *Soergel-Kegel* aaO vor Art. 7 Randnr. 248 Fn. 5.

[48] *Curtis-Bennet* in 34 Halsbury's Laws aaO 398. Zur Beachtlichkeit dieser „hypothetischen“ Rückverweisung *Kegel,* IPR, 2. Aufl. 1964, 132, 246 a. E. f.

Wenn aber eine zweifelhafte Forderung gegen eine zwar unbestritten entstandene Forderung aufgerechnet werden kann und wird, so wird damit der Bestand dieser Hauptforderung berührt, und sie wird ihrerseits zweifelhaft[49]. Das bedeutet: Vor einem deutschen Gericht wird die Forderung durch die zweifelhafte Aufrechnung zweifelhaft. Da eine *Zweifelsfrage besteht,* ist die Sache – nach dem maßgeblichen englischen Recht – *zur Entscheidung durch den Schiedsrichter* generell *geeignet*[50].

3. *Auslegung der Schiedsklausel*

a) Grundsatz

Geht man von der Möglichkeit einer Verweisung an das Schiedsgericht aus, also davon, daß es über den Streit entscheiden *kann,* so bleibt die zweite Frage, ob es über den Streit entscheiden *soll.* Dies ist eine Frage der *Auslegung.*

Schiedsklauseln folgen nach englischem Recht grundsätzlich *denselben Auslegungsregeln* wie andere Verträge[51].

Die Schiedsklausel, die Streitigkeiten „in connection with" dem Vertrag dem Schiedsrichter zuweist, ist in bezug auf die erfüllungshalber gegebenen abstrakten Verbindlichkeiten („drafts") nicht eindeutig. Sie bedarf der Auslegung[52]. Entscheidend ist der *Wille* („intention") *der Parteien,* und zwar der aus Indizien herzuleitende *tatsächliche* Wille[53]. Dabei können im Falle wirklicher Unklarheit auch außerhalb einer Urkunde liegende Umstände zu ihrer Auslegung herangezogen werden[54].

---

[49] Vgl. *RGZ* 133, 16 [18].

[50] Zum Problem, das dadurch entsteht, daß der Arbitrator nach § 17 des Agreement wohl in Anlehnung an englisches Verfassungsrecht vorzugehen haben würde und nach diesem keine „difference" besteht (weil kein „set-off möglich ist) vgl. unten 3 b.

[51] Vgl. *Hailsham* in 2 Halsbury's Laws aaO 11–15, *E. Wolff* aaO 27 und für die USA z. B. *Kahn* aaO 21 a. E., 6 *C. J. S.* aaO Arbitration and Award, § 27 (S. 166 bis 168, insbes. S. 167:

„If the agreement or submission is ambiguous all the surrounding facts and circumstances may be considered ..."	Wenn die Klausel nicht eindeutig ist, sind alle Begleitumstände heranzuziehen ...

[52] Vgl. *Lüderitz,* Auslegung von Rechtsgeschäften, Vergleichende Untersuchung anglo-amerikanischen und deutschen Rechts, 1966, 65, 68.

[53] Näher *Lüderitz* aaO 309–339 (Zusammenfassung 339). Dabei ist im Zweifel vom *vernünftigen* (S. 340–355, Zusammenfassung 355) und *redlichen* (S. 356–385, Zusammenfassung 383–385) Willen auszugehen. Die Übergänge zur „ergänzenden Auslegung" bei der „construction" sind im anglo-amerikanischen Recht schwimmend.

[54] *Shebbeare* in 11 Halsbury's Laws (1955), 405–407 mit Nachweisen; *Chitty,* Contracts, 23. Aufl. 1968, 660 f.

b) Parteiwille auf der Grundlage des englischen Rechts

Aus dem Vertrag und den Begleitumständen geht hervor, daß es das Bestreben der X. Y. war, das gesamte Vertragsverhältnis dem ihr vertrauten englischen Recht entsprechend zu gestalten, und daß die Beklagte dieses Bestreben gebilligt hat. Der Vertrag, die Geschäftsbedingungen und die gesamte Korrespondenz sind in englischer Sprache abgefaßt. Englisches Recht ist ausdrücklich vereinbart. Für Schiedsverfahren soll der englische „Arbitration Act" maßgeben. Die von der Beklagten akzeptierten „kaufmännischen Anweisungen" sind anscheinend als englische Wechsel („drafts") gemeint gewesen. Sie sind ebenfalls in englischer Sprache abgefaßt und haben den typischen Inhalt eines „draft" [55]. Die Urkunden sind auch von den Parteien immer nur als „drafts" bezeichnet worden.

Auf dieser Grundlage wird man annehmen müssen, daß nach dem Willen der Parteien nur solche Streitigkeiten vor den „arbitrator" kommen sollten, die von einem englischen Gericht an ihn hätten verwiesen werden können. Dagegen wird im Zweifel ein Streit, dessen Verweisung an den Schiedsrichter nur deshalb möglich ist, weil er vor einem nicht-englischen – sein eigenes Prozeßrecht anwendenden – Gericht anhängt, dessen Verweisung vor einem Gericht aber ausgeschlossen wäre, nach dem Willen der Parteien *nicht* unter die „arbitration clause" fallen [56].

Dafür spricht insbesondere, daß ein Schiedsrichter nach dem englischen „Arbitration Act" (§ 17 des Agreement) wahrscheinlich entsprechend englischem Recht prozedieren würde, zumal schon englische Rechtsanwälte als „arbitrators" vorgeschlagen sind, und daß nach diesem ein „set-off" wiederum nicht möglich, eine „difference" folglich nicht vorhanden wäre. Ein solcher Widerspruch wird von den Parteien nicht gewollt sein.

Sollten die Parteien den Fall überhaupt nicht bedacht haben, so ist davon auszugehen, daß sie ihn – dieser Gesamttendenz entsprechend – von der „arbitration clause" hätten ausgenommen haben wollen, wenn sie daran gedacht hätten.

Schon aus diesen Gründen ist die Schiedsklausel somit dahin auszulegen, daß sie den anhängigen Streit *nicht erfaßt*.

c) Auslegung aus der Natur des „Wechsels"

Dasselbe ergibt sich aus einer anderen Erwägung: Wer erfüllungshalber Wechsel (oder ähnliche Verpflichtungen) annimmt, tut das regelmäßig auch im Hinblick auf die rasche und durchgreifende Verwertbarkeit; wer

---

[55] Oben 2 b cc. Die streitige Urkunde wurde auch zunächst wie ein Wechsel protestiert.

[56] Soweit wie hier der reale Parteiwille die Anwendung ausländischen Rechts (hier des englischen) auf einen Vertrag bewirkt, kommt eine *Rückverweisung* (oben 2 b cc) nicht in Betracht: *Soergel-Kegel* aaO Randnr. 218 vor Art. 7 EGBGB.

Wechsel akzeptiert, unterwirft sich dem. Wechselansprüche einer Schiedsgerichtsklausel zu unterwerfen, steht zu der regelmäßig beabsichtigten straffen Durchsetzbarkeit in gewissem Widerspruch. Im Zweifel sollen sich daher – namentlich auch unter Kaufleuten – Schiedsgerichtsabreden auf Wechselforderungen nicht erstrecken[57]. Dieselben Überlegungen haben *auch im englischen Recht* Gültigkeit, wie eine Bemerkung von *Lord Robson* in T. W. Thomas & Co., Ltd. v. Portsea Steamship Company, Ltd. [1912] A. C. 1 (S. 11) zeigt, die sich mit der Erstreckung einer Schiedsgerichtsklausel auf einen *Ladeschein* befaßt:

„It is to be remembered that the bill of lading is a negotiable instrument, and if the obligations of those who are parties to such a contract are to be enlarged beyond the matters which ordinarily concern them, or if it is sought to deprive either party of his ordinary legal remedies, the contract cannot be too explicit and precise."

Man muß daran denken, daß der Ladeschein ein Wertpapier ist, und wenn die Verpflichtungen der Parteien eines solchen Vertrags über die damit gewöhnlich verbundenen Dinge hinaus erweitert werden sollen oder wenn man beabsichtigt, einer Partei ihre gewöhnlichen rechtlichen Mittel zu entziehen, dann *kann der Vertrag nicht ausdrücklich und eindeutig genug sein.*

Auch nach englischem Recht bezieht sich daher die *Schiedsgerichtsklausel* – unterstellt, die Forderungen aus dem einzelnen *Bezug* der Kraftfahrzeuge stehen überhaupt „in connection" mit dem „Distributor-Agreement" – *im Zweifel nicht auf die Wechselforderungen.*

d) Auslegung „contra proferentem"

Eine Auslegungsregel des englischen Rechts besagt, daß in Verträgen, deren Wortlaut von einer Partei einseitig festgelegt ist, unklare Stellen zu Lasten dieser Partei gehen, die formuliert hat, und somit zugunsten des anderen Teils auszulegen sind[58].

Bei einer Schiedsgerichtsklausel ist die Frage, was günstig ist und was ungünstig, naturgemäß schwerer zu beantworten als bei einer Bestimmung materiellen Inhalts. Man wird aus Gründen der Rechtssicherheit nicht darauf abstellen dürfen, was einer Partei in diesem oder jenem Einzelfall lieber ist. Wenn eine Unklarheit in einer Schiedsgerichtsklausel gegen den Urheber der Klausel auszulegen ist, dann kann das vielmehr nur zur Folge haben, daß die Klausel *nicht* angewandt wird. Denn wenn-

---

[57] So z. B. *Baumbach-Schwab* aaO 79 (entsprechender Wille muß „handgreiflich sein") mit Nachweisen und oben A III 1.

[58] *Anson*, English Law of Contract, 21. Aufl. von *Guest*, 1964, 140 a. E. f. („The words of written documents are construed more forcibly against the party using them." – Die Worte geschriebener Urkunden werden stärker gegen den Teil ausgelegt, der sie gebraucht hat.); *Lüderitz* aaO 247–251, insbes. 249 a. E. f., mit weiteren Nachweisen.

gleich das englische Recht heute regelmäßig Schiedsklauseln wie alle anderen Verträge behandelt, so ist dennnoch die Grundauffassung geblieben, die Partei sei bei den ordentlichen Gerichten immer noch besser aufgehoben. Daher z. B. das Verbot, „to oust the jurisdiction of the court" und der Ermessenspielraum des Gerichts, der ihm u. U. gestattet, bei schwierigen Fragen und aus anderen Gründen trotz wirksamer Schiedsklausel das Verfahren weiterzuführen; daher auch die – wenigstens theoretisch bestehende – weitgehende Kontroll- und Einflußmöglichkeit englischer Gerichte [59]. Die Möglichkeit, nach richterlichem Ermessen von der Anwendung der Schiedsklausel abzusehen, wird demgemäß auch betrachtet als ein Mittel, die Parteien zu *schützen* [60].

Die Auslegungsregel „contra proferentem" wird daher im Falle einer unklaren – und damit gegen ihren Urheber auszulegenden – Schiedsklausel *nicht* dazu führen, *daß* die *Klausel* im Zweifel *angewandt wird.* Das englische Recht geht davon aus, daß eine Partei vor den ordentlichen Gerichten stets ihren vollen Rechtsschutz erhalten kann, während das vor einem Schiedsgericht nicht gleichermaßen gesichert und unter Umständen doch erst wieder unter Anrufung der Gerichte zu erreichen ist [61]. Die Nichtanwendung der Klausel wird daher immer als „günstiger" anzusehen sein als ihre Anwendung, so daß die *Auslegung nur zur Nichtanwendung führen kann.*

e) Ergebnis

Die „arbitration clause" ist somit dahin auszulegen, daß sie den streitigen „Wechsel"-Anspruch nicht erfaßt.

IV. Beweislast für anderslautende Regel des englischen Rechts

Wenn die Beklagte eine von dieser Auslegung abweichende Regel des englischen Rechts behauptet, trägt sie hierfür die Beweislast. Denn die dargestellte Auslegung nach englischem Recht ist zumindest in hohem Maße wahrscheinlich, und daher wird ein deutsches Gericht von ihr auszugehen haben [62].

---

[59] Vgl. oben A III 2 a.

[60] Vgl. *Sutton* (oben Fn. 26): „. . . we shall have the *protection* of the court."

[61] Vgl. auch *T. W. Thomas & Co., Ltd. v. Portsea Steamship Company, Ltd.*, oben unter III 3 c: „. . . or if it is sought to *deprive* either party *of his ordinary legal remedies*, . . ."

[62] Vgl. *Soergel-Kegel* aaO vor Art. 7, Randnr. 115 mit Nachweisen; *Kegel,* Die Anwendung ausländischen Rechts im IPR, 1968, 179–182. – Darüber hinaus wäre nach verbreiteter Ansicht selbst bei Nichtfeststellbarkeit der Auslegung nach englischem Recht zu Lasten der Partei zu entscheiden, die ihren Antrag auf eine nicht feststellbare Auslegungsregel gestützt hat. Vgl. *Soergel-Kegel* aaO. Wendet man

B. WIRKUNG DER EINREDE GEGEN INDOSSATAR

Zu der Frage, inwieweit eine (unterstellt) durchgreifende Schiedsklausel einem Indossatar entgegengehalten werden kann, ist folgendes zu bemerken:

Ob die Schiedsgerichtseinrede dem neuen Gläubiger gegenüber erhoben werden kann, richtet sich *nicht nach der lex fori.* Zwar behandelt und regelt der Schiedsvertrag einen prozessualen Gegenstand. Jedoch berührt die Einrede die Durchsetzbarkeit und damit den Wert der von dem Dritten erworbenen Forderung und ist eng mit dieser verknüpft. Die Frage ist daher ebenso anzuknüpfen *wie* bei einer *materiellen Einrede.*

Auch unter diesem Blickpunkt ist jedoch *deutsches Recht* maßgebend. Das gilt, wenn man das Indossament einer kaufmännischen Anweisung analog dem eines Wechsels behandelt. Denn die Frage der gegenüber einem Indossatar möglichen Einwendungen ist eine Fortwirkung der ursprünglichen Verpflichtung des Akzeptanten, für die (analog Art. 93 Abs. 1 WG) das Recht des Zahlungsortes gilt und nicht (analog Art. 93 Abs. 2 WG) das Recht des Indossamentortes[63].

Aber auch allgemein ist anzunehmen, daß sich die *Wirkung* der – u. U. nach anderen Grundsätzen zu beurteilenden – *Übertragung* einer Forderung nach dem *für die Forderung maßgebenden Recht* richtet[64].

Die Darstellung des deutschen Rechts erübrigt sich[65].

C. ERGEBNIS

1. Der Anwendungsbereich der Schiedsklausel bestimmt sich nach englischem Recht (A I).
2. Die Klausel ist formgültig (A II).
3. Eine spezielle Regel ist zur Bedeutung der Klausel nicht festzustellen (A III 1).
4. Vor einem englischen Gericht wäre dieser Rechtsstreit nicht schiedsgerichtsfähig; ein Aussetzen („staying") auf Grund der Klausel wäre ausgeschlossen (A 2 a, b aa, bb).

---

aber (was wegen der Gleichbehandlung aller Verfahrensarten richtiger sein dürfte, vgl. *Kegel,* Die Anwendung ausländischen Rechts im IPR aaO, z. T. noch anders *Soergel-Kegel* aaO mit Nachweisen) äußerstenfalls deutsches Recht an, so erstreckt sich die Klausel im Zweifel ebenfalls nicht auf *Wechsel-(und ähnliche)* Ansprüche, vgl. oben Fn. 16.

[63] *Stranz,* WechselG, 14. Aufl. 1952, Art. 93, Anm. 9 (S. 449).

[64] Vgl. *Soergel-Kegel* aaO vor Art. 7 Randnr. 250 f. (Abtretung), Randnr. 272 (Wertpapiere) und IPR, 2. Aufl. 1964, 247 (Abtretung).

[65] Vgl. insoweit *Stein-Jonas-Schönke-Pohle* aaO § 1025, Anm. VI 2 und *Baumbach-Schwab* aaO 81 (II), jeweils mit Nachweisen.

5. Vor einem deutschen Gericht ist der Rechtsstreit schiedsgerichtsfähig (A 2 b cc).
6. Die Klausel ist jedoch dahin auszulegen, daß sie die streitige Forderung nicht erfaßt, weil
   a) die Parteien die englische Rechtslage zugrundegelegt haben,
   b) dies aus der Natur des „Wechsels“ (bzw. der Anweisung) gefolgert werden kann,
   c) die Auslegungsregel „contra proferentem“ im Zweifel zur Nichtanwendung der Klausel führt (A III 3).
7. Eine entgegenstehende Regel des englischen Rechts wäre von der Beklagten zu beweisen (A IV).
8. Das Durchgreifen einer Schiedsklausel (im Falle ihrer Anwendbarkeit) gegenüber dem Indossatar bestimmt sich nach deutschem Recht (B).

Nr. 5

Italien

1. Anwendbares Recht auf einen Vertrag, in dem ein früherer Vertrag über das Bebauen von Grundstücken gegen Abstandszahlung aufgehoben wird.

2. Der Mangel der Registration eines nach italienischem Rechte zu behandelnden Vertrages hat keine Auswirkungen auf die Gültigkeit des Vertrages und seine Durchsetzbarkeit vor einem deutschen Gericht.

3. Auch nach Ablauf der Frist zur Erhebung einer Anfechtungsklage kann nach italienischem Recht der Schuldner die Anfechtbarkeit einredeweise geltend machen.

4. Zur Verjährung nach italienischem Recht.

5. Zum italienischen Wechselrecht.

Heidelberg 206/69 vom 25. 2. 1969

Herr Rechtsanwalt S. aus Stuttgart-Bad Canstatt bittet das Institut für ausländisches und internationales Privat- und Wirtschaftsrecht der Universität Heidelberg um eine Auskunft über internationales und italienisches Schuldrecht. Der Auskunft liegt folgender *Sachverhalt* zugrunde:

Vor dem Landgericht Stuttgart schwebt ein Rechtsstreit zwischen W. (Kläger) und T. (Beklagter). Der Auftraggeber des Gutachtens ist Anwalt des Beklagten T.

T. ist Architekt. 1959/60 plante er die Errichtung einer Feriensiedlung in der Nähe von Pisa (Italien), wo er damals wohnte.

I. Der Kläger W. klagt aus abgetretenem Recht Ansprüche gegen T. ein, die auf Grund folgenden Sachverhaltes zunächst dem italienischen Bauunternehmer B. aus Pisa zugestanden haben sollen: Bei Beginn der Planungen zu genannter Siedlung vereinbarte T. mit B., daß dieser alle anfallenden Bauarbeiten ausführen solle. Später scheiterte jedoch die Finanzierung des Vorhabens; das Eigenkapital T.s war ebenfalls aufgebraucht. T. versuchte daraufhin, seine Planungen zu verkaufen. Da B. ebenfalls schon Aufwendungen gemacht hatte, „sollte der Beklagte dafür Sorge tragen, daß evtl. Interessentengruppen, die an seiner Stelle das Bauprojekt weiterführten, in den zwischen dem Beklagten und B. bestehenden Bauvertrag eintreten", wie sich der Gutachtensauftrag ausdrückt. Jedenfalls wurde ein in italienischer Sprache abgefaßter Vertrag von T. unterschrieben. Punkt 4 des Vertragstextes berichtet in dem von beiden Parteien als Übersetzung anerkannten Text:

„Im Falle der Registrierung des gegenwärtigen Vertrags geht die diesbezügliche Auslage zu Lasten der nichterfüllenden Partei."

T. trägt vor, der Text des Vertrages, wie er schriftlich abgefaßt sei, entspreche nicht der mündlichen Abmachung. Er, der kein Italienisch verstehe, habe den Vertrag im Vertrauen auf seine Übereinstimmung mit den Abmachungen unbesehen unterschrieben. Nach Auslieferung einer Übersetzung nach einer Woche habe er bei B. und dessen Anwalt protestiert. Damit habe er, T., den Vertrag angefochten. Er ist überdies der Ansicht, der Vertrag sei mangels Registrierung nichtig; zudem sei die Forderung verjährt.

Der Kläger, W., will die Ansprüche B.s abgetreten erhalten haben.

II. Ferner wird der Antrag des Klägers auf zwei Blankowechsel gestützt, die T. während seines Italienaufenthaltes 1959/60 aus der Hand gegeben hat und die später ausgefüllt worden sein sollen.

Diese Wechsel hat W. im Prozeß vorgelegt; wann er sie erworben hat, ist nicht bekannt.

A. ZUM VERTRAGSSCHLUSS

I. Internationalprivatrechtliche Frage

Zunächst ist das auf das Vertragsverhältnis zwischen T. und B. anzuwendende Recht zu bestimmen. Dabei handelt es sich um einen schuldrechtlichen Vertrag; dieser hat zum Gegenstand eine Abstandszahlung für die Nichtausführung eines Bauauftrages, wobei das Bauvorhaben in Italien ausgeführt werden sollte.

Nach deutschem internationalem Schuldrecht vermögen die Parteien eines Schuldvertrages das auf den Vertrag anwendbare Recht selbst zu bestimmen[1].

---

[1] Vgl. z. B. *Raape*, IPR, 5. Aufl. 1961, 458 f.; *Kegel*, IPR, 2. Aufl. 1964, 227; *Serick*,

Ein solches Recht haben die Parteien indessen nicht ausdrücklich vereinbart. Daher ist nach dem sogenannten „hypothetischen Parteiwillen“ zu forschen, d. h. auf Grund objektiver Umstände zu bestimmen, welches Recht sinnvollerweise anzuwenden ist[2].

Im vorliegenden Falle weisen alle Punkte auf die Anwendung italienischen Rechtes. Ausgegangen ist der Fall von einem Vertrag zum Bebauen italienischer Grundstücke. Verträge, die sich irgendwie auf Grundstücke beziehen, werden in der Regel nach dem Recht des Lagestaates zu behandeln sein[3].

Hinzu kommt, daß ein einheimischer Unternehmer beauftragt worden ist, und Herr T., wiewohl Deutscher, einen Wohnsitz in Pisa hatte.

Da sich der Abstandsvertrag ohne den vorausgegangenen Bauauftrag nicht denken läßt, was allein schon die lange Vorbemerkung des Vertragswerkes erkennen läßt, liegt kein vernünftiger Grund vor, diesen Vertrag nach einem anderen Recht zu behandeln[4].

Damit wird auch der subjektiven Einstellung der Parteien Genüge getan. Zwar ist, wie ausgeführt, kein Recht ausdrücklich gekoren worden. Jedoch sind Anhaltspunkte vorhanden, daß die Parteien von der Anwendung italienischen Rechts ausgegangen sind:

Zum einen scheint T. im Prozeß der Meinung zu sein, daß der Vertrag nach italienischem Recht zu behandeln sei; zum anderen zeigt die Nr. 4 des Vertrags, daß er sich auf italienischen Vorstellungen aufbaut. Somit verweist das deutsche IPR auf die Anwendung italienischen Rechtes. Die Frage der Rückverweisung braucht hier deshalb nicht geprüft zu werden, weil das italienische Recht die Verweisung des deutschen im vorliegenden Fall annimmt.

Vgl. Art. 25 Abs. 1 Satz 1 Disp. prel. Cod. civ., nach dem mangels gemeinsamer Staatsangehörigkeit der Parteien das Recht des Abschlußortes (Pisa) anzuwenden ist.

Art. 25 Abs. 1 lautet:

„Le obbligazioni che nascono da contratto sono regolate dalla legge nationale dei contraenti, se è comune; altrimenti da quella del luogo nel quale il contratto è stato conchiuso.“[5]

Demnach ist auf den Fall italienisches Recht anzuwenden.

Die Sonderanknüpfung von Teilfragen im internationalen Privatrecht, RabelsZ 18 (1953) 644 ff.

[2] Vgl. *BGH* 30. 9. 1952, BGHZ 7, 235; *BGH* 22. 11. 1955, BGHZ 19, 112; *Raape* aaO 473 ff.; *Kegel* aaO 230.

[3] Vgl. *Raape* aaO 478.

[4] Vgl. auch die Entscheidung des österreichischen *OGH* vom 9. 6. 1965, abgedruckt in ZfRV 1968, 295 ff. (mit Anm. *Selb*), die ausführt, daß auf Verträge, die bestehende Schuldverhältnisse abändern, das Recht dieses Schuldverhältnisses anzuwenden ist. Dies muß auch im deutschen IPR gelten.

[5] Vgl. auch *Pallieri*, Diritto Internazionale Privato, 2. Aufl. 1950, 227 ff.

II. Materiellrechtliche Frage

Im folgenden sollen der Reihe nach die einzelnen Einwände des Beklagten abgehandelt werden.

1. Fehlen der Registration

Der Beklagte wendet ein, mangels „registrazione" sei der Vertrag nichtig.

Bei dieser Registration handelt es sich um eine Steuerangelegenheit. Nach einem Gesetz vom 30. 12. 1923, das dasjenige von 1865 ersetzt hat und das seit seinem Inkrafttreten in extremer Häufigkeit geändert worden ist[6], unterliegen Verträge einer Registrierungspflicht, an die eine Abgabe geknüpft ist. Die genauere rechtliche Ausgestaltung dieser Registration interessiert hier nicht; es sind lediglich die Rechtsfolgen des Unterlassens zu prüfen und die Frage, inwieweit diese Rechtsfolgen außerhalb Italiens wirksam sein können.

Gemäß Art. 106 des genannten Gesetzes sind die der Registration unterworfenen Akte, die nicht registriert sind, unwirksam („non possono farsi valere in giudizio"). Dem fügt Art. 108 hinzu, daß diese Unwirksamkeit im Gerichtsverfahren von jeder Partei und in jedem Abschnitt des Verfahrens vorgebracht werden kann; ferner muß das Gericht darüber von Amts wegen befinden.

Jedoch ist es bislang ausdrücklich abgelehnt worden, an die Nichtregistration die Folge der Nichtigkeit des Vertrags zu knüpfen[7]. Es ist jedoch zu prüfen, was diese Rechtslage in Italien für einen deutschen Richter zu bedeuten hat.

Es handelt sich bei diesem Registrationserfordernis eindeutig um ein Steuergesetz[8]. Nun besteht der Grundsatz, daß ein inländischer Richter ausländisches Steuerrecht grundsätzlich nicht zu beachten hat[9]. Hier sind jedoch folgende beiden Besonderheiten gegeben:

---

[6] Vgl. *Novissimo Digesto Italiano* (im folgenden abgekürzt: Nov. Dig.), Bd. XV Reg.-Riv. 1968, Artikel „Registro (Imposta di)", S. 39–168, wo bis einschließlich 1966 allein 31 „wichtigere" Änderungen aufgeführt werden (S. 43 f.); insgesamt werden unter Rubrik „legislazione" etwas über 200 (!) relevante Gesetzgebungsakte seit 1923 aufgeführt.

[7] Vgl. Nov. Dig. aaO S. 67.

[8] Vgl. für das ähnliche französische Recht: *Freyria*, Principes de solution des conflits de lois en matière d'enregistrement, in Semaine Juridique 1952 Teil I Nr. 1023, Nr. 1 und 2. Sowohl dem heutigen französischen wie auch italienischen Recht liegt letztlich das Gesetz vom 22. Frimaire An VII zugrunde, vgl. *Nov. Dig.* aaO 43. Vgl. *Isay*, Internationales Finanzrecht, 1934, S. 56, 97 (hier zur italienischen Legge del registro).

[9] Vgl. dazu Melchior, Die Grundlagen des deutschen internationalen Privat-

a) Die Nichtbeachtung der Steuervorschrift wird mit einer vor dem Zivilgericht durchsetzbaren Unwirksamkeit des Vertrages geahndet.

b) Der Fall war zunächst ein Fall mit fast ausschließlich auf Italien weisenden Bezügen, insofern als T. seinen Wohnsitz in Pisa hatte und die Staatsangehörigkeit im deutschen vertraglichen Schuldrecht im Zweifel unbeachtlich ist; erst durch die Rückwanderung des Beklagten nach Deutschland und die Abtretung des Anspruches an den Kläger sind Beziehungen zum deutschen Rechtsgebiet angeknüpft worden.

zu a): Es ist zu prüfen, wie diese Folge des Registrationserfordernisses zu qualifizieren ist. Stellt auch die Unwirksamkeit vor den Zivilgerichten materiell Steuerrecht dar, so ist sie grundsätzlich unbeachtlich [10]; stellt sie materielles Zivilrecht dar, könnte man zu ihrer Beachtlichkeit kommen, entweder als zur lex causae oder zur Form gehörig; stellt sie, wegen der Vorschrift des Art. 108 des Gesetzes, Zivilprozeßrecht dar, so käme man wegen des Grundsatzes der lex fori im Zivilprozeßrecht zur Nichtanwendung [11].

In dem genannten Artikel Registro (Imposta di) in *Nov. Dig.* sind die oben angeführten Folgen der Nichtregistrierung unter der Überschrift „Mezzi per impedire l'evasione del tributo" abgehandelt. Das deutet darauf hin, daß der Primärzweck der Registration die Erzielung von Einkünften des Staates und nicht die Einhaltung einer Form ist, durch die etwa vor Übereilung geschützt oder den Parteien die Bedeutung des Vertragsabschlusses vor Augen geführt werden soll.

Eine privatrechtliche Vorschrift in eigentlichem Sinne ist auch deshalb nicht gegeben, weil der Codice civile in späterer Zeit die Frage der Formbedürftigkeit von Schuldverträgen selbständig geregelt hat [12].

Zwar wird die Sanktion für die Nichtregistrierung erst in einem Gerichtsverfahren wirksam; jedoch kann sie deshalb kaum als zivilprozeßrechtlich bezeichnet werden: ein Beweisverbot, das an die Nichtzahlung einer Steuer angehängt wird, ist kein Mittel, das seinen Platz systematisch in einem Gerichtsverfahren hat.

---

rechts, 1932, § 281, S. 416 f.; für den Finanzrichter: *Teichner*, Internationales Steuerrecht, 1967, S. 3 f.; für Italien allgemein: La giurisprudenza italiana di diritto internazionale privato e processuale, Repertorio 1942–1966, Bari 1967, S. 455 Nr. 3. Daß ein deutscher Beamter kein ausländisches Steuerrecht anwenden darf, lehrt *Isay* aaO 11.

[10] A. A. möglicherweise *Batiffol*, Droit international privé, 4. Aufl. 1967, No. 600 (S. 659 f.); ferner im älteren Recht *von Bar*, Theorie und Praxis des internationalen Privatrechts, Bd. 1, 1889, 362 f.

[11] *Von Bar* aaO 363 Fußn. 63, ist übrigens der Ansicht, daß dann, wenn die Nichtbezahlung des Stempels kein Nichtigkeitsgrund ist, sondern nur beweisrechtliche Folgen hat (wie hier), im Auslande diese Vorschrift nicht zu beachten ist.

[12] Vgl. Art. 1350 Cc.

Die Beachtung ausländischer Stempelvorschriften lehnt nach einer Angabe bei *Nußbaum* auch die italienische Rechtsprechung ab[13]. Diese Meinung scheint im internationalen Rahmen herrschend zu sein[14].

Einen gesetzlichen Ausdruck hat diese Auffassung in dem sowohl in Deutschland als auch in Italien gültigen Abkommen über das Verhältnis der Stempelgesetze zum Wechselrecht (RGBl. 1933 II S. 377) gefunden.

Nachdem also nicht einmal Italien die Registersteuergesetze anderer Länder anwendet, besteht keinerlei Grund, daß dies in Deutschland getan werden sollte.

zu b): Daran kann sich auch nichts dadurch ändern, daß ursprünglich sozusagen ein italienischer Binnenfall vorgelegen hat. Das Rechtsgeschäft als solches ist auch ohne Steuer vollendet[15], insbesondere, entgegen *Nußbaum*[16], keineswegs nichtig.

Zudem könnte die Registration in Deutschland, das keine entsprechende Rechtseinrichtung kennt, nicht nachgeholt werden. Ein Zwang der jetzigen Parteien, diese in Italien nachholen zu lassen, hätte nur noch die Wirkung, dem italienischen Staat beim Steuereinzug behilflich zu sein, was keine Aufgabe des deutschen Rechts ist.

Aus diesen Gründen kann aus dem Fehlen der Registration keine Rechtswirkung gezogen werden.

2. *Anfechtung*

Die Frage der Willensmängel regelt sich nach dem Recht, das den Vertrag beherrscht, demnach nach italienischem Recht[17].

Die Anfechtung wegen Irrtums ist im italienischen Recht in Art. 1427 bis 1433 Cc geregelt.

Bevor auf die Voraussetzung der Anfechtung eingegangen werden soll, ist zu prüfen, ob ein Willensmangel noch geltend gemacht werden könnte.

Nach italienischem Recht muß die Anfechtung im Klagewege geltend gemacht werden (azione di annullamento, Art. 1441 ff.). Eine solche ist

---

[13] Vgl. *Nußbaum*, Deutsches internationales Privatrecht, 1932 319 Fußn. 5 unter Hinweis auf ein Urteil des Appellationshofes Neapel vom 29. 12. 1926 (im Institut nicht vorhanden). Dieser Fall ist auch bei *Rabel*, The Conflict of Laws, 2. Aufl. hrsg. von *Drobnig*, Ann Arbor 1960, S. 506 Fußn. 79 zitiert.

[14] Vgl. für die USA: *Rabel* aaO S. 506; für Frankreich: *Wahl*, Les jeux de bourse en droit international privé, Clunet 1898, 234; *Arminjon*, Précis de Droit international privé, 1929, Bd. 2, No. 62 am Ende (S. 144), zum italienischen Gesetz vom 13. 9. 1876, das die Verwendung gestempelten Papiers für bestimmte Zwecke vorsah; ders. in Répertoire de droit international, Bd. X, 1931, Artikel Preuves No. 97, S. 326 f.

[15] Vgl. *Nov. Dig.* aaO: „L'atto non registrato è perfetto, ma non efficace."

[16] Vgl. aaO S. 89, S. 319 Fußn. 5.

[17] Vgl. *Wahl*, Das Zustandekommen von Schuldverträgen, RabelsZ 3 (1929) 782; *Soergel-Kegel*, BGB Bd. V, 9. Aufl. 1961, vor Art. 7 EGBGB Randnr. 147.

nicht erhoben worden, vielmehr hat T. nur bei B. und dessen Anwalt mündlich protestiert. Damit ist der in Italien geforderten Form keine Genüge getan. Zudem kann diese Klage nur 5 Jahre seit Entdeckung des Irrtums erhoben werden[18].

Diese Frist ist abgelaufen. Diese Frage, ferner diejenige, ob ab dem Zeitpunkt, zu dem T. Italien verlassen hat, eine in deutscher Form erklärte Anfechtung genügt hätte, da das deutsche Recht eine Annullierungsklage nicht kennt, ferner, ob er überhaupt eine solche Erklärung abgegeben hat, kann aber dann dahinstehen, wenn die Voraussetzungen der durch das italienische Recht in Art. 1442 Abs. 4 Cc gewährten Einrede der Anfechtbarkeit gegeben sind[19].

Diese Einrede kann von demjenigen, der nach dem zugrundeliegenden Rechtsverhältnis „der in Anspruch Genommene" ist, jederzeit geltend gemacht werden[20]; es kommt nicht auf die prozessuale Stellung an.

Die Einrede ist gemäß dem Grundsatz „Quae temporalia ad agendum perpetua ad excipiendum" an keinerlei Frist gebunden[21]. Sie kann jedoch nicht mehr geltend gemacht werden, wenn der Vertrag ausgeführt ist, was hier aber nicht gegeben ist[22].

Da demnach die Einrede der Anfechtbarkeit noch geltend gemacht werden könnte, ist zu prüfen, ob ihre Voraussetzungen vorliegen. Die einschlägigen Artikel des Cc lauten:

Art. 1427:

„Irrtum, Drohung und arglistige Täuschung. – Der Vertragsteil, dessen Willenserklärung irrtümlich abgegeben, durch Drohung erpreßt oder durch arglistige Täuschung erschlichen wurde, kann die Nichtigerklärung des Vertrags nach den folgenden Bestimmungen verlangen."

Art. 1428:

„Erheblichkeit des Irrtums. – Der Irrtum ist ein Grund zur Nichtigerklärung des Vertrags, wenn er wesentlich und dem anderen Teil erkennbar ist."

---

[18] Vgl. Art. 1442 Abs. 1 und 2 Cc.

[19] Art. 1442 Abs. 4 lautet nach *San Nicolò-Becher,* Italienisches Zivilgesetzbuch, 1942, Materialien zum ausländischen und internationalen Privatrecht, Bd. 6, 2. Aufl. 1968: „Die Anfechtbarkeit läßt sich von der auf Ausführung des Vertrags belangten Partei auch dann einwenden, wenn der Klageanspruch zu ihrer Geltendmachung verjährt ist."

[20] Vgl. *Appellationshof Turin* 12. 12. 1944, im Auszug abgedruckt bei *Amelio-Finzi,* Codice Civile, Libro delle Obbligazioni, Bd. 1, 1948, S. 747 Fußn. 3; *Kassationshof* 19. 3. 1939, berichtet in Rep. Foro it. 1939, unter Obbligazioni e contratti, Nr. 525.

[21] Vgl. *Amelio-Finzi* aaO S. 747; *Nov. Dig.* aaO Bd. VI Dit-Fall, 1960, Artikel „Errore (Diritto civile)", Nr. 11, S. 672; *Kassationshof* 30. 10. 1956, berichtet in Rep. Foro it. 1956 unter Obbligazioni e contratti, Nr. 429 und 430.

[22] Vgl. *Kassationshof* 11. 10. 1961, berichtet in Rep. Foro it. 1961, unter „Obbligazioni e contratti", Nr. 380.

Art. 1429:

„Wesentlicher Irrtum. – Der Irrtum ist wesentlich:

1. wenn er die Natur oder den Gegenstand des Vertrags betrifft;
2. wenn er die Identität oder eine solche Eigenschaft des Leistungsgegenstandes betrifft, die nach allgemeiner Wertschätzung oder in Anbetracht der Umstände als für die Willenserklärung bestimmend anzusehen ist;
3. wenn er die Identität oder die Eigenschaften des anderen Vertragsteils betrifft, immer vorausgesetzt, daß erstere oder letztere für die Willenserklärung bestimmend gewesen sind;
4. wenn er, falls es sich um einen Rechtsirrtum handelt, der einzige oder hauptsächliche Beweggrund des Vertrags gewesen ist."

Art. 1431:

„Erkennbarer Irrtum. – Der Irrtum gilt als erkennbar, wenn er in Anbetracht des Vertragsinhalts, der Umstände der Vertragsschließung oder der Stellung der Parteien bei Anwendung der gewöhnlichen Sorgfalt hätte wahrgenommen werden können."

Art. 1433:

„Irrtum in der Erklärung oder in deren Übermittlung. – Die Vorschriften der vorhergehenden Artikel finden auch dann Anwendung, wenn der Irrtum die Erklärung betrifft oder wenn die Erklärung durch die Person oder Anstalt, die damit betraut war, ungenau übermittelt wurde." [23]

Der hier vorgetragene Sachverhalt fällt unter das, was im italienischen Recht in Art. 1433 Cc geregelt ist und „errore sulla dichiarazione" [24] bzw. „errore ostativo" [25] genannt wird. *Betti* berichtet dabei aaO [26] von einem Urteil des Turiner Appellationshofes vom 21. 3. 1941 [27], das festgestellt hat, daß der Irrtum dessen, der eine Privaturkunde, ohne deren Inhalt zu lesen, unterschrieben hat, und der die Abweichung vom Inhalt der vertraglichen Übereinkunft nicht bemerkt hat, einen Erklärungsirrtum darstellt und daß

---

[23] Die Übersetzung entstammt *San Nicolò-Becher* aaO 280. Jedoch ist Art. 1427, bei dem aaO ein Wort fehlt, berichtigt worden; Art. 1427 Cc lautet auf italienisch: „Errore, violenza e dolo. – Il contraente, il cui consenso fu dato per errore, estorto con violenza o carpito con dolo, può chiedere l'annullamento del contratto secondo le disposizioni seguenti."

Art. 1430 regelt den Kalkulationsirrtum, Art. 1432 nimmt das Anfechtungsrecht dann, wenn der Gegner sich erbietet, das Geschäft so, wie es gewollt war, auszuführen.

[24] So *Betti,* Teoria generale del negozio giuridico, 3. Neudruck der 2. Aufl. Turin 1960, 424 ff.

[25] Vgl. *Amelio-Finzi* aaO 723; *Betti* aaO; *Barbero,* Sistema del diritto privato italiano, Bd. 1, Turin 1965, S. 421; *Nov. Dig.* aaO Artikel „Errore (diritto civile)", S. 666.

[26] Vgl. S. 430 f. Fußn. 8.

[27] Veröffentlicht in Giurisprudenza Torinese 1941, 593, im Bereich der Heidelberger Universität nicht vorhanden.

dieser ein Anfechtungsgrund ist, wenn er einen wesentlichen Umstand der Obligation ausmacht.

Dieser Fall ist hier einschlägig. D. h., daß eine Blindlingsunterschrift dann, wenn der Inhalt vom Gewollten abweicht, einen Anfechtungsgrund darstellen kann.

Es sind jedoch die weiteren Voraussetzungen zu prüfen: die Wesentlichkeit und die Erkennbarkeit.

Die Wesentlichkeit im Sinne des Art. 1429 dürfte keine Schwierigkeiten bereiten: die Frage, ob die Abstandszahlung bei der einfachen Tatsache des Nichtbauens bezahlt werden soll oder ob dies nur gelten soll, wenn T. seine Pläne usw. verkauft, betrifft den Gegenstand des Vertrages[28].

Es bedarf jedoch auch der „Erkennbarkeit" (Art. 1431) auf der Gegenseite. Dies gilt auch beim „errore ostativo"[29].

An letzter Stelle ist angeführt, daß diese Erkennbarkeit von dem zu beweisen ist, der sich auf sie beruft. Nach dem vorgetragenen Sachverhalt dürfte die Erkennbarkeit vorliegen, da ja B. die Abweichung der Niederschrift veranlaßt hat.

Demnach ist das Vorliegen der Einrede gemäß Art. 1442 Abs. 4 Cc genügend substantiiert vorgetragen.

3. *Verjährung*

Nach deutschem IPR gehört auch die Frage der Verjährung zum materiellen Recht; das anwendbare Recht ist auch dann dem Geschäftsstatut zu entnehmen, wenn dieses die Verjährung anders qualifiziert; d. h. eine Rückverweisung nur insoweit wird nicht berücksichtigt[30].

Die Verjährung ist in den Art. 2941 ff. Cc geregelt. Danach erlischt ein Recht durch Verjährung; jedoch kann die Leistung einer verjährten Schuld nicht zurückgefordert werden (Art. 2940 Cc), wodurch der Rechtszustand im Ergebnis dem deutschen Recht nahekommt.

Unterbrochen wird nach Art. 2943 Cc die Verjährung außer mit Zustellung einer Urkunde, die ein gerichtliches Verfahren einleitet (Absätze 1 bis 3), auch durch eine Handlung, die den Schuldner in Verzug setzen kann, ferner (Art. 2944) wie im deutschen Recht durch Anerkennung seitens des Schuldners.

Das italienische Recht kennt dreierlei Arten der Verjährung: die ordentliche, die kurze mit verschiedenen Fristen und die vermutete Verjährung,

---

[28] Vgl. *Kassationshof* 27. 1. 1948: „L'errore deve essere motivo determinante oggettivamente il consenso" (wörtlich zitiert bei *Betti* aaO 428 Fußn. 6); *Formica*, Vizi della volontà, Riv. Dir. Civ. 1955, 1045.

[29] Vgl. z. B. *Betti* aaO 432 f.; *Barbero* aaO 422; *Nov. Dig.* aaO Artikel „Errore (diritto civile)", Nr. 10, S. 671.

[30] Vgl. *BGH* 9. 6. 1960, NJW 1960, 1720 ff.

ebenfalls mit verschiedenen Fristen. Dabei ist zu beachten, daß es die Kalenderjahrsverjährung des deutschen Rechts nicht gibt, vielmehr nach Art. 2962 Cc die Verjährung mit Ablauf des letzten Tages der Frist eintritt.

a) Die ordentliche Verjährungsschrift beträgt, soweit das Gesetz nichts anderes bestimmt, 10 Jahre (Art. 2946).

b) Die kurzen Verjährungen betreffen:
   aa) außervertragliche Schadenshaftungen (Art. 2947);
   bb) Zinsen, Mietzinsen, Jahresleistungen von Renten und einige Arbeitssachen (Art. 2948);
   cc) Ansprüche aus Gesellschafts- und Genossenschaftsverhältnissen (Art. 2949);
   dd) Makler (Art. 2950);
   ee) Speditions- und Beförderungswesen (Art. 2951);
   ff) Versicherungen (Art. 2952).

Das vorliegende Verhältnis fällt unter keine dieser Bestimmungen.

c) Die Besonderheit der vermuteten Verjährung besteht in folgendem: Läßt derjenige, der sich auf die vermutete Verjährung beruft, durchblicken, daß er die geforderte Leistung nicht erbracht hat, so wird diese Verjährung nicht beachtet[31].

Nach Art. 2960 Cc kann der Kläger zur Klärung der Frage, ob bezahlt ist, auch den Eid zuschieben.

Der Grund für diese Art der Verjährung ist demnach, diejenigen Personen zu schützen, die sich durch Zeitablauf in Beweisnot über ihre Leistung befinden.

Da aber T. keine Zahlung behauptet, brauchen die Einzelfälle nicht untersucht werden; es liegt aber im übrigen auch kein Fall der Art. 2953 bis 2955 Cc vor.

Daher ist die Forderung noch nicht verjährt.

B. ZUM WECHSEL

In Italien gilt im allgemeinen dasselbe Wechselrecht wie in Deutschland, da Italien alle drei Genfer Wechselrechtsabkommen ratifiziert hat. Es ist enthalten in einem Gesetz vom 14. 12. 1933, Nr. 1669. Es unterscheidet sich allerdings in der Zählung der Artikel, da in das Wechselgesetz außer den vorbehaltenen Materien (im deutschen Wechselgesetz insbesondere Art.

---

[31] Vgl. Art. 2959 Cc; dieser lautet in der Übersetzung von *San Nicolò-Becher* aaO: „Zugeständnisse desjenigen, der die Verjährung einwendet. – Die Einwendung wird verworfen, wenn derjenige, der in den von den Art 2955 und 2956 bezeichneten Fällen die Verjährung einwendet, vor Gericht in irgendeiner Weise zugegeben hat, daß die Verbindlichkeit nicht getilgt worden ist."

72 ff.) auch prozessuale Regeln aufgenommen worden sind. Ferner hat Italien zum Teil andere Vorbehalte in Anspruch genommen als Deutschland.

I. Die Verjährungsregeln gehören zu der vereinheitlichten Materie (Art. 70 und 71 im deutschen WG, Art. 94 Abs. 1 bis 3 und 95 im italienischen)[32]. Daher braucht zu ihnen nicht Stellung genommen zu werden. Auf die darauf anzuwendenden allgemeinen Vorschriften ist das jeweilige nationale Recht anzuwenden; dieses bestimmt sich nach Art. 93 (deutsches) WG; es wird also auf das Recht des Zahlungsortes verwiesen[33].

Die demnach anzuwendenden allgemeinen italienischen Verjährungsvorschriften sind oben dargestellt (vgl. A II 3).

II. Bezüglich des Blankowechsels unterscheidet sich das italienische Recht auf Grund des Vorbehalts in Art. 3 der Anlage II des Abkommens über das Einheitliche Wechselgesetz vom deutschen Recht[34].

Und zwar entspricht Art. 14 Abs. 1 des italienischen WG genau dem Art. 10 des deutschen. Es sind jedoch zwei weitere Absätze hinzugefügt.

Diese lauten:

„Il portatore decade dal diritto di riempire la cambiale in bianco dopo tre anni del giorno dell'emissione del titolo.	Der Inhaber ist mit dem Recht, den Blankowechsel auszufüllen, nach Ablauf von drei Jahren ab dem Tage der Begebung ausgeschlossen.
Tale decadenza non è opponibile al portatore di buona fede al quale il titolo sia pervenuto già completo."	Dieser Ausschluß kann einem gutgläubigen Inhaber, der das Papier schon ausgefüllt erhalten hat, nicht entgegengesetzt werden.
	(Übersetzung des Instituts)

Mangels näherer Tatsachenmitteilung kann zum Vorliegen der Merkmale dieser Absätze nicht Stellung genommen werden. Zur Frage, ob der Wechsel, falls er verjährt sein sollte, einen Anhaltspunkt für die Klage aus dem Grundverhältnis darstellen kann, sind nicht genügend tatsächliche Anhaltspunkte gegeben. Nur soviel sei ausgeführt: Der Wechsel bewirkt gemäß Art. 66 ital. WG (der nicht dem einheitlichen WG entstammt) keine Novation. D. h. beide Klagen laufen nebeneinander her[35].

---

[32] Art. 94 Abs. 4 it. WG bestimmt die Verjährung der wechselrechtlichen Bereicherungsklage.

[33] Vgl. auch *Baumbach-Hefermehl*, Wechsel- und Scheckgesetz, 10. Aufl. 1970, Art. 70 WG Randnr. 1.

[34] Abgedruckt z. B. bei *Baumbach-Hefermehl* aaO unter Anh. WG 9 a.

[35] Vgl. dazu *Percerou-Bouteron*, La Nouvelle Législation française et internationale de la Lettre de Change, du Billet à Ordre et du Chèque, Bd. 1, 1937, S. 224, Nr. 15. Vgl. auch *Nov. Dig.* aaO Bd. II Az-Cas, 1958, Art. „Cambiale", S. 744, Nr. 91: „Indipendentemente alle azioni cambiarie, alle quali si applica la disciplina precedentemente esaminata, il possessore può vantare, nei confronti dell'obbligato cambiario, anche altre azioni, non cambiarie."

Jedoch bestimmt Art. 66 Abs. 2, daß beim gezogenen Wechsel der Gläubiger die zugrundeliegende Klage („azione causale") nicht erheben kann, wenn der Wechsel nicht mangels Annahme oder Zahlung protestiert ist. Nach einem Urteil des *Kassationshofes* vom 24. 2. 1951[36] gilt dies jedoch bei Verjährung des Wechsels nicht.

Ferner lehnt wohl die überwiegende Meinung bei einem formnichtigen Wechsel die Umdeutung in ein anderes Rechtsgeschäft ab[37]. Dieses und andere Urteile messen ihm nur eine prozessuale Beweiserleichterung bei (nämlich „Beginn des Beweises")[38].

Die gleichliegende Frage des verjährten Wechsels wird auch nur als Beweisfrage des zugrundeliegenden Verhältnisses behandelt. Daher ist, sollte der Wechsel verjährt sein, keineswegs aus dem vorgelegten Papier, sondern höchstens aus dem Grundverhältnis zu klagen. Über ein solches ist jedoch dem Gutachtenauftrag nichts zu entnehmen.

ZUSAMMENFASSUNG

I. 1. Der Vertrag T.s mit B. ist trotz fehlender „registrazione" in Deutschland als wirksam zu behandeln.

2. Der Vertrag T.s mit B. war nach T.s Vortrag anfechtbar; diese Anfechtbarkeit kann im Wege der Einrede noch geltend gemacht werden.

3. Sollten die tatsächlichen Voraussetzungen der Anfechtung im Prozeß nicht bewiesen werden können, so steht dem Anspruch des Klägers die Einrede der Verjährung nicht entgegen.

II. 1. Sind die Wechsel gültig und die Ansprüche aus den Wechseln nicht verjährt, so kann die Klage nur auf die Wechsel gestützt werden.

2. Sind die Wechselansprüche verjährt, so kann aus einem ev. Grundverhältnis geklagt werden.

Nr. 6

Niederlande

1. Zum (Werk-) Vertragsstatut nach deutschem und niederländischem Kollisionsrecht bei fehlender Parteivereinbarung.

2. Ausschluß von Mängelgewährsansprüchen nach niederländischem Werkvertragsrecht.

Hamburg G 203/69 vom 3. 11. 1969

---

[36] Vgl. Giur. Ital., Rep. Ann. 1951 S. 297 (Cambiale Nr. 14).

[37] Vgl. *Kassationshof* 21. 3. 1955, Foro Ital. 1956 I, S. 209.

[38] Vgl. z. B. *Kassationshof* 5. 7. 1938, Giur. Ital. 1938 I, 1, 1197; *Kassationshof* 20. 5. 1950, Rep. Foro Ital. 1950 Effetto camb. Nr. 19.

[39] Vgl. den Hinweis bei *Nov. Dig.* aaO Artikel „Cambiale", Nr. 99 Fußn. 2, S. 750.

Das Landgericht Darmstadt hat in dem Rechtsstreit Fa. S. ./. A. um ein Gutachten über niederländisches Schuldrecht gebeten.

Der Beklagte war Eigentümer einer havariebeschädigten Jacht. Anläßlich einer Besichtigung des Schiffes in Hamburg verpflichtete sich die niederländische Klägerin im Januar/Februar 1967, den Havarieschaden auf ihrer Werft in Breskens/Niederlande zu beheben sowie weitere Reparaturarbeiten auszuführen. Der Werklohn sollte in niederländischer Währung entrichtet werden. Die Korrespondenz zwischen den Parteien wurde überwiegend in deutscher Sprache geführt.

Die Klägerin hat ihren Werklohn eingeklagt. Der Beklagte verweigert die Zahlung mit der Begründung, die Klägerin habe die versprochenen Arbeiten mangelhaft ausgeführt. Die Mängel seien erst zutage getreten, nachdem das Schiff am 17. August 1967 am Sitz der Klägerin ausgeliefert worden sei. Die Klägerin ist der Ansicht, etwaige Mängelansprüche seien auf Grund der vorbehaltlosen Abnahme der Jacht ausgeschlossen und im übrigen bereits verjährt.

Das Gericht bittet um die Beantwortung folgender Fragen:

1. Sind im niederländischen Recht Mängelansprüche bei vorbehaltloser Abnahme des Werks ausgeschlossen?
2. Wenn ja, gilt das auch für versteckte Mängel?
3. Verjähren sämtliche Ansprüche 6 Monate nach Auslieferung?
4. Liegt eine vorbehaltlose Abnahme vor, wenn der Eigentümer einer Jacht, nachdem über die Reparatur gesprochen worden ist, diese in Besitz nimmt und fortfährt?

I. Anwendbare Rechtsordnung

Nach deutschem Internationalen Privatrecht ist für die *Bestimmung des Vertragsstatuts* in erster Linie der ausdrückliche oder stillschweigende Parteiwille maßgebend[1].

Im vorliegenden Fall fehlt eine ausdrückliche Regelung. Auch für eine stillschweigende Vereinbarung finden sich kaum Anhaltspunkte. In Fällen dieser Art ist das Vertragsstatut nach dem sogenannten hypothetischen Parteiwillen zu ermitteln. Dabei ist im Wege einer „vernünftigen Interessenabwägung auf rein objektiver Grundlage" festzustellen, ob sich nach der Eigenart des Sachverhalts ein Schwerpunkt des Schuldverhältnisses bestimmen läßt, der auf eine bestimmte Rechtsordnung weist[2].

---

[1] *BGH* 23. 6. 1967, DB 1967, 1851; *BGH* 9. 11. 1960, IPRspr. 1960/61 Nr. 29; *BGH* 30. 3. 1955, BGHZ 17, 89 (92) = IPRspr. 1954/57 Nr. 146; *Soergel-Kegel* BGB Bd. V, 9. Aufl. 1961, Anm. 167 vor Art. 7 EGBGB; *Raape*, IPR, 5. Aufl. 1961, 458 f.

[2] *BGH* 18. 10. 1965, BGHZ 44, 183 (186); *BGH* 22. 11. 1955, BGHZ 19, 110 (112); *Soergel-Kegel* aaO Anm. 190 vor Art. 7 EGBGB; *Raape* aaO 476.

Ist ein solcher Schwerpunkt nicht erkennbar, so ist nach der (umstrittenen) Rechtsprechung des BGH schließlich hilfsweise das Recht des bzw. der (nach § 269 BGB zu bestimmenden) Erfüllungsorte anzuwenden[3], das jedoch auf eine Rückverweisung zu untersuchen ist[4].

Hier weisen folgende Umstände auf einen *Schwerpunkt des Vertrages* in den Niederlanden hin: Der Vertrag hatte die Reparatur einer Jacht auf einer niederländischen Schiffswerft zum Gegenstand. Die dem Vertrag das Gepräge gebende Leistung war also die der niederländischen Klägerin. Diese Leistung war in den Niederlanden zu erbringen und wurde dort auch vom Beklagten abgenommen. Schließlich hatte auch der Beklagte den Werklohn in niederländischer Währung zu zahlen.

Demgegenüber deuten folgende Umstände auf das deutsche Recht hin: der Vertrag wurde in Deutschland und in deutscher Sprache abgeschlossen. Der Abschlußort des Vertrages verliert jedoch an Gewicht, da er offensichtlich durch den zufälligen Standort des zu besichtigenden Bootes bedingt war. Die Vertragssprache ist in Anbetracht des Umstandes, daß im deutsch-niederländischen Wirtschaftsverkehr die deutsche Sprache ganz allgemein weit bevorzugt wird, ohne Bedeutung.

Bei dieser Verteilung der Umstände neigt das Institut dazu, den Schwerpunkt des Vertrages in den Niederlanden anzunehmen. Das Gericht geht somit zutreffend davon aus, daß die Beziehungen der Parteien dem niederländischen Recht unterliegen.

Es bleibt jedoch noch zu erwägen, ob dieses Ergebnis nicht durch eine Rückverweisung des niederländischen Rechts in Frage gestellt wird. Es ist allerdings umstritten, ob in einem Fall, in dem das Vertragsstatut – wie hier – auf Grund des hypothetischen Parteiwillens ermittelt wurde, eine Rückverweisung überhaupt zu beachten ist[5]. Vorliegend erübrigt sich jedoch ein Eingehen auf diesen Streit, da auch die niederländischen Gerichte das Vertragsstatut bei Fehlen einer ausdrücklichen oder stillschweigenden Rechtswahl nach dem Schwerpunkt des Vertrages bestimmen[6]. Bei dessen Ermittlung wird maßgeblich darauf abgestellt, in welcher Rechtssphäre die dem Vertrag das Gepräge gebende Leistung erbracht wird[7].

---

[3] *BGH* 23. 6. 1967, DB 1967, 1851; *BGH 9. 6. 1960,* NJW 1960, 1720 = IPRspr. 1960/61 Nr. 23.

[4] *BGH* NJW 1960 1720 (1722); *OLG Frankfurt* 27. 10. 1966, NJW 1967, 501, 503.

[5] Vgl. *Soergel-Kegel* aaO Anm. 218 vor Art. 7 EGBGB mit Nachweisen in Fußn. 95.

[6] *Lemaire,* Nederlands Internationaal Privaatrecht, 1968, 271 mit Nachweisen aus der neueren Rechtsprechung.

[7] *Hoge Raad (H. R.)* 2. 4. 1942, Nederlandse Jurisprudentie (N. J.) 1942 Nr. 468 (Schenkung); *H. R.* 17. 4. 1964, N. J. 1965 Nr. 22 (Kontokorrent); *Hof Amsterdam* 26. 6. 1958, N. J. 1959 Nr. 164 (Arbeitsvertrag); *Lemaire* aaO 272.

Für den Werkvertrag ist das – soweit ersichtlich – noch nicht besonders ausgesprochen worden. Da dieser Vertrag jedoch als Unterfall des Arbeitsvertrages geregelt ist, zweifelt das Institut nicht daran, daß die niederländischen Gerichte wie bei jenem dem Ort der Arbeitsleistung den Vorrang einräumen würden.

Eine Rückverweisung auf das deutsche Recht scheidet damit aus.

II. Niederländisches Schuldrecht

1. Das niederländische Burgerlijk Wetboek (BW) regelt den *Werkvertrag* (aanneming van werk) nur lückenhaft in den Art. 1637, 1637 b, 1640 ff. BW. Nach Art. 1637 b BW ist der Unternehmer zur Herstellung des vereinbarten Werkes und der Besteller zur Zahlung des Werklohnes verpflichtet. Weiter hat der Besteller das Werk abzunehmen und zu billigen (opnemen en geedkeuren, vgl. Art. 1643 f. BW).

2. Für den Fall der *mangelhaften Herstellung des Werkes* enthält das BW keine besonderen Gewährleistungsbestimmungen. Es gelten die allgemeinen Vorschriften über Leistungsstörungen, wonach der Gläubiger bei verschuldeter Unmöglichkeit bzw. Schlechterfüllung (wanprestatie) rückwirkende Auflösung des Vertrages sowie Schadensersatz verlangen kann, Art. 1275 ff., 1302 f. BW[8].

Dabei wird jedoch die rückwirkende Auflösung (und Abwicklung) des Vertrages (Art. 1302 BW) häufig als unangemessen empfunden und durch eine nur für die Zukunft wirkende ersetzt[9].

3. Ein *Ausschluß von Gewährleistungsansprüchen* wird allgemein aus der mit der Abnahme des Werkes verbundenen Billigung abgeleitet: Nimmt der Besteller das Werk vorbehaltlos ab, so kann er sich auf solche Mängel nicht mehr berufen, die ihm bei einer zumutbaren und mit der erforderlichen Sorgfalt durchgeführten Untersuchung hätten auffallen müssen[10]. Verborgene Mängel, insbesondere solche, die sich erst nach längerem Gebrauch des Werkes herausstellen, gelten dagegen nicht als genehmigt. Auf sie kann sich der Besteller auch nach Abnahme und Billi-

---

[8] *H. R.* 13. 11. 1930, N. J. 1931, 247; *Asser-Kamphuisen-van Andel,* Handleiding tot de beoefening van het Nederlandsch Burgerlijk Recht III 3, 3. Aufl. 1960, 441; *van Brakel,* Leerboek van het Nederlandse Verbintenissenrecht II, 2. Aufl. 1950, 191.

[9] *Asser-Kamphuisen-van Andel* aaO 441.

[10] *Hof's Gravenhage* 25. 9. 1952, N. J. 1953 Nr. 239; *Particuliere Arbitrage Aanneming van Werk* 31. 10. 1956, Arbitrage Rechtspraak (A. R.) 1956, 374; *Hof's Hertogenbosch* 5. 1. 1926, N. J. 1926, 765; *Asser-Kamphuisen-van Andel* aaO 437; *van Brakel* aaO 187; *Cremers,* Bouwrecht (1931) 124, je mit weiteren Rechtsprechungsnachweisen.

gung noch berufen, wobei er freilich auch zu beweisen hat, daß die Mängel nicht ohne weiteres erkennbar gewesen seien[11].

Auch diese Rügebefugnis des Bestellers ist jedoch nicht unbegrenzt. Einige Untergerichte weisen vielmehr ausdrücklich darauf hin, daß der Besteller sein Rügerecht „verwirke", wenn er es nicht innerhalb einer gebräuchlichen und angemessenen Frist ausübe[12].

4. Eine bestimmte *Form für die Abnahme und Billigung* des Werkes ist nicht vorgeschrieben. Diese kann daher auch stillschweigend, d. h. durch schlüssige Handlungen (insbesondere Zahlung des Werklohnes, vorbehaltlose Entgegennahme oder Ingebrauchnahme des Werkes) geschehen[13]. Ob das Verhalten des Beklagten im vorliegenden Fall (Abholen des reparierten Schiffes; unmittelbarer Antritt der Heimfahrt) als stillschweigende Abnahme anzusehen ist oder ob die Heimfahrt zugleich als – mindestens bei Schiffsneubauten übliche – Probefahrt[14] gedacht war, ist Tatfrage.

5. Die Gewährleistungsansprüche aus den Art. 1275 ff., 1302 f. BW *verjähren* nach 30 Jahren, Art. 2004 BW. Im Rahmen des Werkvertragsrechts gelten insoweit keine Besonderheiten[15]. Die Verjährungsvorschrift des Art. 2004 BW greift freilich nur ein, falls nicht der Gewährleistungsanspruch schon vorher infolge Verwirkung erloschen ist (oben 3).

---

[11] *Hof's Gravenhage* 24. 5. 1928, Weekblaad van het Recht (W.) no. 11874 (fehlende Stabilität eines Schiffes; Rüge auch nach Probefahrt und Abnahme noch zulässig); *Hof's Gravenhage* 11. 1. 1932, N. J. 1932, 763; *Rechtbank (Rb.) Rotterdam* 26. 1. 1916, N. J. 1916, 1239 (fehlende Wasserdichtigkeit eines Schiffes; Rüge noch 5 Monate nach Abnahme zugelassen); *Particuliere Arbitrage Aanneming van Werk* 31. 10. 1956, A. R. aaO; *Asser-Kamphuisen-van Andel* aaO 437; *de Grooth*, Welke beginselen behoren ten grondslag te liggen aan een wettelijke regeling van de overeenkomst van aanneming van werk? in: Handelingen der Nederlandse Juristen-Vereniging 1955, 157 ff., 178; *van Brakel* aaO 188 f.; kritisch dazu *Cremers* aaO 125.

[12] *Rb. Rotterdam* 26. 1. 1916, N. J. aaO; *Rb. Utrecht* 3. 5. 1922, N. J. 1923, 896 (Rüge eines mangelhaften Pelzmantels noch 5 Monate nach Ablieferung zugelassen); *Rb. Maastricht* 8. 10. 1925, W. no. 11537; *Rb. Roermond* 25. 9. 1924, N. J. 1925, 407 (Installation einer Warmwasseranlage; Rügerecht nach Ablauf von 10 Jahren seit Abnahme verwirkt); *Rb. Haarlem* 7. 7. 1931, N. J. 1932 836 (mangelhafte Autoreparatur kann nicht mehr gerügt werden, wenn der Besteller den Wagen noch 3 Wochen nach Entdeckung des Mangels benutzt und er den Fehler erst rügt, nachdem das Auto durch einen Unfall zerstört worden ist); *Suijling*, Inleiding tot het burgerlijk recht II 1 (2. Aufl. 1934) 480, betont, daß sich der Verlust des Gewährleistungsanspruches nach der Art des Vertrages und den Umständen des Einzelfalles richte.

[13] *Rb. Maastricht* 8. 10. 1925, W. no. 11537; *Cremers* aaO 122 ff.; *Asser-Kamphuisen-van Andel* aaO 438 f., jeweils mit weiteren Rechtsprechungsnachweisen.

[14] Vgl. *Hof's Gravenhage* 16. 4. 1953, N. J. 1953, 717; *van Brakel* aaO 189 Fußn. 323.

[15] *Cremers* aaO 112; *van Brakel* aaO 191; *de Grooth* aaO 183.

III. Ergebnis

1. Erkennbare Mängel des Werkes können nach Abnahme und Billigung des Werkes nicht mehr geltend gemacht werden.
2. Verborgene Mängel sind innerhalb angemessener Frist nach Abnahme zu rügen.
3. Ansprüche des Bestellers auf Mängelgewährleistung verjähren grundsätzlich nach 30 Jahren, sofern sie nicht schon früher infolge Verwirkung erloschen sind.

2. UNERLAUBTE HANDLUNGEN

Siehe auch Nr. 14 (USA/Michigan)

Nr. 7

Bulgarien/Türkei

1. Deliktsstatut nach bulgarischem und türkischem Internationalen Privatrecht.

2. Zur Haftung des Kraftfahrers für den von ihm verursachten Tod des Mitfahrers nach bulgarischem Recht.

München G 2181-9.3. vom 15.4.1969

Die Th.-Versicherungs-Aktiengesellschaft in München hat mir folgenden

SACHVERHALT

unterbreitet:

Ein türkischer Staatsangehöriger, der bei der anfragenden Gesellschaft haftpflichtversichert war, verursachte in Bulgarien einen Verkehrsunfall. Bei diesem Unfall kamen er selbst und ein Mitfahrer, der ebenfalls die türkische Staatsangehörigkeit besaß, ums Leben. Die Unfallursache ist ungeklärt. Die Witwe des Beifahrers macht Schadensersatzansprüche geltend.

Auf Grund dieses Sachverhaltes bittet die Th.-Versicherungs-Aktiengesellschaft um gutachtliche Stellungnahme zu folgenden Fragen:

1. Welches Recht kommt hier für die Haftung in Frage? (bulgarisches Recht, türkisches Recht oder deutsches Recht)
2. Haftet nach dem bulgarischen allgemeinen Schadensersatzrecht oder nach dem bulgarischen Straßenverkehrsrecht der Kraftfahrzeughalter oder Fahrer einem Insassen und unter welchen Voraussetzungen?
3. Stimmt es, daß nach bulgarischem Recht kein Haftpflichtversicherungsschutz gegenüber Insassen besteht, sondern nur Dritten gegenüber gehaftet wird, die sich zum Zeitpunkt des Unfalls außerhalb des Kraftfahrzeugs befinden?

I. Vorbemerkung: Nichtbeachtlichkeit des bulgarischen Haftpflichtversicherungsrechts im vorliegenden Fall

Die Frage, in welchem Umfang eine Versicherung Ersatz zu leisten hat, ergibt sich aus dem Versicherungsvertrag und dem diesen Vertrag beherrschenden Recht. Der Versicherungsvertrag der anfragenden Gesellschaft mit Herrn Mustafa C. beurteilt sich, soweit erkennbar, nach deutschem Recht. Infolgedessen ist auch die Pflicht zur Ersatzleistung dem deutschen Versicherungsrecht zu entnehmen. Von dieser Frage ist das weitere Problem zu unterscheiden, ob die deliktische Haftung des Versicherungsnehmers, für die die Gesellschaft einzustehen hat, gegeben ist. Aus dieser doppelten Fragestellung ergibt sich, daß die Anfrage in Ziff. 3 nur in dem Sinne verstanden werden kann, ob nach dem maßgeblichen Deliktsstatut der Schädiger auch für Schäden haftet, die Fahrzeuginsassen entstanden sind.

II. Das anwendbare Recht

1. Kollisionsrechtliche Grundregel

Das deutsche internationale Privatrecht enthält keine allgemeine Regel über das auf deliktische Haftung anwendbare Recht. In der Rechtsprechung hat sich indessen der Grundsatz durchgesetzt, daß das Recht des Tatortes maßgeblich ist[1].

2. Ausnahmen

Von dieser Grundregel wird in neuerer Zeit verschiedentlich dann abgewichen, wenn die Unfallbeteiligten gemeinsame Staatsangehörigkeit besitzen und nur eine rein zufällige Beziehung zum Tatort besteht[2]. In der Rechtsprechung kommt diese Auffassung in einem obiter dictum des OLG Karlsruhe vom 16. 10. 1963 = NJW 1964, 55 zum Ausdruck. Das Gericht führt aus, daß „die Ausschaltung des am Deliktsort geltenden Rechts nach der herrschenden Meinung jedenfalls dann angebracht (ist), wenn die Auslandsbeziehung des Sachverhalts zufälliger Natur ist, weil etwa die Beteiligten sich nur vorübergehend im Ausland aufhalten".

Folgt man dieser, von der Grundregel abweichenden, allerdings sehr bestrittenen Auffassung, für deren Richtigkeit insbesondere spricht, daß bei gleicher Staatsangehörigkeit die Beteiligten eine wesentlich nähere Beziehung zum Heimatrecht als zum Recht des Deliktsortes haben, so

---

[1] Vgl. *Soergel-Kegel*, BGB Bd. V, 9. Aufl. 1961, Randnr. 1 zu Art. 12 EGBGB.

[2] Vgl. *Soergel-Kegel* aaO Randnr. 28.

findet im vorliegenden Fall zunächst eine Verweisung auf türkisches Recht statt.

3. Rück- und Weiterverweisung

a) Die Verweisungsnormen des deutschen Kollisionsrechts enthalten Gesamtverweisungen, d. h. es sind auch die ausländischen Kollisionsregeln zu beachten und zu prüfen, ob diese eine Weiter- oder Rückverweisung anordnen. Dies gilt auch für das Deliktsrecht[3].

b) Legt man im vorliegenden Fall die unter II 1 geschilderte Grundregel zugrunde, so ist infolge der Beachtlichkeit des ausländischen Kollisionsrechts zu prüfen, welche Regelung das bulgarische internationale Privatrecht enthält.

Bulgarien hat besondere Vorschriften über das auf deliktische Haftung anwendbare Recht nicht geschaffen. Wie sich weiter aus der Darstellung von *Szászy*[4] ergibt, hat auch die Rechtsprechung noch nicht zum Problem der lex delicti Stellung genommen. Da aber in den sozialistischen Staaten durchgehend das Recht des *Deliktsortes* als maßgeblich angesehen wird, ist zu vermuten, daß dies auch in Bulgarien der Fall ist. Jedenfalls kann bei der gegenwärtigen Situation eine Rück- oder Weiterverweisung nicht festgestellt werden, so daß es bei der Anwendung bulgarischen Rechts sein Bewenden hat.

c) Legt man hingegen die in Ziff. II 2 geschilderte Ausnahmeregel zugrunde, so ist die Stellungnahme des türkischen IPR zu beachten. Auch im türkischen Recht fehlt eine ausdrückliche gesetzliche Regelung. Die Literatur ist jedoch der Auffassung, daß es nicht auf das Heimatrecht, sondern die *lex loci delicti commissi* ankommt[5].

Somit kommt es auch dann zu einer *Anwendung bulgarischen Rechts* infolge Weiterverweisung, wenn man zunächst das gemeinsame türkische Heimatrecht beider Unfallbeteiligter zugrunde legt.

III. Das danach maßgebliche bulgarische Recht

1. Haftungsgrundlagen

Das bulgarische Recht kennt nicht, wie das deutsche, Spezialvorschriften für die Schadensersatzpflicht aus Schädigungen, die infolge des Betriebes von Kraftfahrzeugen entstanden sind. Vielmehr kommen, wie in den wohl

[3] Vgl. *Soergel-Kegel* aaO Randnr. 58 zu Art. 12 EGBGB.

[4] Private International Law in the European People's Democracies, Budapest 1964, 280.

[5] Vgl. mit besonderem Hinweis auf die Anwendbarkeit türkischen Rechts auf alle in der Türkei erfolgten Delikte *Ansay*, American-Turkish Private International Law, New York 1966, 60 Fußn. 352 unter weiterem Hinweis auf den bekannten türkischen Kollisionsrechtler *Berki*, Türk Hukukunda Kanun Ihtilâflari, Ankara 1962, 201.

meisten Rechtsordnungen, die *allgemeinen Vorschriften über unerlaubte Handlungen* zur Anwendung, die vom deutschen System wesentlich abweichen und sich – einer gewissen Tradition folgend – noch teilweise an das französische Vorbild anlehnen.

Das Recht der unerlaubten Handlungen ist in den Artikeln 45–54 des Bulgarischen Gesetzes über Verträge und Verbindlichkeiten vom 22. 11. 1950 geregelt. Die einschlägigen Vorschriften liegen hier teilweise in französischer, teilweise in englischer Übersetzung vor. Von Interesse sind dabei zunächst Art. 45 und Art. 50. Die Vorschriften lauten:

Art. 45:

„Every person must repair the damage which he, being guilty, has caused to another.
In every case of tortuous injury the guilt shall be presumed until the contrary has been proven."

Jede Person muß den Schaden ersetzen, den sie durch ihr Verschulden einem anderen zugefügt hat.
In allen Fällen unerlaubter Schadenszufügung wird das Verschulden bis zum Beweis des Gegenteils vermutet.

Art. 50:

„Des dommages causés par le fait des choses quelles qu'elles soient, sont solidairement responsables le propriétaire et la personne qui en assume la garde. Si les dommages ont été causés par un animal, ces personnes en sont responsables même lorsque celui-ci se fut égaré ou échappé."

Bei Schäden, die durch eine Sache, welcher Art sie auch sei, verursacht wurden, haften Eigentümer und Halter persönlich. Bei Schäden, die durch ein Tier verursacht werden, sind diese Personen auch dann verantwortlich, wenn es sich verlaufen hat oder entkommen ist.

Die Unterscheidung der Haftungsfälle in Haftung für persönliches Verhalten und das Verhalten einer Sache, die dem französischen Recht entspricht, macht es zunächst erforderlich, die beiden Tatbestände bei Verkehrsunfällen voneinander abzugrenzen. Ein Schaden durch das *Verhalten einer Sache* liegt nach dem System des Code Civil stets dann vor, wenn das Verhalten des Schädigers allein ohne das Wirksamwerden der in der Sache gelegenen Gefahren den Schaden nicht hätte herbeiführen können. Von dieser Abgrenzung läßt das bulgarische Recht keine Abweichungen erkennen. Vielmehr geht die Rechtsprechung, wie nachfolgend in anderem Zusammenhang noch zu schildern ist, deutlich erkennbar von den gleichen Vorstellungen wie der Code Civil aus. Infolgedessen ist im zu beurteilenden Fall nicht Art. 45, sondern Art. 50 als Haftungsgrundlage anzusehen.

2. *Haftungsvoraussetzungen*

Mit der Anwendung des Art. 50 in der bulgarischen Rechtsprechung befaßt sich eingehend *Apostolov*[6]. In wörtlicher Übersetzung lauten die einschlägigen Stellen:

---

[6] Droit Bulgare, 1968, 51 ff.

„Im Rahmen von Art. 50 nahm die Entwicklung der Rechtsprechung des Obersten Gerichtshofs ihren Ausgang von dem Grundsatz, daß es keine zivilrechtliche Verantwortlichkeit ohne Verschulden gibt. Nach der Entscheidung Nr. 568 der IV. Zivilkammer des Obersten Gerichtshofes von 1954 kann ein Eigentümer, dem von Gesetzes wegen die Möglichkeit entzogen ist, einen Halter der Sache zu wählen, wegen eines Schadens, den diese verursacht hat, nicht zur Verantwortung gezogen werden. Eine andere Entscheidung, Nr. 2909 von 1956, fügte dem, bei gleichzeitiger Feststellung, daß die Verantwortlichkeit des Eigentümers nach Art. 50 auf eine Verschuldensvermutung gestützt ist, hinzu, daß diese Vermutung nur in den Fällen bekämpft werden kann, wo der Schaden auf eine äußere Ursache und nicht auf Mängel der Sache zurückgeht. Die Entscheidung Nr. 1478 von 1960 der I. Kammer des Obersten Gerichts ging indessen einen Schritt weiter. Die Formel von der Verschuldensvermutung wiederholend, unterstreicht die Entscheidung, daß es genügt, wenn der Schaden durch die Sache herbeigeführt wurde, auch wenn die Sache nicht zu denjenigen zu rechnen ist, die eine besondere Gefahr darstellen. Auch ohne daß dieses der Fall ist, greift die Verantwortlichkeit nach Art. 50 ein.

Die Direktive Nr. 7 des Plenums des Obersten Gerichtshofs von 1959 erwähnt die Verschuldensvermutung nicht mehr. In dieser Direktive, die sich nicht damit aufhält, den Grund der Verantwortlichkeit zu bestimmen, übernimmt der Gerichtshof die Regel, wonach Eigentümer und Halter einer Sache nur dann von der Verantwortlichkeit entlastet werden, wenn der Beweis höherer Gewalt oder eines ausschließlichen Verschuldens des Opfers oder eines Dritten geführt wird."

In dieser Richtung hat sich seither die Rechtsprechung festgelegt, wie weitere zitierte Entscheidungen ergeben. *Apostolov* zieht daraus aaO den Schluß, daß aus einer vermuteten Verschuldenshaftung eine Gefährdungshaftung geworden ist:

„Die vom Obersten Gerichtshof verwendeten Formulierungen setzen voraus, daß die Verantwortlichkeit entsteht, wenn die Schadensursache in der Sache selbst liegt."

Ein Verschulden ist damit nicht erforderlich, um die Haftung nach Art. 50 eingreifen zu lassen.

3. Die Haftung gegenüber Insassen

In dem sehr ausführlichen Rechtsprechungsnachweis von *Apostolov* wird keine Entscheidung aufgeführt, wonach etwa die Haftung nach Art. 50 gegenüber Kfz-Insassen generell ausgeschlossen ist. Wohl aber ist schon beiläufig erwähnt worden, daß ein Verschulden des Geschädigten sich auf die Inanspruchnahme des Schädigers auswirkt. Es ist daher nicht von vornherein auszuschließen, daß schon die Tatsache, daß sich jemand in den von einem anderen gesteuerten Wagen setzt, als Haftungsminderungs- oder Haftungsausschlußgrund in Frage kommt.

Auszugehen ist von Art. 51 Abs. 2 des Gesetzes. Die Vorschrift lautet:

Art. 51 Abs. 2:

„If the injured contributed to the occurrence of damages, the compensation shall be reduced."

Hat der Geschädigte zum Schadenseintritt beigetragen, so soll der Ersatzanspruch herabgesetzt werden.

Es fällt auf, daß in dieser Vorschrift nur von einer Mitverursachung gesprochen wird, während die oben erwähnte Entscheidung des Obersten Gerichtshofes von einem Mitverschulden spricht. Hingegen hält sich die Plenumsdirektive Nr. 17 von 1963 an den Gesetzeswortlaut, vgl. bei *Apostolov* aaO S. 64:

„Der Ersatzanspruch für Schaden aus unerlaubter Handlung unterliegt der Herabsetzung, wenn das Opfer zur Entstehung des Schadens beigetragen hat. Dies bedeutet, daß das Vorhandensein einer Kausalbeziehung zwischen dem Verhalten des Opfers und dem schädigenden Ereignis und nicht sein Verschulden erforderlich ist."

In einer weiteren Entscheidung von 1967, zitiert aaO 65, wird hingegen wieder ein „comportement répréhensible" verlangt, das ein Verschulden voraussetzt. Die Rechtsprechung ist in dieser Frage mithin nicht ganz eindeutig. Jedenfalls soviel läßt sich aber aus einem Vergleich der Fälle, wie *Apostolov* aaO S. 64 feststellt, entnehmen, daß das Verhalten des Opfers nicht lediglich ein „élément passif" beim Eintritt des Schadensfalles darstellen darf. Vielmehr muß das Opfer selbst die Sache in den Kausalzusammenhang eingeführt haben, aaO S. 53. Die Beweislast dafür trifft den Schädiger.

Überträgt man diese Grundsätze auf die hier zu entscheidende Frage, so ergibt sich mangels anderweitiger Entscheidungen, daß die bloße Tatsache des *Mitfahrens nicht zu einer Entlastung* des Schädigers führt. Das bloße Mitfahren ist ein rein passives Element im Schädigungszusammenhang. Das Opfer greift damit nicht aktiv in die Kausalkette durch einen eigenen Beitrag ein.

4. Der Schadensersatz

Mit dem Umfang und der Art des Schadensersatzes befaßt sich näher *Sipkov* in Osteuroparecht 1962, 333f. Danach gewährt das bulgarische Recht vollen Ersatz für alle Schäden, die unmittelbar oder mittelbar durch die unerlaubte Handlung verursacht wurden. Eine Abstufung nach Verschulden oder Stärke der Kausalität ist nicht vorgesehen. Auch ist eine betragsmäßige Begrenzung, jedenfalls soweit es sich, wie im hier vorliegenden Fall, um Vermögensschaden handelt, nicht vorgesehen. Eine Ausnahme besteht für Schmerzensgeld, worauf jedoch nicht näher einzugehen ist.

5. *Die Ersatzberechtigten*

Bereits in einer Entscheidung vom 24. 3. 1955 hat der Oberste Gerichtshof festgestellt, daß diejenigen Personen, die vom Verletzten unterhalten wurden, aus der unerlaubten Handlung Schadensansprüche herleiten können, wenn der Verletzte infolge der Verletzung stirbt. Diese Entscheidung wurde am 16. 5. 1957 erneut bestätigt[7] und dahin ergänzt, daß diejenigen Personen ersatzberechtigt sind, die unter Art. 111 und Art. 112 des Personen- und Familiengesetzes fallen. Schließlich stellt die Plenumsdirektive Nr. 4 von 1961, zitiert bei *Apostolov* aaO 55, fest:

> „Im Fall eines tödlichen Unfalls aus Anlaß einer unerlaubten Handlung können Ersatz ihres materiellen Schadens nur die Kinder, der Ehegatte, die Eltern, Brüder und Schwestern sowie sonstige Personen verlangen, die infolge ihrer Arbeitsunfähigkeit vom Verstorbenen tatsächlich Unterhalt erhalten haben oder aber kraft Gesetz Anspruch auf Unterhalt hatten."

6. *Form der Leistung*

Das Gesetz sieht hierüber nichts ausdrücklich vor. Nach der Entscheidung Nr. 1787 von 1955 geht die Praxis des Obersten Gerichtshofs aber dahin, daß es sich um eine Geldforderung handelt[8]. Hingegen läßt sich aus Art. 51 Abs. 1 entnehmen, daß die Forderung sowohl auf eine einmalige Leistung als auch auf eine Rente gerichtet werden kann[9].

7. *Verjährung*

Mit der Verjährung von Ansprüchen aus unerlaubter Handlung befassen sich Art. 110 und Art. 114 des Vertrags- und Obligationsgesetzes. Die Vorschriften lauten:

Art. 110:

„After the expiration of a five year limitation period all claims [obligations] shall be extinguished unless the law provides another period."	Nach Ablauf einer Frist von fünf Jahren verjähren vorbehaltlich anderer gesetzlicher Vorschriften alle Forderungen.

Art. 114:

„The running of the statute of limitation shall commence from the date when the obligation becomes due.	Die Verjährungsfrist beginnt von dem Tag an zu laufen, an dem die Forderung geschuldet wird.
With respect to obligations [claims] derived from unlawful acts [tortuous injuries] the statute of limitation shall commence with the discovery of the perpetrator."	Bei Forderungen aus unerlaubten Handlungen beginnt sie mit dem Tag der Entdeckung des Täters.

[7] Vgl. zu beiden Entscheidungen Sipkov aaO 335.
[8] Vgl. *Apostolov* aaO 59.
[9] Vgl. *Sipkov* aaO 333.

Eine gewisse Hinausschiebung des Verjährungsbeginns ergibt sich indessen nach dem bei *Apostolov* aaO S. 74 zitierten Urteil Nr. 897 von 1966 daraus, daß der Oberste Gerichtshof von einer Entdeckung erst dann spricht, wenn sich der Schaden für das Opfer oder die sonst berechtigten Hinterbliebenen realisiert.

Nr. 8

Spanien

1. Deliktsstatut ist nach dem überwiegenden spanischen Schrifttum die lex delicti commissi.

2. Zu den Voraussetzungen und der Wirksamkeit eines im Strafverfahren ausgesprochenen Verzichts auf zivilrechtliche Schadensersatzansprüche.

3. Umfang des Schadensersatzanspruchs bei Kraftfahrzeugunfall; Gefälligkeitsfahrt.

Hamburg G 170/68 vom 18.6.1969

Das Landgericht Heidelberg bittet in dem Rechtsstreit L. gegen K. um Auskunft über Internationales und spanisches Schuldrecht.

Es handelt sich um die Ansprüche des Klägers auf Schadensersatz auf Grund folgenden Sachverhalts:

Am 9. 8. 1965 ist der vom Beklagten gesteuerte, dem Vater des Beklagten gehörende und bei einer deutschen Versicherungsgesellschaft haftpflichtversicherte Pkw, in welchem u. a. der Kläger saß, auf einer Spazierfahrt in der spanischen Provinz Barcelona in einer Kurve an einen Baum gefahren, wobei der Kläger verletzt und ihm gehörende Gegenstände beschädigt wurden oder verlorengingen. Der Kläger hält den Beklagten für schuld an dem Unfall, der Beklagte mißt die Alleinschuld einem unbekannt gebliebenen Lenker eines entgegenkommenden Fahrzeuges bei.

Der Kläger ist französischer Staatsangehöriger und mit der Schwester des Beklagten, der die deutsche Staatsangehörigkeit besitzt, verheiratet.

In einem vor dem Gericht in Arenys de Mar (Spanien) eingeleiteten Strafvorverfahren hat der Kläger am 17. 8. 1965 zu Protokoll erklärt, den Beklagten treffe keinerlei Schuld an dem Unfall und er wolle gegen den Beklagten keinen Anspruch stellen, da er ihn für unschuldig halte („no quiere ejercitar acción contra el conductor por estimarlo inocente").

Der Kläger macht jetzt geltend, seine Erklärung vor dem spanischen Richter habe nur bezweckt, klarzustellen, daß er den Beklagten strafrechtlich nicht für verantwortlich halte bzw. keinen Strafantrag gegen ihn stelle.

Der spanische Staatsanwalt hat die Einstellung des Strafverfahrens beantragt, und der spanische Richter hat die Einstellung verfügt, vorbehaltlich einer Wiederaufnahme bei Auftauchen neuer Beweismittel gemäß Art. 25 II des spanischen Straßenverkehrsgesetzes (StVG) vom 24. 12. 1962.

Das Institut für ausländisches und internationales Privat- und Wirtschaftsrecht der Universität Heidelberg hat am 19. 7. 1968 in dieser Sache ein Rechtsgutachten erstattet (im folgenden „Heidelberger Gutachten" genannt).

Gefragt wird,

I. ob das spanische IPR wegen Ansprüchen, die aus in Spanien begangenen Delikten resultieren, auf deutsches Recht als die lex fori zurückverweist;

II. ob die Schadensersatzansprüche eines in Spanien Geschädigten nach spanischem Recht nur im Strafprozeß miterledigt werden können;

III. ob nach spanischem Recht eine einseitige Erklärung des Geschädigten, vom Schädiger nichts zu wollen, die Geltendmachung aller Schadensersatzansprüche durch den Verzichtenden ausschließt, ferner, ob für eine solche Erklärung die Formerfordernisse der Schenkung gelten, und schließlich, ob ein geheimer Vorbehalt – gegebenenfalls mit Wissen oder Einverständnis des Beklagten – den Verzicht nicht ernstlich zu wollen, oder der spätere Widerruf die zivilrechtlichen Ansprüche bestehen bzw. wiedererstehen läßt;

IV. ob nach spanischem Recht bei Gefälligkeitsfahrten zwischen nahen Verwandten vertragliche Bindungen entstehen, aus denen Schadensersatzansprüche resultieren können;

V. ob nach spanischem Recht bei dem vom Kläger behaupteten Verhalten des Beklagten dem Kläger Schadensersatzansprüche auf Grund Vertrages oder unerlaubter Handlung entstanden sind und ob dazu auch die behaupteten Sachschäden und der geltend gemachte Schmerzensgeldanspruch gehören.

I. Das Deliktsstatut nach spanischem IPR

Wie das Heidelberger Gutachten bereits ausgeführt hat, werden in der Literatur zum spanischen IPR zwei Meinungen zum Deliktsstatut vertreten, und zwar einmal die Anwendung der lex fori mit der Begründung, die Vorschriften über deliktische Haftung seien d'ordre public international, zum anderen die der lex delicti commissi. Letztere Meinung überwiegt aber im neueren spanischen Schrifttum bei weitem, und sie hat de lege ferenda in Art. 10 II des spanischen Vorentwurfs von 1944 ihren gesetzlichen Niederschlag gefunden[1]. Einschlägige Rechtsprechung ist nicht bekannt.

---

[1] *Werner Goldschmidt,* Sistema y filosofía del derecho internacional privado

Das Institut hält daher im Gegensatz zum Heidelberger Gutachten eine Rückverweisung des spanischen Internationalen Deliktsrechts auf deutsches Recht im vorliegenden Fall zumindest für nicht erwiesen (ohne zur grundsätzlichen Beachtlichkeit eines Renvoi im Internationalen Schuldrecht Stellung zu nehmen).

II. Die Geltendmachung von Schadensersatzansprüchen nach spanischem Recht

Schadensersatzansprüche aus bloß zivilrechtlich unerlaubten Handlungen können ihrer Natur nach nicht in einem strafprozessualen Adhäsionsverfahren geltend gemacht werden, sondern nur vor den Zivilgerichten.

Schadensersatzansprüche aus unerlaubten Handlungen, die ein mit Strafe bedrohtes Delikt darstellen, werden in Spanien im allgemeinen vom Staatsanwalt im strafprozessualen Adhäsionsprozeß geltend gemacht; sie können vor Zivilgerichten erst dann geltend gemacht werden, wenn kein Strafverfahren mehr anhängig ist[2].

Es handelt sich dabei um rein verfahrensrechtliche Vorschriften, die für deutsche Gerichte auch bei Anwendbarkeit spanischen bürgerlichen Rechts nicht bindend sind.

III. Der Verzicht auf die Geltendmachung von Schadensersatzansprüchen nach spanischem Recht

1. *Grundsätzlich* ist der Verzicht auf Ansprüche und Rechte gemäß Art. 4 II des Código civil español vom 24. 7. 1889 (Cc) möglich, soweit dieser Verzicht nicht gegen das öffentliche Interesse, gegen die öffentliche Ordnung oder zu Lasten eines Dritten vorgenommen wird.

Die spanische StPO erklärt in Art. 106 II ausdrücklich, daß der Verzicht des Geschädigten auf die Durchführung der Strafklage diese dann nicht verhindert, wenn es sich um ein von Amts wegen zu verfolgendes Delikt handelt, daß der Verzicht aber von Gesetzes wegen die Nebenwirkung hat, die Geltendmachung aller auf dem Delikt beruhenden zivilrechtlichen Ansprüche auszuschließen.

Was die Form des Verzichtes (renuncia) angeht, so handelt es sich um eine einseitige, nicht formbedürftige Erklärung; diese darf nicht mit dem

---

II, 2. Aufl. Buenos Aires 1954, 453 f.; *Ramón de Orúe y Arregui,* Manual de derecho internacional privado, 3. Aufl. Madrid 1952, 758; *Mariano Aguilar Navarro,* Derecho civil internacional, Madrid 1960, 385, der sogar die gesamte spanische Literatur als einhellig dieser Meinung bezeichnet; a. A. *Miaja de la Muela,* Derecho internacional privado II, 3. Aufl. Madrid 1963, 259.

[2] Art. 108, 111, 114 der Ley de enjuiciamiento criminal (StPO) vom 17. 9. 1882.

formgebundenen ausdrücklichen Schulderlaß (condonación de la deuda) des Art. 1187 Cc verwechselt werden, der einen „animus donandi" voraussetzt[3].

Bei der Vernehmung des Geschädigten im Strafverfahren oder im Strafvorverfahren ist dieser bzw. sein gesetzlicher Vertreter darauf hinzuweisen, daß er sich am Strafverfahren als Partei beteiligen kann und daß er auf die Rückgabe des Gegenstandes, den Ersatz für einen erlittenen Schaden und auf die Entschädigung für erlittene Nachteile, die durch die strafbare Handlung verursacht worden sind, verzichten kann oder nicht (Art. 109 span. StPO). Nur der ausdrückliche und endgültige Verzicht hindert nach Art. 110 II span. StPO die Geltendmachung von Schadensersatzansprüchen, und die höchstrichterliche Rechtsprechung hat diese Vorschrift zugunsten des Verzichtenden ausgelegt[4].

2. *Im vorliegenden Fall* kann der vom Kläger erklärte Widerruf seiner Verzichtserklärung nach dem zu 1) Gesagten dann beachtlich sein, wenn er seine Verzichtserklärung beispielsweise im Irrtum über die Schwere seiner Verletzungen abgegeben hat.

Hingegen hätte eine Mentalreservation nach spanischem Recht keinen Einfluß auf die Wirksamkeit der Verzichtserklärung, wie sich aus den in den Art. 1256, 1281 und 1286 Cc zum Ausdruck kommenden Rechtsgedanken ergibt[5].

Auch ein Irrtum des Klägers darüber, daß er mit seiner Verzichtserklärung nicht nur auf die Strafverfolgung, sondern auch auf die Geltendmachung von zivilrechtlichen Ersatzansprüchen aus der strafbaren Handlung verzichtete, dürfte nicht ausreichen, um die Verzichtserklärung un-

---

[3] Zum Verhältnis zwischen Verzicht und Schulderlaß vgl. Urteil des *Tribunal Supremo* vom 24. 10. 1955; zur Form der Verzichtserklärung gemäß Art. 106 II span. StPO siehe *Trinitario Ruiz y Valarino*, Comentarios a la Ley de enjuiciamiento criminal I, 2. Aufl. Madrid 1923, 591 ff.

[4] Vgl. zu dem Strafvorverfahren nach dem span. StVG *José María Reyes Monterreal*, Comentarios a la Ley de uso y circulacion de vehículos de motor, Barcelona 1965, 171 ff.; zur Rechtsprechung siehe *Ruiz y Valarino* aaO 606 ff., der unter anderem auf eine Entscheidung des *Tribunal Supremo* vom 3. 1. 1837 verweist, in der es um Folgendes ging: Der bei einem Zugzusammenstoß verletzte Lokomotivführer eines Zuges hatte 5 Tage nach dem Unfall erklärt, er verzichte auf die Geltendmachung von Ansprüchen. Er glaubte bei Abgabe dieser Erklärung, seine Verletzungen seien nicht so schwerwiegend, wie sich dies später herausstellte. Als sich dann ergab, daß er berufsunfähig blieb und daß sein Arbeitgeber sich weigerte, ihn gehörig zu entschädigen, erhob er den Anspruch, auf den er irrtümlich verzichtet hatte. Er war in allen Instanzen erfolgreich, und das Tribunal Supremo führte aus: „Der Verzicht muß bewußt geschehen und ohne irgendwelchen Irrtum."

[5] *Puig Brutau*, Anmerkungen zu *Enneccerus-Kipp-Wolff*, Tratado de derecho civil I, 2, 2. Aufl. Barcelona 1950 (= Übersetzung der 13. deutschen Auflage) 184, 190 f.

wirksam zu machen, handelt es sich dabei doch um eine gesetzliche Konsequenz des spanischen Rechts.

Bleibt die Verzichtserklärung des Klägers wirksam, so fragt sich, ob sie sich nur auf die Geltendmachung von Schadensersatz wegen einer strafbaren Handlung oder auch auf die Geltendmachung von Schadensersatz aus bloß zivilrechtlich unerlaubter fahrlässiger Handlung bzw. aus Vertrag oder sogar auf die Geltendmachung von Schadensersatz überhaupt gegenüber dem Beklagten bezieht. Das Institut neigt dazu, die Erklärung des Klägers dahin auszulegen, daß er auf alle schuldbedingten Ansprüche aus dem schadenstiftenden Ereignis gegen den Beklagten verzichtet hat, daß er aber auf Ansprüche gegen den Beklagten aus Gefährdungshaftung sowie auf Ansprüche gegen andere zum Schadensersatz Verpflichtete, beispielsweise gegen die Haftpflichtversicherung des Vaters des Beklagten als des Fahrzeughalters nicht verzichtet hat. Denn anders als nach deutschem Recht steht in Spanien dem Geschädigten aus einem Verkehrsunfall gemäß Art. 42 span. StVG ein unmittelbarer Anspruch (action directe) gegen die Haftpflichtversicherungsgesellschaft des Fahrzeughalters zu, der unabhängig ist von den Ansprüchen gegen den Schädiger selbst.

Art. 42:

„Para exigir el cumplimiento de la obligación de indemnizar, el perjudicado o sus herederos tendrán acción directa contra el asegurador del vehiculo que ha producido el daño hasta el límite del seguro obligatorio, sin perjuicio de las demás acciones que le correspondan.

. . ."

Um die Erfüllung der Schadensersatzverpflichtung zu verlangen, kann der Geschädigte oder können seine Erben einen direkten Anspruch gegen den Versicherer des Fahrzeugs, das den Schaden bewirkt hat, bis zur Höhe der Pflichtversicherung erheben, unbeschadet der übrigen Ansprüche, die ihnen zustehen.

. . .

Vor einem deutschen Gericht ist allerdings eine direkte Klage gegen die Haftpflichtversicherung des Fahrzeughalters dann ausgeschlossen, wenn man sich der in der Literatur vertretenen Meinung anschließt, daß die Gewährung einer action directe versicherungsrechtlichen Charkter trägt und daher hier deutschem Recht und nicht dem spanischen Deliktsstatut unterliegt[6].

IV. Die Haftung aus Gefälligkeitsfahrten nach spanischem Recht

Nach einem Urteil des Tribunal Supremo vom 16. 5. 1934 ist die Haftung des Fahrers oder die Haftung des Eigentümers eines Kraftfahrzeuges gegenüber dem aus Gefälligkeit auf seine Bitte Mitgenommenen nicht

[6] So *Beemelmans,* Das Statut der cessio legis, der action directe und der action oblique, RabelsZ 29 (1965) 511 ff., 541 f.

ausgeschlossen[7]. Im übrigen darf auf die Darstellung dieses Problems in dem Heidelberger Gutachten verwiesen werden.

V. *Der Umfang des Schadensersatzes nach spanischem Recht*

1. Ist davon auszugehen, daß der Kläger *wirksam* auf alle schuldbedingten Ansprüche gegen den Beklagten *verzichtet* hat, so kann er unter den Voraussetzungen des Art. 39 span. StVG Ansprüche aus Gefährdungshaftung gegen den Beklagten erheben.

Art. 39:

„El conductor de un vehiculo de motor que con motivo de la circulatión cause daños a las personas o a las cosas estará obligado a reparar el mal causado, excepto cuando se pruebe que el hecho fuera debido únicamente a culpa o negligencia del perjudicado o a fuerza mayor extraña a la conducción o al funcionamiento del vehículo. No se considerarán como casos de fuerza mayor los defectos de éste ni la rotura o fallo de alguna de sus piezas o mecanismos."

Der Führer eines Motorfahrzeugs, das bei der Teilnahme am Straßenverkehr Personen- oder Sachschäden verursacht, ist verpflichtet, den verursachten Schaden zu ersetzen, außer wenn bewiesen wird, daß das Ereignis ausschließlich auf dem Verschulden oder der Fahrlässigkeit des Verletzten beruht oder auf höherer Gewalt, die unabhängig ist vom Führen oder dem Betrieb des Fahrzeugs. Als Fälle der höheren Gewalt werden nicht dessen Mängel angesehen und auch nicht der Bruch oder das Versagen eines seiner Teile.

Hinsichtlich des Umfangs der Ansprüche aus Gefährdungshaftung kann auf Art. 40 span. StVG sowie auf die Darstellung des Umfangs der Entschädigungsleistungen für Personenschäden aus der Haftpflichtversicherung in dem Heidelberger Gutachten verwiesen werden.

Art. 40:

„Todo propietario de un vehículo de motor vendrá obligado a suscribir una póliza de seguro que cubra, hasta la cuantía que se fije, la responsabilidad civil derivada de la obligación a que se refiere el artículo anterior."

Jeder Eigentümer eines Motorfahrzeugs ist verpflichtet, eine Versicherung einzugehen, die bis zur Höhe, die [noch] bestimmt wird, die zivilrechtliche Haftung deckt, die sich aus der Verpflichtung herleitet, auf welche sich der vorige Artikel bezieht.

Für Sachschäden war im Zeitpunkt des Unfalls noch keine Verpflichtung zur Leistung für eine spanische Haftpflichtversicherung gegeben, da die

---

[7] *Jaime Santos Briz*, Derecho de daños, Madrid 1963, 342 mit weiteren Nachweisen.

entsprechenden Vorschriften des span. StVG und des Erlasses (Reglamento) vom 19. 11. 1964 bis auf weiteres suspendiert worden sind (zuletzt durch die Verordnung Nr. 1199/65 vom 6. 5. 1965). Ansprüche auf Ersatz von Sachschäden kann der Kläger daher bei nicht fahrlässigem Verhalten des Beklagten nicht erheben.

2. Ist der Verzicht des Klägers *wirkungslos* oder hat er eine geringere Wirkung als die vorstehend angenommene, so haftet der Beklagte nach allgemeinem Deliktsrecht gemäß Art. 1902 Cc (Voraussetzung ist hierbei fahrlässiges Verhalten) und, wenn eine strafbare Handlung vorliegt, gemäß Art. 101–104 des span. StGB vom 23. 12. 1944. Gemäß Art. 1902 Cc ist der verursachte Schaden ohne Beschränkung zu ersetzen, während Art. 101 span. StGB die Rückerstattung, den Ersatz des verursachten Sachschadens (bei gerichtlicher Feststellung des Schadens unter Berücksichtigung des Wertes der beschädigten Sache und ihres Affektionswertes für den Geschädigten) und die – nach den gleichen Grundsätzen gerichtlich festzustellende – Entschädigung für erlittene Nachteile unterscheidet.

3. Fraglich ist, ob bei fahrlässigem Verhalten des Beklagten auch ein Anspruch auf *Schmerzensgeld* nach spanischem Recht besteht. Während die ältere spanische Rechtsprechung den Ersatz immateriellen Schadens (daño moral) ablehnte, haben sich neuere Entscheidungen für den Ersatz solcher Schäden ausgesprochen. Dabei handelte es sich vor allem um Verletzungen von Ehre, Ruf oder Kredit (honor, reputación, crédito). Doch wird daraus im Schrifttum teilweise die Folgerung gezogen, daß auch der Ersatz anderer immaterieller Schäden – so bei Verletzungen der Person die Zahlung eines Schmerzensgeldes – verlangt werden könne [8].

VI. Ergebnis

Je nach Wirkung und Auslegung der vom Kläger abgegebenen Verzichtserklärung steht dem Kläger entweder aus Gefährdungshaftung ein der Höhe nach beschränkter Anspruch gegen den Beklagten auf Ersatz von Personenschäden zu, oder der Beklagte haftet im Falle fahrlässigen Verhaltens darüber hinaus unbeschränkt für Personenschäden sowie für Sachschäden. Ob bei fahrlässigem Verhalten gegen ihn auch ein Anspruch auf Leistung von Schmerzensgeld erhoben werden kann, ist nach geltendem spanischen Recht zweifelhaft.

---

[8] Speziell zum Autohaftpflichtrecht siehe *Juan de Leyva* in: Die Haftung des Kraftfahrers in den europäischen Staaten, bearbeitet von *Volkmann*, 1957, 84 f.; anders noch *Colom-Marimon*, Compendio jurídico del accidente de automóvil, 1933, I 193. Allgemein zum Deliktsrecht: *Santos Briz* aaO 144 ff.; *Puig Brutau* aaO II, 2 (1950) 711.

III. Handels-, Gesellschafts- und Wertpapierrecht

Siehe auch Nr. 2 (Japan); Nr. 4 (Großbritannien/England); Nr. 5 (Italien); Nr. 50 (Schweiz)

Nr. 9

Frankreich

Zur Zulässigkeit einer auf unbestimmte Zeit vereinbarten Stimmrechtsbindung von Gesellschaftern einer französischen société à responsabilité limitée.

München G 2207-9.4. vom 30. 4. 1969

Die Herren Rechtsanwälte Dr. K. und Dr. S. aus München haben mir folgenden

SACHVERHALT

zu gutachtlicher Stellungnahme unterbreitet:

Eine Mandantin besitzt an einer französischen Société à Responsabilité Limitée mit dem Sitz in Paris 4500 Geschäftsanteile à 100 fr. Das gesamte Stammkapital beträgt 1 Mio fr. Sie will mit einem anderen Gesellschafter, der 1000 Geschäftsanteile zu 100 fr. besitzt, einen Stimmpool vereinbaren. Danach sollen sich beide Vertragsteile verpflichten, alle Fragen, die in der Gesellschafterversammlung der SARL verhandelt werden, vorher zu besprechen und in den Gesellschafterversammlungen sodann das Stimmrecht in derselben Weise auszuüben. Findet eine Einigung nicht statt, so solle die Entscheidung der Mandantin maßgebend sein.

Die anfragenden Herren Rechtsanwälte wollen wissen, ob eine solche Vereinbarung über die Ausübung des Stimmrechts in einer französischen SARL wirksam abgeschlossen werden kann.

I. Allgemeines zum Verständnis der Normsituation

Bis zum Inkrafttreten des neuen Gesellschaftsgesetzes vom 24. 7. 1966 bestimmte Art. 4 Abs. 2 Loi v. 13. 11. 1933 i. d. F. des Décr.-Loi v. 31. 8. 1937:

„Sont nulles et de nul effet dans leurs dispositions principales et accessoires, les clauses ayant pour objet ou pour effet de porter atteinte au libre exercice du droit de vote dans les assemblées générales des sociétés commerciales."

Nichtig und ohne Wirksamkeit, sei es in Haupt- oder Nebenpunkten, sind alle Klauseln, die sich darauf richten oder zur Folge haben, daß die freie Ausübung des Stimmrechts in den allgemeinen Versammlungen der Handelsgesellschaften beeinträchtigt wird.

Durch Art. 505 des neuen Gesellschaftsgesetzes, Loi 66–537 v. 24. 7. 1966 i. d. F. des Loi 67–16 v. 4. 1. 1967 wurde die Loi v. 13. 11. 1933 aufgehoben. Unter den aufgehobenen Vorschriften befindet sich indessen das Décr.-Loi v. 31. 8. 1937 nicht. In der Literatur wird gleichwohl die Auffassung vertreten, daß auch das Décr.-Loi von 1937, soweit es sich auf die Fassung des Loi v. 13. 11. 1933 bezog, aufgehoben ist. Aus sachlichen Gründen kann dies aber dahingestellt bleiben, da die herrschende Auffassung die zitierte Vorschrift ohnehin nur als Ausdruck eines allgemeingültigen gesellschaftsrechtlichen Grundsatzes betrachtet, der sich aus dem Wesen des Stimmrechts (droit de vote) ergibt. In der Besprechung der Loi 66–537[1] führen zwei der namhaftesten französischen Gesellschaftsrechtler, *Houin* und *Goré* aus:

„La loi no 537 a abrogé dans son art. 505 la loi du 13 nov. 1933 dont l'art. 4, al. 2 (Décr.-L. 31 août 1937) annulait les conventions ‚ayant pour objet ou pour effet de porter atteinte au libre exercice du droit de vote dans les assemblées générales des sociétés commerciales'. Elle ne lui a substitué aucune réglementation nouvelle et s'est bornée à punir ceux qui se seront fait accorder, garantir ou promettre des avantages pour voter dans un certain sens ou pour ne pas participer au vote, ainsi que ceux qui auront accordé, garanti ou promis ces avantages (L. no 537, art. 440–3°). Dans le silence de la loi il convient de maintenir les solutions consacrées antérieurement par la jurisprudence qui n'avait pas attendu le décret-loi de 1937 pour affirmer que

Das Gesetz Nr. 537 hat in seinem Art. 505 die Loi v. 13. 11. 1933 aufgehoben, deren Art. 4 Abs. 2 (Décr.-L. 31. August 1937) diejenigen Vereinbarungen für nichtig erklärte, die sich darauf richten oder zur Folge haben, daß die freie Ausübung des Stimmrechts in den allgemeinen Versammlungen der Handelsgesellschaften beeinträchtigt wird. Es hat diese Vorschrift durch keine neue Regelung ersetzt und sich im übrigen darauf beschränkt, diejenigen zu bestrafen, die sich Vorteile zubilligen, garantieren oder versprechen lassen dafür, daß sie in einem bestimmten Sinne abstimmen oder der Abstimmung fernbleiben. Gleiches gilt für diejenigen, die diese Vorteile zubilligen, garantieren oder versprechen (L. Nr. 537, Art. 440-3). Angesichts des Schweigens

[1] D 1967, Chronique 155 Nr. 81.

l'actionnaire devait rester maître de son vote."

des Gesetzes ist es angemessen, die früher von der Rechtsprechung gefundenen Lösungen beizubehalten. Schon diese Rechtsprechung hatte nicht darauf gewartet, bis das Décret-Loi von 1937 erschien, um zu bekräftigen, daß der Aktionär Herr seiner Stimme bleiben muß.

Es ist demnach davon auszugehen, daß die Regelung, wie sie von der Rechtsprechung teilweise vor 1937, teilweise in Anwendung des Décr.-Loi von 1937 entwickelt wurde, weiterhin dem geltenden französischen Recht entspricht.

Houin-Goré sprechen in dem obigen Zitat lediglich von Stimmrechtsbindungen des Aktionärs, weil sie sich vorrangig mit den Auswirkungen der Novelle auf die Aktiengesellschaft befassen. Es bestand indessen schon zur Zeit der Geltung des Art. 4 Abs. 2 Loi v. 13. 11. 1933 im Grundsatz Einigkeit darüber, daß das Problem der Stimmrechtsbindung ein gesamt-gesellschaftsrechtliches sei und jedenfalls für die GmbH gleiches wie für eine AG gelte. So führen *Hamel-Lagarde* aus[2]:

„Le texte se réfère aux assemblées ‚des sociétés commerciales'. On prétend le limiter aux sociétés par actions. La ‚bévue' des rédacteurs du décret-loi est assez vraisemblable; ils songeaient sans doute aux seules sociétés anonymes et commandites par action. Les sociétés à responsabilité limitée ne comportent qu'exceptionnellement des assemblées. A défaut du texte lui-même, le principe qui l'a inspiré ne serait pas plus déplacé dans ces assemblées (ou dans les délibérations sans réunion d'assemblée) tenues (ou prises) par des associés à responsabilité limitée."

Der Gesetzestext bezieht sich auf die Versammlungen der „Handelsgesellschaften". Man bemüht sich, ihn auf die Aktiengesellschaften zu beschränken. Ziemlich wahrscheinlich ist, daß sich die Verfasser des décret-loi in der Wahl „vergriffen" haben. Sie dachten ohne Zweifel nur an die AG und die KG auf Aktien. Die GmbH haben nur ausnahmsweise Versammlungen (Anm. des Gutachters: dies trifft seit Inkrafttreten der Loi 66–537 nicht mehr zu!). Abgesehen vom Text selbst, das Prinzip, das ihn beeinflußt hat, wäre sehr wohl angebracht auch in den Versammlungen der GmbH (oder den ohne Versammlung getroffenen Entscheidungen).

Bestätigt wurde diese Auffassung von *Hamel-Lagarde* vom *Tribunal de grande Instance de la Seine* v. 22. 6. 1966. Das Gericht erklärt[3]:

„Attendu qu'il importe peu également qu'il s'agisse du fonctionnement d'une

Es ist gleichgültig, daß es sich (im vorliegenden Rechtsstreit) um das Funk-

[2] Traité de Droit Commercial Bd. I, Paris 1954, 657.

[3] D 1967 Jurisprudence 34 ff. (35).

société civile et non commerciale, que les principes relatifs à la liberté des votes sont aussi bien applicables aux unes qu'aux autres."

tionieren einer bürgerlichen und nicht einer Handelsgesellschaft handelt. Die Grundsätze über die Freiheit des Stimmrechts sind sowohl auf die einen wie die anderen anwendbar.

Gilt danach das Verbot von Stimmrechtsbindungen sogar für Gesellschaften des bürgerlichen Rechts, so steht außer Frage, daß sie bei Gesellschaften mit beschränkter Haftung rechtlich unwirksam bleiben. Die Möglichkeit der im Anschreiben umrissenen geplanten Absprache hängt damit von der inneren Tragweite des Verbots und damit von der Definition des Stimmrechtsbindungsvertrages (convention de vote) ab.

II. Die Stimmrechtsbindung

a) Eine gesetzliche Definition der verbotenen conventions de vote gibt es nicht. Auch die Rechtsprechung hat sich bisher um eine abschließende Umschreibung nicht bemüht. So können *Houin-Goré* aaO Fußn. 103 zu Recht feststellen:

„Il est difficile de saisir dans un texte général les conventions qui portent atteinte au libre exercice du droit de vote. C'est de l'empirisme. En France la jurisprudence était assez sévère, même avant 1937."

Es ist schwierig, in einem allgemeinen Text die Vereinbarungen zusammenzufassen, die die freie Ausübung des Stimmrechts antasten. Es handelt sich um eine Frage der Erfahrung. In Frankreich war die Rechtsprechung ziemlich streng, selbst vor 1937.

Unter diesen Umständen ist es nicht möglich, die Frage, ob die im Anschreiben geschilderte Vereinbarung eine verbotene convention de vote darstellen würde, kurz bejahend oder verneinend zu beantworten. Es wird vielmehr erforderlich, zunächst die von der Rechtsprechung herausgearbeiteten leitenden Maßstäbe und sodann ihre Anwendung in typischen Fallsituationen zu prüfen.

b) Die beiden jüngsten Entscheidungen auf dem Gebiet der Stimmrechtsbindung sind *Cass. Comm.* vom 8. 5. 1963[4] und die oben bereits zitierte Entscheidung des *Tribunal de grande Instance de la Seine* vom 22. 6. 1966. Aus beiden Entscheidungen können indirekt die maßgeblichen Gesichtspunkte entnommen werden. Die Entscheidung der Cour de Cassation betraf zwar keine Stimmbindung hinsichtlich der Stimmabgabe in der *Gesellschafterversammlung,* sondern im *Verwaltungsrat* (Conseil d'administration). Indessen ist das Verbot einer Stimmbindung im conseil d'administra-

---

[4] JCP 1963 II 13282.

tion aus dem Verbot in der Gesellschafterversammlung entwickelt worden und unterliegt inhaltlich den gleichen Regeln[5].

Die Cour de Cassation führt aus:

„Mais attendu qu'après avoir souverainement relevé que, par la clause litigieuse, des administrateurs prenaient par avance, irrévocablement, pour une période de temps illimitée, dans l'ignorance et même au mépris de la survenance éventuelle d'éléments d'appréciation nouveaux et imprévisibles, un engagement personnel exprès de vote, la Cour d'appel a considéré à bon droit qu'un tel engagement était contraire aux règles fondamentales selon lesquelles les administrateurs d'une société anonyme doivent pouvoir se faire à tout moment, en conscience, une opinion de l'intérêt social et exprimer cette opinion par un vote librement émis."

Aber in der Erwägung, daß die Cour d'Appel unantastbar festgestellt hat, daß infolge der umstrittenen Klausel die Verwalter eine persönliche und ausdrückliche Verbindlichkeit der Stimmabgabe übernahmen, und zwar im voraus, unwiderrufbar, auf unbestimmte Zeit, in Unkenntnis und selbst unter Nichtbeachtung des eventuellen Auftretens neuer und unvorhersehbarer Beurteilungsmaßstäbe, so hat die Cour es zutreffend für Rechtens gehalten, daß eine solche Absprache den grundlegenden Regeln widerspricht, nach welchen die Verwalter einer AG sich in jedem Augenblick und mit Gewissenhaftigkeit eine Meinung über das Gesellschaftsinteresse müssen bilden und ihr durch freie Stimmabgabe müssen Ausdruck verleihen können.

Noch deutlicher formuliert das Tribunal de grande Instance de la Seine:

„Attendu que le pacte litigieux était destiné à assurer aux deux défenderesses, pour une période de temps indéfinie, et d'au moins cinq ans, le monopole de la présidence comme des fonctions de trésorier de la S.D.R.M.; – Attendu que cet accord était conclu sans égard pour les circonstances nouvelles qui pourraient surgir chaque année, qu'il excluait, quoi qu'il arrivât, sinon la prise en considération de l'intérêt des autres membres de la S. D. R. M., du moins la possibilité de désigner un président et un trésorier qui n'appartiendraient ni à la S.A.C.E.M. ni à la Dramatique, même si les autres membres du conseil d'administration étaient plus qualifiés pour exercer ces fonctions; – Attendu que la majorité absolue de dix

In der Erwägung, daß der strittige Pakt bestimmt war, den zwei Beklagten für einen unbegrenzten Zeitraum, wenigstens aber für fünf Jahre das Monopol des Präsidenten und des Schatzmeisters der S.D.R.M. zu sichern; – In der Erwägung, daß diese Vereinbarung ohne Rücksicht auf neue Umstände geschlossen wurde, die sich jedes Jahr ergeben könnten; daß sie, was auch geschehen würde, es ausschloß, wenn schon nicht die Interessen der anderen Glieder der S. D. R. M. zu berücksichtigen, so doch jedenfalls die Möglichkeit zu eröffnen, daß Nichtmitglieder der S.A.C.E.M. oder des Dramatique (Beklagte) Präsident oder Schatzmeister würden, selbst wenn andere Mitglieder des Verwaltungsrats besser geeignet sein sollten, diese

[5] Vgl. *Hamel-Lagarde* aaO 657.

administrateurs sur dix-huit que les deux défenderesses avaient au sein du conseil d'administration leur aurait permis en réalité, chaque année, lors du renouvellement du bureau de ce conseil, de décider au mieux de leurs intérêts, ... elles faussaient la liberté des votes, empêchaient toute discussion utile sur ce point, et reconçaient même, le cas échéant, à la pleine défense de leurs propres intérêts; – Attendu qu'une telle convention doit être déclarée nulle; – Attendu que celle-ci n'était pas limitée dans le temps puisque aussi bien par le jeu de la tacite réconduction, sa durée restait indéfinie, et qu'à supposer même qu'elle eût été ainsi limitée, le simple fait qu'elle empêchait pour l'avenir le jeu libre et éclairé des votes entraînait sa nullité."

Funktionen auszuüben; – In der Erwägung, daß die absolute Mehrheit von zehn Verwaltern unter achtzehn, auf welche sich die Beklagten im Rat stützen konnten, ihnen tatsächlich erlaubt haben würden, jedes Jahr gelegentlich der Erneuerung des Vorstandes zum ausschließlichen Guten ihrer eigenen Interessen zu entscheiden, und sie so die Freiheit der Stimmabgabe verfälschten, jede nützliche Diskussion darüber von vornherein verhinderten und sogar gegebenenfalls darauf verzichteten, die eigenen Interessen zu verteidigen; – In der Erwägung, daß eine solche Vereinbarung für nichtig erklärt werden muß; – In der Erwägung, daß die streitgegenständliche Vereinbarung zeitlich nicht begrenzt war, da durch die jeweilige stillschweigende Fortsetzung ihre Dauer unbestimmt war; selbst aber vorausgesetzt, daß sie begrenzt war, führt die einfache Tatsache, daß sie für die Zukunft das freie und bewußte Spiel der Stimmabgabe verhinderte, zu ihrer Nichtigkeit.

Aus diesen Entscheidungen lassen sich folgende Kriterien entnehmen:

Nichtig ist jede Absprache über eine Stimmbindung, die die *Gesellschaftsinteressen beeinträchtigt.* Eine Beeinträchtigung dieser Art liegt bereits dann vor, wenn die freie, situationsentsprechende Entscheidung nicht mehr möglich ist. Selbst wenn durch die Vereinbarung die Debatte in dem betreffenden Gesellschaftsgremium nicht abgeschnitten wird, so macht sie eine solche doch sinnlos und verlegt die gesellschaftserhebliche Entscheidung unzulässigerweise außerhalb der gesellschaftlichen Gremien[6].

Hingegen kommt es nicht darauf an, ob die Vereinbarung zeitlich unbestimmt oder auf eine bestimmte Dauer abgeschlossen ist. Damit bleiben praktisch nur ad-hoc-Bindungen möglich.

c) Betrachtet man im einzelnen die Rechtsprechung, die sich aus den bisher dargestellten Grundsätzen ergibt, so lassen sich zwei Grundtypen unterscheiden. In den beiden mehrfach zitierten Entscheidungen hatten sich die Vertragspartner jeweils verpflichtet, eine sachlich umgrenzte

---

[6] Vgl. zu dieser Analyse der vorzitierten Entscheidungen auch die Anmerkung *Dalsace*, D. 1967 Jurisprudence 36, der vor allem auf den Ausschluß situationsentsprechender, gesellschaftsinterner Entscheidung hinweist.

Frage, wie die Bestellung eines bestimmten Organs auf längere Zeit hin, nur einheitlich zu entscheiden. Diese Falltype interessiert hier nicht näher, sieht man von den geschilderten Grundwertungen ab. Hier zielt der beabsichtigte Vertrag nicht auf eine inhaltliche Bindung in umrissenen Einzelfragen, sondern auf eine *sachlich und zeitlich unbegrenzte Bindung*, wobei der Inhalt der einzelnen künftigen Entscheidungen durchaus offen ist, situationsgerechte Entscheidungen also nicht verhindert werden.

Indessen hat die Rechtsprechung auch diese zweite Erscheinungsform wegen des in ihr enthaltenen Angriffs auf die freie Entscheidung des einzelnen Gesellschafters und die Verlagerung der gesellschaftlichen Willensbildung in einen Bereich außerhalb der Gesellschaftsorgane jedenfalls dann als verbotene convention de vote betrachtet, wenn sich aus ihr eine Majorisierung der anderen Gesellschafter ergibt. Im einzelnen führt hierzu *Rault*[7] aus:

„Les syndicats ou conventions de blocage, dans la mesure où ils ont pour objet ou pour effet de porter atteinte au libre exercice du droit de vote dans les assemblées générales sont frappés de nullité. Ainsi en a décidé le Tribunal de commerce de Marseille dans un jugement fortement motivé du 28 mars 1952, dans une espèce où deux actionnaires détenant le contrôle de la société, avaient convenu que leurs titres demeureraient bloqués pendant trente ans dans le but de leur assurer la majorité dans les assemblées générales de la société. Cette clause s'analysait en un engagement formel pour chacun des contractants de voter dans le même sens, trente années durant, sur toutes les questions susceptibles d'être portées à l'ordre du jour des assemblées générales.

Il n'en faudrait pas conclure que tous les syndicats de blocage sont, pour autant, frappés de nullité. Tous n'ont point en effet pour objet ou pour effet de porter atteinte au libre exercice du droit de vote. ... Les conventions ou syndicats de blocage ne tombent sous

Die syndicats oder conventions de blocage sind mit Nichtigkeit belegt in dem Maße, als sie zum Ziel oder zur Wirkung haben, daß die freie Ausübung des Stimmrechts in Generalversammlungen beeinträchtigt wird. In diesem Sinne hat das Tribunal de Commerce Marseille in einem eingehend begründeten Urteil vom 28. 3. 1952 entschieden in einem Fall, wo zwei Aktionäre, die die Gesellschaft kontrollierten, übereingekommen waren, daß ihre Titel während einer Zeit von dreißig Jahren mit der Absicht blockiert bleiben sollten, ihnen die Mehrheit in der Generalversammlung der Gesellschaft zu sichern. Diese Klausel erwies sich als eine förmliche Verpflichtung für jeden der Kontrahenten, während dieser Zeit im gleichen Sinne zu stimmen und zwar in allen auf die Tagesordnung der Generalversammlungen gelangenden Fragen.

Daraus ist nun nicht etwa zu schließen, daß alle syndicats de blocage als solche als nichtig anzusehen sind. Nicht alle haben zur Wirkung oder zum Ziel, daß die freie Ausübung des Stimmrechts beeinträchtigt wird. ... Vielmehr fallen nur solche unter das Décr.-Loi v. 31. 8.

[7] Rev. trim. comm. 1953, 133 unter dem Stichwort convention de blocage.

le coup des dispositions du décret-loi du 31 août 1937, qu'autant qu'ils constituent des pactes de majorité ou plus généralement des entraves au libre exercice du droit de vote dans les assemblées générales."

1937, die Majoritätsabsprachen enthalten oder allgemeiner gesagt, Beschränkungen der freien Stimmausübung in den Generalversammlungen verursachen.

Es ist hier also nicht die Blockierung der Gesellschaftsanteile, sondern die sachliche und praktisch auch zeitlich unbegrenzte (dreißig Jahre!) Bindung des Stimmrechts der maßgebliche Gesichtspunkt. Darauf macht beiläufig auch *Tiling* aufmerksam [8].

Es erscheint nach alledem fast zwangsläufig, daß die französische Rechtsprechung sich auch der Möglichkeit verschlossen hat, daß sich ein Pool-Partner der Entscheidung eines anderen Pool-Partners unterwirft und entsprechend in der Gesellschafterversammlung dann abstimmt. Hinzuweisen ist hierzu auf folgenden Fall des *Tribunal de Commerce* v. 11. 1. 1938 [9]. In diesem Fall hatten sich die Hauptaktionäre einer Gesellschaft SA verpflichtet, sich außerhalb der Hauptversammlung zu beraten, jedoch jedem der Partner dieses Schein-Pools ein Vetorecht belassen mit der Folge, daß er nach Ausübung des Vetorechts frei in der Aktionärsversammlung stimmen konnte. Das Gericht verneinte wegen dieses Vetos das Vorliegen einer convention de vote, ließ aber zugleich durchblicken, daß es dann anders entschieden hätte, wenn der überstimmte Partner gezwungen gewesen wäre, im Sinne der anderen seine Stimme abzugeben.

d) Zusammenfassend ist nunmehr festzustellen: Eine auf unbestimmte oder auf eine bestimmte, aber längere Zeit abgeschlossene Vereinbarung über eine *Stimmrechtsbindung in der vorgesehenen Form ist nicht möglich.* Dies gilt insbesondere auch für die Klausel, daß im Fall der Nicht-Einigung der Pool-Partner die Entscheidung eines von ihnen maßgeblich sein soll. Eine Stimmbindung wird allenfalls ad hoc zugelassen. Da diese Form hier nicht interessiert, wird von einer genaueren Prüfung der sich dabei ergebenden Fragen abgesehen. Eine auf Dauer angelegte Vereinbarung duldet die französische Rechtsprechung nur, soweit dem überstimmten „Pool-Partner" die Freiheit seiner Stimme verbleibt. Es handelt sich in diesem Fall nicht um eine bindende und deshalb nichtige convention de vote, sondern lediglich um eine von der Rechtsordnung geduldete vertragliche Verpflichtung zur Beratung außerhalb der Gesellschafterversammlung, die das Gesellschaftsrecht unberührt läßt. Demnach könnte die geplante Vereinbarung nur dann eine Aussicht auf Duldung durch die französischen Gerichte haben, wenn in ihr jegliches Zwangselement fehlt. Da die Gerichte bei der Beurteilung der Frage, ob ein Zwangselement vorliegt, rein

[8] Die Macht des Aktionärs in der Generalversammlung der französischen AG, 1965, 83.

[9] S. 1938. II. 124.

empirisch und sehr streng vorgehen, muß vor jeder großzügigen Handhabung gewarnt werden. Dies gilt umso mehr, als sich für die Pool-Partner die Nichtigkeit der Vereinbarung nicht bloß in einer mangelnden rechtlichen Sanktionierbarkeit derselben äußert. Es können sich vielmehr, soweit von der Nichtigkeit der Vereinbarung Gesellschafter-Versammlungsbeschlüsse berührt werden, Schadenersatzansprüche der anderen Gesellschafter und unter Umständen sogar die Nichtigkeit der Beschlüsse selbst ergeben, vgl. Art. 360, 362 Loi 66–537, Art. 1382 Code Civil.

Nr. 10

Niederlande

Zur Haftung der Gründungsgesellschafter und der Organe einer niederländischen Naamloose Vennootschap für Gesellschaftsverbindlichkeiten.

München G 2201-9.3. vom 30. 4. 1969

Die Herren Rechtsanwälte Z. und S. aus Memmingen haben mir folgenden Sachverhalt unterbreitet:

„Eine Mandantin hat eine Forderung gegen die holländische Firma Tr. N. V. Vor Aufnahme der Geschäftsbeziehungen holte die Mandantin über ihre zukünftige Geschäftspartnerin eine Auskunft ein. Aus dieser ergab sich, daß vom Nominalkapital in Höhe von hfl 100 000,– lediglich hfl 20 000,– einbezahlt wurden. Die Firma Tr. verweigert die Bezahlung der Forderung der Mandantin u. a. mit der Begründung, zahlungsunfähig zu sein.

Unsere Frage lautet nun, ob die Gründer der Tr. in irgendeiner Weise wegen der Nichteinzahlung von hfl 80 000,– in Anspruch genommen werden können. Wir haben in dieser Angelegenheit bereits mit einem holländischen Kollegen korrespondiert, können uns jedoch nicht vorstellen, daß dessen Auskunft richtig ist, daß die Gründer nicht wegen des nicht eingezahlten Aktienkapitals in Anspruch genommen werden können."

GUTACHTEN

A) Die im Ergebnis zutreffende Auskunft des holländischen Anwalts ist auf eine sich vom deutschen Recht stark unterscheidende Regelung der Errichtung einer Aktiengesellschaft (Naamloose Vennootschap = N. V.) im holländischen Recht zurückzuführen. Aus dieser ergibt sich eine dem deutschen Recht vollständig unbekannte Art der Gründerhaftung, bei der – vom deutschen Standpunkt aus – die Belange der Gesellschaftsgläubiger nur bedingt geschützt werden.

Auszugehen ist von Art. 36 WvK (Wetboek van Koophandel). Die Vorschrift lautet:

„De naamlooze vennootschap is de vennootschap met een in aandeelen verdeeld maatschappelijk kapitaal, waarin ieder der vennooten voor een of meer aandeelen deelneemt. De vennooten (aandeelhouders) zijn niet persoonlijk aansprakelijk voor hetgeen in naam der vennootschap wordt verricht."

Die Aktiengesellschaft ist die Handelsgesellschaft mit einem in Aktien zerlegten Gesellschaftskapital, an der jeder Gesellschafter mit einer oder mehreren Aktien beteiligt ist. Die Gesellschafter (Aktionäre) sind für das, was im Namen der Gesellschaft geschieht, nicht persönlich verantwortlich.

Während nun aber in Deutschland die eine persönliche Inanspruchnahme der Gründer ausschließende Existenz der Gesellschaft an die Eintragung im Handelsregister gebunden ist und diese wiederum eine Übernahme aller Aktien voraussetzt, verhält es sich in Holland anders. Dort wird die Rechtspersönlichkeit der Gesellschaft durch eine justizministerielle Unbedenklichkeitserklärung begründet, die zwar einen notariellen Errichtungsakt voraussetzt, nicht aber eine vollständige Übernahme der Aktien. Vielmehr ist lediglich die Übernahme eines Fünftels des als Grundkapital im Errichtungsakt ausgewiesenen Nominalkapitals erforderlich, vgl. Art. 36 a WvK. Die Vorschrift lautet:

„De naamlooze vennootschap kan niet aanvangen alvorens door Onzen Minister van Justitie is verklaard, dat hem van bezwaren niet is gebleken.
De bij het vorige lid bedoelde verklaring mag alleen worden geweigerd op de overweging, dat de vennootschap strijdt met de goede zeden of de openbare orde, dat de akte niet voldoet aan hetgeen door de wet is voorgeschreven, of dat niet blijkt, dat de oprichters te zamen voor ten minste een vijfde gedeelte in het maatschappelijk kapitaal deelnemen."

Die Aktiengesellschaft ist nicht entstanden, bevor der Minister der Justiz erklärt hat, daß keine Bedenken gegen die Gründung bestehen.
Die Abgabe der im vorstehenden Absatz erwähnten Erklärung kann nur mit der Begründung verweigert werden, daß die Gesellschaft gegen die guten Sitten oder die öffentliche Ordnung verstößt, daß der Gesellschaftsvertrag nicht den gesetzlichen Vorschriften entspricht oder daß eine Beteiligung der Gründer an insgesamt mindestens einem Fünftel des Gesellschaftskapitals nicht ersichtlich ist.

Damit ist jedoch noch nicht gesagt, daß bei Erteilung der justizministeriellen Unbedenklichkeitserklärung tatsächlich das Realkapital 20 % des Nominalkapitals beträgt. Die Unbedenklichkeitserklärung setzt nur voraus, daß 20 % des Grund- bzw. Nominalkapitals übernommen worden sind. Sie setzt nicht voraus, daß sie auch eingezahlt werden[1]. Es ist also theoretisch möglich, daß eine N. V. zustande kommt, ohne daß tatsächlich ein Betrag geleistet wurde. Allerdings sieht das Gesetz für diesen Fall vor, daß dann

[1] Vgl. *Jahr-Völlmar*, Aktienrecht der Niederlande, 1962,14.

neben der Gesellschaft die für sie handelnden Organe solidarisch haften. Art. 36g lautet:

„Bestuurders zijn voor hunne handelingen, verricht voordat de bij het voorgaande artikel bedoelde bekendmaking en de door de Handelsregisterwet gevorderde inschrijving van de zaak der vennootschap hebben plaats gehad of vôórdat ten minste tien ten honderd op elk bij de oprichting geplaatst aandeel is gestort, hoofdelijk voor het geheel aan derden verbonden, onverminderd de aansprakelijkheid der naamlooze vennootschap, voor zooverre binnen de grenzen der akte van oprichting is gehandeld."

Die Mitglieder des Vorstandes haften Dritten gegenüber als Gesamtschuldner aus allen Handlungen, die sie vor der im vorstehenden Artikel erwähnten Bekanntmachung und vor der durch das Handelsregistergesetz geforderten Eintragung der Gesellschaft, oder bevor wenigstens ein Zehntel des Nennbetrages auf jede bei der Gründung übernommene Aktie eingezahlt worden war, vorgenommen haben. Die Haftung der Gesellschaft für Handlungen, die sich im Rahmen des Gesellschaftsvertrages halten, bleibt unberührt.

Ist dagegen auf die bei Gründung der Gesellschaft übernommenen Aktien, d. h. mindestens 20 %, ein Betrag von 10 % eingezahlt, so entfällt grundsätzlich und vorbehaltlich allgemein vertragsrechtlicher oder deliktischer Haftung auch eine aktienrechtliche Solidarhaftung der Organe[2]. In diesem Fall wird der Gesellschaftsgläubiger, soweit noch nicht der volle Betrag der übernommenen Aktien eingezahlt ist, nur über Art. 38e WvK geschützt. Die Vorschrift lautet:

„In geval van faillissement der naamlooze vennootschap is de curator bevoegd, alle nog niet gedane stortingen op de aandeelen uit te schrijven en te innen, onverschilling wat bij de akte van oprichting daaromtrent is bepaald."

Im Konkurs der Aktiengesellschaft kann der Konkursverwalter ohne Rücksicht auf die Bestimmungen des Gesellschaftsvertrags die noch nicht geleisteten Einzahlungen einfordern.

Einen direkten Anspruch gegen den Übernehmer von Aktien, der sich im Zahlungsrückstand befindet, hat also der Gläubiger nicht.

B) Die den anfragenden Herren Rechtsanwälten merkwürdig erscheinende holländische Regelung, daß eine Aktiengesellschaft besteht, ohne daß das Grundkapital untergebracht ist und ohne daß in einem solchen Fall eine persönliche Gründerhaftung besteht, erklärt sich aus der andersartigen Bewertung der Stufengründungen durch den holländischen Gesetzgeber. Noch im Vergleich zum alten deutschen AktG stellen dazu und zu den Folgerungen, die sich daraus für die Funktion des Grundkapitals ergeben, *Jahr-Völlmar* aaO 29f. fest:

---

[2] Vgl. *Völlmar,* Het Nederlandse Handels- en Failissementsrecht, Haarlem 1961, Nr. 166.

„Diese niederländische Regelung erspart die Schwierigkeiten der Stufengründung des deutschen Rechts (vgl. §§ 30 ff. AktG) und bietet die Möglichkeit, schon bei der Gründung Aktien in einem Gesamtbetrag bis zu vier Fünfteln des Grundkapitals „im Portefeuille" zu halten; praktisch wird dadurch derselbe wirtschaftliche Erfolg erreicht, wie ihn im deutschen Recht Vorratsaktien (vgl § 51 AktG) oder ein genehmigtes Kapital (§§ 169 ff. AktG) ermöglichen (vgl. Nr. 12.2). Andererseits wird hier sichtbar, daß dem Grundkapital im niederländischen Aktienrecht nicht dieselbe Bedeutung zukommt wie in Deutschland. In beiden Rechten ist das Grundkapital eine feste satzungsmäßig bestimmte Zahl, die nur durch Satzungsänderung verändert werden kann und die von dem in der Höhe Schwankungen unterworfenen Gesellschaftsvermögen (vgl. Nr. 15) scharf zu trennen ist. In beiden Rechten läßt das Grundkapital auch erkennen, in welchem Verhältnis jede Anteilsberechtigung (jede Aktie) zum Grundkapital steht, da jede Aktie auf einen summenmäßigen Betrag, den Nennbetrag, lauten muß: in Deutschland, wo das Grundkapital immer voll gezeichnet sein muß, entspricht das Verhältnis von Nennbetrag der Aktie und satzungsmäßigem Grundkapital (jedenfalls nach voller Einzahlung, also im Normalfall) der tatsächlichen Beteiligungsquote, die sich im niederländischen Recht dagegen aus dem Verhältnis des Nennbetrags der Aktie zum übernommenen Grundkapital ergibt. Da dessen Höhe nicht so eindeutig und so leicht festzustellen ist wie die des satzungsmäßigen Grundkapitals, läßt das deutsche Recht die tatsächliche Beteiligungsquote einfacher und klarer erkennen. Darüber hinaus ist im deutschen Recht das satzungsmäßige Grundkapital der Betrag, den der Wert der bei der Gründung eingebrachten Einlagen mindestens erreichen muß. Vor allem aber ist nach deutschem Recht „Grundkapital" der Mindestbetrag, unter den zum Schutz der Gläubiger der Wert des Reinvermögens der Gesellschaft nicht durch Ausschüttungen an die Aktionäre verringert werden darf. Beide Funktionen können dem Gesellschaftskapital der niederländischen AG nicht oder wenigstens nicht notwendig zukommen. Trotzdem ist die niederländische Regelung bisher keiner nennenswerten Kritik begegnet."

C) Wenn *Jahr-Völlmar* am Ende des Zitates feststellen, daß die holländische Regelung keiner nennenswerten Kritik begegnet ist, so kann das darauf zurückgeführt werden, daß ein des holländischen Rechts kundiger Gläubiger sich sehr leicht über die finanziellen Verhältnisse der Gesellschaft orientieren kann. Solange das übernommene Kapital noch nicht voll eingezahlt ist, hat nämlich die Verwaltung der N. V. nach Art. 39 WvK ein allen Dritten zugängiges Einzahlungsverzeichnis zu unterhalten. Die Höhe der übernommenen Aktien hingegen kann dem Holländischen Staatscourant entnommen werden, in dem nach Art. 36 f. die Errichtungsakte veröffentlicht werden muß, die auch das übernommene Kapital ausweist[3].

---

[3] Vgl. dazu und zur Veröffentlichung späterer Veränderungen des übernommenen Kapitals, *Garcin* in Recueils Pratiques du Droit des Affaires dans les Pays du Marché Commun Bd. I, Paris 1959/1968, Pays-Bas 15. 22.

D) Zusammenfassend ist daher für den vorgelegten Fall zu bemerken:

Die Schuldnerin, eine holländische N. V., ist mit einem nominellen Grundkapital von 100 000,– hfl gegründet worden. Von diesem Kapital haben die Gesellschafter 1/5 übernommen und auch eingezahlt. Damit scheidet sowohl eine persönliche Inanspruchnahme der *Gesellschafter*, als auch der Versuch, sie durch Konkursantrag zur Einzahlung von Rückständen zu zwingen, auf jeden Fall aus.

Auch gegen die *Organe* kann nicht vorgegangen werden. Die Voraussetzungen für eine aktienrechtliche Haftung der Organe, die nur in Betracht kommt, wenn weniger als 10 % der übernommenen Aktien eingezahlt wurden, scheiden aus. Es wäre deshalb nur etwa eine deliktsrechtliche Haftung der Organe (u. U. übrigens auch der Aktionäre) denkbar. Eine solche könnte sich z. B. ergeben, wenn die Gläubigerin bei Geschäftsabschluß über die tatsächlichen Verhältnisse getäuscht wurde. Dies jedoch ist nicht der Fall, denn der Gläubigerin war durch Auskunft bekannt, daß das Nominalkapital nicht voll einbezahlt war. Es wäre ihr deshalb auch möglich gewesen, sich über die Bedeutung der Unterfinanzierung der N. V. im Vergleich zum Nominalkapital zu informieren. Es kann deshalb mit Sicherheit ausgeschlossen werden, daß ein holländisches Gericht einer auf Haftungsgründe außerhalb des Aktienrechts gestützten Klage stattgeben würde.

IV. Sachenrecht

Siehe Nr. 15 (Schweden); Nr. 50 (Schweiz)

V. Familienrecht

1. EHE

a) Heirat

Siehe auch Nr. 25 (Algerien/Marokko/Frankreich); Nr. 26 (Griechenland); Nr. 27 (Spanien)

Nr. 11

Polen

1. Statut der Handschuhehe. Deutscher ordre public.

2. Bei einer Handschuhehe ist Eheschließungsort der Ort des die Ehe registrierenden Standesbeamten.

3. Eheschließung unter Abwesenden nach polnischem Recht.

Hamburg G 208/69 vom 28. 10. 1969

Herr Rechtsanwalt G. in Bad Hersfeld bittet in einer Ehesache um Auskunft über deutsches und polnisches Internationales Privatrecht sowie über polnisches Eheschließungsrecht.

Ein in der Bundesrepublik lebender deutscher Staatsangehöriger hat brieflich eine in Gleiwitz (Oberschlesien) lebende Frau kennengelernt und mit ihr die Eheschließung vereinbart. Die Frau wird als „Deutsche" bezeichnet; ob sie die polnische Staatsangehörigkeit besitzt, ist nicht bekannt. Nach Übersendung der notwendigen Unterlagen nach Gleiwitz ist dort am 1. 7. 1969 die Ehe in Abwesenheit des Mannes durch einen Bevollmächtigten geschlossen worden. Bereits am 20. 4. 1969 hatte der Mann aber seiner Braut telegraphisch mitgeteilt, daß die Eheschließung „eingestellt" werden solle.

Gefragt wird nach der Gültigkeit der Eheschließung.

I. Deutsches Internationales Privatrecht

1. Eine *staatsvertragliche Regelung* liegt hier nicht vor. Deutschland und Polen sind zwar Vertragsstaaten des Haager Abkommens über die Eheschließung[1]. Das Abkommen ist aber nach der in Rechtsprechung und Schrifttum herrschenden Meinung seit Ausbruch des Krieges zwischen Deutschland und Polen im Verhältnis zwischen diesen Staaten nicht mehr anwendbar und mangels entsprechender Vereinbarung bisher nicht wieder in Kraft getreten[2].

2. Nach dem *autonomen* (nicht staatsvertraglichen) *deutschen Recht* ist in analoger Anwendung von Art. 13 I EGBGB i. V. m. Art. 11 I 1 EGBGB die Formgültigkeit einer Ehe, die außerhalb Deutschlands geschlossen wird, grundsätzlich nach dem Heimatrecht der beiden Verlobten zu beurteilen. Gemäß Art. 11 I 2 EGBGB genügt jedoch die Beachtung der Formvorschriften des am Ort der Eheschließung geltenden Rechts, und zwar unabhängig davon, ob dieses Recht durch seine Kollisionsnormen sich selbst für anwendbar erklärt[3]. Bei einer Eheschließung unter Abwesenden ist Eheschließungsort der Ort des die Ehe registrierenden Standesbeamten[4].

Im vorliegenden Fall ist Eheschließungsort somit Gleiwitz. Ohne Rücksicht auf den völkerrechtlichen Status der unter polnischer Verwaltung stehenden Gebiete jenseits der Oder und Neiße ist für das Internationale Privatrecht das jeweils faktische geltende Recht maßgebend[5]. Das deutsche Recht verweist hier also auf das polnische Recht.

Soweit die Ungültigkeit der Eheschließungsvollmacht infolge Widerrufs geltend gemacht wird, kann man zweifeln, ob es sich noch um eine Form-

---

[1] Haager Abkommen über die Eheschließung vom 12. 6. 1902, im Verhältnis zwischen Deutschland und Polen in Kraft getreten am 25. 8. 1929, RGBl. II 1929, 640.

[2] Vgl. *Palandt-Lauterbach,* BGB, 28. Aufl. 1969, Anhang zu Art. 13 EGBGB, Bem. 2a; *Erman-Arndt,* BGB Bd. II, 4. Aufl. 1967, Vorbem. 7 vor Art. 7 EGBGB; *Raape,* IPR, 5. Aufl. 1961, 259; *Bergmann-Ferid,* Internationales Ehe- und Kindschaftsrecht, 3. Aufl. 1954ff., s. u. „Polen", 2a; weitere Nachweise bei *Soergel-Kegel,* BGB, Bd. V, 9. Aufl. 1961, Randnr. 10–16 vor Art. 7 EGBGB, wo allerdings eine andere Meinung vertreten wird.

[3] Vgl. *Soergel-Kegel* aaO Art. 11 EGBGB Randnr. 5; *Erman-Arndt* aaO Art. 11 EGBGB Bem. 9.

[4] *BGH* 19. 12. 1958, BGHZ 29, 137 = IPRspr. 1958–59 Nr. 112.

[5] Vgl. *Soergel-Kegel* aaO Randnr. 99 vor Art. 7 EGBGB; *Erman-Arndt* aaO Vorbem. 4a vor Art. 7 EGBGB.

frage handelt oder das allgemein für Vollmachten geltende Recht anzuwenden ist, das heißt[6] das Recht des „Wirkungslandes", in welchem die Vollmacht ausgeübt wird oder werden soll. Das Ergebnis ist hier praktisch dasselbe[7].

II. Polnisches Eheschließungs- und Vollmachtsrecht

1. Das *Eherecht* Polens ist in dem am 1. 1. 1965 in Kraft getretenen „Familien- und Vormundschaftskodex" vom 25. 2. 1964 geregelt[8].

Für den vorliegenden Fall bestimmt das Gesetz in *Art. 6:*

§ 1:

„Aus wichtigen Gründen kann das Gericht die Abgabe der Erklärung über den Eintritt in den Ehebund durch einen Bevollmächtigten bewilligen."

§ 2:

„Die Vollmacht muß schriftlich erteilt, die Unterschrift amtlich beglaubigt sein und die Person bezeichnen, mit der die Ehe geschlossen werden soll."

Sofern im vorliegenden Fall die genannten Voraussetzungen (gerichtliche Zulassung der Eheschließung durch einen Bevollmächtigten, schriftliche Vollmacht mit beglaubigter Unterschrift) gegeben waren, ist die Ehe nach polnischem und deutschem Recht formell gültig geschlossen worden. Über Mängel der Eheschließung durch einen Bevollmächtigten bestimmt *Art. 16* des Familien- und Vormundschaftskodex:

„Wurde eine Eheschließung durch einen Bevollmächtigten bewirkt, so kann der Vollmachtgeber die Nichtigerklärung der Ehe beanspruchen, falls keine gerichtliche Bewilligung für die Abgabe der Erklärung über den Eintritt in den Ehebund durch einen Bevollmächtigten vorgelegen hat oder falls die Vollmacht ungültig war oder wirksam widerrufen wurde. Jedoch kann aus diesem Grunde die Nichtigerklärung der Ehe nicht mehr erfolgen, sobald die Ehegatten die eheliche Gemeinschaft vollzogen haben."

Die durch einen falsus procurator geschlossene Ehe ist also nicht eine „Nicht-Ehe" (matrimonium non existens), sondern nur eine „vernichtbare" Ehe. Die Ehe ist in einem solchen Falle bis zum rechtskräftigen Anspruch

[6] Vgl. *Soergel-Kegel* aaO Randnr. 155 vor Art. 7 EGBGB.

[7] Anders *Dieckmann,* Die Handschuhehe deutscher Staatsangehöriger nach deutschem IPR, 1959, 101–109: für die Vollmacht zur Eheschließung soll das „Sachvoraussetzungsstatut", d. h. das Heimatrecht des betreffenden Verlobten gelten, wobei fehlende positive Regeln (z. B. des deutschen Rechts, das die Eheschließung durch einen Bevollmächtigten nicht kennt) aus den „allgemeinen Grundsätzen" dieses Rechts zu entwickeln seien.

[8] Dziennik Ustaw Nr. 9 vom 5. 3. 1964, Pos. 308; deutsche Übersetzung: *Bergmann-Ferid* aaO 28–52.

der Nichtigkeit gültig, sie wird erst mit der Rechtskraft des Urteils rückwirkend (ex tunc) vernichtet[9].

2. Wann der *Widerruf einer Vollmacht* zur Eheschließung wirksam ist, sagt der polnische Familienkodex nicht. Insofern werden vielmehr die allgemeinen Vorschriften der Art. 101, I und 105 des polnischen Zivilgesetzbuchs vom 23. 4. 1964 angewandt[10].

Die Vorschriften lauten:

Art. 101, I:

Die Vollmacht kann jederzeit widerrufen werden ...

Art. 105:

Nimmt der Bevollmächtigte nach dem Erlöschen der Vollmacht im Namen des Vollmachtgebers ein Rechtsgeschäft im Rahmen der ursprünglichen Vollmacht vor, so ist das Rechtsgeschäft wirksam, es sei denn, daß die andere Partei von dem Erlöschen der Vollmacht Kenntnis hatte oder hiervon leicht Kenntnis erlangen konnte.

III. Ordre public

Daß eine ausländische Eheschließung durch einen Bevollmächtigten nicht gegen den deutschen ordre public (Art. 30 EGBGB) verstößt, hat bereits der Bundesgerichtshof festgestellt[11]. Auch die beschränkte Beachtlichkeit des Widerrufs der Vollmacht nach dem polnischen Recht schließt dessen Anwendung in Deutschland nicht aus, da auch das deutsche Recht aus Gründen der Rechtssicherheit und der Würde des Eheschließungsaktes gewisse Willensmängel bei der Eheschließung noch weniger als bei anderen Rechtsgeschäften beachtet, wenn nur der Rechtsschein gegeben ist (vgl. den Ausschluß der §§ 116–118 BGB im Eherecht)[12].

Gegen die Anwendbarkeit des polnischen Rechts bestehen also keine Bedenken.

---

[9] Vgl. *Gralla,* Die Vernichtbarkeit und Scheidung einer Ehe nach polnischem Recht, in ROW 1968, 97–105 (100 f.) mit weiteren Nachweisen aus dem polnischen Schrifttum.

[10] Dziennik Ustaw 1964, Nr. 16, Pos. 93; deutsche Übersetzung: *Vogel,* Das Zivilgesetzbuch der VR Polen (Berichte des Osteuropa-Instituts an der Freien Universität Berlin, Reihe Wirtschaft und Recht H. 69, Rechtswiss. Folge Nr. 22, Berlin 1965).

[11] *BGH* 19. 12. 1958, unter Nr. 5.

[12] Siehe auch die bei *Soergel-Kegel* aaO Art. 13 Randnr. 97 in Fußn. 12 und 13, genannten Entscheidungen des RG, wonach eine gegenüber dem deutschen Eherecht beschränkte Zulässigkeit der Irrtumsanfechtung ebenfalls nicht gegen den deutschen ordre public verstößt.

Nr. 12

Thailand

1. Form der Eheschließung in Thailand.

2. Sachliche Voraussetzungen der Eheschließung.

Köln 3/69 vom 22. 1. 1969

Rechtsanwalt Dr. N. in Wuppertal hat in der Ehesache H. ./. H. um ein Gutachten über thailändisches Eherecht gebeten.

SACHLAGE

Kläger ist der deutsche Staatsangehörige Günther H. Er lebte im Jahre 1957 für mehrere Monate mit der Beklagten, der Thailänderin Amphaiparn Ch., in Bangkok/Thailand zusammen. Die Parteien sprachen wiederholt von einer möglichen Eheschließung, der Kläger wich einer definitiven Entscheidung jedoch immer aus.

Kurz vor der Rückreise des Klägers nach Deutschland gab die Beklagte eine Abschiedsparty. Gleich zu Beginn der Party erklärte sie dem Kläger, daß heute ihrer beider Hochzeit sei. Dieser Erklärung widersprach der Kläger – auch mit Rücksicht auf die Gäste – nicht. Zu dieser Zeit sei ihm nicht klar gewesen, ob es sich bei der Erklärung der Beklagten um eine ernsthafte oder nur scherzhafte Äußerung gehandelt habe. Während der Party kam ein Herr, den die Beklagte dem Kläger als Zivilstandsbeamten vorstellte.

Der Zivilstandsbeamte fragte die Parteien auf Thai, ob sie ein Ehepaar seien. Auf die bejahende Antwort der Parteien nahm er eine Eintragung in einem mitgeführten Buch vor, von deren Inhalt der Kläger keine Kenntnis erhielt. Der Kläger betrachtete sich seit dieser Zeit als verheiratet.

Aus dem Trauschein des Standesamts Amphö Dusit der Stadt Bangkok geht hervor, daß die Heirat der Parteien bei diesem Standesamt am 6. 8. 2500 B. E./1957 registriert worden ist.

Aus der Verbindung der Parteien ist der am 10. 3. 1958 in Bangkok geborene Sohn Chuekamton hervorgegangen.

Günther H. klagt jetzt vor dem Landgericht Wuppertal auf Scheidung.

ANFRAGE

Aufgrund dieses Sachverhalts bittet Rechtsanwalt Dr. N. um Auskunft darüber, ob die Ehe der Parteien wirksam zustande gekommen ist.

RECHTSLAGE

I. Internationaler Vertrag

Soweit ein zwischen Deutschland und einem ausländischen Staat geschlossener Vertrag internationalprivatrechtliche Normen enthält, gehen sie den allgemeinen deutschen Kollisionsregeln vor[1]. Ein Staatsvertrag zwischen dem Königreich Thailand und der Bundesrepublik Deutschland, der sich mit familienrechtlichen Fragen befaßt, besteht nicht. Es gelten daher die allgemeinen deutschen Kollisionsnormen.

II. Frage der Gültigkeit der Ehe: Art. 11, 13 EGBGB

Voraussetzung für die Scheidung der Ehe durch das Landgericht Wuppertal ist, daß die Eheleute H. 1957 in Bangkok/Thailand wirksam die Ehe geschlossen haben. Diese Frage ist nach Art. 11, 13 EGBGB selbständig anzuknüpfen[2].

Die Rechtsgültigkeit der Eheschließung beurteilt sich für jeden Ehepartner nach seinem Heimatrecht (Art. 13 I, 11 I 1 EGBGB), die Form der Eheschließung außerdem alternativ nach dem Ortsrecht (Art. 11 I 2 EGBGB).

1. Form der Eheschließung

Die *Formgültigkeit der Eheschließung* ist allein nach dem *Recht des Heiratsortes* (Bangkok/Thailand) zu prüfen; denn Deutsche können im Ausland, d. h. ohne die Möglichkeit die Vorschriften der §§ 11–15 EheG zu befolgen, nur in der Ortsform gültig heiraten[3]. Maßgebend sind danach in casu allein die Formvorschriften des thailändischen Rechts.

Die Verweisung des deutschen internationalen Privatrechts auf das thailändische Ortsrecht für die Regelung der Form der Eheschließung wird von dem thailändischen Kollisionsrecht angenommen. Dies folgt aus sec. 20 I des thailändischen „Act on Conflict of Laws" v. 10. 3. 2481 B. E./1939. Die Bestimmung lautet:

„A marriage shall be valid when made in accordance with the form provided

Eine Ehe ist gültig, wenn sie in Übereinstimmung mit der Form, die das

---

[1] *RGZ* 105, 340 (341); *Soergel-Kegel*, BGB Bd. V, 9. Aufl. 1961, vor Art. 7 EGBGB Randnr. 9.

[2] *BGH* FamRZ 1965, 311 (312); *OLG Düsseldorf* StAZ 1967, 46; *Soergel-Kegel* aaO Art. 17 EGBGB Randnr. 2.

[3] *Soergel-Kegel* aaO Art. 13 EGBGB Randnr. 52; Art. 11 EGBGB Randnr. 15; *Palandt-Lauterbach*, BGB, 28. Aufl. 1969, Art. 13 EGBGB Anm. 6 b.

by the law of the country where such marriage takes place."[4]

Recht des Eheschließungsortes vorschreibt, geschlossen ist.

Der Rechtssatz, daß eine Ehe gültig ist, wenn sie nach dem Recht des Heiratsorts geschlossen worden ist, ist im übrigen schon in sec. 1450 des thailändischen Civil Code von 1925/35 enthalten[5]. Die einzige Vorschrift des thailändischen Rechts, die sich mit der Form der Eheschließung befaßt, ist sec. 1449 Civil Code. *Danach* ist *für* die *Gültigkeit einer Ehe,* die nach thailändischer Auffassung ein rein privatrechtlicher Vertrag ist[6], *entscheidend,* daß sie bei dem zuständigen Standesamt *registriert* wird. Die Bestimmung lautet:

„*Marriage* under this Code shall be *valid only on registration* being effected."[7]

Eine *Ehe* gemäß diesem Gesetz ist *nur* dann *gültig, wenn* ihre *Eintragung erfolgt ist.*

Das Gesetz enthält keine weiteren Bestimmungen darüber, in welcher Weise die Nupturienten ihre gemäß sec. 1445 (4) Civil Code übereinstimmenden Erklärungen, heiraten zu wollen, abgeben müssen[8].

Sec. 1445 (4) Civil Code:

„A marriage can take place only, if

...

(4) the man and the woman agree to take each other as husband and wife[9];

Eine Ehe kann nur geschlossen werden, wenn

...

4. der Mann und die Frau zustimmen, einander als Ehemann und Ehefrau zu nehmen;

Insbesondere ergibt sich aus sec. 1449 Civil Code nicht, daß die Nupturienten diese Erklärungen im Büro des Standesbeamten abgeben müssen. Nach dieser Vorschrift kommt es für die Gültigkeit der Ehe nur auf ihre Registrierung an. Im übrigen ist den Rechtsordnungen Hinterindiens nicht fremd, daß die *Eheschließungserklärungen* dem Standesbeamten gegenüber *im Hause* eines der beiden *Nupturienten abgegeben* werden können.

---

[4] Text bei *Meijers,* Recueil de lois modernes concernant le droit international privé, *Leiden* 1947, 81–89 (85).

[5] Text bei *Yamali-Ratanawichit,* The Civil and Commercial Code (Thailand), Bangkok 1967 (Thai und Englisch), 286; Buch V des thailändischen Civil Code, das das Familienrecht enthält, ist seit 1935 in Kraft.

[6] Vgl. *Trittel,* Art. Siam, in: RvglHwB I, 1929, 470–474 (473) zu dem Rechtszustand vor dem Inkrafttreten des Civil Code.

[7] *Yamali-Ratanawichit* aaO 286.

[8] Vgl. auch *Marcks,* Ist eine vor der Thai-Botschaft in Bad Godesberg geschlossene Ehe eines Deutschen mit einer thailändischen Staatsangehörigen in der Bundesrepublik Deutschland anzuerkennen? StAZ 1968, 202.

[9] *Yamali-Ratanawichit* aaO 285 f.

So bestimmt z. B. Art. 22 III, IV des Code of the Family of Viet-Nam (Ges.Nr. 1/59 v. 2. 1. 1959):

„... in case of grave difficulty, the *Registrar may go to the residence of either party to perform the marriage.* The declaration of marriage by the Registrar and its entry in the civil register create the bond of marriage.“ [10]

... Im Falle einer ernsthaften Schwierigkeit kann der *Standesbeamte in die Wohnung einer der beiden Parteien gehen, um die Eheschließung vorzunehmen.* Die Eheerklärung durch den Standesbeamten und ihre Eintragung in das Zivilstandsregister begründen das Band der Ehe.

Danach bestehen nach dem mitgeteilten Sachverhalt keine Bedenken, daß die Ehe nach dem maßgebenden thailändischen Recht formgültig zustande gekommen ist. Zweifel können auch nicht aus dem Gesichtspunkt hergeleitet werden, daß die Person, die die Erklärungen der Parteien entgegengenommen hat, möglicherweise kein Standesbeamter war; denn der Trauschein des Standesamts Amphö Dusit der Stadt Bangkok liegt vor.

ZWISCHENERGEBNIS

Die Ehe der Parteien ist nach thailändischem Recht formgültig geschlossen worden.

2. *Materielle Voraussetzungen der Eheschließung*

Die materiellen Voraussetzungen der Eheschließung bestimmen sich gemäß Art. 13 I EGBGB, der im übrigen zu einer ganz allseitigen Kollisionsnorm auszubauen ist [11], für jeden Nupturienten nach seinem Heimatrecht. Dies gilt nicht nur für Ehehindernisse, sondern auch für Willensmängel (in casu möglicherweise ein Irrtum des Klägers über die Eheschließung) im Augenblick der Heirat [12].

Da der Kläger deutscher Staatsangehöriger ist, bestimmen sich die Fragen der sachlichen Voraussetzungen der Eheschließung nach deutschem materiellen Recht. Eine Darstellung des deutschen Rechts erübrigt sich.

Für die Beklagte bestimmt sich diese Frage, vorbehaltlich einer Rückverweisung durch ihr Heimatrecht (Art. 27 EGBGB) [13], nach thailändischem Recht. Da das thailändische Recht gemäß sec. 19 des „Act on Conflict of Laws" für die Frage der materiellen Voraussetzungen der Eheschließung

---

[10] Code of the Family, Saigon o. J., 4.

[11] *Soergel-Kegel* aaO Art. 13 EGBGB Randnr. 1.

[12] *RG* IPRspr. 1926/27 Nr. 29; *Soergel-Kegel* aaO Art. 13 EGBGB Randnr. 3, 29, 30; *Palandt-Lauterbach* aaO Art. 13 EGBGB Anm. 2, 3.

[13] *Soergel-Kegel* aaO Art. 13 EGBGB Randnr. 92; *Palandt-Lauterbach* aaO Art. 13 EGBGB Anm. 4 a.

wie das deutsche Kollisionsrecht an das Heimatrecht der Nupturienten anknüpft, wird keine Rückverweisung auf das deutsche Recht ausgesprochen. Die Vorschrift lautet:

„The conditions of marriage are governed by the law of nationality of each party." [14]

Die sachlichen Voraussetzungen der Ehe werden von dem Heimatrecht einer jeden Partei bestimmt.

Nach thailändischem Recht liegen in casu für die Beklagte nach dem mitgeteilten Sachverhalt keine Ehehindernisse vor. Insbesondere war sie zur Zeit der Heirat älter als 20 Jahre und damit ehe- und geschäftsfähig (sec. 19, 1445 [1] Civil Code).

Der Vollständigkeit halber sei noch darauf hingewiesen, daß für den Fall, daß ein Willensmangel hinsichtlich der Eheschließung in der Person der Beklagten vorgelegen haben sollte, sec. 1491 Civil Code gilt. Die Bestimmung lautet:

„A marriage which is made contrary to sec. 1445 (4) shall be deemed to be void. If the agreement is defective on account of *mistake* as to the *identity* of the *other spouse* or on account of *duress*, the marriage shall be deemed to be voidable. The Court may on application of the person under such mistake or duress, cancel such marriage.
The *right of action* in such case shall be barred by *prescription* after *one year* from the time when the mistake has been discovered or the possibility to sue has arisen." [15]

Eine Ehe, die entgegen sec. 1445 (4) zustande gekommen ist, wird für nichtig erachtet.
Wenn der Konsens [der Ehegatten] infolge eines *Irrtums über* die Person des *anderen Ehegatten* oder infolge *Nötigung* fehlerhaft ist, so wird die Ehe als aufhebbar betrachtet. Das Gericht kann auf Antrag des Ehegatten, der sich geirrt hat oder genötigt worden ist, diese Ehe aufheben.
Der *Klageanspruch* in einem solchen Fall *verjährt in einem Jahr* von dem Zeitpunkt an, in dem der Irrtum entdeckt ist oder die Möglichkeit der Klage bestanden hat.

Das bedeutet für den vorliegenden Fall, daß abgesehen davon, daß die Voraussetzungen der sec. 1491 Civil Code zugunsten der Beklagten höchstwahrscheinlich nicht vorliegen, eine Klage aufgrund dieser Bestimmung im übrigen bereits verjährt wäre.

GESAMTERGEBNIS

I. Die Frage der Formgültigkeit der Heirat bestimmt sich nach thailändischem Recht.

II. Gemäß thailändischem Recht, nach dem es für die Formgültigkeit einer Ehe ausreicht, daß sie registriert wird (sec. 1449 Civil Code), haben die Eheleute H. formgültig geheiratet.

---

[14] *Meijers* aaO 85.

[15] *Yamali-Ratanawichit* aaO 293.

III. Die Frage der sachlichen Voraussetzungen der Ehe ist nach den Heimatrechten der beiden Ehegatten zu beurteilen. Für den Kläger bestimmt sich die Frage eines möglichen Willensmangels bei der Heirat daher nach deutschem Recht.

IV. Für die Beklagte liegen nach dem mitgeteilten Sachverhalt keine Anhaltspunkte für Ehehindernisse und Willensmängel nach thailändischem Recht vor. Die Frist für die Geltendmachung etwaiger Willensmängel wäre nach thailändischem Recht (sec. 1491 Civil Code) im übrigen verjährt.

Nr. 13

Uruguay/Argentinien

1. Eheschließungsform und materielle Ehevoraussetzungen nach dem Recht von Uruguay und Argentinien.

2. Zur Wirkung einer argentinischen Ehetrennung.

3. Todeserklärung wegen Abwesenheit nach argentinischem Recht.

München G 2343-9.9 vom 21. 11. 1969

Herr Rechtsanwalt S. hat mir in einer Ehescheidungssache, die vor dem Landgericht München I, 31. Zivilkammer anhängig ist, folgenden

SACHVERHALT

unterbreitet:

Am 20. 10. 1957 haben zwei deutsche Staatsangehörige, die Parteien des jetzigen Rechtsstreits, in Monte Carlo Misiones (Argentinien) die Ehe geschlossen. Das Gericht 1. Instanz von El Dorado (Argentinien) hat am 20. 4. 1961

„decretado el divorcio y la separación de bienes de los cónyuges . . .".

Dieses Urteil hat der Berliner Senator für Justiz gem. Art. 7 § 1 FamRÄndG nicht anerkannt, weil das Urteil nicht die Auflösung der Ehe, sondern nur die Trennung der Ehegatten bewirkt habe.

Am 14. 12. 1962 hat der Ehemann, der Beklagte, in Montevideo die Ehe mit einer Argentinierin geschlossen. Die erste Ehefrau hat beim Landgericht München I Scheidungsklage erhoben. Als Scheidungsgrund führt sie Doppelehe an.

Herr Rechtsanwalt S. wünscht ein Gutachten zu den materiellen und formellen Voraussetzungen der Eheschließung nach dem Recht Uruguays sowie gemäß Beweisbeschluß des Prozeßgerichts über die Voraussetzungen der Abwesenheitserklärung mit Todesvermutung nach dem argentinischen Recht. Die Prozeßakten haben mir vorgelegen.

I. Die Wirksamkeit der am 20. 10. 1957 in Argentinien geschlossenen Ehe

1. Das anwendbare Recht

Da hinsichtlich der materiellen Voraussetzungen dieser Eheschließung keine Bedenken ersichtlich sind, braucht nur untersucht zu werden, ob die Eheschließung formell gültig ist. Maßgebliche Kollisionsnorm ist Art. 11 Abs. 1 EGBGB. Danach ist die Ehe formgültig geschlossen, wenn die Form dem Recht entspricht, das über die sachlichen Voraussetzungen der Eheschließung befindet (deutsches Recht). Außerdem genügt es, wenn die Form des Abschlußorts (argentinisches Recht) eingehalten ist.

2. Das maßgebliche Sachrecht

Die Eheschließung entspricht, so wie sie in der Akte wiedergegeben ist, den argentinischen Formvorschriften. Gem. Art. 37 und 38 des argentinischen Gesetzes Nr. 2393 über die Zivilehe ist für eine formgültige Eheschließung erforderlich:

Art. 37:

„El matrimonio debe celebrarse ante el oficial público encargado del Registro Civil, en su oficina, públicamente, compareciendo personalmente los futuros esposos o sus apoderados en el caso previsto por el art. 15, en presencia de dos testigos y con las formalidades que esta ley prescribe.
Si alguno de los futuros cónyuges estuviere imposibilitado para concurrir a la oficina, el matrimonio podrá celebrarse en su domicilio."

Die Ehe muß vor dem mit der Führung des Zivilregisters beauftragten Beamten in dessen Amtsraum geschlossen werden, und zwar unter persönlicher Anwesenheit der künftigen Ehegatten oder ihrer Bevollmächtigten in dem in Art. 15 vorgesehenen Falle, in Gegenwart zweier Zeugen und mit den in diesem Gesetz vorgeschriebenen Formalitäten.
Wenn einer der künftigen Ehegatten nicht imstande ist, persönlich auf dem Standesamte zu erscheinen, kann die Ehe in seiner Wohnung geschlossen werden.

Art. 38:

„Si el matrimonio se celebra en la oficina, deberán concurrir dos testigos, y cuatro si se celebra en el domicilio de alguno de los cónyuges."

Wenn die Ehe auf dem Standesamte geschlossen wird, müssen zwei, und wenn sie in der Wohnung eines der Ehegatten geschlossen wird, vier Zeugen anwesend sein.

Die Ehe ist daher formgültig geschlossen. Die Zweifel des Beklagten an der Wirksamkeit der ersten Eheschließung sind daher unbegründet.

II. Wirksamkeit und Umfang der am 20. 4. 1961 ausgesprochenen Ehescheidung

Die Frage, welches Recht für die Scheidung maßgeblich gewesen wäre, braucht hier nicht untersucht zu werden. Hier interessiert allein die Frage, ob das argentinische Urteil am 20. 4. 1961 die Wirkung eines deutschen Scheidungsurteils aufweist.

Eine Scheidung unter Auflösung des Ehebandes gibt es in Argentinien nicht. Aus der Bedeutung des Wortes divorce in anderen Rechten darf daher nicht geschlossen werden, daß das Wort divorcio in Argentinien dieselbe Bedeutung hat. Vielmehr bestimmt Art. 64 des bereits oben zitierten Ehegesetzes:

„El divorcio que este Código autoriza consiste unicamente en la separación personal de los esposos, sin que se disuelva el vinculo matrimonial."

Die von diesem Gesetz zugelassene „Scheidung" besteht einzig in der persönlichen Trennung der Ehegatten, ohne daß dadurch des Eheband aufgelöst wird.

Die Scheidung dem Bande nach war zwar im letzten Jahr der Regierung Perón (1955/56) vorübergehend zugelassen; das betreffende Gesetz wurde jedoch nach des General Perón Sturz suspendiert. Eine endgültige Regelung wurde nicht getroffen. Die gerichtliche Entscheidung vom 20. 4. 1961 hat somit die Ehebande nicht aufgelöst, so daß eine Anerkennung in Deutschland als Scheidung im Sinne des Ehegesetzes nicht in Betracht kommt[1].

III. Die Todeserklärung wegen Abwesenheit im argentinischen Recht

Inwieweit die Verschollenheitserklärung im vorliegenden Verfahren erheblich sein könnte, läßt sich dem in den Akten niedergelegten Sachverhalt nicht entnehmen, da davon nicht die Rede ist. Die folgenden Darlegungen können sich daher nicht am konkreten Sachverhalt orientieren und müssen sich auf die Wiedergabe der einschlägigen Vorschriften beschränken. Gesetzliche Grundlage ist die Ley Nr. 14394 (Modificaciones al Régimen de los Menores y de la Familia). Die maßgebenden Art. 22–24 lauten:

---

[1] Vgl. *OLG München* FamRZ 1964, 444, auch NJW 1964, 979.

Art. 22:

„La ausencia de una persona del lugar de su domicilio o residencia en la República, haya o no dejado apoderado, sin que de ella se tenga noticia por el término de tres anos, causa la presunción de su fallecimiento.
Ese plazo será contado desde la fecha de la última noticia que se tuvo de la existencia del ausente."

Wenn eine Person von ihrem Wohnsitz oder ihrem Aufenthaltsort in der Republik mehr als drei Jahre abwesend ist, ohne einen Bevollmächtigten zu hinterlassen und ohne Nachricht von sich zu geben, so wird ihr Tod vermutet.
Diese Frist wird vom Zeitpunkt der letzten Nachricht an gerechnet, aus der man auf die Existenz des Abwesenden schließen konnte.

Art. 23:

„Se presume también el fallecimiento de un ausente:

1. cuando se hubiese encontrado en el lugar de un incendio, terremoto, acción de guerra u otro suceso semejante, susceptible de ocasionar la muerte, o hubiera participado en una empresa que implique el mismo riesgo y no se tuviere noticias de él por el término de dos años, contados desde el dia en que ocurrió, o pudo haber ocurrido el suceso;
2. si encontrándose en una nave o aeronave naufragada o perdida, no se tuviere noticia de su existencia por el término de seis meses desde el dia en que el suceso ocurrió o pudo haber ocurrido."

Der Tod eines Abwesenden wird außerdem vermutet,

1. wenn er sich an dem Ort eines Brandes, Erdbebens, Krieges oder eines anderen ähnlichen Ereignisses aufgehalten hat, das seinen Tod verursachen konnte, oder wenn er an einem Unternehmen teilgenommen hat, das mit demselben Risiko behaftet war, und wenn seit dem Tag, an dem das Ereignis stattfand oder stattfinden konnte, mehr als zwei Jahre verstrichen sind, ohne daß von dem Abwesenden Nachrichten eingegangen sind.
2. wenn er sich auf einem Schiff oder in einem Flugzeug befand, das untergegangen ist oder als verschollen gilt und wenn sechs Monate nach dem (möglichen) Ereignis keine Nachrichten eingetroffen sind.

Art. 24:

„En los casos de los artículos precedentes, podrán pedir la declaración del dia presuntivo del fallecimiento justificando los extremos legales y la realización de diligencias tendientes a la averiguación de la existencia del ausente, todos los que tuvieren algún derecho subordinado a la muerte de la persona de que se trate. La competencia del juez se regirá por las normas del art. 16."

Im Fall der beiden vorhergehenden Artikel kann die Todeserklärung von jeder Person beantragt werden, deren Rechte durch den Tod der betreffenden Person berührt werden, wenn zum Tag der Todeserklärung die gesetzlichen Fristen abgelaufen waren und sorgfältige Untersuchungen über den Tod der fraglichen Person angestellt wurden. Die (erg. örtliche) Zuständigkeit des Richters ergibt sich aus Art. 16.

Die Todeserklärung aufgrund Abwesenheit kann nur von einem Gericht erklärt werden. Hinsichtlich der Wirkung der Todeserklärung auf eine bestehende Ehe gilt folgendes: Art. 31 des Gesetzes Nr. 14394 sieht eine Auflösung des Ehebandes vor, wenn die Ehe getrennt wurde und der Ehegatte dann abwesend war. *Diese Bestimmung ist jedoch nicht in Kraft getreten.* Dies ergibt sich aus dem Vorbehalt des Gesetzesdekrets Nr. 4070/56, dessen Art. 1 erklärt, daß die Regelung des Art. 31 aufgeschoben sei (en suspenso), bis die Probleme des Ehescheidungsrechts endgültig geregelt sind[2]. Es verbleibt damit bei der Regelung des Art. 83 Ehegesetz, der lautet:

„El fallecimiento presunto del cónyuge ausente o desaparecido, no habilita al otro esposo para contraer nuevo matrimonio."

Der vermutete Tod des abwesenden oder verschwundenen Ehegatten berechtigt den anderen Ehegatten nicht, eine neue Ehe einzugehen.

Die Ehe ist erst dann aufgelöst, wenn der Tod des anderen Ehegatten bewiesen ist; die Vermutung reicht nicht aus. Obwohl diese Regelung in der argentinischen Literatur als zu hart angegriffen wird[3], ist ihre Geltung unbestritten.

IV. Wirksamkeit der in Uruguay geschlossenen Ehe

1. Das anwendbare Recht

Wie bereits oben dargelegt, ist zwischen den formellen und materiellen Voraussetzungen für die Wirksamkeit der Ehe zu unterscheiden. In diesem Zusammenhang ist darauf hinzuweisen, daß Ausgangspunkt der Überlegungen das deutsche Kollisionsrecht ist; die Frage nach dem Recht Uruguays stellt sich erst, wenn dieses von dem deutschen Kollisionsrecht für anwendbar erklärt wurde.

a) Hinsichtlich der *Form* der Eheschließung wird auf I 1 verwiesen.

b) Die *materiellen Ehevoraussetzungen* bestimmen sich nach dem jeweiligen Heimatrecht der Nupturienten (Art. 13 I EGBGB). Diesem Recht ist auch zu entnehmen, welche Wirkung die Nichtbeachtung der Voraussetzungen hat. Maßgeblich ist daher für den Ehemann also das deutsche Recht, das im Rahmen dieses Gutachtens nicht darzustellen ist.

Für die zweite Ehefrau ist grundsätzlich das argentinische Recht maßgebend. Es ist allerdings zu prüfen, ob das argentinische Recht auf das

---

[2] Die Zulassung der Ehescheidung wird auch in Argentinien heftig diskutiert, vgl. *Goldschmidt*, RabelsZ 31 (1967) 632.

[3] Vgl. *Busso*, Código Civil Anotado, Bd. II A, Art. 83 Anm. 2.

deutsche Recht zurückverweist oder auf ein drittes Recht weiterverweist. Hierzu bestimmt Art. 2 des bereits mehrfach erwähnten Gesetzes Nr 2393:

Art. 2:

„La validez del matrimonio, no habiendo ninguno de los impedimentos establecidos en los incs. 1, 2, 3, 5 y 6 del art. 9, será juzgada en la República por la ley del lugar en que se haya celebrado, aunque los contrayentes hubiesen dejado su domicilio para no sujetarse a las formas y leyes que en él rigen."

Die Gültigkeit einer Ehe, der keines der in den Abschnitten 1, 2, 3, 5, 6 des Art. 9 aufgestellten Ehehindernisse entgegensteht, wird in der Republik nach den Gesetzen des Ortes, wo sie geschlossen ist, beurteilt, auch dann, wenn die Eheschließenden ihren Wohnsitz verlassen haben, um nicht den dort geltenden Formen und Gesetzen unterworfen zu sein.

Das argentinische Recht erklärt das Recht des Eheschließungsortes auch hinsichtlich der materiellen Ehevoraussetzungen für anwendbar, macht allerdings zugunsten des argentinischen Heimatrechts weitgehende Ausnahmen, die den aufgestellten Grundsatz aushöhlen. Hier interessiert Art. 9 Nr. 5 Ehegesetz, auf den Art. 2 verweist. Diese Bestimmung lautet:

„Son impedimentos para el matrimonio:

...

5) el matrimonio anterior mientras subsista."

Ehehindernisse sind ... eine noch bestehende frühere Ehe.

Es verbleibt daher für die Frage, welches Recht auf die materiellen Ehevoraussetzungen anwendbar ist, hinsichtlich der noch bestehenden ersten Ehe bei der Maßgeblichkeit des argentinischen Rechts.

2. *Das maßgebliche Sachrecht*

a) Uruguay schreibt in Art. 83 des Código Civil die obligatorische Zivilehe vor. Da die Eheschließung vor dem Standesbeamten stattgefunden hat und sonstige formelle Mängel nicht ersichtlich sind, ist die Ortsform gewahrt.

b) Wie bereits bei den kollisionsrechtlichen Überlegungen mitgeteilt wurde, ist eine noch bestehende Ehe – hierzu gehört auch die nicht dem Bande nach getrennte Ehe – ein Ehehindernis. Ein Verstoß gegen diese Vorschrift führt zur Nichtigkeit dieser Ehe. Maßgebliche Vorschrift ist Art. 84 des Ehegesetzes:

Art. 84:

„Es absolutamente nulo el matrimonio celebrado con alguno de los impedimentos establecidos en los incs. 1, 2, 3,

Absolut nichtig ist ein Ehe, welche trotz Vorhandenseins eines der Ehehindernisse des Art. 9, Nr. 1, 2, 3, 5 und 6 ab-

5 y 6 del art. 9, y su nulidad puede ser demandada por el cónyuge que ignoró la existencia del impedimento y por los que hubieran podido oponerse a la celebración del matrimonio."

geschlossen ist; ihre Nichtigkeit kann von dem Ehegatten, welcher das Vorhandensein des Hindernisses nicht kannte, und von denen, welche gegen die Eheschließung Einspruch erheben konnten, geltend gemacht werden.

Die absolut nichtige Ehe ist von der Nichtehe (matrimonio inexistente) zu trennen[4], die dann vorliegt, wenn eine der drei folgenden Voraussetzungen fehlt:

aa) Erklärung, die Ehe eingehen zu wollen;
bb) Erklärung vor dem Standesbeamten;
cc) Verschiedenes Geschlecht der Ehegatten.

Die nichtige Ehe bedarf, damit die Berufung auf die Nichtigkeit möglich wird, auch im argentinischen Recht einer Klage und eines Urteils. Solange die Klage auf Feststellung der Nichtigkeit nicht erhoben ist, besteht die zweite Ehe.

Zur Klarstellung sei noch darauf hingewiesen, daß nicht, wie der Beklagte meint, aus der Wirksamkeit der 2. Eheschließung auf die Wirksamkeit der Scheidung geschlossen werden kann. Die 2. Eheschließung ist nicht *wegen* der wirksamen Ehescheidung gültig, sondern *trotz* der unwirksamen – weil nicht die Ehebande lösenden – Ehescheidung. Daß die Eheschließung keine wirksame Ehescheidung voraussetzt, um bis zum Nichtigkeitsurteil wirksam zu sein, beweist gerade das vorliegende Scheidungsverfahren.

V. Die materiellen Eheschließungserfordernisse nach dem Recht Uruguays

Obwohl es, wie dargelegt, auf das materielle Eheschließungsrecht Uruguays nicht ankommt, sei dieses im Hinblick auf den Wortlaut der Anfrage noch kurz dargestellt. Art. 91 Nr. 3 des uruguayischen Código Civil bestimmt:

„Son impedimentos dirimentes para el matrimonio

...

3. el vinculo no disuelto de un matrimonio anterior."

Die Ehe vernichtende Ehehindernisse sind ... das noch nicht aufgelöste Band einer vorhergehenden Ehe.

Die Nichtigkeit ist klageweise geltend zu machen (Art. 198 Código Civil von Uruguay). Weisen die Ehegatten auf die Nichtigkeit der ersten Ehe hin, so ist zuerst über die erste Ehe zu befinden (Art. 203).

---

[4] Vgl. zu der Unterscheidung *Busso*, Código Civil Anotado, Bd. II A, Art. 84 Anm. 22 ff.

ERGEBNIS

Die erste Ehe ist wirksam geschlossen. Die Scheidung hat die Ehebande nicht aufgelöst. Die zweite Ehe ist daher nichtig. Die Nichtigkeit kann erst nach einem gerichtlichen Urteil geltend gemacht werden. Ob die Eingehung der zweiten Ehe einen Scheidungsgrund darstellt, hat der Gutachter nicht zu entscheiden, weil dies eine seiner Gutachterpflicht nicht unterliegende Frage des deutschen Sachrechts ist, die nicht Gegenstand des Gutachtens ist.

b) Persönliche Ehewirkungen

Siehe auch Nr. 44 (Jugoslawien)

Nr. 14

USA (Michigan)

1. Deliktsstatut bei Kraftfahrzeugunfall.

2. Selbständige Anknüpfung des Unterhaltsstatuts bei Ansprüchen aus unerlaubter Handlung.

3. Internationales Unterhaltsrecht Michigans (Renvoi).

4. Unterhalt zwischen Ehegatten und Unterhaltsansprüche ehelicher Kinder nach dem Recht Michigans.

Hamburg G 91/69 vom 30. 4. 1969

Das Landgericht Frankfurt bittet in der Sache B. gegen B. Versicherungs AG um Auskunft über deutsches und amerikanisches Internationales Privatrecht und über Unterhaltsrecht des Staates Michigan.

Die Ehefrau des Klägers ist am 22. 7. 1967 durch einen Verkehrsunfall in Langen ums Leben gekommen; an dem Unfall war ein Versicherungsnehmer der Beklagten – der Grieche X. – als Kraftfahrer beteiligt.

Der Kläger war zur Zeit des Unfalls als Angehöriger der United States Air Force in Deutschland (beim Militär-Flughafen Rhein-Main) stationiert und bewohnte mit seiner Frau ein Appartementhaus der Rhein-Main Air Base in Langen. Der Kläger und seine Frau sind im Staate Michigan geboren und aufgewachsen; sie haben dort auch – im März 1963 – geheiratet. Der Kläger verlangt für sich und seine am 30. 3. 1964 geborene Tochter Ersatz dafür, daß die Dienstleistungen der Verunglückten als Ehefrau und Mutter weggefallen sind.

Gefragt wird, nach welchem Recht sich die Frage einer Unterhalts- und Dienstleistungspflicht der Verstorbenen im Sinne der §§ 844 II, 845 BGB beurteilt und welche Regelung das maßgebende Recht trifft.

I. Anwendbares Recht

1. Deutsches Internationales Privatrecht

a) *Deliktsstatut.* Tatbestand und Folgen einer unerlaubten Handlung sowie einer Gefährdungshaftung beurteilen sich nach dem Recht des Tatortes[1].

Tatort ist bei Verkehrsunfällen der Unfallort. Die Rechtsfolgen eines Verkehrsunfalls richten sich deshalb nach dem Recht des Unfallortes[2], im vorliegenden Falle also nach deutschem Recht. Folglich entscheidet als Deliktsstatut das deutsche Recht darüber, ob dem Kläger und seinem Kind Ersatzansprüche zustehen. Als Anspruchsgrundlage kommen die §§ 844 II, 845 BGB sowie § 10 II StVG in Betracht.

b) *Unterhaltsstatut als Vorfrage.* Soweit die Ansprüche aus den zitierten Vorschriften eine Unterhalts- oder Dienstleistungspflicht der Getöteten voraussetzen, handelt es sich um eine Vorfrage, die nach den familienrechtlichen Normen des deutschen IPR selbständig zu beurteilen ist[3].

aa) Für die Frage einer möglichen *Unterhalts- und Dienstleistungspflicht* von Eheleuten untereinander ist gemäß Art. 14 EGBGB, der nach allgemeiner Auffassung als allseitige Kollisionsnorm aufzufassen ist[4], das (gemeinsame) Heimatrecht der Ehegatten maßgebend. Sind die Ehegatten amerikanische Staatsbürger, so muß die Verweisung auf das Recht der USA – da diese kein einheitliches Rechtsgebiet bilden – „konkretisiert", d. h. es muß die maßgebende Teilrechtsordnung bestimmt werden. Ob dies durch eine Unteranknüpfung an den gegenwärtigen bzw. letzten inneramerikanischen Wohnsitz oder gewöhnlichen Aufenthalt im deutschen Sinne, das „Domicil" oder die (nach dem 14. Amendment § 1 Satz 1 der amerikanischen Bundesverfassung damit zusammenfallende) Gliedstaats-

[1] *BGH* 21. 4. 1960, VersR 1960, 990 (991); *Soergel-Kegel*, BGB Bd. V, 9. Aufl. 1961, Art. 12 EGBGB Randnr. 1 ff., 16, 44 f.; *Kegel*, IPR, 2. Aufl. 1964, 245 f.; *Raape*, IPR, 5. Aufl. 1961, 571.

[2] *BGH* aaO; *BGHZ* 23, 65.

[3] *BGH* 22. 9. 1967, VersR 1967, 1154; *OLG Celle* 21. 7. 1966, VersR 1967, 164 (165); *Soergel-Kegel* aaO Art. 12 EGBGB Randnr. 57; *Kegel* aaO 245 f.; *Raape* aaO 575.

[4] *Soergel-Kegel* aaO Art. 14 EGBGB Randnr. 1; *Palandt-Lauterbach*, BGB, 28. Aufl. 1969, Art. 14 EGBGB Anm. 2.

angehörigkeit im amerikanischen Sinne zu erfolgen hat, ist in Deutschland umstritten[5].

Im vorliegenden Fall dürften alle in Betracht kommenden Unteranknüpfungen auf das Recht von Michigan führen. Zwar ist im Rubrum für den Kläger eine New Yorker Anschrift angegeben, es handelt sich dabei aber offenbar nur um eine Postanschrift. Der Kläger hat zudem ausdrücklich erklärt, er habe zu keiner Zeit seinen Wohnsitz in New York gehabt; diese Behauptung wird dadurch gestützt, daß nach Bescheinigung der Wahlbehörde in Michigan der Kläger und seine Frau als Wahlberechtigte in Michigan registriert sind.

bb) Für mögliche *Unterhaltsansprüche des Kindes* ergibt sich hier aus der ebenfalls allseitig aufzufassenden Vorschrift des Art. 19 EGBGB[6] gleichfalls die Anwendbarkeit des Rechts von Michigan. Eine Ausnahme gilt nur, soweit das Kind seinen gewöhnlichen Aufenthalt in der Bundesrepublik hat. Insoweit greift nämlich das Haager Übereinkommen vom 24. 10. 1956 über das auf Unterhaltsverpflichtungen gegenüber Kindern anzuwendende Recht ein (BGBl. 1961 II 1013, 1962 II 16). Dieses Abkommen findet auf alle Kinder Anwendung, die sich in einem Vertragsstaat für gewöhnlich aufhalten. Daß die USA im Gegensatz zur Bundesrepublik dem Abkommen bisher nicht beigetreten sind, ist also unerheblich[7].

Nach dem Abkommen beurteilen sich Unterhaltsansprüche nach dem Recht des gewöhnlichen Aufenthaltsortes. Soweit das Kind seinen gewöhnlichen Aufenthalt in der Bundesrepublik hat, ist also das deutsche Recht maßgebend.

cc) Eine *Rück- oder Weiterverweisung* des ausländischen Heimatrechts ist im Rahmen der Art. 14 und 19 EGBGB zu beachten[8].

2. *Internationales Privatrecht des Staates Michigan*

Wie fast alle amerikanischen Staaten hat auch Michigan den Uniform Reciprocal Enforcement of Support Act angenommen[9]. Dieser enthält – allerdings nur im Verhältnis der amerikanischen Staaten zueinander – eine besondere Kollisionsnorm: Maßgebend für die Beurteilung der Unterhaltspflicht ist das Recht desjenigen Staates, in dem sich der Unterhalts-

---

[5] Vgl. die Nachweise bei *Soergel-Kegel* aaO vor Art. 7 Randnr. 111, und *IPG* 1965 bis 66 Nr. 24 (Hamburg), 257 sowie *IPG* 1965–66 Nr. 61 (Hamburg), 698 f.; zum amerikanischen Domicilbegriff ferner *IPG* 1965–66 Nr. 24 (Hamburg), 260–262, speziell zum Domicil amerikanischer Soldaten *Bleckmann*, NJW 1962, 2283.

[6] Vgl. *Soergel-Kegel* aaO Art. 19 EGBGB Randnr. 1 und 26.

[7] Vgl. *Müller*, D. NJW 1967, 141 f.; *Palandt-Lauterbach* aaO Anhang zu Art. 21 EGBGB Nr. 1 bis 3 (mit weiteren Nachweisen).

[8] *Soergel-Kegel* aaO Art. 14 Randnr. 40, Art. 19 Randnr. 50; *OLG Celle* aaO.

[9] Vgl Michigan Statutes Annotated Bd. 18 (1957 mit Nachtrag 1968) §§ 25.225 (1) ff. Nachweise der gesetzlichen Fundstellen für die sonstigen Staaten in Uniform Laws Annotated Bd. 9 C (1957 Nachtrag 1968), S. 9, 38.

pflichtige während der Zeitspanne, für die Unterhalt verlangt wird, aufgehalten hat. Hierbei wird vermutet, daß er sich die fragliche Zeit im Staat des Forums aufgehalten hat[10].

Ob die Gerichte in Michigan diese Kollisionsnormen auch gegenüber ausländischen Staaten anwenden[11], läßt sich aufgrund der dem Institut zugänglichen Rechtsprechung nicht ausmachen, ist hier aber auch unerheblich. Denn wendet man die gesamte Kollisionsnorm an, so ist das Recht des Staates Michigan maßgebend, weil der Kläger dort sein Domizil hatte und mangels gegenteiliger Anhaltspunkte davon auszugehen ist, daß er nach der Rückkehr in die USA mit seiner Frau und dem Kind in Michigan gelebt hätte; bis zum Zeitpunkt der vermutlichen Rückkehr in die USA bleibt freilich das deutsche Recht als das Recht des Aufenthaltsortes maßgebend. Auch wenn man die genannte Kollisionsnorm nicht anwendet, kommt man zum gleichen Ergebnis: Die amerikanischen Gerichte haben im Bereiche des Unterhaltsrechts keine besonderen Kollisionsregeln entwickelt, sondern wenden jeweils das eigene Recht an. Die Frage nach dem maßgebenden Recht entscheidet sich daher faktisch nach den Regeln, welche die internationale Zuständigkeit der Gerichte (jurisdiction) für Unterhaltsstreitigkeiten ordnen. Da der Kläger nach seiner Rückkehr in die USA mit Frau und Kind wahrscheinlich in Michigan gelebt hätte, wären nach amerikanischer Auffassung für Unterhaltsklagen nach der Rückkehr allein die Gerichte dieses Staates zuständig gewesen. Bis zum Zeitpunkt der (vermutlichen) Rückkehr in die USA konnte hingegen durch persönliche Ladung der Unterhaltsverpflichteten in Deutschland die internationale Zuständigkeit der deutschen Gerichte begründet werden[12].

II. Unterhaltsrecht des Staates Michigan

1. Unterhalt zwischen Ehegatten

Nach Common Law hat der Ehemann einen aus der ehelichen Lebensgemeinschaft (consortium) fließenden Anspruch auf Führung des Haushalts durch die Ehefrau[13].

---

[10] Vgl. Uniform Reciprocal Enforcement of Support Act (Fassung 1952, abgedruckt in Uniform Laws Annotated Bd. 9 C) § 7; entsprechend Michigan Statutes Annotated § 25.225 (8).

[11] Dafür *Ehrenzweig*, A Treatise on the Conflict of Laws, 1962, 408.

[12] Vgl. *Goodrich-Scoles*, Handbook of the Conflict of Laws, 4. Aufl. 1964, 112 ff.; *Stumberg*, Principles of Conflict of Laws, 3. Aufl. 1963, 66, 69 ff.; *Ehrenzweig* aaO 88 ff. Man spricht hier von „jurisdiction in personam" im Gegensatz zu Fällen einer dinglichen oder quasidinglichen Klage, in denen die Belegenheit der Sache im Gerichtsstaat eine „jurisdiction in rem" begründet (vgl. dazu *Goodrich-Scoles* aaO 102 ff.; *Ehrenzweig* aaO 79 ff.).

[13] Vgl. American Jurisprudence 2 d, Bd. 41 (1968) „Husband and Wife" § 9.

Auch das Recht von Michigan geht vom Bestehen eines solchen Anspruchs aus. Zwar fehlt es, soweit ersichtlich, in Michigan an einer Entscheidung, welche die Frau wegen Verweigerung ihrer Dienste zum Schadensersatz verurteilt. Jedoch liegen Entscheidungen vor, welche den Anspruch des Mannes auf die Dienste seiner Frau als selbstverständlich voraussetzen[14].

Im ersten Fall hatte ein verschuldeter Ehemann seiner Frau ein Grundstück übertragen. Gegenüber der Anfechtungsklage eines Gläubigers ihres Mannes machte die Ehefrau geltend, sie habe das Grundstück entgeltlich erworben, denn ihr Mann habe mit ihr vereinbart, sie solle für die Haushaltsführung entlohnt werden. Das Gericht erklärte, eine solche Vereinbarung verstoße gegen die „public policy". Die Ehefrau sei ohnehin zur Führung des Haushalts verpflichtet gewesen, so daß ihre Dienste nicht als Gegenleistung (consideration) für das Zahlungsversprechen des Mannes anerkannt werden könnten.

Im zweiten Fall hatte die Beklagte ihren Ehemann, in dessen Geschäft sie zunächst mitgearbeitet hatte, verlassen und ein Konkurrenzgeschäft aufgemacht. Das Gericht gab der Unterlassungsklage des Mannes statt, und zwar mit der Begründung, der Ehemann habe als Ausgleich für seine Unterhaltspflicht einen Anspruch auf die Dienste seiner Frau.

Gerade auch im Schadensersatzrecht des Staates Michigan wird die Existenz des besagten Anspruchs vorausgesetzt. Bei schuldhafter Tötung seiner Frau kann der Ehemann nämlich vom Schädiger Ersatz für den Verlust der Dienste seiner Frau verlangen.

Nach Michigan Statutes Annotated § 27 A. 2922 hat der Schädiger den nächsten Angehörigen einer schuldhaft getöteten Person Ersatz für den erlittenen pekuniären Schaden (pecuniary injury) zu leisten. Zwar faßt die neueste Rechtsprechung in Michigan den Begriff „pecuniary injury" so weit, daß er auch immaterielle Schäden einschließt, jedoch wird der Schaden wegen Wegfalls der Dienste (loss of services) der Ehefrau ausdrücklich als besonderer Schadensposten anerkannt[15].

Kraft Gesetzes ist die Ehefrau in Michigan über die Haushaltsführung hinaus verpflichtet, den Ehemann im Rahmen des ihr Möglichen zu unterhalten, falls der Ehemann vermögenslos und wegen körperlicher oder geistiger Gebrechen oder wegen seines Alters erwerbsunfähig ist[16].

2. *Unterhaltsansprüche ehelicher Kinder*

Kraft Gesetzes sind die Eltern in Michigan als Gesamtschuldner verpflichtet, im Rahmen des ihnen Möglichen Kinder bis zum 17. Lebensjahr

[14] Vgl. *Michigan Trust Co. v. Chapin*, 64 N. W. 334 (1895); *Root v. Root*, 130 N. W. 194, 196 (1911).

[15] Vgl. *Westfall v. Venton*, 137 N. W. 2 d 757 Nr. 3 (1965).

[16] Vgl. Michigan Statutes Annotated §§ 16.121, 16.122.

zu unterhalten. Anschließend besteht eine Unterhaltspflicht der Eltern nur, soweit das Kind vermögenslos und wegen körperlicher oder geistiger Gebrechen erwerbsunfähig ist[17].

III. Ergebnis

1. Deliktsstatut ist das deutsche Recht.
2. Die Vorfrage der Unterhaltspflicht beurteilt sich bis zum Zeitpunkt der vermutlichen Rückkehr des Klägers mit seiner Frau und seinem Kind in die USA nach deutschem Recht, für die Zeit danach hingegen nach dem Recht des Staates Michigan.
3. Nach dem Recht des Staates Michigan ist die Ehefrau dem Ehemann zur Führung des Haushalts verpflichtet. Im übrigen hat sie den Ehemann (im Rahmen des ihr Möglichen) nur zu unterhalten, falls dieser vermögenslos und wegen körperlicher oder geistiger Gebrechen oder wegen seines Alters erwerbsunfähig ist. Kindern gegenüber ist die Mutter neben dem Vater gesamtschuldnerisch nach Maßgabe der Ausführungen zu II. 2. unterhaltspflichtig.

c) Ehegüterrecht

Siehe auch Nr. 34 (Polen)

Nr. 15

Schweden

1. Nach schwedischem internationalen Ehegüterrecht bestimmt sich der Güterstand der Ehegatten nach dem Heimatrecht des Mannes im Zeitpunkt der Eheschließung.

2. Zur Verteilung des Eigentums zwischen den Ehegatten im schwedischen Ehegüterrecht.

Hamburg G 20/69 vom 20.2.1969

Das Grundbuchamt Schopfheim bittet um Auskunft über schwedisches Ehegüterrecht in folgender Angelegenheit. Ein Ehepaar hat jedem seiner Kinder einen Miteigentumsanteil an einem in der Bundesrepublik Deutsch-

---

[17] Vgl. Michigan Statutes Annotated §§ 16.121, 16.122. – *Chesapeake & Ohio Railway Co. v. Schlink*, 276 F. 2 d 114, 116 (6 th Cir., 1960).

Aus der Entscheidung im Falle *Hayrynen v. White Pine Copper Company*, 157 N. W. 2 d 502 (1968), läßt sich nichts Gegenteiliges folgern. Es ging dort um die Frage, ob ein Kind, dessen Vater nicht getötet, sondern nur verletzt worden ist, *neben* seinen Eltern eigene Ansprüche gegen den Schädiger geltend machen kann. Diese Frage wurde verneint.

land belegenen Hausgrundstück in Höhe von einem Sechstel übertragen. Zwei Töchter haben schwedische Staatsangehörige geheiratet. Eine dieser Töchter lebt im gesetzlichen Güterstand, die andere im „getrennten Güterstand" des schwedischen Rechts. Die Eltern haben bei der Übertragung der Anteile an dem Hausgrundstück bestimmt, daß die Miteigentumsanteile Alleineigentum der Töchter werden sollen, soweit das schwedische Recht dies zuläßt.

Gefragt wird, ob nach schwedischem Recht die Miteigentumsanteile Alleineigentum der Töchter werden oder ob und in welcher Gemeinschaftsform die Ehemänner daran beteiligt sind, ferner ob die Ehefrauen zur Verfügung über den Grundbesitz der Zustimmung der Ehemänner bedürfen.

I. Anwendbares Recht

Nach dem aus Art. 15 EGBGB abgeleiteten allgemeinen Grundsatz des deutschen Internationalen Privatrechts beurteilt sich das eheliche Güterrecht nach dem Recht des Staates, dem der Ehemann zur Zeit der Eheschließung angehört hat, vorausgesetzt, daß keine nach Art. 27 EGBGB zu beachtende Rück- oder Weiterverweisung vorliegt[1].

Schweden, auf dessen Recht als das Heimatrecht der Ehegatten beider Töchter somit verwiesen ist, hat das Haager Ehewirkungsabkommen vom 17. 7. 1905 mit Wirkung vom 23. 8. 1962 gekündigt[2]. Diese Bestimmungen des Abkommens sind durch das schwedische Gesetz vom 1. 6. 1912 „über gewisse internationale Rechtsverhältnisse betreffend die Rechtswirkungen der Ehe" zum Bestandteil der schwedischen Rechtsordnung gemacht worden[3].

Entsprechend der einleitenden Bestimmung des § 1 Satz 1 dieses Gesetzes, wonach der König unter der Voraussetzung der Gegenseitigkeit verordnen kann, daß bei der Anwendung ausländischen Rechts die im Gesetz enthaltenen Vorschriften des Haager Ehewirkungsabkommens gelten sollen, ist das Gesetz durch Königliche Bekanntmachung vom 12. 8. 1912 gegenüber den Signatarmächten des Abkommens in Kraft gesetzt.

In Schweden wird jedoch seit längerem die Auffassung vertreten, daß das Gesetz von 1912 zugleich die im schwedischen Internationalen Privatrecht allgemein geltenden Grundsätze wiedergibt. So hebt insbesondere *Karlgren* hervor, daß „die im Gesetz festgelegten Rechtsgrundsätze ... weitgehend analoge Anwendung auch im Verhältnis zu anderen Staaten" als den Vertragsstaaten finden könnten[4].

---

[1] *Kegel*, IPR, 2. Aufl. 1964, 283 f.; *Raape*, IPR, 5. Aufl. 1961, 329 f.

[2] Siehe Bekanntmachung vom 4. 5. 1960, BGBl. 1960 II 1532.

[3] Deutsche Übersetzung bei *Makarov*, Quellen des IPR Bd. I, 2. Aufl. 1953 f., Schweden 24 ff.

[4] *Karlgren*, Kortfattad lärobok i internationell privat- och processrätt, 2. Aufl.

Die Kündigung des Haager Ehewirkungsabkommens durch Schweden hat deshalb keine Änderung der die Ehewirkungen betreffenden Grundsätze des schwedischen Internationalen Privatrechts zur Folge gehabt. Die im Gesetz von 1912 enthaltenen Grundsätze sind – soweit nicht die im Verhältnis zwischen den nordischen Staaten durch staatsvertragliche Vereinbarung geschaffene Sonderregelung Platz greift – für die kollisionsrechtliche Beurteilung des ehelichen Güterrechts in Schweden auch weiterhin maßgebend, zumal die Bekanntmachung vom 18. 8. 1912 nicht widerrufen worden ist[5].

Die güterrechtlichen Verhältnisse der Ehegatten sind somit in den beiden vorliegenden Fällen – entsprechend dem in § 1 Nr. 2 des Gesetzes von 1912 niedergelegten Grundsatz – nach dem Recht des Staates zu beurteilen, dem der Ehemann zur Zeit der Eheschließung angehört hat. Eine Änderung der Staatsangehörigkeit der Ehegatten oder eines von ihnen ist ohne Einfluß auf das eheliche Güterrecht: das Güterrechtsstatut ist, soweit der gesetzliche Güterstand in Frage steht, nach schwedischem Recht unwandelbar.

Die Frage, ob die Ehegatten einen Ehevertrag errichten und ihre güterrechtlichen Vereinbarungen aufheben oder ändern können, ist – entsprechend § 1 Nr. 3 des Gesetzes von 1912 – nach dem Recht des Staates bzw. der Staaten zu beurteilen, dem oder denen die Ehegatten jeweils angehören; bei güterrechtlichen Vereinbarungen, die Verlobte im Hinblick auf ihre spätere Ehe eingehen, ist das Recht des Staates maßgebend, dem der Ehemann zur Zeit der Eheschließung angehört[6]. Eine Rückverweisung liegt also nicht vor. Die güterrechtlichen Verhältnisse sind in beiden Fällen nach dem schwedischen ehelichen Güterrecht zu beurteilen.

II. Schwedisches Recht

Das eheliche Güterrecht ist in Schweden im Ehegesetz (Giftermålsbalken) vom 11. 6. 1920 geregelt. Die Regelung beruht auf dem Grundsatz, daß jeder Ehegatte Eigentümer des Vermögens bleibt, das ihm bei Eingehen der Ehe gehört hat, und auch Eigentümer des Vermögens wird, das er während der Ehe erwirbt. Von einzelnen Ausnahmen abgesehen, verwaltet er sein Vermögen mit gewissen Einschränkungen selbst. Eine Ände-

---

1960, 37; zustimmend *Eek,* Internationell privaträtt, 1962, 50; *ders.* The Swedish Conflict of Laws, 1965, 36 f.; *Simson,* Das Eherecht Schwedens in: *Leske-Loewenfeld,* Rechtsverfolgung im internationalen Verkehr, I. Das Eherecht der europäischen und der außereuropäischen Staaten. 1. Teil: Die europäischen Staaten, 1964, 221.

[5] *Eek,* The Swedish Conflict of Laws, 249; *Simson* aaO 221.

[6] Siehe *Simson* aaO 221; *Eek* aaO 250; *Karlgren* aaO 124.

rung der vermögensrechtlichen Stellung der Ehegatten tritt durch die Eheschließung nur insofern ein, als ihm nunmehr ein gesetzliches „Gattenanteilsrecht" („giftorätt") zusteht. Dieses familienrechtliche Gattenanteilsrecht besteht in erster Linie in dem Anspruch, daß das Vermögen der Ehegatten, soweit es nicht ihr Vorbehaltsgut ist, in bestimmten Fällen zusammenzulegen und unter ihnen zu gleichen Teilen zu verteilen ist. Diese Zusammenlegung und Aufteilung des Vermögens, an dem ein Gattenanteilsrecht besteht, erfolgt bei der Auflösung der Ehe durch Scheidung, Nichtigerklärung oder Tod, bei Aufhebung der häuslichen Gemeinschaft („hemskillnad") und bei Einführung der Gütertrennung.

Vorbehaltsgut („enskild egendom") ist das Vermögen, das die Ehegatten durch einen Güterrechtsvertrag dazu bestimmt haben, sowie auch das Vermögen, das einem Ehegatten als Vorbehaltsgut von einer dritten Person geschenkt oder durch Testament zugewendet wurde; Vermögenswerte, die als Surrogat an die Stelle von Vorbehaltsgut getreten sind, sowie alle höchstpersönlichen Ansprüche eines Ehegatten gehören im Zweifel ebenfalls zum Vorbehaltsgut – die Erträgnisse des Vorbehaltsgutes jedoch nur dann, wenn dies ausdrücklich vereinbart oder bei der Zuwendung an den Ehegatten durch den Dritten bestimmt worden ist (Kap. 6 §§ 1 und 8) [7].

Durch eine Gütertrennung („boskillnad"), die nach schwedischem Recht nur durch einen gerichtlichen Beschluß (auf Antrag beider oder unter bestimmten Voraussetzungen auch nur eines Ehegatten) erfolgt, wird alles Vermögen beider Ehegatten, soweit es nicht Vorbehaltsgut ist, zusammengelegt und unter die Ehegatten zu gleichen Teilen verteilt; Vermögen, das einer der Ehegatten erwirbt, nachdem der Antrag auf Gütertrennung bei Gericht eingegangen ist, ist sein Vorbehaltsgut.

Durch Güterrechtsverträge („äktenskapsförord"), die nicht nur die Ehegatten während der Ehe, sondern auch Verlobte schließen können, kann nur „Gattenanteilsgut" in Vorbehaltsgut umgewandelt werden und umgekehrt (Kap. 8 § 1 Ehegesetz). Andere Güterstände können vertraglich nicht vereinbart werden.

Güterrechtliche Verträge müssen beim Gericht eingereicht werden, das die Eintragung in das Güterrechtsregister veranlaßt; die Verträge bedürfen der Schriftform, die Unterschriften müssen beglaubigt werden [8].

Im vorliegenden Falle ist die Übertragung der Hausanteile an die beiden Töchter mit der Bestimmung erfolgt, daß diese Miteigentumsanteile Alleineigentum der Töchter werden sollen.

---

[7] *Malmström*, Civilrätt, 2. Aufl. 1964, 269 f.; *Beckman*, Svensk familjerättspraxis, 3. Aufl. 1965, 20 ff.; *Simson* aaO 193 f.

[8] *Malmström* aaO 270; *Beckman* aaO 24 und 32 f.; *Simson* aaO 198 f.

Damit gehört der Miteigentumsanteil, der an die im gesetzlichen Güterstand des schwedischen Rechts lebende Tochter gefallen ist, zu ihrem Vorbehaltsgut und nicht zum „Gattenanteilsgut"; sie kann darüber bei Lebzeiten und im Rahmen der durch eventuelle Pflichtteilsrechte gezogenen Grenzen auch von Todes wegen frei verfügen. Bei Auflösung der Ehe durch Scheidung oder Tod eines Ehegatten fällt dieser Hausanteil nicht unter das der güterrechtlichen Teilung unterworfene Vermögen. Stirbt die Ehefrau zuerst, so bildet das Vorbehaltsgut zusammen mit ihrem Güterrechtsanteil am gemeinsamen Vermögen der Ehegatten ihren Nachlaß, an dem dem überlebenden Ehemann, wenn aus der Ehe Abkömmlinge vorhanden sind, kein gesetzlicher Erbanspruch zusteht. Sind keine Abkömmlinge vorhanden, so fällt der gesamte Nachlaß der Ehefrau, also auch ihr Vorbehaltsgut, zwar an den Ehemann, es besteht aber eine „gesetzliche Sekundosukzession" zugunsten der gesetzlichen Erben der zweiten Parentel der Ehefrau an der Hälfte des Nachlasses des überlebenden Ehegatten. Auf die Einzelheiten dieser in Kap. 3 § 1 des schwedischen Erbgesetzes vom 12. 12. 1958 geregelten „gesetzlichen Sekundosukzession" braucht hier jedoch nicht eingegangen zu werden, da diese Erbfolge des Ehemannes (die im übrigen voraussetzt, daß die Ehefrau bei ihrem Tode die schwedische Staatsangehörigkeit besitzt) durch letztwillige Verfügung ausgeschlossen werden kann.

Entsprechendes gilt im Ergebnis für den Hausanteil der in Gütertrennung lebenden Tochter. Ihr Vermögen ist aufgrund güterrechtlicher Vereinbarung zur Gänze Vorbehaltsgut im Sinne des schwedischen Güterrechts.

d) Scheidung

Siehe auch Nr. 13 (Uruguay/Argentinien); Nr. 41 (Griechenland); Nr. 45 (Libanon/Ägypten); Nr. 46 (Marokko)

Nr. 16

Indonesien/Niederlande

1. Internationales und interpersonales Scheidungsrecht in Indonesien.

2. Materielles Ehescheidungsrecht der in Indonesien lebenden Chinesen.

3. Zur Frage der Anerkennung eines deutschen Scheidungsurteils in Indonesien.

4. Scheidungsgründe im niederländischen Recht.

Köln 80/69 vom 28. 10. 1969

Rechtsanwalt D. in Aachen hat in der Ehesache L. ./. L. um ein Gutachten über indonesisches Ehescheidungsrecht gebeten.

SACHLAGE

Die norwegische Staatsangehörige Malmfryd L. klagt vor dem Landgericht Aachen gegen ihren indonesischen Ehemann auf Scheidung. Die Parteien haben im Jahre 1961 in Bergen/Norwegen die Ehe geschlossen. Sie leben jetzt in Aachen.

Der Vater des Beklagten ist chinesischer Abstammung, seine Mutter ist Niederländerin. Der Beklagte wurde in Amsterdam geboren. Seine Eltern wanderten später zusammen mit ihm nach Indonesien aus. Sie erwarben dort die indonesische Staatsangehörigkeit. Bei ihrer Rückkehr in die Niederlande im Jahre 1961 erwarben die Eltern des Beklagten die niederländische Staatsangehörigkeit. Der Beklagte ist Indonesier geblieben.

Die Klägerin stützt ihre Ehescheidungsklage auf Ehebruch, ehewidrige Beziehungen, Lieblosigkeit und Mißhandlung. Eine Verzeihung hat nicht stattgefunden.

ANFRAGE

Aufgrund dieser Sachlage bittet Rechtsanwalt D. in Aachen um ein Gutachten darüber, nach welchen Bestimmungen des indonesischen Rechts die Scheidung erfolgen kann. Er bittet ferner um Auskunft darüber, ob in Indonesien, wie ihm die Indonesische Botschaft in Bonn in einem Schreiben vom 20. 8. 1969 mitgeteilt hat, ein deutsches Scheidungsurteil anerkannt wird.

RECHTSLAGE

A. KOLLISIONSRECHT

I. Staatsvertrag

Soweit ein zwischen Deutschland und einem ausländischen Staat geschlossener Vertrag internationalprivatrechtliche Bestimmungen enthält, gehen sie den allgemeinen deutschen Kollisionsregeln vor[1]. Ein Staatsvertrag zwischen der Republik Indonesien und der Bundesrepublik

---

[1] *RGZ* 105, 340 (341); *Soergel-Kegel*, BGB Bd. V, 9. Aufl. 1961, vor Art. 7 EGBGB Anm. 9; *Erman-Marquordt*, BGB Bd. II, 4. Aufl. 1967, vor Art. 7 EGBGB Anm. 7 a. E.

Deutschland, der sich mit familienrechtlichen Fragen befaßt, besteht jedoch nicht. Es gelten daher die allgemeinen deutschen Kollisionsnormen.

II. Ehescheidungsstatut: Art. 17 I EGBGB

Gemäß Art. 17 I EGBGB entscheidet vorbehaltlich einer Rückverweisung gemäß Art. 27 EGBGB das Heimatrecht des Ehemannes bei Klageerhebung über die Frage, ob und unter welchen Voraussetzungen eine Ehe geschieden werden kann. Das Heimatrecht der Ehefrau ist außer im Falle des Art. 17 III EGBGB belanglos. Im übrigen kann gemäß Art. 17 IV EGBGB in Deutschland nach ausländischem Recht nur dann geschieden werden, wenn auch nach deutschem Recht ein Scheidungsgrund vorliegt[2]. Da in casu der Ehemann Indonesier ist, ist zunächst zu prüfen, ob das indonesische internationale Privatrecht eine Rückverweisung gemäß Art. 27 EGBGB ausspricht.

III. Ehescheidungsstatut: Indonesisches Kollisionsrecht

1. Quelle

Eine umfassende Kodifikation des internationalen Privatrechts existiert in Indonesien, soweit feststellbar, noch nicht.

In Indonesien gelten auch heute noch die zur Zeit der niederländischen Herrschaft eingeführten Vorschriften. Art. 2 der Übergangsbestimmungen der indonesischen Verfassung vom 18. 8. 1945, die durch Verordnung des Präsidenten der Republik vom 5. 7. 1959 wieder in Kraft gesetzt worden ist[3], bestimmt:

„Alle bepalingen, Staatsorganen en regelingen blijven van kracht zolang ze nog niet vervanden zijn door nieuwe volgens deze Grondwet.“[4]	Alle Bestimmungen, Staatsorgane und Regelungen bleiben bestehen, solange sie nicht durch neue gemäß diesem Grundgesetz ersetzt worden sind.

2. Anknüpfung

Im indonesischen Kollisionsrecht existiert keine besondere Bestimmung über die Frage, nach welchem Recht die Ehescheidung zu beurteilen ist.

---

[2] Vgl. dazu statt aller *Soergel-Kegel* aaO Art. 17 EGBGB Anm. 12, 13, 16, 20, 104.

[3] Vgl. zu der Rechtsentwicklung in Indonesien seit der Unabhängigkeit neuestens *Gouwgioksiong*, De Rechtsontwikkeling in Indonesië na de Souvereiniteitsoverdracht, Weekblad voor Privaatrecht, Notaris-ambt en Registratie [W. P. N. R.] 99 (1968), 61–63, 89–92, 101–104; *ders.*, The Marriage Laws of Indonesia with Special Reference to Mixed Marriages, RabelsZ 28 (1964), 711–731 (717 f.); auch *Grunert*, Indonesisches Eherecht, StAZ 1959, 328 f. (329).

[4] Text nach *Gouwgioksiong*, W. P. N. R. 99 (1968), 61.

Eine der wenigen gesetzlichen Vorschriften auf dem Gebiet des internationalen Privatrechts – Art. 16 Algemeene Bepalingen van Wetgeving in Indonesië v. 30. 4. 1847 – regelt lediglich das für den Personenstand maßgebende Recht. *Art. 16 S. 1 A. B.* lautet:

„De wettelijke bepalingen betreffende den staat en de bevoegdheid der personen blijven verbindend voor Nederlandsche onderdanen, wanneer zij zich buiten 's land bevinden." [5]

Die gesetzlichen Bestimmungen über den Stand und die Handlungsfähigkeit der Personen bleiben für niederländische [heute: indonesische] Staatsangehörige verbindlich, auch wenn sie sich im Ausland befinden.

Diese Vorschrift ist der entsprechenden im Inhalt übereinstimmenden Bestimmung des niederländischen internationalen Privatrechts nachgebildet worden. *Art. 6* Wet van 15. mei 1829, houdende Algemeene Bepalingen der Wetgeving van het Koningrijk [Gesetz über die allgemeinen Bestimmungen für die Gesetzgebung des Königreichs] lautet:

„De wetten, betreffende de regten, den staat en de bevoegdheid der personen, verbinden de Nederlanders, ook wanneer zij zich buiten 's land bevinden." [6]

Die Gesetze, die die Rechte, den Stand und die Rechtsfähigkeit der Personen betreffen, sind für die Niederländer verbindlich, auch wenn sie sich im Ausland befinden.

Die Bestimmung wird in den Niederlanden so verstanden, daß bei *gemeinsamer* niederländischer Staatsangehörigkeit der Ehegatten niederländisches Recht für die Ehescheidung maßgibt[7]. Die Geltung dieser Regel kann auch für Indonesien angenommen werden, da Art. 16 S. 1 A. B. auf die Staatsangehörigkeit abstellt[8].

In casu besitzen Ehemann (Indonesier) und Ehefrau (Norwegerin) jedoch *verschiedene* Staatsangehörigkeiten. Die Bestimmung des maßgeblichen Scheidungsstatuts ist deshalb angesichts des spärlichen Schrifttums und des Fehlens einschlägiger Entscheidungen schwierig. Ein Rückgriff auf das niederländische internationale Privatrecht ist bei der Vielfalt der hier vertretenen Meinungen über die Bestimmung des Scheidungsstatuts bei ver-

---

[5] Text in *Engelbrecht,* Kitab[2] undang[2], undang[2] dan peraturan[2] serta undang[2] dasar 1945 Republik Indonesia [De Wetboeken wetten en verordeningen benevens de Grondwet van 1945 van de Republik Indonesië] Leiden 1960 (Reprint 1964), 375.

[6] Text nach *Fruin,* De Nederlandsche Wetboeken, 1959, 192.

[7] Vgl. *Sauveplanne,* Elementair Internationaal Privaatrecht, 3. Aufl. 1967, 29–32; *Kollewijn,* American-Dutch Private International Law, 1961, 52 f.; *van Brakel,* Grondslagen en Beginselen van Nederlands Internationaal Privaatrecht, 2. Aufl. 1953, 184.

[8] Vgl. *Gouwgioksiong,* Nederlandse Internationaal Privaatrechtelijke Rechtspraak met Betrekking tot Indonesië, Nederlands Tijdschrift voor Internationaal Recht [N. T. I. R.] 15 (1968), 133–178 (151–153).

schiedener Staatsangehörigkeit der Ehegatten nicht empfehlenswert[9]. Zur Lösung der Frage ist deshalb auf eine Regel des indonesischen *interpersonalen* Rechts zurückzugreifen. *Art.* 2 der Regeling op de Gemengde Huwelijken [R. G. H.] v. 29. 12. 1896 bestimmt:

„De vrouw, de een gemengd huwelijk aangaat, volgt staande huwelijk, publiek- en privaatrechtelijk, den staat van haren man." [10]	Die Frau, die eine Mischehe eingeht, folgt während des Bestehens der Ehe in öffentlich- und privatrechtlicher Hinsicht dem Stand ihres Mannes.

Unter einer „gemengd huwelijk" ist gemäß der Legaldefinition des *Art. 1* des Gesetzes eine Ehe zu verstehen, die von Personen geschlossen wird, die in Indonesien verschiedenen Rechten unterworfen sind. Die Bestimmung lautet:

„Huwelijken tusschen personen, die in Indonesië aan een verschillend recht onderworpen zijn, worden *gemengde huwelijken* genoemd." [11]	Ehen zwischen Personen, die in Indonesien verschiedenem Recht unterworfen sind, werden *Mischehen* genannt.

Art. 2 R. G. H. wurde ursprünglich nur als interpersonale Kollisionsregel aufgefaßt. Heute wird die Vorschrift jedoch extensiv ausgelegt. Sie umfaßt nicht nur interpersonale, sondern auch interlokale, interreligiöse und die auf verschiedene Staatsangehörigkeiten der Ehegatten zurückzuführenden *internationalen* Konfliktsfälle[12]. Das bedeutet, daß in Art. 2 R. G. H. heute auch eine *international*privatrechtliche Regel zu erblicken ist. Damit unterliegt die Frage, ob und unter welchen Umständen eine Ehe geschieden werden kann in Indonesien wie in Deutschland (Art. 17 I EGBGB) dem indonesischen Heimatrecht des Ehemannes. Eine Rückverweisung auf deutsches Recht wird nicht ausgesprochen.

IV. Indonesisches interpersonales Recht

1. Allgemeine Regel

In Indonesien, wie in vielen orientalischen Staaten[13], ist das Familien- und Erbrecht nach Personengruppen, je nachdem, welcher Religionsgemeinschaft sie angehören oder welcher rassischen Abkunft sie sind, ver-

---

[9] Vgl. zu den in den Niederlanden verwendeten Anknüpfungsmomenten: *Dubbink*, Recente Ontwikkeling van het Internationaale Echtscheidingsrecht, N. T. I. R. 3 (1956), 199–208 (207) [spricht von einem „chaotischen" Rechtszustand]; *Sauveplanne* aaO 29–32; *Kollewijn* aaO 48–54.

[10] Text nach *Engelbrecht* aaO 745.

[11] Text nach *Engelbrecht* aaO 745.

[12] *Gouwgioksiong*, RabelsZ 28 (1964) 721; *ders.*, N. T. I. R. 15 (1968), 142–148.

[13] Vgl. dazu *Vitta*, Il diritto interpersonale, Ann. Dir. Comp. Stud. Leg. 28 (1953), 119–230; *Neuhaus*, Die Grundbegriffe des internationalen Privatrechts, 1962, 217–221.

schieden[14]. Deshalb ist für die Entscheidung der Frage, welches der in Indonesien geltenden Rechte auf die Scheidung der Eheleute L. anzuwenden ist, indonesischem *interpersonalen* Privatrecht zu folgen[15]. Da gemäß Art. 2 R. G. H. eine Frau während des Bestehens einer Ehe in privatrechtlicher Hinsicht dem „statut personnel" ihres Ehemannes folgt, ist zunächst das Statut des Ehemannes zu bestimmen.

2. Bestimmung des „statut personnel" des Ehemannes

Da der Vater des Ehemannes chinesischer Herkunft und seine Mutter Niederländerin ist, ist zu prüfen, welchem der in Indonesien geltenden Rechte ein Kind aus einer solchen Ehe unterliegt. *Art. 11 R. G. H.* lautet:

„*Kinderen*, geboren uit gemengde huwelijken, welke voltrokken zijn onder het vroegere recht, *volgen* publiek- en privaatrechtelijk *den staat van hunnen vader.*" [16]

Kinder aus Mischehen, die unter dem früheren Recht geschlossen worden sind, *folgen* öffentlich- und privatrechtlich *dem Stand ihres Vaters.*

Nach indonesischem interpersonalen Recht entscheidet somit über das „statut personnel" eines Kindes – wie auch über andere Fragen im Eltern-Kind-Verhältnis – das Recht des Vaters[17]. Damit untersteht der Ehemann dem für Chinesen in Indonesien geltenden Familienrecht.

B. INDONESISCHES MATERIELLES RECHT

I. Quelle

Chinesen unterliegen in Indonesien seit der Verordnung vom 29. 3. 1917 (in Kraft seit dem 1. 5. 1919) grundsätzlich dem für Europäer geltenden Familienrecht. Ein Sonderrecht für Chinesen besteht lediglich in den Bereichen der Eheschließung und der Adoption[18]. Das bedeutet, daß in casu

---

[14] Vgl. dazu *Gouwgioksiong*, Interpersonal Law in Indonesia, RabelsZ 29 (1965) 545–573; *ders.*, W. P. N. R. 99 (1968), 90 f.; *ders.*, Die Verhouding tussen Internationaal Privaatrecht en Intergentiel Recht in Indonesië, N. T. I. R. 14 (1967), 345–366; *Lev*, The Lady and the Banyan-Tree: Civil Law Change in Indonesia, Am. J. Comp. L. 14 (1965–66), 282–307.

[15] Statt aller *Soergel-Kegel* aaO vor Art. 7 EGBGB Anm. 106 m. w. Nachweisen (in Fußn. 60).

[16] Text nach *Engelbrecht* aaO 747.

[17] Vgl. *Gouwgioksiong*, RabelsZ 29 (1965) 559 f.

[18] Text der Verordnung über „Bepalingen voor Geheel Indonesië betreffende het Burgerlijk en Handelsrecht van de Chineezen" bei *Engelbrecht* aaO 379–384; in auszugsweiser deutscher Übersetzung bei *Bergmann-Ferid*, Internationales Ehe- und Kindschaftsrecht, 3. Aufl., III, s. v. Indonesien, 41–44; vgl. dazu auch *Gouwgioksiong*, RabelsZ 28 (1964) 716.

das weitgehend auf dem Vorbild des niederländischen Burgerlijk Wetboek vom 10. 4. 1838 beruhende Burgerlijk Wetboek voor Indonesië [B. W.] vom 30. 4. 1847[19], das heute noch in Kraft ist[20], Anwendung findet.

II. Scheidungsgründe im indonesischen B. W.

Die maßgebenden Bestimmungen über die Ehescheidung lauten:

Art. 208 B. W.:

„Echtscheiding kan nimmer door onderlinge toestemming plaats hebben."

Art. 208:

Eine Ehescheidung kann nicht durch gegenseitige Einwilligung erfolgen.

Art. 209 B. W.:

„De gronden, welke eene echtscheiding kunnen ten gevolge hebben, bestaan alleen in de navolgende:

1°. overspel;
2°. kwaadwillige verlating;
3°. veroordeeling tot eene gevangenisstraf von vijf jaren of tot eene zwaardere straf, na het huwelijk uitgesproken;
4°. zware verwondingen of zoodanige mishandelingen, door den eenen echtgenoot jegens den anderen gepleegd, waardoor diens leven wordt in gevaar gebragt, of waardoor hem gevaarlijke verwondingen zijn toegebragt."

Art. 209:

Die einzigen Gründe für eine Ehescheidung sind folgende:

1. Ehebruch;
2. böswilliges Verlassen;
3. Verurteilung nach der Eheschließung zu einer Gefängnisstrafe von fünf Jahren oder zu einer schwereren Strafe;
4. schwere Verwundungen oder solche Mißhandlungen des einen Ehegatten durch den anderen, durch welche sein Leben in Gefahr gebracht oder ihm gefährliche Verwundungen zugefügt werden.

Art. 210 B. W.:

„Wanneer een de echtgenooten tot eenige straf is verwezen, bij een vonnis, waaruit van een begaan overspel blijkt, zal men tot het bekomen van echtscheiding geene andere formaliteiten behoeven in acht te nemen, dan dat aan den raad van justitie een afschrift van dat vonnis worde aangeboden, met bijvoeging van het bewijsschrift dat hetzelve vonnis door geene wettige regtsmiddelen aan eenig beroep onderworpen is.

Art. 210:

Wenn ein Ehegatte mit einer Strafe durch ein Urteil belegt ist, aus dem sich ein Ehebruch ergibt, so sind für die Ehescheidung keine anderen Formalitäten nötig, als daß dem Gericht eine Abschrift des Urteils unter Beifügung des Nachweises vorgelegt wird, daß gegen das Urteil keine Rechtsmittel mehr gegeben sind.
Diese Bestimmung findet auch Anwendung, wenn die Ehescheidung zu einer

---

[19] Vgl. *Gouwgioksiong,* RabelsZ 28 (1964) 714; Text bei *Engelbrecht* aaO 395 bis 660; in auszugsweiser deutscher Übersetzung bei *Bergmann-Ferid,* s. v. Indonesien, 12–32.

[20] Vgl. *Gouwgioksiong,* W. P. N. R. 99 (1968), 90 f.

Deze bepaling is insgelijks toepasselijk, wanneer de echtscheiding gevraagd wordt uit hoofde van de veroordeling van één der echtgenooten tot eene gevangenisstraf van vijf jaren of tot eene zwaardere straf."

Gefängnisstrafe von fünf Jahren oder zu einer schwereren Strafe beantragt ist.

Art. 211 B. W.:

„. . .

De eisch tot echtscheiding uit hoofde van kwaadwillige verlating kan alleen worden toegestaan, wanneer degene der echtgenooten, die de gemeene woonplaats zonder wettige oorzaak heeft verlaten, in zijne weigering volhardt om tot zijnen echtgenoot terug te keeren.

De regtsvordering daartoe kan niet vroeger worden aangevangen, dan na verloop van vijf jaren, te rekenen van het tijdstip waarop de echtgenoot de gemeene woning verlaten heeft.

Wanneer de verwijdering eene wettige oorzaak heeft tot grond gehad, zal de termijn van vijf jaren beginnen te loopen van het oogenblik waarop die oorzaak heeft opgehouden."

Art. 211:

. . .

Die Klage auf Ehescheidung wegen böslichen Verlassens kann nur zugelassen werden, wenn derjenige Ehegatte, der den gemeinsamen Wohnsitz ohne Grund verlassen hat, in der Weigerung beharrt, zu seinem Ehegatten zurückzukehren.

Der Anspruch darauf kann erst nach fünf Jahren geltend gemacht werden, gerechnet von dem Zeitpunkt, an dem der Ehegatte die gemeinsame Wohnung verlassen hat.

Hat die Verlassung einen gesetzlichen Grund gehabt, so beginnt die fünfjährige Frist erst, wenn dieser Grund nicht mehr besteht.

Art. 216 B. W.:

„Het regt om echtscheiding te vorderen vervalt door de verzoening der echtgenooten, om het even of die verzoening hebbe plaats gehad, nadat de eene echtgenoot had kennis gedragen van de daadzaken, welke grond tot de regtsvordering hadden kunnen opleveren, dan wel, nadat de eisch tot echtscheiding in regten gedaan is.

De wet vooronderstelt die verzoening, wanneer man en vrouw weder zamen wonen, nadat laatstgemelde de gemeenschappelijke woning, op verlof van den regter, had verlaten." [21]

Art. 216:

Der Anspruch auf Ehescheidung erlischt durch die Versöhnung der Ehegatten, sowohl wenn diese erfolgt ist, nachdem der eine Ehegatte Kenntnis von den die Ehescheidung begründenden Tatsachen erhalten hat, als auch nachdem die Ehescheidungsklage erhoben worden ist.

Das Gericht nimmt eine Versöhnung an, wenn Mann und Frau wieder zusammen wohnen, nachdem die letztere auf die Erlaubnis des Richters hin die Wohnung verlassen hatte [22].

---

21 Text nach *Engelbrecht* aaO 422 f.

22 Deutsche Übersetzung nach *Bergmann-Ferid* aaO III s. v. Indonesien 21 f. (mit Korrekturen zu Art. 209 Nr. 3, 210 Abs. 2).

III. Darstellung der Scheidungsgründe gemäß Art. 209 B. W.

Nach dem mitgeteilten Sachverhalt kann nicht ohne weiteres gesagt werden, unter welchen Voraussetzungen in casu die Ehe geschieden werden kann.

Indonesische Judikatur und Familienrechtslehrbücher sind hier nicht verfügbar. Da aber Art. 209 des indonesischen B. W. fast wörtlich dem Art. 264 des niederländischen B. W. entspricht, ist es gerechtfertigt, für die Frage der Interpretation der indonesischen Scheidungsgründe hilfsweise auf niederländisches Recht zurückzugreifen.

1. Ehebruch (Art. 209 Ziff. 1 B. W.)

Ehebruch wird in der niederländischen Rechtspraxis nicht nur dann angenommen, wenn der direkte Beweis zu führen ist, sondern auch, wenn die Umstände eindeutig dafür sprechen. So z. B. wenn ein Ehepartner mit einem Dritten ein gemeinsames Hotelzimmer mietet oder sich mit einer dritten Person nachts in einem Zimmer aufhält, in dem sich eine Schlafstätte befindet[23].

2. Böswilliges Verlassen und Verurteilung eines Ehegatten zu einer Gefängnisstrafe (Art. 209 Ziff. 2, 3 B. W.)

Nach dem mitgeteilten Sachverhalt ergibt sich kein Anhaltspunkt für diese Scheidungsgründe. Im übrigen kann eine Ehescheidungsklage wegen böswilligen Verlassens gemäß Art. 211 III B. W. erst dann geltend gemacht werden, wenn fünf Jahre seit dem Verlassen der gemeinsamen Wohnung vergangen sind[24].

3. Mißhandlung (Art. 209 Ziff. 4 B. W.)

Art. 209 Ziff. 4 B. W. enthält (wie Art. 264 Ziff. 4 des niederländischen B. W.) drei Möglichkeiten:

a) Zufügung schwerer Verwundungen;
b) Zufügung von Mißhandlungen, die Lebensgefahr zur Folge haben;
c) Zufügung von Mißhandlungen, die eine gefährliche Verwundung zur Folge haben.

---

[23] Nachweise bei *Pitlo-Meijling,* Het Personenrecht naar het Nederlands Burgerlijk Wetboek, 4. Aufl. 1955, 253 f.; *Melis,* Familierechtelijke Betrekkingen, 1964, 35.

[24] Einzelheiten bei *Pitlo-Meijling* aaO 254 f.; *Melis* aaO 35 f.

Da nicht bekannt ist, welcher Art die Mißhandlung war, die der Ehefrau zugefügt wurde, werden kurz die drei Möglichkeiten dargestellt[25].

a) Die erste Möglichkeit des Art. 209 Ziff. 4 B. W.

Einschlägige Entscheidungen zur Auslegung des Merkmals schwere Verwundungen sind nicht ersichtlich. Da das Gesetz jedoch nicht von einer Verwundung schlechthin spricht, kann angenommen werden, daß eine leichte Verwundung (z. B. Hautabschürfung) zu geringfügig ist, um den Anforderungen des Art. 209 Ziff. 4 B. W. zu genügen.

b) Die zweite Möglichkeit des Art. 209 Ziff. 4 B. W.

Der Begriff der Mißhandlung wird in der niederländischen Rechtsprechung extensiv ausgelegt[26].

An das Vorliegen einer durch die Mißhandlung herbeigeführten Lebensgefahr werden dagegen von der niederländischen Rechtsprechung strenge Anforderungen gestellt. Es genügt nicht, daß der Tod auf irgendeine denkbare Weise hätte verursacht werden können. Der Tod muß vielmehr nach den Erfahrungsregeln als adäquate Folge der Mißhandlung gedacht werden können[27].

c) Die dritte Möglichkeit des Art. 209 Ziff. 4 B. W.

Niederländische Entscheidungen zur Auslegung und Anwendung dieser Möglichkeit sind nicht ersichtlich. Teilweise führt auch das Schrifttum von den Scheidungsgründen des Art. 264 Ziff. 4 (niederl.) B. W. [= Art. 209 Ziff. 4 (indones.) B. W.] nur die schweren Verwundungen und die lebensgefährlichen Mißhandlungen an, während die dritte Möglichkeit überhaupt nicht erwähnt wird[28]. Geht man vom Wortlaut aus, so muß die Ehefrau infolge der Mißhandlung eine gefährliche Verletzung erlitten haben. Dies kann z. B. bei einem gewöhnlichen Schlag nicht angenommen werden, solange der eingetretene Körperschaden völlig ungefährlich ist[29].

---

[25] Zur Auslegung des Art. 264 (niederl.) B. W. vgl. auch *OLG Düsseldorf* JW 1934, 437; im übrigen IPG 1967–68 Nr. 26 (Köln).

[26] Statt aller *Hof Amsterdam* 24. 1. 1964, Nederlandse Jurisprudentie [N. J.] 1964 Nr. 196; *Hof's-Gravenhage* 2. 11. 1931, N. J. 1932, bladz. 383.

[27] Statt aller *Hoge Raad* 13. 1. 1967, N. J. 1967, Nr. 66; *Rechtsbank Leeunwarden* 18. 3. 1954, N. J. 1954 Nr. 666.

[28] So z. B. *Melis* aaO 36; *Asser-Scholten-Wiarda,* Personenrecht, 9. Aufl. 1957, 391; *Pitlo-Meijling* aaO 255 f.

[29] Ebenso: IPG 1967–68 Nr. 26 (Köln).

C. ANERKENNUNG DES DEUTSCHEN SCHEIDUNGSURTEILS IN INDONESIEN

Gesetzliche Bestimmungen über die Anerkennung ausländischer Urteile in Indonesien sind nicht zu ermitteln. In dem hier zugänglichen Schrifttum wird die Frage nicht erörtert. Indonesische Judikatur zur Frage der Anerkennung ausländischer Urteile ist nicht verfügbar.

Nach *Bergmann-Ferid*[30] ist die Frage der Anerkennung ausländischer Urteile in Ehesachen, an denen ein Indonesier beteiligt ist, nicht mit Sicherheit zu entscheiden.

Auszugehen ist von folgendem: Das indonesische Recht kennt die Ehescheidung für jede Bevölkerungsgruppe, gleichgültig, welches „statut personnel" sie besitzt. Indonesien nimmt, soweit ersichtlich, nicht die ausschließliche Zuständigkeit für seine Staatsangehörigen in Ehesachen in Anspruch. Ferner wird die Ehe in casu, falls ein Scheidungsgrund gemäß Art. 209 B. W. vorliegt, nach dem von dem deutschen internationalen Privatrecht (Art. 17 I EGBGB) berufenen indonesischen materiellen Recht geschieden. Damit ist mit großer Wahrscheinlichkeit anzunehmen, daß die Auskunft der indonesischen Botschaft in Bonn, Indonesien erkenne deutsche Scheidungsurteile, an denen ein Indonesier beteiligt ist, an, zutreffend ist[31].

Im übrigen braucht in den Fällen des § 606 b ZPO die Anerkennung des deutschen Scheidungsurteils durch das Heimatrecht des Ehemannes nicht mit absoluter Sicherheit festzustehen. Es reicht aus, wenn die begründete Erwartung besteht, daß das zu treffende Urteil mit großer Wahrscheinlichkeit anerkannt wird[32].

Nach dem Ausgeführten wird ein deutsches Scheidungsurteil wahrscheinlich in Indonesien anerkannt, so daß die Voraussetzungen des § 606 b Ziff. 1 ZPO erfüllt sind.

D. GESAMTERGEBNIS

I. Die Scheidung der Eheleute L. beurteilt sich nach indonesischem Recht. Eine Rückverweisung auf deutsches Recht wird von dem indonesischen internationalen Privatrecht nicht ausgesprochen.

II. Nach indonesischem interpersonalen Recht ist für die Scheidung in casu das für Chinesen in Indonesien geltende Recht maßgebend.

---

[30] AaO III s. v. Indonesien, 11.

[31] Ebenso lautet eine mündliche Rechtsauskunft des in Köln lebenden indonesischen Juristen Dr. Herman *Pratikto*.

[32] *OLG Koblenz* NJW 1960, 2193 (2194); *Zöller-Karch*, ZPO, 10. Aufl. 1968, § 606 b ZPO Anm. 2.

III. Gemäß Art. 209 B. W. ist eine Scheidung nur wegen Ehebruchs, böswilligen Verlassens, Verurteilung eines Ehegatten zu einer Gefängnisstrafe oder wegen Mißhandlung des anderen Ehepartners möglich. Welcher der in Art. 209 B. W. aufgeführten Scheidungsgründe in casu in Betracht kommen kann, vermag aufgrund des mitgeteilten Sachverhalts nicht mit Sicherheit geklärt zu werden.

IV. Ein in Deutschland ausgesprochenes Scheidungsurteil, an dem ein Indonesier beteiligt ist, wird in Indonesien wahrscheinlich anerkannt.

Nr. 17

Portugal

1. Zum anwendbaren Recht auf die Ehescheidung von portugiesischen Staatsangehörigen.

2. Ehescheidungsgründe nach portugiesischem Recht.

3. Internationale Zuständigkeit deutscher Gerichte zur Ehescheidung von Portugiesen.

München G 2238-9.5 vom 7.7.1969

Herr Rechtsanwalt F. in München bittet um Auskunft über portugiesisches Scheidungsrecht.

Die Anfrage ist folgender Sachverhalt zugrunde gelegt:

Eine portugiesische Staatsangehörige klagt vor dem Landgericht München I gegen ihren portugiesischen Ehemann auf Scheidung wegen Ehebruchs und schwerer Beleidigungen. Die Klägerin hat, wie der Beklagte, ihren gewöhnlichen Aufenthalt in München. Die Ehegatten leben getrennt. Ihre Ehe war am 8. 12. 1946 vor dem Zivilstandsbeamten in Barrciso in Portugal geschlossen worden. Eine katholisch-kirchliche Eheschließung hat nicht stattgefunden.

Rechtsanwalt F. bittet um Erstattung eines Rechtsgutachtens über folgende Fragen:

1. Ist die internationale Zuständigkeit des angerufenen Gerichts gegeben,
2. welches materielle Recht findet Anwendung,
3. sollte ausländisches Recht anzuwenden sein, tragen dann die vorgetragenen Klagegründe das Scheidungsbegehren der Klägerin nach diesem Recht?

A. DIE INTERNATIONALE ZUSTÄNDIGKEIT DES ANGERUFENEN DEUTSCHEN GERICHTS

I. Die Zuständigkeit nach deutschem Recht

Die internationale Zuständigkeit in Ehesachen setzt nach § 606b Nr. 1 ZPO voraus, daß der gewöhnliche Aufenthalt des Mannes oder der Frau im Inland gelegen ist und daß das Heimatrecht des Mannes, hier also das portugiesische Recht, die Entscheidung des deutschen Gerichtes anerkennt. Das deutsche Gericht ist unter dieser letzten Voraussetzung nach § 606 Abs. 1 und 606b Nr. 1 ZPO international zuständig.

II. Die Anerkennung nach portugiesischem Recht

1. Das Heimatrecht des Ehemannes ist das Recht Portugals (Art. 31 Cc). Portugal nimmt in Ehesachen nicht die ausschließliche Zuständigkeit hinsichtlich seiner Staatsangehörigen in Anspruch. Das ergibt sich aus dem Zusammenhang der Bestimmungen der Art. 49, 1096 und 75 des neuen portugiesischen Zivilprozeßgesetzes vom 28. 12. 1961. Diese Bestimmungen stimmen inhaltlich mit denen des alten Zivilgesetzbuches vom 28. 5. 1939 (Art. 50, 1102, 75) überein und ändern somit in dieser Frage den Rechtszustand des alten Rechts von 1939 nicht; nach diesem war die Anerkennung ausländischer Urteile zulässig[1] und beanspruchte Portugal in Ehesachen nicht die ausschließliche Zuständigkeit hinsichtlich seiner Staatsangehörigen[2].

2. a) Das neue portugiesische Zivilprozeßgesetz von 1961 bestimmt in Art. 49 Abs. 1, daß ausländische Urteile in Portugal nur dann vollstreckt werden können, wenn sie durch das zuständige portugiesische Gericht überprüft und bestätigt worden sind; in Art. 1096, daß die Bestätigung eines ausländischen Urteils nur möglich ist, wenn

- keine Zweifel an der Echtheit und der Verständlichkeit der Urteilsurkunde bestehen,
- das Urteil nach dem Recht des Landes, in dem es ergangen ist, rechtskräftig geworden ist,
- das Urteil von einem nach portugiesischem Kollisionsrecht zuständigen Gericht erlassen worden ist,

---

[1] Vgl. auch schon *Schlegelberger*, Rechtsvergleichendes Handwörterbuch für das Zivil- und Handelsrecht des In- und Auslandes, Bd. I, 1927, 179.

[2] Vgl. *Brunelli*, Divorzio e Nullità di matrimonio negli stati d'Europa, 3. Aufl. Mailand 1958, 374; *Bergmann-Ferid*, Int. Ehe- und Kindschaftsrecht, Portugal III A 3 S. 9.

- nicht die Einrede der Rechtshängigkeit oder der rechtskräftigen Entscheidung in Portugal erhoben werden kann,
- der Beklagte ordnungsgemäß geladen war und – wenn er in Abwesenheit verurteilt wird – daß er persönlich geladen war,
- der Inhalt des Urteils nicht dem portugiesischen ordre public widerspricht,
- das Urteil nicht gegen portugiesisches Privatrecht verstößt, falls nach diesem zu entscheiden ist; und in Art. 75, daß für die Klagen auf Scheidung oder Trennung das Gericht am Wohnsitz oder Aufenthaltsort des Klägers zuständig ist.

b) Hieraus und insbesondere aus Art. 1096 und Art. 75 ergibt sich, daß für die Scheidungsklage nach portugiesischem Prozeßkonfliktsrecht auch in Ansehung portugiesischer Staatsangehöriger ausländische Gerichte zuständig sein können, wenn nämlich sich der Kläger im Ausland aufhält. Diese Scheidungen durch ein ausländisches Gericht werden nach portugiesischem Recht nach den Regeln des Art. 1096 Zivilprozeßgesetz anerkannt.

3. Schließlich ist noch festzustellen, daß die Ehegatten in einer Zivilehe leben, für die die Möglichkeit der Scheidung und damit die Zuständigkeit des Gerichts überhaupt in der Scheidungssache nicht ausgeschlossen ist. Ein solcher Ausschluß der Zuständigkeit gilt nur dann für die katholische Ehe, die nicht durch Scheidung aufgelöst werden kann (Art. 1790 Zivilgesetzbuch).

Danach ist in dieser Sache ein deutsches Gericht international zuständig (§§ 606 Abs. 1; 606 b Nr. 1 ZPO).

B. DAS MATERIELL ANZUWENDENDE RECHT

I. Nach Art. 17 Abs. 1 EGBGB ist das Heimatrecht des Ehemannes anzuwenden:

Am 1. 6. 1967 ist in Portugal das neue Zivilgesetzbuch in Kraft getreten, das die Bestimmungen des Zivilgesetzbuches von 1867 aufhebt und ersetzt[8]. Nach der Übergangsbestimmung des Art. 2 dieses Dekretgesetzes ist das neue Zivilrecht auf alle Klagen anzuwenden, die nach dem 31. Mai 1967 erhoben werden. Somit gelten für die Annahme der Verweisung des Art. 17 Abs. 1 EGBGB und die Ermittlung des anzuwenden Rechts die Kollisionsnormen des Zivilgesetzbuches vom 25. 11. 1966.

II. Die Ermittlung des Scheidungsstatuts vollzieht sich im neuen Konfliktsrecht in mehreren Stufen:

Das Ehescheidungsstatut des Art. 55 Cc verweist auf das Ehewirkungsstatut des Art. 52 Cc, nach dessen Absatz 1 das gemeinsame Personalstatut

[8] Dekretgesetz Nr. 47344 vom 25. 11. 1966.

der Ehegatten zur Anwendung kommt. Dieses ist das Recht des Staates, dem beide Ehegatten angehören (Art. 31 Cc). Da beide Parteien die portugiesische Staatsangehörigkeit besitzen, findet auf das Scheidungsbegehren das materielle portugiesische Recht des neuen Zivilgesetzbuches 1966 Anwendung.

C. ZUR BEGRÜNDUNG DES SCHEIDUNGSBEGEHRENS NACH DEM ANZUWENDENDEN RECHT

I. Das neue Zivilgesetzbuch vereinfacht und vereinheitlicht das Scheidungsrecht, wie es vorher auf Grund des Scheidungsgesetzes von 1910 bestanden hat. Es ändert dabei insbesondere das Institut der einverständlichen Scheidung und faßt auch in Art. 1778 Cc die Gründe für die Scheidung neu. Da neueste Rechtsprechung zu den Scheidungsgründen des Art. 1778 Cc noch nicht vorliegt, ist es von Bedeutung, daß bereits nach Art. 4 des Scheidungsgesetzes vom 3. 11. 1910 der Ehebruch eines jeden der Ehegatten (Nr. 1 und 2) sowie Mißhandlungen und schwere Beleidigungen (Nr. 4) als Scheidungsgründe anerkannt wurden.

II. 1. Nach Art. 1792 Cc kann die Scheidung von einem der Ehegatten auf Grund einer der in Art. 1778 Cc genannten Tatsachen gerichtlich herbeigeführt oder durch Umwandlung der Trennung der Personen und des Vermögens verlangt werden. Die Scheidung durch Umwandlung der Trennung scheidet hier aus, da eine gerichtliche Bestätigung der Trennung vorausgesetzt wird.

2. Art. 1778 Cc nennt als für den Vortrag der Klägerin erhebliche Scheidungsgründe unter den Buchstaben:

a) Ehebruch des anderen Ehegatten,
e) den anderen Ehegatten entehrendes Leben oder Verhalten,
g) jede andere Handlung, die die körperliche und moralische Unversehrtheit des klagenden Ehegatten schwer beeinträchtigt.

In der portugiesischen Rechtsprechung und Lehre wurden Mißhandlungen und schwere Beleidigungen nach dem alten Recht von 1939 sowohl als Handlungen, die die körperliche und moralische Unversehrtheit des anderen Ehegatten schwer beeinträchtigen, als auch als ein den anderen Ehegatten entehrendes Verhalten verstanden[4]. Mißhandlungen sind dann als Beeinträchtigung der körperlichen Unversehrtheit anzusehen, wenn sie die Schranken einer mäßigen häuslichen Zurechtweisung überschreiten[5].

---

[4] *Pereira Coelho*, Curso de Direito de Familia, Bd. I, Eherecht, Coimbra 1965, 476 und 481 mit Rechtsprechungsnachweisen.

[5] Ac. da Relaco de *Lisboa* v. 3. 5. 1952, zitiert in *Leite de Campos*, O Divorcio, A Investigacao de Paternidade Ilegitima e A Separacao de Pessoas e Bens na Jurisprudencia Portuguesa, Coimbra 1963, 86.

Bei der Bewertung der Schwere der Beleidigungen sind der Bildungsgrad sowie der soziale Stand des beleidigten Ehegatten zu berücksichtigen[6]. Eine Beleidigung, die eine schwerwiegende Verletzung eines wohlerzogenen und sozial hoch gestellten Ehegatten sein kann, hat nicht denselben Grad der Schwere, wenn es sich um niedrigstehende Ehegatten handelt[7]. Schließlich können auch ehewidrige Beziehungen und skandalöses Verhalten eine schwere Beleidigung des anderen Ehegatten sein, sofern das Verhalten auch die Ehre des verletzenden Ehegatten selbst beeinträchtigt[8].

3. Die vorgetragenen Klagegründe erscheinen danach geeignet, das Scheidungsbegehren der Klägerin zu tragen. Jedoch ist darauf hinzuweisen, daß das neue Zivilgesetzbuch für das Scheidungsverfahren noch die Berücksichtigung der nachfolgenden – aus der Rechtsprechung zu dem alten Scheidungsrecht entwickelten – Bestimmungen vorschreibt:

a) Die Scheidungsgründe rechtfertigen eine Scheidung nur dann, wenn sie die Möglichkeit der Aufrechterhaltung des ehelichen Bandes beeinträchtigen, wobei die soziale Lage, der Bildungsgrad und die moralische Empfindlichkeit des Ehegatten sowie andere beachtliche Umstände in Rechnung zu ziehen sind (Art. 1779 Cc);

b) der klagende Ehegatte darf den anderen Ehegatten nicht zu Handlungen angestiftet oder absichtlich Bedingungen geschaffen haben, die dessen ehewidriges Verhalten begünstigt haben; er darf ihm nicht verziehen haben und muß die Klage in der Frist von einem Jahr erhoben haben, seitdem er von dem Scheidungsgrund Kenntnis erlangt hat (Art. 1780 und 1781 Cc).

c) In der Entscheidung, die die Scheidung ausspricht, muß das Gericht erklären, ob beide Ehegatten schuldig sind oder nur einer von ihnen; sind beide schuldig, aber einer von ihnen um ein beträchtliches mehr als der andere, so muß es auch erklären, wer von ihnen der Hauptschuldige ist.

d) Das Gericht kann in seiner endgültigen Entscheidung an Stelle der Ehescheidung die gerichtliche Trennung der Personen und des Vermögens anordnen, auch wenn diese nicht beantragt worden ist, wenn es annimmt, daß die Umstände des Falles, insbesondere die Möglichkeit einer Versöhnung, eine Auflösung der Ehe nicht anraten (Art. 1794).

D. ZUSAMMENFASSEND IST ZU SAGEN:

1. Die internationale Zuständigkeit des deutschen Gerichts ist gegeben.
2. Auf das Scheidungsbegehren findet portugiesisches materielles Recht Anwendung.

---

[6] Ac. do *Supremo* v. 16. 4. 1943, zit. in *Leite de Campos* aaO 38; *Pereira Coelho* aaO 482.

[7] Ac. do *Supremo* v. 31. 3. 1944, zit. in *Leite de Campos* aaO 39.

[8] Ac. do *Supremo* v. 16. 4. 1943, zit. in *Leite de Campos* aaO 39.

3. Nach diesem Recht scheinen die vorgetragenen Klagegründe das Klagebegehren zu tragen. Die Beurteilung der vorgetragenen Tatsachen unterliegt dabei den unter C II 3 a–d wiedergegebenen Bewertungsmaßstäben.

2. KINDSCHAFT

a) Eheliche Kindschaft

Nr. 18

Israel

1. Im Jahre 1947 erlangte in Palästina ein Kind, dessen jüdische Eltern im Zeitpunkt der Geburt nicht miteinander verheiratet waren, die Stellung eines ehelichen Kindes, wenn der Vater zu erkennen gab, daß er das Kind als das seine ansah.

2. Der Erwerb des Namens des Vaters war damit nicht notwendig verbunden.

Hamburg G 226/68 vom 5. 5. 1969

Das Kammergericht Berlin bittet in der Entschädigungssache A. um Auskunft über israelisches Kindschaftsrecht.

Sylvia M. geb. A. oder B. wurde am 5. 4. 1947 in Haifa/Palästina als Tochter der damals ledigen Gertrud oder Gerda (Sarah Ruth) B. und des verwitweten Georg A. geboren. Beide Eltern waren aus Deutschland ausgewandert und gehörten der jüdischen Glaubensgemeinschaft an; über ihre Staatsangehörigkeit oder Staatenlosigkeit zur Zeit von Sylvias Geburt ergibt sich aus den Akten nichts. Am 5. 6. 1949 schlossen sie in Haifa die Ehe; nach Angabe der Tochter haben sie zu diesem Zeitpunkt die israelische Staatsangehörigkeit besessen. Georg A. hatte Sylvia in seinen – schon vor der Ehe mit Gerda B. geführten – Haushalt aufgenommen und für sie gesorgt. Sylvia soll allgemein als Kind des Georg A. gegolten zunächst zwar den Namen ‚B.', jedoch bereits im Kindergarten und in der Schule den Namen ‚A.' getragen haben. Durch Beschluß des Bezirksgerichts Haifa vom 31. 5. 1961 wurde Gerda B. gemäß §§ 13, 21 des israelischen Namensgesetzes von 1956 ermächtigt, den Familiennamen Sylvias von ‚B.' in ‚A.' zu ändern. In einem am 17. 6. 1963 von der Registerabteilung des Innenministeriums ausgestellten Auszug aus dem Einwohnerregister von Haifa ist in der Rubrik ‚Name des Vaters' ein solcher nicht angegeben, vielmehr stehen dort nur Striche. Georg A. ist im Jahre 1955 in Haifa verstorben. In einer Erbscheinsverhandlung vor einem israelischen Notar hat Gerda A. damals an Eides Statt versichert, Georg A. habe Sylvia adoptiert. Gerda und Sylvia A. sind im Jahre 1962 nach Deutschland zurückgekehrt und besitzen jetzt die deutsche Staatsangehörigkeit.

Sylvia M. klagt auf Gewährung einer Berufsschaden-Waisenrente nach ihrem verstorbenen Vater. Die Klage ist durch Urteil des LG Berlin vom 13. 6. 1966 im wesentlichen mit der Begründung abgewiesen worden, es sei nicht nachgewiesen worden, daß Sylvia ein eheliches oder einem ehelichen Kinde gleichgestelltes Kind Georg A.s sei.

Gegen dieses Urteil hat Sylvia M. Berufung eingelegt.

Das Kammergericht fragt,

„unter welchen materiellen und formellen Voraussetzungen ein 1947 in Israel (Palästina) unehelich geborenes Kind die Rechtsstellung eines ehelichen Kindes erlangte, wenn die Mutter den Vater des Kindes 1949 geheiratet hat, dieser das Kind in seinen Haushalt aufgenommen hat und beide Eltern der jüdischen Religionsgemeinschaft angehörten".

1. Das *israelische Recht* enthält kein einheitliches Familien- und daher auch kein einheitliches Kindschaftsrecht. Dieser Bereich ist vielmehr den in Israel anerkannten Religionsgemeinschaften (Juden, Moslems, röm.-kath. Kirche usw.) zur selbständigen gerichtlichen und außergerichtlichen Regelung überlassen; siehe Art. 47, 51–67 der aus der Mandatszeit übernommenen Palestine Order in Council 1922–1939 [1]. Auch die Zivilgerichte haben, soweit sie mit Fragen des „personal status" befaßt werden, das jeweilige religiöse Recht als „personal law" anzuwenden, Art. 47 P. O. Dieser Rechtszustand herrschte auch im Jahre 1947 (vor der Gründung des Staates Israel).

Nach den interpersonalen Kollisionsnormen der P. O. ist im vorliegenden Fall auf die Frage der ehelichen Kindschaft das *jüdische* religiöse Recht anzuwenden, da die Eltern beide Juden sind.

2. Das *jüdische religiöse Recht* stellt die unehelichen Kinder den ehelichen Kindern grundsätzlich gleich [2]. Hat der uneheliche Vater sich zu

---

[1] Text der Palestine Order in Council (im folgenden: P. O.): Laws of Palestine 1918–1925, Vol. II, 1934, 420 ff.

[2] Vgl. *Hecht,* Entwicklungstendenzen im Privatrecht Israels: RabelsZ 29 (1965) 302 ff. (318 N. 59); *Kister,* Law of Personal Status, in: International Lawyers Convention in Israel 1958 (1959) 244 ff., 251 f.; *Elmen,* An Introduction to the Jewish Law, 1958, 33; *Scheftelowitz,* The Jewish Law of Family and Inheritance and Its Application in Palestine, 1947, 129–131. – Auch der Entwurf eines einheitlichen Familiengesetzbuches für Israel von 1957 sieht keine Unterscheidung zwischen ehelichen und unehelichen Kindern vor. Desgleichen wird im jüdischen Erbrecht kein Unterschied zwischen ehelichen und unehelichen Kindern gemacht, vgl.

seiner Vaterschaft bekannt und die Mutter sie bestätigt, so ist es gleichgültig, ob sie verheiratet sind oder nicht. Die Eheschließung der Eltern ist demnach für ihre rechtlichen Beziehungen zu einem vorehelichen Kind nach jüdischem Recht bedeutungslos. Sind die Eltern nicht verheiratet, so wird vom jüdischen Recht fingiert, daß die Eltern ein geschiedenes Ehepaar sind[3]. Auch die Voraussetzungen für die Anerkennung der Vaterschaft sind für eheliche und uneheliche Kinder gleich[4]. Es ist demnach ausreichend, wenn der Vater durch schlüssige Handlungen zu erkennen gibt, daß er das Kind als das seine anerkennt. Ist die Vaterschaft anerkannt worden, so ist das (eheliche oder uneheliche) Kind im Verhältnis zu seinen Eltern voll berechtigt und verpflichtet: Der Vater hat die Pflicht, das Kind zu unterhalten; das Kind steht unter der elterlichen Gewalt des Vaters, trägt dessen Namen und hat ein Erbrecht[5]. Ist der Vater bereits verstorben, so ist es daher allein eine Frage des Nachweises, ob das Kind auf Grund einer früheren Anerkennung als sein Kind angesehen werden kann. Sieht der Senat es beispielsweise für erwiesen an, daß Georg A. das Kind Sylvia als sein Kind in seinen Haushalt aufgenommen hat, so ist damit der wichtigste Anhaltspunkt für eine Anerkennung gegeben.

3. Die *Namensänderung* von ‚B' in ‚A.', zu der die Mutter sich für das Kind vom Bezirksgericht Haifa die Befugnis hat erteilen lassen, dürfte gegenüber der oben zu 2.) dargestellten Rechtslage allenfalls die Bedeutung eines Indizes dafür haben, daß das Kind Sylvia in seinen bis dahin ausgestellten Personalpapieren, insbesondere in der dem deutschen Personalausweis vergleichbaren Identitätskarte, unter dem Namen ‚B.' geführt worden ist.

Die Frage des Familiennamens gehört nicht zu denjenigen Fragen des „personal status", die in Art. 51 P. O. ausdrücklich als der religiösen Gerichtsbarkeit unterworfen genannt sind. Bis zu dem israelischen Names Law 5716–1956, das im Jahre 1956 in Kraft getreten ist und keine rückwir-

---

Ferid-Firsching, Internationales Erbrecht, Band IV (1967) „Israel" Randnr. 20 (S. 18 f.).

[3] *Scheftelowitz* aaO 130 (C).

[4] *Scheftelowitz* aaO 129, 120 f.

[5] *Scheftelowitz* aaO 130 f. – Dort auch über die geringfügigen Beschränkungen, denen uneheliche Kinder nach jüdischer Auffassung bei der Verheiratung mit einem Juden aus priesterlicher Familie unterliegen. In einer schriftlichen Auskunft des früheren Landesrabbiners von Hessen *Dr. Lichtigfeld* an das Institut vom 8. 12. 1966 heißt es: „Das jüdische Recht kennt an sich überhaupt nicht den Begriff des unehelichen Kindes. Wenn die Mutter eine Jüdin ist, dann ist der Erzeuger des Kindes, wenn er feststeht, selbstverständlich im juristischen Sinn der Vater des Kindes mit allen Verpflichtungen. Es verbleibt natürlich eine gewisse moralische Einbuße, die dem Kinde später schaden könnte, wenn es ein Mädchen ist und heiraten würde. Wenn aber der Vater die Mutter des Kindes heiratet, dann gleicht sich im Laufe der Zeit wieder alles aus."

kende Kraft hat[6], bestanden in Palästina und später in Israel keine festen Regeln über Namensführung und Namensänderung, so daß in diesem Land mit seinen unterschiedlichen Volks- und Religionsgemeinschaften die unterschiedlichsten Namensbräuche herrschten. So gibt es nach jüdischem religiösen Familienrecht grundsätzlich keine erblichen Familiennamen. Auch gibt es keine Vorschriften, wonach Ehefrau und Kinder den Familiennamen des Mannes – wenn dieser einen solchen trägt – auch ihrerseits zu führen hätten[7]. Wenn oben gesagt worden ist, auch das uneheliche Kind trage den Namen des Vaters, so ist das also in dem Sinne zu verstehen, daß das Kind in der Regel faktisch den Vatersnamen trägt und dagegen nichts eingewandt wird. Andererseits ist die Führung des Mutternamens kein Beweis für eine fehlende Anerkennung. Um die uneinheitliche, allein auf Sitte und Tradition der einzelnen Gruppen beruhende Namensführung zu vereinheitlichen, ist das erwähnte israelische Names Law von 1956 im Vorgriff auf ein geplantes einheitliches Familiengesetzbuch geschaffen worden[8]. Ob der Beschluß des Bezirksgerichts Haifa auf Grund dieses Gesetzes zum Zwecke einer wirklichen Namensänderung erwirkt worden ist oder nur vorsorglich als rechtliche Sicherung einer nach den Papieren vielleicht zweifelhaften Namensführung, kann für den vorliegenden Zusammenhang dahingestellt bleiben. Selbst wenn das Kind Sylvia vor Inkrafttreten des Names Law amtlich unter dem Namen ‚B.' geführt worden ist, schließt das nicht aus, daß es im übrigen die Stellung eines Kindes von Georg A. genossen hat.

4. Die Nichtnennung des Vaters Georg A. in dem *Einwohnerregisterauszug* von 1963 hat als bloß registerrechtliche Angelegenheit ebenfalls keine materielle zivilrechtliche Bedeutung. Jedenfalls ist dem Institut nicht bekannt, daß ein dem deutschen Melderegister vergleichbares Register in Israel oder in irgendeinem anderen Land Aussagekraft über die materielle Privatrechtslage hätte. Zu erklären ist die Nichtnennung des Vaters möglicherweise damit, daß die Eltern seit der Geburt des Kindes mangels Umzuges in eine andere Stadt keinen Anlaß zur Berichtigung des ersten Eintrages hatten und daß zum Zeitpunkt der Erstellung des Registerauszuges der Vater bereits mehrere Jahre verstorben war.

5. Schließlich ist der Angabe Frau A.s im Jahre 1955, Georg A. habe Sylvia *adoptiert,* schon deshalb keine besondere Bedeutung beizumessen, weil das auch insoweit maßgebende jüdische religiöse Recht das Institut

---

[6] Deutsche Übersetzung (auszugsweise) bei *Bergmann-Ferid,* Internationales Ehe- und Kindschaftsrecht, 3. Aufl. „Israel" S. 18 c (Stand 1963).

[7] Vgl. *Scheftelowitz* aaO 92.

[8] Zu diesem Zweck des Gesetzes vgl. *Baker,* The Legal System of Israel, 2. Aufl. 1968, 181; weiterhin *Draft Family Code* for the State of Israel, prepared and annotated by the Ministry of Justice, Israel (1956) 13. Der Zweck des Gesetzes ergibt sich auch aus dessen sec. 2 (a): „Every person shall have a surname and a first name."

der Adoption im üblichen Sinne nicht kennt[9]. Erst im Jahre 1960 ist in Israel das *Adoption of Children Law* 5720–1960 erlassen worden. Es liegt daher der Gedanke an eine laienhafte Bezeichnung für die Anerkennung der Vaterschaft nahe.

6. Als *Ergebnis* ist festzuhalten:

Im Jahre 1947 erlangte in Palästina ein Kind, dessen jüdische Eltern zum Zeitpunkt der Geburt nicht miteinander verheiratet waren, die Stellung eines ehelichen Kindes mit allen Rechten und Pflichten – nicht aber notwendig mit dem Namen des Vaters – schon dann, wenn die Mutter den Vater als solchen benannte und der Vater zu erkennen gab, daß er das Kind als das seine ansah. Dafür bildete die Aufnahme in den Haushalt des Vaters ein wesentliches Indiz. Eine spätere Eheschließung der Eltern hatte keine wesentliche Bedeutung. Weitere materielle oder formelle Voraussetzungen bestanden nicht. Eine Registrierung des Kindes unter dem Namen der Mutter ist nicht als starkes Gegenindiz zu werten.

Nr. 19

Portugal

1. Zur Frage des maßgebenden Rechts für die Anfechtung der Ehelichkeit des (portugiesischen) Kindes portugiesischer Eltern, wenn alle Beteiligten in der Bundesrepublik wohnen.

2. Zur Ehelichkeitsanfechtung nach portugiesischem Recht.

Freiburg i. Br. vom 21. 2. 1969

Das Landgericht Freiburg bittet um Auskunft über internationales Privatrecht und portugiesisches Kindschaftsrecht.

(1) Enthält das portugiesische internationale Privatrecht für die Beurteilung der Ehelichkeit eines während der Ehe geborenen Kindes und deren Anfechtung eine Rückverweisung auf das deutsche Recht, wenn der Ehemann und das Kind portugiesische Staatsangehörige sind, jedoch beide in Deutschland ihren Wohnsitz bzw. gewöhnlichen Aufenthalt haben?

(2) Unter welchen Voraussetzungen gilt im portugiesischen Recht ein während des Bestehens der Ehe geborenes Kind als ehelich?

(3) In welchen Fällen und unter welchen Voraussetzungen kann die Ehelichkeit durch den Ehemann angefochten werden?

---

[9] Vgl. *Scheftelowitz* aaO 131 f.

(4) Wären diese Voraussetzungen des portugiesischen Rechts im vorliegenden Fall zu bejahen?

A. ENTHÄLT DAS PORTUGIESISCHE INTERNATIONALE PRIVATRECHT FÜR DIE BEURTEILUNG DER EHELICHKEIT EINES WÄHREND DER EHE GEBORENEN KINDES UND DEREN ANFECHTUNG EINE RÜCKVERWEISUNG AUF DAS DEUTSCHE RECHT, WENN DER EHEMANN UND DAS KIND PORTUGIESISCHE STAATSANGEHÖRIGE SIND, JEDOCH BEIDE IN DEUTSCHLAND IHREN WOHNSITZ BZW. GEWÖHNLICHEN AUFENTHALT HABEN?

Art. 56 des portugiesischen Código civil vom 25. 11. 1966, der am 1. 6. 1967 in Kraft getreten ist, bestimmt[1]:

„1. Die Bestimmung der Ehelichkeit eines Kindes steht dem gemeinsamen Heimatrecht der Mutter und ihres Ehemannes zu oder mangels eines solchen dem Gesetz des gemeinsamen gewöhnlichen Aufenthalts, und zwar im einen wie im andern Fall zur Zeit der Geburt des Kindes oder zur Zeit der Auflösung, Nichtigerklärung oder Annullierung der Ehe, wenn diese aufgelöst, für nichtig erklärt oder annulliert worden ist.

2. Mangels einer gemeinsamen Staatsangehörigkeit oder eines gemeinsamen gewöhnlichen Aufenthalts ist anwendbar das Personalstatut des Ehemannes in den Zeitpunkten, auf welche sich die vorangehende Nummer bezieht."

Art. 56 regelt ausdrücklich nur den Fall der „Bestimmung der Ehelichkeit eines Kindes". Es könnte deshalb zweifelhaft sein, ob diese Norm gleichzeitig die für die Anfechtung maßgebliche Rechtsordnung festlegt. Da jedoch schon in den Kommentierungen zum alten portugiesischen IPR als selbstverständlich angenommen worden war, daß dasjenige Recht, das bestimmt, ob ein Kind als eheliches oder außereheliches geboren wurde, auch über Möglichkeit und Voraussetzungen der Ehelichkeitsanfechtung entscheidet[2], dürften auch heute keine Bedenken bestehen, Art. 56 als die für die Bestimmung *und* Anfechtung der Ehelichkeit maßgebende Vorschrift anzusehen.

Da die Eheleute O. als portugiesische Staatsangehörige gem. Art. 56 dem gemeinsamen portugiesischen Heimatrecht unterstehen, liegt eine Rückverweisung des portugiesischen IPR aufgrund des Wohnsitzes der Ehegatten in Deutschland nicht vor.

---

[1] Deutsche Übersetzung in RabelsZ 32 (1968) 522.

[2] *Taborda Ferreira*, La conception du droit international privé d'après la doctrine et la pratique au Portugal, Recueil des Cours, 1956, I, S. 39 ff. (653); *Ferrer Correia*, Direito internacional privado, Coimbra 1963/64, 667 ff.

B. UNTER WELCHEN VORAUSSETZUNGEN GILT IM PORTUGIESISCHEN RECHT EIN WÄHREND DES BESTEHENS DER EHE GEBORENES KIND ALS EHELICH?

I. Art. 1801 Abs. 1 des portugiesischen Código civil vom 25. 11 1966 lautet[3]:

„1. Presume-se legitimo o filho nascido ou concebido na constância do matrimónio da mãe, nos termos dos artigos 1796.º a 1798.º e salvo o disposto nos artigos 1803.º e 1804.º"

Ein Kind gilt als ehelich, wenn es gemäß den Artikeln 1796–1798 während der Ehe geboren oder empfangen wurde. Ausgenommen sind die Fälle der Art. 1803 und 1804[4].

Art. 1796 lautet:

„O momento da concepção do filho é fixado, para os efeitos legais, dentro dos primeiros cento e vinte dias dos trezentos que precederam o seu nascimento, salvas as excepçoes dos artigos seguintes."

Gesetzliche Empfängniszeit ist der Zeitraum innerhalb der ersten 120 Tage von den 300 Tagen, die der Geburt vorausgingen, ausgenommen die folgenden Artikel.

Die Artikel 1797 und 1798, auf die in Art. 1801 und 1796 verwiesen wird, sind für das Verfahren O. ./. O. ohne Bedeutung: Art. 1797 betrifft den Fall, daß in die Zeit der der Geburt vorausgehenden 300 Tage 2 Schwangerschaften fallen, Art. 1798 den Fall, daß geltend gemacht wird, das Kind sei außerhalb des Zeitraumes empfangen, der als gesetzliche Empfängniszeit gilt. Auch Art. 1803, der in Art. 1801 als Ausnahme genannt wird, spielt hier keine Rolle: Diese Bestimmung betrifft den Sonderfall, daß das Kind vor der Ehe empfangen, aber während der Ehe geboren wurde.

Sieht man einmal von der in Art. 1801 erwähnten Ausnahmebestimmung des Art. 1804 ab (sie wird unter b) behandelt), so ergibt sich aus den angeführten Bestimmungen des portugiesischen Código civil, daß das während bestehender Ehe gezeugte und geborene Kind Jorge Manuel eheliches Kind der Eheleute O. ist.

II. Art. 1804 lautet:

„1. Cessa igualmente a presunçao de legitimidade do filho, quando o nascimento ocorra passados trezentos dias depois de finda a coabitação dos cônjuges por alguma das seguintes causas:

1. Die Vermutung der Ehelichkeit eines Kindes entfällt ebenfalls, wenn die Geburt später als 300 Tage, nachdem das Zusammenleben der Ehegatten aus einem der nachstehenden Gründe beendet wurde, erfolgt:

---

[3] Vgl Código civil português, hrsg. von *Jacinto Fernandes Rodrigues Bastos*, Coimbra 1966.

[4] Eine Ubersetzung des Código civil v. 25. 11. 1966 wurde bis jetzt – von der Ubersetzung der internationalprivatrechtlichen Bestimmungen in RabelsZ 32 (1968) 513 ff. abgesehen – noch nicht veröffentlicht.

a) Separação judicial de pessoas e bens;

b) Abandono completo do lar conjugal;

c) Reconhecimento judicial da ausência do marido.

2. Considera-se finda a coabitação:

a) No caso de separação, no dia do trânsito em julgado da sentença, sem prejuízo do disposto na alínea b) deste número;

b) No caso de abandono do lar, no dia que tiver sido fixado como o do abandono em sentenca de separação judicial de pessoas e bens ou de divórcio;

c) No caso de ausência, a partir do momento em que deixou de haver notícias do marido, conforme a decisão proferida em acção de nomeação do curador provisório, de justificação de ausência ou de declaração de morte presumida."

a) durch gerichtliche Trennung der Personen und des Vermögens,

b) aufgrund völligen Verlassens der ehelichen Wohnung,

c) durch gerichtliche Bestätigung der Abwesenheit des Ehegatten.

2. Das Zusammenleben gilt als beendet:

a) im Falle der Trennung vom Eintritt der Rechtskraft der Entscheidung an unbeschadet der folgenden Bestimmung,

b) im Falle des Verlassens der ehelichen Wohnung von dem Tag an, der in der Entscheidung über die Trennung der Personen und des Vermögens oder im Scheidungsurteil als der Tag des Verlassens festgesetzt wird,

c) im Falle der Abwesenheit von dem Augenblick an, in dem es keine Nachrichten vom Ehemann mehr gab in Übereinstimmung mit der Entscheidung, die ergeht auf Klage auf Bestellung eines vorläufigen Vormunds oder auf der Klage auf Rechtfertigung dieser Abwesenheit oder auf Klage auf Todeserklärung.

Da im Verfahren O. ./. O. bislang keine der in Art. 1804 Ziff. 2 genannten Entscheidungen erging, greift diese Bestimmung, die die Vermutung der Ehelichkeit eines Kindes ausschließen würde, im vorliegenden Fall nicht ein. Die Bestimmung von Art. 1804 Ziff. 1 b bzw. 2 b würde jedoch dann von Bedeutung sein, wenn es dem Kläger gelänge, ein Scheidungs- oder Trennungsurteil zu erwirken, in dem der Tag des Verlassens der ehelichen Wohnung ausdrücklich festgesetzt wird (gem. Art. 1778 f. bzw. Art. 1792 i. V. m. Art. 1778 f. stellt ein mehr als dreijähriges Verlassen der ehelichen Wohnung einen Trennungs- oder Scheidungsgrund dar).

Für die weiteren Erörterungen ist jedoch von der Ehelichkeit des Kindes J. M. auszugehen.

C. IN WELCHEN FÄLLEN UND UNTER WELCHEN VORAUSSETZUNGEN KANN DIE EHELICHKEIT DURCH DEN EHEMANN ANGEFOCHTEN WERDEN?

Über Möglichkeit und Voraussetzungen der Ehelichkeitsanfechtung bestimmt Art. 1817:

„O marido só pode impugnar a paternidade relativamente ao filho nascido

Der Ehemann kann die Ehelichkeit eines Kindes, das nach Ablauf von 180 Tagen

passados cento e oitenta dias depois da celebração do casamento, se não se verificar nenhum dos factos previstos no n.º 1 do artigo antecedente[1] e, além disso, ocorrer alguma das seguintes circunstâncias:

a) Ter estado fisicamente impossibilitado de coabitar com a mulher em todo o periodo legal da concepção;

b) Ter sofrido em todo esse periodo de impotência absoluta para ter cópula ou para gerar;

c) Ter estado separado de facto da mulher em todo aquele periodo e ter esta mantido no decurso do mesmo período convivência marital com outro homem, estabelecida por comunhão duradoura de leito, mesa e habitaçâo, em condições análogas às dos cônjuges, fora do domicílio conjugal;

d) Ter a mulher cometido adultério dentro do período da concepçâo e ocultado do marido a gravdez e o nascimento do filho, desde que o marido prove, por qualquer outra circunstância, que o filho não foi procriado por ele."

nach der Eheschließung geboren wurde, nur anfechten, wenn nicht einer der im vorhergehenden Artikel unter Ziff. 1 genannten Fälle vorliegt[5], und wenn außerdem einer der folgenden Umstände gegeben ist:

a) wenn der Ehemann physisch nicht in der Lage war, der Ehefrau innerhalb der gesetzlichen Empfängniszeit beizuwohnen,

b) wenn innerhalb der gesetzlichen Empfängniszeit absolute Beischlafs- oder Zeugungsunfähigkeit vorlag,

c) wenn der Ehemann während der gesetzlichen Empfängniszeit von seiner Ehefrau getrennt lebte, diese aber in derselben Zeit mit einem anderen Mann in einem eheähnlichen, auf Dauer angelegten Verhältnis unter Teilung von Bett, Tisch und Wohnung zusammenlebte,

d) wenn die Ehefrau innerhalb der gesetzlichen Empfängniszeit Ehebruch begangen und dem Mann Schwangerschaft und Geburt verheimlicht hat, sofern der Mann durch irgendeinen Umstand beweisen kann, daß das Kind nicht von ihm gezeugt wurde.

Gem. Art. 1818 kann der Ehemann die Ehelichkeit des Kindes „nur anfechten, wenn er vor Gericht binnen 120 Tagen von der Kenntnisnahme der Geburt an gerechnet Klage darauf erhebt"[6].

D. WÄREN DIESE VORAUSSETZUNGEN DES PORTUGIESISCHEN RECHTS IM VORLIEGENDEN FALL ZU BEJAHEN?

Wie sich aus dem Sachverhalt ergibt, ist die Anfechtungsfrist gem. Art. 1818 Cc gewahrt.

Da Art. 1816 Ziff. 1, auf den in Art. 1817 verwiesen wird, im vorliegenden Fall nicht eingreift, könnte als Anfechtungstatbestand Art. 1817 a in

[5] Art. 1816 Ziff. 1 betrifft die – hier nicht in Betracht kommende – Ehelichkeitsanfechtung von Kindern, die vor der Ehe gezeugt und während der Ehe geboren wurden.

[6] Auch in dieser Hinsicht ist nach dt. IPR portugiesisches Recht maßgebend (vgl. *Soergel-Kegel*, BGB Bd. V, 9. Aufl. 1961, Art. 18 EGBGB, Anm. 7).

Betracht kommen, eine Bestimmung, die ebenso wie Art. 1817b bereits dem früheren portugiesischen Recht (Art. 7 und 9 des Gesetzesdekrets zum Schutze der Kinder vom 25. 12. 1910)[7] bekannt war, während die Anfechtungstatbestände Art. 1817c und d erstmals durch den Código civil vom 25. 11. 1966 Geltung erlangten. – Die Auslegung von Art. 7 des Gesetzesdekrets vom 25. 12. 1910, der dem heutigen Art. 1817a Código civil entspricht, war von Anfang an umstritten[8]. Einigkeit bestand nur darüber, daß „fìsicamente impossibilitado" nicht im Sinne einer körperlichen Unmöglichkeit der Beiwohnung[9], sondern im Sinne einer räumlich-tatsächlichen Unmöglichkeit, etwa infolge längerer Abwesenheit eines Ehegatten zu verstehen war[10]. Unklar blieb aber, in welchen Fällen des räumlich-tatsächlichen Getrenntseins der Ehegatten eine physische *Unmöglichkeit* der Beiwohnung angenommen werden sollte. Während ursprünglich Art. 7 des Gesetzesdekrets von 1910 wegen der besonders „harten" Fälle, in denen etwa portugiesische Soldaten fernab in den Kolonien Dienst taten, eingeführt worden war, neigt heute die Rechtsprechung dazu, diese Bestimmung sehr weit auszulegen und sogar Fälle einzubeziehen, in denen die Ehegatten während der gesetzlichen Empfängniszeit innerhalb der gleichen Stadt getrennt lebten[11]. Allerdings betont die Rechtsprechung immer wieder, daß das tatsächliche Getrenntleben auch dann, wenn keinerlei sexuelle Beziehungen mehr bestanden, für eine Anfechtung der Ehelichkeit nicht genügt. Die Aufnahme bzw. Wiederaufnahme sexueller Beziehungen muß vielmehr physisch *unmöglich* gewesen sein[12]. Da jedoch

---

[7] Vgl. *Bergmann*, Internationales Ehe- und Kindschaftsrecht, „Portugal", S. 34f.

[8] *Fernando Andrade Pires de Lima* und *João de Matos Antunes Varelo*, Noções fundamentais de direito civil, Bd. 2, Coimbra 1962, 277.

[9] So unzutreffend die Übersetzung bei *Bergmann* aaO S. 34.

[10] Vgl. *Supremo Tribunal de Justiça* v. 13. 12. 1966, Boletim do Ministerio da Justiça Nr. 162 (1967), S. 275 und Anmerkung in Revista dos Tribunais 85 (1967) 45f.; *Tribunal da Relação von Lissabon* v. 28. 6. 1967, Jurisprudência das Relações 13 (1967) T. III S. 521f.; *Tribunal da relação von Lissabon* v. 24. 1. 1968, Jurisprudência das Relações 14 (1968) T. I S. 25f.; *Tribunal da Relação von Lissabon* v. 31. 1. 1968 Jurisprudência das Relações 14 (1968) T. I S. 35f.

[11] So die beiden in der vorhergehenden Anmerkung angeführten Urteile des *Tribunal da Relação von Lissabon* v. 28. 6. 1967 und v. 31. 1. 1968.

[12] Vgl. den Leitsatz der Entscheidung des *Tribunal da Relação von Lissabon* v. 28. 6. 1967 aaO 521:

„Na impugnação de paternidade legítima, há impossibilidade física de coabitação entre os cônjuges do art. 7.º do Decreto n. º2, de 25–12–1910, quando se verificar o rompimento dos laços conjugais com separação de facto dos cônjuges em casa distantes, com impossibilidade material de relações sexuais entre ambos por ausência de toda a

Bezüglich der Ehelichkeitsanfechtung liegt physische Unmöglichkeit der Beiwohnung i. S. von Art. 7 des Dekrets Nr. 2 v. 25. 12. 1910 dann vor, wenn die ehelichen Bande gebrochen sind in Verbindung mit tasächlichem Getrenntleben der Gatten in verschiedenen Häusern und in Verbindung mit der tatsächlichen Unmöglichkeit, sexuelle Be-

die Rechtsprechung die Anfechtung grundsätzlich selbst dann zuläßt, wenn die Ehegatten zwar getrennt, aber doch nicht allzu weit voneinander entfernt leben, kann sie die „Unmöglichkeit der Beiwohnung" nur durch Rückschlüsse aus dem Gesamtverhalten der Ehegatten ermitteln, etwa daraus, daß diese sich offensichtlich haßten[13], nachweislich nicht mehr miteinander sprachen, usw. So wird etwa in der Entscheidung des Tribunal da Relação von Lissabon v. 24. 1. 1968, die im Leitsatz ausdrücklich feststellt, daß die Beiwohnung physisch *unmöglich* gewesen sein muß, nach Prüfung des Gesamtverhaltens der Ehegatten folgendes ausgeführt[14]:

„Todos aqueles factos que podem levar à conclusão de que relações sexuais de coabitação não houve, e a gestação não podia ter sido provocada servem e tornam viável a acção e podem servir de base à acção de impugnação de paternidade legítima."	Alle diese Umstände, die zu dem Schluß führen, daß eine Beiwohnung, die zu der Schwangerschaft geführt haben könnte, nicht stattgefunden hat, ermöglichen die Klage und können als Grundlage für die Ehelichkeitsanfechtung dienen.

Würde man diese weite Auslegung auf Art. 1817 a übertragen, so könnte dies allerdings dem Sinn der neu eingefügten Bestimmung des Art. 1817 c widersprechen, der den Fall der Trennung ausdrücklich behandelt und eine Anfechtung nur dann zuläßt, wenn die getrennt lebende Ehefrau „mit einem anderen Mann in einem eheähnlichen, auf Dauer angelegten Verhältnis unter Teilung von Bett, Tisch und Wohnung zusammenlebte". In der amtlichen Begründung des Entwurfs wird an keiner Stelle erwähnt, daß Art. 1817 c zu einer Änderung von Art. 7 des Gesetzesdekrets von 1910, der sachlich unverändert als Art. 1817 a in den Código civil übernommen wurde, führen und die Möglichkeit der Ehelichkeitsanfechtung wenigstens teilweise wieder einschränken müsse; es wird vielmehr ausschließlich darauf hingewiesen, daß die beiden Anfechtungstatbestände der physischen Unmöglichkeit der Beiwohnung und der Impotenz zu eng seien und um die Fälle der Art. 1817 c und d erweitert werden müßten[15]. In der Tat hat Art. 1817 c neben Art. 1817 a auch dann, wenn die bisherige Auslegung von Art. 7 des Dekrets v. 25. 12. 1910 auf Art. 1817 a übertragen wird, insofern durchaus selbständige Bedeutung, als auf die besonderen Voraussetzungen

situação de contacto pessoal entre eles que permita a dúvida."	ziehungen zu unterhalten, weil jeder persönliche Kontakt fehlt, der Zweifel hervorrufen könnte.

[13] Die zum Teil vertretene Auffassung, daß der „physischen Unmöglichkeit" die „moralische" gleichgesetzt werden müsse, was bedeuten würde, daß u. U. unüberwindliche Abneigung allein einen Anfechtungsgrund darstellt, wird von der Rspr. abgelehnt, vgl. *Tribunal da Relação de Lisboa* v. 31. 1. 1968 aaO 35 f.

[14] AaO 26.

[15] *Manuel Duarte Gomes da Silva*, O direito de familia no futuro Código civil, Boletim do Ministerio da Justiça, Nr. 88, 1959, S. 63 ff. (84 f.). Vgl. außerdem die Urteilsanmerkung in Revista dos Tribunais 85 (1967) 45 f.

zungen der physischen *Unmöglichkeit* nicht abgestellt zu werden braucht, wenn die Ehefrau mit einem anderen Mann in einem eheähnlichen, auf Dauer angelegten Verhältnis unter Teilung von Bett, Tisch und Wohnung zusammenlebte.

Unter Zugrundelegung dieser Interpretation dürfte im vorliegenden Fall eine Anfechtung der Ehelichkeit des Kindes J. M. nach Art. 1817a u. U. möglich sein. Allerdings geben die Akten keinen genügenden Aufschluß darüber, ob und welchen tatsächlichen Kontakt die Ehegatten während der gesetzlichen Empfängniszeit hatten, wie sie zueinander standen usw., so daß diese Frage hier nicht entschieden werden kann.

Dagegen kommt Art. 1817b, der den Fall der Impotenz behandelt, als Anfechtungstatbestand ebensowenig in Betracht wie Art. 1817c, der voraussetzt, daß die Ehefrau während der gesetzlichen Empfängniszeit mit einem anderen Mann in einem eheähnlichen, auf Dauer angelegten Verhältnis unter Teilung von Bett, Tisch und Wohnung zusammenlebte. Ob Art. 1817d (Verheimlichen von Schwangerschaft *und* Geburt) eingreift, kann aufgrund des Fehlens entsprechender Angaben in den Akten nicht beantwortet werden.

b) Unterhaltspflicht

Siehe auch Nr. 14 (USA/Michigan); Nr. 31 (USA/Massachusetts); Nr. 44 (Jugoslawien)

Nr. 20

Türkei

1. Zur Frage der Unterhaltspflicht zwischen Eltern und Kindern.

2. Voraussetzungen und Umfang des Unterhaltsanspruchs.

3. Zum gesetzlichen Erbrecht der Eltern nach türkischem Recht.

Köln 39/69 vom 13. 6. 1969

Das Landgericht Paderborn hat in dem Zivilrechtsstreit U. ./. S. um ein Gutachten über türkisches Familien- und Erbrecht gebeten.

SACHLAGE

Die in Istanbul/Türkei lebenden Eltern des in Deutschland bei einem Verkehrsunfall tödlich verunglückten Gastarbeiters U. klagen gegen den deutschen Kraftfahrzeughalter S. auf Leistung von Schadensersatz und einer Rente gemäß § 844 BGB.

Der Verstorbene war unverheiratet, kinderlos und türkischer Staatsangehörigkeit und hat keine Verfügung von Todes wegen hinterlassen. Die Kläger sind gleichfalls türkische Staatsangehörige.

ANFRAGE

Aufgrund dieser Sachlage bittet das Landgericht Paderborn um Auskunft folgender Fragen:

1. Ob, in welchem Umfang und in welcher Reihenfolge (die Kläger haben mehrere Kinder) sind Kinder ihren Eltern nach türkischem Recht zur Unterhaltsleistung verpflichtet?
2. In welcher Weise beerben Eltern ihre Kinder nach türkischem Recht?

RECHTSLAGE

A. DIE FRAGE DES ANZUWENDENDEN RECHTS

Da ausdrücklich nach türkischem materiellen Recht gefragt wird, erübrigt sich eine Erörterung des auf die gestellten Fragen anzuwendenden Rechts.

B. TÜRKISCHES MATERIELLES RECHT

I. Quelle

Die Quelle für das türkische Familien- und Erbrecht ist das am 4. 10. 1926 in Kraft getretene Zivilgesetzbuch, das eine im wesentlichen unveränderte türkische Übersetzung des schweizerischen ZGB von 1907 darstellt[1]. Bei der Interpretation des türkischen Zivilrechts dürfen deshalb nach der ständigen Rechtsprechung des türkischen Kassationshofs die schweizerische Rechtsprechung und Rechtslehre ergänzend herangezogen und berücksichtigt werden[2].

---

[1] Vgl. z. B. *Pritsch,* Das schweizerische Zivilgesetzbuch in der Türkei, ZvglRWiss 59 (1957) 123–180; *Davran,* Bericht über Änderungen im türkischen ZGB gegenüber dem schweizerischen, Ann. Fac. Istanbul 6 (1956) 131–143.

[2] Vgl. dazu *Saymen,* Türk medenî hukuku, [Türkisches Zivilrecht], I, Umumî prensipler [Allgemeine Grundsätze], 3. Aufl. Istanbul 1960, 111 f. (mit Hinweisen auf mehrere Kassationshofentscheidungen); *Pritsch,* Das schweizerische Zivilgesetzbuch in der türkischen Praxis, RabelsZ 24 (1959) 686–718 (688).

II. Die Unterhaltspflicht zwischen Kindern und Eltern

Das türkische Familienrecht enthält eine dem § 1601 BGB entsprechende Bestimmung. *Art. 315 Türk. ZGB* lautet:

„Herkes, yardim etmediği surette zarurete düşecek olan usul ve füruuna ve erkek ve kiz kardeşlerine muavenet ile mükelleftir." [3]

Jedermann ist verpflichtet, seine Verwandten in aufsteigender und absteigender Linie sowie seine Geschwister zu unterstützen, wenn sie ohne diese Unterstützung in Not geraten würden.

Art. 316 Türk. ZGB, der den §§ 1602, 1603 BGB entspricht, bestimmt weiter (soweit hier erforderlich):

„Nafaka dâvasi, bununla mükellef olanlar hakkinda, mirastaki tertip sirasiyle ittihaz edilir. Dâva dâvacinin geçinmesi için muktazi ve diğer tarafin geliri ile mütenasip, bir muavenet talebinden ibaret olur . . ." [4]

Der Anspruch auf Unterhalt ist gegen die Unterhaltspflichtigen in der Reihenfolge ihrer Erbberechtigung geltend zu machen. Der Anspruch ist auf die Leistung, die zum Lebensunterhalt des Unterhaltsberechtigten erforderlich ist, gerichtet; er muß den Verhältnissen des Unterhaltspflichtigen angemessen sein. . . .

1. Voraussetzungen für die Geltendmachung des Unterhaltsanspruchs

Aus diesen Vorschriften folgt, daß ein Kind seinen Eltern, sofern sie unterhaltsbedürftig sind, und es leistungsfähig ist, grundsätzlich zur Unterhaltsleistung verpflichtet ist.

Unterhaltsberechtigt im Sinne von Art. 315 Türk. ZGB ist jemand, der das zum Lebensunterhalt Notwendige nicht mehr ohne fremde Hilfe erwerben kann, das heißt, der nicht imstande ist, sich selbst zu unterhalten. Mit anderen Worten sind *Vermögenslosigkeit* und *Erwerbsunfähgikeit* Voraussetzungen für die Geltendmachung eines Unterhaltsanspruches gemäß Art. 315 Türk. ZGB. Ein Unterhaltsberechtigter ist jedoch nicht gehalten, seine eigenen Mittel völlig zu erschöpfen, bevor er Unterhalt fordern kann. Die Verwendung eigener Mittel ist nur in den Schranken von Billigkeit und Zumutbarkeit zu verlangen. Im übrigen hat der Unterhaltsberechtigte seine Arbeitskraft – soweit zumutbar – einzusetzen. Ein ernstes Bemühen um Arbeit kann verlangt werden.

---

[3] Text nach *Ataay-Sungurbey*, Açiklamali medenî kanun ile borçlar kanunu [Zivilgesetzbuch und Obligationenrecht mit Erläuterungen], 2. Aufl. Istanbul 1963, 95.

[4] Text nach *Ataay-Sungurbey* aaO 95.

Unterhaltsverpflichtet ist ein Verwandter dann, wenn er ohne wesentliche Verschlechterung seiner eigenen Lebenshaltung Unterhaltsleistungen erbringen kann. Dabei ist die persönliche Beziehung zwischen den Beteiligten zu berücksichtigen. Von Kindern kann im Verhältnis zu ihren Eltern eine größere Unterhaltsleistung gefordert werden als von entfernteren Verwandten[5].

2. *Umfang des Unterhaltsanspruches*

Der Umfang des Unterhaltsanspruchs ist auf die Leistung gerichtet, die zum Lebensunterhalt des Unterhaltsberechtigten erforderlich ist: Das heißt, auf den *notwendigen Unterhalt*. Dieser umfaßt u. a. die Kosten für die Wohnung, Nahrung und Kleidung; ferner die Kosten für ärztliche Behandlungen und Pflege in der Zeit von Krankheit und Gebrechen und auch die Ausbildungskosten (Schule, Lehre, Universität u. U.). Starre Regeln über den Umfang des Unterhaltsanspruches bestehen nicht. Er wird im Einzelfall nach richterlichem *Ermessen* bestimmt[6].

3. *Reihenfolge der Unterhaltspflichtigen*

Im Falle von mehreren Unterhaltspflichtigen bestimmt sich ihre Unterhaltspflicht gemäß Art. 316 I Türk. ZGB *nach* der *Reihenfolge ihrer Erbberechtigung.* Die maßgebende Bestimmung lautet:

Art. 439 Türk. ZGB:

„Birinci derecede mirasçilar, müteveffanin füruudur.	Erben ersten Grades eines Erblassers sind seine Nachkommen.
Çocuklar, müsavat üzere mirasçidirlar . . ." [7]	Kinder sind Erben zu gleichen Teilen. . . .

Kinder sind danach erbberechtigte Verwandte auf der gleichen Stufe. Folglich sind sie *nebeneinander* gegebenenfalls *zu Unterhaltsleistungen* an ihre Eltern *verpflichtet.* Nach türkischer (ebenso nach schweizerischer) Auffassung haften sie nicht gesamtschuldnerisch für den Unterhalt, sondern nur *anteilsweise* im Verhältnis ihrer Leistungsfähigkeit[8].

---

[5] Vgl. dazu ausführlich mit Rechtsprechungsnachweisen *Velidedeoğlu*, Türk medenî hukuku [Türkisches Zivilrecht], II Aile hukuku [Familienrecht], 5. Aufl. Istanbul 1965, 454–459; *Saymen*, Türk medenî hukuku [Türkisches Zivilrecht], III Aile hukuku [Familienrecht], 2. Aufl. Istanbul 1960, 467–480; ebenso in der Schweiz: vgl. *Egger* in Zürcher Kommentar, 2. Aufl. 1943, Art. 328 ZGB Anm. 19, 27–34.

[6] Dazu *Velidedeoğlu* aaO II 459 f., 461 f.; *Saymen* aaO III 481 mit Rechtsprechungsnachweisen; für das schweizerische Recht *Egger* aaO Art. 328 ZGB Anm. 39 bis 42.

[7] Text nach *Ataay-Sungurbey* aaO 125.

[8] *Velidedeoğlu* aaO II 456 f.; *Saymen* aaO III 471 f. mit Rechtsprechungsnachweisen; ebenso in der Schweiz: *BGE* 59 II 1 (5 f.).

Der Unterhalt, der von einem Unterhaltsverpflichteten wegen Bedürftigkeit oder aus einem anderen Grund (z. B. Auslandsaufenthalt) nicht zu erhalten ist, ist jedoch von den anderen auf gleicher Stufe stehenden Mitverpflichteten zu leisten[9].

III. Erbrecht der Eltern

Da der Verstorbene kinderlos und unverheiratet war und keine Verfügung von Todes wegen hinterlassen hat, werden seine Eltern gemäß *Art. 440 Türk. ZGB* seine Alleinerben[10].

Die Bestimmung lautet:

„Füruu olmiyan müteveffanin mirasçisi, baba ve anasidir. Bunlar, müsavat üzere mirasçidirlar . . ." [11]	Hinterläßt der Erblasser keine Nachkommen, so beerben ihn seine Eltern. Sie sind Erben zu gleichen Teilen.

C. ERGEBNIS

I. Gemäß Art. 315 Türk. ZGB ist ein Kind seinen Eltern grundsätzlich zur Leistung von Unterhalt verpflichtet.

II. Voraussetzung für die Geltendmachung des Unterhaltsanspruches sind Vermögenslosigkeit und Erwerbunfähigkeit. Unterhaltsverpflichtet ist ein Kind, wenn es seinen bedürftigen Eltern ohne wesentliche Verschlechterung seiner eigenen Lebenshaltung Unterhalt erbringen kann.

III. Der Umfang des Unterhaltsanspruches umfaßt den notwendigen Lebensunterhalt.

IV. Die Reihenfolge mehrerer Unterhaltsverpflichteter bestimmt sich nach ihrer Erbberechtigung (Art. 316 Türk. ZGB). Kinder sind in gleicher Weise erbberechtigt (Art. 439 Türk. ZGB) und damit in gleicher Weise unterhaltsverpflichtet. Sie haften für den Unterhalt anteilsweise im Verhältnis ihrer Leistungsfähigkeit.

V. Die Alleinerben eines unverheirateten, kinderlosen Türken, der keine Verfügung von Todes wegen hinterlassen hat, sind gemäß Art. 440 Türk. ZGB seine Eltern.

---

[9] *Saymen* aaO III, 472 f. mit Rechtsprechungsnachweisen; ebenso in der Schweiz: *BGE* 60 II 266 (267).

[10] Vgl. z. B. *Gönensay-Birsen,* Miras hukuku [Erbrecht], 2. Aufl. Istanbul 1963, 17 f.

[11] Text nach *Ataay-Sungurbey* aaO 125.

c) Elterliche Gewalt

Siehe auch Nr. 1 (Großbritannien/England); Nr. 49 (USA/New York)

Nr. 21

Großbritannien (England)

1. Bestimmung des Statuts der ehelichen Kindschaft nach deutschem und nach englischem Kollisionsrecht.

2. Regelung der elterlichen Gewalt nach englischem Recht im Falle der Ehescheidung.

Kiel 26/69 vom 29. 12. 1969

Das Amtsgericht (Vormundschaftsgericht) Heide hat ein Gutachten zu der Frage erbeten, nach welchem Recht sich die Übertragung der elterlichen Gewalt über die Kinder aus einer geschiedenen Ehe zwischen einem britischen Staatsangehörigen und einer Deutschen richtet.

Folgender *Sachverhalt* ist mitgeteilt worden:

Die deutsche Staatsangehörige K. R. hatte am 17. Dezember 1960 vor dem autorisierten Geistlichen der St. Luke's Catholic Church, Love Lane, Pinner, District of Harrow, County of Middlesex, mit dem britischen Staatsangehörigen J. R. B. die Ehe geschlossen. Aus dieser Ehe sind drei Kinder hervorgegangen, und zwar: T. B., geboren am 1. August 1961 in Westerland, R. B., geboren am 1. September 1963 in Heide und Th. B., geboren am 23. September 1965 in Meldorf. Die Ehe ist durch Urteil des Landgerichts Flensburg vom 22. Mai 1969 aus alleinigem Verschulden des Ehemannes geschieden worden. Der Ehemann lebt in Norcot, Monkton Close, Serndown, Dorset / England. Vor dem Amtsgericht (Vormundschaftsgericht) Heide schwebt gegenwärtig das Verfahren betreffend die Übertragung der elterlichen Gewalt über die Kinder nach Scheidung der Ehe.

Das Gutachten soll folgende Fragen beantworten:

1. Nach welchem Recht richtet sich die Übertragung der elterlichen Gewalt?
2. Sofern ausländisches Recht anzuwenden ist: Welche Regelungen trifft das anzuwendende Recht?

I. Bestimmung des Kindschaftsstatuts

1. Deutsches Kollisionsrecht

Nach Art. 19 Satz 1 EGBGB ist das Rechtsverhältnis zwischen Eltern und ihren ehelichen Kindern (Kindschaftsstatut) nach den deutschen Gesetzen zu beurteilen, wenn der Vater die deutsche Staatsangehörigkeit besitzt.

Diese einseitige Kollisionsnorm ist nach einhelliger Auffassung in Lehre und Rechtsprechung als allseitige Kollisionsnorm anzuwenden. Das besagt, daß sich das Statut der ehelichen Kindschaft nach dem Recht des Staates bestimmt, dessen Staatsangehörigkeit der Kindesvater besitzt[1]. Der kollisionsrechtliche Grundsatz, daß sich das Statut der ehelichen Kindschaft nach dem Heimatrecht des Vaters richtet, greift auch dann ein, wenn die Ehe der Kindeseltern geschieden ist[2]. Im übrigen gilt dieser ausschließlich an das Vaterrecht anknüpfende kollisionsrechtliche Grundsatz nach herrschender Meinung in Lehre und Rechtsprechung unbeschadet des Gleichheitssatzes (Art. 3 Abs. 2 GG)[3].

Auf den mitgeteilten Sachverhalt bezogen, folgt aus der dem Art. 19 Satz 1 EGBGB zu entnehmenden allseitigen Kollisionsnorm, daß sich das Kindschaftsstatut nach englischem Recht als dem Heimatrecht des Vaters bestimmt. Diese Verweisung auf englisches Recht stellt eine Gesamtverweisung, d. h. eine Verweisung sowohl auf die Sachnormen als auch auf die Kollisionsnormen des englischen Rechts dar: Das deutsche Gericht hat also englisches Recht in dem gleichen Umfang anzuwenden, wie es ein englischer Richter tun würde, der mit dem vorliegenden Fall befaßt wäre. Daher ist zunächst das englische Kollisionsrecht auf eine mögliche Rückverweisung hin zu prüfen[4].

2. Englisches Kollisionsrecht

a) Anknüpfung an das Domizil („domicile")

Das englische Recht kennt keine kodifizierten Kollisionsnormen für die Bestimmung des Kindschaftsstatuts. Die einschlägigen Kollisionsregeln sind – wie durchweg im Rechtskreis des common law – in der Lehre und in der Spruchpraxis der Gerichte entwickelt worden. Was die Rechtsverhältnisse zwischen Eltern und ihren ehelichen Kindern anbetrifft, so knüpft das englische Kollisionsrecht nicht wie die deutsche Regelung in Art. 19 EGBGB an die Staatsangehörigkeit an. Anknüpfungspunkt ist vielmehr das *domicile,* das mit dem deutschen Begriff *ständiger Wohnsitz* nur unvollkommen übersetzt werden kann, wiewohl im deutschen Schrifttum vielfach festgestellt wird, daß im Rechtskreis des common law das „Wohnsitzprinzip" der häufigste Anknüpfungspunkt sei[5]. Im Gegensatz zum ge-

---

[1] Vgl. für viele *Soergel-Kegel,* BGB Bd. V, 9. Aufl. 1961, Art. 19 EGBGB Randnr. 1 sowie zahlreiche Nachweise aus der Rechtsprechung (insbes. *BGHZ* 1, 306) unter Fußn. 1; vgl. ferner *IPG* 1965–66 Nr. 27 (Köln), Nr. 28 (Hamburg), Nr. 29 (Hamburg).

[2] Vgl. *Soergel-Kegel* aaO Art. 19 EGBGB Randnr. 10 mit zahlreichen Nachweisen aus der Rechtsprechung unter Fußn. 19; *IPG* 1965–66 Nr. 30 (Hamburg).

[3] Vgl. für viele *Soergel-Kegel* aaO Art. 19 EGBGB Randnr. 2 sowie Randnr. 9 vor Art. 13 EGBGB; *IPG* 1965–66 Nr. 30 (Hamburg).

[4] Vgl. *Soergel-Kegel* aaO Art. 19 EGBGB Randnr. 50.

[5] Z. B. *Soergel-Kegel* aaO Randnr. 23 vor Art. 7 EGBGB.

wöhnlichen oder schlichten Aufenthalt („habitual or ordinary residence") stellt das *domicile* die *rechtliche* Anerkennung der Bindung einer Person an ein Territorium dar, in welchem sich ihre hauptsächlichen Bezugssysteme befinden. Das Domizil „ist ein Rechtsbegriff, der dazu dient, für bestimmte rechtliche Zwecke eine Verbindung zwischen einer Person und dem Rechtssystem des Territoriums zu schaffen, zu dem sie engste Bindung entweder tatsächlich oder, rechtlich gesehen, aufgrund ihrer Abhängigkeit von einer anderen Person hat" [6]. Nach einer ähnlichen Definition ist das Domizil dasjenige Territorium, „welches rechtlich als der Lebensmittelpunkt einer Person betrachtet wird" [7].

Daraus folgt der im englischen Kollisionsrecht allgemein anerkannte Grundsatz, daß jede Person „*ein* Domizil und *nur* eins" [8] hat.

b) Domizil der ehelichen Kinder nach Scheidung der Eltern

„Das Domizil eines ehelichen Kindes zu seines Vaters Lebzeiten ist dasjenige seines Vaters; es wechselt mit dem Domizil des Vaters" [9]. Das Domizil ehelicher minderjähriger Kinder bestimmt sich auch dann nach dem Domizil des Vaters, wenn die Ehe geschieden ist [10].

Nach dem Grundsatz: Domizil des ehelichen Kindes = Domizil des Vaters ist im vorliegenden Fall englisches Recht anzuwenden, da der Kindesvater sein Domizil in Dorset/England hat und das Kindschaftsstatut nach dem Recht dieses Domizils zu bestimmen ist.

Diese Kollisionsregel für die Bestimmung des Kindschaftsstatuts ist nicht unbestritten geblieben. Der Privy Council hat nämlich in seiner Entscheidung in Sachen *McKee v. McKee* [11], die auch heute noch als „leading

---

[6] So *Graveson*, The Conflict of Laws, 6. Aufl. London 1969, 187 (Übers. d. Verf.).

[7] *Wolff*, Private International Law, 2. Aufl. Oxford 1950, 106 (Übers. d. Verf.).

[8] *Wolff* aaO 107.

[9] So *Dicey-Morris*, The Conflict of Laws, 8. Aufl. London 1967, 110 Regel 12 (1), mit Nachweis der einschlägigen Rechtsprechung unter Fußn. 79 (Übers. d. Verf.); ebenso *Cheshire*, Private International Law, 6. Aufl. Oxford 1961, 189, mit Nachweis der Rechtsprechung unter Fußn. 4; *Graveson* aaO 213.

[10] *Dicey-Morris* aaO 110f.; *Cheshire* aaO 190f.; vgl. insbesondere die (schottische) Entscheidung *Shanks v. Shanks*, zit. bei *Graveson* aaO 214, in der es heißt: „Die allgemeine Regel, daß das Domizil des minderjährigen Kindes von dem Domizil seines Vaters abgeleitet wird, duldet keine Ausnahme, selbst wenn das Kind unter der elterlichen Gewalt der Mutter steht, nachdem die Eltern geschieden worden sind" (Übers. d. Verf.). – Im Schrifttum ist der absolute Charakter dieser Regel zwar im Hinblick auf jene Fälle angegriffen worden, in denen die Ehe der Eltern aus alleinigem Verschulden des Mannes geschieden *und* die elterliche Gewalt bereits der Mutter übertragen worden ist; vgl. *Chesire* aaO 191; *Graveson* aaO 214. Im vorliegenden Falle geht es jedoch gerade um die *Übertragung* der elterlichen Gewalt, so daß die vorgenannte Kritik nicht eingreift.

[11] S. [1951] 1 All. E. R., 942–949.

case" für die kollisionsrechtliche Bestimmung des Kindschaftsstatuts gilt [12], festgestellt, daß das in der betreffenden Sache in 1. Instanz angerufene Gericht die elterliche Gewalt („custody") [13] zu Recht nach der lex fori geregelt habe, obwohl das betreffende Kind, das seinen Aufenthalt („residence") im Inland hatte, ein ausländisches Domizil (USA) besaß und folglich nach dem Domizilprinzip an sich das Recht des betreffenden U. S.-Bundesstaates anzuwenden gewesen wäre. Diese Entscheidung des Privy Council ist im Schrifttum vereinzelt dahin ausgelegt worden, daß sie nicht nur eine Aussage über die Anwendung *englischen* Rechts durch den *englischen* Richter treffe, sondern darüber hinaus die *allseitige* Kollisionsnorm aufstelle, daß „custody"-Entscheidungen grundsätzlich nach der lex fori vorzunehmen seien [14].

Nach dieser Auffassung würde im vorliegenden Fall auf deutsches Recht als der lex fori rückverwiesen, so daß die Übertragung der elterlichen Gewalt nach Maßgabe des § 1571 BGB zu erfolgen hätte. Vergleicht man jedoch den Inhalt der Entscheidung in Sachen *McKee v. McKee* mit anderen älteren und jüngeren Entscheidungen in „custody"-Sachen [15], so begegnen der Annahme des Grundsatzes der lex fori als allseitiger Kollisionsnorm zur Bestimmung des Kindschaftsstatuts erhebliche Bedenken. In diesen Entscheidungen geht es nämlich zunächst ausschließlich um die Frage der Zuständigkeit („jurisdiction") englischer Gerichte, nicht hingegen darum, welches Recht nach kollisionsrechtlichen Grundsätzen von englischen Gerichten anzuwenden ist. Schon bei der Annahme englischer Jurisdiktion gehen die englischen Gerichte sehr pragmatisch von der Schutzbedürftigkeit des betroffenen Kindes aus [16]. Selbst in der von der dargelegten Minderheitsauffassung berufenen Entscheidung des Privy Council in Sachen *McKee v. McKee* wird in dieser Weise argumentiert: Das betroffene Kind, das seinen Aufenthalt („residence") im Geltungsbereich des englischen Rechts hatte, habe „ein Recht auf Schutz durch des Königs Gerichte. Es sei minderjährig und habe deshalb ein Recht auf den besonderen Schutz, den der König als parens patriae Minderjährigen schulde" [17]. In der gleichen pragmatischen Weise wird dann vielfach die Anwendung des englischen

---

[12] S. [1969] 2 All E. R., 1136.

[13] Sofern ein Elternteil die „custody" über eheliche Kinder innehat, entspricht dies der elterlichen Gewalt im Sinne des BGB, vgl. *Wolff* aaO 409.

[14] Vgl. *Spiro*, Foreign Custody Orders, Journal of Comparative Legislation and International Law, Bd. XXXIII (1951), Teil III und IV, 78/79; *Thomas*, Private International Law, London 1955, 71 ff.

[15] Z. B. *B.'s Settlement, Re, B. v. B.*, [1940] Ch. 54; *Re H. (Infants)*, W. L. R. 1966, 381; *J. and Another v. C. and Another*, [1969] 1 All E. R., 788, sowie die dort, 789 f., zit. weiteren Entscheidungen.

[16] Vgl. insbes. *Re D. (An Infant)*, [1943] Ch., zit. bei *Graveson* aaO 412.

[17] So ausdrückl. die Entscheidung *McKee v. McKee*, [1951] 1 All E. R., 945 (Übers. d. Verf.).

materiellen Rechts begründet, ohne daß immer – wie im deutschen Rechtssystem üblich – eine eingehende Prüfung kollisionsrechtlicher Regeln erfolgt: Das Interesse der Krone als parens patriae am Wohlergehen aller im Geltungsbereich englischen Rechts lebenden Kinder, gleich welcher Nationalität, zwinge dazu, als Hauptkriterium für das anzuwendende Recht das Wohlergehen des Kindes heranzuziehen. „The first and paramount consideration in custody matters is the welfare of the infant" – diese zuletzt in der Entscheidung *J. and Another v. C. and Another*[18] benutzte Formel, die inhaltlich mit einer Sachnorm des englischen Kindschaftsrechts übereinstimmt[19], findet sich in nahezu allen einschlägigen Entscheidungen[20]. Diese pragmatische Grundlinie der einschlägigen Rechtsprechung – weitestmögliche Anerkennung des Rechtsschutzbedürfnisses bei Minderjährigen, Wohlergehen des Kindes als oberstes Kriterium – dient unter gleichzeitigem Verzicht auf die Erörterung dogmatischer Probleme des Kollisionsrechts zur Begründung ausschließlich der *englischen* Jurisdiktion und der Anwendung *englischen* Rechts. Angesichts dieses Befunds erscheint die von Spiro und Thomas[21] vertretene These nicht haltbar, daß die englische Rechtsprechung in Kindschaftssachen mit Auslandsbeziehungen die lex fori als allseitige Kollisionsnorm ausgebildet habe. Gegen diese Auffassung spricht insbesondere auch die bereits zitierte jüngste Entscheidung in Sachen *J. and Another v. C. and Another*[22].

Mithin bleibt es bei dem oben dargelegten Grundsatz des englischen Kollisionsrechts, daß sich das Statut der ehelichen Kindschaft auch nach Scheidung der Ehe nach dem Recht des Domizils des Kindesvaters bestimmt. Die Innehabung der elterlichen Gewalt sowie deren Übertragung beurteilt sich folglich nach englischem Recht.

II. Die anzuwendenden Vorschriften des englischen Rechts

Die Regelung der elterlichen Gewalt, die bei bestehender Ehe beiden Elternteilen gemeinsam zusteht[23], erfolgt im Falle einer Scheidung nach den Vorschriften des *Guardianship of Infants Act, 1886 (49 & 50 Vict. c. 27)*[24] und des *Guardianship of Infants Act, 1925 (15 & 16 Geo. 5 c. 45)*[25].

---

[18] Vgl. oben Fußn. 15.

[19] Guardianship of Infants Act, 1925, sec. 1 (vgl. unten Fußn. 25).

[20] Vgl. hierzu auch *Graveson* aaO 412 f.; ebenso 7 Halsbury's Law (3rd Edn.) 126, para. 227.

[21] Vgl. oben Fußn. 14.

[22] [1969] 1 All E. R., 788 f.

[23] Vgl. *Bergmann-Ferid*, Internationales Ehe- und Kindschaftsrecht, Bd. II, Großbritannien, 38.

[24] 12 Halsbury's Statutes (2nd Edn.) 942–946.

[25] 12 Halsbury's Statutes (2nd Edn.) 954–961.

1. Regelung der elterlichen Gewalt im Rahmen eines Scheidungsurteils

Zunächst bestimmt der Guardianship of Infants Act, 1886, sec. 7:

„In any case where a decree for judicial separation, or a decree either nisi or absolute for divorce, shall be pronounced, the Court pronouncing such decree may thereby declare the parent by reason of whose misconduct such decree is made to be a person unfit to have the custody of the children (if any) of the marriage; and, in such case, the parent so declared to be unfit shall not, upon the death of the other parent, be entitled as of right to the custody or guardianship of such children."

In jedem Fall, in dem ein Urteil auf gerichtliche Trennung der Ehe oder ein vorläufiges oder endgültiges Scheidungsurteil verkündet werden soll, kann das Gericht dabei feststellen, daß der Elternteil, wegen dessen Verschulden das Urteil ergangen ist, ungeeignet sei, die elterliche Gewalt über die ehelichen Kinder (so vorhanden) innezuhaben; in einem solchen Fall ist der als ungeeignet erachtete Elternteil nicht berechtigt, beim Ableben des anderen Elternteils die elterliche Gewalt oder Vormundschaft über die Kinder zu übernehmen[26].

2. Regelung der elterlichen Gewalt nach erfolgter Scheidung

Enthält das Scheidungsurteil keine Feststellung über die mangelnde Eignung eines Elternteils, die elterliche Gewalt innezuhaben, so ist ergänzend zum Scheidungsurteil eine Regelung hinsichtlich der elterlichen Gewalt zu treffen. In diesem Fall greift zunächst der Guardianship of Infants Act, 1886, sec. 5, ein:

„The Court may, upon the application of the mother of any infant (who may apply without next friend), make such order as it may think fit regarding the custody of such infant and the right of access thereto of either parent, having regard to the welfare of the infant, and to the conduct of the parents ..."

Das Gericht kann auf Antrag der Mutter eines Kindes (die diesen ohne Mitwirkung eines Beistandes stellen kann) eine angemessene Regelung hinsichtlich der elterlichen Gewalt über das Kind und hinsichtlich des Verkehrs eines jeden Elternteils mit dem Kind treffen, wobei das Wohlergehen des Kindes und das Verhalten der Eltern zu beachten ist ...[27]

Weitere Grundsätze für die gerichtliche Regelung der elterlichen Gewalt stellt der im vorliegenden Sachzusammenhang entscheidende Guardianship of Infants Act, 1925, sec. 1, auf:

„Where in any proceeding before any court (whether or not a court within the meaning of the Guardianship of

Wenn in einem gerichtlichen Verfahren (ob vor einem Gericht im Sinne des Guardianship of Infants Act, 1886, oder

[26] Übers. d. Verf.

[27] Übers. d. Verf.

Infants Act, 1886) the custody or upbringing of an infant, or the administration of any property belonging to or held on trust for an infant, or the application of the income thereof, is in question, the court, in deciding that question, shall regard the welfare of the infant as the first and paramount consideration, and shall not take into consideration whether from any other point of view the claim of the father, or any right at common law possessed by the father, in respect of such custody, upbringing, administration or application is superior to that of the mother, or the claim of the mother is superior to that of the father."

nicht) die elterliche Gewalt oder die Erziehung eines Kindes oder die Verwaltung von Vermögen, das einem Kind gehört oder für es verwaltet wird oder die Verwendung der daraus resultierenden Einkünfte in Frage stehen, soll das Gericht bei der Entscheidung *das Wohlergehen des Kindes als erstes und oberstes Gebot betrachten* und soll nicht untersuchen, ob unter irgend einem anderen Gesichtspunkt der Anspruch des Vaters oder ein im common law begründetes Recht des Vaters auf die elterliche Gewalt, Erziehung, Verwaltung oder Vermögensverwendung gewichtiger ist als das (Recht) der Mutter, noch ob der Anspruch der Mutter gewichtiger ist als der des Vaters[28].

Die vorstehend zitierten Vorschriften stellen die abschließende gesetzliche Regelung des englischen Rechts hinsichtlich der Übertragung der elterlichen Gewalt dar. Sie gewähren dem Gericht einen beträchtlichen Ermessensspielraum, der inhaltlich allerdings insofern gesetzlich ausgestaltet ist, als alle gerichtlich verfügten Maßnahmen dem Wohlergehen des Kindes dienen müssen. Von diesem Ermessensspielraum kann auch das deutsche Gericht, das jene Vorschriften anzuwenden hat, Gebrauch machen, da es materiell nicht anders zu entscheiden hat, als wenn ein englisches Gericht an seiner Stelle zu entscheiden hätte.

ERGEBNIS

I. Die aus Art. 19 Abs. 1 EGBGB zu entnehmende allseitige Kollisionsnorm bestimmt, daß sich das Statut der ehelichen Kindschaft nach dem Recht des Staates richtet, dessen Staatsangehörigkeit der Kindesvater besitzt. Hierbei handelt es sich um eine Gesamtverweisung, so daß in Anbetracht der britischen Nationalität des Kindesvaters auf englische Kollisions- und Sachnormen verwiesen wird.

II. Zur Bestimmung des Statuts der ehelichen Kindschaft knüpft das nicht kodifizierte englische Kollisionsrecht an das Domizil des Vaters an. Dies gilt auch nach Scheidung der Ehe.

1. Da der Kindesvater sein Domizil in Dorset/England hat, richtet sich das Statut der ehelichen Kindschaft im vorliegenden Fall nach englischem Recht, d. h. Inhaberschaft der elterlichen Gewalt sowie ihre

---

[28] Übers. d. Verf.

Regelung nach der Scheidung der Ehe werden von diesem Recht bestimmt.

2. Die von einer Minderheit im britischen Schrifttum vertretene Meinung, daß für die Regelung der elterlichen Gewalt kollisionsrechtlich stets die lex fori gelte, ist angesichts der einschlägigen Spruchpraxis britischer Gerichte nicht haltbar.

III. Die elterliche Gewalt, die bei bestehender Ehe beide Elternteile innehaben, kann nach Scheidung der Ehe folgendermaßen geregelt werden:

1. Im Scheidungsurteil kann ausgesprochen werden, daß der schuldig geschiedene Elternteil zur Innehabung der elterlichen Gewalt ungeeignet ist (Guardianship of Infants Act, 1886, Sec. 7).
2. Ist dies nicht geschehen, so kann die Kindesmutter eine gerichtliche Regelung der Inhaberschaft der elterlichen Gewalt beantragen (Guardianship of Infants Act, 1886, sec. 5). Das Gericht hat bei seiner Entscheidung als *erstes und oberstes Gebot das Wohlergehen des Kindes bzw.* der Kinder zu beachten. Im übrigen ist es frei in der Wahl von Regelungen, die der Verwirklichung jenes Gebotes dienen (Guardianship of Infants Act, 1925, sec. 1).

Nr. 22

Libyen

1. Libysches internationales und interpersonales Privatrecht der elterlichen Gewalt.

2. Zur Frage der elterlichen Gewalt über ein libysches Kind nach Scheidung der Ehe nach islamisch-malikitischem Recht.

3. Zur Frage des deutschen „ordre public“ bei Anwendung libysch-islamischen Rechts auf die Frage der Verteilung der elterlichen Gewalt.

Köln 97/68 vom 28. 1. 1969

Das Amtsgericht Lippstadt hat in der Familienrechtssache S. um ein Gutachten über libysches Familienrecht gebeten.

SACHLAGE

Die deutsche Staatsangehörige evangelischer Konfession Ursula C. schloß am 26. 8. 1965 mit dem muslimischen Libyer Soliman S. vor dem Standesbeamten in München II die Ehe. Aus dieser Ehe ist der am 19. 12. 1965 in Lippstadt geborene Sohn Amin hervorgegangen.

Die Ehe wurde am 23. 2. 1967 durch das LG München I aus dem Alleinverschulden des Ehemannes geschieden.

Die geschiedene Ehefrau lebt mit dem Kind bei ihren Eltern in Lippstadt; der Ehemann in München. Er zahlt monatlich etwa 100,– DM Unterhalt für das Kind an die Mutter.

Soliman S. beabsichtigt, nach dem Abschluß seines Studiums nach Libyen zurückzukehren. Das Kind Amin hält sich zur Zeit mit seiner Zustimmung bei der Mutter auf. Er behält sich jedoch vor, das Kind, falls es die Mutter nicht so erzieht, wie er es wünscht, mit nach Libyen zu nehmen.

Durch Beschluß vom 18. 10. 1967 übertrug das Amtsgericht Lippstadt der Mutter gemäß § 1671 BGB die elterliche Gewalt über das Kind.

Gegen diesen Beschluß hat der Vater am 2. 11. 1967 Beschwerde erhoben mit dem Antrag,

ihm die elterliche Gewalt zu übertragen.

Die Mutter des Kindes beantragt,

die Beschwerde zurückzuweisen.

Der Beschwerdeführer Soliman S. stützt seinen Antrag vornehmlich auf eine Rechtsauskunft von Professor Abd as-Sâlim *Bûtâlaq,* Präsident des Religiösen Appellationsgerichts [„mahkama al-istisnâf aš-šarî'a"] in Benghazi/Libyen.

Am 31. 7. 1968 beantragte Soliman S.,

seinem Willen, daß das Kind beschnitten werden soll, zuzustimmen.

Die Mutter beantragte,

den Antrag zurückzuweisen.

Über die medizinische Notwendigkeit für eine Beschneidung herrscht zwischen den Parteien Streit. Der Vater ist der Ansicht, die Weigerung der Mutter, einer Beschneidung zuzustimmen, verletze das Wohl des Kindes.

Das Amtsgericht Lippstadt erwägt, aufgrund Art. 19 EGBGB der Beschwerde des Vaters vom 2. 11. 1967 abzuhelfen.

ANFRAGE

Aufgrund dieses Sachverhalts bittet das Amtsgericht Lippstadt um ein Gutachten über die Fragen der elterlichen Gewalt nach der Scheidung der Ehe und der Verkehrsregelung nach dem libyschen Heimatrecht des Vaters.

RECHTSLAGE

A. DAS AUF DIE FRAGE DER ELTERLICHEN GEWALT ANZUWENDENDE RECHT

I. Hauptfrage der elterlichen Gewalt nach Scheidung der Ehe: Art. 19 EGBGB

Ein Staatsvertrag zwischen dem Königreich Libyen und der Bundesrepublik Deutschland, der sich mit familienrechtlichen Fragen befaßt, besteht nicht. Es gelten daher die allgemeinen deutschen Kollisionsnormen.

Gemäß Art. 19 EGBGB, der unstreitig zu einer allseitigen Kollisionsnorm auszubauen ist[1], ist auf das Rechtsverhältnis zwischen Eltern und ehelichen Kindern das Heimatrecht des Vaters anzuwenden[2]. Diese Kollisionsnorm gilt für den gesamten Bereich der elterlichen Gewalt, wie sie in §§ 1626–1698 b BGB umschrieben oder in wesensgleichen Regeln ausländischer Rechte bestimmt wird[3]. Art. 19 EGBGB regelt ferner das Verhältnis ehelicher Kinder zu ihren Eltern nicht nur zur Zeit des Zusammenlebens der Eltern bei bestehender Ehe, sondern bestimmt auch die Beziehungen zwischen Eltern und Kindern während des Getrenntlebens der Eltern bei bestehender Ehe und auch dann, wenn die Ehe der Eltern durch Scheidung aufgelöst ist[4]. Zwar bestimmt Art. 17 EGBGB das Verhältnis der geschiedenen Ehepartner zueinander, jedoch regelt Art. 19 EGBGB unbestritten ihr Verhältnis zu den Kindern und wegen des engen Zusammenhangs auch ihr Verhältnis zueinander mit Bezug auf die Kinder[5]. Folglich ist die Kollisionsnorm des Art. 19 EGBGB auch auf den Bereich des § 1671 BGB und damit auch auf das Verkehrsrecht mit dem Kinde nach der Scheidung anzuwenden[6].

---

[1] *BGHZ* 21, 306 (312); *Kegel*, IPR, 2. Aufl. 1964, 313; *Raape*, IPR, 5. Aufl. 1961, 349.

[2] *Soergel-Kegel*, BGB V, 9. Aufl. 1961, Art. 19 EGBGB Randnr. 1; *Palandt-Lauterbach*, BGB, 28. Aufl. 1969, Art. 19 EGBGB Anm. 2; *Erman-Marquordt*, BGB II, 4. Aufl. 1967, Art. 19 EGBGB Anm. 1.

[3] *Soergel-Kegel* aaO Art. 19 EGBGB Randnr. 16, 17; *Kegel* aaO 315 f.; *Palandt-Lauterbach* aaO Art. 19 EGBGB Anm. 4; *Erman-Marquordt* aaO Art. 19 EGBGB Anm. 4, 4 a.

[4] *Staudinger-Raape*, BGB VI/2, 9. Aufl. 1931, Art. 19 EGBGB Anm. C I; *Soergel-Kegel* aaO Art. 19 EGBGB Randnr. 3, 10, 16; *Erman-Marquordt* aaO Art. 19 EGBGB Anm. 4 a; *Kegel* aaO 314; *Raape* aaO 355; *Wolff*, Das internationale Privatrecht Deutschlands, 3. Aufl. 1954, 215.

[5] *BayObLG* NJW 1952, 788; Staudinger-Raape aaO Art. 19 EGBGB Anm. C II 1; *Soergel-Kegel* aaO Art. 19 EGBGB Randnr. 10; *Erman-Marquordt* aaO Art. 19 EGBGB Anm. 4 a; *Palandt-Lauterbach* aaO Art. 19 EGBGB Anm. 4; *Kegel* aaO 314; *Raape* aaO 355; *Wolff* aaO 215 Fußn. 11.

[6] *Soergel-Kegel* aaO Art. 19 EGBGB Randnr. 8, 10, 28, 31; *Erman-Marquordt*

II. Vorfrage der Ehelichkeit des Kindes

1. Art. 18 EGBGB

Voraussetzung für die Anwendung von Art. 19 EGBGB ist die Ehelichkeit des Kindes. Diese Vorfrage ist selbständig nach Art. 18 EGBGB anzuknüpfen[7]. Gemäß Art. 18 EGBGB entscheidet über die Frage der ehelichen Abstammung eines Kindes das Heimatrecht des Ehemannes der Mutter, da auch diese Vorschrift zu einer allgemeinen Kollisionsnorm auszubauen ist[8]. Voraussetzung für die Anwendung dieser Norm ist, daß die Mutter des Kindes zur Zeit seiner Geburt oder früher verheiratet gewesen ist.

2. Ehe der Mutter

Auch die Vorfrage nach dem Bestehen der Ehe ist selbständig anzuknüpfen; sie beurteilt sich nicht nach Art. 18 EGBGB, sondern nach Art. 13, 11 EGBGB[9]. Aufgrund des mitgeteilten Sachverhalts sind keine Anhaltspunkte für Formfehler bei der Eheschließung, die gemäß Art. 13 III EGBGB i. V. m. § 11 EheG formgültig nach deutschem internationalen Privatrecht zustandegekommen ist, und keine Mängel der sachlichen Voraussetzungen (Ehehindernisse und Willensmängel nach dem Heimatrecht der beiden Ehepartner) gegeben. Es ist deshalb davon auszugehen, daß die Eheleute S. bis zu ihrer Scheidung in gültiger Ehe gelebt haben.

Damit ist für die Anwendung des Art. 18 EGBGB die entscheidende Vorfrage geklärt. Im vorliegenden Fall verweist Art. 18 EGBGB auf libysches Recht, da der Ehemann die libysche Staatsangehörigkeit besitzt.

3. Materiellrechtliche Entscheidung der Frage der Ehelichkeit

Im vorliegenden Fall kann aber dahingestellt bleiben, ob für die Vorfrage der Ehelichkeit des Kindes an libysches Recht oder an deutsches Recht, auf das das libysche internationale Privatrecht möglicherweise zurückverweist, angeknüpft wird.

Nach deutschem Recht ist ein Kind, das nach der Eheschließung seiner Eltern geboren wird, ohne weiteres ehelich (§ 1591 BGB).

---

aaO Art. 19 EGBGB Anm. 4 a; *Palandt-Lauterbach* aaO Art. 19 EGBGB Anm. 4; *Kegel* aaO 315; *Raape* aaO 355; *Wolff* aaO 216.

[7] *Soergel-Kegel* aaO Art. 19 EGBGB Randnr. 9, 49; *Kegel* aaO 214; *Palandt-Lauterbach* aaO Art. 19 EGBGB Anm. 1.

[8] *Soergel-Kegel* aaO Art. 18 EGBGB Randnr. 11; *Kegel* aaO 308; *Palandt-Lauterbach* aaO Art. 18 EGBGB Anm. 2; *Erman-Marquordt* aaO Art. 18 EGBGB Anm. 2.

[9] *BGHZ* 43, 213 (218); *BayObLG* FamRZ 1966, 145; *Soergel-Kegel* aaO Art. 18 EGBGB Randnr. 5; *Kegel* aaO 307.

Nach libysch-islamischem Recht des malikitischen Ritus (dazu unten B I) ist grundsätzlich ein Kind nur dann ehelich, wenn es in der Ehe seiner Eltern gezeugt worden ist. Ein Kind, das innerhalb von sechs Monaten nach der Eheschließung geboren wird, gilt aber dann als ehelich, wenn es von seinem Vater als von ihm abstammend anerkannt wird („iqrâr annasab"). Dieses Anerkenntnis braucht nicht förmlich ausgesprochen zu werden, sondern es wird auch in dem konkludenten Verhalten des Ehemanns gesehen. In casu bestehen deshalb keine Zweifel, daß das Kind auch nach libyschem Recht ehelich ist; denn der Vater betrachtet das Kind Amin auch noch nach der Scheidung als sein Kind, leistet Unterhalt und will das Kind möglicherweise mit nach Libyen nehmen [10].

III. Beachtlichkeit der Rückverweisung im Rahmen des Art. 19 EGBGB

Hinsichtlich der Hauptfrage der elterlichen Gewalt verweist das deutsche internationale Privatrecht auf das Heimatrecht des Vaters (oben A I) und damit auf libysches Recht. Da im Rahmen des Art. 19 EGBGB eine Rückverweisung gemäß Art. 27 EGBGB durch das internationale Privatrecht des Staates, dem der Vater angehört, beachtlich ist [11], und somit möglicherweise kein libysches materielles Recht zur Anwendung gelangt, ist zunächst die Frage der Rückverweisung zu klären.

IV. Hauptfrage der elterlichen Gewalt nach Scheidung der Ehe: Libysches internationales Privatrecht

1. Rechtsquelle

Das libysche internationale Privatrecht ist in Art. 10–28 Libysch. ZGB v. 28. 11. 1953 (in Kraft seit dem 28. 2. 1954) geregelt. Das libysche Gesetzbuch stellt eine Übernahme des ägyptischen Zivilgesetzbuchs v. 16. 7. 1948 mit nur unwesentlichen Modifizierungen zu einzelnen Fragen dar. Deshalb kann bei der Interpretation des libyschen Rechts – auch des Kollisionsrechts – auf ägyptische Quellen und Literatur zurückgegriffen werden [12].

---

[10] *Santillana,* Istituzioni di diritto musulmano malichita con riguardo anche al sistema sciafiita, Rom 1926, I 236 f.; *Bousquet,* Précis de droit musulman principalement mâlékite et algérien, 3. Aufl. Algier 1959, I 154; *Lapanne-Joinville,* Le code marocain du statut personnel, R. M. D. 11 (1959), 145–173 (150, 163 f.); *Milliot,* Introduction à l'étude du droit musulman, Paris 1953, 388 f.; *Abu Zahra,* Family Law, in: *Khadduri-Liebesny,* Law in the Middle East, Washington 1955, I, 132–178 (152 f.).

[11] *Soergel-Kegel* aaO Art. 19 EGBGB, Randnr. 50; *Erman-Marquordt* aaO Art. 19 EGBGB Anm. 6; *Palandt-Lauterbach* aaO Art. 19 EGBGB Anm. 1.

[12] Vgl. dazu *Badr,* The New Egyptian Civil Code and the Unification of the

2. Anknüpfung

Nach libyschem internationalen Privatrecht unterliegt die Frage der elterlichen Gewalt keiner einheitlichen Kollisionsnorm. Ausgehend von der Tatsache, daß nach materiellem islamischen Recht die „wilâyat" (etwa elterliche Gewalt) des Vaters in einen personensorgerechtlichen („wilâyat 'ala 'n-nafs") und in einen vermögenssorgerechtlichen Teil („wilâyat 'ala 'l-mâl"; hieraus fließt auch die Vertretungsmacht des Vaters) zerfällt, unterliegen nach ägyptischem (libyschem) Kollisionsrecht trotz der klaren Formulierung des Art. 16 Ägypt. ZGB die verschiedenen Erscheinungsformen der elterlichen Gewalt des Vaters verschiedenen Kollisionsnormen. Über die Frage, welchem Recht die „hadâna" (Personensorge) der Mutter, die neben der „wilâyat" des Vaters steht, unterliegt, herrscht dagegen anscheinend weniger Streit[13]. *Art. 16 Ägypt. ZGB* lautet in der offiziellen französischen Übersetzung:

„Les règles de fond en matière d'administration légale, de tutelle, de curatelle, et autres institutions de protection des incapables et des absents seront déterminées par la loi nationale de la personne à protéger." [14]

Die materiellrechtlichen Bestimmungen auf dem Gebiet der gesetzlichen Vermögensverwaltung, der Vormundschaft, der Pflegschaft und der anderen Institutionen zum Schutz der Geschäftsunfähigen und Abwesenden bestimmen sich nach dem Heimatrecht des Schutzbedürftigen.

In dem arabischen Originaltext stehen für die Begriffe „administration légale, tutelle et curatelle" die arabischen Termini „wilâyat", „hadāna" und „wasâyat" [15].

Somit wird im arabischen Gesetzestext der Begriff „wilâyat" ohne jede Einschränkung gebraucht. Dennoch gehen die ägyptische (libysche) Rechtsprechung und Lehre heute ganz überwiegend davon aus, daß *Art. 16* Ägypt. ZGB *nur* den *vermögensrechtlichen Aspekt der „wilâyat"* umfaßt. Als Grund wird genannt, daß nach islamischem Recht „il n'existe aucune analogie entre la tutelle sur la personne et la tutelle quant aux biens" (es

Laws of the Arab Countries, Tul. L. Rev. 30 (1955/56) 299–304 (303 f.); *d'Emilia,* Intorno agli elementi costitutivi della compravendita secondo i vigenti codici di alcuni paesi musulmani, Ann. Dir. Comp. Stud. Leg. 32 (1957) 82–117 (84 f.); *Anderson,* The Significance of Islamic Law in the World Today, Am. J. Comp. L. 9 (1960) 187–198 (196); auch *Bergmann-Ferid,* Internationales Ehe- und Kindschaftsrecht, 3. Aufl. IV s. v. Libyen (Stand Dez. 1962) 5.

[13] Dazu *Abdallâh,* Al-qânûn ad-dawli al-hass [Das internationale Privatrecht], 5. Aufl. Kairo 1965, II, 226–231; *Linant de Bellefonds,* La jurisprudence égyptienne et les conflits de lois en matière de statut personnel, Clunet 87 (1960) 822–856 (850, 852, 854).

[14] Journal officiel du Gouvernment égyptien (J. O.) Nr. 108 v. 29. 7. 1948, 2.

[15] *Al-qânûn al-madanî* [Zivilgesetzbuch], 3. Aufl. Kairo 1966, 6.

besteht keine Analogie zwischen der Sorge für die Person und der Sorge für das Vermögen)[16]. Danach bestimmt sich der vermögenssorgerechtliche Teil der „wilâyat" des Vaters nach dem *Heimatrecht* des Kindes.

Die „wilâyat 'ala 'n-nafs" (personensorgerechtlicher Teil der elterlichen Gewalt des Vaters) unterliegt dagegen nach einer weitverbreiteten Ansicht gemäß Art. 13 Ägypt. ZGB dem *Ehewirkungsstatut* und damit dem Heimatrecht des Ehemannes[17]. *Art. 13 I Ägypt. ZGB* lautet:

„Les effets du mariage, y compris ceux qui concernent le patrimoine, seront soumis à la loi nationale du mari, au moment de la conclusion du mariage."[18]	Die Wirkungen der Ehe, inbegriffen die vermögensrechtlichen, unterliegen dem Heimatrecht des Ehemannes zur Zeit der Eheschließung.

Anderer Ansicht ist *'Abdallâh*. Nach seiner Auffassung ist die Personensorge für ein Kind eng mit den Fragen der Kindschaft und der Abstammung verbunden. Deshalb bestimme sich die Frage der „wilâyat 'ala 'n-nafs" nach dem für diese Fragen maßgebendem Statut. Diese Fragen unterliegen nach ägyptischem (libyschem) Kollisionsrecht heute gewohnheitsrechtlich dem Heimatrecht des Vaters, so daß auch nach 'Abdallâhs Meinung für die „wilâyat 'ala 'n-nafs" das Heimatrecht des Vaters als des Haupts der Familie maßgibt[19]. Dies war auch die Lösung gemäß dem seit 1955 nicht mehr in Kraft befindlichen Gesetz Nr. 49 v. 24. 7. 1937 (Règlement d'organisation judiciaire pour les Tribunaux mixtes)[20]. *Art. 29 S. 6* lautet:

„Les matières relatives à la filiation, ... sont régies par la loi nationale du père."[21]	Die Angelegenheiten, die sich auf die Kindschaft beziehen ... bestimmen sich nach dem Heimatrecht des Vaters.

Das Recht der „hadâna" (Personensorge) der Mutter unterliegt möglicherweise gemäß der gesetzlichen Regelung des Art. 16 Ägypt. ZGB dem Heimatrecht des Kindes. Aber auch das ist zweifelhaft, da auch eine Entscheidung bekannt geworden ist, in der in einem solchen Fall nach Art. 13 Ägypt. ZGB angeknüpft worden ist[22]. Indes braucht die Frage, ob in casu Art. 16 (Heimatrecht des Kindes) oder Art. 13 (Heimatrecht des Vaters) Libysch. ZGB maßgibt, nicht entschieden zu werden, da die Anknüpfung

---

[16] *Trib. Caire* 14. 10. 1958, No. 36/1958; 24. 12. 1958, No. 166/56, bei *Linant de Bellefonds*, Clunet 87 (1960) 850, 852; *'Abdallâh* aaO II 229 f.

[17] Nachweise bei *Linant de Bellefonds*, Clunet 87 (1960) 850, 852.

[18] J. O. égyptien, Nr. 108 v. 29. 7. 1948, 2.

[19] *'Abdallâh* aaO II 228–230; vgl. auch *Linant de Bellefonds*, Clunet 87 (1960) 852.

[20] *Linant de Bellefonds*, Clunet 87 (1960) 854.

[21] *Nouveaux codes d'Egypte*, o. O., o. J., 27.

[22] So *Trib. Alexandrie* 26. 2. 1952, Rev. égypt. dr. int. 8 (1952) 165 f.; unergiebig in dieser Frage *'Abdallâh* und *Linant de Bellefonds*.

nach beiden Vorschriften zur Anwendung des materiellen libyschen Rechts führt.

Denn das Kind Amin besitzt gemäß *Art. 4 Ziff. 1 Buchst. b* des libysch. StAG Nr. 17 v. 18. 4. 1954 die libysche Staatsangehörigkeit seines Vaters.

Art. 4:

„1. Eine Person ist libyscher Untertan, wenn sie ...

b) am oder nach dem 7. Oktober 1951 außerhalb Libyens geboren ist und ihr Vater durch Geburt in Libyen, Einbürgerung oder Auswirkung der Artikel 1 oder 2 dieses Gesetzes libyscher Untertan ist[23].

Daß die durch den Vater erfolgte Anerkennung des Kindes als legitimes Kind (oben A II 3) das in Art. 4 Libysch. StAG v. 1954 vorausgesetzte Abstammungsverhältnis („nasab") schafft, ist entsprechend den in anderen islamischen Ländern geltenden Regeln ohne Zweifel anzunehmen[24]. Dagegen hat das eheliche Kind Amin nicht die deutsche Staatsangehörigkeit seiner Mutter erworben, da es kraft Geburt die libysche Staatsangehörigkeit seines Vaters erworben hat (§ 4 RuStAG)[25].

V. Ergebnis

Da das libysche internationale Privatrecht *keine Rückverweisung* auf das deutsche Recht ausspricht, ist auf den vorliegenden Fall *libysches Familienrecht* anzuwenden.

VI. Libysches interpersonales Privatrecht

In Libyen, wie in allen islamischen Ländern[26], ist das Familien und Erbrecht nach Personengruppen, je nachdem, welcher anerkannten *Religionsgemeinschaft* sie angehören, verschieden[27]. Dies folgt für Libyen heute

---

[23] Text nach *Kruse*, Das Staatsangehörigkeitsrecht der arabischen Staaten, 1955, 83.

[24] *Tyan*, Précis de droit international privé, Beirut 1966, 513 (Libanon); *Lapanne-Joinville*, R. M. D. 11 (1959) 164 (Marokko); *Imâmî*, Huqûq-i madanî, 2. Aufl. Teheran 1342 H./1963, IV 165 f. (Iran).

[25] Vgl. *Lichter-Hoffmann*, Staatsangehörigkeitsrecht, 3. Aufl. 1966, § 4 RuStAG Anm. 19, 29; *Makarov*, Deutsches Staatsangehörigkeitsrecht, 1966, § 4 RuStAG Anm. II 3, S. 45 f.

[26] Vgl. z. B. *Shahâta*, Ahkâm al-ahwâl aš-šahsîya li-gair al-muslimîn min al-misrîyîn, 7 Bde., Kairo 1957/63 und *Linant de Bellefonds*, Clunet 87 (1960) 824, 826, 828 für *Ägypten; Goldenburg v. Goldenburg* (1960), S. L. J. R. 36 (42) für den *Sudan; Catala-Gervais*, Le droit libanais, Paris 1963, 53–188 für den *Libanon; Decroux*, Droit privé, Rabat-Paris 1963, I 30–34 für *Marokko*.

[27] *Wengler*, Die Kollisionsnormen im Recht der italienischen Kolonien RabelsZ

auch eindeutig aus *Art. 192 Libysch. Verfassung* v. 7. 10. 1951 (i. d. F. v. 25. 4. 1963). Die Bestimmung lautet:

„The State shall guarantee respect for the systems of personal status of non-Moslems." [28]

Der Staat sichert Rücksichtnahme auf die Rechtssysteme des „statut personnel" der Nichtmuslime zu.

Folglich ist für die Entscheidung der Frage, welches der in Libyen geltenden Rechte auf die Frage der elterlichen Gewalt über das Kind Amin anzuwenden ist, *libyschem interpersonalen Privatrecht* zu folgen[29].

Da der Vater des Kindes Muslim ist und die islamischen Länder bei der Beteiligung eines Muslims an einem familienrechtlichen Fall regelmäßig islamisches Recht anwenden[30], ist folglich auf die Frage der elterlichen Gewalt in casu *das für Muslime in Libyen geltende Recht* anzuwenden.

B. LIBYSCH-ISLAMISCHES MATERIELLES RECHT

I. Rechtsquellen

In Libyen ist im Gegensatz zu vielen anderen islamischen Ländern das islamische Familienrecht bisher weder im ganzen noch teilweise kodifiziert worden[31]. Ein privater Kodifikationsversuch („Mulahhas al-ahkâm aš-šar'îya") von Muhamad ibn 'Amir in den Jahren 1937/38 ist nie Gesetz geworden[32].

Das libysche (ägyptische) Zivilgesetzbuch von 1953 (1948) enthält keine familienrechtlichen Bestimmungen.

Folglich ist in familienrechtlichen Fragen auf das überkommene islamische Recht des *sunnitisch-malikitischen* Ritus zurückzugreifen[33]. Dieses Recht in Fragen des „statut personnel" der Muslime ist zur Zeit der italie-

10 (1936) 71–84 (74, 76–80); *Raiser*, Art. Italien; Kolonien und Nebenländer, in: RvglHWB, 1929, I 961–964 (961); *Henrich*, Anm. zu *LG Hamburg* StAZ 1960, 99 (101).

[28] *Peaslee*, Constitutions of Nations, 3. Aufl. den Haag 1965, I 436–452 (451).

[29] Vgl. *KG* IPRspr. 1931 Nr. 142 (Iran); *KG* JW 1932, 2302 m. Anm. v. *Greenfield* (Iran); *KG* JW 1937, 3249 (Iran); *IPG* 1965–66 Nr. 40 (Köln) (Syrien); *IPG* 1965–66 Nr. 44 (Kiel) (Irak); *Soergel-Kegel* aaO vor Art. 7 EGBGB Anm. 106.

[30] *Linant de Bellefonds*, Clunet 87 (1960) 826, 828 (Ägypten); *Jord. Kassationshof*, Nr. 499/66, 18. 3. 1967, Niqâbat al-muhâmîn 1967, 433 (Jordanien); *N. S. Stergiou v. A. N. Stergiou* (1963) S. L. J. R. 182 (185) (Sudan).

[31] Vgl. *Anderson*, Codification in the Muslim World, RabelsZ 30 (1966) 241–253 (247); *Schacht*, An Introduction to Islamic Law, Oxford 1964, 100–111.

[32] Dazu *Bussi*, Alcune moderne „codificazioni" o „compilazioni" del diritto musulmano, Oriente Moderno 20 (1940) 251–261.

[33] Vgl. dazu *d'Amelio*, Il Codice di Khalil e la legislazione de rito malekita in Libia, Riv. Dir. Comm. 10 (1912 I) 894–901; auch Gutachten *Butâlâq* (vgl. oben S. 153).

nischen Herrschaft (bis 1943) in Kraft geblieben[34]. *Art. 213 I* des Ordinamento Giudiziario per la Libia Nr. 2167 v. 27. 6. 1935 lautet:

„I rapporti relativi allo statuto personale, al *diritto di famiglia*, al diritto successorio ed alle pratiche religiose, per i cittadini italiani libici musulmani e gli stranieri musulmani, sono regolative dalle *legge sciaraitica*." [35]

Die Verhältnisse bezüglich des „statut personnel", des *Familienrechts*, des Erbrechts und der religiösen Praxis der italo-libyschen muslimischen Bürger und der ausländischen Muslime bestimmen sich nach dem „*šarî'a-Gesetz*".

Dieses Recht gilt heute gemäß *Art. 203* Libysch. Verfassung v. 7. 10. 1951 weiter.

Art. 203:

„All laws, decrees and proclamations in force in any part of Libyan territory at the time of the entry into force of this Constitution shall remain applicable insofar as they are not contrary to the amended or new provisions of the Constitution, and it shall be so until their expiration, abrogation, modification or replacement by other legislation promulgated in accordance with this Constitution." [36]

Alle Gesetze, Verordnungen und Bekanntmachungen, die in irgendeinem Teil des libyschen Territoriums zur Zeit des Inkrafttretens dieser Verfassung gelten, bleiben anwendbar, sofern sie nicht gegen die ergänzten oder neuen Bestimmungen dieser Verfassung verstoßen, und sie werden in Kraft bleiben bis zu ihrem Ablauf, ihrer Außerkraftsetzung, ihrer Änderung oder ihrer Ersetzung durch andere Gesetze, die in Übereinstimmung mit dieser Verfassung erlassen werden.

Daß das islamische Familienrecht in einem Staat, in dem der Islam die Staatsreligion ist (Art. 5 Libysch. Verf.), nicht verfassungswidrig ist, versteht sich von selbst. Dementsprechend bestimmt *Art. 17* des libyschen Gesetzes über die Verfassung der šarî'a-Gerichte:

„Die šarî'a-Gerichte wenden das islamische Recht so an, wie es sich nach der herrschenden Meinung der *Schule des Imâm Mâlik* bestimmt; . . ." [37]

Danach gilt in Libyen auch heute noch in dem Bereich des „statut personnel" im weitesten Sinne (Personen-, Familien- und Erbrecht) und damit auch *für die Frage der elterlichen Gewalt* über ein Kind nach Scheidung der Ehe das *traditionelle islamisch-malikitische Recht*[38].

---

[34] *Wengler*, RabelsZ 10 (1936) 74, 76, 80; *d'Emilia*, Intorno alla moderna attività legislativa di alcuni paesi musulmani nel campo del diritto privato, Oriente Moderno 33 (1953) 301–321 (304).

[35] Text bei *Wengler*, RabelsZ 10 (1936) 80.

[36] Text nach *Peaslee* aaO I 452.

[37] Übersetzung aus dem arabischen Text in: *al-Qâdî*, An-nazm al-qudât wa 'l-harakat at tašrîya fî Lîbia, Kairo 1961, 202.

[38] Vgl. *Qasem*, A Judicial Experiment in Libya: Unification of Civil and Shariat

Libysch-islamische *Rechtsprechung* zu familienrechtlichen Fragen ist nur sehr beschränkt zu ermitteln[39]. In den von d'Emilia nachgewiesenen Entscheidungen zu Fragen des Verlöbnis-, Ehe- und Scheidungsrechts hat der *Tribunale Superiore sciaraitico* regelmäßig das *traditionelle Recht des malikitischen Ritus* zugrunde gelegt[40], so daß davon ausgegangen werden kann, daß es dabei auch hinsichtlich der Fragen der elterlichen Gewalt nach der Scheidung bewendet.

Die Hauptquelle für die Interpretation dieses Rechts in Libyen ist danach das von Halîl ibn Ishâq verfaßte Werk *„Al-muhtasar"* aus dem 14. Jahrhundert[41].

II. Elterliche Gewalt nach Scheidung der Ehe im libysch-islamischen Recht

Nach dem islamischen Recht des malikitischen Ritus ergibt sich für den vorliegenden Fall folgende Rechtslage:

1. Der Begriff der elterlichen Gewalt im libysch-islamischen Recht

Das islamische Recht kennt *keinen einheitlichen Begriff der elterlichen Gewalt.* Es regelt nur die einzelnen Rechte des Vaters und der Mutter in bezug auf das Kind, die in ihrer Gesamtheit als „elterliche Gewalt" qualifiziert werden können[42].

Die *Gesamtheit der Rechte und Pflichten,* die die Sorge für die Person und das Vermögen eines minderjährigen Kindes zum Inhalt hat, heißt *„wilâyat"*. Sie umfaßt einerseits die Ausbildung („ta'alîm") in einer Wissenschaft oder in einem Beruf, die Züchtigung („ta'adîb), die persönliche Obhut („hifz"), den Unterhalt („nafaqa") und die Verheiratung („tazwîĝ") und erstreckt sich andererseits auf die Sorge für das Vermögen des Minderjährigen und die Vertretungsmacht in persönlichen und geschäftlichen

---

Courts, I. C. L. Q. 3 (1954) 134–137 (134 f.); auch *Linant de Bellefonds,* Clunet 87 (1960) 824, 850–854.

[39] Z. B. *d'Emilia,* La giurisprudenza del Tribunale superiore sciaraitico della Libia in materia di fidanzamento, matrimonio e divorzio (1929–1941), Rivista degli Studi Orientali 21 (1946) 15–50.

[40] *D'Emilia,* Rivista degli Studi Orientali 21 (1946) 16, 50.

[41] *D'Emilia,* Rivista degli Studi Orientali 21 (1946) 50; *d'Amelio,* Riv. Dir. Comm. 10 (1912 I) 894–901; auch Gutachten *Butâlâq* oben S. 153; in französischer Übersetzung: *Khalîl ben Ishâq,* Abrégé de lal oi musulmane selon le rite de l'Imâm Mâlek, 4 Bde., Algier 1956–62 (Übers. u. hrsg. v. *Bousquet*).

[42] *Klinkhardt,* Die Personensorge nach islamischem Recht, ZvglRWiss 68 (1966) 1–80 (insbesondere 45–61); *Santillana* aaO I 289–304; *Safai,* La protection des incapables, Paris 1966, insbesondere 93–137 (zur Personensorge); 141–165 (zur Vermögenssorge); *Bousquet* aaO I 162–172; zu den Auswirkungen im libyschen Kollisionsrecht oben A IV 2.

Angelegenheiten[43]. *Inhaber der „wilâyat"* ist nach islamischem Recht, solange er lebt, grundsätzlich der *Vater* des Minderjährigen[44].

Ein *eigenes Recht der Mutter* zu rechtlich bedeutsamen Entscheidungen, insbesondere zu der Vertretung des Kindes in persönlichen oder vermögensrechtlichen Angelegenheiten, *besteht* neben der „wilâyat" des Vaters *nicht*. Die *Mutter* besitzt neben dem Vater lediglich das Recht der *„hadâna"*. Das heißt, sie ist nach malikitischer Auffassung berechtigt, ein Kind bis zu einem bestimmten Alter bei sich zu behalten, für seine leibliche Pflege zu sorgen und es zu erziehen[45].

Das Recht der *„hadâna"* hat danach etwa den gleichen Inhalt wie § 1707 I 2 BGB; das heißt, es ist als ein *tatsächliches Personensorgerecht* bis zu einem bestimmten Alter des Kindes zu qualifizieren[46].

2. *Die Dauer der elterlichen Gewalt*

Nach libysch-islamischem Recht besitzt die Mutter das Recht der „hadâna" für einen Knaben bis zum Eintritt der Geschlechtsreife. Gesetzlichen Ausdruck findet diese Regel in dem auf malikitischen Recht beruhenden „Code du statut personnel Marocain" („Mudawwana") von 1957/58[47].

Art. 102 lautet:

„La hadhâna dure, s'il s'agit d'une fille, jusqu'à la consommation du marriage; s'il s'agit d'un garçon, jusqu'à la puberté."[48]

Die „hadâna" dauert für ein Mädchen bis zum Vollzug ihrer Ehe; für einen Knaben bis [zum Eintritt] der Geschlechtsreife.

Wenn äußere Zeichen für den Eintritt der Geschlechtsreife fehlen, so endet die „hadâna" der Mutter spätestens mit dem Ablauf des 18. Lunar-Jahres (etwa 17 Jahre und 7 Monate). Eine nähere Bestimmung der Altersgrenze ist dem islamisch-*malikitischen* Recht nicht bekannt[49].

---

[43] *Halîl ibn Ishâq* (ed. *Bousquet*) aaO II 139; *Mahmassani*, Al-mabadi aš-šarî'a wa 'l-qânûnîya, 3. Aufl. Beirut 1962, 66, 81; *Santillana* aaO I 293; *Bousquet* aaO I 163 f.

[44] Z. B. *Imambandi v. Mutsaddi* (1918) 45 L. R. Ind. App. 73; zit. n. *Fyzee*, Cases in the Muhammadan Law, Oxford 1965, 260–274 (264 f.); *Santillana* aaO I 293 f.; *Bousquet*, aaO I 164.

[45] *Halîl ibn Ishâq* (ed. *Bousquet*) aaO II 139–141; *Santillana* aaO I 289–293; *Klinkhardt*, ZvglRWiss 68 (1966) 45–49.

[46] Ebenso: *Klinkhardt*, ZvglRWiss 68 (1966) 45; zutreffend: *AG Hamburg* FamRZ 1967, 498 (499) (Jordanien); *AG Hamburg* FamRZ 1967, 500 (501) (Iran; „Personensorgenebenrecht").

[47] Vgl. dazu *Colomer*, Droit musulman, Rabat-Paris 1963 I (Kommentierung der Art. 1–132 der „Mudawwana"); *Lapanne-Joinville*, R. M. D. 11 (1959) 145–173.

[48] Text bei *Colomer* aaO I 164.

[49] *Halîl ibn Ishâq* (ed. *Bousquet*) aaO II 139; *Santillana* aaO I 293, 300; *Bousquet* aaO I 167; *Lapanne-Joinville*, R. M. D. 11 (1959) 166 f., 170; *Colomer* aaO I 43.

Nach dem Ablauf der Fristen der „hadâna" steht nach islamisch-*hanafitischem* Recht auch dieses Recht automatisch dem Vater zu[50].

Die elterliche Gewalt des Vaters, die sich auf die Personensorge bezieht („wilâyat 'ala 'n-nafs [auch oben A IV 2]), endet wie die „hadâna" der Mutter nach malikitischem Recht mit dem Eintritt der Geschlechtsreife (oder spätestens mit der Vollendung des 18. Lunar-Jahres) des Knaben[51]. Zwar bestimmt das staatliche libysche Recht in *Art. 44 II ZGB*, daß die Volljährigkeit erst mit der Vollendung des 21. Lebensjahres eintritt. Die Bestimmung lautet:

„La majorité est fixée à 21 ans révolus, d'après le calendrier grégorien."[52]	Die Volljährigkeit wird auf 21 vollendete Jahre nach dem gregorianischen Kalender festgesetzt.

Dieser Artikel betrifft nach allgemeiner Ansicht jedoch nur die Volljährigkeit im vermögensrechtlichen Bereich. Für den personensorgerechtlichen Bereich bleibt es, da im staatlichen libyschen Recht insoweit keine Vorschriften erlassen worden sind, bei der Regelung des islamisch-malikitischen Rechts[53].

Im Normalfall gibt es danach im malikitischen – im Gegensatz zum hanafitischen – Recht keinen Übergang der tatsächlichen Personensorge („hadâna") von der Mutter auf den Vater. Der Sohn wird zur gleichen Zeit, das heißt mit dem Eintritt der Geschlechtsreife (oder spätestens mit der Vollendung des 18. Lunar-Jahres) aus der „hadâna" (tatsächliche Personensorge) der Mutter und der „wilâyat 'ala 'n-nafs (personensorgerechtlicher Teil der elterlichen Gewalt) des Vaters entlassen.

Die elterliche Gewalt des Vaters im vermögensrechtlichen Bereich, die nach traditionellem islamisch-malikitischen Recht im allgemeinen gleichfalls mit dem Eintritt der Geschlechtsreife (spätestens mit der Vollendung des 18. Lunar-Jahres) eines Knaben und einem zusätzlichen besonderen Emanzipationsakt („taršîd") beendet wird[54], dauert heute gemäß Art. 44 II Libysch. ZGB bis zur Vollendung des 21. Lebensjahres des Kindes.

ZWISCHENERGEBNIS

Die Mutter besitzt das Recht der „hadâna" bis zum Eintritt der Geschlechtsreife des Knaben (höchstens bis zur Vollendung seines 18. Lunar-Jahres). Der Vater besitzt in dieser Zeit die „wilâyat 'ala 'n-nafs". Seine

[50] *N. S. Stergiou v. A. N. Stergiou* (1963) S. L. J. R. 182 (185); *Mulla*, Principles of Mahomedan Law, 14. Aufl. Kalkutta 1955, 299; zutreffend: *AG Hamburg* FamRZ 1967, 498 (500) (Jordanien).

[51] Vgl. *Safai* aaO 99, 102 f., 138–140; *Santillana* aaO I 290.

[52] J. O. égyptien, Nr. 108 v. 29. 7. 1948, 3.

[53] Vgl. *Colomer* aaO I 43 f., 48; auch *Safai* aaO 125 f.; *Abû Zahra*, Al-ahwâl aššahsîya, 3. Aufl. Kairo 1957, 471 f.

[54] *Colomer* aaO I 43; *Santillana* aaO I 300–302; *Safai* aaO 30–33, 145.

elterliche Gewalt im vermögenssorgerechtlichen Bereich („wilâyat 'ala 'l-mâl") endet mit der Vollendung des 21. Lebensjahres des Kindes.

3. *Elterliche Gewalt nach Scheidung der Ehe*

Die oben entwickelten Grundsätze bezüglich der „elterlichen Gewalt" nach islamischem Recht gelten nicht nur während des Bestehens der Ehe, sondern *auch nach* der *Ehescheidung*. Das libysch-islamische Recht kennt keine dem § 1671 BGB entsprechende Bestimmung, die eine Konzentration der elterlichen Gewalt über ein eheliches Kind bei einem Elternteil vorsieht. Die Scheidungsfolgen betreffen nach islamischem Recht nur die Ehe selbst. Das bedeutet: die Inhaberschaft der *„wilâyat"* wird – ebenso wie das Recht der *„hadâna" – durch* die *Scheidung nicht* berührt[55].

Der geschiedene Ehemann Soliman S. behält somit, unabhängig davon, bei welchem Elternteil sich das Kind nach der Scheidung der Ehe aufhält, und wer die Schuld an der Ehescheidung trägt, mithin die elterliche Gewalt („wilâyat").

Ebenso wie der Vater, behält auch die Mutter des Kindes die „hadâna" grundsätzlich bis zum Eintritt der Geschlechtsreife des Kindes, möglicherweise bis zum Jahre 1983.

4. *Frage der „hadâna", wenn die Ehegatten mehr als sechs Barid voneinander entfernt leben*

In casu besitzt die Mutter aber möglicherweise deshalb nicht mehr das Recht der „hadâna", weil sie an einem Ort (Lippstadt) wohnt, der mehr als sechs Barid (etwa 144 km) von dem Wohnort des Vaters (München) entfernt ist. Zwar lebt die geschiedene Ehefrau mit ihrem Kind in ihrem Heimatort (Wohnort der Eltern). Die Malikiten kennen im Gegensatz zu den Hanafiten jedoch nicht die Ausnahmeregelung, nach der sich eine geschiedene Frau mit ihrem Kind unabhängig von der Entfernung ihres Wohnorts zu dem ihres Ehemannes in jedem Fall immer an dem Ort, an dem die Ehe geschlossen worden ist, oder an ihrem Heimatort aufhalten kann[56]. Diese Bestimmung besteht nach malikitischer Auffassung vor

---

[55] *Anderson*, The Eclipse of the Patriarchal Family in Contemporary Islamic Law, in: *Anderson*, Family Law in Asia and Africa, New York 1968, 221–234 (222, 232); *Safai* aaO 98, 147; *Klinkhardt*, ZvglRWiss 68 (1966) 50; *Santillana* aaO I 299 (Scheidung kein Verlustgrund für die „wilâyat"); *Colomer* aaO I 180; ferner z. B. folgende Fälle: *Bharai v. Wazir Muhammad* P. L. D. 1967 (W. P) Lahore 333; *N. S. Stergiou v. A. N. Stergiou* (1963) S. L. J. R. 182; auch die Entscheidungen des *Trib. sup. sciar*, bei *Emilia*, Revista degli Studi Orientali 21 (1946), 31–45. Zutreffend in der *deutschen* Rechtsprechung: KG FamRZ 1968, 92 (93) (Irak); *AG Hamburg* FamRZ 1967, 500 (501) (Iran); *AG Hamburg* FamRZ 1967, 498 (500) (Jordanien).

[56] Vgl. für die hanafitische Regel statt aller *Klinkhardt*, ZvglRWiss 68 (1966)

allem deshalb, damit der Vater, der neben der „hadâna" der Mutter die „wilâyat" besitzt, Nachrichten über das Kind erhalten und es besuchen kann[57].

Die Regel, daß die Mutter mit dem Kind nach der Ehescheidung nur etwa 144 km von dem Wohnort des Vaters entfernt leben darf, verstößt in casu gegen Art. 30 EGBGB. Nach libysch-islamischem Recht ist Sinn der Bestimmung lediglich, daß der Vater Nachrichten über das Kind erhalten und es besuchen kann, und dies ist heute in Deutschland unschwer auch dann möglich, wenn die geschiedenen Eheleute mehr als 144 km voneinander getrennt leben. Aber die libyschen Gerichte würden die Regel, daß die Mutter die „hadâna" bei Entfernung über 144 km verliert, mutmaßlich anwenden. Solche starre Befolgung einer Regel aus dem 14. Jahrhundert ohne Rücksicht auf ihren Zweck und ohne Rücksicht auf das Wohl des Kindes und die Interessen der Mutter ist, wenn Mutter und Kind in Deutschland leben wie hier, für die deutsche Anschauung von Sitte und Recht schlechthin untragbar und daher wegen Verstoßes gegen Art. 30 EGBGB nicht zu übernehmen[58].

5. Religionsgleichheit zwischen Mutter und Kind

Die Mutter könnte das Recht der „hadâna" nach der Ehescheidung gemäß libysch-islamischem Recht auch deswegen verloren haben, weil sie Christin ist[59]. Nach libysch-islamischem Recht soll möglichst die Religionszugehörigkeit der die „hadâna" ausübenden Mutter mit der des Kindes übereinstimmen[60].

Das eheliche Kind eines muslimischen libyschen Vaters erwirbt durch die Geburt neben der Staatsangehörigkeit ipso iure auch die islamische Religion seines Vaters[61]. Deshalb kann nach einer weitverbreiteten Ansicht – insbesondere unter den Hanafiten – eine nichtmuslimische Mutter, jedenfalls nach der Ehescheidung, die „hadâna" nicht mehr ausüben, weil die Gefahr besteht, daß die Mutter das Kind so erzieht, daß es vom Islam abfällt[62].

---

26 f., 51 f.; für die Malikiten: *Halîl ibn Ishâq* (ed. *Bousquet*) aaO II 141; *Klinkhardt*, ZvglRWiss 68 (1966) 44, 60.

[57] Vgl. dazu *Klinkhardt*, ZvglRWiss 68 (1966) 44, 60; *Colomer* aaO I 180.

[58] Vgl. *Soergel-Kegel* aaO Art. 30 EGBGB, Randnr. 3–17.

[59] Vgl. *Safai* aaO 104–107.

[60] Vgl. *Santillana* aaO I 291; *Abu-Zahra* aaO 154 f.

[61] *Santillana* aaO I 243; *Lapanne-Joinville*, R. M. D. 11 (1959) 164.

[62] Vgl. z. B. *Atia Waris v. Sultan Ahmad Khan* P. L. D. 1959 (W. P.) Lahore 205: Die ursprünglich christliche Ehefrau trat vor der Eheschließung mit einem Muslim gegen den Willen ihrer Eltern zum Islam über. Nach dem Tode ihres Ehemannes lebte sie wieder bei ihren Eltern. Die Eltern des verstorbenen Ehemanns (Muslime) verweigerten die Herausgabe des ehelichen Kindes. Das Gericht entschied, die Mutter sei zwar zum Islam übergetreten; da sie jedoch wieder bei ihren christ-

Nach der h. M. der Malikiten ist die christliche Religion der Mutter jedoch kein Grund dafür, ihr das Recht der „hadâna" zu entziehen[63].

Einschränkungen dieses Rechts der Mutter wegen der Religionsverschiedenheit wie in Marokko und in Tunesien (gemäß Art. 108 Mudawwana bzw. Art. 59 des tunes. Code du statut personnel v. 1956), wonach ihr das Sorgerecht für ein Kind, das älter als fünf Jahre ist, nur dann zusteht, wenn sie die Ausübung der „hadâna" nicht dazu benutzt, das Kind in einer anderen Religion als der islamischen des Vaters zu erziehen[64], sind für Libyen nicht zu ermitteln. Danach ist die Religionsverschiedenheit von Mutter und Kind in casu kein Hindernis für die Mutter, das Recht der „hadâna" auszuüben[65].

6. Verhältnis von „wilâyat" und „hadâna"

Auch in der Zeit, in der der Mutter das Recht der „hadâna" zusteht, gewährt dieses der Mutter kein alleiniges Personensorgerecht. Denn trotz der „hadâna" hat der *Vater* aufgrund seiner „wilâyat" – unabhängig davon, ob die Ehe geschieden ist – ein *Recht zur Kontrolle* der Erziehung des Kindes durch die Mutter *und* zur *Aufsicht* über das Kind. Das bedeutet insbesondere auch, daß dem Vater ein angemessenes Verkehrsrecht mit dem Kinde zusteht. Aus diesem Grunde darf die Mutter mit dem Kinde ohne die Zustimmung des Vaters auch ihren Wohnort nicht beliebig weit vom Wohnort des Vaters entfernt nehmen, da auf diese Weise seine Kontrollrechte beeinträchtigt werden können. Der Vater hat allerdings auch zu dieser Zeit für den Unterhalt des Kindes aufzukommen[66].

Das Recht des Vaters geht jedoch nicht soweit, daß er der Mutter das Kind, solange dieser das Recht der „hadâna" zusteht, fortnehmen oder Maßnahmen veranlassen kann, die das Sorgerecht der Mutter aushöhlen würden. Das Recht der Mutter geht insoweit vor. So darf der Vater insbesondere das Kind nicht ohne die Zustimmung der Mutter zu sich nehmen, um es bei sich zu behalten oder um mit ihm zu verreisen[67].

---

lichen Eltern lebe, bestehe die Gefahr, daß das Kind nicht islamisch erzogen werde, so daß ihr deshalb das Recht der „hadâna" nicht mehr zustehe.

[63] *Halîl ibn Ishâq* (ed. *Bousquet*) aaO II 140; *Santillana* aaO I 291; *Safai* aaO 107.

[64] Vgl. dazu *Lapanne-Joinville*, R. M. D. 11 (1959) 166; *Colomer* aaO 164.

[65] Falls das Kind bereits getauft sein sollte, entfällt an dieser Stelle jedes Problem; denn dann ist die Voraussetzung der Religionsgleichheit zwischen Mutter und Kind gegeben.

[66] *Muhammad Sadiq v. Sadiq Safoora* P. L. D. 1963 (W. P.) Lahore 534 (546); *Bousquet* aaO I 170 f.; *Santillana* aaO 292; *Klinkhardt*, ZvglRWiss 68 (1966) 51–54; Zutreffend in der deutschen Rechtsprechung: *AG Hamburg* FamRZ 1967, 500 (501) (Iran); *AG Hamburg* FamRZ 1967, 498 (500) (Jordanien).

[67] *Safai* aaO 107–112; *Klinkhardt*, ZvglRWiss 68 (1966) 47–61; auch *KG* FamRZ 1968, 92 (93) (Irak).

7. Verkehrsrecht des Ehemannes mit dem Kind

Aus dem Kontrollrecht des Vaters aufgrund seiner „wilâyat" folgt, daß er ein *angemessenes Verkehrsrecht* mit dem Kind besitzt, das vom Gericht näher bestimmt werden kann[68]. Eine gesetzliche Regel hat dieser Grundsatz in Marokko gefunden. *Art. 111* Mudawwana lautet:

„Lorsque l'enfant a été confié à la garde („hadâna") de l'un de ses père et mère, l'autre ne peut se voir refuser le droit de lui rendre visite et de s'informer de son état. Il obtient même, s'il en fait la demande, le droit de se faire amener l'enfant au moins une fois par semaine, à moins que le juge n'estime de l'intérêt de l'enfant d'en décider autrement." [69]

Wenn das Kind seinem Vater oder seiner Mutter zur Ausübung der tatsächlichen Personensorge („hadâna") anvertraut ist, kann dem anderen Elternteil nicht verweigert werden, das Kind zu besuchen und sich über sein Befinden zu orientieren. Er hat auf Antrag sogar das Recht, daß ihm das Kind mindestens einmal in der Woche [besuchsweise] zugeführt wird, es sei denn, der Richter trifft im Interesse des Kindes eine andere Entscheidung.

Eine ähnliche Bestimmung enthält Art. 66 des tunesischen Code du statut personnel[70], so daß davon auszugehen ist, daß in Libyen insoweit die gleiche Rechtslage herrscht.

8. Entzug der „wilâyat" des Vaters

Eine Entziehung der elterlichen Gewalt („wilâyat") kennt das libysch-islamische Recht grundsätzlich nur in den Fällen der Verschollenheit, der Entmündigung, der Apostasie des Vaters und bei besonders schweren kriminellen oder sittlichen Vergehen gegenüber dem Kind[71].

In der modernen Rechtsprechung zum islamischen Recht ist, soweit ein Entzug der „wilâyat" des Vaters im Interesse des *Kindeswohls* durch eine gerichtliche Entscheidung erfolgt ist, mehrfach ausdrücklich darauf hingewiesen worden, daß dies contra legem islamicam erfolgt ist. So in Algerien[72]. Auch in der ägyptischen Rechtsprechung ist dem Vater in einigen exzeptionellen Fällen die „wilâyat" entzogen worden[73]. Das gleiche gilt für Pakistan[74].

---

[68] *Santillana* aaO I 292; *Colomer* aaO I 180; *Safai* aaO 111 f.

[69] Text bei *Colomer* aaO 166.

[70] Abgedruckt in deutscher Übersetzung bei *Bergmann-Ferid,* Internationales Ehe- und Kindschaftsrecht, 3. Aufl. V, s. v. Tunesien (Stand: März 1961), 14.

[71] *Safai* aaO 158 f.; *Santillana* aaO I 299.

[72] Vgl. die Entscheidungen der Chambre de Révision Musulmane de la *Cour d'Appel d'Alger* v. 27. 5. 1957, 23. 3. 1960, 20. 10. 1960, abgedruckt bei *Siband,* Répertoire alphabétique de jurisprudence musulmane 1956–1960, Algier 1962, 209 f.

[73] Nachweis bei *Sabâ'i-Sabûnî,* Al-ahwâl aš-šahsîya, Damaskus 1966, 61.

[74] Vgl. z. B. *Bharai v. Wazir Muhammad* P. L. D. 1967 (W. P.) Lahore 333 (355);

Alle diese Entscheidungen – insbesondere die pakistanischen – sind in Sonderfällen im Interesse des Kindes auf außerislamrechtliche Gesichtspunkte gestützt worden. Es erscheint deshalb höchst zweifelhaft, ob die Grundsätze in diesen vereinzelten Entscheidungen, die wegen ihrer nicht traditionellen Interpretation des islamischen Familienrechts teilweise auf erhebliche Kritik gestoßen sind[75], ohne weiteres auf Libyen übertragen werden können. Denn die libysche Rechtsprechung entscheidet in familienrechtlichen Fragen (oben B I) in aller Regel gemäß dem überkommenen malikitischen Recht. Damit bewendet es in casu bei der allgemeinen Regel, daß dem Vater die „wilâyat" nur ganz ausnahmsweise entzogen werden kann. Ein solcher Fall liegt hier jedoch nicht vor; denn der Vater leistet Unterhalt für das Kind und ist offensichtlich an der Sorge für das Kind interessiert. Damit entfällt nach libysch-islamischem Recht die Möglichkeit, ihm die „wilâyat" zu entziehen[76].

9. *Verlust der „hadâna" der Mutter bei Wiederheirat*

Nach unbestrittener Auffassung aller orthodoxen Rechtsschulen (also auch der Malikiten) verliert die Mutter das Recht der „hadâna", falls sie in zweiter Ehe einen nicht mit dem Kinde verwandten Mann heiratet[77]. An die Stelle der Mutter des Kindes tritt in diesem Fall die Großmutter mütterlicherseits als Sorgeberechtigte[78].

10. *Zwischenergebnis*

Durch die Scheidung der Ehe wird die Frage der elterlichen Gewalt nach libysch-islamischem Recht nicht berührt. Der Mutter steht ein tatsächliches Personensorgerecht („hadâna") für ihren Sohn bis zum Eintritt der Geschlechtsreife (spätestens bis zur Vollendung des 18. Lunar-Jahres) zu. Im übrigen ist der Vater der Inhaber der elterlichen Gewalt („wilâyat"), die ihm in casu nicht entzogen werden kann. Er besitzt das Recht, die Mutter bei der Ausübung des Sorgerechts zu überwachen und das Kind regelmäßig zu besuchen. Die Mutter verliert das Recht der „hadâna" bei Wiederheirat. Als Sorgeberechtigte tritt an ihre Stelle die Großmutter mütterlicherseits.

Rashida Begum v. Shahab Din P. L. D. 1960 (W. P.) Lahore 1142; *Zohra Begum v. Latif Ahmad Munawwar* P. L. D. 1965 (W. P.) Lahore 695.

[75] Vgl. *Zadha Begum v. Muhammad Nazir Khan* P. L. D. 1966 Azad J & K 1 (4); auch *Coulson*, Islamic Law, in: *Derrett*, An Introduction to Legal Systems, London 1968, 54–79 (76 f.).

[76] Vgl. *Munawar Jan v. Muhammad Afsar Khan* P. L. D. 1962 (W. P.) Lahore 142; auch *Sultana Begum v. Muhammad Shafi* P. L. D. 1965 (W. P.) Karachi 416.

[77] *Halîl ibn Ishâq* (ed. *Bousquet*) aaO II 141; *Santillana* aaO I 292; *Safai* aaO 104.

[78] *Halîl ibn Ishâq* (ed. *Bousquet*) aaO II 139; *Santillana* aaO I 290.

C. DAS PROBLEM DES DEUTSCHEN „ORDRE PUBLIC": ART. 30 EGBGB

Zu prüfen bleibt, ob die Beschränkung der Rechte der Mutter auf ein bloßes tatsächliches Personensorgerecht und dessen Begrenzung auf maximal 18 Lunar-Jahre (etwa 17 Jahre und 7 Monate) gegen den deutschen „ordre public" (Art. 30 EGBGB) verstößt. Ohne der richterlichen Entscheidung vorgreifen zu wollen, ist auf folgendes hinzuweisen:

Die Beschränkung des Personensorgerechts der Mutter für Knaben auf maximal 18 Lunar-Jahre bedeutet als abstrakte Regel kein Verstoß gegen Art. 30 EGBGB, solange dadurch das *Wohl des Kindes* nicht erheblich gefährdet wird. Solche Gefährdung ist nicht ohne weiteres deswegen anzunehmen, weil das Recht der Mutter zur Pflege und Erziehung ihres Kindes im libysch-islamischen Recht für die Mutter ungünstiger geregelt ist als in Deutschland[79].

Eine Gefährdung des Wohles des Kindes, das die libysche Staatsangehörigkeit seines Vaters besitzt, kann aber in dessen möglicher Verbringung nach Libyen, die der Vater beabsichtigt, liegen. In diesem Umstand ist allerdings eine Verletzung des Kindeswohls zu erblicken, weil das Kind dann gänzlich die Pflege und Erziehung durch die Mutter, insbesondere in den ersten Lebensjahren, entbehren müßte. In diesem Fall läge ein erheblicher Verstoß gegen den deutschen „ordre public" vor. Auf diese Weise würde nicht nur das Kindeswohl verletzt werden, sondern die an der Ehescheidung nicht schuldige Mutter verlöre auch jede Möglichkeit, jemals wieder Kontakt zu ihrem Kind, das in einer von der deutschen völlig verschiedenen Umwelt aufwüchse, zu bekommen.

In ständiger Rechtsprechung ist in Deutschland deshalb entschieden worden (meist ohne die Gefährdung des Kindeswohls in concreto zu untersuchen), daß die Bestimmungen des islamischen Rechts, nach denen automatisch die Personensorge für Kinder nach einem bestimmten Alter auf den Vater übergeht, gegen Art. 30 EGBGB verstößt, da diese Norm des streng patriarchalischen islamischen Familienrechts nicht mit den Vorschriften der Art. 3 II, 6 II 1 GG zu vereinbaren ist[80].

---

[79] Ebenso: *AG Hamburg* FamRZ 1967, 498 (500) (Jordanien); im Ergebnis auch *AG Schwäbisch-Hall* FamRZ 1965, 517 (Iran).

[80] *OLG München* FamRZ 1960, 372 (373) (Iran); *OLG Neustadt* FamRZ 1963, 51 (Iran); *AG Hamburg* FamRZ 1967, 500 (502) (Iran); *LG Hechingen* FamRZ 1967, 503 (504) (Iran); *LG Mannheim* und *AG Wolfenbüttel* FamRZ 1967, 505 (LS; Iran); *LG Braunschweig* FamRZ 1968, 94 (LS; Iran); *KG* FamRZ 1968, 92 (93) (Irak). Zustimmend: *Henrich,* StAZ 1968, 303; auch *Soergel-Kegel* aaO Art. 19 EGBGB Anm. 53; *a. A. AG Schwäbisch-Hall* FamRZ 1965, 517 (ohne auf die Frage des „ordre public" einzugehen und ohne sich mit den genannten Entscheidungen auseinanderzusetzen).

Im vorliegenden Fall kann die Frage hier offenbleiben, bis der Sohn Amin im Jahre 1983 sein 18. Lunar-Jahr vollendet; denn bis zu dieser Zeit kann der Vater das Kind nicht zu sich nehmen, ohne die „hadâna" der Mutter zu verletzen.

D. GESAMTERGEBNIS

1. Zur Entscheidung über die Frage der elterlichen Gewalt nach Scheidung der Ehe beruft das deutsche Kollisionsrecht libysches Recht, das keine Rückverweisung ausspricht.
2. Nach libyschem interpersonalen Kollisionsrecht ist im vorliegenden Fall das libysch-islamische Recht des malikitischen Ritus maßgebend.
3. Dem libysch-islamischen Recht ist eine dem § 1671 BGB entsprechende Regel nicht bekannt. Die Scheidung hat keinen Einfluß auf die Frage der elterlichen Gewalt.
4. Der Mutter steht lediglich ein tatsächliches Personensorgerecht („hadâna") über ihren Sohn längstens bis zur Vollendung des 18. Lunar-Jahres (im Juli 1983) zu. Inhaber der elterlichen Gewalt („wilâyat") ist vor und nach der Scheidung der Ehe der Vater. Er besitzt auch das Recht, die Erziehung des Kindes zu überwachen, auch wenn es sich nach der Ehescheidung bei der Mutter befindet. Er ist auch in dieser Zeit der gesetzliche Vertreter des Kindes. Ein Entzug der elterlichen Gewalt kommt in casu nach libysch-islamischem Recht nicht in Betracht. Die Mutter verliert im Falle der Wiederheirat ihr Sorgerecht. An ihre Stelle tritt die Großmutter mütterlicherseits.
5. Dem Vater steht ein angemessenes Verkehrsrecht mit seinem Kind zu, das im Interesse des Kindes gerichtlich geregelt werden kann.
6. Die Beschränkung der Rechte der Mutter auf ein bloßes tatsächliches Personensorgerecht bis zur Vollendung des 18. Lunar-Jahres des Kindes verstößt gegen den deutschen „ordre public", sofern dadurch das Wohl des Kindes beeinträchtigt wird. Die Frage kann jedoch zur Zeit offenbleiben, da der Sohn Amin erst drei Jahre alt ist.

Nr. 23

Norwegen

1. Das norwegische Kollisionsrecht unterwirft die Personensorge über eheliche Kinder dem am Wohnsitz der Kinder geltenden Recht.

2. Personensorge über eheliche Kinder im norwegischen Sachrecht.

Hamburg G 5/69 vom 11.6.1969

Das Amtsgericht Wolfsburg bittet in der Familienrechtssache R. um eine Auskunft über Internationales Privat- und Prozeßrecht sowie norwegisches Kindschaftsrecht.

Die Eltern der norwegischen Kinder Wencke und Frank R. sind geschieden. Der Vater besitzt die norwegische Staatsangehörigkeit und ist z. Z. unbekannten Aufenthaltes. Die Mutter der Kinder ist deutsche Staatsangehörige und wohnt mit ihnen am letzten ehelichen Wohnsitz in Wolfsburg.

Gefragt wird, ob und ggf. nach welchen Vorschriften das deutsche Gericht die elterliche Gewalt über die Kinder regeln kann.

I. Anwendbares Recht

1. Nach dem aus Art. 19 EGBGB abgeleiteten allgemeinen Grundsatz des *deutschen Internationalen Privatrechts* richtet sich das Rechtsverhältnis zwischen den Eltern und einem ehelichen Kinde nach dem Recht des Staates, dem der Vater angehört, vorbehaltlich einer gemäß Art. 27 EGBGB zu beachtenden Rück- oder Weiterverweisung [1].

2. Das *norwegische Internationale Privatrecht* ist – von vereinzelten Vorschriften abgesehen – gesetzlich nicht geregelt. Seine von Rechtsprechung und Lehre entwickelten Grundsätze beruhen auf dem Wohnsitzgrundsatz [2]. Die Rechtsbeziehungen der Eltern zu ihren ehelichen Kindern unterliegen grundsätzlich dem am Wohnsitz des Kindes geltenden Recht [3]. Eine für das Internationale Privatrecht maßgebende gesetzliche Definition des Wohnsitzbegriffs gibt es im norwegischen Recht nicht. Einen Wohnsitz (bopel) hat eine Person nach der im norwegischen kollisionsrechtlichen Schrifttum vertretenen Ansicht an dem Orte begründet, an dem sie sich mit der erkennbaren Absicht niedergelassen hat, diesen Ort zu ihrem dauernden Aufenthaltsort und damit zum Mittelpunkt ihrer Lebensverhältnisse zu machen.

Einen abgeleiteten Wohnsitz gibt es nicht; nach herrschender Auffassung bestimmt sich der Wohnsitz der Ehefrau und der minderjährigen Kin-

---

[1] *Kegel*, IPR, 2. Aufl. 1964, 312 f.; *Raape*, IPR, 5. Aufl. 1961, 349 f.

[2] *Gaarder*, Internasjonal privatrett (1963) 26 und 52 f.; *Lövold*, Das Eherecht Norwegens in: *Leske-Loewenfeld*, Rechtsverfolgung im internationalen Verkehr, I. Das Eherecht der europäischen und außereuropäischen Staaten, 1. Die europäischen Staaten, 1964, 226 und die dort angeführten Entscheidungen; *Gjelsvik*, Laerebok i millomfolkeleg privatrett I, 2. Aufl. 1936, 74 f.; *Hagerup*, Forelaesninger over rettsencyclopaedi, 3. Aufl. 1931, 25; *Christiansen*, Droit international privé de la Norvège, in: Répertoire de droit international VI, 1930, 561 Nr. 66 – Siehe auch die Darstellung des dem norwegischen Recht nahe verwandten dänischen Rechts bei *Borum-Philip*, Lovkonflikter, Laerebog i international privatret, 6. Aufl. 1967, 90.

[3] Siehe *Gaarder* aaO 93.

der selbständig und unabhängig vom Wohnsitz des Ehemannes bzw. Vaters[4]. Wer den Wohnsitz eines minderjährigen Kindes zu bestimmen hat, dessen Eltern geschieden sind oder getrennt leben, ist nach den Grundsätzen des materiellen norwegischen Rechts zu beurteilen.

II. Norwegisches Kindschaftsrecht

Das norwegische Recht unterscheidet einerseits Recht und Pflicht der Eltern, für das eheliche Kind zu sorgen und seine persönlichen Verhältnisse zu regeln, und andererseits Recht und Pflicht, seine wirtschaftlichen Verhältnisse wie ein Vormund zu regeln. Die zuerst genannten Befugnisse werden unter dem der deutschen Personensorge entsprechenden Begriff „foreldremyndighet" zusammengefaßt. Eine ausdrückliche gesetzliche Bestimmung, welche Rechte und Pflichten dazu im einzelnen gehören, gibt es im norwegischen Recht nicht. Im Schrifttum wird dieser Begriff in Anlehnung an eine Definition in § 19 des dänischen Gesetzes vom 30. 6. 1922 über die Unmündigkeit und Vormundschaft in der angegebenen Weise umschrieben: Die Personensorge (foreldremyndighet) umfaßt die Pflicht, für die Person des Kindes zu sorgen und die Befugnis, Bestimmungen über seine persönlichen Verhältnisse zu treffen. Die Personensorge umfaßt vor allem auch das Recht, das Kind zu erziehen und seinen Aufenthaltsort und Wohnsitz zu bestimmen[5]. Das Recht der Personensorge über eheliche Kinder steht im allgemeinen beiden Eltern in gleicher Weise zu. Die Einzelheiten, insbesondere über die Erziehung der Kinder und die Unterhaltsleistungen der Eltern, sind in dem Gesetz vom 21. 12. 1956 über eheliche Kinder geregelt[6]. Wenn die Eltern getrennt leben oder geschieden sind und sich nicht darüber einigen, ob dem Vater oder der Mutter das Personensorgerecht zustehen soll, entscheidet das Gericht (§ 8 I 1). Für die Entscheidung hat vor allen Dingen das Beste des Kindes maßgebend zu sein (§ 8 II 1). Falls die Mutter zur Erziehung des Kindes nicht unfähig ist, soll das Kind, vor allem solange es klein ist, bei seiner Mutter bleiben (§ 8 II 2).

Das norwegische Recht räumt also im Falle des Getrenntlebens, insbesondere bei einer Scheidung der Ehe, der Mutter eine bevorzugte Stellung

---

[4] *Lövold* aaO 267; *Christiansen* aaO 570 Nr. 72; ebenso wohl auch *Gaarder* aaO 56, dessen Feststellung: „Der Wohnsitz der Ehefrau und der *mündigen* Kinder bestimmt sich selbständig und folgt nicht notwendig dem Domizil des Vaters ..." wohl einen Druckfehler enthalten dürfte, da mündige Kinder nach keinem Recht einen abgeleiteten Wohnsitz haben.

[5] *Arnholm*, Laerebok i familjerett, 3. Aufl. 1958, 38; *Knoph*, Oversikt over Norjes Rett, 3. Aufl. 1949, 103.

[6] Deutsche Übersetzung bei *Bergmann-Ferid*, Internationales Ehe- und Kindschaftsrecht, 3. Aufl. 1952 ff., „Norwegen".

im Hinblick auf das Personensorgerecht für die Kinder ein[7]. Im vorliegenden Falle würde ein norwegisches Gericht das Personensorgerecht über die Kinder ohne Zweifel der Mutter zusprechen, weil sie unter den gegebenen Verhältnissen allein in der Lage ist, für die Kinder zu sorgen und sie zu erziehen. Bis zum Ergehen einer gerichtlichen Entscheidung über die Personensorge ist vom Fortbestand des alten Wohnsitzes in Wolfsburg auszugehen.

III. Zuständigkeit

Obwohl nach dem Vorstehenden kraft Rückverweisung des norwegischen Rechts auf das deutsche Wohnsitzrecht die deutschen Gesetze materiell maßgebend und daher die deutschen Gerichte zur Regelung der elterlichen Gewalt zuständig sind[8], sei vorsorglich auch das norwegische Recht dargestellt.

Das norwegische Recht geht auch in der Frage der gerichtlichen Zuständigkeit vom Wohnsitz (oder Aufenthalt) aus. Allgemeiner Gerichtsstand einer Person ist das Gericht ihres Wohnsitzes. Eine Vorschrift, wonach der allgemeine Gerichtsstand des Ehemannes bzw. des Vaters grundsätzlich auch der Gerichtsstand der Ehefrau und der Kinder ist, enthält das norwegische Recht nicht; wohl aber teilen Personen, die einer norwegischen Vormundschaft unterstehen, den Gerichtsstand ihres Vormundes. Hat der Betreffende weder in Norwegen noch im Ausland einen nachweisbaren Wohnsitz, so ist sein letzter bekannter Wohnsitz oder Aufenthaltsort in Norwegen maßgebend. Wer nachweisbar seinen Wohnsitz im Ausland hat, kann in Norwegen nur dann verklagt werden, wenn ein besonderer Gerichtsstand gegeben ist oder wenn der Betreffende selbst einen norwegischen Gerichtsstand bestimmt hat[9]. Im norwegischen Schrifttum wird im Zusammenhang mit dem Grundsatz, daß der Unmündige den Gerichtsstand seines in Norwegen bestellten Vormundes teilt, die Frage erörtert, wo eine Klage gegen den Unmündigen anhängig gemacht werden kann, wenn sich der Vormund, der sich zwar regelmäßig in Norwegen aufhält, dort aber keinen festen Wohnsitz hat, auf einer Auslandsreise befindet. In einem solchen Falle kann ein Verfahren gegen einen Unmündigen in Norwegen erst dann anhängig gemacht werden, wenn der Vormund nach Norwegen zurückgekehrt ist oder ein neuer Vormund bestellt wurde[10]. Letzter ehelicher Wohnsitz der Eheleute R. war Wolfsburg. Ob

---

[7] *Arnholm* aaO 295 ff. (297).

[8] Vgl. *Soergel-Kegel*, BGB Bd. V, 9. Aufl. 1961, Art. 19 EGBGB Fußn. 19.

[9] §§ 17 ff. der norwegischen ZPO (lov om rettegangsmåten for tvistemål) vom 13. 8. 1915; siehe *Alten*, Tvistemålsloven, Med Kommentar, 3. Aufl. 1954, 32 ff.; *Skeie*, Den norske civilprosess Bd. I, 2. Aufl. 1939, 137 ff.

[10] *Skeie* aaO 139.

die Ehefrau (Mutter) und die Kinder jemals einen Wohnsitz in Norwegen hatten, läßt sich den Akten nicht entnehmen. Auch der Ehemann besitzt z. Z. offenbar keinen Wohnsitz in Norwegen.

Bei dieser Sachlage kann davon ausgegangen werden, daß Norwegen die Zuständigkeit in der Frage der Personensorge über die Kinder nicht in Anspruch nimmt.

ERGEBNIS

1. Kraft Rückverweisung des norwegischen Rechts ist deutsches Recht für die Regelung der Personensorge über die Kinder der Eheleute R. maßgebend.
2. Das deutsche Wohnsitzgericht ist auch nach norwegischem Recht zur Entscheidung über die Personensorge zuständig.

Nr. 24

Schweiz

1. **Maßgebliches Recht für elterliche Gewalt über eheliche Kinder eines schweizerischen Staatsangehörigen.**
2. **Regelung der elterlichen Gewalt nach Ehescheidung und maßgebende Erwägungen nach schweizerischem Recht.**
3. **Internationale Zuständigkeit deutscher Gerichte zur Regelung der elterlichen Gewalt und Anerkennung der Entscheidung in der Schweiz.**

München G 2229-9.5 vom 8. 7. 1969

Das Amtsgericht Starnberg bittet um ein Gutachten zu folgendem

SACHVERHALT

Durch Endurteil vom 23. 7. 1968 des OLG München wurde auf die Klage eines Schweizer Staatsangehörigen hin seine Ehe mit einer Deutschen auf Klage und Widerklage aus beiderseitigem Verschulden geschieden. Aus der Ehe sind zwei minderjährige Kinder hervorgegangen. Alle Beteiligten halten sich in Deutschland auf.

Am 12. 7. 1968 schlossen die Parteien eine Vereinbarung, wonach sie sich darüber einig waren, daß der Beklagten die elterliche Gewalt über die beiden gemeinschaftlichen Kinder zukommen solle.

Das Amtsgericht wünscht die Antwort auf folgende Fragen:

a) Welches Recht gelangt zur Anwendung und wie lautet der einschlägige Inhalt, soweit es nicht das deutsche ist? (Art. 19 EGBGB, Art. 28 Nr. 2 des Bundesgesetzes betreffend die zivilrechtlichen Verhältnisse der Niedergelassenen und Aufenthalter vom 25. 6. 1891)
b) Kommt der Vereinbarung der Eltern eine rechtliche Bedeutung zu?
c) Ist das deutsche Gericht nach Schweizer Recht zur Entscheidung zuständig?
d) Wie hat ggf. die Entscheidung zu lauten? (Werden die Kinder „entzogen"?)

I. Das anzuwende Recht

1. Die Frage nach der maßgebenden Kollisionsnorm

Zunächst ist zu entscheiden, ob sich die Sorgerechtsregelung nach vollzogener Scheidung nach dem Scheidungsstatut, wie es in Art. 17 EGBGB statuiert ist, regelt oder aber nach dem für die eheliche Kindschaft maßgebenden Art. 19 EGBGB.

Die Rechtsprechung[1] hatte diese Frage früher mehrfach gestreift, aber zunächst offengelassen. Erst in *RGZ* 162, 328 wurde sie dahin entschieden, daß Art. 19 und nicht Art. 17 maßgebend ist, wenn die Eltern geschieden sind[2].

Dieser Auffassung ist beizupflichten. Die gegenteilige Auffassung würde die Verhältnisse der Beteiligten in einer weder der Natur ihrer Beziehungen noch den Anschauungen der Beteiligten entsprechenden Weise zur Erstarrung bringen, also dazu führen, daß, auch wenn sämtliche Beteiligte inzwischen ihre Staatsangehörigkeit geändert hätten, immer noch das bei der Scheidung maßgebende Recht für die Sorgerechtsregelung anzuwenden wäre.

2. Bedeutung der maßgebenden Kollisionsnorm

Art. 19 EGBGB enthält insofern nur eine einseitige, unvollkommene Kollisionsnorm, als dort, dem Wortlaut nach, nur die Fälle der Anwendung deutschen Rechts abgegrenzt sind. Es besteht aber in Rechtsprechung und Lehre vollständige Übereinstimmung darüber[3], daß diese nur unvollkommene Kollisionsnorm zu einer vollkommenen im Wege der Analogie aus-

---

[1] *RG* in Warn. Rspr. Bd. 4, 139; *BayObLG* in E 13, 136; 19, 177.

[2] Vgl. dazu *Palandt-Lauterbach*, 28. Aufl. 1969, Anm. 4 zu Art. 19; *Beitzke*, Sorgerechtsregelung bei Ausländerkindern, Festschrift für Lehmann Bd. 2, 1956, 493 ff.

[3] Vgl. nur *BayObLG*, JZ 1952, 724; *Raape*, IPR, 5. Aufl. 1961, 331.

zudehnen ist des Inhalts, daß das Rechtsverhältnis der Eltern zu ihren ehelichen Kindern sich nach der Staatsangehörigkeit (und zwar der jeweiligen Staatsangehörigkeit) des Vaters, bei dessen Ableben nach derjenigen der Mutter richtet. Danach ist Schweizer Recht maßgebend, da der Vater Schweizer Staatsangehöriger ist.

3. Die Vereinbarkeit von Art. 19 EGBGB mit dem Gleichberechtigungsgrundsatz

Im Hinblick auf den Gleichberechtigungsgrundsatz ist zu prüfen, ob die Anwendung schweizerischen Rechtes gegen das Grundgesetz verstoßen würde. Im vorliegenden Falle sind zwei Fragenkomplexe sehr klar auseinanderzuhalten: einerseits die Frage, ob die *deutsche Kollisionsnorm,* die nicht das Recht der Frau, sondern das Recht des Mannes zur Anwendung bringt, als solche mit dem Gleichberechtigungsgrundsatz vereinbar ist, und das weitere Problem, ob das *Auslandsrecht,* welches aufgrund einer deutschen Kollisionsnorm zur inländischen Anwendung berufen ist, seinerseits ebenfalls den Anforderungen genügen muß, welche das Grundgesetz an Rechtsnormen stellt, insbesondere, ob dieses Auslandsrecht auch mit den Grundrechten vereinbar ein muß, die die deutsche Verfassung gewährleistet. Im vorliegenden Falle handelt es sich zunächst ausschließlich um die Frage der Vereinbarkeit von Art. 19 EGBGB und der daraus abgeleiteten vollkommenen Kollisionsnorm mit dem Grundsatz der Gleichberechtigung von Mann und Frau (Art. 3 Abs. 2 GG). Mit der Rechtsprechung[4] und auch mit der überwiegenden Lehrmeinung[5] ist die Frage zu verneinen, ob die Wahl des Mannesrechts hier verfassungswidrig ist. Das internationale Privatrecht enthält bloße Ordnungsvorschriften. Aus ihm allein kann nicht eine Bevorzugung oder Benachteiligung abgeleitet werden. Es ist durchaus möglich, daß im Einzelfall die Anwendung des Rechtes des Mannes der Frau günstiger ist als die Anwendung ihres eigenen Rechtes. Eine Kumulierung beider Rechte wäre ergebnislos. Sie würde zu einem unentwirrbaren Chaos führen. Eine Abweichung vom Staatsangehörigkeitsprinzip ist mit der Bedeutung dieses Grundsatzes im deutschen internationalen Privatrecht nicht vereinbar. Wollte man etwa an die Staatsangehörigkeit der Kinder anknüpfen, so käme man im vorliegenden Fall zum selben Ergebnis wie unmittelbar über Art. 19 EGBGB.

Es ist allerdings durchaus möglich, daß eines Tages das Bundesverfassungsgericht sich auf einen entgegengesetzten Standpunkt stellt. Solange dies aber nicht geschehen ist, muß doch davon ausgegangen werden, daß

---

[4] Zuletzt *BayObLG* FamRZ 1969, 341 (342).

[5] Nachweise etwa bereits bei *Palandt-Lauterbach* aaO Vorbem. 18 vor Art. 7 EGBGB.

die Vereinbarkeit von Art. 19 EGBGB und auch aller anderen entsprechenden Bestimmungen im EGBGB mit dem Gleichberechtigungsgrundsatz als gesichert anzusehen ist.

4. Die Frage der Rückverweisung (Art. 27 EGBGB)

Die maßgebliche Vorschrift des schweizerischen internationalen Privatrechts ist enthalten in Art. 28 des schweizerischen Bundesgesetzes betreffend die zivilrechtlichen Verhältnisse der Niedergelassenen und Aufenthalter vom 25. Juni 1891. Art. 28 NAG durchbricht also die grundsätzliche Regelung des Art. 9 NAG[6] wonach die elterliche Gewalt dem Recht des Wohnsitzes unterstellt wäre. Diese Bestimmung lautet:

Art. 28:

„Soweit nicht Staatsverträge besondere Bestimmungen enthalten, gelten für die personen-, familien- und erbrechtlichen Verhältnisse der Schweizer, welche im Ausland ihren Wohnsitz haben, folgende Regeln:

1. Sind diese Schweizer nach Maßgabe der ausländischen Gesetzgebung dem ausländischen Recht unterworfen, so erstreckt sich die Anwendung des ausländischen Rechtes nicht auf ihre in der Schweiz gelegenen Liegenschaften; es gilt vielmehr in bezug auf solche Liegenschaften das Recht und der Gerichtsstand des Heimatkantons.
2. Sind diese Schweizer nach Maßgabe der ausländischen Gesetzgebung dem ausländischen Rechte nicht unterworfen, so unterstehen sie dem Recht und dem Gerichtsstand des Heimatkantons."

Da das deutsche Recht nicht auf dem Wohnsitzprinzip beruht, unterwirft es die Schweizer dem deutschen Recht nicht, es ist mithin – wie vom anfragenden Gericht zu Recht hervorgehoben – der Fall des Art. 28 Ziff. 2 gegeben. Damit bleibt Schweizer Recht maßgebend.

II. Inhalt des anzuwendenden Rechtes

1. Maßgebend sind Art. 156, 157 und 274 Abs. 3 des schweizerischen Zivilgesetzbuches vom 10. 12. 1907, in Kraft seit 1912.

Die genannten Bestimmungen lauten:

Art. 156:

„Über die Gestaltung der Elternrechte und der persönlichen Beziehungen der Eltern zu den Kindern trifft der Richter bei Scheidung oder Trennung die nötigen Verfügungen nach Anhörung der Eltern und nötigenfalls der Vormundschaftsbehörden.

---

[6] So schon *BGE* 63 II 2 (5).

Der Ehegatte, dem die Kinder entzogen werden, ist zur Entrichtung eines seinen Verhältnissen entsprechenden Beitrages verpflichtet.

Er hat ein Recht auf angemessenen persönlichen Verkehr mit den Kindern."

Art. 157:

„Verändern sich die Verhältnisse infolge von Heirat, Wegzug, Tod eines der Eltern, oder aus anderen Gründen, so hat der Richter auf Begehren der Vormundschaftsbehörde oder von Vater oder Mutter die erforderlichen Anordnungen zu treffen."

Art. 274 Abs. 3:

„Im Falle des Todes eines Ehegatten steht die elterliche Gewalt dem überlebenden Ehegatten und im Falle der Scheidung demjenigen zu, dem die Kinder zugewiesen werden."

2. *Umfang der Anwendung des fremden Rechtes*

Das Schweizer Recht ist, wenn es nach Art. 19 EGBGB zum Zuge kommt, *nur für das materielle Recht*, nicht aber für das Sorgerechtsverfahren anzuwenden, denn jedes Gericht kann – mag es auch im Einzelfalle fremdes materielles Recht anzuwenden haben – nur nach seinen eigenen Verfahrensregeln tätig werden (Zuständigkeit etc.). Daher ergeben sich aus der aus Art. 156 ff. ersichtlichen verschiedenen Struktur der Vormundschaftsbehörden in der Schweiz keine Schwierigkeiten, denn hier handelt es sich um Verfahrensfragen, für die nur die jeweilige lex fori maßgebend ist.

3. *Gemäß Art. 274 Abs. 3 ZGB steht also die elterliche Gewalt demjenigen Ehegatten zu, dem die Kinder zugewiesen werden.*

a) Dementsprechend pflegen die Schweizer Gerichte zu bestimmen[7] daß die aus geschiedener Ehe hervorgegangenen Kinder unter die elterliche Gewalt des einen oder anderen Elternteils gestellt (und damit derjenigen des anderen entzogen) werden.

In der Formulierung ist das deutsche Vormundschaftsgericht nicht an die schweizer Terminologie gebunden, da der materielle Effekt der in Deutschland üblichen Formulierung des Tenors der gleiche ist wie derjenige, den die schweizer Formulierung nach sich zieht. Die in Deutschland übliche Formel empfiehlt sich schon deshalb, weil hier von dem Beschluß Gebrauch gemacht werden muß.

b) Der Richter hat bei dieser Entscheidung die Interessen des Kindes zu wahren. Er hat von sich aus die notwendigen tatsächlichen Feststellungen zu treffen. An die Anträge der Eltern und damit auch an einen gemein-

[7] Vgl. *Frank*, SchwJZ 1960, 290 (291).

samen Vorschlag der Eltern ist er nach allgemeiner Meinung nicht gebunden[8].

c) Die maßgebenden Erwägungen für die Zuweisung des Kindes sind praktisch die gleichen wie auch im deutschen Recht. *Hinderling* aaO S. 118 führt über die Berücksichtigung des Kindesinteresses aus:

„Dabei kommt es nicht nur auf die gegenwärtigen Verhältnisse, sondern auch darauf an, wie sie sich aller Voraussicht nach in naher Zukunft gestalten werden. Vor allem entscheidet die Fähigkeit zur Erziehung. Unseriöser Lebenswandel oder schwere moralische Mängel der Mutter müssen deshalb dazu führen, das Kind dem gutbeleumundeten Vater zuzusprechen. Auch die Umwelt, in welche die Eltern durch die Scheidung geraten, ist zu berücksichtigen. Sind beide Eltern zur Erziehung geeignet, jedoch nur der eine tatsächlich in der Lage, die Erziehung zu übernehmen oder zu überwachen, so sind die Kinder diesem zuzuweisen. Kleinkinder und Töchter sind wenn möglich der Mutter zuzuteilen, fast erwachsene Söhne unter Umständen eher dem Vater. Sind mehrere Kinder vorhanden, so sollen sie mit Rücksicht auf ihr Zusammengehörigkeitsgefühl und die Vorteile der Koedukation nicht ohne triftige Gründe getrennt werden."

III. Die internationale Zuständigkeit zur Regelung der elterlichen Gewalt

1. Voraus sei hierzu bemerkt, daß die Anerkennung der Entscheidung eines deutschen Gerichts im Ausland allein keine deutsche internationale Zuständigkeit begründen kann. Umgekehrt schließt die fehlende Anerkennung aber auch nicht die deutsche internationale Zuständigkeit aus[9]. Es kommt daher nicht darauf an, ob das deutsche Gericht nach *Schweizer Recht* zuständig ist, sondern darauf, ob nach den *in Deutschland* geltenden Regeln die internationale Zuständigkeit eines deutschen Gerichts gegeben ist.

2. Allgemein anerkannt ist, daß die deutschen Vormundschaftsgerichte internationalrechtlich zur Regelung der elterlichen Gewalt auch dann berufen sind, wenn die geschiedenen Ehegatten (oder – wie wohl hier – nur einer von ihnen) ausländischer Staatsangehörigkeit sind[10].

Dabei ist es in der Mehrzahl der Fälle gleichgültig, ob diese Zuständigkeit sich auf eine entsprechende Anwendung der §§ 43, 44 FGG und daneben auf die Fürsorgepflicht des Staates gegenüber den in seinem Gebiet befindlichen Personen oder den Sachzusammenhang zur in Deutschland erfolgten Ehescheidung stützt[11]. Beides trifft hier zu.

---

[8] So etwa *Hinderling*, Das schweizerische Ehescheidungsrecht, 2. Aufl. 1960, 126 m. w. Nachw.

[9] Vgl. *BayObLG* FamRZ 1959, 364 (366) m. w. Nachw.

[10] Vgl. etwa *OLG Hamm*, FamRZ 1965, 92 m. w. Nachw.

[11] So etwa *Beitzke*, FamRZ 1967, 592 ff. m. w. Nachw.

Zutreffenderweise bildet die örtliche Zuständigkeit eines deutschen Gerichts einen Anknüpfungspunkt für die internationale Zuständigkeit, weil der Wohnsitz oder der Aufenthalt des Kindes i. S. der §§ 43 Abs. 1, 36 Abs. 1 FGG enge Beziehungen zum Inland darstellen, die das Tätigwerden deutscher Gerichte zulassen. Das gilt nicht nur dann, wenn ein Elternteil nicht die deutsche Staatsangehörigkeit besitzt, sondern auch, wenn er sich im Ausland aufhält[12].

Da die Kinder offenbar ihren Wohnsitz in Deutschland haben, ist damit eine deutsche internationale Zuständigkeit gegeben.

IV. Zur Anerkennung der deutschen Entscheidung in der Schweiz

Mit einer Anerkennung der deutschen Entscheidung in der Schweiz könnte dann auf jeden Fall gerechnet werden, wenn sie unter den deutsch-schweizerischen Vollstreckungsvertrag vom 2. 11. 1929 (RGBl. 1930 II 1066) fiele. Das ist jedoch nicht der Fall. Unter diesen Vertrag fallen nicht Entscheidungen der freiwilligen Gerichtsbarkeit[13].

Vielmehr ist die Anerkennung eine Angelegenheit der kantonalen Regelung in der Schweiz. Da im vorliegenden Fall weder ein bestimmter Kanton in Frage steht noch die Anerkennung von irgend einer Bedeutung für das deutsche Verfahren ist, wird von weiteren Ausführungen hierzu abgesehen. Da aber im vorliegenden Fall auch vom Schweizer Standpunkt aus eine internationale Zuständigkeit des deutschen Gerichts gegeben ist und auch ein Verstoß gegen den Schweizer ordre public nicht ersichtlich sein wird, wird wahrscheinlich mit einer Anerkennung zu rechnen sein[14]. Dennoch kann nicht ausgeschlossen werden, daß die Durchsetzung der deutschen Entscheidung in der Schweiz nicht doch auf Schwierigkeiten stoßen könnte.

V. Zusammenfassend ergibt sich somit:

1. Die Regelung der elterlichen Gewalt richtet sich nach Schweizer Recht.

2. Der Vereinbarung der Eltern kommt eine bindende Wirkung zu.

3. Die deutschen Gerichte sind zur Regelung der elterlichen Gewalt international zuständig.

---

[12] Ständ. Rechtspr. seit der grundlegenden E. *BayObLGZ* 1959, 8 (23) = FamRZ 1959, 364; ebenso etwa zuletzt *OLG Karlsruhe*, FamRZ 1969, 161 (162) m. w. Nachw.

[13] So etwa *Schnitzer* IPR Bd. II, 4. Aufl. 1958, 921.

[14] Vgl. *Schnitzer* aaO 905 ff.

d) Legitimation

Siehe auch Nr. 30 (Italien)

Nr. 25

Algerien/Marokko/Frankreich

1. Zur Frage der Weitergeltung des französischen Kollisionsrechts in Algerien.

2. Algerisches Legitimationsstatut.

3. Nichtfeststellbarkeit der legitimen Abstammung eines Kindes durch Anerkenntnis nach algerisch-islamischem Recht, falls Personenstandsurkunden dem entgegenstehen.

4. Zur Frage der Eheschließung von Ausländern in Marokko.

5. Marokkanisches Legitimationsstatut.

6. Zur Frage des auf die Legitimation eines Kindes anwendbaren Rechts in Frankreich.

Köln 32/69 vom 15. 8. 1969

RECHTSGUTACHTEN

Das Amtsgericht Düsseldorf hat in der Vormundschaftssache K. um ein Gutachten über algerisches Legitimationsrecht gebeten.

SACHLAGE

Am 30. 4. 1966 wurde Horst K. in Düsseldorf als unehelicher Sohn der deutschen Staatsangehörigen evangelischer Konfession Hannelore K. geboren.

Am 1. 8. 1966 verpflichtete sich der aus Berkane/Marokko stammende Mohamed S. vor dem Jugendamt der Stadt Düsseldorf zu Händen des jeweiligen gesetzlichen Vertreters des Kindes eine Unterhaltsrente in Höhe von monatlich 95,– DM bis zur Vollendung des 18. Lebensjahres des Kindes zu zahlen.

Mohamed S. und Hannelore K. schlossen am 23. 6. 1967 in Gegenwart von zwei Zeugen vor dem Qâdî in Oujda/Marokko die Ehe gemäß den Vorschriften des islamischen Rechts. Der Ehemann ist islamischer Religionszugehörigkeit.

Am 30. 4. 1968 erkannte Mohamed S. vor dem Standesbeamten in Düsseldorf-Ost die Vaterschaft über das Kind Horst an.

Mohamed S. war ursprünglich Marokkaner. Inzwischen hat er die algerische Staatsangehörigkeit erworben. Zur Zeit der Eheschließung am 23. 6. 1967 war er bereits Algerier.

Zur Zeit der Eheschließung im Jahre 1967 haben die Eheleute S. in Marokko gelebt. Seit Ende 1968 leben sie wieder in Oujda/Marokko.

Hannelore K. hat keinen Antrag auf Erwerb der algerischen Staatsangehörigkeit gestellt.

ANFRAGE

Aufgrund dieser Sachlage bittet das Amtsgericht Düsseldorf um Auskunft darüber, ob das algerische Recht im vorliegenden Fall, da die Mutter und das Kind die deutsche Staatsangehörigkeit besitzen, für die Frage der Legitimation eine Rückverweisung auf das deutsche Recht ausspricht und, falls nicht, ob das algerische Recht das Institut der Legitimation durch nachfolgende Ehe kennt.

RECHTSLAGE

A. KOLLISIONSRECHT

I. Deutsches internationales Privatrecht

1. Staatsvertrag

Soweit ein zwischen Deutschland und einem ausländischen Staat geschlossener Vertrag internationalprivatrechtliche Normen enthält, gehen sie den allgemeinen deutschen Kollisionsregeln vor [1].

Ein Staatsvertrag zwischen der Demokratischen Republik Algerien und der Bundesrepublik Deutschland, der sich mit familienrechtlichen Fragen befaßt, besteht jedoch nicht. Es gelten daher die allgemeinen deutschen Kollisionsnormen.

2. Hauptfrage der Legitimation des Kindes: Art. 22 I EGBGB

Aus Art. 22 I EGBGB folgt, da diese Vorschrift zu einer allgemeinen Kollisionsnorm auszubauen ist, daß sich die Legitimation eines Kindes nach den Gesetzen des Staates, dem der Vater zur Zeit der Legitimation

---

[1] *RGZ* 105, 340 (341); *Soergel-Kegel*, BGB V, 9. Aufl. 1961, vor Art. 7 EGBGB Anm. 9; *Erman-Marquordt*, BGB II, 4. Aufl. 1967, vor Art. 7 EGBGB Anm. 7 a. E.

angehört, bestimmt[2]. Dieser Grundsatz ist durch Art. 3 II, 117 GG nicht aufgehoben worden[3]. Insbesondere bestimmt das Heimatrecht des Vaters, ob die Eheschließung der Eltern überhaupt die Legitimation eines vorehelich geborenen Kindes zur Folge hat[4]. Dabei ist auf den Zeitpunkt abzustellen, in dem die Legitimation wirksam wird[5].

Da Mohamed S. zur Zeit der Eheschließung algerischer Staatsangehöriger war, verweist das deutsche Kollisionsrecht auf algerisches Recht. Die Verweisung umfaßt alle Arten der Legitimation, wie sie in §§ 1719–1740 BGB geregelt oder in wesensgleichen Regeln ausländischer Rechte umschrieben sind[6].

3. Vorfrage der Ehelichkeit des Kindes: Art. 18 I EGBGB

Voraussetzung für die Anwendung der Regel des Art. 22 I EGBGB ist die Nichtehelichkeit des Kindes. Für die Prüfung der Frage der ehelichen Abstammung des Kindes ist nach herrschender Auffassung selbständig nach Art. 18 I EGBGB anzuknüpfen[7].

Gemäß Art. 18 I EGBGB, der unstreitig zu einer allgemeinen Kollisionsnorm auszubauen ist, beurteilt sich die eheliche Abstammung eines Kindes nach dem Heimatrecht des Ehemannes der Mutter[8]. Art. 18 EGBGB greift jedoch nur dann ein, wenn es darum geht, ob ein Kind deswegen ehelich ist, weil seine Mutter bei Geburt oder früher verheiratet gewesen ist[9]. War die Mutter unverheiratet wie im vorliegenden Fall, so greift Art. 18 I EGBGB überhaupt nicht ein. Das Kind ist nicht ehelich[10].

---

[2] *OLG Hamm* FamRZ 1969, 345 (346); *BGH* FamRZ 1960, 229 (230); *Soergel-Kegel* aaO Art. 22 EGBGB Anm. 1; *Erman-Marquordt* aaO Art. 22 EGBGB Anm. 1 a; *Palandt-Lauterbach*, BGB, 28. Aufl. 1969, Art. 22 EGBGB Anm. 2.

[3] *BGH* FamRZ 1968, 642 (643); *OLG Hamm* FamRZ 1969, 345 (346); *Soergel-Kegel* aaO Art. 22 EGBGB Anm. 2, vgl. auch vor Art. 13 EGBGB Anm. 9.

[4] *OLG Frankfurt* NJW 1956, 672 (673); *Soergel-Kegel* aaO Art. 22 EGBGB Anm. 24.

[5] *OLG Celle* JZ 1954, 702 m. Anm. v. *Neuhaus; Soergel-Kegel* aaO Art. 22 EGBGB Anm. 8; *Palandt-Lauterbach* aaO Art. 22 EGBGB Anm. 4 a.

[6] *Soergel-Kegel* aaO Art. 22 EGBGB Anm. 9; *Erman-Marquordt* aaO Art. 22 EGBGB Anm. 2 b aa; *Palandt-Lauterbach* aaO Art. 22 EGBGB Anm. 3.

[7] *OLG Karlsruhe* FamRZ 1965, 624; *Soergel-Kegel* aaO Art. 22 EGBGB Anm. 21; *Palandt-Lauterbach* aaO Art. 22 EGBGB Anm. 3; *Erman-Marquordt* aaO Art. 22 EGBGB Anm. 2 b bb.

[8] *Soergel-Kegel* aaO Art. 18 EGBGB Anm. 11; *Palandt-Lauterbach* aaO Art. 18 EGBGB Anm. 2.

[9] *BGHZ* 43, 213 (218); *BayObLG* FamRZ 1966, 144 (145) m. Anm. v. *Neuhaus; Soergel-Kegel* aaO Art. 18 EGBGB Anm. 3.

[10] *OLG Celle* FamRZ 1964, 209 (209 f.); *BayObLG* FamRZ 1966, 144 (145); *Soergel-Kegel* aaO Art. 18 EGBGB Anm. 3; a. M. *Neuhaus*, Anm. zu *BayObLG* FamRZ 1966, 144 (146 f.).

4. Vorfrage der wirksamen Eheschließung: Art. 13, 11 EGBGB

Die Legitimation eines Kindes durch nachfolgende Ehe setzt weiter voraus, daß die Eltern des Kindes wirksam die Ehe geschlossen haben. Die Wirksamkeit der Eheschließung ist ebenfalls eine selbständig anzuknüpfende Vorfrage. Sie beurteilt sich nicht nach Art. 18 I EGBGB, sondern nach Art. 11, 13 EGBGB[11].

Für die Form einer Ehe, die im Ausland geschlossen wird, läßt Art. 11 I 2 EGBGB die Form des Ortsrechts genügen[12]. Das bedeutet, daß ein Rechtsgeschäft nicht nur dann gültig ist, wenn es der Form des von dem IPR des Ortsrechts durch Rück- oder Weiterverweisung berufenen Rechts entspricht, sondern auch dann, wenn die materiellen Formvorschriften des Ortsrechts eingehalten worden sind[13].

a) Form der Eheschließung: Marokkanisches Recht

Da die Eheleute S. in Oujda/Marokko lediglich vor dem Qâdî in Gegenwart von zwei Zeugen nach islamischem Recht gemäß Art. 5 des marokkanischen „Code du statut personnel et des successions" (CStP) von 1957/58[14] geheiratet haben, ist zunächst zu prüfen, ob diese Form im Falle der Eheschließung eines muslimischen Algeriers und einer evangelischen Deutschen dem marokkanischen Ortsrecht (einschließlich des Kollisionsrechts) genügt.

Die Frage der Gültigkeit einer Eheschließung zwischen Ausländern in Marokko bestimmt sich gemäß *Art. 11* des „Dahir sur la condition civile des Français et des étrangers" vom 12. 8. 1913, der heute in allen Teilen Marokkos gilt[15]. Insbesondere ist der Dahir vom 12. 8. 1913 nicht durch den nach der Unabhängigkeit Marokkos ergangenen Dahir vom 4. 3. 1960 aufgehoben worden. Art. 11 des Dahir von 1913 wird ausdrücklich in der Präambel des Dahir von 1960, der sich lediglich auf die Eheschließung von Marokkanern und Ausländern bezieht, zitiert[16]. *Art. 11* des Dahir v. 12. 8. 1913 lautet:

---

[11] *BGHZ* 43, 213 (218); *OLG Frankfurt* NJW 1968, 359; *BayObLG* FamRZ 1966, 144 (145); *Soergel-Kegel* aaO Art. 22 EGBGB Anm. 17, 21, 47; *Palandt-Lauterbach* aaO Art. 22 EGBGB Anm. 3; *Erman-Marquordt* aaO Art. 22 EGBGB, Anm. 2 b bb.

[12] Vgl. dazu *Soergel-Kegel* aaO Art. 13 EGBGB Anm. 52, Art. 11 EGBGB Anm. 15.

[13] Vgl. *Soergel-Kegel* aaO Art. 11 EGBGB Anm. 5; näher unten A I 4 c.

[14] Vgl. dazu z. B. *Lapanne-Joinville*, Le code marocain du statut personnel, R. M. D. 11 (1959), 145–173 (156 f.).

[15] *Decroux*, Droit privé, II, Droit international privé, Rabat-Paris 1963, Nos. 185, 290 (Fußn. 1).

[16] Text des Dahir v. 4. 3. 1960 in: *Juris-Classeur Marocain*, 1959 à ce jour, 4–8 mars 1960, 15; in deutscher Übersetzung (ohne die Präambel) bei *Bergmann-Ferid-(v. Ploetz)*, Internationales Ehe- und Kindschaftsrecht, 3. Aufl. III s. v. Marokko (Stand: Februar 1969), 20 f.; vgl. dazu im übrigen *Decroux* aaO Nos. 280–297.

„Les Français et les *étrangers* ne peuvent se marier que suivant les *formes admises par leur loi nationale* ou suivant celles qui seront déterminées ultérieurement pour l'état civil dans le Protectorat francais." [17]

Franzosen und *Ausländer* können nur gemäß den *von ihren Heimatrechten anerkannten* oder gemäß den später für das französische Protektorat zu bestimmenden *Formvorschriften* [Dahir v. 4. 9. 1915] heiraten.

Für die Eheleute S. bedeutet diese Vorschrift, daß sie nach marokkanischem Ortsrecht nur dann eine formgültige Ehe geschlossen haben, wenn diese *nach algerischem und deutschem Recht* formgültig zustande gekommen ist. Denn das marokkanische internationale Familienrecht erkennt den Grundsatz „locus regit actum" nur in sehr beschränktem Umfang an [18]. Diese Auffassung stößt heute in Marokko auf Kritik. Denn auf diese Weise wird häufig (in Marokko insbesondere bei der Beteiligung von Franzosen an einer Eheschließung) eine zweite Eheschließung vor dem Zivilstandsbeamten erforderlich, wenn das Heimatrecht eines der beiden Nupturienten nur die Zivilehe kennt [19].

Die Mindermeinung, die die Eheschließung eines Ausländers in Marokko in jedem Fall dann als formgültig ansieht, wenn *eine* der möglichen Eheschließungsformen in Marokko eingehalten worden ist, vermochte sich jedoch nicht durchzusetzen [20].

Lediglich de lege ferenda wird heute erwogen, die Form der Eheschließung in Marokko zu vereinfachen [21].

Danach wäre mit der herrschenden Auffassung in der marokkanischen Rechtsprechung zu Art. 11 des Dahir v. 12. 8. 1913 für die Gültigkeit einer Ehe zwischen einem Algerier und einer Deutschen nach marokkanischem Ortsrecht zu verlangen, daß die Heirat den Formen des algerischen und des deutschen Rechts entspricht. *Art. 11* enthält nach dieser Ansicht *keine Gesamtverweisung* auf die betroffenen ausländischen Rechte (das deutsche Recht enthält z. B. in casu in Art. 11 I 2 EGBGB eine Rückverweisung auf das marokkanische Ortsrecht), sondern eine *Verweisung auf ausländische*

---

[17] Text nach *J.-Cl. Marocain,* 1767–1917, s. v. Condition, 1; in deutscher Übersetzung bei *Bergmann-Ferid – (v. Ploetz)* aaO III s. v. Marokko, 18 f.

[18] Ganz h. M. seit 1937; *Cass. civ.,* 3. 3. 1937, Lezam c/Elbaz, S. 1937.1.265; *Cass. civ.,* 7. 12. 1949, Messina c/Messina, D. 1950.173 m. Anm. v. *Lerebours-Pigeonnière; Trib. Rabat,* R. M. D. 14 (1962), 647; auch *Cour Suprême* (Chambre civile), 24. 12. 1964, Jodry c/Simo, Clunet 1966, 389 (399 f.); *Deprez,* Droit international privé et conflits entre les statuts personnels, in: *Juris-Classeur de droit comparé,* s. v. Maroc (5e fasc.), Nos. 9–13, 16; weitere Nachweise bei *Decroux* aaO Nos. 266–268, 272, 274.

[19] So insbesondere *Decroux* aaO Nos. 274, 277, 278; auch *Deprez* aaO No. 13.

[20] Z. B. *Trib. Casablanca,* 9. 5. 1949, R. M. D. 5 (1953), 130 m. abl. Anm. v. *Jambu-Merlin,* (Heirat Marokkaner – Französin nach der „coutume berbère"); vgl. dazu auch *Decroux* aaO No. 268 (Fußn. 1), weitere Nachweise No. 266.

[21] Vgl. Art. 10 des „Projet du nouveau dahir sur la condition civile des étrangers" bei *Decroux* aaO No. 279.

Sachnormen. Eine Rückverweisung will die marokkanische Rechtsprechung in aller Regel vermeiden[22]. Übrigens würde eine Rückverweisung des marokkanischen IPR in Deutschland „abgebrochen" werden (d. h. deutsches materielles Recht angewandt werden)[23].

aa) Form der Eheschließung nach algerischem Recht

Nun ist allerdings in Algerien, wie in allen islamischen Ländern[24], das Familienrecht grundsätzlich nach Personengruppen, je nachdem welcher *Religionsgemeinschaft* sie angehören, verschieden[25].

Die Form der Eheschließung muslimischer Algerier ist nach der Ordonnance n° 59–274 v. 4. 2. 1959 und dem Gesetz n° 63–224 v. 29. 6. 1963 zu beurteilen[26]. Gemäß *Art. 2* der Ordonnance n° 59–274 kann ein muslimischer Algerier die Ehe formgültig in der Gegenwart von zwei Zeugen vor dem Qâdî oder dem Zivilstandsbeamten schließen[27]. Die Bestimmung lautet:

„Le mariage se forme par le consentement des deux époux.
A peine de nullité, le consentement est exprimé verbalement, publiquement et en personne, en présence de deux témoins majeurs soit devant le cadi, soit devant l'officier de l'état civil . . ." [28]

Die Ehe wird durch übereinstimmende Willenserklärung der beiden Ehegatten geschlossen.
Bei Strafe der Nichtigkeit muß der Konsens mündlich, öffentlich und persönlich in Gegenwart von zwei volljährigen Zeugen vor dem Qâdî oder vor dem Zivilstandsbeamten erklärt werden . . .

---

[22] *Cour d'appel de Rabat,* 16. 2. 1949, R. M. D. 1 (1948/49), J. 131 m. Anm. v. *Delaume; Cass. civ.* 7. 12. 1949, Messina c/Messina, D. 1950, 173 m. Anm. v. *Lerebours-Pigeonnière; Trib. Rabat,* 8. 12. 1961, R. M. D. 14 (1962), 647; vgl. auch *Decroux* aaO Nos. 267, 274, 275, 288–290; *Lapradelle,* Introduction à le Dahir du 12 août 1913, in: *Decroux* aaO 398–405 (402–404); *Deprez* aaO No. 12; *Decroux,* Le mariage des Français et des étrangers au Maroc, D. 1956 Chr. 109–116 (113 f.); *ders.,* Mariages mixtes au Maroc, R. M. D. 8 (1956), 1–28 (10–12).

[23] Vgl. für Rückverweisung des *Heimatrechts* der Verlobten gemäß Art. 13 Abs. 1 EGBGB *Soergel-Kegel* aaO Art. 13 EGBGB Anm. 92 zu Fußn. 2 (Feststellung einer Sachnormrückverweisung immerhin in *OLG Celle* FamRZ 1969, 88 (= StAZ 1969, 16 mit Aufsatz *Samtleben,* Wiederheirat einer in Deutschland geschiedenen Brasilianerin, 108–110) und *allgemein Soergel-Kegel* aaO Art. 27 EGBGB Anm. 16; auch unten A II 6).

[24] Vgl. dazu *Vitta,* Il diritto interpersonale, Ann. Dir. Comp. Stud. Leg. 28 (1953), 119–230; *Neuhaus,* Die Grundbegriffe des internationalen Privatrechts, 1962, 217 bis 221.

[25] Vgl. *Dalloz,* Nouveau répertoire de droit, 2. Aufl. Paris 1962, I s. v. Algérie, Nos. 184–227.

[26] Text der Vorschriften in: *Juris-Classeur Algérien,* 1961 à ce jour, 4 février 1959, 13 und 28–29 juin 1963, 8.

[27] Vgl. dazu *Roussier,* Le droit musulman moderne en Algérie, in: Handbuch der Orientalistik 1. Abt., Erg. Bd. 3, Leiden-Köln 1964, 400–425 (404–407); *Bousquet,* Supplément au précis de droit musulman (3. Aufl.), Algier o. J., 16 f.

[28] *Juris-Classeur Algérien,* 4 février 1959, 14.

Da Mohamed S. in Oujda/Marokko in Gegenwart von zwei Zeugen vor dem Qâdî geheiratet hat, hat er den Formvorschriften seines algerischen Heimatrechts, auf das das marokkanische Kollisionsrecht verweist, genügt. Von Seiten des algerischen Nupturienten wurden somit die Voraussetzungen für eine gültige Eheschließung nach marokkanischem Ortsrecht geschaffen[29].

bb) Form der Eheschließung nach deutschem Recht

Fraglich ist, ob die Eheschließung nach marokkanisch-islamischem Recht auch nach deutschem Recht (§§ 11, 13 EheG) zustandegekommen ist. Die Eheschließung nach islamischem Recht ist ein privatrechtlicher Vertrag, dessen wesentlicher Bestandteil in dem Konsensus der Parteien vor zwei Zeugen besteht. Die Registrierung einer Eheschließung more islamico gemäß Art. 43 CStP bei einem religiösen Gericht hat lediglich deklarativen Charakter[30]. Damit ist den §§ 11, 13 EheG, die die Eheschließung vor dem Standesbeamten fordern, eindeutig nicht genügt.

Gemäß Art. 43 CStP soll die Heiratsurkunde, nachdem die Eheschließung bei dem religiösen Gericht („qâdî" oder „mahkama") registriert worden ist, an den Zivilstandsbeamten übersandt werden. Ob dies in casu geschehen ist, ergibt sich aus den Akten nicht. Nach der marokkanischen Rechtspraxis ist dies auch unwahrscheinlich: denn zum einen herrscht in Marokko Unklarheit darüber, wer (der Qâdî oder die Eheleute) die Heiratsurkunde dem Zivilstandsamt übersenden soll[31], und zum anderen enthält Art. 43 CStP eine bloße Sollvorschrift, deren Verletzung in Marokko (im Gegensatz zu verschiedenen anderen islamischen Staaten) weder mit zivil- noch mit strafrechtlichen Sanktionen geahndet wird[32]. Es ist deshalb anzunehmen, daß auch im vorliegenden Fall (insbesondere weil nur eine Abschrift der beim Qâdî registrierten Heiratsurkunde vorliegt) eine Eintragung der Eheschließung bei einem Zivilstandsamt unterblieben ist. In diesem Fall bewendet es ohne weiteres bei dem Ergebnis, daß die Ehe nach deutschem Recht (§§ 11, 13 EheG) nicht formgültig geschlossen worden ist.

Aber selbst wenn die Heirat more islamico der Eheleute S. bei dem Zivilstandsamt in Oujda/Marokko registriert worden sein sollte, so wären

---

[29] Vgl. dazu *Cour d'appel de Rabat,* 12. 2. 1957, R. M. D. 9 (1957), 410 m. Anm. v. *Lapanne-Joinville* (Eheschließung eines muslimischen Algeriers more islamico in Marokko).

[30] *Cour d'appel de Rabat,* 9. 6. 1952, G. T. M. 1942, 190; *Tribunal d'appel du Chraa,* 14. 12. 1948, R. M. D. 1 (1948/49), J. 106; *Lapanne-Joinville,* R. M. D. 11 (1959), 156 f.; *Decroux* aaO Nos. 274, 275 m. Rechtsprechungsnachweisen; *Colomer,* Droit musulman, I, Les personnes, la famille, Rabat-Paris 1963, Nos. 119, 120, 123 bis 125; *Bousquet,* Précis de droit musulman principalement mâlékite et algérien, 3. Aufl., Algier o. J. [1959], I, Nos. 57–59 bis.

[31] Vgl. *Lapanne-Joinville,* R. M. D. 11 (1959), 156.

[32] *Colomer* aaO No. 125.

damit nicht die Voraussetzungen der §§ 11, 13 EheG erfüllt. Denn die bloße Registrierung einer solchen Ehe, bei der der Qâdî und die Zeugen nicht als Vertreter des Zivilstandsbeamten anzusehen sind[33], erfüllt nicht den Tatbestand der Eheschließung *vor* einem *Standesbeamten* nach deutschem Recht[34].

b) Ergebnis: Formnichtige Ehe nach dem vom marokkanischen Ortsrecht berufenen Recht

Damit ist in der Person der deutschen Ehefrau, die von Art. 11 des Dahir v. 12. 8. 1913 aufgestellte Bedingung (Formgültigkeit der Heirat nach deutschem Recht) nicht erfüllt worden. Das bedeutet, daß nach marokkanischem Ortsrecht, sofern man auch dessen Kollisionsrecht, das das deutsche Recht beruft, berücksichtigt, die Ehe nicht formgültig zustandegekommen ist.

c) Sonderfall bei Verweisung auf das Ortsrecht: Art. 11 I 2 EGBGB

Behandelte man die Verweisung in Art. 11 I 2 EGBGB immer nur als Gesamtverweisung, so wäre in casu die Ehe nicht wirksam geschlossen worden.

Für die Verweisung gemäß Art. 11 I 2 EGBGB auf das Recht des Ortes, an dem das Rechtsgeschäft vorgenommen wird, gilt jedoch folgende Besonderheit: Die Verweisung auf das Ortsrecht soll den formgerechten Abschluß von Rechtsgeschäften erleichtern. Daher ist ein Rechtsgeschäft nicht nur dann formgültig, wenn es dem von dem *internationalen Privatrecht* des Abschlußstaates berufenen Recht entspricht, sondern auch dann, wenn die Form des *materiellen Rechts* des Abschlußortes gewahrt ist, obwohl dessen Kollisionsrecht nur ausländisches materielles Recht beruft[35]. Die von *G. Melchior*[36] überzeugend begründete Ansicht ist zwar von der Rechtsprechung bisher weder angenommen noch abgelehnt worden[37]. Sie führt aber regelmäßig zu gerechteren Ergebnissen und ist daher auch im vorliegenden Fall zugrunde zu legen.

d) Form der Eheschließung nach marokkanischem materiellen Recht

In Marokko gibt es im Bereich des „statut personnel" nur noch zwei Rechtsordnungen. Für die Juden in Marokko gelten eigene Regeln. Für

---

[33] Vgl. *Lapanne-Joinville*, R. M. D. 11 (1959), 156.

[34] Vgl. auch *Soergel-Kegel* aaO Art. 13 EGBGB Anm. 52 mit Nachweisen.

[35] *Soergel-Kegel* aaO Art. 11 EGBGB Anm. 5, 28; *Erman-Arndt* aaO Art. 11 EGBGB Anm. 9; *Palandt-Lauterbach* aaO Art. 11 EGBGB Anm. 1; *Kegel*, Internationales Privatrecht, 2. Aufl. 1964, 220; *Wolff*, Das internationale Privatrecht Deutschlands, 2. Aufl. 1949, 110; *Neuhaus*, Grundbegriffe, 183.

[36] Die Grundlagen des deutschen internationalen Privatrechts, 1932, 230–236.

[37] *Melchior* aaO 234 nennt nur zwei RG-Entscheidungen (RGZ 88, 191; RG Warn. 1926 Nr. 15) zur Form der Heirat, welche die Form des materiellen Rechts des Abschlußortes genügen lassen, ohne zu prüfen, ob das IPR des Abschlußortes das eigene materielle Recht für maßgebend erklärt.

alle anderen Marokkaner gilt gemäß *Art.* 3 des „Dahir n° 1–58–250 portant Code de la nationalité marocaine" in familien- und erbrechtlichen Fragen grundsätzlich der auf islamisch-malikitischem Recht beruhende „Code marocain du statut personnel" von 1957/58[38]. Die Vorschrift lautet (soweit erforderlich):

„A l'exception des Marocains de confession juive qui sont soumis au statut personnel hébraïque marocain, le Code du statut personnel et successoral régissant les Marocains musulmans s'applique à tous les nationaux." [39]

Mit Ausnahme der Marokkaner jüdischen Glaubens, die dem marokkanisch-hebräischen „statut personnel" unterliegen, gilt der „Code du statut personnel et successoral", der auf die muslimischen Marokkaner Anwendung findet, für alle Staatsangehörigen.

Das bedeutet, daß sich die Form der Eheschließung eines muslimischen Mannes und einer evangelischen Frau nach marokkanischem materiellen Recht gemäß Art. 4, 5 des „Code du statut personnel" bestimmt[40]. Die Bestimmungen lauten (soweit erforderlich):

Art. 4:

„1° Le mariage est valablement conclu par l'échange de consentement des parties, exprimé en termes consacrés ou à l'aide de toute expression admise par l'usage."

Art. 4:

1. Die Ehe wird wirksam geschlossen durch den Austausch übereinstimmender Willenserklärungen der Partner, welcher in der üblichen Form oder durch jeden von der allgemeinen Übung zugelassenen Ausdruck vorgenommen wird.

Art. 5:

„1° La validité de l'acte de mariage est subordonnée à la présence simultanée de deux adoul (notaires mieux: témoins de publicité]) pouvant attester de l'échange des consentements entre le futur époux, ou son représentant, et le wali [tuteur matrimonial] dûment mandaté par la future épouse." [41]

Art. 5:

1. Die Gültigkeit der Eheschließung hängt von der gleichzeitigen Anwesenheit von zwei Adoulen (arabisch: „'udûl"; Notare [besser: öffentlich bestellte Zeugen]) ab, welche den Austausch der übereinstimmenden Willenserklärungen zwischen dem zukünftigen Ehemann oder dessen Stellvertreter und dem ordnungsmäßig von der zukünftigen Ehefrau bevollmächtigten „walî" [Ehevormund] bescheinigen können.

---

[38] Vgl. *Decroux*, Droit privé, I, Sources du droit, Rabat-Paris 1963, No. 13; *Colomer*, Les personnes, Nos. 3, 6.

[39] *Juris-Classeur Marocain*, 1949 à 1958, 6 sept. 1958, 4.

[40] Dazu näher *Lapanne-Joinville*, R. M. D. 11 (1959), 156 f.; *Colomer*, Les personnes, Nos. 119–123.

[41] *Juris-Classeur Marocain*, 1949 à 1958, 22 Nov. 1958, 10.

Die Ehe ist vor dem Qâdî in Anwesenheit von zwei „'udûl" (öffentlich bestellten Zeugen) geschlossen worden. Ferner ist davon auszugehen, da die Ehe nach der Heiratsurkunde gemäß den Vorschriften des islamischen Rechts zustandegekommen ist, daß die Ehefrau bei der Heirat durch einen „walî" vertreten war. Denn die Malikiten verlangen im Gegensatz zu den Hanafiten, daß die zukünftige Ehefrau (auch wenn sie volljährig ist) ihr Eheversprechen durch einen „walî" (Ehevormund etwa) erklärt[42]. Im übrigen hat die Ehefrau auch eine Morgengabe („mahr") erhalten[43], so daß alle Voraussetzungen für eine formgültige Ehe nach marokkanischem Recht erfüllt sind.

e) Ergebnis: Gültige Ehe nach marokkanischem materiellen Recht

Nach marokkanischem materiellen Eherecht, das gemäß Art. 11 I 2 EG-BGB für die Formgültigkeit der Eheschließung Anwendung findet, ist die Ehe zwischen Hannelore K. und Mohamed S. *formgültig* zustandegekommen.

f) Sachliche Voraussetzungen der Eheschließung

Da sich aus dem Akteninhalt nichts Gegenteiliges ergibt, sind die sachlichen Voraussetzungen der Eheschließung (Ehehindernisse und Willensmängel nach dem Heimatrecht der Ehepartner) als gegeben anzunehmen. Insbesondere ist es einem muslimischen Algerier gestattet, eine nichtmuslimische Frau zu heiraten[44].

5. *Ergebnis*

Damit sind die für die Anwendung des Art. 22 I EGBGB entscheidenden Vorfragen (Art. 18, 13, 11 EGBGB) geklärt.

6. *Beachtlichkeit der Rückverweisung in Art. 22 I EGBGB*

Da im Rahmen des Art. 22 I EGBGB eine Rückverweisung gemäß Art. 27 EGBGB durch das internationale Privatrecht des Staates, dem der Vater angehört, beachtlich ist und somit möglicherweise kein algerisches materielles Recht anzuwenden ist, ist zunächst die Frage der Rückverweisung zu klären[45].

---

[42] Vgl. *Colomer,* Les personnes, No. 86; *Lapanne-Joinville,* R. M. D. 11 (1959), 156.

[43] Vgl. dazu *Colomer,* Les personnes, Nos. 93–101.

[44] Vgl. *Bousquet* aaO I No. 48.

[45] *BGH* FamRZ 1968, 642 (643); *Soergel-Kegel* aaO Art. 22 EGBGB Anm. 48; *Palandt-Lauterbach* aaO Art. 22 EGBGB Anm. 1.

II. Algerisches internationales Privatrecht: Legitimationsstatut

1. Allgemeines: Ermittlung des algerischen Kollisionsrechts

Der seit Juli 1962 bestehende unabhängige Staat Algerien[46] hat nach dem Abkommen von Evian[47] die volle Souveränität auch hinsichtlich der Gesetzgebung erhalten und bestimmt seit dieser Zeit seine Rechtsquellen selbst. Nach der von Algerien zu diesem Abkommen abgegebenen Garantieerklärung („déclaration des garanties") [48] bleibt der am 1. 7. 1962 in Algerien bestehende Rechtszustand unverändert, soweit er nicht mit der algerischen Souveränität in Widerspruch steht, oder der algerische Staat das bisher geltende Recht ändert. Dieser Rechtszustand ist durch das Gesetz No. 62–157 v. 31. 12. 1962 bestätigt worden. Danach bleibt das in Algerien am 31. 12. 1962 geltende Recht bis zu einer Neuregelung in Kraft[49]. Eine Neuregelung ist, soweit ersichtlich, noch nicht erfolgt.

In Algerien galt bis zum Jahre 1962 abgesehen von dem islamisch-malikitischen Recht und dem Gewohnheitsrecht der Berber in Fragen des „statut personnel", vornehmlich französisches Recht[50].

Auf Rechtsverhältnisse mit Auslandsbeziehungen fanden dabei die Grundsätze des französischen internationalen Privatrechts Anwendung. Einschränkend galt, daß bei der Beteiligung von Franzosen oder Ausländern auf der einen Seite und Algeriern mit dem „statut local" (also in aller Regel muslimischen Algeriern) immer nur ausschließlich französisches Recht zur Anwendung gelangen konnte. Die besonderen Bestimmungen des algerisch-islamischen Rechts oder des Gewohnheitsrechts der Berber wurden in diesen Fällen nicht beachtet[51].

Das Prinzip der „prédominance" des französischen Rechts und die dadurch bedingte Ausschaltung des Rechts der muslimischen Algerier beim

---

[46] Vgl. *Dalloz,* Nouveau répertoire de droit, mis à jour 1969, s. v. Algérie Nos. 264–266.

[47] Vgl. Journal officiel de le République française 1962, 3019–3022; Annuaire de l'Afrique du Nord 1 (1962), 655–659.

[48] J. O. 1962, 3022–3024; Ann. Afr. N. 1 (1962), 659–664.

[49] Vgl. *Juris-Classeur Algérien,* III 31 déc. 1962, 7; auch *Schütze,* Vollstreckung ausländischer Urteile in Afrika, 1966, 22 f.

[50] Vgl. Dalloz, Répertoire de droit civil, I Paris 1951, I s. v. Algérie, Nos. 21, 29, 30, 36, 70, 174–180; *Rolland-Lampué,* Droit d'outre-mer, 3. Aufl. Paris 1959, Nos. 345–351; *Gonidec,* Droit d'outre-mer, Paris 1960, II 241–246.

[51] *Kollewijn,* Intergentiel Recht in Algerije, in: *Kollewijn,* Intergentiel Recht. Verzamelde Opstellen over Intergentiel Privaatrecht, den Haag 1955, 238 ff. (247, 250); *Dalloz,* Nouveau répertoire de droit, s. v. Algérie, No. 222; *Rolland-Lampué* aaO No. 265; *Gonidec* aaO II 244; vgl. auch für die ähnliche Rechtslage in Marokko vor der Unabhängigkeit: *Decroux,* De l'application des lois nationales au Maroc, Paris 1955, Nos. 164–171.

Vorliegen sog. „litiges mixtes" widerspricht der Souveränität des algerischen Staates.

Rechtssätze dieser Art. sind folglich sicher nicht mehr anzuwenden (vgl. unten S. 193 f.). Daß das französische internationale Privatrecht heute überhaupt nicht mehr anwendbar ist, erscheint jedoch, insbesondere weil bisher kein algerisches IPR-Gesetz ergangen und das in Algerien geltende französische Recht durch das Gesetz No. 62–157 in toto übernommen worden ist[52], nicht zutreffend.

Die Auffassung des AG Lehrte[53], daß heute trotz des Gesetzes No. 62–157 v. 31. 12. 1962 in familienrechtlichen Fällen mit der Beteiligung eines muslimischen Algeriers nicht mehr die Regeln des französischen internationalen Privatrechts, sondern in praxi („algerische Regierungsstellen") islamisches „Kollisionsrecht" (und damit regelmäßig islamisches materielles Recht) angewendet werde, ist durch die verfügbare algerische *Rechtsprechung* eindeutig weder zu bestätigen noch zu widerlegen.

Aus folgenden Gründen ist der Auffassung des AG Lehrte jedoch nicht zu folgen: Algerische Entscheidungen zum inter*nationalen* Privatrecht – und insbesondere zum internationalen Familienrecht – sind seit der Unabhängigkeit Algeriens anscheinend noch nicht veröffentlicht worden[54]. Anscheinend sind bisher lediglich zwei Entscheidungen, die sich mit Problemen des inter*personalen* Privatrechts befassen, veröffentlicht worden[55].

In dem Urteil der *Cour Suprême* wird in einem Erbrechtsfall die „primauté du droit musulman" über die „coutume kabyle" (einer in Algerien geltenden Sonderrechtsordnung) angenommen. Die Cour d'appel d'Oran befaßt sich in ihrer Entscheidung mit einer „mariage mixte" (gemischte Ehe), die 1926 zwischen einem muslimischen Franco-Algerier und einer Französin vor dem Zivilstandsbeamten geschlossen wurde. Bis zur Unabhängigkeit wurde auf ein solches Rechtsverhältnis regelmäßig französisches Recht als „droit commun" angewendet[56]. Die *Cour d'Oran* wendet

---

[52] Vgl. dazu *Fenaux,* Eléments de droit judiciaire algérien, Rev. alg. 1967, 433 bis 544 (484).

[53] DAVorm 1968, 308 (310); *Anm. d. Red.* ebenso jetzt *LG Hannover* FamRZ 1969, 668 (669).

[54] Vgl. *Verdier,* Anm. zu dem Urteil der *Cour d'appel d'Oran,* 18. 5. 1965, Nemmich c/Ouadenni, Rev. alg. 1966, 863, (864): „La première décision rendue par les juridictions algériennes depuis l'indépendance en ce domaine" (die erste Entscheidung, die durch ein algerisches Gericht seit der Unabhängigkeit in diesem Bereich [gemeint: Kollisionsrecht überhaupt, in casu inter*personales*] ergangen ist).

[55] *Cour Suprême* (Chambre de droit privé), 2. 6. 1967, Si Salah c/Radjef, Rev. alg. 1968, 1193; *Cour d'appel d'Oran,* 18. 5. 1965, Nemmiche c/Ouadenni, Rev. alg. 1966, 863 m. Anm. v. *Verdier;* vgl. auch X. X., Aspects de la jurisprudence algérienne sur la famille, Rev. alg. 1968, 1183–1192 (1185 f.); *Anm. d. Red.* inzwischen noch *Cour Suprême,* 12. 5. 1968, Saliha c/Rabah, Rev. alg. 1969, 545.

[56] Vgl. dazu ausführlich *Verdier,* Rev. alg. 1968, 864–871; auch oben S. 192.

in ihrer Entscheidung auf die zu entscheidende Frage jedoch das „statut personnel musulman" des Ehemannes an.

Ein sicherer Schluß, daß nunmehr nicht nur in interpersonal-, sondern auch in *international*privatrechtlichen Fragen bei der Beteiligung eines Muslims heute immer islamisches Recht angewendet wird, läßt sich hieraus jedoch nicht ziehen. Dies gilt insbesondere deswegen, weil in Algerien wegen des Fehlens einer entwickelten *algerischen* Rechtslehre und der Spärlichkeit der veröffentlichten Entscheidungen heute noch weitgehend Unklarheit und Unsicherheit über das im Einzelfall anzuwendende Recht herrscht [57]. Ferner sind die religiösen Gerichte („mahkama") durch Décret n° 63–261 v. 22. 7. 1963 [58] aufgelöst und ihre Kompetenzen den weltlichen „tribunaux d'instance" übertragen worden. Ob diese Gerichte im Einzelfall einen früher den „mahkama" zugewiesenen Fall (bei religiös gemischten Verhältnissen) in der gleichen Weise grundsätzlich zugunsten der muslimischen Partei entscheiden, läßt sich nicht ermitteln. Es erscheint jedoch keineswegs evident, daß diese Judikatur fortgesetzt wird. Im übrigen wird der Entwurf eines „Code de la famille algérienne" erst erarbeitet [59], der möglicherweise auch eine endgültige Regelung der kollisionsrechtlichen Fragen im Familienrecht vorsieht.

Entscheidend gegen die Auffassung des AG Lehrte spricht ferner das bereits kodifizierte algerische *internationale Verfahrensrecht*. In den Art. 8–11 des algerischen „Code de procédure civile" (Ord. N° 66–154 v. 8. 6. 1966) [60] über die „compétence territoriale" wird *weitestgehend auf französisches Recht zurückgegriffen*. Die Art. 10, 11 der algerischen Zivilprozeßordnung, nach denen die algerische Staatsangehörigkeit eines der Verfahrensbeteiligten ausreicht, um die Zuständigkeit der algerischen Gerichte zu begründen, sind wörtliche Übernahmen der Art. 14, 15 Cc. Der in Art. 8 I alg. ZPO enthaltene Grundsatz „actor sequitur forum rei" und die dazu in den Art. 8 II, 9 enthaltenen Ausnahmen entsprechen regelmäßig der modernen französischen Judikatur und Rechtslehre [61].

Aus all dem folgt: Solange ein neuer Rechtszustand in Algerien für die in casu zu entscheidende Frage des internationalen Legitimationsrechts nicht eindeutig zu ermitteln ist, ist die allgemeine Regel des Gesetzes N° 62–157 v. 31. 12. 1962 anzuwenden. Danach gilt der vor der Unabhängigkeit Algeriens bestehende Rechtszustand des Kollisionsrechts bis auf weite-

---

[57] Vgl. dazu ausführlich *Fenaux*, Rev. alg. 1967, 488–492.

[58] Text des Dekrets in: *Juris-Classeur Algérien* III 10–26 juillet 1963, 2.

[59] Vgl. X. X., Aspects . . ., Rev. alg. 1968, 1183 f.; auch 1968, 1042 („Note au lecteur"); auch *Verdier*, Les grandes tendances de l'évolution du droit des personnes et de la famille dans les pays musulmans, Rev. alg. 1968, 1051–1063.

[60] Abgedruckt in *Juris-Classeur Algérien*, I s. v. Procédure civile.

[61] Vgl. dazu *Fenaux*, Rev. alg. 1967, 528–544.

res fort. Das bedeutet, daß die Grundsätze des französischen Kollisionsrechts anwendbar sind[62].

2. *Anknüpfung*

Das französische Kollisionsrecht, das wie ausgeführt, in Algerien weitergilt, enthält keine ausdrückliche Kollisionsnorm über die Legitimation. Nach französischem internationalen Privatrecht gehören die Fragen der Abstammung und der *Legitimation* eines Kindes wie andere familienrechtliche Fragen zum „statut personnel", das grundsätzlich dem *Heimatrecht der Beteiligten* unterliegt[63].

Da es für die zu entscheidende Frage auf die Staatsangehörigkeit der Beteiligten ankommt, ist zu prüfen, welche Staatsangehörigkeit das voreheIich geborene Kind eines algerischen Vaters hat. Im Falle verschiedener Staatsangehörigkeit von Vater und Kind ist weiter zu prüfen, wessen Heimatrecht die Legitimation beherrscht.

a) Algerische Staatsangehörigkeit des Kindes

Nach einem international anerkannten Grundsatz ist die Entscheidung, ob jemand die Staatsangehörigkeit eines Staates besitzt, nach dem Recht dieses Staates zu treffen[64].

Das algerische Gesetz N° 63–96 v. 27. 3. 1963, das das algerische Staatsangehörigkeitsgesetz enthält[65], bestimmt in *Art. 5:*

„Est de nationalité algérienne par la filiation:	Algerischer Staatsangehörigkeit kraft Abstammung ist:
1° l'enfant né d'un père algérien;"	1. Das Kind eines algerischen Vaters;

Voraussetzung für den Erwerb der algerischen Staatsangehörigkeit ist folglich, daß das Kind Horst von einem algerischen Vater „abstammt".

[62] Ebenso: *AG Hamburg* StAZ 1964, 164 f.; *LG Kiel* FamRZ 1964, 446 (447); *LG Mannheim* IPRspr. 1964/65 Nr. 109; IPG 1965/66 Nr. 38 (Köln); vgl. auch *Dölle*, Familienrecht, 1964/65, II 532 (Fußn. 146); *AG Lehrte* DAVorm 1968, 308 (309 f.); zur Fortgeltung französischen Zivilrechts in Algerien vgl. z. B. die Entscheidungen der *Cour Suprême* (Chambre de droit privé), 18. 1. 1967, Abdelmoumene c/Serfaty, Rev. alg. 1968, 142; 13. 12. 1967, Hannachi c/Akrouf, Rev. alg. 1968, 913.

[63] *Batiffol*, Droit international privé, 4. Aufl. Paris 1967, Nos. 392, 463, 476; *Lerebours-Pigeonnière(-Lousscuarn)*, Droit international privé, 8. Aufl. Paris 1962, Nos. 341, 463, 466; *de la Moutte*, Art. Legitimation, in: Das internationale Familienrecht Deutschlands und Frankreichs, 1955, 340–360 (341).

[64] *Raape*, Internationales Privatrecht, 5. Aufl. 1961, 47; *Kegel* IPR 155; *Batiffol* aaO Nos. 78, 398.

[65] Abgedruckt in *Juris-Classeur Algérien*, III 27 mars 1963, 10; in deutscher Übersetzung bei *Oppermann-Yousry*, Das Staatsangehörigkeitsrecht der arabischen Staaten (Erg.-Bd.), 1964, 40–50.

wobei nicht die Tatsache der Erzeugung, sondern die Rechtsbeziehung der „filiation" gemeint ist[66].

aa) Vorfrage der Abstammung

Das algerische Staatsangehörigkeitsgesetz enthält keine ausdrückliche Bestimmung darüber, nach welchem Recht die Vorfrage der Abstammung zu entscheiden ist. Da das algerische Staatsangehörigkeitsrecht weitgehend auf französischem Vorbild beruht, kann die Lösung, die dort getroffen wurde, hier entsprechend angewendet werden[67]. Im französischen Recht bestimmt *Art. 27* des Code de la nationalité française v. 19. 10. 1945:

Art. 27:

„La filiation ne produit effet en matière d'attribution de la nationalité française que si elle est établie dans les conditions déterminées par la loi civile française." [68]

Die Abstammung erzeugt für den Erwerb der französischen Staatsangehörigkeit nur dann Wirkungen, wenn sie gemäß den vom französischen Zivilrecht aufgestellten Bedingungen festgestellt ist.

Diese Vorschrift wird allgemein als eine internationalprivatrechtliche Verweisung auf das französische materielle Recht verstanden[69]. Dementsprechend ist davon auszugehen, daß sich die Feststellung der Abstammung („filiation") als Vorfrage der algerischen Staatsangehörigkeit nach algerischem Familienrecht beurteilt.

bb) Abstammung nach algerischem Familienrecht: Algerisches interpersonales Recht

Algerien besitzt wie alle islamischen Staaten kein einheitliches Familienrecht. Nach algerischem *interpersonalem Privatrecht,* dem zu folgen ist[70], entscheidet über die Frage des anzuwendenden Rechts die *Religionszugehörigkeit* des Betroffenen. Ist dieser – wie in casu – ein algerischer Muslim, so ist gemäß Art. 4 der Ordonnance v. 23. 11. 1944, sofern der Betroffene nicht aus M'zab (ibaditisches Recht) oder aus Kabylien (Gewohnheitsrecht der Berber) stammt, das Recht des *malikitischen* Ritus

[66] Vgl. IPG 1965–66 Nr. 38 (Köln); für die parallele Rechtslage in Marokko (Art. 6 StAG): *Lapanne-Joinville,* R. M. D. 11 (1959), 164; *Cour d'appel de Rabat,* 10. 3. 1961, R. M. D. 13 (1961), 310; im Libanon (Art. 1 Ziff. 1 StAG): *Tyan,* Précis de droit international privé, Beirut 1966, 513; im Iran (Art. 976 Ziff. 2 ZGB): *Imâmî,* Huqûq-i madanî, 2. Aufl. Teheran 1342 H./1963, IV 165f.

[67] Vgl. *Altuğ,* Le nouveau code de la nationalité algérienne, Ann. Fac. Istanbul 20 (1964), 123–138 (123–125).

[68] Abgedruckt z. B. bei *Dalloz,* Code civil, Paris 1968/69, 13–37 (19).

[69] *Batiffol* aaO No. 398; *Dalloz,* Nouveau Répertoire de Droit, III Paris 1964, s. v. Nationalité No. 23.

[70] Vgl. statt aller *Soergel-Kegel* aaO vor Art. 7 EGBGB Anm. 106 m. Nachweisen.

anzuwenden[71]. In casu ist jedoch folgende Besonderheit zu beachten. Der Vater des Kindes, Mohamed S. war ursprünglich Marokkaner und hat die algerische Staatsangehörigkeit erst später erworben. In solchen Fällen kann – im Gegensatz zu muslimischen Algeriern kraft Geburt – nicht ohne weiteres angenommen werden, daß die Betroffenen dem malikitischen Ritus folgen. Bestehen Zweifel an der Rituszugehörigkeit von Muslimen, so sind gemäß Art. 4 I der zitierten Ordonnance „les coutumes de leurs pays d'origine" anzuwenden[72]. Das bedeutet, daß für die Klärung der Rituszugehörigkeit in casu auf das in Marokko („pays d'origine") maßgebende islamische Recht verwiesen wird. Da in *Marokko* wie in Algerien fast ausschließlich der *malikitische* Ritus gilt[73], kann davon ausgegangen werden, daß Mohamed S. wie die überwältigende Mehrheit der Muslime in Marokko Malikit ist. Da damit die Frage der Rituszugehörigkeit geklärt ist, kann nunmehr der allgemeinen Regel des Art. 4 der Ordonnance v. 23. 11. 1944 gefolgt werden und auch in diesem Fall (späterer Erwerb der algerischen Staatsangehörigkeit) das Recht des malikitischen Ritus angewendet werden.

cc) Abstammung nach algerisch-malikitischen Recht

aaa) Quellen

Eine umfassende Kodifikation des islamischen Rechts in Algerien besteht noch nicht. Bisher sind lediglich auf einigen Teilgebieten – insbesondere des Eherechts – Einzelgesetze erlassen worden[74].

Die Frage der Abstammung *(„filiation")* ist bisher noch nicht gesetzlich geregelt worden. Sie bestimmt sich weiterhin *nach dem traditionellen Recht* des *malikitischen Ritus*[75]. Der Entwurf des „Code de la famille algérienne", der nach der Ansicht des *AG Lehrte*[76] von algerischen Regierungsstellen familienrechtlichen Entscheidungen zugrunde gelegt wird, ist hier nicht verfügbar.

bbb) Rechtslage

Nach dem algerisch-islamischen Recht des malikitischen Ritus ergibt sich für die Frage der Abstammung des Kindes Horst von seinem Vater folgende Rechtslage:

---

[71] Text der Ordonnance in: Juris-Classeur Algérien, I 23 nov. 1944, 2.

[72] Vgl. zu der Ordonnance: *Roussier* aaO 401 f.; *Luchaire* Droit d'outre-mer, Paris 1959, 247; auch X. X., Aspects . . ., Rev. alg. 1968, 1185.

[73] Vgl. *Decroux*, Droit privé, Bd. 1: Sources du droit, No. 14 Paris 1963, No. 13.

[74] Vgl. dazu z. B. X. X., Aspects . . ., Rev. alg. 1968, 1183–1191; auch oben S. 187.

[75] Vgl. *Cour d'Oran*, 31. 10. 1967, Menhiri c/Mansour Rev. alg. 1968, 1224; *Cour de Mostaganem*, 6. 4. 1967, Bensikaddour c/Boudjemmah, Rev. alg. 1968 1228 und 15. 12. 1966, El Mascri c/Benkhalfa, Rev. alg. 1968, 1233.

[76] DAVorm 1968, 308 (310).

1. Grundsatz

Nach islamischem Recht ist jedes außerhalb einer Ehe gezeugte Kind illegitim und kann, sofern seine Illegitimität einmal feststeht, grundsätzlich nicht in eine legitime Rechtsbeziehung zu seinem Erzeuger gebracht werden[77].

2. Vaterschaftsanerkenntnis

Unter bestimmten Voraussetzungen kann jedoch im Verhältnis des Erzeugers zu seinem Kinde die Abstammung („filiation") und damit die Legitimität durch ein Vaterschaftsanerkenntnis (arab. „iqrâr an-nasab" oder „istilhâq"; franz. „aveu de paternité") festgestellt werden[78]. Es ist deshalb zu prüfen, ob in den zwei Erklärungen Mohamed S.s, in denen er sich zu Unterhaltsleistungen für das Kind verpflichtet (1. 8. 1966) und die Vaterschaft ausdrücklich anerkennt (30. 4. 1968), ein wirksames Vaterschaftsanerkenntnis („iqrâr an-nasab") nach algerisch-islamischem Recht liegt, das geeignet ist, die Abstammung („filiation") i. S. von Art. 5 alg. StAG des am 30. 4. 1966 vorehelich geborenen Kindes Horst von seinem Erzeuger festzustellen.

3. Voraussetzungen für ein wirksames Vaterschaftsanerkenntnis

Die zwei wesentlichen Voraussetzungen für ein wirksames Vaterschaftsanerkenntnis nach algerisch-islamischem Recht sind: Die *tatsächliche Abstammung* des Kindes *von dem Anerkennenden,* und zweitens muß das Kind *aus erlaubtem Geschlechtsverkehr* („firâŝ") der Eltern stammen[79].

[77] Vgl. *Muhammad Allahdad v. Muhammad Ismail* I. L. R. [1888] 10 All. 289, zit. n. *Fyzee,* Cases in the Muhammadan Law, Oxford 1965, 199–238 [230, 236]; *Colomer,* Le statut musulman, in: *Juris-Classeur de droit comparé,* s. v. Maroc [2e fasc., 1er cah.], No. 168; *Magne-Rouchaud,* in: *Juris-Classeur de droit comparé,* s. v. Afrique du Nord (2e fasc.), No. 1; *Lapanne-Joinville,* Les conflits de paternité en droit musulman, R. M. D. 8 (1956), 352–363.

[78] Vgl. dazu ausführlich IPG 1965–66 Nr. 40 (Köln) in einem syrischen und IPG 1967–68 Nr. 48 (Köln) in einem jordanischen Legitimationsfall; *Muhammad Allahdad v. Muhammad Ismail,* zit. n. *Fyzee,* Cases, 199–238; *Santillana,* Istituzioni di diritto musulmano malichita con riguardo anche al sistema sciafiita, Rom 1926/38, I 236–243; *Colomer, Juris-Classeur de droit comparé,* Nos. 170–175.

[79] Vgl. z. B. *Muhammad Allahdad v. Muhammad Ismail,* zit. n. *Fyzee,* Cases, 235: »Acknowledgement of parentage proceeds upon the theory of *actual descent* of the acknowledged child (whether male or female) *from the father* who acknowledges it, and such descent being the *result of a legitimate intercourse*

Das Vaterschaftsanerkenntnis beruht auf der Theorie, daß das anerkannte Kind (ob männlich oder weiblich) *von dem Vater,* der es anerkennt, *wirklich abstammt,* und darauf, daß die Abstammung das *Resultat legitimer* [geschlecht-

An der tatsächlichen Abstammung des Kindes Horst von Mohamed S. besteht kein Zweifel.

Bezüglich des legitimitätsbegründenden Tatbestands („firâš"; erlaubter Geschlechtsverkehr) gilt folgendes:

Nach algerisch-malikitischem Recht gilt ein Vaterschaftsanerkenntnis („iqrâr an-nasab") als Beweis für die legitime Abstammung („nasab") eines Kindes, wenn dieses Anerkenntnis das Bestehen einer Ehe mit der Mutter zur Zeit der Empfängnis (oder mindestens sechs Monate vor der Geburt) impliziert[80]. Daraus folgt, daß ein „iqrâr an-nasab" grundsätzlich nur dann Platz greifen kann, wenn wegen der großen Formfreiheit bei der Eheschließung nach islamischem Recht nicht anders bewiesen werden kann, ob eine Ehe der Eltern zur maßgeblichen Zeit bestanden hat, und das Kind folglich legitim ist[81].

4. *„Iqrâr an-nasab" in Algerien durch Personenstandsurkunden ausgeschlossen*

Fraglich erscheint es jedoch, ob überhaupt noch Raum für einen „iqrâr an-nasab" ist, wenn durch Personenstandsurkunden sowohl der Zeitpunkt der Eheschließung als auch der der Geburt des Kindes nachgewiesen werden kann. Heute werden in den islamischen Ländern und insbesondere in Algerien Personenstandsurkunden als Beweismittel für die Frage der Legitimität eines Kindes von den Gerichten benutzt und Entscheidungen auf die beurkundeten Tatsachen gestützt, während im traditionellen isla-

---

between the parents.«	licher] *Beziehungen* zwischen den Eltern ist.

Ebenso: *Appellationsgericht* [„mahkama istisnâf"] *Kairo*, 12. 1. 1964, Al-maǧmûat ar-rasmîyat 1965 I 13–21; auch *Santillana* aaO I 240; *Bousquet* aaO I No. 89.

[80] Vgl. Die Entscheidungen der *Cour d'appel d'Alger* (Chambre de révision musulmane), 19. 7. 1945, No. 15; 16. 5. 1947 No. 78; 23. 4. 1951, No. 156; 18. 5 1954 No. 374 bei *Siband*, Répertoire alphabétique de jurisprudence musulmane, I 100, II 128; *Cour de Mostaganem* (Chambre Civile), 6. 4. 1967, Bensikaddour c/Boudjemmah, Rev. alg. 1968, 1228 (1230); *Cour d'Oran* (Chambre civile), 31. 10. 1967, Menhiri c/Mansour, Rev. alg. 1968, 1224 (1225); auch *Muhammad Allahdad v. Muhammad Ismail*, zit. n. Fyzee, Cases, 230.

[81] Vgl. z. B. *Mohammad Sadiq v. Mohammad Hassan*, A. I. R. 30 (1943) Lah. 225 (227); *Muhammad Allahdad v. Muhammad Ismail*, zit. n. *Fyzee*, Cases 230; *Fyzee*, Outlines of Muhammadan Law, 3. Aufl. Oxford 1964, 180:

„The peculiarity of Muhammadan law is that in certain cases where it is *doubtful* whether a person is the child of another, the *acknowledgement* of the father *confers* on the child the *status of legitimacy*."	Die Besonderheit des islamischen Rechts ist es, daß in gewissen Fällen, in denen es *zweifelhaft* ist, ob eine Person das Kind eines anderen ist, das *Anerkenntnis* des Vaters dem Kind den *Status der Legitimität verleiht*.

mischen Recht Urkunden als Beweismittel nur eine ganz untergeordnete Rolle spielen[82].

Während für einzelne islamische Länder wohl auch heute noch anzunehmen ist, daß ein Vaterschaftsanerkenntnis („iqrâr an-nasab") durch eine entgegengesetzte Personenstandsurkunde nicht entkräftet wird[83], ist die Rechtslage in Algerien eindeutig. Ein Vaterschaftsanerkenntnis ist nicht in der Lage, die legitime Abstammung („nasab"; „filiation") eines Kindes von dem Anerkennenden zu beweisen, wenn eine Personenstandsurkunde ausweist, daß das Kind vor der Eheschließung geboren worden ist[84].

Die ratio decidendi der zitierten Entscheidung der *Cour d'appel d'Alger* lautet:

„Un tel aveu n'étant admis que dans la mesure où la filiation paternelle est inconnue, il n'est pas susceptible de prévaloir sur les mentions contraires d'un acte de l'état-civil."

Ein solches Anerkenntnis wird nur dann zugelassen, wenn die Abstammung vom Vater unbekannt [„maĝhûl an-nasab"] ist; es ist nicht geeignet, die gegenteilige Erwähnung in einem Personenstandsakt zu entkräften.

Daraus folgt für den vorliegenden Fall, daß die legitime Abstammung („nasab") des am 30. 4. 1966 geborenen Kindes Horst von seinem Erzeuger Mohamed S., der am 23. 6. 1967 die Mutter des Kindes in Marokko geheiratet hat, nicht festzustellen ist.

Bedenken gegen diese Lösung aus allgemeinen islamrechtlichen Erwägungen, wonach eine Tendenz besteht, Kinder möglichst nie illegitim aufwachsen zu lassen[85], bestehen in casu nicht. Denn algerische Gerichte entscheiden, wenn die Tatsachen evident sind, das heißt die Geburt eines Kindes nicht während des Bestehens einer Ehe nachgewiesen werden kann, auf die Illegitimität des betreffenden Kindes[86].

---

[82] Vgl. die Entscheidungen der *Cour d'appel d'Alger* (Chambre de révision musulmane), 9. 4. 1946, No. 92; 16. 5. 1947, No. 78; 31. 1. 1950, No. 56; 3. 6. 1952, No. 355; bei *Siband* aaO I 100f., II 129; *Cour de Mostaganem*, 6. 4. 1967, Bensikaddour c/Boudjemmah, Rev. alg. 1968, 1228; *Magne-Rouchaud* aaO No. 7; *Bousquet* aaO I No. 87 bis; ferner *Abdul Ghani v. Taleh Bibi* P. L. D. 1962 (W. P.) Lah. 531 (534); *Mohammad Sadiq v. Mohammad Hassan* A. I. R. 30 (1943) Lah. 225 (226).

[83] Vgl. IPG 1967–68 Nr. 48 (Köln) für Jordanien; möglicherweise auch in Ägypten: vgl. *Appellationsgericht Kairo*, 12. 1. 1964, Al-maĝmûat ar-rasmîyat 1965 I 13–21 und in Pakistan: vgl. *Iftikhar Nazir Ahmad Khan v. Ghulam Kibria* P. L. D. 1968 Lah. 587 (594 f., 600–602).

[84] *Cour d'appel d'Alger* (Chambre de révision musulmane), 16. 5. 1947, No. 78 bei *Siband* aaO I 100.

[85] Vgl. z. B. *Bilmen*, Hukuki Islâmiyye ve istilahati fikhiyye kamusu, Istanbul 1950, II 432.

[86] Z. B. *Cour d'Mostaganem* (Chambre civile), 15. 12. 1966, El Mascri c/Benkhalfa, Rev. alg. 1968, 1233 (1235).

Da das Kind Horst nach dem anzuwendenden algerisch-islamischen Recht nicht von Mohamed S. „abstammt", ist die Voraussetzung für den Erwerb der algerischen Staatsangehörigkeit des Kindes „par filiation" gemäß Art. 5 alg. StAG nicht gegeben. Das Kind hat die *algerische Staatsangehörigkeit* kraft Abstammung *nicht erworben.*

b) Deutsche Staatsangehörigkeit des Kindes

Das unehelich geborene Kind Horst der deutschen Staatsangehörigen Hannelore K. hat durch die Geburt gemäß § 4 I 1 RuStAG die *deutsche* Staatsangehörigkeit erworben.

3. *Anknüpfung an das Heimatrecht des Kindes*

In Frankreich, dessen internationales Privatrecht, wie ausgeführt (oben A II 1), in Algerien weitergilt, knüpfen Rechtsprechung und Lehre im Falle einer Legitimitation bei *gleicher* Staatsangehörigkeit von Vater und Kind an das gemeinsame Heimatrecht der Betroffenen im Zeitpunkt des Wirksamwerdens der Legitimation an[87]. Für den Fall, daß Vater und Kind *nicht dieselbe* Staatsangehörigkeit besitzen, herrscht in Frankreich über die Frage des anzuwendenden Rechts Streit[88].

Früher war in Frankreich die herrschende Meinung, daß sich die Frage der Legitimation durch nachfolgende Ehe – wie in Art. 22 I EGBGB – nach dem Heimatrecht des Vaters beurteilt[89]. Später ging im Interesse des Schutzes des Kindes die Tendenz der Rechtsprechung dahin, das Heimatrecht des Kindes dann anzuwenden, wenn es die *französische* Staatsangehörigkeit besitzt[90]. Da aber in casu das Kind nicht die algerische (französische) Staatsangehörigkeit besitzt, erscheint es zweifelhaft, ob das Heimatrecht des Kindes anzuwenden ist.

Zwar wird in der französischen Rechtsprechung heute auch die Ansicht vertreten, daß das Heimatrecht des Kindes auf die Legitimation Anwendung findet, wenn das Kind *nicht* die französische Staatsangehörigkeit

---

[87] *Batiffol* aaO Nos. 392, 463; *Delaume*, American-French Private International Law, 2. Aufl. New York 1961, 104; *Lerebours- Pigeonnière(-Loussouarn)* aaO Nos. 341, 463, 466; *de la Moutte* aaO 341 f.

[88] Vgl. statt aller *Dalloz*, Nouv. rep. de droit 2. Aufl. Paris 1964, III s. v. Légitimation, No. 41; *Ponsard*, Anm. in Clunet 1964, 570–575 (571 f.).

[89] Vgl. statt aller *Cass. civ.*, 31. 3. 1930, Rewoliotty c/Ministère public, S. 1931. 1 9 m. Anm. v. *Niboyet* und *Geny* (S. 1931.1.177); *de la Moutte* aaO 344 f. (mit umfangreichen Rechtsprechungsnachweisen in Fußn. 11).

[90] *Cour d'appel de Paris*, 15. 11. 1966, Weyrich-Laroch c/Weyrich-Laroche, Clunet 1967, 83 m. Anm. v. *Goldman*; vgl. *Dalloz*, Nouv. rép. de droit, s. v. Légitimation, No. 41; *Loussouarn*, Paternité – Filiation, in: *J.-Cl. de droit international*, V No. 139; *de la Moutte* aaO 345 f. (mit Rechtsprechungsnachweisen in Fußn. 15).

besitzt[91]. Ob sich diese Auffassung in Frankreich, solange keine neue Entscheidung der *Cour de Cassation* vorliegt, durchzusetzen vermag, erscheint nicht sicher. Insbesondere ist die Ansicht des Gerichts, worauf *Ponsard* in seiner Anmerkung ausdrücklich hinweist, keineswegs die allgemein anerkannte in der französischen Rechtsprechung und Lehre[92].

4. Zwischenergebnis

Folgt man für den vorliegenden Fall dieser Auffassung, so bestimmt sich die Legitimation nach dem *deutschen Heimatrecht des Kindes*[93].

5. Anknüpfung an das Ehewirkungsstatut

Daneben kommt die Anknüpfung an das Statut der persönlichen Ehewirkungen in Betracht. Denn in der französischen Judikatur und insbesondere in der Rechtslehre wird vielfach die Auffassung vertreten, die Legitimation eines Kindes bestimme sich nach dem *Recht*, das die *persönlichen Ehewirkungen* der Eltern zur Zeit der Eheschließung beherrscht[94]. Das *Ehewirkungsstatut* ist nach der französischen Rechtsprechung und der überwiegenden Meinung im Schrifttum das gemeinsame Heimatrecht der Ehegatten oder, falls sie verschiedener Staatsangehörigkeit sind, das Recht des *gemeinsamen Wohnsitzes* („domicile commun")[95].

Das algerische (französische) internationale Privatrecht verweist damit für die Frage der Legitimation mit Rücksicht auf die verschiedene Staatsangehörigkeit der Parteien[96] und ihren gemeinsamen tatsächlichen Wohnsitz („domicile effectif commun") in Marokko auf marokkanisches Recht[97].

---

[91] *Trib. gr. inst. Nice,* 3. 7. 1963, Maugham c/Maugham et Searle, Clunet 1964, 562 (568) m. krit. Anm. v. *Ponsard.*

[92] *Ponsard,* Clunet 1964, 571.

[93] So *AG Hamburg* StAZ 1964, 164 (= DAVorm 1964, 46) (Algerien); vgl. auch *LG Nürnberg-Fürth* StAZ 1961, 134 (für die französische Rechtslage).

[94] *Cass. civ.,* 18. 11. 1947, d'Alascio c/d'Alascio J. C. P. 1948.2.4028 m. Anm. v. *L. P. [Lerebours-Pigeonnière]; Batiffol,* aaO No. 463; *Lerebours-Pigeonnière(-Loussouarn)* aaO No. 466; *Ponsard,* Clunet 1964, 571 f.

[95] *Cass. civ.,* 15. 2. 1966, Campbell-Johnston c/Campbell-Johnston, Clunet 1967, 95 m. Anm. v. *Goldman; Cass. civ.,* 19. 2. 1963, Chemouni c/Chemouni-Krieff, Rev. crit. dr. i. pr. 1963, 559 (561) m. Anm. v. *G. H. [olleaux];* Cass. civ., 17. 4. 1953, Rivière c/Roumiantzeff, Rev. crit. dr. i. pr. 1953, 412 m. Anm. v. *Batiffol; Batiffol* aaO Nos. 431, 432.

[96] Da Hannelore K. keinen Antrag auf Erwerb der algerischen Staatsangehörigkeit gestellt hat, hat sie gemäß Art. 12 alg. StAG (bei *Oppermann-Yousry* aaO 43) die algerische Staatsangehörigkeit auch durch Heirat nicht erlangt. Sie ist weiterhin Deutsche.

[97] Vgl. *Cass. civ.,* 22. 2. 1961, Corcos c/Corcos, Rev. crit. dr. i. pr. 1961, 382 m. Anm. v. *Batiffol; Cass. civ.,* 15. 5. 1961, Ortiz c/Ortiz, Rev. crit. dr. i. pr. 1961, 545

Diese Verweisung des algerischen (französischen) Rechts gilt jedoch nur vorbehaltlich einer etwaigen Rück- oder Weiterverweisung durch das marokkanische Kollisionsrecht; denn das algerische (französische) internationale Familienrecht verweist regelmäßig auch auf die Kollisionsnormen der berufenen Rechtsordnung [98].

6. Marokkanisches internationales Legitimationsrecht

Das marokkanische internationale Privatrecht enthält keine ausdrückliche Kollisionsnorm über die Frage der Legitimation eines Kindes. Nach der marokkanischen Rechtsprechung beurteilen sich jedoch alle Fragen der „filiation" eines unehelichen Kindes von seinem Erzeuger regelmäßig nach dem *Heimatrecht des Kindes,* so daß in Ermangelung einer speziellen Kollisionsnorm auch die Frage der Legitimation diesem Statut zu unterwerfen ist [99]. Das bedeutet, daß das marokkanische internationale Privatrecht für den vorliegenden Fall auf das deutsche Recht (Heimatrecht des Kindes) weiterverweist. Die Frage, wie diese Verweisung zu qualifizieren ist, d. h. als Sachnormverweisung (wie regelmäßig im marokkanischen IPR) oder als Gesamtverweisung, kann dahinstehen. Falls diese Verweisung nicht auf deutsche Sachnormen (§§ 1719–1722 BGB) gerichtet ist, so brechen wir die Verweisung des marokkanischen Kollisionsrechts auf deutsches Recht ab. Das heißt, wir behandeln eine IPR-Verweisung wie eine Sachnormverweisung [100].

7. Zwischenergebnis

Folgt man der Auffassung, daß nach algerischem (französischem) internationalen Privatrecht für die Frage der Legitimation das Ehewirkungsstatut maßgibt, das im Falle unterschiedlicher Staatsangehörigkeit an das Recht des gemeinsamen Wohnsitzes (marokkanisches Recht) anknüpft, so ist gleichfalls deutsches Recht anzuwenden; denn das marokkanische Wohnsitzrecht knüpft für die Frage der Legitimation an das deutsche Heimatrecht des Kindes an.

---

m. Anm. v. *Batiffol; Cass. civ.,* 15. 5. 1961, Tarwid c/Wirtensohn, Rev. crit. dr. i pr. 1961, 547 m. Anm. v. *Batiffol.*

[98] Vgl. statt aller *Batiffol* aaO Nos. 299–312; *Delaume* aaO 90–95.

[99] Ständige Rechtsprechung der *Cour d'appel de Rabat,* 9. 1. 1952, G. T. M. 1952, 150; 22. 6. 1955, R. M. D. 8 (1956), 418; 10. 3. 1961, R. M. D. 13 (1961), 310; *Deprez* aaO No. 25; kritisch *Decroux* aaO No. 418 (falls das Statut des Kindes dem „statut musulman" des Vaters vorgeht); ebenso die deutsche Rechtsprechung zu der Frage: *AG Hamburg* StAZ 1964, 164 (= DAVorm 1964, 205); *AG Bielefeld* StAZ 1965, 219 m. Anm. v. *Bussert; LG Wiesbaden* FamRZ 1968, 103 (= DAVorm 1969, 197 [198 f.]); auch IPG 1967–68 Nr. 49 (Freiburg).

[100] Statt aller *RGZ* 136, 361 (366); *Soergel-Kegel* aaO Art. 27 EGBGB Anm. 16 (mit Nachweisen in Fußn. 7).

B. GESAMTERGEBNIS

I. Für die Frage der Legitimation des Kindes Horst verweist das deutsche Kollisionsrecht (Art. 22 I EGBGB) vorbehaltlich einer Rück- oder Weiterverweisung auf das algerische Heimatrecht des Vaters.

II. Voraussetzung für die Legitimation des Kindes ist die wirksame Eheschließung der Eltern. Diese Vorfrage ist selbständig anzuknüpfen (Art. 11, 13 EGBGB).

III. Die Eheschließung von Mohamed S. und Hannelore K. ist zwar nach dem von dem marokkanischen Ortsrecht berufenen deutschen Recht nicht formgültig zustandegekommen, weil die Heirat vor dem Qâdî nach islamischem Recht nicht der Heirat vor einem Standesbeamten gemäß §§ 11, 13 EheG entspricht. Da ein Rechtsgeschäft aber nicht nur dann formgültig ist, wenn es dem von dem Kollisionsrecht des Ortsrechts berufenen Recht entspricht, sondern auch dann, wenn die Form des materiellen Rechts des Abschlußortes gewahrt ist, ist die Ehe in casu formgültig geschlossen worden.

IV. Das algerische internationale Privatrecht folgt, soweit ersichtlich, weiter den Regeln des französischen Kollisionsrechts.

V. Das algerische (französische) internationale Privatrecht knüpft für die Frage der Legitimation eines Kindes, sofern Vater und Kind die gleiche Staatsangehörigkeit besitzen, an diese an.

VI. Das Kind Horst hat jedoch nicht die algerische Staatsangehörigkeit seines Vaters gemäß Art. 5 alg. StAG erworben. Es besitzt gemäß § 4 I RuStAG nur die deutsche Staatsangehörigkeit.

VII. Im Falle verschiedener Staatsangehörigkeit von Vater und Kind herrscht im algerischen (französischen) Kollisionsrecht Streit darüber, welchem Recht die Frage der Legitimation unterliegt.

VIII. Ein Teil der Rechtsprechung und Lehre knüpft an das Heimatrecht des Kindes an. Das bedeutet in casu eine Verweisung auf das deutsche Recht.

IX. Ob dieser Auffassung in Algerien uneingeschränkt gefolgt wird, ist nicht zu ermitteln.

X. Eine zweite Auffassung im algerischen (französischen) Kollisionsrecht knüpft für die Frage der Legitimation an das Ehewirkungsstatut an. Sofern die Eheleute wie in casu nicht die gleiche Staatsangehörigkeit besitzen, bestimmt sich das Ehewirkungsstatut nach dem Recht des gemeinsamen Wohnsitzes.

XI. Das Recht des gemeinsamen Wohnsitzes (Oujda/Marokko) ist marokkanisches Recht.

XII. Das marokkanische Kollisionsrecht knüpft bezüglich der Frage der Legitimation an das Heimatrecht des Kindes an und enthält somit eine Weiterverweisung auf deutsches Recht.

XIII. Legitimationsstatut ist, unabhängig davon, welcher Auffassung des algerischen (französischen) Kollisionsrechts gefolgt wird, deutsches Recht.

Nr. 26

Griechenland

1. Legitimation unehelicher Kinder durch nachfolgende Eheschließung.

2. Gültigkeit einer vor einem nichtermächtigten Priester griechisch-orthodoxer Konfession in Deutschland geschlossenen Ehe.

Heidelberg 215/69 vom 22. 8. 1969

Das Amtsgericht Recklinghausen bittet das Institut für ausländisches und internationales Privat- und Wirtschaftsrecht der Universität Heidelberg in der Legitimationssache K. um eine Auskunft über internationales und griechisches Legitimationsrecht.

Der Auskunft liegt folgender Sachverhalt zugrunde:

Die griechischen Staatsangehörigen Ioannis L. und Stamatis K. kamen als Arbeiter nach Nordrhein-Westfalen. Beide sind griechisch-orthodoxer Konfession.

In Deutschland schlossen sie die Ehe vor einem griechisch-orthodoxen Geistlichen; dieser hatte keine Ermächtigung zur Eheschließung gemäß § 15a EheG. Nach dieser Hochzeit gebar Stamatis K. zwei Mädchen, nämlich am 29. 2. 1964 Sophia, am 11. 7. 1968 Despina.

Nach der Geburt dieser Kinder unterzogen sich die Eltern zu einem aus den Akten nicht entnehmbaren Zeitpunkt (wohl vor dem 26. 11. 1968) einer standesamtlichen Eheschließung deutschen Rechtes.

Daraufhin wurden die Eltern aufgefordert, einen Antrag auf Legitimation ihrer Kinder zu stellen. Die Stellung dieses Antrages lehnen die Eltern jedoch standhaft ab, da sie die Unehelichkeit ihrer Kinder nicht einsähen und sie sowieso nach Griechenland zurückkehren wollten.

Es soll geprüft werden, ob die Kinder von Amts wegen legitimiert werden können.

A. Ob nach deutschem Recht eine Legitimation durch nachfolgende Eheschließung ohne Antrag der Eltern von Amts wegen durchgeführt werden kann, ist als Frage des innerdeutschen Rechtes vom Institut nicht zu beantworten.

B. Die Legitimation eines unehelichen Kindes richtet sich im deutschen internationalen Privatrecht gemäß dem von Lehre und Rechtsprechung aus der einseitigen Kollisionsnorm des Art. 22 Abs. 1 EGBGB aufgestellten Grundsatze nach den Gesetzen des Staates, dem der Vater zur Zeit der Legitimation angehört[1].

I. Voraussetzung für die Anwendung dieses Grundsatzes ist die Unehelichkeit des Kindes

1. Für die Prüfung der Frage, ob ein Kind ehelich oder unehelich ist, ist nach herrschender Meinung selbständig an Art. 18 EGBGB anzuknüpfen[2].

Gemäß Art. 18 Abs. 1 EGBGB beurteilt sich die eheliche Abstammung nach dem Heimatrecht des Ehemannes der Mutter. Zwar bestimmt Art. 18 Abs. 1 EGBGB dies nur für den Fall, daß der Ehemann Deutscher ist; von Lehre und Rechtsprechung ist aber auch diese Vorschrift zu einer allseitigen Kollisionsnorm ausgebaut worden[3].

Art. 18 EGBGB verweist daher im vorliegenden Fall auf das griechische Recht, da der Ehemann die griechische Staatsangehörigkeit besitzt.

2. Bedenken aus dem Grunde der Gleichberechtigung bestehen bei Art. 18 und 22 EGBGB schon aus dem Grunde nicht, weil es sich hierbei vornehmlich um die Frage des rechtlichen Bandes gerade zum Vater handelt, also die Berücksichtigung seines Heimatrechtes sachlich angemessen ist – wie umgekehrt die Berücksichtigung des Mutterrechtes in Art. 20 EGBGB[4].

3. Zu prüfen bleibt, ob das griechische Kollisionsrecht eine Rückverweisung auf das deutsche Recht enthält. Diese wäre nach dem Grundsatze des Art. 27 EGBGB zu beachten, obwohl Art. 27 EGBGB die Vorschrift des

[1] Vgl. *Soergel-Kegel,* BGB Bd. V, 9. Aufl. 1961, Art. 22 EGBGB Randnr. 1; *Palandt-Lauterbach,* BGB, 26. Aufl. 1967, Art. 22 EGBGB Anm. 2; *Erman-Marquordt,* BGB Bd. II, 4. Aufl. 1967, Art. 22 EGBGB Anm. 1 a; jeweils mit Nachweisen aus der Rechtsprechung.

[2] *Neuhaus,* Die Grundbegriffe des Internationalen Privatrechts, 1962, 239; *Palandt-Lauterbach* aaO Art. 22 EGBGB Anm. 21; *Erman Marquordt* aaO Art. 22 EGBGB Anm. 2 b bb; *Soergel-Kegel* aaO Art. 22 EGBGB Randnr. 27 mit weiteren Nachweisen.

[3] *Soergel-Kegel* aaO Art. 18 EGBGB Randnr. 19 mit Rechtsprechungsnachweisen.

[4] Vgl. *Makarov,* Die Gleichberechtigung der Frau und das internationale Privatrecht, RabelsZ 17 (1952) 393; *Siegrist,* Gleichberechtigung von Mann und Frau und internationales Privatrecht, RabelsZ 24 (1959) 111 f. Allgemein zur Gleichberechtigung im IPR vgl. *Erman-Marquordt* aaO vor Art. 13 EGBGB Anm. 5 a mit Nachweisen, ferner insbesondere *Sturm,* Zur Gleichberechtigung im deutschen internationalen Privatrecht, in Rechtsvergleichung und Rechtsvereinheitlichung, Festschrift zum 50-jährigen Bestehen des Instituts für ausländisches und internationales Privat- und Wirtschaftsrecht der Universität Heidelberg, 155 ff.

Art. 18 EGBGB wegen deren Fassung als einseitiger Kollisionsnorm nicht ausdrücklich nennt[5].

Eine Rückverweisung findet indessen nicht statt; Art. 17 des griechischen Zivilgesetzbuches von 1940, der dem Art. 18 Abs. 1 EGBGB in einer Erweiterung zur allseitigen Kollisionsnorm entlehnt ist, bestimmt nämlich:

„Die eheliche Abstammung eines Kindes richtet sich nach dem Heimatrecht des Ehemannes der Mutter zur Zeit der Geburt des Kindes. Wird das Kind nach Auflösung der Ehe geboren, so richtet sich die eheliche Abstammung nach dem Heimatrecht des Ehemannes der Mutter zur Zeit der Auflösung der Ehe."[6]

II. Demnach ist nach griechischem Rechte zu bestimmen, ob das Kind ehelich ist oder nicht.

Ein Kind ist ehelich, wenn es während einer bestehenden Ehe gezeugt wird (Art. 1465 ZGB) bzw. wenn es vor der Ehe gezeugt wird und der Ehemann der Frau nicht innert drei Monaten seit Kenntnis von der Geburt die Ehelichkeit bestreitet (Art. 1468 ZGB).

1. Demnach ist Voraussetzung das Bestehen einer Ehe. Auch diese Vorfrage ist nach deutschem internationalem Privatrecht selbständig anzuknüpfen[7].

Die Eingehung einer Ehe ist in Art. 13 EGBGB geregelt. Danach werden die Voraussetzungen der Ehe nach dem Recht des Staates bestimmt, dem die Brautleute angehören, die Form dagegen nach Art. 11, 13 Abs. 3 EGBGB bzw. § 15a EheG.

Damit wird hinsichtlich der Voraussetzungen auf griechisches Recht verwiesen. Das griechische internationale Privatrecht nimmt auch diese Verweisung an[8].

Die Ehevoraussetzungen sind in den Art. 1350 bis 1367 ZGB geregelt, die Formvorschriften in Art. 1368 bis 1371 ZGB. Dabei ergibt sich kein Anhaltspunkt, daß eine der Voraussetzungen der Art. 1350 bis 1366 nicht gegeben wäre.

Hingegen wird hier wesentlich die Vorschrift des Art. 1367 ZGB. Dieser lautet:

„Die Ehe der Angehörigen der griechisch-orthodoxen Kirche besteht ohne kirchliche Trauung durch einen Priester dieser Kirche nicht. Das gleiche gilt auch

[5] Vgl. *Soergel-Kegel* aaO Art. 18 EGBGB Randnr. 38; *Erman-Marqucrdt* aaO Art. 18 EGBGB Anm. 7; Art. 27 EGBGB Anm. 2.

[6] Die Übersetzung ist *Gogos*, Das Zivilgesetzbuch von Griechenland (1940), Materialien zum ausländischen und internationalen Privatrecht, 1951, entnommen.

[7] Vgl. *Raape*, IPR, 5. Aufl. 1961, 382. Siehe auch *BGH* Beschl. 22. 1. 1965, BGHZ 43, 218.

[8] Vgl. Art. 13 ZGB: „Die materiellen Voraussetzungen der Ehe richten sich nach dem Heimatrecht eines jeden der Eheschließenden."

bei der Ehe eines Christen der griechisch-orthodoxen Konfession mit einem Christen einer anderen Konfession (Heterodoxen).

Die Zustimmung der die Ehe eingehenden Personen wird von beiden gleichzeitig vor dem Priester bei der Eheschließung erklärt."

Dessen Voraussetzungen sind zwar erfüllt; es ist jedoch fraglich, ob er vom Blickpunkt eines deutschen Gerichtes zu den materiellen Ehevoraussetzungen gehört, also zu der Materie, auf die griechisches Recht anzuwenden ist. Im griechischen Recht wird dieser Artikel zu den materiellen Ehevoraussetzungen gerechnet [9].

Jedoch nimmt das deutsche internationale Privatrecht die Qualifikation grundsätzlich nach deutschem Recht vor; d. h. soviel, daß die Frage, was zu den Formvorschriften gehört und was zu den Ehevoraussetzungen, danach bestimmt wird, zu welcher Gruppe von Rechtsregeln die entsprechenden Vorschriften des deutschen Rechtes gehören [10].

Da das deutsche Recht die Frage, vor wem eine Ehe geschlossen werden muß, als Formfrage ansieht, muß demnach auch Art. 1367 ZGB als Formvorschrift qualifiziert werden [11]. Er fällt daher nicht unter Art. 13 Abs. 1 EGBGB.

2. Demnach ist zu prüfen, ob die internationalprivatrechtlich vorgeschriebene Form eingehalten ist.

Die allgemeine Formvorschrift ist im deutschen IPR Art. 11 EGBGB. Dieser läßt die Auswahl zwischen zwei Formen: der Ortsform und der Form des lex causae. Diese Regel erleidet durch Art. 13 Abs. 3 EGBGB die Ausnahme, daß auf dem Gebiete Deutschlands nur die Ortsform der Eheschließung gewählt werden darf.

Diese rechtspolitisch verfehlte [12], wohl nur aus dem Geiste des Kulturkampfes verständliche Regel hat eine Abmilderung in § 15a EheG erhalten: danach können ausländische Verlobte vor einer von der heimatlichen Regierung der Braut oder des Bräutigams ermächtigten Person gemäß den Gesetzen dieses Landes die Ehe schließen.

Da im vorliegenden Fall vor der Geburt der Kinder jedenfalls keine den deutschen Vorschriften entsprechende Eheschließung stattgefunden hat, ist zu prüfen, ob die vor dem griechisch-orthodoxen Geistlichen vorgenommene Eheschließung wirksam ist.

---

[9] Vgl. *Rammos,* Die Eheschließung nach geltendem griechischem Recht, FamRZ 1955, 166 f.; *Maridakis,* Le mariage des Grecs orthodoxes hors de Grèce, Revue critique de droit international privé 1951, 661 ff.

[10] H. M.; vgl. *Raape* aaO S. 107 ff. Weitere Nachweise bei *Soergel-Kegel* aaO vor Art. 7, S. 517 Fußn. 2. A. A. ohne eigene Lösung, *Kegel,* IPR, 2. Aufl. 1964, 102 ff. und in *Soergel-Kegel* aaO vor Art. 7, Randnr. 39 ff.

[11] Vgl. *Kegel* aaO 262; *Neuhaus,* Anm. zu *LG Waldshut,* FamRZ 1958, 29 unter 3. A. A. bezüglich Eheschließung außerhalb Deutschlands: *Raape* aaO 246 Fußn. 15; aber für Eheschließung in Deutschland wie hier.

[12] Vgl. *Soergel-Kegel* aaO Art. 13 EGBGB Randnr. 54.

Dies ist jedoch zu verneinen, da die die Eheschließung vornehmende Person zur Zeit der Eheschließung dazu vom Heimatstaate der Verlobten ermächtigt sein mußte. Daran hat es hier gefehlt[13]. Demnach liegt keine nach deutschem Recht gültige Ehe vor.

III. Jedoch braucht aus der mangelnden Ehe der Eltern noch nicht ohne weiteres die Unehelichkeit der Kinder zu folgen.

Zwar wird zu Recht von der Rechtsprechung und einem Teil der Lehre die Ansicht abgelehnt, daß gemäß Art. 18 EGBGB das Recht des „Scheinehemannes" die Rechtsstellung des Kindes bestimme[14].

Indessen könnte das ausländische Recht bestimmen, daß die Kinder auch trotz der Unehelichkeit die Rechtsstellung ehelicher Kinder besitzen oder doch eine der ehelichen Kindschaft stärker angenäherten Rechtsposition; u. U. kann diese „stärkere" Stellung auch nur in einigen Fällen (z. B. bei „Brautkindern") bestehen[15].

Ob analog Art. 18 EGBGB die Rechtsordnung des „Scheinehemannes" über die Stellung des Kindes entscheidet, wie *Henrich* aaO vorschlägt, oder das nach Art. 22 EGBGB berufene Recht, wie *Kegel* aaO, S. 306 meint, oder das Heimatrecht eines anderen Beteiligten, kann hier dahinstehen, da alle Beteiligten Griechen sind.

Das griechische Recht macht jedoch nur innerhalb „unehelicher" Kinder Unterschiede zwischen anerkannten und nichtanerkannten; daher führt dieser Weg nicht weiter. Demnach sind die Kinder aus vorliegender „Ehe" für den deutschen Rechtskreis zunächst unehelich gewesen.

C. Später haben die Eheleute den deutschen Formvorschriften gemäß geheiratet. Dadurch kann eine Legitimation eingetreten sein. Art. 22 EGBGB verweist auf die Anwendung griechischen Rechts. Auch diese Verweisung wird vom griechischen Recht durch Art. 22 ZGB angenommen.

Dieser lautet:

„Die Legitimation richtet sich nach dem Heimatrecht des Vaters zur Zeit der Legitimation oder, wenn er vor der Legitimation gestorben ist, zur Zeit seines Todes."

---

[13] Vgl. *BGH* aaO 213 ff.; *Erman-Hefermehl* aaO § 15a EheG Anm. 3, S. 1955 mit Nachweisen. A. A. z. B. *OLG Köln*, FamRZ 1964, 210 ff.

[14] Wie hier *BGH* aaO 218; *OLG Köln* aaO 210; BayObLG 4. 1. 1966; BayObLGZ 1966, 5; *Soergel-Kegel* aaO Art. 18 EGBGB Randnr. 3; *Kegel* aaO 306. A. A. insbesondere *Wengler*, Die Ehelichkeit der Kinder aus hinkenden Ehen griechischer Staatsangehöriger in Deutschland, JR 1963, 41 ff.; ders., Anm. zu BGH 22. 1. 1965, JZ 1965, 536.

[15] Vgl. dazu *Henrich*, Die Rechtsverhältnisse zwischen Eltern und Kindern aus hinkenden Ehen, StAZ 1969, 145.

Daran ändert nicht, daß die Kinder, vom Blickpunkte des griechischen Rechtes aus gesehen, von vornherein ehelich gewesen sind, da die Ehe ja vom griechischen Standpunkt aus von Anfang an formgültig war. Vielmehr ist auch in diesen Fällen das nach Vorschriften des deutschen IPR berufene Recht heranzuziehen[16].

Die Legitimation durch nachfolgende Ehe ist in den Art. 1556 bis 1559 ZGB geregelt.

Diese lauten:

„1556. Ein uneheliches Kind wird durch die nachfolgende Ehe zwischen seinen Eltern legitimiert.

1557. Die Eltern des Kindes sind verpflichtet, nach der Eheschließung das Kind als eigenes anzumelden. Die Anmeldung erfolgt gegenüber dem Standesamt des Ortes der Eheschließung. Die Unterlassung der Anmeldung beeinträchtigt nicht die Stellung des von ihnen erzeugten Kindes. Die gerichtliche Anerkennung des Vaters, welcher sich mit der Mutter des Kindes verheiratet hat, wirkt als Legitimationserklärung.

1558. Durch die nachfolgende Ehe zwischen den Eltern des unehelichen Kindes werden seine ehelichen Abkömmlinge legitimiert, wenn es vor der Ehe gestorben ist.

1559. Das durch die nachträgliche Ehe legitimierte Kind erlangt in jeder Beziehung beiden Eltern gegenüber die rechtliche Stellung eines ehelichen Kindes."

Diese Vorschriften gelten für alle Arten unehelicher Kinder (nicht anerkannte, freiwillig, gerichtlich, „vollkommen" gerichtlich anerkannte).

Einzige Voraussetzung der Legitimation ist die Eheschließung der Eltern. Die Kinder erhalten dadurch uneingeschränkt die Rechtsstellung ehelicher Kinder.

Das deutsche Recht kennt jedoch eigene Verfahrensvorschriften, nach denen ein amtsgerichtlicher Legitimationsbeschluß notwendig ist. Da für Verfahrensfragen die lex fori gilt, hat das AG also bezüglich des Verfahrensrechtes das deutsche Recht anzuwenden. Danach wird sich auch bestimmen, ob ein Verfahren von Amts wegen eingeleitet werden kann.

Diese Einleitung von Amts wegen dürfte auch deshalb unschädlich sein, weil das griechische Recht die Eltern verpflichtet, nach der Eheschließung das Kind beim Standesamt als eigenes anzumelden. Diese Pflicht ist, wie sich aus Art. 1557 Abs. 2 Satz 1 ZGB ergibt, als öffentlichrechtliche konzipiert, wirkt also nicht über Griechenland hinaus. Jedoch ergibt sich daraus, daß die weniger in die Rechtsstellung der Eltern eingreifende Handhabung des deutschen Rechts, wenn es eine Legitimation von Amts wegen zuläßt, zumindest keine Rechte der beteiligten Griechen verletzt.

---

[16] Vgl. *Raape* aaO 296 f. (gerade für vorliegenden Fall).

Ferner ist die Einleitung deshalb völlig unschädlich, weil dadurch im Ergebnis die Rechtsstellung der Kinder nach beiden in Frage kommenden Rechten übereinstimmt.

ZUSAMMENFASSUNG

1. Die vor dem Popen durchgeführte Eheschließung hat für den deutschen Rechtsbereich zu keiner Ehe geführt. Die Kinder waren daher unehelich.
2. Durch die standesamtliche Eheschließung sind die Kinder legitimiert worden. Die Durchführung des Verfahrens regelt sich nach deutschem Recht, insbesondere auch die Frage, ob der Legitimationsbeschluß von Amts wegen herbeigeführt werden kann.

Nr. 27

Spanien

1. Legitimation unehelicher Kinder durch „Tondernehe" nach spanischem Recht.

2. Legitimation durch „Tondernehe" kraft ordre public?

3. Zur Frage, ob die nach spanischem Recht bigamische „Tondernehe" als Nichtehe oder nichtige Ehe anzusehen ist.

Hamburg G 13/69 vom 18.9.1969

Das Landgericht Hamburg bittet in der Legitimationssache G. um Auskunft über spanisches Familienrecht.

Das Kind Kerstin G. wurde am 14. 1. 1964 in Hamburg außerehelich geboren. Die Mutter, Dagmar Gertrud G., ist katholisch und besitzt die deutsche Staatsangehörigkeit. Als Vater bekennt sich der spanische Staatsangehörige Ginés Martinez C., ebenfalls katholischer Konfession. Dieser hatte 1953 in Barcelona mit der katholischen Deutschen H. die Ehe geschlossen. Diese Ehe ist durch rechtskräftiges Urteil des Landgerichts Hamburg vom 8. 9. 1961 geschieden.

Die Kindeseltern haben am 16. 10. 1965 in Tondern (Dänemark) geheiratet. Der Vater hat am 11. 3. 1966 gegenüber der Jugendbehörde Hamburg die Vaterschaft „gemäß § 1718 BGB" anerkannt. Es wird die Feststellung begehrt, daß das Kind Kerstin G. durch die Ehe seiner Eltern legitimiert worden ist.

Das Amtsgericht Hamburg hat durch Beschluß vom 21. 4. 1966 die Legitimation abgelehnt. Es ist dabei jedoch zu Unrecht davon ausgegangen, daß die erste Ehe des Vaters lediglich nach spanischem Recht getrennt sei.

Der Beschluß ist in StAZ 1966, 293 = MDR 1967, 215 veröffentlicht. Gegen diesen Beschluß hat die Kindesmutter am 29. 10. 1968 Beschwerde eingelegt, der sich die Jugendbehörde Hamburg als Pfleger des Kindes angeschlossen hat.

Das Landgericht fragt an,

ob die Ehe der Eltern nach spanischem Recht ein Nullum oder eine vernichtbare Ehe ist und welche Folgen sich gegebenenfalls für die Frage der Legitimation, und zwar unter Berücksichtigung des Scheidungsurteils vom 9. August 1961 ergeben.

I. Legitimation

1. Anwendbares Recht

Gemäß einem aus Art. 22 EGBGB zu entnehmenden Grundsatz richtet sich die Legitimation stets nach dem Heimatrecht des Vaters, hier also nach spanischem Recht. Eine Rückverweisung, die nach herrschender Meinung beachtlich wäre, findet hier nicht statt, da das spanische Recht die Legitimation durch nachfolgende Ehe ebenfalls dem Heimatrecht des Vaters unterstellt[1]. Es kommt das gemeinspanische Recht zur Anwendung, da die Foralrechte keine besonderen Bestimmungen über die Legitimation enthalten.

2. Spanisches materielles Recht – Vorfrage

Nach spanischem Recht können nur „natürliche Kinder" legitimiert werden. Art. 119 Cc bestimmt:

„Sólo podrán ser legitimados los hijos naturales. Son hijos naturales los nacidos fuera del matrimonio, de padres que al tiempo de la concepción de aquellos pudieron casarse sin dispensa o con ella."	Nur die natürlichen Kinder können legitimiert werden. Natürliche Kinder sind diejenigen, welche außerhalb der Ehe von Eltern geboren sind, die sich zur Zeit der Empfängnis der Kinder ohne oder mit Dispens hätten heiraten können.

Ob das Kind Kerstin G. als „natürliches Kind" im Sinne dieser Vorschrift anzusehen ist, hängt also davon ab, ob seine Eltern im Jahre 1963 einander hätten heiraten können.

---

[1] *Goldschmidt,* Sistema y filosofía del derecho internacional privado Bd. II, 2. Aufl. 1954, 327; *Verplaetse,* Derecho internacional privado, 1954, 425. Für eine Kumulation des Vaterrechts mit dem Heimatrecht des Kindes *Aguilar Navarro,* Derecho civil internacional, 1960, 271.

Die Frage, ob die Kindeseltern zur Zeit der Empfängnis miteinander die Ehe eingehen konnten, ist eine „Vorfrage". Der Streit um die selbständige oder unselbständige Anknüpfung der Vorfrage im Kollisionsrecht kann hier dahinstehen, da die beteiligten Kollisionsrechte insoweit übereinstimmen: Nach spanischem IPR sind die sachlichen Voraussetzungen der Eheschließung – ebenso wie nach Art. 13 EGBGB – für jeden der Verlobten nach seinem Heimatrecht, für den spanischen Teil also nach spanischem Recht zu beurteilen[2].

Nach spanischem Recht konnte der Vater die Kindesmutter nicht heiraten, da er nach spanischer Auffassung noch mit H. in gültiger Ehe lebt. Die Scheidung dieser Ehe durch ein deutsches Gericht wird in Spanien nicht anerkannt, da die Scheidung gegen den spanischen ordre public verstößt[3]. Diese Haltung des spanischen Rechts ist nach der Rechtsprechung des BGH in Deutschland zu respektieren, soweit die Eingehung einer zweiten Ehe in Frage steht. Das Hindernis des bestehenden Ehebandes wird danach für den deutschen Rechtsbereich auch durch ein deutsches Scheidungsurteil nicht beseitigt, wenn einer der Verlobten Spanier ist. Die Kindeseltern hätten aus diesem Grunde auch in Deutschland nicht heiraten können[4].

Das Kind Kerstin G. ist somit nicht als „natürliches Kind" im Sinne des Art. 119 Cc anzusehen. Eine Legitimation ist schon aus diesem Grunde nach spanischem Recht nicht möglich, ohne daß die Gültigkeit der Ehe geprüft werden muß.

3. Deutscher ordre public

Zu erwägen ist, ob dieses Ergebnis mit dem deutschen ordre public vereinbar ist (Art. 30 EGBGB). Anlaß dazu gibt eine neuere Entscheidung des BGH zum italienischen Recht, wonach das Verbot der Legitimation von Ehebruchskindern gegen den deutschen ordre public verstößt[5].

---

[2] *Verplaetse* aaO 389; *Orúe y Arregui*, Manual de derecho internacional privado, 3. Aufl. 1952, 646 f.; siehe auch *Goldschmidt* aaO 283. Vgl. T. S. 29. 9. 1961, Rev. Esp. Der. Int. 16 (1963) 612.

[3] *Tribunal Supremo* 12. 3. 1942, Aranzadi núm. 325; 12. 5. 1944, Aranzadi núm. 669; 21. 12. 1963, Rev. Der. Esp. Am. 8 (1965) 199 = Aranzadi núm. 5360 (obiter); 23. 10. 1965, Aranzadi núm. 4626; 5. 4. 1966, Aranzadi núm. 1684 = Rev. Esp. Der. Int. 20 (1967) 305 mit Anm. *Gonzáles Campos*, dort auch weitere Nachweise S. 317 f. Siehe dazu ferner *Lüderitz, R.*, FamRZ 1966, 288; *Jochem*, RabelsZ 32 (1968) 737; *Lüderitz, A.*, StAZ 1969, 125.

[4] Vgl. *BGH* 12. 2. 1964, BGHZ 41, 136; *BGH* 14. 7. 1966, BGHZ 46, 87; aus der neueren Rechtsprechung siehe *OLG Hamm* 3. 5. 1968, FamRZ 1968, 389 = StAZ 1969, 123.

[5] *BGH* 17. 9. 1968, BGHZ 50, 370 = FamRZ 1968, 642 mit Anm. *Bosch* = MDR 1969, 36 = StAZ 1969, 10 mit Anm. *Simitis* = NJW 1969, 369 = JZ 1969, 299 mit Anm. *Heldrich*.

Nach Auffassung des Instituts lassen sich die dort entwickelten Grundsätze jedoch nicht auf den vorliegenden Fall übertragen. In dem der Entscheidung des BGH zugrunde liegenden Fall hatten die Kindeseltern, ein Italiener und eine Deutsche, nach der Geburt des Kindes in Deutschland geheiratet. Diese Ehe war sowohl nach italienischem als nach deutschem Recht zulässig und daher vollgültig. Der BGH sieht einen Verstoß gegen den ordre public darin, daß in einem solchen Fall das Kind nur deshalb durch die spätere Ehe nicht legitimiert wird, weil es aus einem Ehebruch stammt. Als „untragbar und inkonsequent" bezeichnet es der BGH, daß einerseits den Ehebruchspartnern die Eheschließung gestattet, den aus dem Ehebruch stammenden Kindern jedoch die Stellung von ehelichen Kindern versagt werde. Es widerspreche der Vorstellung von der Einheit der Familie, daß Eltern in einer gültigen Ehe mit ihren eigenen Kindern zusammenleben, ohne daß diese rechtlich als ihre ehelichen Kinder gelten.

Diese Voraussetzungen sind im vorliegenden Fall nicht gegeben. Die Kindeseltern hätten weder in Spanien noch in Deutschland heiraten können. Die in Dänemark geschlossene Ehe ist nach dem insoweit maßgebenden spanischen Recht eine Nicht-Ehe oder eine nichtige Ehe (siehe unten II). Es verstößt nicht gegen den deutschen ordre public, wenn durch eine solche Ehe, die unter Umgehung der deutschen Kollisionsnormen zustande gekommen ist, voreheliche Kinder der „Ehegatten" nicht legitimiert werden – gleichviel aus welchem Grunde das ausländische Recht die Legitimation versagt.

II. Nicht-Ehe oder nichtige Ehe?

Ob die in Dänemark geschlossene Ehe der Kindeseltern nach spanischem Recht als Nicht-Ehe oder als nichtige (vernichtbare) Ehe anzusehen ist, ist demnach für die Entscheidung des vorliegenden Falles unerheblich. Da die Anfrage des Gerichts jedoch ausdrücklich hierauf gerichtet ist, gibt das Institut dazu folgende Hinweise:

1. Form

Nach Art. 11 I des spanischen Código civil bestimmt sich die Form von Rechtsgeschäften nach dem jeweiligen Ortsrecht. Der Grundsatz „locus regit actum" gilt, wie heute anerkannt ist, auch für die von einem Spanier im Ausland geschlossene Zivilehe[6]. Die in Dänemark in der Ortsform ge-

[6] Vgl. die Entscheidung der *Dirección General de los Registros y del Notariado* vom 14. 3. 1967, Aranzadi núm. 4240, wo unter Berufung auf Art. 73 des Zivilregistergesetzes von 1957 die ältere Auslegung des Art. 100 III Cc (Zivilehe im Ausland nur vor dem spanischen Konsul) ausdrücklich als überholt bezeichnet wird; siehe dazu die Nachweise bei *Jochem*, RabelsZ 32 (1968) 733 N. 27–30. Für die Auslandsehe von Ausländern vgl. bereits T. S. 29. 9. 1961, Rev. Esp. Der. Int. 16

schlossene Ehe ist daher auch nach spanischem Recht als formell gültig anzusehen.

Allerdings ist ein katholischer Spanier nach Art. 42 II Cc verpflichtet, in kanonischer Form zu heiraten. Dabei handelt es sich jedoch nach spanischer Auffassung nicht um ein formelles, sondern um ein materiellrechtliches Erfordernis (siehe unten 2). Diese vom deutschen Recht abweichende Qualifikation ist nach Ansicht des Instituts zu beachten, wenn wie hier die Gültigkeit der Ehe innerhalb des spanischen Rechts als Vorfrage für die Legitimation zu prüfen ist.

2. Akatholizität

Nach Art. 42 III Cc kann eine Zivilehe nur geschlossen werden, wenn nachgewiesen wird, daß keiner der Eheschließenden der katholischen Religion angehört. An diese Vorschrift ist ein Spanier gemäß Art. 9 Cc auch im Ausland gebunden, da es sich nach heute überwiegender Auffassung dabei um eine sachliche Voraussetzung der Eheschließung handelt[7]. Die Zivilehe eines Spaniers im Ausland kann daher in Spanien nur dann ins Zivilregister eingetragen werden, wenn nachgewiesen ist, daß keiner der Ehegatten der katholischen Religion angehört[8]. Unklar ist, welche Rechtswirkungen die Zivilehe eines katholischen Spaniers hat. Nach kanonischem Recht ist in einem solchen Fall eine Ehe überhaupt nicht zustande gekommen. Das kanonische Recht gilt aber gemäß Art. 75 Cc nur für die in kanonischer Form *geschlossenen* Ehen[9].

Über die Gültigkeit einer Zivilehe, die entgegen der Vorschrift des Art. 42 III Cc geschlossen worden ist, entscheidet dagegen das spanische bürgerliche Recht. Die Rechtslage ist jedoch insoweit sehr unübersichtlich, da

---

(1963) 611. Vgl. ferner zu diesen Fragen *Weyers*, Die Eheschließung nach spanischem Recht, 1960, 66 f.

[7] Vgl. die oben genannte Entscheidung der *Dirección General* vom 14. 3. 1967. Weitere Nachweise bei *Jochem*, RabelsZ 32 (1968) 730 N. 15; *Pecourt García*, Rev. Esp. Der. Int. 17 (1964) 433 f. In der Rechtsprechung wird in diesem Zusammenhang häufig auch Art. 11 III Cc (ordre public) angeführt, vgl. dagegen *Pastor Ridruejo*, Rev. Esp. Der. Int. 17 (1964) 112. – Der Art. 42 III Cc ist aber auch bei der Inlandsehe von Ausländern zu beachten, vgl. *Dirección General 28. 3. 1962*, Rev. Esp. Der. Int. 17 (1964) 112; *Pecourt García*, Rev. Esp. Der. Int. 16 (1963) 613.

[8] Vgl. Art. 249 Reglamento del Registro Civil vom 14. 11. 1958 und dazu die genannte Entscheidung der *Dirección General* vom 14. 3. 1967. Siehe auch *Lüderitz, R.*, aaO 289; *Jochem*, aaO 733 N. 30 mit Nachweisen. Nur eine vorläufige „anotación" einer solchen Ehe ist offenbar auch ohne diesen Nachweis möglich, vgl. *Pecourt García*, Rev. Esp. Der. Int. 17 (1964) 432 f., und *García Cantero*, El vínculo de matrimonio civil en el derecho español (1959) 220.

[9] Vgl. *Jochem*, aaO 731 f.; *Weyers* aaO 67 N. 16 mit Nachweisen. – Anders nur *Goldschmidt* aaO II 282, 285 f., der auf Ehen von Katholiken stets das kanonische Recht anwenden will.

Art. 42 III Cc keine ausdrückliche Sanktion enthält. In der Rechtslehre hat sich eine einheitliche Meinung bisher nicht gebildet[10].

Eine Untersuchung der neueren spanischen Rechtsprechung hat ergeben, daß die spanischen Gerichte in einem solchen Fall wohl stets die Nichtigkeit der Ehe aussprechen, aber häufig in Anwendung des Art. 69 Cc (Putativehe) derartigen Ehen doch gewisse Rechtswirkungen beimessen, insbesondere für die Kinder[11]. Ob es sich dabei lediglich um eine analoge Anwendung des Art. 69 Cc auf eine Nichtehe handelt oder ob derartige Ehen in jeder Beziehung bis zur Nichtigerklärung einer gültigen Ehe gleichgestellt werden, ist aus der bisherigen Rechtsprechung nicht klar zu erkennen. Es ist jedenfalls kein Fall bekanntgeworden, in dem ein spanisches Gericht eine Legitimation durch eine solche Ehe bejaht hat.

3. *Bigamie*

Da Spanien die Scheidung der ersten Ehe nicht anerkennt (oben I c), verstieß die Eingehung einer neuen Ehe gegen das Hindernis des bestehenden Ehebandes (Art. 83 Nr. 5 Cc). Soweit die zweite Ehe nach spanischem Recht nicht schon wegen der zivilen Eheschließung als Nichtehe anzusehen ist (oben II 2), stellt sich daher die Frage nach den Rechtsfolgen eines solchen Verstoßes gegen Art. 83 Nr. 5 Cc. Diese Frage hat zwei Aspekte, einen materiellrechtlichen und einen internationalen.

a) *Materiellrechtlich* hat nach Art. 51 Cc die kanonische oder zivile Eheschließung keine bürgerlichen Wirkungen, wenn einer der Ehegatten bei der Eheschließung bereits gültig verheiratet war. Die Bedeutung dieser Vorschrift ist in der spanischen Rechtslehre umstritten. Die bisher herrschende Auffassung zieht aus dieser Bestimmung die Folgerung, daß die bigamische Ehe als Nichtehe anzusehen ist und tatsächlich keinerlei Wirkungen äußert[12]. Diese Ansicht stützt sich auf eine ältere Entscheidung des spanischen Obersten Gerichtshofs in einem Erbfall. Dort wurde die bigamische Ehe der Erblasserin nach Art. 51 Cc als nichtbestehend behandelt, ohne daß die Ehe zuvor für nichtig erklärt worden war[13]. In der neueren

---

[10] Vgl. dazu *Lalaguna Domínguez,* Estudies de derecho matrimonial (1962) 227 ff.; *Weyers* aaO 66 f., beide mit weiteren Nachweisen.

[11] Vgl. ausführlich *Jochem* aaO 731–736, der daraus folgert, daß keine Nichtehe vorliegt, da die Anwendung des Art. 69 Cc logisch eine nichtige (vernichtbare) Ehe voraussetzt. Siehe noch T. S. 21. 12. 1963, Rev. Der. Esp. Am. 8 (1965) 199; 2. 11. 1965, Aranzadi núm. 4847; 16. 3. 1967, Rev. Gen. Leg. Jur. 1969, 854 mit Anm. *García Cantero.*

[12] Übersicht über den Streitstand und die vertretenen Meinungen bei *Weyers* aaO 40 f. Vgl. noch *García Cantero,* El vinculo 247 f.

[13] T. S. 19. 1. 1926, Col. Leg. Esp. 1926 I 183; beide Ehen waren in kanonischer Form geschlossen worden. Vgl. zu dieser Entscheidung *Weyers* aaO 40 N. 34. – Siehe auch Art. 252 Reglamento del Registro Civil (keine Eintragung der bigamischen Ehe ins Zivilregister), dazu Entscheidung der *Dirección General de los*

Rechtslehre ist dagegen die Auffassung im Vordringen, daß es sich bei der bigamischen Ehe um den Fall einer nichtigen (vernichtbaren) Ehe handelt, wobei dem Art. 51 Cc eine andere Funktion zugewiesen wird. Nach Ansicht des Instituts kann jedoch nicht davon ausgegangen werden, daß sich diese Auffassung in der spanischen Rechtslehre und Rechtsprechung schon durchgesetzt hat[14].

b) *Internationalrechtlich* ist selbst dann, wenn man der neueren Auffassung von der bloßen Nichtigkeit (Vernichtbarkeit) bigamischer Ehen folgen will, bei der Anwendung auf eine im Ausland nach vorangegangener Scheidung geschlossene Ehe Vorsicht geboten. Eine rechtsvergleichende Umschau zeigt, daß derartige Auslandsehen in anderen scheidungsfeindlichen Staaten z. T. auch dann als nichtexistent angesehen werden, wenn das interne Recht bei bigamischen Ehen eine Nichtigkeitsklage verlangt[15]. Die spanische Praxis läßt bisher eine klare Haltung gegenüber solchen Ehen nicht erkennen. Eine Einschreibung der Auslandsehe in ein spanisches Zivilregister ist ausgeschlossen, wenn feststeht, daß der Eheschließung nach spanischem Recht das Hindernis des Ehebandes entgegenstand[16].

Auch in einem Erbstreit wird die im Ausland nach vorausgegangener Scheidung geschlossene zweite Ehe nicht berücksichtigt, ohne daß zuvor eine Nichtigkeitsklage erforderlich ist[17]. Andererseits lassen sich einzelne Entscheidungen nachweisen, die derartigen Ehen gewisse Rechtswirkungen, insbesondere für die Kinder, beigemessen haben[18]. Dagegen hat der Oberste Gerichtshof eine Legitimation durch eine solche Ehe nicht anerkannt, da voreheliche Kinder wegen des Bestehens der ersten Ehe nicht als „hijos naturales" angesehen werden können (vgl. oben I b, c). Der

---

Registros y del Notariado 15. 7. 1961, Rev. Esp. Der. Int. 17 (1964) 110 mit Anm. *Pecourt García*.

[14] Eingehend dazu *Jochem* aaO 737 ff., der diese Auffassung bereits als geltendes Recht darstellt. Die von ihm in diesem Zusammenhang genannten neueren Entscheidungen des Obersten Gerichtshofs vermögen jedoch seine Ansicht nicht zu stützen.

[15] Vgl. für Argentinien *Goldschmidt*, RabelsZ 31 (1967) 632 ff.; für Brasilien *Samtleben*, StAZ 1969, 108 ff.; anders für Italien *Jayme*, StAZ 1968, 136 (137).

[16] Vgl. Art. 252 Reglamento del Registro Civil und dazu die oben genannte Entscheidung der *Dirección General* vom 15. 7. 1961 (betraf die im Ausland geschlossene kanonische Ehe eines Spaniers, der durch eine Zivilehe gebunden war).

[17] T. S. 12. 3. 1942, Aranzadi núm. 325; 12. 5. 1944, Aranzadi núm. 669.

[18] Siehe *Dirección General* 12. 1. 1963, Rev. Esp. Der. Int. 17 (1964) 599 (Begründung unklar); T. S. 20. 10. 1954, Aranzadi núm. 2859; 17. 4. 1956, Aranzadi núm. 1933 (beide in einem vorläufigen Verfahren ergangen). – Die Entscheidung des T. S. vom 5. 7. 1965, Rev. Esp. Der. Int. 19 (1966) 572, (ebenso die Vorentscheidung aaO 106) wendet auf die zivile Auslandsehe eines geschiedenen Amerikaners und einer katholischen Spanierin die Regeln über die Putativehe an; dabei stellt das Gericht jedoch allein auf den Verstoß gegen Art. 42 Cc ab.

Grundsatz, daß nur „hijos naturales" legitimationsfähig sind, wird in diesem Zusammenhang vom Obersten Gerichtshof ausdrücklich als Grundsatz des spanischen ordre public bezeichnet [19].

Nr. 28

Türkei

Zur Frage der Legitimation durch nachfolgende Ehe im türkischen internationalen Privatrecht.

Köln 91/69 vom 30. 12. 1969

Das Amtsgericht Garstedt (Bez. Hamburg) hat in der Legitimationssache Suat W. um ein Gutachten über türkisches Legitimationsrecht gebeten.

SACHLAGE

Am 5. 10. 1968 wurde Suat W. als nichtehelicher Sohn der deutschen Staatsangehörigen Vera W. geboren.

Am 8. 9. 1969 schloß die Kindesmutter mit dem türkischen Staatsangehörigen Ahmet Z. vor dem Standesbeamten in Hamburg die Ehe. Die Kindesmutter hat vor dem Amtsgericht Hamburg erklärt, in der Empfängniszeit habe ihr nur ihr Ehemann beigewohnt. Beide Elternteile und der Amtsvormund sind mit der Legitimation des Kindes einverstanden.

ANFRAGE

Aufgrund dieser Sachlage bittet das Amtsgericht Garstedt um Auskunft darüber, ob das Kind Suat W. durch die nachfolgende Eheschließung seiner Eltern legitimiert worden ist.

RECHTSLAGE

A. KOLLISIONSRECHT

I. Deutsches internationales Privatrecht

1. Staatsvertrag

Soweit ein zwischen Deutschland und einem ausländischen Staat geschlossener Vertrag internationalprivatrechtliche Normen enthält, gehen

---

[19] T. S. 10. 10. 1960, Aranzadi núm. 3081 (ausländisches Legitimationsstatut).

diese den allgemeinen deutschen Kollisionsnormen vor[1]. Der deutsch-türkische Konsularvertrag vom 28. 5. 1929[2], der mit Wirkung vom 1. 3. 1952 wieder angewendet wird[3], enthält in seinen Art. 18–20 einige ehe- und erbrechtliche Regelungen, die jedoch die Materie des vorliegenden Falles nicht berühren. Somit finden die allgemeinen deutschen Kollisionsnormen Anwendung.

2. Hauptfrage der Legitimation des Kindes: Art. 22 I EGBGB

Aus Art. 22 I EGBGB folgt, da diese Vorschrift unstreitig zu einer allgemeinen Kollisionsnorm auszubauen ist, daß sich die Legitimation eines Kindes nach den Gesetzen des Staates, dem der Vater zur Zeit der Legitimation angehört, bestimmt[4]. Dieser Grundsatz ist durch Art. 3 II, 117 GG nicht aufgehoben worden[5]. Der maßgebliche Zeitpunkt für die Anknüpfung ist grundsätzlich unwandelbar das Wirksamwerden der Legitimation[6].

Da Ahmet Z. zur Zeit der Eheschließung türkischer Staatsangehöriger war, verweist das deutsche Kollisionsrecht auf türkisches Recht. Diese Verweisung umfaßt alle Arten der Legitimation wie sie in §§ 1719–1740 BGB geregelt oder in wesensgleichen Regeln ausländischer Rechte umschrieben sind[7].

3. Vorfrage der Nichtehelichkeit des Kindes: Art. 18 I EGBGB

Voraussetzung für die Anwendung der Regel des Art. 22 I EGBGB ist die Nichtehelichkeit des Kindes. Für die Prüfung dieser Frage ist nach herrschender Meinung selbständig nach Art. 18 I EGBGB anzuknüpfen[8]. Gemäß Art. 18 I EGBGB, der unstreitig zu einer allgemeinen Kollisionsnorm auszubauen ist, beurteilt sich die Abstammung eines Kindes nach dem Heimatrecht des Ehemannes der Mutter[9]. Art. 18 EGBGB greift jedoch nur dann ein, wenn es darum geht, ob ein Kind deswegen ehelich ist, weil

---

[1] *RGZ* 105, 340 (341); *Soergel-Kegel*, BGB V, 9. Aufl. 1961, vor Art. 7 EGBGB Anm. 9; *Erman-Marquordt*, BGB II, 4. Aufl. 1967, vor Art. 7 EGBGB Anm. 7 a. E.

[2] RGBl. 1930 II 748.

[3] BGBl. 1952 II 608.

[4] *BGH* FamRZ 1968, 642 (643); *Soergel-Kegel* aaO Art. 22 EGBGB Anm. 1; *Palandt-Lauterbach*, BGB, 28. Aufl. 1969, Art. 22 EGBGB Anm. 2.

[5] *BGH* FamRZ 1968, 642 (643); *OLG Hamm* FamRZ 1959, 28 (28 f.).

[6] *OLG Celle* JZ 1954, 702 m. Anm. v. *Neuhaus*; *Soergel-Kegel* aaO Art. 22 EGBGB Anm. 8.

[7] *Soergel-Kegel* aaO Art. 22 EGBGB Anm. 9; *Palandt-Lauterbach* aaO Art. 22 EGBGB Anm. 3.

[8] *OLG Karlsruhe* FamRZ 1965, 624; *Soergel-Kegel* aaO Art. 22 EGBGB Anm. 21; *Palandt-Lauterbach* aaO Art. 22 EGBGB Anm. 3; *Erman-Marquordt* aaO Art. 22 EGBGB Anm. 2 b bb.

[9] *Soergel-Kegel* aaO Art. 18 EGBGB Anm. 11.

seine Mutter bei Geburt oder früher verheiratet gewesen ist[10]. War die Mutter unverheiratet wie in casu, so greift Art. 18 EGBGB überhaupt nicht ein. Das Kind ist nicht ehelich[11].

4. Vorfrage der wirksamen Eheschließung: Art. 11, 13 EGBGB

Die Legitimation eines Kindes durch nachfolgende Ehe setzt weiter voraus, daß seine Eltern wirksam die Ehe geschlossen haben. Die Wirksamkeit der Eheschließung ist ebenfalls eine selbständig anzuknüpfende Vorfrage. Sie beurteilt sich nicht nach Art. 18 I EGBGB, sondern nach Art. 11, 13 EGBGB[12]. Aufgrund des Akteninhalts sind keine Anhaltspunkte für Formfehler bei der Eheschließung, die gemäß Art. 13 III EGBGB i. V. m. § 11 EheG formgültig nach deutschem Recht zustandegekommen ist, und keine Mängel der sachlichen Voraussetzungen (Ehehindernisse und Willensmängel nach den Heimatrechten der Ehepartner) gegeben. Es ist deshalb davon auszugehen, daß die Eheleute Z. in gültiger Ehe leben.

Damit sind die für die Anwendung des Art. 22 I EGBGB entscheidenden Vorfragen geklärt.

5. Beachtlichkeit der Rückverweisung in Art. 22 I EGBGB

Da auch im Rahmen des Art. 22 I EGBGB eine Rückverweisung gemäß Art. 27 EGBGB durch das internationale Privatrecht des Staates, dem der Vater angehört, beachtlich ist und somit möglicherweise kein türkisches materielles Recht anzuwenden ist, ist zunächst die Frage der Rückverweisung zu klären[13].

II. Türkisches internationales Privatrecht: Legitimationsstatut

1. Quelle

Die Quelle des türkischen internationalen Privatrechts für familienrechtliche Fragen ist Art. 4 S. 2 des „Vorläufigen Gesetzes über die Rechte und Pflichten der sich im Osmanischen Reich aufhaltenden Ausländer" vom 23. 2. 1915. Dieses Gesetz ist von der osmanischen Regierung nach der Ab-

---

[10] *BGHZ* 43, 213 (218); *BayObLG* FamRZ 1966, 144 (145) m. Anm. v. *Neuhaus; Soergel-Kegel*, aaO Art. 18 EGBGB Anm. 3.

[11] *BayObLG* FamRZ 1966, 144 (145); *OLG Celle* FamRZ 1964, 209 (209 f.); *Soergel-Kegel* aaO Art. 18 EGBGB Anm. 3; a. M. *Neuhaus*, Anm. zu *BayObLG* FamRZ 1966, 144 (146 f.).

[12] H. M.; vgl. *BGHZ* 43, 213 (218); *OLG Frankfurt* NJW 1968, 359; *BayObLG* FamRZ 1966, 144 (145); *Soergel-Kegel* aaO Art. 22 EGBGB Anm. 17.

[13] *BGH* FamRZ 1968, 642 (643); *KG* NJW 1960, 248 (250 f.); *OLG Hamm* FamRZ 1959, 28 (29); *Soergel-Kegel* aaO Art. 22 EGBGB Anm. 48.

schaffung der Kapitulationen erlassen worden, ohne daß das Abgeordnetenhaus zugestimmt hat. Andererseits ist das Gesetz formell nie aufgehoben worden, so daß die türkische Rechtsprechung und Lehre davon ausgehen, daß dieses Gesetz nach dem Zusammenbruch des Osmanischen Reiches auch für die Türkische Republik gilt[14]. *Art. 4* des zitierten Gesetzes lautet in deutscher Übersetzung:

„Alle Prozesse über unbewegliches Vermögen sowie alle anderen Prozesse in Zivil-, Handels- und Strafsachen, die Ausländer betreffen, werden, auch wenn sie osmanische Untertanen nicht berühren, von den staatlichen Gerichten nach Maßgabe der osmanischen Gesetze, Vorschriften und Verfahrensnormen verhandelt.

Jedoch können Prozesse, die nichtmohammedanische ausländische Untertanen betreffen und sich, wie z. B. Schließung und Auflösung der Ehe, Trennung von Tisch und Bett, Vaterschaft, Abstammung, Annahme an Kindes Statt auf das Familienrecht oder, wie z. B. Mündigkeit, Mündigerklärung, Entmündigung und Vormundschaft auf die Handlungsfähigkeit oder auf letztwillige Verfügungen und den Nachlaß von beweglichem Vermögen beziehen, vor osmanischen Gerichten nur verhandelt werden, wenn die Parteien es gemeinschaftlich beantragen oder osmanische Untertanen dabei beteiligt sind oder der Prozeß von einem vor osmanischen Gerichten anhängigen Verfahren abhängig ist; in diesen Fällen wird, soweit es nicht gegen die öffentliche Ordnung verstößt, nach den Gesetzen des Landes, dessen Untertanen die Betroffenen sind, und bei Gesetzeskollisionen nach den Regeln des internationalen Privatrechts verfahren." [15]

2. *Anknüpfung*

Aus Art. 4 S. 2 dieses Gesetzes folgt, daß nach türkischem internationalen Privatrecht Fragen familienrechtlicher Beziehungen grundsätzlich nach dem Recht des Staates beurteilt werden, dem die betroffenen Personen angehören[16]. Das türkische internationale Privatrecht enthält keine ausdrückliche Kollisionsnorm über die Frage der Legitimation durch nachfolgende Ehe. Sie wird wie alle familienrechtlichen Fragen grundsätzlich nach dem Heimatrecht der Beteiligten beurteilt[17]. Besitzen in einem fami-

---

[14] *Berki*, Devletler hususî hukuku [Internationales Privatrecht], II, Kanun ihtilâflari [Gesetzeskollisionen], 1966, 12f., 373f.; *Seviĝ-Seviĝ*, Devletler hususî hukuku [Internationales Privatrecht], 1962, 423; *Ansay*, American-Turkish Private International Law, 1966, 11.

[15] Text nach *Hirsch*, Quellen des internationalen Privatrechts in der Türkei, in: Festschrift Hans Lewald, 1953, 245–257 (248f.).

[16] *Berki* D. H. H. 126f.; *ders.*, Türk hukukunda kanun ihtilâflari [Gesetzeskollisionen im türkischen Recht], 1962, 10; *Seviĝ-Seviĝ* aaO 425, 463f.; *Uluocak*, Bağlama kaideleri [Anknüpfungsregeln], 1966, 8–15; *Krüger*, Zur Frage der Legitimation durch nachfolgende Ehe im türkischen internationalen Privatrecht, StAZ 1967, 140–142 (140); in der deutschen Rechtsprechung z. B. AG Hamburg StAZ 1967, 275 (276); AG Hamburg DAVorm 1967, 350; AG Bielefeld StAZ 1968, 107.

[17] *Berki* D. H. H. 206; *ders.* T. H. K. I. 100; *Seviĝ-Seviĝ* aaO 498f.; *Krüger*, StAZ 1967, 140.

lienrechtlichen Fall alle Betroffenen die gleiche Staatsangehörigkeit, so ist nach türkischem Kollisionsrecht an dieses Recht anzuknüpfen[18]. Schwierigkeiten bei der Bestimmung des anzuwendenden Rechts haben sich im türkischen Kollisionsrecht dann gezeigt, wenn nicht alle Beteiligten die gleiche Staatsangehörigkeit besitzen. Deshalb ist zunächst die Staatsangehörigkeit des Kindes in casu zu ermitteln.

3. Staatsangehörigkeit des Kindes

Der Vater des Kindes Suat besitzt die türkische Staatsangehörigkeit. Fraglich ist jedoch, ob auch das Kind zur Zeit der Eheschließung am 8. 9. 1969 türkischer Staatsangehöriger war.

Gemäß § 4 I RuStAG hat das vorehelich geborene Kind durch die Geburt die deutsche Staatsangehörigkeit seiner Mutter erworben. Ob das Kind durch die Geburt auch die türkische Staatsangehörigkeit erworben hat, bestimmt sich nach Art. 1 des türkischen Staatsangehörigkeitsgesetzes Nr. 403 vom 11. 2. 1964 (in Kraft seit dem 22. 5. 1964). Die Bestimmung lautet auf Deutsch:

> *Art. 1:*
>
> „I. Der Erwerb kraft Gesetzes
> 1. Durch Verwandtschaft
>
> A. Geburt:
>
> *Art. 1* – Mit der Geburt in oder außerhalb der Türkei erwirbt die türkische Staatsangehörigkeit:
> a) das Kind eines türkischen Vaters."[19]

Nach dem Wortlaut des Art. 1 Buchst. a) des türkischen StAG bleibt die Frage offen, ob neben ehelichen Kindern eines Türken auch nichteheliche Kinder die Staatsangehörigkeit ihres Vaters erwerben können. Gemäß Art. 290 Türk. ZGB besteht jedoch ein Verwandtschaftsverhältnis grundsätzlich nur zwischen der Mutter und ihrem außerehelich geborenen Kind. Die Abstammung (und damit die Verwandtschaft) von dem Vater kann nur durch Anerkennung oder Urteil festgestellt werden. Bis zu diesem Zeitpunkt besteht zwischen dem Vater und dem Kind kein Verwandtschaftsverhältnis. Daraus folgt auch, daß ein außerehelich geborenes Kind eines

---

[18] Statt aller Kassationshofsentscheidung *Tem. 2 H. D.*, 15. 2. 1951 (E. 6879 K. 1189); bei *Berki-Ergüney*, Yabancilar hukuku ve kanun ihtilâflari ile iligili Yargitay kararlarinin tahlil ve izahlari [Fremdenrecht und Gesetzeskollisionen; Kassationshofsentscheidungen mit Erläuterungen], 1963, 101; *Berki* D. H. H. 126; *Krüger*, StAZ 1967, 140.

[19] Text nach *Bergmann-Ferid*, Internationales Ehe- und Kindschaftsrecht, 3. Aufl., V, s. v. Türkei (Stand: Juni 1967), 2; auch *Narlioğlu*, Das neue türkische Staatsangehörigkeitsrecht, StAZ 1964, 226–230.

türkischen Staatsangehörigen mangels eines Verwandtschaftsverhältnisses nicht die Staatsangehörigkeit seines Vaters erwerben kann[20].

Somit besaß das Kind Suat zur Zeit der Eheschließung seiner Eltern am 8. 9. 1969, da ein Anerkenntnis gemäß Art. 290 Türk. ZGB oder ein die Vaterschaft feststellendes Urteil nicht vorliegt, nur die deutsche Staatsangehörigkeit.

4. *Anknüpfung in Legitimationsfällen bei unterschiedlicher Staatsangehörigkeit von Vater und Kind*

Besitzen in einem familienrechtlichen Fall mit Auslandsberührung nicht alle Beteiligten die gleiche Staatsangehörigkeit, so ist gemäß Art. 4 S. 2 des Vorläufigen Gesetzes vom 23. 2. 1915 nach den Regeln des internationalen Privatrechts zu verfahren. Darüber, welche Regeln im einzelnen Fall gemeint und wie sie anzuwenden sind, herrscht in der türkischen Rechtslehre zum Teil Streit[21].

In den Fragen, die das Verhältnis eines nichtehelich geborenen Kindes zu seinem Vater bei *verschiedener* Staatsangehörigkeit der Beteiligten betreffen, hat sich in der türkischen Rechtsprechung und -lehre jedoch die Auffassung, daß in diesen Fällen das Heimatrecht des Kindes anzuwenden ist, eindeutig durchgesetzt[22]. Ausgangspunkt für die Anwendung des Heimatrechts des Kindes war ursprünglich der Gedanke, im Interesse des Schutzes eines türkischen Kindes dessen Heimatrecht anzuwenden, wenn der Vater Ausländer ist[23]. Heute ist dieser Grundsatz insbesondere von der türkischen Rechtslehre zu einer allseitigen Kollisionsnorm ausgebaut worden, so daß auf Fragen des Rechtsverhältnisses zwischen einem nichtehelichen Kind und seinem Vater regelmäßig das Heimtrecht des Kindes maßgibt[24]. Dieser Grundsatz gilt sowohl für das Vaterschaftsanerkenntnis gemäß Art. 290 f. Türk. ZGB[25] wie für die Klage auf Feststellung der Vater-

---

[20] *Sevig-Sevig*, Devletler hususî hukuku [Internationales Privatrecht], 4. Aufl. 1967, I, Giriş, vatandaşlik [Einleitung, Staatsangehörigkeit], 73–77; *Uluccak*, Türk vatandaşlik hukuku [Türkisches Staatsangehörigkeitsrecht], 1966, 25 f.

[21] Vgl. z. B. *Ökçün*, Türk kanunlar ihtilâfi sahasinda kodifikasyon zarureti [Die Notwendigkeit einer Kodifikation im Bereich des türkischen Kollisionsrechts], in: Yüzüncü yil armağan'i, 1959, 303–315; *Hirsch* aaO 253.

[22] Vgl. die Kassationshofsentscheidungen *Tem.* 2 H. D., 21. 10. 1949 (E. 3176 K. 5093), 15. 2. 1951 (E. 6879 K. 1189) bei *Berki-Ergüney* aaO 101–103; *Berki* D. H. H. 205–209, 213–217; *ders.* T. H. K. I. 101 f., 106 f.; *Sevig-Sevig* aaO 496–499; *Fişek*, Gayrisahih nesepten doğan kanun ihtilâflari [Aus ehelicher Abstammung resultierende Gesetzeskollisionen], 1954, 61–63; *Hirsch*, aaO 254; *Krüger*, StAZ 1967, 141.

[23] Vgl. *Sevig-Sevig* aaO 499; *Fişek* aaO 61 f.; auch *Krüger*, StAZ 1967, 141.

[24] Vgl. insbesondere *Berki-Ergüney* aaO 103; *Berki* D. H. H. 207; *Krüger*, StAZ 1967, 141.

[25] *Berki* D. H. H. 213 f.; *ders.* T. H. K. I. 106; *Uluocak* B. K. 23; *Krüger*, StAZ 1967, 141.

schaft gemäß Art. 295, 310 Türk. ZGB[26], wie für die Legitimation eines Kindes durch nachfolgende Ehe der Eltern gemäß Art. 247 Türk. ZGB[27], wie für die Legitimation durch Ehelicherklärung durch den Richter gemäß Art. 249 Türk. ZGB[28].

5. Verweisung auf deutsches Recht

Da das nichtehelich geborene Kind Suat im Zeitpunkt der Legitimation nur die deutsche Staatsangehörigkeit besaß, ist nach türkischem internationalen Privatrecht das deutsche Heimatrecht des Kindes auf die Frage der Legitimation anzuwenden.

Wie diese Verweisung des türkischen Rechts zu qualifizieren ist, d. h. als Sachnormverweisung oder als Gesamtverweisung, kann dahinstehen. Falls die Verweisung nicht auf deutsche Sachnormen (§§ 1719–1722 BGB) gerichtet ist, so brechen wir die Verweisung ab. Das heißt, wir behandeln eine IPR-Verweisung wie eine Sachnormverweisung[29].

B. GESAMTERGEBNIS

I. Zur Entscheidung über die Frage der Legitimation eines Kindes durch nachfolgende Ehe beruft das deutsche Kollisionsrecht (Art. 22 I EGBGB) in casu türkisches Recht.

II. Nach türkischem internationalen Privatrecht ist für diese Frage bei unterschiedlicher Staatsangehörigkeit von Vater und Kind im Zeitpunkt der Legitimation (Eheschließung) das Heimatrecht des Kindes maßgebend.

III. Da das Kind in dieser Zeit nur die deutsche Staatsangehörigkeit besaß, ist die Legitimation des Kindes Suat nach deutschem Recht zu beurteilen.

---

[26] *Berki* D. H. H. 217; *ders.* T. H. K. I. 107; *Berki-Ergüney* aaO 103; *Uluocak* B. K. 22 f.; *Fişek* aaO 61 f.; *Krüger*, StAZ 1967, 141.

[27] *Berki* D. H. H. 207 f.; *ders.* T. H. K. I. 101; *Seviğ-Seviğ* aaO 499; *Uluocak* B. K. 23; *Fişek* aaO 62 f.; *Krüger*, StAZ 1967, 141.

[28] *Berki* D. H. H. 209; *ders.* T. H. K. I. 102; *Krüger*, StAZ 1967, 141.

[29] Statt aller *RGZ* 136, 361 (366); *Soergel-Kegel* aaO Art. 27 EGBGB Anm. 16 (mit Nachweisen in Fußn. 7).

e) Adoption

Siehe auch Nr. 48 (Indien/England)

Nr. 29

Großbritannien (England/Schottland)

1. Maßgebliches Recht für die Adoption eines Kindes mit britischer Staatsangehörigkeit durch einen Deutschen in der Bundesrepublik.

2. Anerkennung einer solchen Adoption durch das englische bzw. schottische Recht.

3. Englisches Adoptionsrecht.

Kiel 14/69 vom 4. 6. 1969

In der Adoptionssache R./S. bittet der Rechtsanwalt M., Bad Segeberg, um Erstattung eines Rechtsgutachtens über internationales Privatrecht und englisches Adoptionsrecht. Aus dem Schreiben und den beigefügten Urkunden ergibt sich im wesentlichen folgender *Sachverhalt:*

Das am 1. Januar in Thornyflat in Schottland geborene Kind A.-S. S. ist die eheliche Tochter des britischen Staatsangehörigen A. J. S. und dessen damaliger Ehefrau H., geb. V., die Deutsche ist. Der Ehe der Eltern wurde durch Urteil des Landgerichts Flensburg vom 17. April 1964 zur Alleinschuld der Ehefrau geschieden. Die Eheleute lebten seit Juli 1962 getrennt, und zwar die Ehefrau in Deutschland, der Ehemann in Großbritannien. Seit dieser Zeit befindet sich das Kind bei seiner Mutter. Nach der Scheidung der Ehe in Deutschland wurde die elterliche Gewalt für A.-S. durch Beschluß des Amtsgerichts Schleswig vom 21. Juli 1964 der Mutter übertragen. Am 15. April 1965 ging diese die Ehe mit dem deutschen Staatsangehörigen H. R. ein. Herr R. beabsichtigt nunmehr, das Kind A.-S. zu adoptieren. Der Kindesvater dient z. Zt. in den britischen Streitkräften. Nach einer Mitteilung des britischen Verteidigungsministeriums vom 13. Februar 1968 ist er weder bereit, Unterhaltszahlungen für seine Tochter aus der geschiedenen Ehe zu leisten, noch einer Adoption durch Herrn R. zuzustimmen.

Für die beabsichtigte Adoption sind in der Hauptsache drei Fragen von Interesse:

1. Nach welchem Recht richtet sich materiellrechtlich die Adoption?
2. Welche gerichtlichen Zuständigkeiten sind gegeben?
3. Wirkt eine in der Bundesrepublik durchgeführte Adoption auch in Großbritannien?

I

1. Die zu adoptierende A.-S. S. ist sowohl durch ihre Geburt in Großbritannien wie auch durch ihre Abstammung von einem britischen Staatsangehörigen selbst britische Staatsangehörige. Das folgt aus sec. 4 und 5 des British Nationality Act 1948:

„4. Citizenship by birth:

Subject to the provisions of this section, every person born within the United Kingdom and Colonies after the commencement of this Act shall be a citizen of the United Kingdom and Colonies by birth: ...

5. Citizenship by descent:

(I) Subject to the provisions of this section, a person born after the commencement of this Act shall be a citizen of the United Kingdom and Colonies by descent if his father is a citizen of the United Kingdom and Colonies at the time of the birth: ..."

Nach den Bestimmungen dieses Artikels erwirbt jeder, der nach Inkrafttreten dieses Gesetzes in dem Vereinigten Königreich und den Kolonien geboren wird, die Staatsangehörigkeit des Vereinigten Königreichs und der Kolonien durch Geburt ...

(I) Nach den Bestimmungen dieses Artikels erwirbt eine nach Inkrafttreten dieses Gesetzes geborene Person, deren Vater zur Zeit der Geburt Staatsangehöriger des Vereinigten Königreichs und der Kolonien ist, die Staatsangehörigkeit des Vereinigten Königreichs und der Kolonien durch Abstammung ...[1].

Nach welchem Recht sich eine Adoption in Fällen mit Auslandsberührung richtet, regelt Art. 22 I EGBGB jedenfalls für den Fall, daß der Annehmende Deutscher ist; es gelten die deutschen Gesetze. Fremde Staatsangehörigkeit des Kindes steht also der Anwendung deutschen Rechts nicht entgegen.

Fraglich könnte nur sein, ob sich nicht aus Art. 22 II EGBGB wenigstens eine Mitberücksichtigung des Heimatrechts des Anzunehmenden ergibt. Nach dieser Vorschrift ist die Annahme eines deutschen Kindes durch einen fremden Staatangehörigen unwirksam, wenn die nach den deutschen Gesetzen erforderliche Einwilligung des Kindes oder eines Dritten, zu dem das Kind in einem familienrechtlichen Verhältnis steht, nicht erfolgt ist. Ergänzt man diese Regelung zur vollständigen Kollisionsnorm, so müßten bei der Adoption eines ausländischen Staatsangehörigen durch einen Deutschen die nach dem Heimatrecht erforderlichen Einwilligungen vorliegen, und zwar nach neuester Auffassung neben den nach deutschem Recht nowendigen Einwilligungen[2].

---

[1] Deutscher Text aus *Hampe*, Das Staatsangehörigkeitsrecht von Großbritannien, 1951, 81 f.

[2] So *Kegel*, IPR, 2. Aufl. 1964, 336; *Raape*, IPR, 5. Aufl. 1961, 395 f. und die bei

Von Bedeutung ist diese Streitfrage aber nur dann, wenn die nach dem Heimatrecht des Kindes erforderlichen Einwilligungen nicht den vom deutschen Recht verlangten entsprechen.

2. Das englische Recht kennt das Rechtsinstitut der Adoption seit 1926; es ist jetzt im Adoption Act 1958 geregelt. Dessen sec. 4 lautet:

„(I) Subject to section five of this Act, an adoption order shall not be made

(a) in any case, except with the consent of every person who is a parent or guardian of the infant;

(b) on the application of one of two spouses, except with the consent of the other spouse; and shall not be made in Scotland in respect of an infant who is a minor except with the consent of the infant.

(2) The consent of any person to the making of an adoption order in pursuance of an application (not being the consent of the infant) may be given (either unconditionally or subject to conditions with respect to the religious persuasion in which the infant is proposed to be brought up) without knowing the identity of the applicant for the order . . ."

Sektion 4. (I) Vorbehaltlich Sekt. 5 dieses Gesetzes darf eine Adoptionsverfügung nur erlassen werden,

(a) in jedem Fall mit der Zustimmung einer jeden Person, die ein Elternteil oder ein Vormund des Kindes ist;

(b) bei Antrag eines von zwei Ehegatten mit der Genehmigung des anderen Ehegatten; sie darf in Schottland hinsichtlich eines Kindes, das „minor" ist, nur mit Zustimmung des Kindes erlassen werden.

(2) Die Zustimmung einer Person zum Erlaß einer Adoptionsverfügung oder in Verfolg eines Antrages (nicht die Zustimmung des Kindes) kann erteilt werden (entweder bedingungslos oder unter einer Bedingung hinsichtlich des religiösen Bekenntnisses, in dem das Kind erzogen werden soll), ohne Kenntnis der Persönlichkeit des Antragstellers . . .[3].

Die englische Regelung verlangt ggf. also auch die Einwilligung des Vormundes und geht damit über § 1746 BGB hinaus. Da aber hier eine Vormundschaft nicht besteht, ist der Kreis der Kindesverwandten, deren Einwilligung erforderlich ist, nach deutschem und englischem Recht identisch, so daß es normalerweise auf die Auslegung von Art. 22 EGBGB nicht ankommt. Zweifel könnten sich nur für den Fall ergeben, daß die Einwilligungserklärung gemäß § 1747 I i. V. m. § 1746 II BGB nicht erforderlich ist oder gemäß § 1747 III BGB durch das Vormundschaftsgericht ersetzt wird. Da die Erweiterung der Kollisionsnorm des Art. 22 II EGBGB mit dem Parteiinteresse des Kindes an der Anwendung seines Heimatrechts begründet wird[4], erledigt sich aber auch diese Frage, wenn jenes Heimat-

---

Soergel-Kegel, BGB Bd. V, 9. Aufl. 1961, Art. 22 EGBGB Randnr. 7 Fußn. 12 genannten Autoren. Dagegen die Rechtspr., vgl. ebenda Fußn. 10.

[3] Deutsche Fassung in *Bergmann*, Internationales Ehe- und Kindschaftsrecht, 1957 ff., „Großbritannien", 46.

[4] *Soergel-Kegel* aaO Art. 22 EGBGB Randnr. 7.

recht wenigstens gleich weitgehende Ausnahmen von dem Erfordernis der Einwilligung enthält. Der Adoption Act 1958 bestimmt hierzu in section 5 folgendes:

„(I) The court may dispense with any consent required by paragraph (a) of subsection (I) of section four of this Act if it is satisfied that the person whose consent is to be dispensed with

(a) has abandoned, neglected or persistently illtreated the infant; or
(b) cannot be found or is incapable of giving his consent or is withholding his consent unreasonably.

(2) If the court is satisfied that any person whose consent is required by the said paragraph (a) has persistently failed without reasonable cause to discharge the obligations of a parent or guardian of the infant, the court may dispense with his consent whether or not it is satisfied of the matters mentioned in subsection (I) of this section . . ."

Section 5. (I) Das Gericht kann von der nach Sect. 4 Abs. (1) lit. (a) dieses Gesetzes erforderlichen Zustimmung befreien, wenn es überzeugt ist, daß die Person, von deren Zustimmung Befreiung erteilt werden soll,

(a) das Kind verlassen, vernachlässigt oder beharrlich mißhandelt hat; oder
(b) nicht aufgefunden werden kann oder unfähig ist, ihre Zustimmung zu erteilen oder ihre Zustimmung ohne triftigen Grund verweigert.

(2) Ist das Gericht davon überzeugt, daß die Person, deren Zustimmung nach der angegebenen lit. (a) erforderlich ist, es ohne triftigen Grund beharrlich unterlassen hat, ihre Verpflichtungen als Elternteil oder Vormund des Kindes zu erfüllen, so kann es Befreiung von der Zustimmung ohne Rücksicht auf das Vorliegen der in Abs. (1) bezeichneten Umstände erteilen . . . [5].

Die nach englischem Recht bestehenden Ausnahmen von der Notwendigkeit der Zustimmung gehen also wenigstens ebensoweit wie die Regelung des deutschen Rechts. Sollte – falls überhaupt ein erneuter Versuch beabsichtigt ist, ihn zu einer Erklärung zu veranlassen – Herr S. nicht erreichbar sein, so könnte nach englischem Recht von dem Erfordernis seiner Zustimmung Befreiung erteilt werden. Ebenso würde eine Weigerung von Herrn S., in die Adoption einzuwilligen, nach den bekannten Tatsachen des „triftigen Grundes" entbehren.

Auch die Voraussetzung in section 5, Abs. 2 erscheint gegeben, weil Herr S. von Anfang an nicht zum Unterhalt des Kindes beigetragen hat, obwohl es mit seiner Zustimmung bei der Mutter lebt, und sich auch später ausdrücklich geweigert hat, Unterhaltszahlungen zu leisten. Eine entsprechende Heranziehung von Art. 22 II EGBGB würde also auch insofern zu keinem abweichenden Ergebnis führen.

Es kann deshalb hier dahingestellt bleiben, ob nicht eine durch Ausbau der Kollisionsnorm des Art. 22 II EGBGB bedingte Mitberücksichtigung des englischen Rechts dort ohnehin auf eine Rückverweisung stoßen

---

[5] Deutscher Text aus *Bergmann* aaO 47.

würde, die nach der deutschen Rechtsprechung in weiter Auslegung von Art. 27 EGBGB anzunehmen wäre[6] und so auf deutsches Recht führen würde.

Die beabsichtigte Adoption der A.-S. S. richtet sich somit nach den Bestimmungen des deutschen Rechts; eine Mitheranziehung des Heimatrechts des Kindes hinsichtlich der Einwilligung seiner Eltern oder eines Elternteils würde praktisch zu keinem anderen Ergebnis führen.

II

Die internationale Zuständigkeit deutscher Gerichte für die Bestätigung eines Adoptionsvertrages ist § 66 FGG zu entnehmen. Demnach ist, wenn der Annehmende Deutscher ist, diese Zuständigkeit gegeben; sie folgt daneben auch aus seinem Wohnsitz in Deutschland[7].

III

Die Frage, ob und unter welchen Voraussetzungen nach englischem Recht eine im Ausland durchgeführte Adoption in England anerkannt wird, ist im Adoption Act 1958 oder anderen englischen Gesetzen nicht behandelt[8].

Ebenso fehlte es bis vor kurzem an einschlägigen Entscheidungen, wenngleich das Problem im Schrifttum schon vielfach behandelt wurde[9].

Neuerdings ist jedoch die Frage der Anerkennung ausländischer Adoptionen vom Court of Appeal im wesentlichen geklärt worden[10]. Danach kommt es für die Anerkennung einer ausländischen Adoption darauf an, ob der Annehmende zur Zeit der Adoption in dem betreffenden Lande domiziliert war; das Domizil des angenommenen Kindes dagegen spielt keine Rolle. Außerdem wird in der Entscheidung verlangt, daß das Kind seinen Wohnsitz in jenem Lande haben mußte. In der von Morris[11] formulierten Regel wird ferner verlangt, daß auch der Annehmende in dem betreffenden Land wohnhaft sein mußte, ohne daß diese Voraussetzung in dem Urteil erwähnt wird.

Voraussetzung für die Anerkennung der beabsichtigten Adoption der A.-S. S. durch das englische Recht ist also zunächst, daß der Adoptierende, Herr R., sein Domizil in Deutschland hat. Domizil („domicile") im Sinne

---

[6] Vgl. *Soergel-Kegel* aaO Art. 27 EGBGB Randnr. 15 ff.

[7] Vgl. *Soergel- Kegel* aaO Art. 22 EGBGB Randnr. 35 ff. mit Nachweisen.

[8] *Morris* in: *Dicey* and *Morris*, On the Conflict of Laws, 8. Aufl. London 1967, 462.

[9] *Morris* aaO mit Nachweisen.

[10] *Re Valentine's Settlement*, All England Law Reports Bd. II, 1965, 226 ff.

[11] *Morris* aaO 461.

des englischen Rechts ist die Zugehörigkeit einer Person zu einem bestimmten nationalen Rechtsgebiet[12]. Eine Person hat ihr Domizil in dem Lande, in dem sie ihren dauernden Wohnsitz hat[13]. Dauernder Wohnsitz i. S. dieser Regel ist dann gegeben, wenn die betreffende Person die uneingeschränkte Absicht hat, diesen beizubehalten. Verlegt jemand seinen Wohnsitz in ein anderes Land ohne diese uneingeschränkte Absicht, so verliert er damit nicht sein bisheriges Domizil im Rechtssinne. Domizil- und Wohnsitzland können also auseinanderfallen[14]. Im übrigen erwirbt jede Person mit der Geburt ein ursprüngliches Domizil („domicile of origin"), das bei ehelichen Kindern das des Vaters, bei unehelichen Kindern das der Mutter zur Zeit der Geburt des Kindes ist[15].

Da Anhaltspunkte für das Gegenteil nicht aus dem Sachverhalt ersichtlich sind, kann davon ausgegangen werden, daß der Vater oder ggf. die Mutter von Herrn R. als Deutsche ihr Domizil i. S. des englischen Rechts in Deutschland hatten, Herr R. also ein deutsches Ursprungsdomizil hat, und ferner, daß er selbst nicht durch endgültige Wohnsitzverlegung ins Ausland sein Ursprungsdomizil geändert hat.

Da ferner das Kind seit 1962 ständig bei seiner Mutter in Deutschland gelebt hat, bestehen auch keine Zweifel daran, daß es in Deutschland wohnhaft ist; auf die Frage, wo das Kind domiziliert ist, braucht, wie dargetan, nicht eingegangen zu werden. Die in der vorerwähnten Entscheidung aufgestellten Bedingungen für die Anerkennung der deutschen Adoption durch das englische Recht sind damit erfüllt. Die von Morris[16] weiter verlangte Voraussetzung, daß der Annehmende in dem betreffenden Lande auch wohnhaft sein müsse, ist offensichtlich gegeben und bedarf daher keiner weiteren Erörterung.

Die deutsche Adoption würde also in England anerkannt werden. Gewisse Einschränkungen bestehen hinsichtlich der Rechtswirkungen der Adoption in erbrechtlicher Beziehung: Für Vermögen, dessen Vererbung englischem Recht unterliegt, wird die ausländische Adoption wie eine englische behandelt[17].

IV

Im Vorstehenden ist als das in Betracht kommende ausländische Recht das *englische* Recht behandelt worden. Die Tatsache, daß Großbritannien nicht ein einheitliches Recht hat, sondern insbesondere England und Schottland eigenständige Rechtsgebiete sind, kann zu einer abweichenden Beurteilung führen, wenn die Auslandsberührung des Falles Schottland betrifft. Da nicht auszuschließen ist, daß Herr S. ein schottisches Domizil hat, ist zu prüfen, ob sich dadurch Abweichungen ergeben würden.

---

[12] *Bergmann* aaO 9.
[13] *Treitel*, in: *Dicey* and *Morris* aaO 78.
[14] *Treitel* aaO 78, 86.
[15] *Treitel* aaO 84.
[16] *Morris* aaO 461.
[17] *Morris* aaO 69 ff.

1. Soweit es um die Mitberücksichtigung des Heimatrechts des Kindes im Rahmen von Art. 22 II EGBGB geht, ergeben sich keine Abweichungen, weil der Adoption Act 1958 – mit hier nicht interessierenden Besonderheiten – auch für Schottland gilt (section 60 [2] des Gesetzes).

2. Für die Anerkennung ausländischer Adoptionen durch das schottische Recht sind von diesem bisher keine eigenen Regeln entwickelt worden. Da in der oben behandelten englischen Entscheidung das Prinzip der Maßgeblichkeit des Domizilsrechts des Annehmenden und des Wohnsitzes des Kindes den Bestimmungen des Adoption Act 1958 über die Voraussetzungen für inländische Adoptionen nachgebildet ist, wird man angesichts der Geltung des Gesetzes auch für Schottland jedenfalls nicht die Herausbildung strengerer Regeln für Schottland zu erwarten haben[18].

ERGEBNIS

1. Die Adoption eines Kindes mit britischer Staatsangehörigkeit durch einen deutschen Staatsangehörigen unterliegt deutschem materiellem Recht. Eine Mitberücksichtigung des Heimatrechts des Kindes im Rahmen von Art. 22 II EGBGB würde im vorliegenden Fall zu keinem abweichenden Ergebnis führen.
2. Die internationale Zuständigkeit deutscher Gerichte für die Bestätigung der Adoption ist gegeben.
3. Die in Deutschland erfolgte Adoption würde auch vom englischen Recht anerkannt werden.
4. Eine Beurteilung nach schottischem Recht würde zu keinem anderen Ergebnis führen.

Nr. 30

Italien

1. Zu den Voraussetzungen der „adozione speciale" und der „adozione ordinaria" italienischen Rechts.

2. Ist eine Adoption außerehelicher Kinder durch den italienischen Ehemann der Mutter nicht oder noch nicht möglich, so kann ein Eltern-Kind-Verhältnis möglicherweise auch durch Legitimation hergestellt werden.

3. Bei hinreichender Inlandsbeziehung zur Bundesrepublik ist eine Legitimation auch von „Ehebruchskindern" möglich.

Freiburg i. Br. vom 14. 4. 1969

---

[18] Vgl. *Anton*, Private International Law, A treatise from the standpoint of Scots Law, Edinburgh 1967, 366 ff. *Anton* befürwortet sogar eine liberalere Haltung der schottischen Gerichte bei der Anerkennung von ausländischen Adoptionen, 570.

Herr Notar S. in Stuttgart bittet um Auskunft über internationales Privatrecht und italienisches Kindschaftsrecht.

SACHVERHALT

Das Ehepaar B., bzw. G. B. allein, beabsichtigt, die Kinder T. geb. am 7. 6. 1964 in S./BRD und K. K., geb. am 15. 7. 1966 in S./BRD zu adoptieren.

G. B. ist am 16. 8. 1935 in R./Italien geboren und besitzt die italienische Staatsangehörigkeit. Er war in erster Ehe mit der deutschen Staatsangehörigen M. verheiratet. Diese Ehe war am 5. 6. 1962 vor dem Standesbeamten in S./BRD geschlossen und durch seit dem 16. 2. 1965 rechtskräftiges Urteil des LG S./BRD geschieden worden.

In zweiter Ehe ist G. B. mit der deutschen Staatsangehörigen U. geb. K., geb. am 5. 4. 1945, verheiratet. Die Eheschließung fand am 15. 9. 1967 vor dem Standesbeamten in S./BRD statt.

Aus der ersten Ehe ist das Kind M. B., geb. am 23. 7. 1962 in S., hervorgegangen. Dieses Kind befindet sich bei seiner Mutter, welcher die elterliche Gewalt übertragen worden ist. Die zweite Ehe ist bis jetzt kinderlos.

Die zweite Ehefrau U. geb. K. hat zwei außereheliche Kinder, nämlich T. und K. K., die die deutsche Staatsangehörigkeit besitzen und unter der Amtsvormundschaft des Jugendamts S. stehen.

Das Jugendamt S. befürwortet die Adoption von T. und K. K. durch G. und U. B., bzw. durch G. B. allein.

Herr Notar S. bittet im Auftrag des Ehepaars B. um Erstattung eines Gutachtens darüber, „ob die beabsichtigte Adoption der Kinder T. und K. K. möglich ist".

A. DAS ANWENDBARE RECHT

Da das Haager Adoptionsübereinkommen vom 28. 10. 1964 bis heute weder von Italien noch von der Bundesrepublik gezeichnet und ratifiziert wurde[1], sind als Kollisionsbestimmungen die Normen des EGBGB heranzuziehen. Gem. Art. 22 Abs. 1 EGBGB bestimmt sich die Annahme an Kindes Statt nach den deutschen Gesetzen, wenn der Annehmende zur Zeit der Annahme die Reichsangehörigkeit besitzt. Lehre und Rechtsprechung entnehmen aus dieser einseitigen Kollisionsnorm den Grundsatz, daß sich die Annahme an Kindes Statt immer nach den Gesetzen des Staates richtet, dem der Annehmende zur Zeit der Annahme angehört[2]. Wird – wie hier –

---

[1] Vgl. *Palandt-Lauterbach*, BGB, 28. Aufl. 1969, Art. 22 EGBGB Anm. 1.

[2] *Soergel-Kegel*, BGB Bd. V, 9. Aufl. 1961, Art. 22 EGBGB Randnr. 1; *Erman-Marquordt*, BGB Bd. II, 4. Aufl. 1967, Art. 22 EGBGB Anm. 1 a; *Palandt-Lauterbach* aaO Art. 22 EGBGB Anm. 2.

ein Kind von einem Ehepaar mit verschiedener Staatsangehörigkeit angenommen, so müssen die Voraussetzungen der Adoption nach dem Recht beider Elternteile erfüllt sein[3]. Die Adoption der Kinder T. und K. K. richtet sich also hinsichtlich der Kindesmutter nach deutschem, hinsichtlich des Ehemanns nach italienischem materiellen Adoptionsrecht.

Allerdings ist eine Rück- oder Weiterverweisung des ital. int. Privatrechts zu beachten[4]. Der Codice civil v. 16. 3. 1942 enthält bzgl. der Adoption nur eine Kollisionsnorm, nämlich Art. 20 Abs. 2. Diese Bestimmung lautet[5]:

„Die Beziehungen zwischen dem Adoptanten und dem Adoptierenden bestimmen sich nach dem Heimatrecht des Adoptanten zur Zeit der Adoption." – Nach herrschender ital. Lehre und Rechtsprechung regelt Art. 20 Abs. 2 Cc jedoch nur die Frage der Wirkungen, nicht aber die der Begründung der Adoption[6]. Letztere bestimmt sich in entsprechender Anwendung von Art. 17 Abs. 1 Cc, der in „familienrechtlichen Beziehungen" generell das Heimatrecht des Betroffenen für anwendbar erklärt, nach dem Recht des Adoptivvaters *und* des Adoptivkindes[7]. Das bedeutet im vorliegenden Fall, daß bzgl. der Adoption der Kinder T. und K. K. durch G. B. sowohl die Voraussetzungen des italienischen wie – aufgrund teilweiser Rückverweisung – die des deutschen materiellen Adoptionsrechts zu beachten sind (sog. Kumulation).

B. DIE VORAUSSETZUNGEN DES ITALIENISCHEN SACHRECHTS BEZÜGLICH DER ADOPTION DER KINDER T. UND K. K. DURCH G. B.

Das italienische Recht kennt 2 Adoptionstypen, die „adozione ordinaria" (Art. 291 ff. Cc), die schon im Zivilgesetzbuch des Königreichs Italien von 1865 (Art. 202 ff.) enthalten war, und die „adozione speciale", die durch Gesetz v. 5. 6. 1967 neu eingeführt wurde und in Art. 314 Ziff. 2–28 Cc geregelt ist. Während die traditionelle „adozione ordinaria" mit ihrem vorwiegend vermögens- und namensrechtlichen Charakter in erster Linie die Interessen des (der) Annehmenden berücksichtigt, dient die neu ge-

---

[3] *LG Berlin* 19. 12. 1958, IPRspr. 1958–59 Nr. 137; *Soergel-Kegel* aaO Art. 22 EGBGB Randnr. 34; *Erman-Marquordt* aaO Art. 22 EGBGB Anm. 4 b aa; *Palandt-Lauterbach* aaO Art. 22 EGBGB Anm. 4 c.

[4] *Soergel-Kegel* aaO Art. 22 EGBGB Randnr. 48; *Erman-Marquordt* aaO Art. 22 EGBGB Anm. 6; *Palandt* aaO Art. 22 EGBGB Anm. 1.

[5] Vgl. *Bergmann*, Internationales Ehe- und Kindschaftsrecht, „Italien", 10.

[6] *Morelli*, Elementi di diritto internazionale privato italiano, 8. Aufl. 1965, 127 f.; *Monaco*, L'efficacia della legge nello spazio, 2. Aufl. 1964, 221; *Jayme*, Deutsch-italienische Adoptionen, StAZ 1969, 30 ff.; *Luther*, Die Sonderadoption des italienischen Rechts, RabelsZ 32 (1968) 488 ff. (497 f.).

[7] Vgl. Fußn. 6.

schaffene „adozione speciale" ausschließlich dem Schutz und der Versorgung verlassener Kinder und deren völliger Eingliederung in die Familie der Annehmenden[8].

I. Die „adozione speciale" (sog. Volladoption) ist gem. Art. 314 Ziff. 2 Cc nur „Ehegatten gestattet, die seit mindestens 5 Jahren verheiratet sind". Eine Befreiung von diesem Erfordernis ist nicht möglich.

Ob G. und U. B. gültig verheiratet sind, ist eine Vorfrage, die selbständig nach dem Haager Eheschließungsabkommen von 1902 anzuknüpfen ist. Danach ist maßgebend das Heimatrecht eines jeden Verlobten. Ob G. B. wegen des italienischen Ehescheidungsverbots nach Scheidung seiner Ehe in Deutschland hier eine neue Ehe überhaupt eingehen durfte, ist in Rechtsprechung und Literatur äußerst umstritten[9].

Folgt man nicht der Auffassung, die Eheschließung sei möglich gewesen, weil insofern „die Gestaltungswirkung des rechtskräftigen deutschen Scheidungsurteils die Wiederverheiratungsfähigkeit des geschiedenen Ausländers zur Folge" haben muß[10], so führte die entgegen dem dann anzunehmenden Eheschließungsverbot[11] dennoch erfolgte Eheschließung zwischen G. und U. B. jedenfalls nicht zu einer Nichtehe, sondern nur zu einer „nichtigen", also vorläufig wirksamen Ehe[12]. Da diese Ehe aber erst seit dem 15. 9. 1967, also noch keine 5 Jahre besteht, kommt jedenfalls zur Zeit[13] eine Volladoption der Kinder T. und K. K. nicht in Betracht.

---

[8] Näheres in deutscher Sprache bei *Luther*, Die Sonderadoption des italienischen Rechts, RabelsZ 32 (1968) 488 ff.; *Blume*, Neuerungen im italienischen Adoptionsrecht, StAZ 1968, 354 ff.; *Jayme*, Deutsch-italienische Adoptionen, StAZ 1969, 30 ff. (32).

[9] Ausführliche Nachweise über den Meinungsstand bei *Gamillscheg*, JZ 1963, 23; vgl. nun auch z. B. *Jayme*, StAZ 1966, 151 mit Fußn. 13, 152 mit Fußn. 32; *ders.* FamRZ 1967, 197 (*gegen* Zulässigkeit); *Kegel-Lüderitz*, FamRZ 1964, 57; *Dieckmann*, JuS 1966, 102 (Fußn. 32) (*für* Zulässigkeit). Vgl. außerdem jetzt *BGH* v. 12. 2. 1964, *BGHZ* 41, 136 ff.; dazu s. die Nachweise bei *Dieckmann*, aaO 100 (Fußn. 14).

[10] So im Ergebnis m. E. mit Recht: *Dieckmann* aaO 102 Fußn. 32; vgl. vor allem auch *Kegel-Lüderitz* aaO. Über weitere Befürworter der Eheschließungsmöglichkeit vgl. die Angaben bei *Gamillscheg* aaO.

[11] Vgl. *BGHZ* 41, 136 ff. betr. die Eheschließung eines *ledigen* Spaniers (Italieners) und einer geschiedenen Deutschen. Zum Verbot der Eheschließung bei den entgegen seinem Heimatrecht geschiedenen Ausländer vgl. *Jayme*, FamRZ 1967, 197 (Italien) und die bei *Gamillscheg* aaO angeführte Literatur und Rechtsprechung.

[12] Art. 117 Cc i. V. m. Art. 86; Näheres bei *Ruggiero-Maroi*, Istituzioni di diritto civile Bd. 1, 1961, 299 ff. und *Barassi*, La famiglia legittima, 3. Aufl. 1947, 105; vgl. außerdem *OLG Frankfurt* v. 26. 5. 1957, FamRZ 1967, 476 ff. Eine besondere Frage ist, ob die Nichtigkeit in Deutschland angesichts des Scheidungsurteils überhaupt geltend gemacht werden kann: *Palandt-Lauterbach* aaO Art. 13 EGBGB Anm. 5a verneint zwar die Zulässigkeit der Eheschließung, hält aber die trotzdem geschlossene Ehe im Anschluß an *KG* v. 7. 3. 1938, JW 1938, 1259 für gültig, da die „Nichtigerklärung auf eine Verneinung des deutschen Urteils hinausliefe".

[13] Ob eine Adoption nach Ablauf von 5 Jahren möglich ist, wurde nicht ab-

II. Die „adozione ordinaria" setzt zwar nicht voraus, daß die adoptionswilligen Ehegatten 5 Jahre verheiratet sind. Gem. Art. 291 Abs. 1 Cc kann jedoch nur adoptieren, „wer keine ehelichen oder legitimierten Abkömmlinge hat". Diese Bestimmung soll verhindern, daß eigene leibliche Kinder durch die Adoption fremder u. a. unterhalts- und erbrechtlich benachteiligt werden[14]. G. B. hat eine Tochter aus 1. Ehe. Obwohl dieses Kind sich bei seiner Mutter befindet und dieser die elterliche Gewalt übertragen worden ist, ist deshalb gem. Art. 291 Abs. 1 Cc, der keine Befreiungsmöglichkeit vorsieht, auch eine „adozione ordinaria" durch G. B. ausgeschlossen.

ERGEBNIS

Eine Adoption der Kinder T. und K. K. durch G. B ist nicht möglich.

C. LEGITIMATION DURCH NACHFOLGENDE EHE

Da eine Adoption der Kinder T. und K. K. durch G. B. ausscheidet, ist zu überlegen, ob nicht eine Legitimation durch nachfolgende Eheschließung in Betracht kommen könnte[15]. Da dieses Problem in der Gutachtenanfrage ausdrücklich nicht erwähnt wird, soll es nur kurz und summarisch angedeutet werden.

Gem. Art. 22 I EGBGB kommt ital. Recht zur Anwendung, da der Vater der zu legitimierenden Kinder Italiener ist. Ein Renvoi findet nicht statt, da derselbe Grundsatz von der herrschenden italienischen Lehre vertreten wird, die Art. 20 Abs. 1 Cc anwendet[16].

---

schließend untersucht. Fraglich könnte sein, ob die gem. Art. 314/4 Cc erforderliche gerichtliche „Erklärung der Adoptierbarkeit" möglich ist, da sie nur erfolgen darf, wenn die Kinder „ohne materielle Hilfe und sittlichen Beistand der Eltern und sorgepflichtiger Verwandter" sind. Bezüglich der Adoption des Kindes T. ergeben sich noch Bedenken aus der Bestimmung des Art. 314/4 Cc, nach welcher nur Kinder unter 8 Jahren adoptiert werden können. Bei 5-jährigem Bestehen der Ehe B. hätte aber T. bereits das 8. Lebensjahr vollendet. Zu prüfen wäre insoweit deshalb, ob gem. Art. 314/17 Cc verfahren werden könnte. Danach bleibt die Adoptionsfähigkeit „auch über das 8. Lebensjahr hinaus 3 Jahre lang bestehen, von dem Zeitpunkt aus gerechnet, zu dem die die Adoptionsfähigkeit feststellende Entscheidung rechtskräftig geworden ist".

14 *Degni*, Il diritto di famiglia, Padua 1943, 388: „Non sarebbe giusto che costoro (= die eigenen leiblichen Kinder) vedessero pregiudicati i loro diritti (sebbene eventuali soltanto rispetto alla successione) dal concorso di estranei."

15 *Socci*, Einbenennung oder Adoption oder Anerkennung eines deutschen ue. Kindes durch den italienischen Ehemann der Mutter, der das Kind nicht gezeugt hat? StAZ 1964, 282.

16 Art. 20 Abs. 1 Cc (vgl. *Bergmann* aaO 10): „Die Beziehungen zwischen Eltern und Kindern bestimmen sich nach dem Heimatrecht des Vaters ..."; Näheres bei

Die Frage der Gültigkeit der Ehe B. ist Vorfrage, die selbständig nach dem Haager Eheschließungsabkommen von 1902 anzuknüpfen ist[17]. Daß danach die Ehe zwischen G. und U. B. wegen des Verbots der Ehescheidung im italienischen Recht fehlerhaft sein mag (vgl. oben B. I.) steht einer Legitimation der Kinder T. und K. K., solange die Ehe nicht angefochten wird, nicht im Wege[18].

Die legitimatio per matrimonium subsequens ist in Art. 280 ff. Cc geregelt. Gem. Art. 283 Cc ist die Anerkennung (ital. Rechts, die Statuswirkung hat) durch beide Eltern (auch durch die Kindesmutter!) vor, bei oder nach der Eheschließung Voraussetzung der Legitimation. Der Anerkennende braucht jedoch nicht der wirkliche Vater zu sein. Selbst ein offenkundig und bewußt falsches Anerkenntnis führt die Legitimation herbei[19]. Voraussetzung ist nur, daß das Kind noch nicht von einem Dritten mit Statuswirkung anerkannt ist[20]. Ein Anerkenntnis des natürlichen Vaters *nach deutschem Recht,* das lediglich unterhalts- und beweisrechtliche Funktion hat, steht jedoch einem wirksamen Anerkenntnis nach italienischem Recht ebensowenig im Wege[21] wie eine evtl. Feststellung der Zahlvaterschaft[22]. Wie das KG in einer Entscheidung v. 9. 12. 1957 festgestellt hat, verstößt eine Legitimation, die auf einem wahrheitswidrigen Anerkenntnis beruht, auch nicht gegen den deutschen ordre public[23]. Allerdings, hierauf ist besonders hinzuweisen, kann ein falsches Anerkenntnis jederzeit von jedem Interessierten angefochten werden (Art. 263 Cc), wodurch auch die Legitimationswirkung fortfällt[24].

Zu bedenken ist jedoch, daß das Kind T. K. am 7. 6. 1964, also zu einem Zeitpunkt geboren wurde, als die erste Ehe von G. B. noch bestand. Ein Anerkenntnis würde also darauf hindeuten, daß dieses Kind ein Ehe-

---

Morelli aaO 125; *Monaco* aaO 217 ff.; *Jayme,* Spannungen bei der Anwendung italienischen Familienrechts durch deutsche Gerichte, 1961, 123; *Luther,* Zur Legitimation von Kindern italienischer Eheleute in Deutschland bei Anerkennungshindernissen, FamRZ 1967, 439 ff. (439).

[17] *Soergel-Kegel* aaO Art. 22 EGBGB Anm. 21.

[18] *Jayme,* Spannungen ... aaO 46, der eine „legitimatio per matrimonium subsequens" gem. ital. Recht nur *nach* erfolgter Anfechtung der nichtigen Ehe in Frage gestellt sieht.

[19] *Socci* aaO 282; *Jayme,* Spannungen ... aaO 129 ff.; *Schmidt-Hidding,* Die Stellung des ue. Kindes in den romanischen Rechtsordnungen Europas, Bielefeld 1967, 50: „Etwa die Hälfte aller Anerkennungserklärungen, die mit dem Ziele der Legitimation des unehelichen Kindes der Frau abgegeben werden, bezieht sich auf Kinder, die nicht vom Anerkennenden abstammen." *Granato,* La filiazione, Bari 1962, S. 85: „... è sufficiente il matrimonio e il riconoscimento, perché si verifichi di diritto la legittimazione."

[20] *Jayme,* Spannungen ... aaO, 129; *Schmidt-Hidding* aaO 43.

[21] *LG Göttingen* v. 4. 3. 1966, StAZ 1967, 50 f.

[22] *KG* v. 9. 12. 1957, JZ 1958, 366 ff. mit zustimmender Anm. v. *Schwoerer.*

[23] Vgl. vorige Fußn.

[24] Vgl. Art. 263 II Cc; *Jayme,* Spannungen ... aaO 124.

bruchskind ist. Ehebruchskinder können aber nach italienischem Recht nicht wirksam anerkannt werden, solange noch minderjährige Kinder aus der aufgelösten Ehe vorhanden sind, und damit auch nicht legitimiert werden (Art. 252 Cc). Fraglich erscheint auch, ob das Kind K. nicht ebenfalls insoweit als Ehebruchskind anzusehen ist. Zwar ist dieses Kind erst nach Rechtskraft des Urteils, durch das die erste Ehe von G. B. geschieden wurde, geboren. Da nicht ersichtlich ist, daß dieses Urteil in Italien anerkannt ist oder wird, somit G. B. z. Zt. der Geburt auch insoweit noch als verheiratet gelten mag[25], dürfte auch dieses Kind dann für G. B. nicht anerkennungsfähig sein[26].

Der BGH hat nun allerdings, wenigstens insoweit, als im ital. Recht die Legitimation von Ehebruchskindern nicht zugelassen ist, solange noch minderjährige eheliche Kinder aus der aufgelösten Ehe vorhanden sind (Art. 252 III Cc), dieses Verbot als dem deutschen ordre public widersprechend angesehen, falls die betroffene Familie im Inland wohnt und starke Inlandsbeziehungen bestehen[27].

Obwohl im vorliegenden Fall die Sachlage etwas anders ist, insbesondere die entsprechend Art. 252 II Cc erforderliche Auflösung der Ehe durch ein in Italien anerkanntes Scheidungsurteil wohl nicht vorliegt[28], ist zu beachten, daß der BGH in seiner Entscheidung besonderes Gewicht gerade auf Art. 6 V GG legt und allgemein ausführt, „nach deutscher Rechtsauffassung (stelle) das Verbot der Legitimation von Ehebruchskindern eine nicht gerechtfertigte Benachteiligung und Diskriminierung dieser Kinder dar"[29].

Danach könnte wohl, falls die übrigen Voraussetzungen der Legitimation vorliegen und die erforderliche Inlandsbeziehung gegeben ist, auch die Legitimation der Kinder T. und K. K. durch nachfolgende Eheschließung insoweit wegen Eingreifens des deutschen ordre public[30] nicht scheitern[31].

---

[25] Vgl. oben unter B. I.

[26] Vgl. *LG Tübingen* DAVorm. 1965, 323, a. A. offensichtlich *Frankenstein*, IPR Bd. IV, 1935, 84 f., der von der (in Deutschland gegebenen) Wirksamkeit des Scheidungsurteils ausgehend, zu dem Schluß kommt, das Kind sei kein adulterinus.

[27] *BGH* Beschl. v. 17. 9. 1968, NJW 1969, 369 ff. = StAZ 1969, 10 ff. mit Anm. *Simitis*.

[28] Vgl. dazu *BGH* StAZ 1969, 11; *LG Tübingen* DAVorm. 1965, 323.

[29] StAZ 1969, 12.

[30] Vgl. *LG Tübingen* DAVorm. 1965, 323, das auch im Falle eines geschiedenen Italieners den ordre public eingreifen läßt.

[31] Hinzuweisen ist allerdings darauf, daß die Kinder durch eine Legitimation die ital. Staatsangehörigkeit erwerben (Art. 2 I u. II d. Ges. v. 13. 6. 1912, abgedr. bei *Bergmann* aaO Italien, 2) und die deutsche verlieren würden (§ 17 Nr. 5 RuStAngG).

Nr. 31

USA (Massachusetts)

1. Versteckte Verweisung im internationalen Adoptionsrecht.

2. Unterhaltspflicht der natürlichen Eltern gegenüber ihrem von einem Dritten adoptierten Kind.

3. Erbrechtliche Wirkungen einer Adoption.

Köln 10/69 vom 25. 4. 1969

Herr Rechtsanwalt und Notar H. aus Bünde (Westf.) hat um ein Gutachten über das Adoptionsrecht von Massachusetts, USA, gebeten.

SACHLAGE

Eine deutsche Ehefrau hat nach Scheidung ihrer Ehe einen Amerikaner geheiratet und in den USA die amerikanische Staatsangehörigkeit angenommen. Auch ihr Kind aus erster Ehe hat die amerikanische Staatsangehörigkeit erhalten. Es wohnt im Staate Massachusetts/USA und soll von dem jetzigen Ehemann seiner Mutter adoptiert werden. Der deutsche Vater des Kindes beabsichtigt zur Abgeltung aller Unterhalts- und Erbansprüche eine Abfindung zu zahlen.

ANFRAGE

Herr Rechtsanwalt und Notar H. bittet um ein Gutachten darüber, ob der Kindesvater sicher sein kann, daß nach durchgeführter Adoption und nach Zahlung der Abfindung gegen ihn oder seine Erben keine Unterhalts- oder Erbansprüche mehr gestellt werden können.

RECHTSLAGE

A. UNTERHALTSANSPRÜCHE

I. Grundsatz

Nach Art. 19 EGBGB bestimmt sich das Rechtsverhältnis zwischen Eltern und ihrem ehelichen Kind nach deutschem Recht, wenn – wie hier – der Vater Deutscher ist. Dieses Kindschaftsstatut regelt auch die gegenseitige

Unterhaltspflicht[1]. Seine Maßgeblichkeit wird durch die Scheidung der Ehe nicht berührt[2].

Wird das eheliche Kind jedoch adoptiert, so ergeben sich hieraus Veränderungen im Rechtsverhältnis seinen Eltern gegenüber (vgl. z. B. §§ 1765 f. BGB). Insoweit ist das Adoptionsstatut maßgeblich; das von Art. 19 EGBGB berufene Recht tritt dahinter zurück.

II. Adoptionsstatut

1. Internationales Privatrecht

a) Deutsches internationales Privatrecht

Ein Staatsvertrag zwischen den USA und Deutschland über das für die Adoption maßgebliche Recht besteht nicht. Es gelten daher die allgemeinen deutschen Kollisionsnormen.

Dem Grundsatz des Art. 22 Abs. 1 EGBGB zufolge bestimmt sich die Annahme an Kindes Statt – vorbehaltlich der Zustimmungserfordernisse des Abs. 2 – nach dem Heimatrecht des Annehmenden. Das so berufene Recht entscheidet nicht nur über die Voraussetzungen der Adoption, sondern auch über deren besondere Wirkungen; so über das Verhältnis des Kindes zu seinen leiblichen Eltern[3].

Da der Annehmende die amerikanische Staatsangehörigkeit besitzt, verweist das deutsche Kollisionsrecht auf das *Recht der Vereinigten Staaten*.

Diese Verweisung ist unvollständig, denn in den Staaten der USA gibt es weder ein einheitliches internationales oder interlokales noch ein einheitliches materielles Privatrecht[4].

Man bedarf daher einer *weiteren Anknüpfung* um festzustellen, welchen Einzelstaates Recht anwendbar ist. Streit besteht über die Art dieser Unteranknüpfung. Ein Teil der Lehre hält die *Staatsangehörigkeit zu einem Einzelstaat* für maßgebend, die aber mit dem Wohnsitz („domicil") eng verbunden ist[5]. Andere wenden das *Recht des Wohnsitzes* an, wobei nicht immer eindeutig ist, ob es sich um den deutschen Wohnsitzbegriff oder den des „common law" handelt[6]. Zweckmäßiger ist es, entsprechend den

---

[1] *Soergel-Kegel*, BGB Bd. V, 9. Aufl. 1961, Art. 19 EGBGB Randnr. 26 mit zahlreichen Nachweisen Fußn. 5 b.

[2] *Soergel-Kegel* aaO Art. 19 Randnr. 10 mit Nachweisen.

[3] Vgl. *Soergel-Kegel* aaO Art. 22 Randnr. 18, Randnr. 43 mit Nachweisen Fußn. 28.

[4] *Ehrenzweig*, Conflict of Laws, 1962, § 10 S. 33 f.; *Kegel*, IPR, 2. Aufl. 1964, 138 f.; *Nußbaum*, Grundzüge des internationalen Privatrechts, 1952, 56.

[5] Nachweise: *Soergel-Kegel* aaO S. 539 Fußn. 59.

[6] Nachweise: *Soergel-Kegel* ebenda Fußn. 70; ferner *BayObLGZ* 1962, 39 = NJW 1962, 1013.

Regeln des deutschen interlokalen Privatrechts den *gewöhnlichen Aufenthaltsort* in einem der Einzelstaaten entscheiden zu lassen[7].

Meist führen die verschiedenen Meinungen zum selben Ergebnis. Denn der gewöhnliche Aufenthalt und der (nicht gesetzliche) Wohnsitz werden nach deutschem Recht bestimmt durch den „Daseinsmittelpunkt" einer Person[8], nach dem Recht der USA der Wohnsitz („domicil") durch das „permanent home"[9]. Beides entspricht sich gewöhnlich.

Hier soll *unterstellt* werden, daß der künftige Adoptivvater – ebenso wie das Kind – seinen gewöhnlichen Aufenthalt wie auch Wohnsitz (deutschen oder amerikanischen Rechts) im Staate *Massachusetts/USA* hat. Dann ist das *Recht dieses Staates* maßgebend.

Das deutsche Recht beruft die fremden materiellen Normen nicht unmittelbar, sondern zunächst die fremden Kollisionsnormen (IPR-Verweisung). Eine *Rückverweisung* des Rechts von Massachusetts ist entsprechend Art. 27 EGBGB *zu beachten*[10].

b) Internationales Privatrecht von Massachusetts

Die Rechtsordnungen der US-amerikanischen Staaten stellen – anders als die kontinentaleuropäischen[11] – nicht zunächst die Frage nach der die Adoption beherrschenden Rechtsordnung, sondern die nach der *„jurisdiction"* eines Staates. Die „jurisdiction" entspricht unserer *internationalen Zuständigkeit,* ist aber nicht völlig gleichbedeutend mit ihr. Denn neben der bloßen Zuständigkeit eines Staates beinhaltet sie seine *Rechtsmacht zur Regelung eines Rechtsverhältnisses*[12]. Demgemäß wenden die Gerichte, haben sie ihre „jurisdiction" einmal bejaht, das *materielle Recht ihres eigenen Staates,* die „lex fori", an[13].

Hieraus folgt, daß dann, wenn nach den Regeln über die „jurisdiction" die *Zuständigkeit eines anderen Staates* besteht, dessen *materielles Recht* anzuwenden ist. Denn mit der *internationalverfahrensrechtlichen Zuständigkeitsverweisung* ist eine *internationalprivatrechtliche Verweisung* verbunden (sog. *versteckte Rückverweisung*)[14].

---

[7] *LG Bielefeld* NJW 1957, 1074 (1075); *Soergel-Kegel* aaO vor Art. 7 Randnr. 111 mit weiteren Nachweisen Fußn. 73.

[8] Vgl. *Soergel-Kegel* aaO Art. 29 Randnr. 11 mit weiteren Nachweisen; *Staudinger-Coing,* BGB, Allg. Teil, 11. Aufl. 1957, § 7, Anm. 5, S. 101.

[9] 25 *Am. Jur. 2d* (1966), Domicil § 1, S. 5; § 24, S. 18.

[10] Unbestritten, vgl. *Soergel-Kegel* aaO Art. 22 Randnr. 48 mit Nachweisen.

[11] Vgl. *Rabel,* The Conflict of Laws Bd. 1, 2. Aufl. 1958, 681.

[12] Vgl. auch *Beitzke,* NJW 1960, 249.

[13] 2 *Am. Jur. 2d* (1962), Adoption, § 12, S. 869; *Restatement 2d, Conflict of Laws,* Tent. Draft No. 4, § 142, Note, S. 140: „In this country the only question is whether the court has jurisdiction; if so it will apply its own local law to govern the case." (In diesem Land ist die einzige Frage, ob ein Gericht „jurisdicton" hat; wenn ja, wendet es sein eigenes Recht auf den Fall an.).

[14] H. M., jedoch im einzelnen umstritten; vgl. BayObLG NJW 1962, 1013 f.; KG

Wird die Adoption in *Massachusetts* vorgenommen, dann bleibt somit das *Recht dieses Staates maßgeblich*. Denn wenn das Gericht seine „jurisdiction" einmal bejaht hat, wendet es das eigene Recht an. Daher ist zu fragen, ob es seine „jurisdiction" annehmen wird.

Mit der Adoption befaßt sich Kapitel 210 der General Laws of Massachusetts (Mass. G. L.). § 1 bestimmt (Fassung von 1966):

„A person of full age may petition the probate court in the county where he resides for leave to adopt as his child another person younger than himself, unless such other person is his or her wife or husband or brother, sister, uncle or aunt, of the whole or half blood. ... If a person not an inhabitant of this commonwealth desires to adopt a child residing here, the petition may be made to the probate court in the county where the child resides."	Ein Volljähriger kann beim Vormundschafts-(„probate")Gericht des Bezirkes, wo er wohnt, die Erlaubnis beantragen, jemanden, der jünger als er selber und weder sein Ehegatte noch sein Bruder, Schwester, Onkel oder Tante – sei es voll- oder halbgebürtig – ist, als sein Kind anzunehmen. ... Wenn ein Nichtbewohner dieses Staates ein Kind anzunehmen wünscht, das seinen Wohnsitz hier hat, kann der Antrag beim Vormundschafts-(„probate")Gericht des Bezirkes gestellt werden, wo das Kind wohnt.

Das Gesetz geht somit davon aus, daß regelmäßig das zu adoptierende *Kind* seinen *Wohnsitz im Staate Massachusetts hat*. Nach der Rechtsprechung genügt aber u. U. auch der schlichte Aufenthalt, wenn die *Adoptiveltern* ihr „domicil" in Massachusetts haben [15].

Hier kann aber angenommen werden, daß das Kind bereits „domicil" (Wohnsitz) in Massachusetts hat. Ein *Kind geschiedener Eltern* teilt den *Wohnsitz desjenigen Elternteils, dem* das *Sorgerecht* („custody") *erteilt* worden ist. *Hilfsweise* teilt es den *Wohnsitz des Elternteils, bei dem es lebt* [16]. Unterstellt man, daß die Mutter das Sorgerecht über das Kind und daß sie ihr in Deutschland belegenes „domicil of origin" zugunsten eines „domicil of choice" in Massachusetts aufgegeben hat, ferner daß auch der

---

FamRZ 1960, 244 = NJW 1960, 248 m. Anm. *Beitzke; Kegel* aaO 132; *ders.*, Die Grenze von Qualifikation und Renvoi im internationalen Verjährungsrecht, 1962, 34–41; *Gündisch*, Internationale Zuständigkeit und versteckte Rückverweisung bei Adoption durch Amerikaner in Deutschland, FamRZ 1961, 352–358; *Wengler*, Zur Adoption deutscher Kinder durch amerikanische Staatsangehörige, NJW 1959, 127 bis 130; *Reithmann*, DNotZ 1960, 251–253; *Hanisch*, Die „versteckte" Rückverweisung im internationalen Familienrecht, NJW 1966, 2085–2092; *Neuhaus*, Die Grundbegriffe des internationalen Privatrechts, 1962, 190–194.

[15] *Stearns v. Allen*, 67 N. E. 349 (Supr. Jud. Ct. of Mass. 1903).

[16] *Restatement 2d*, Proposed Official Draft, Part I (1967), § 22, Comment d, S. 114. Die Hilfsanknüpfung ist jedoch nicht unbestritten: nach Ansicht mancher behält das Kind in diesem Fall das „domicil" des geschiedenen Vaters, vgl. 25 *Am. Jur. 2d* (1966), Domicil, § 65, S. 48 mit Nachweisen.

künftige Adoptivvater sein domicil in Massachusetts hat, so werden die Gerichte in Massachusetts ihre *„jurisdiction"* bejahen.

Daß der Kindesvater in Deutschland Wohnsitz hat, ist in diesem Falle kein Hindernis, vgl. *Stearns v. Allan*, Fußn. 15.

Sollten – weil hier unterstellte Voraussetzungen nicht bestehen – die Gerichte ihre „jurisdiction" verneinen, so wäre die Adoption in Deutschland vorzunehmen. Es gälte dann infolge versteckter Rückverweisung deutsches Recht für die Adoption selbst und möglicherweise (vgl. unten) auch für ihre Folgen. In jedem Falle wäre aber dann die Unterhaltspflicht nach § 1766 BGB beschränkt.

Für die Adoption gilt demnach das *Recht von Massachusetts. Fraglich* ist, ob dieses Recht auch für die *Folgen der Adoption* gilt[17]. Da die Rechtswahl mit der Wahl der „jurisdiction" zusammenfällt, beschränkt sie sich zunächst auf die *Anordnung*. Einen Anhalt gibt die im „Restatement" (vom „American Law Institute" zusammengestellte Sammlung von Rechtssätzen) enthaltene Regel:

§ 143:

„An adoption, rendered in a state having judicial jurisdiction under the rule stated in § 142, will be given the same effect in another state as is given by the latter state to a decree of adoption handed down by its own court."

Einer Adoption, die in einem Staat vorgenommen worden ist, der nach § 142 „jurisdiction" hat, soll in einem anderen Staat dieselbe Wirkung zukommen, die von dem letzteren Staat einem Adoptionsbeschluß seiner eigenen Gerichte beigemessen wird[18].

Danach *scheint* das Recht der amerikanischen Staaten *für* die *Wirkung der Adoption auf* das *Recht des jeweiligen Staates zu verweisen,* indem die Adoption diese Wirkung entfalten soll. Ein *deutsches Gericht* könnte daraus *folgern,* in Deutschland gegen den deutschen Kindesvater geltend gemachte *Unterhaltsansprüche* seien – auch was die Auswirkungen einer Adoption anbelangt – *nach deutschem Recht* zu behandeln. *In diesem Fall* wäre dann die *Unterhaltspflicht* des Kindesvaters *nach § 1766 BGB eingeschränkt.*

Wie weit diese Regel auch für *außeramerikanische Staaten* gilt, ist allerdings *fraglich;* denn sie wird teils aus der „full faith and credit clause" der amerikanischen Verfassung hergeleitet, teils mit „comity" (völkerrechtlichem Entgegenkommen) begründet[19].

---

[17] Vgl. *Soergel-Kegel* aaO Art. 22 Randnr. 48 mit Nachweisen.

[18] *Restatement 2d,* Tent. Draft Nr. 4 (1957) 140. Ebenso: 2 *Am. Jur. 2d,* Adoption, § 12, S. 870. Ähnlich als einseitige Kollisionsnorm speziell für die erbrechtlichen Folgen einer in einem anderen Staat durchgeführten Adoption: Mass. G. L., Chap. 210, § 9.

[19] Vgl. 2 *Am. Jur. 2d,* Adoption, § 116, S. 959.

Fraglich ist *weiterhin*, ob die zitierte Regel überhaupt der *amerikanischen Gerichtspraxis voll entspricht*. Vgl. hierzu *Rabel* aaO 696 f.:

„The foregoing section probably was exclusively influenced by consideration of inheritance problems . . .
This unexpected dogma has certainly not found favor with American courts, but it does contribute to obscure the picture."

Der angeführte § [143 Restatement] war anscheinend allein durch erbrechtliche Überlegungen beeinflußt . . .
Dieser unerwartete Lehrsatz hat gewiß keine Gegenliebe bei den amerikanischen Gerichten gefunden, aber er trägt dazu bei, das Bild zu verwirren.

Zweifelhaft erscheint auch die Ansicht des LG Mannheim StAZ 1958, 292, das aus einer inzwischen neu gefaßten Stelle der *Am. Jur.* (1. Aufl.) folgert, für alle Fragen gelte primär das Recht des Adoptionsstaates.

Es soll daher *zunächst* das *materielle Recht von Massachusetts* geprüft werden. Wenn es ebenfalls (wie das deutsche Recht) die Unterhaltsansprüche gegen den natürlichen Vater beschränkt, so bedarf die Frage hier keiner abschließenden Entscheidung.

2. *Materielles Privatrecht von Massachusetts*

Durch die in den US-amerikanischen Staaten gesetzlich eingeführte Adoption – das „common law" selbst kennt keine Adoption – wird das familienrechtliche Band des Adoptivkindes zu seiner natürlichen Familie meist entschiedener zerschnitten, als nach deutschem Recht.

2 Am. Jur. 2d, Adoption, § 83, S. 927:

„A decree of adoption obtained in a legally conducted statutory proceeding of adoption terminates absolutely all legal relations between the adopted child and his natural parents . . .; severing the child from its own family tree and engrafting it upon that of the new parentage."

Ein rechtmäßiger Adoptionsbeschluß beendet absolut alle rechtlichen Beziehungen zwischen dem Adoptivkind und seinen natürlichen Eltern . . .; er trennt das Kind vom Baum seiner eigenen Familie und pfropft es auf den der neuen Eltern auf.

Die Folge ist, daß die *Eltern keine Unterhaltspflicht* mehr trifft, jedenfalls *solange die Adoption nicht wieder aufgehoben und die ursprüngliche familienrechtliche Beziehung nicht wieder hergestellt ist*[20]. Dieser Grundsatz ist zum Ausdruck gekommen in Mass. G. L., Chap. 210, § 6 Fassung von 1967:

---

[20] 2 *Am. Jur. 2d*, Adoption, § 87, S. 930. Eine Ausnahme gilt anscheinend nur im Staate Illinois, wo nach dem Wortlaut der Statutes lediglich die *Rechte* der Eltern und die *Pflichten* des Kindes durch eine Adoption beseitigt werden; vgl. 114 A. L. R., 494–496.

„If the court is satisfied of the identity and relations of the persons, and that the petitioner is of sufficient ability to bring up the child and provide suitable support and education for it, and that the child should be adopted, it shall make, a decree, by which, except as regards succession to property, all rights, duties and other legal consequences of the natural relation of child and parent shall thereafter exist between the child and the petitioner and his kindred, and such rights, duties and legal consequences shall, except as regards marriage, incest or cohabitation, terminate between the child so adopted and his natural parents and kindred or any previous adopting parent; . . ."

Wenn sich das Gericht über die Identität und verwandtschaftlichen Beziehungen der Beteiligten vergewissert hat, sowie darüber, daß der Antragsteller imstande ist, das Kind aufzuziehen und es angemessen zu unterhalten und zu erziehen und daß das Kind adoptiert werden soll, erläßt es einen Beschluß, demzufolge alle Rechte, Pflichten und sonstigen rechtlichen Folgen aus der natürlichen Beziehung zwischen Kind und Eltern – mit Ausnahme von Erbrechten – nunmehr zwischen dem Kind und dem Antragsteller nebst seiner Verwandtschaft bestehen; und diese Rechte, Pflichten und sonstigen rechtlichen Beziehungen erlöschen zwischen dem adoptierten Kind und seinen natürlichen Eltern nebst Verwandten oder früheren Adoptiveltern, ausgenommen, was Heirat, Blutschande oder geschlechtlichen Verkehr anbelangt; . . .

Somit trifft nach dem Recht von Massachusetts den *natürlichen Vater keine Unterhaltspflicht, solange* sein *Kind* von einem Dritten wirksam *adoptiert ist.*

B. ERBBERECHTIGUNG

I. Grundsatz

Nach Art. 24 Abs. 1 EGBGB wird ein Deutscher nach den deutschen Gesetzen beerbt. Das deutsche Recht als Erbstatut bestimmt grundsätzlich auch, welche Personen zu welchem Anteil am Nachlaß berechtigt sind[21].

Streitig ist, ob sich die *erbrechtlichen Auswirkungen einer Adoption* nach dem Erbstatut oder nach dem Adoptionsstatut richten. Beides wird vertreten; teils werden Adoptions- und Erbstatut kombiniert[22]. *Richtigerweise* wird man die *erbrechtlichen Statutsfolgen* dem *Adoptionsstatut,* dagegen die *Ausfüllung* eines so geschaffenen erbrechtlichen Statuts dem *Erbstatut* zu überlassen haben[23].

Da hier jedoch der Kindesvater sichergehen möchte, daß Erbrechte ausgeschlossen sind, soll sowohl das Erbstatut (deutsches Recht, s. u. 2a), wie auch das Adop-

---

[21] *Soergel-Kegel* aaO Art. 24 Randnr. 11.

[22] Nachweise *Soergel-Kegel* Art. 22 Fußn. 29.

[23] Näher *Soergel-Kegel* Art. 22 Randnr. 44.

tionsstatut untersucht werden. Denn es kann nicht mit hinreichender Sicherheit vorausgesagt werden, wie ein mit der Sache etwa befaßtes Gericht entscheiden würde.

II. Adoptionsstatut

1. Internationales Privatrecht

Das deutsche Kollisionsrecht verweist auf das Recht von Massachusetts[24]. Welches Recht nach den *Kollisionsnormen von Massachusetts* die *erbrechtlichen Auswirkungen* einer Adoption bestimmt, ist *fraglich*. Nach einem allgemeinen Grundsatz ist zwar eine in einem fremden Staat (mit „jurisdiction") vorgenommene Adoption in einem anderen Staat auch erbrechtlich *anzuerkennen*, so als ob sie in diesem Staat erfolgt wäre[25].

Umstritten ist in den US-amerikanischen Staaten aber, wonach sich das *Erbrecht* selbst bestimmt. *Zum Teil* soll das *Recht des Staates* maßgebend sein, *der die Adoption vorgenommen* hat, *zum Teil* das *Erbstatut*, zum Teil auch eine *Kombination* aus beiden[26].

Auch in *Massachusetts* ist eine eindeutige Regel schwer erkennbar. Die *Rechtsprechung* scheint *vom Erbstatut* auszugehen[27]. Andere Entscheidungen bilden aber eine *Art Grundsatz des schwächeren Rechts* zwischen Erbstatut und dem Recht des Adoptionsstaates[28]. Andererseits beruhen diese Entscheidungen auf der alten Fassung des § 9, Chap. 210 G. L., die beide Rechte nebeneinander stellte. Die Fassung von 1967 gibt nunmehr dem in einem anderen Staate Adoptierten auf dem Gebiet des Erbrechts die *Rechtsstellung, wie wenn* er *in Massachusetts adoptiert* worden wäre. Damit scheint jetzt nur noch das *Erbstatut* maßgebend zu sein.

Die Entscheidungen beziehen sich freilich jeweils auf Erbrechte *gegenüber den Adoptiveltern*. Sie sprechen aber auch dafür, daß die *erbrechtlichen Beziehungen zu den natürlichen Eltern* sich ebenso nach dem jeweils *maßgeblichen Erbstatut* richten.

Um sicher zu gehen, soll im folgenden aber auch das Recht von Massachusetts als Adoptionsstatut geprüft werden, unten 2 b.

Erbstatut ist nach dem IPR von Massachusetts entsprechend einer allgemeinen Regel des „common law" *für den beweglichen Nachlaß* das *Recht des letzten Wohnsitzes* („domicil") des Erblassers, *für den unbeweglichen*

---

[24] Hierzu und allgemein zum IPR von Massachusetts oben A II 1.

[25] 2 *Am. Jur. 2d*, Adoption, § 114, S. 956 f.

[26] Vgl. 2 *Am. Jur. 2d*, Adoption, § 115, S. 957–959 mit Nachweisen; über die ähnliche Streitfrage im deutschen IPR oben B I.

[27] *Phelan v. Conron*, 81 N. E. 2d 525. Das entspricht der allgemeinen Entwicklung der amerikanischen Rechtsprechung zu dieser Frage, vgl. 2 *Am. Jur. 2d* aaO.

[28] *Arnold v. Helmer*, 100 N. E. 2d 886 (Mass. Supr. Jud. Ct. 1951); *Cobb v. Old Colony Trust Co.*, 3 N. E. 2d 797 (Mass. Supr. Jud. Ct. 1936).

Nachlaß das *Recht des Lageortes*. Bezüglich der Erbfolge nach dem natürlichen Vater dürfte somit das Recht von Massachusetts *auf deutsches Recht zurückverweisen*.

Die Rückverweisung wäre hier auch bezüglich in Deutschland belegenen unbeweglichen Vermögens von uns anzunehmen, obwohl es sich insofern um eine bedingte Verweisung handeln dürfte, die wir infolge unseres Grundsatzes der Nachlaßeinheit sonst nicht annehmen würden[29]. Denn wenn wir erbrechtlich unbewegliches Vermögen wie bewegliches behandeln, so müssen wir die Rückverweisung dann annehmen, wenn auch bezüglich des beweglichen Nachlasses deutsches Erbrecht berufen wird.

2. Materielles Recht

a) Deutsches Recht

Nach *deutschem Recht beseitigt* eine *Adoption nicht* das *Erbrecht* eines Kindes nach seinen natürlichen Eltern[30]. Es hat ein Erbrecht sowohl gegenüber seinen leiblichen wie auch gegenüber seinen Adoptiveltern. Der Kindesvater kann erbrechtliche Ansprüche des Kindes *nur durch* einen *Erbverzichtsvertrag* ausschließen, der in jedem Fall deutschem Recht als Erbstatut unterliegt[31].

b) Das Recht von Massachusetts

Sieht man das Recht von Massachusetts als maßgeblich an, gilt folgendes:

Die meisten US-amerikanischen Staaten lassen ähnlich wie das deutsche Recht – Erbrechte gegenüber den natürlichen Eltern eines Adoptivkindes bestehen[32]. Das galt zunächst auch in Massachusetts[33]. Seit der Neufassung des § 9, Chap. 210 G. L. von 1967 ist das *Erbrecht des Adoptivkindes gegenüber seinen natürlichen Eltern* jedoch nunmehr *ausgeschlossen*. Die Bestimmung lautet:

„... A person shall by adoption lose his right to inherit from his natural parents or kindred ..."

... [Betrifft Erbrecht gegenüber Adoptiveltern] ... Durch die Adoption verliert man das Recht, seine natürlichen Eltern oder Verwandten zu beerben ...

C. ERGEBNIS

1. Wenn – wovon auszugehen ist – das Kind in Massachusetts adoptiert wird, ist *Adoptionsstatut* das *Recht von Massachusetts* (A II 1).
2. Ob etwaige *Unterhaltsansprüche* gegen den natürlichen Vater nach *deut-*

---

[29] Str., näher *Kegel* aaO 130 f.

[30] Vgl. *Dölle*, Familienrecht Bd. II, 1965, 625, Fußn. 82.

[31] *Soergel-Kegel* aaO vor Art. 24 Randnr. 26.

[32] Vgl. 2 *Am. Jur. 2d*, Adoption, § 103, S. 944.

[33] Vgl. den Wortlaut des § 6 Chap. 210 G. L., oben unter A II 2.

schem Recht oder nach dem *Recht von Massachusetts* zu beurteilen sind, ist *zweifelhaft*. Welchen Standpunkt ein etwa angerufenes deutsches Gericht einnehmen würde, läßt sich nicht mit Sicherheit vorhersagen (A II 1 b).

3. Nach *deutschem Recht* sind Unterhaltsansprüche gegen den Kindesvater nach *§ 1766 BGB* beschränkt. Nach dem Recht von *Massachusetts* hat das Adoptivkind *keine Unterhaltsansprüche* gegen seine natürlichen Eltern (A II 2).
4. Bezüglich der *erbrechtlichen Folgen* der Adoption ist anzunehmen daß das Recht von Massachusetts *auf deutsches Recht zurückverweist* (B II 1). Danach kann das Erbrecht gegenüber dem Kindesvater *nur durch Erbverzichtsvertrag* beseitigt werden (B II 2 a).
5. Nimmt man *dementgegen* Maßgeblichkeit des materiellen *Rechts von Massachusetts* an, so werden *Erbrechte des Adoptivkindes* seinen natürlichen Eltern gegenüber durch die Adoption *ausgeschlossen* (B II 2 b).

VI. Erbrecht

1. GESETZLICHES ERBRECHT

Siehe auch Nr. 20 (Türkei); Nr. 31 (USA/Massachusetts)

Nr. 32

Australien (Victoria)

1. Das Kollisionsrecht Victorias unterstellt die Erbfolge in das bewegliche Vermögen dem Recht des letzten domicile des Erblassers, das unbewegliche Vermögen der lex rei sitae.

2. Gesetzliches Erbrecht von Eltern und Geschwistern nach dem Erbrecht Victorias.

3. Zur Fassung des Erbscheins.

Hamburg G 231/69 vom 5. 12. 1969

Das Amtsgericht Meldorf bittet in der Erbscheinssache R. um Auskunft über deutsches Internationales Privatrecht und australisches Erbrecht.

Am 19. 8. 1968 ist in Coburg (Australien, Bundesstaat Victoria), seinem letzten Wohnsitz, der Erblasser Norbert R. ohne Hinterlassung einer letztwilligen Verfügung gestorben. Der aus Riga gebürtige Erblasser besaß die australische Staatsangehörigkeit. Er wurde überlebt von seiner Mutter und seiner Schwester. Der in Deutschland belegene Nachlaß besteht aus Lastenausgleichsansprüchen im Wert von etwa 9 000,– DM.

Das Amtsgericht fragt nach der Rechtslage.

I. Deutsches Internationales Privatrecht

1. Da der Erblasser australischer Staatsangehöriger war, verweisen Art. 24, 25 EGBGB, die auch anwendbar sind, wenn ein ausländischer Erblasser zur Zeit seines Todes einen ausländischen Wohnsitz hatte[1], auf das im australischen Commonwealth geltende Recht. Australien stellt jedoch – ebenso wie das Vereinigte Königreich von Großbritannien und Nordirland – auf dem Gebiet des Erbrechts kein einheitliches Rechtsgebiet dar,

[1] *BGH* 2. 5. 1966, BGHZ 45, 351

sondern umfaßt mehrere Teilrechtsgebiete (australische Bundesstaaten, Bundesdistrikt Canberra und verschiedene Territorien); ein einheitliches interlokales Erbrecht fehlt[2]. Die maßgebliche Teilrechtsordnung muß daher im Wege einer Analogie zum deutschen interlokalen Privatrecht bestimmt werden[3].

Neben die Staatsangehörigkeit tritt somit ergänzend der letzte Wohnsitz (i. S. des deutschen Rechts) oder der letzte Aufenthalt im Heimatstaat[4]. Mithin verweist das deutsche IPR im vorliegenden Fall zunächst auf das in Victoria geltende Recht. Eine Rück- oder Weiterverweisung des dort geltenden Kollisionsrechts ist jedoch gemäß Art. 27 EGBGB gegebenenfalls zu beachten[5].

II. Internationales Erbrecht von Victoria

Bei der Erbfolge unterscheidet das Erbrecht von Victoria – wie generell das anglo-australische Internationale Privatrecht – zwischen beweglichem und unbeweglichem Vermögen und erklärt für das erstere das Recht des Staates für maßgebend, in welchem der Erblasser zur Zeit seines Todes sein „domicile" hatte, für letzteres dagegen das Recht des Lageortes[6]. Da LAG-Ansprüche zweifellos bewegliches Vermögen darstellen, ist Erbstatut hier das Recht am Domizil des Erblassers im Zeitpunkt seines Todes.

Zur Bestimmung des Domizils unterscheidet das anglo-australische Recht zwischen dem mit der Geburt erworbenen domicile of origin (Ursprungsdomizil: Domizil des ehelichen Vaters bzw. der unehelichen Mutter im Zeitpunkt der Geburt) und dem domicile of choice (Wahldomizil). Letzteres kann eine volljährige Person dadurch erwerben, daß sie sich in einem anderen Land mit der Absicht niederläßt, dort für immer oder jedenfalls für unbestimmte Zeit zu bleiben. Zugleich muß die Absicht aufgegeben werden, in das Land des bisherigen Domizils zurückzukehren[7]. Im vorliegenden Fall kann davon ausgegangen werden, daß der Erblasser sein – vermutlich livländisches bzw. lettisches – Ursprungsdomizil aufgegeben und ein Wahldomizil in Victoria erworben hatte.

Es ist somit das Erbrecht von Victoria anzuwenden.

---

[2] Vgl. speziell zu Australien: *Dicey-Morris(-Morris),* On the Conflict of Laws, 8. Aufl. 1967, 13 Anm. 30 a. E.

[3] *Kegel,* IPR, 2. Aufl. 1964, 138f.; *Neuhaus,* Die Grundbegriffe des IPR, 1962, 209f.; *Raape,* IPR, 5. Aufl. 1961, 149.

[4] *Soergel-Kegel,* BGB Bd. V, 9. Aufl. 1961, Anm. 109ff. vor Art. 7 EGBGB.

[5] *Palandt-Lauterbach,* BGB, 28. Aufl. 1969, Art. 24 EGBGB Anm. 1, Art. 27 EGBGB Anm. 3.

[6] Siehe statt aller: *Inglis,* Conflict of Laws, Wellington N. Z. 1959, 385.

[7] Vgl. *Inglis* aaO 73ff.; *Baalman,* Outline of Law in Australia, 2. Aufl. 1955, 90ff.; Re Flynn, [1968] 1 All E. R. 49, 58.

III. Materielles Erbrecht von Victoria

Das materielle Erbrecht von Victoria ist kodifiziert in dem Administration and Probate Act 1958–1964[8]. Wird der Erblasser wie im vorliegenden Fall nur von seiner Mutter und einer Schwester überlebt und übersteigt der Wert des Nachlasses 1 000 austr. $ (etwa 3 900 DM nach dem heutigen Kurswert), so erhält die Mutter zunächst 1 000 austr. $ als Voraus[9]. Der diese Summe übersteigende Teil des Nachlasses fällt an die Mutter und die Schwester zu gleichen Teilen[10]. Die Mutter des Erblassers erhält somit aus dem Nachlaß 1 000 austr. $ und die Hälfte des Restnachlasses, die andere Hälfte des Restnachlasses fällt an die Schwester.

IV. Fassung des Erbscheins

1. Die genannten Personen („beneficiaries") können nicht ohne weiteres als *Erben* (im Sinne des deutschen Rechts) qualifiziert werden. Nach dem Recht von Victoria – wie allgemein in den Ländern des anglo-australischen Rechtskreises – geht der Nachlaß zunächst formell auf einen Erbschaftsverwalter über („personal representative"), welcher den Nachlaß zu sammeln, zu verwalten und nach der Begleichung der Nachlaßverbindlichkeiten an die Begünstigten herauszugeben hat[11].

Stirbt der Erblasser ohne Hinterlassung eines Testaments, so wird der Verwalter, der in diesem Falle „administrator" heißt, vom zuständigen australischen Nachlaßgericht in Victoria ernannt[12]. Nach der herrschenden, vom Institut ständig vertretenen Auffassung erstrecken sich die Rechte und Pflichten des administrator auch auf den in Deutschland belegenen beweglichen Nachlaß[13].

Entsprechend seiner ständigen Gutachtenpraxis empfiehlt das Institut, die gesetzlich berufenen und letztlich begünstigten Personen im Erbschein zwar als Erben zu bezeichnen, jedoch hinzuzufügen „nach dem Recht von

---

[8] Law Nr. 6191, abgedruckt in: The Victorian Statutes 1958 Bd. I.

[9] Sect. 51 (b) Administration and Probate Act; *Hutley-Woodman*, Cases and Materials on Succession (Sydney 1967) 630.

[10] Sect. 52 (1) (f) (Civ.) des genannten Gesetzes. Eine gute Darstellung der etwas verwickelten Regelung findet sich bei *Vorston-Fortescue(-Powell)*, Australian Mercantile Law, 13. Aufl. 1965, 557, 558 (Kapitel Trustees, Executors and Administrators).

[11] Sect. 13 (1) Administration and Probate Act.

[12] Einzelheiten bei *Vorston-Fortescue(-Powell)* 546 ff.

[13] Vgl. *Kegel* aaO 368; *Raape* aaO 452; *Firsching*, DNotZ 1959, 354 ff.; *Gottheiner*, RabelsZ 21 (1956) 36 ff.; a. A. *Wengler*, JR 1955, 41 ff.

Victoria (Australien)" und außerdem in analoger Anwendung des § 2369 BGB auf das Bestehen oder jedenfalls die Möglichkeit einer Erbschaftsverwaltung nach dem dortigen Recht durch einen geeigneten Zusatz hinzuweisen. Das deutsche Nachlaßgericht kann sich durch Rückfrage bei den Antragstellern vergewissern, ob ein administrator ernannt ist. Wenn ja, wäre in den Erbschein etwa aufzunehmen: „Es besteht Erbschaftsverwaltung nach dem Recht von Victoria." Wenn nein, könnte doch darauf hingewiesen werden, daß der Nachlaß den Vorschriften von Victoria über Erbschaftsverwaltung unterliegt [14].

2. Bezüglich des der Mutter zustehenden *Voraus* in Höhe von 1 000 austr. $ weist das Institut darauf hin, daß dieser Voraus nicht nur aus dem in Deutschland belegenen Nachlaß zu befriedigen ist, sondern aus dem gesamten Nachlaß, soweit er dem Recht von Victoria untersteht. Im übrigen kann diese Zuwendung nicht als gesetzliches Vermächtnis im Sinne des deutschen Rechts angesehen werden. Wollte man sie als ein solches behandeln, so würde sich eine Erwähnung im Erbschein verbieten. Nun ist aber häufig mit der Auszahlung des Voraus der Nachlaß bereits erschöpft. Dann kommt die Stellung des Vorausbegünstigten der Stellung eines Alleinerben nahe. Aus diesem Grunde wird man allgemein die Erwähnung des Geldanspruchs im Erbschein als durchaus zweckmäßig, ja notwendig ansehen müssen.

V. Ergebnis

Das Institut empfiehlt, den nach § 2369 BGB zu erteilenden Erbschein etwa wie folgt abzufassen:

„Für das in Deutschland belegene Vermögen sind Erben nach dem Recht von Victoria:

1. in Höhe von 1 000 austr. $ die Mutter; dieser Anspruch ist allerdings aus dem *gesamten* – in- und ausländischen – Nachlaßvermögen zu befriedigen, das dem Recht von Victoria unterliegt, und entfällt daher, soweit er aus ausländischem Vermögen befriedigt wird;
2. hinsichtlich des inländischen Restnachlasses die Mutter und die Schwester zu gleichen Teilen.

Der Nachlaß unterliegt den Vorschriften des Bundesstaates Victorias über Erbschaftsverwaltung." (Falls ein administrator ernannt ist, könnte der Zusatz lauten: „Es besteht Erbschaftsverwaltung nach dem Recht von Victoria.")

---

[14] Vgl. dazu *Kegel* aaO 368; *Raape* aaO 452; *Gottheiner* aaO 67–72.

Nr. 33

Iran

1. **Internationales und interpersonales Privatrecht der gesetzlichen Erbfolge nach iranischem Recht.**
2. **Zur Frage der Ermittlung eines iranisch-evangelischen Erbrechts.**
3. **Zur Frage der hilfsweisen Anwendung des Rechts anderer christlicher Religionsgemeinschaften oder des islamischen Rechts bei Nichtermittlung des maßgebenden Rechts der evangelischen Religionsgemeinschaft.**
4. **Gesetzliche Erbfolge nach gregorianischem, katholischem und islamischem Recht im Iran.**

Köln 52/69 vom 26.8.1969

Das Amtsgericht Bonn hat in der Nachlaßsache S. um ein Gutachten über iranisches Erbrecht gebeten.

SACHLAGE

Am 1. 2. 1968 verstarb in Berlin(Ost)-Kaulsdorf die am 28. 3. 1905 in Rochow/Krs. Ückermünde geborene, bei ihrem Tode in Bonn wohnhafte iranische Staatsangehörige Edith S. geb. Sch. Frau S. war evangelischer Konfession. Sie hinterließ keine Verfügung von Todes wegen.

Die Erblasserin war in ihrer einzigen Ehe mit dem iranischen Staatsangehörigen Gholamreza S. verheiratet. Aus der Ehe sind keine Kinder hervorgegangen. Die Ehe ist am 3. 8. 1937 in Teheran/Iran rechtskräftig geschieden worden. Der Ehemann ist vorverstorben.

Vorverstorben sind ferner die Eltern der Erblasserin (ihr Vater 1945, ihre Mutter 1964) und ihr Bruder Herbert Sch. (1944).

Überlebt worden ist die Erblasserin von ihrer Schwester Charlotte T. geb. Sch. und dem Sohn Jürgen ihres vorverstorbenen Bruders Herbert Sch.

Der Nachlaß der Erblasserin in Deutschland besteht aus einem Guthaben bei der Deutschen Bank AG in Bonn. Ein Rechtsstreit über das Erbrecht ist nicht anhängig.

Frau T. geb. Sch. beantragt bei dem AG Bonn einen gegenständlich beschränkten Erbschein gemäß § 2369 BGB, in dem sie als Alleinerbin ausgewiesen werden soll. Die Antragstellerin ist der Auffassung, sie sei gemäß Art. 861–863 Iran. ZGB die Alleinerbin ihrer verstorbenen Schwester geworden. Der Neffe der Erblasserin, Jürgen Sch., sei gemäß Art. 887, 925 Iran. ZGB nicht zur Erbfolge berufen.

ANFRAGE

Aufgrund dieser Sachlage bittet das Amtsgericht Bonn um ein Gutachten über die gesetzliche Erbfolge nach Edith S. gemäß iranischem Recht.

RECHTSLAGE

A. DAS AUF DEN ERBFALL ANZUWENDENDE RECHT

I. Staatsvertrag

Soweit ein zwischen Deutschland und einem ausländischen Staat geschlossener Vertrag internationalprivatrechtliche Normen enthält, gehen sie den allgemeinen deutschen Kollisionsregeln vor[1]. Hinsichtlich des maßgeblichen Rechts für den vorliegenden Erbfall ist das Niederlassungsabkommen zwischen dem Deutschen Reich und dem Kaiserreich Iran vom 17. 2. 1929 zu beachten[2].

Das Niederlassungsabkommen wird aufgrund der Bekanntmachung über die deutsch-iranischen Vorkriegsverträge vom 15. 8. 1955 mit Wirkung vom 4. 11. 1954 wieder angewendet[3]. *Art. 8 III* des Abkommens lautet:

„In bezug auf das Personen-, Familien- und Erbrecht bleiben die Angehörigen jedes der vertragschließenden Staaten jedoch den Vorschriften ihrer heimischen Gesetze unterworfen. Die Anwendung dieser Gesetze kann von dem anderen vertragschließenden Staat nur ausnahmsweise und nur insoweit ausgeschlossen werden, als ein solcher Ausschluß allgemein gegenüber jedem anderen fremden Staat erfolgt." [4]

Eine zu dem Geltungsbereich dieses Artikels abgegebene Erklärung, die nach dem Schlußprotokoll „einen Teil des Abkommens selbst bildet", lautet:

„Die vertragschließenden Staaten sind sich darüber einig, daß das Personen-, Familien- und Erbrecht, das heißt das Personalstatut, die folgenden Angelegenheiten umfaßt: Ehe, eheliches Güterrecht, Scheidung, Aufhebung der ehelichen Gemeinschaft, Mitgift, Vaterschaft, Abstammung, Annahme an Kindes Statt, Geschäftsfähigkeit, Volljährigkeit, Vormundschaft und Pflegschaft, Entmündigung, testamentarische und *gesetzliche Erbfolge*, Nachlaßabwicklungen und

---

[1] *RGZ* 105, 340 (341); *Soergel-Kegel*, BGB Bd. V, 9. Aufl. 1961, vor Art. 7 EGBGB Randnr. 9; *Erman-Marquordt*, BGB Bd. II, 4. Aufl. 1967, vor Art. 7 EGBGB Anm. 7 a. E.

[2] RGBl. 1930 II 1006.

[3] BGBl. 1955 II 829.

[4] RGBl. 1930 II 1010.

Erbauseinandersetzungen, ferner alle anderen Angelegenheiten des Familienrechts unter Einschluß aller den Personenstand betreffenden Fragen." [5]

Damit ist gemäß 8 III des Niederlassungsabkommens auf die Erbfolge nach Frau S. iranisches Recht anzuwenden.

Eine Rück- oder Weiterverweisung durch das iranische Kollisionsrecht scheidet in casu aus, weil im Zweifel anzunehmen ist, daß mit der Vereinbarung der Anwendung des Rechts eines bestimmten Staates in einem Staatsvertrag nur das *materielle* Recht dieses Staates gemeint ist, sofern der Vertrag die Rück- und Weiterverweisung nicht ausdrücklich zuläßt (wie Art. 1 des Haager Eheschließungsabkommens von 1902) [6].

Im übrigen knüpft das iranische Kollisionsrecht (Art. 6, 967 Iran. ZGB) auch an das Heimatrecht des Erblassers an, so daß eine Rückverweisung in jedem Fall ausscheidet [7]. Somit bewendet es bei der Anwendung iranischen Rechts.

II. Iranisches interpersonales Erbrecht

Im Iran, wie in den meisten orientalischen Ländern [8], ist das Familien- und Erbrecht nach Personengruppen, je nachdem, welcher anerkannten *Religionsgemeinschaft* sie angehören, verschieden [9].

Daß die Gerichte in den Fragen des „statut personnel" der nichtschiitischen Iraner das Recht der betreffenden Religionsgemeinschaft anzuwenden haben, wird in der „Loi sur le statut personnel des Iraniens nonchiites" vom 22. 7. 1933 ausdrücklich angeordnet. Dieses Gesetz bestimmt in seinem einzigen Artikel folgendes:

„Sauf dans les cas où les prescriptions légales sont relatives à l'ordre public, les tribunaux doivent observer, en ce

Vorbehaltlich der rechtlichen Bestimmungen über den „ordre public" müssen die Gerichte hinsichtlich des Per-

[5] RGBl. 1930 II 1012.

[6] *RGZ* 105, 340 (341 f.); *KG* IPRspr. 1934 Nr. 50; *Soergel-Kegel* aaO Art. 27 EGBGB Randnr. 33; *Erman-Arndt* aaO Art. 27 EGBGB Anm. 10.

[7] Vgl. *Imâmî*, Huqûq-i madanî [Zivilrecht], 2. Aufl. Teheran 1342 H./1963 IV 106–108; *Greenfield-Aghababafi*, Droit des personnes, de famille, des successions et conditions des étrangers dans la législation iranienne, Ann. Dir. Comp. Stud. Leg. 15 (1941), 243–314 (260, 262).

[8] Vgl. dazu *Vitta*, Il diritto interpersonale, Ann. Dir. Comp. Stud. Leg. 28 (1953), 119–230; *Neuhaus*, Die Grundbegriffe des internationalen Privatrechts, 1962, 217 bis 221.

[9] Ausführlich: *Maǧmû'a-i šumâre-i šiš*, Teheran o. J.; Teil 1 enthält vornehmlich islamisch-schiitisches Recht, Teil 2 enthält den größten Teil des heute im Iran geltenden nichtislamischen Rechts in den Fragen des „statut personnel"; *Aghababian*, Législation iranienne actuelle, Paris 1951, II 123–125; *Greenfield*, Art. Persien, in: RvglHwB, 1929, I 462 f.; auch *Bergmann-Ferid(-Arndt)*, Internationales Ehe- und Kindschaftsrecht, 3. Aufl., III, s. v. Iran (Stand: Juli 1968), 6 f.

qui concerne le statut personnel, les droits successoraux et le testament des *Iraniens non-chiites, dont la religion est officiellement reconnue,* les règles et coutumes incontestables en vigueur dans leur religion, selon les règles suivantes:

2. Dans les questions relatives à la succession et au testament, les règles et coutumes incontestables en vigueur dans la religion du de cujus." [10]

sonalstatuts, der Erbrechte und Testamente der *nicht-schiitischen Iraner, deren Religion offiziell anerkannt ist,* die in ihrer Religion geltenden Regeln und feststehenden Gewohnheiten gemäß den folgenden Vorschriften anwenden:

2. In den Fragen, die die Erbfolge und das Testament betreffen, die Regeln und feststehenden Gewohnheiten, die in der Religion des Erblassers gelten.

Da die Verweisung auf das iranische Erbrecht durch Art. 8 III des deutsch-iranischen Niederlassungsabkommens unvollständig ist, ist für die Entscheidung der Frage, welches der im Iran geltenden Erbrechte auf den vorliegenden Erbfall anzuwenden ist, iranischem *interpersonalen* Privatrecht zu folgen[11].

Da die *Erblasserin evangelischer Konfession* war, ist die *Erbfolge* in casu gemäß iranischem interpersonalen Recht *nach iranisch-evangelischem Recht* zu beurteilen; denn die evangelischen Christen sind im Iran eine anerkannte Religionsgemeinschaft[12].

B. IRANISCHES ERBRECHT

I. Iranisch-evangelisches Erbrecht

Ein eigenes *iranisch-evangelisches Erbrecht* ist im Gegensatz zu dem evangelischen Familienrecht im Iran[13] *nicht zu ermitteln*[14]. Anders als bei verschiedenen anderen christlichen Gemeinschaften im Iran[15] ist deshalb davon auszugehen, daß anscheinend weder eine Erbrechtskodifikation vorliegt, noch sich ein evangelisches Erbgewohnheitsrecht im Iran heraus-

---

[10] Abgedruckt z. B. bei *Aghababian* aaO II 124.

[11] *Soergel-Kegel* aaO vor Art. 7 EGBGB Randnr. 106; aus der Rechtsprechung z. B. *OLG Frankfurt* FamRZ 1969, 168; *LG Krefeld* FamRZ 1967, 510; *KG* JW 1932, 2302 m. Anm. v. *Greenfield*.

[12] *Maĝmû'a-i ŝumâre-i ŝiŝ,* Teil 2, 85; vgl. auch *Greenfield*, Anm. zu *KG* JW 1932, 2302 (2303).

[13] Dazu ausführlich *Maĝmû'a-i ŝumâre-i ŝiŝ,* Teil 2, 85–90 (Eheschließung, Scheidung, Trennung, Personensorge).

[14] Ein Hinweis auf evangelisches Erbrecht ist weder in der Darstellung des *Maĝmû'a-i ŝumâre-i ŝiŝ* über das evangelische Familienrecht, noch in den Kommentaren zum Erbrecht im iranischen ZGB (*Imâmî* und *Sâhbâg*) zu finden. Vgl. im übrigen auch *Aghababian* aaO II 124 und *Greenfield*, JW 1932, 2303.

[15] Vgl. für die *Gregorianer: Aghababian* aaO II 125, 130–133; für die *Katholiken: Maĝmû'a-i ŝumâre-i ŝiŝ*, Teil 2. 114–116.

gebildet hat. Dies ist um so wahrscheinlicher, als bei der verschwindend kleinen Zahl von Protestanten im Iran nur ein geringes Bedürfnis nach einer solchen Regelung besteht und auch keine Gerichtsbarkeit der evangelischen Gemeinschaft im Iran existiert[16].

II. Bestimmung einer anderen Rechtsordnung

Höchstwahrscheinlich existiert, wie ausgeführt worden ist, kein eigenes Erbrecht der evangelischen Gemeinschaft im Iran. Wenn es ein solches Recht jedoch geben sollte, so ist dieses hier nicht zu ermitteln.

Eine ausdrückliche Verweisung des iranisch-evangelischen Rechts auf iranisches staatliches Recht beim Fehlen einschlägiger Normen des evangelischen Rechts ist für das nachweisbare iranisch-evangelische Familienrecht (insoweit wäre eine analoge Anwendung im Erbrecht möglich) nicht feststellbar[17]; denn das iranische staatliche Recht (Gesetz v. 22. 7. 1933) überläßt familien- und erbrechtliche Fragen ausdrücklich den Rechten der einzelnen Religionsgemeinschaften[18]. Folglich ist die Lösung der Frage, wie die Erblasserin in casu beerbt worden ist, nur mit Hilfe einer dritten Rechtsordnung möglich[19].

Grundsätzlich wenden die christlichen Gemeinschaften im Orient in familien- und erbrechtlichen Fragen, soweit sie diese nicht selbst geregelt haben, das entsprechende Recht anderer christlicher Gemeinschaften an[20]. Dies ist anscheinend ein allgemeiner Grundsatz in christlichen Rechtssystemen, der in ähnlicher Form z. B. auch im kanonischen Recht existiert.

Gemäß can. 20 CIC kann beim Fehlen einer ausdrücklichen Bestimmung im kanonischen Recht „a generalibus iuris principiis cum aequitate canonica servatis" entschieden werden. Auf dem Wege der Rechtsanalogie kann danach auf allgemeine Rechtsgrundsätze überhaupt, auf die Vorschriften des römischen Rechts und des heutigen weltlichen Rechts, soweit dies dem kanonischen Gedankengut entspricht, zurückgegriffen werden[21].

Die Regel, daß beim Fehlen einschlägiger Normen einer christlichen Gemeinschaft im Orient auf das Recht einer anderen zurückzugreifen ist, ist

---

[16] Vgl. *Maĝmû'a-i ŝumâre-i ŝîŝ*, Teil 2, 85 f., 90; *Greenfield*, JW 1932, 2303; auch *The Middle East and North Africa* 1968/69, 15. Aufl., London 1968, s. v. Iran, 263 (danach besteht eine Synode der evangelischen Kirche im Iran; ob und wieweit diese auf rechtlichem Gebiet tätig wird, ist nicht zu ermitteln).

[17] Vgl. *Maĝmû'a-i ŝumâre-i ŝîŝ*, Teil 2, 85–90.

[18] Vgl. dazu *Aghababoff-Greenfield*, Ann. Dir. Comp. Stud. Leg. 15 (1941), 253 f., 310.

[19] Dazu *Neuhaus*, Zum Kollisionsrecht des Codex Iuris Canonici, RabelsZ 30 (1966) 40–53 (41).

[20] *Vitta*, Ann. Dir. Comp. Stud. Leg. 28 (1953), 174 f., 226.

[21] Vgl. *Eichmann-Mörsdorf*, Lehrbuch des Kirchenrechts, 11. Aufl. 1964, I 111–115 (112); *Jone*, Gesetzbuch der lateinischen Kirche, 1952, II 47 f.

von uns zu beachten. Denn soweit der Inhalt des anzuwendenden ausländischen Rechts nicht oder nur teilweise zu ermitteln ist, ist für die Entscheidung des Falles auf verwandte Rechtssysteme (Mutter- oder Schwesterrechte) zurückzugreifen, sofern anzunehmen ist, daß diese dem eigentlich maßgebenden Recht im wesentlichen gleichen [22].

Danach gilt folgendes: Da eine umfangreiche Erbrechtskodifikation der Gregorianer im Iran existiert [23], und die Grundsätze des Erbrechts der katholischen Gemeinschaften im Iran bekannt sind [24], ist primär auf diese zwei Rechtssysteme zurückzugreifen.

III. Iranisch-gregorianisches und iranisch-katholisches Erbrecht

1. Iranisch-gregorianisches Erbrecht

Für die Fragen des „statut personnel" der Gregorianer im Iran ist der „Code de droit coutumier de la communauté religieuse arméno-grégorienne en Iran, relatif au droit de la famille et des successions" von 1938 maßgebend [25]. Der Entwurf dieses Gesetzes ist von den kirchlichen Autoritäten der Gregorianer gebilligt und im Jahre 1938 dem iranischen Justizminister vorgelegt worden. Obgleich das Gesetz nicht in dem iranischen Amtsblatt veröffentlicht worden ist, wird sein Inhalt von den gregorianischen Geistlichen angewendet und Rechtsgutachten für iranische staatliche Gerichte werden aufgrund dieser Normen erstattet [26], so daß von der tatsächlichen Anwendung dieses Gesetzes ausgegangen werden kann.

Gemäß *Art. 64* des „Code de droit coutumier grégorien" bestimmt sich die gesetzliche Erbfolge nach Ordnungen, wobei Erben der vorhergehenden Ordnung die nachfolgenden ausschließen. Die Nachkommen eines vor dem Erbfall weggefallenen Erben treten an seine Stelle. Männliche und weibliche Erben erben zu gleichen Teilen. Erben der ersten Ordnung (Kinder des Erblassers) und der Ehegatte (Art. 65 des Code) sind in casu nicht vorhanden bzw. vorverstorben. Danach können nur noch Erben 2. Ordnung in Betracht kommen. *Art. 64* des Code de droit coutumier lautet (soweit erforderlich):

„Les héritiers du défunt lui succèdent par ordre de classes en ce sens que les représentants d'une classe donnée ne peuvent hériter que si la classe précédente ne comporte pas de représen-

Die Erben des Verstorbenen erben nach Ordnungen in dem Sinne, daß die Repräsentanten einer Ordnung nur dann erben können, wenn keine Erben der vorhergehenden Ordnung vorhanden

[22] *Kegel*, Die Ermittlung ausländischen Rechts, in: Die Anwendung ausländischen Rechts im internationalen Privatrecht, 1968, 157–184 (176 f.); *ders.*, IPR, 2. Aufl. 1964, 182 f.; *Dölle*, IPR, 1968, 108; *Neuhaus*, Grundbegriffe, 270 f.

[23] Abgedruckt z. B. bei *Aghababian* aaO II 130–133.

[24] Abgedruckt in *Mağmû'a-i šumâre-i šiš*, Teil 2, 114–116.

[25] Text des Gesetzes bei *Aghababian* aaO II 125–133.

[26] Vgl. *Aghababian* aaO II 125.

tants, ou bien si ces derniers sont tous exhérédés ou ont tous renoncé à la succession.

a) ... hommes et femmes héritent par parts égales. La dévolution de la succession se fait eu égard aux générations, en ce sens que si l'un des héritiers vient à mourir, sa part est dévolue à ses descendants ...
Si l'héritier prédécédé, exhérédé ou ayant renoncé à la succession n'a aucun descendant, sa part est dévolue à ses frères et soeurs.

b) Les héritiers de seconde classe sont: les père et mère du de cujus, ses *frères et soeurs, et les descendants de ces* derniers ...
Si les père et mère du défunt sont en vie ils hériteront en exclusivité et à parts égales ...
Si le père et la mère sont prédécédés, leurs parts reviennent à leurs descendants, c'est-à-dire aux frères et soeurs du de cujus et aux descendants de ces derniers ..."[27]

sind, oder wenn die letzteren alle enterbt worden sind oder die Erbschaft ausgeschlagen haben.

a) ... Männer und Frauen erben zu gleichen Teilen. Der Anfall der Erbschaft erfolgt in Ansehung von Generationen in dem Sinne, daß, falls einer der Erben stirbt, sein Anteil seinen Abkömmlingen zufällt ...
Wenn ein Erbe vorverstorben ist, enterbt worden ist oder die Erbschaft ausgeschlagen hat und keinen Abkömmling besitzt, fällt sein Anteil seinen Brüdern und Schwestern zu.

b) Erben zweiter Ordnung sind: Der Vater und die Mutter des Erblassers, seine *Brüder und Schwestern und die Abkömmlinge der letzteren.*
Wenn der Vater und die Mutter des Verstorbenen leben, so erben ausschließlich diese zu gleichen Teilen ...
Wenn der Vater und die Mutter vorverstorben sind, so fallen ihre Erbteile an ihre Abkömmlinge, das heißt, an die Brüder und Schwestern des Erblassers und an die Abkömmlinge der letzteren ...

In casu haben zwei Erben der zweiten Ordnung die Erblasserin überlebt: ihre Schwester und der Sohn ihres Bruders. Der Neffe der Erblasserin tritt an die Stelle seines vorverstorbenen Vaters (des Bruders der Erblasserin). Damit sind die Schwester und der Neffe der Erblasserin Erben gemäß Art. 64 des „Code de droit coutumier grégorien" (ähnlich wie gemäß §§ 1924 III, IV, 1925 I, III BGB) geworden. Sie beerben somit die Erblasserin je zur Hälfte.

ZWISCHENERGEBNIS

Nach iranisch-gregorianischem Recht wird die Erblasserin von ihrer Schwester Charlotte T. und ihrem Neffen Jürgen Sch. zu je 1/2 beerbt.

2. Iranisch-katholisches Erbrecht

Die katholischen Gemeinschaften im Iran haben ihr Erbrecht anscheinend nicht kodifiziert[28].

[27] Text bei *Aghababian* aaO II 132.
[28] Vgl. *Aghababian* aaO II 125; auch *IPG* 1967–68 Nr. 59 (Köln).

Es existieren im Iran jedoch gewisse Regeln („qawâ'id") über das Erbrecht der Katholiken im Iran, die von dem Erbrecht der Gregorianer nur unwesentlich abweichen. Auch nach iranisch-katholischem Erbrecht bestimmt sich die Erbfolge nach Ordnungen. Die vorhergehende Ordnung schließt jede nachfolgende von der Erbfolge aus. Das Eintrittsrecht der Abkömmlinge eines vorverstorbenen Erben wird anerkannt. Erben erster Ordnung sind die Kinder und die Eltern des Erblassers. Daneben steht das Erbrecht des überlebenden Ehegatten. Erben zweiter Ordnung sind die Abkömmlinge der Eltern (Brüder und Schwestern des Erblassers) und deren Abkömmlinge. Männliche und weibliche Erben erhalten die gleichen Quoten[29]. Das bedeutet für den vorliegenden Fall, daß auch nach iranisch-katholischem Erbrecht die zwei Erben (Schwester und Neffe der Erblasserin) Erben zu je $^1/_2$ werden.

ZWISCHENERGEBNIS

Nach iranisch-katholischem Erbrecht wird die Erblasserin von ihrer Schwester Charlotte T. und ihrem Neffen Jürgen Sch. zu je $^1/_2$ beerbt.

IV. Ergebnis: Erbfolge nach iranisch-christlichem Recht

Nach dem an Stelle des iranisch-evangelischen Erbrechts anzuwendenden iranisch-gregorianischen oder iranisch-katholischen Erbrechts werden die Schwester und der Neffe der Erblasserin Erben zu je $^1/_2$.

V. Hilfsweise Anwendung der lex fori

Statt auf das Recht anderer Religionsgemeinschaften im Iran zurückzugreifen, könnte man auch deutsches Recht als lex fori wegen der Nichtfeststellbarkeit des Inhalts des anzuwendenden Rechts anwenden[30]. In casu kann die Frage jedoch offenbleiben, weil auch nach deutschem Recht (§§ 1924, 1925 BGB) das Ergebnis (Schwester und Neffe Erben zu je $^1/_2$) nicht anders ist.

VI. Erbrecht nach dem iranischen ZGB

1. Möglichkeit der Anwendung islamischen Rechts

Ob der Grundsatz, daß das Recht einer anderen christlichen Gemeinschaft bei Normenmangel des eigentlich anzuwendenden Rechts einer

---

[29] *Maĝmû'a-i šumâre-i šiš*, Teil 2, 114–116 (114 f.).

[30] *Kegel*, Ermittlung, 176–178; *ders.*, IPR 183; *Dölle* aaO 108; *Neuhaus*, Grundbegriffe, 272 f.

christlichen Gemeinschaft auch im Iran strikt durchgeführt wird, ist nicht zu ermitteln. Zweifelhaft ist dies im Iran möglicherweise, weil es keine eigenen Gerichte der evangelischen Gemeinschaft gibt.

Möglicherweise wird im Iran in einem solchen Fall deswegen das Intestaterbrecht des iranischen ZGB (Art. 861–949), obwohl es grundsätzlich auf nicht-schiitische Iraner keine Anwendung findet[31], als „droit du pays" angewendet. Denn in den islamischen Ländern besteht insbesondere im Erbrecht eine gewisse Tendenz zur einheitlichen Anwendung des islamischen Erbrechts auf alle Erbfälle unabhängig von der Religionszugehörigkeit des Erblassers selbst dann, wenn die jeweilige Religionsgemeinschaft, der der Erblasser angehört hat, eigene Erbrechtsregeln besitzt[32].

Möglicherweise wird im Iran auch ähnlich wie im Irak verfahren: Hat eine religiöse Gemeinschaft die für sie maßgebenden Bestimmungen in den Fragen des „statut personnel" nicht kodifiziert, so wird in Ermangelung einschlägiger Sachnormen das „droit du pays", das heißt das kodifizierte islamische Recht, angewendet[33].

Da nach dem Ausgeführten die Anwendung des im iranischen ZGB kodifizierten Erbrechts des islamisch-*schiitischen* Ritus[34] nicht gänzlich ausgeschlossen werden kann, ist *hilfsweise* auch die Erbfolge nach diesem Recht zu untersuchen.

2. *Erbfolge nach dem iranischen ZGB*

a) Quotenerben

Das auf dem traditionellen schiitischen Recht beruhende Erbrechtssystem des iranischen ZGB unterteilt die zur Erbschaft Berufenen – unab-

---

[31] Vgl. *Aghababoff-Greenfield*, Ann. Dir. Comp. Stud. Leg. 15 (1941), 310.

[32] So z. B. in *Syrien:* vgl. Art. 306, 308 der „Loi sur le statut personnel" Nr. 59 v. 17. 9. 1953; dazu *Tyan-Baz*, Le droit moderne au Liban et en Syrie, in: Handwörterbuch der Orientalistik, 1. Abt., Erg.Bd. 3, 1964, 344–359 (349 f., 356 f.); *Anderson*, The Syrian Law of Personal Status, BSOAS 17 (1955), 34–49; ebenso in *Ägypten:* vgl. Art. 875 des Code civil v. 16. 7. 1948; dazu *Linant de Bellefonds*, La jurisprudence égyptienne et les conflits de lois en matière de statut personnel, Clunet 87 (1960), 822–856 (854).

[33] So gemäß dem Gesetz Nr. 32/47 (Art. 12, 18, 19) i. V. m. dem Gesetz Nr. 26/63; vgl. die Entscheidung Nr. L 53/1 des „Dîwân at-tadwîn al-qânûnî ([Amt für Rechtskodifizierung] im irakischen Justizministerium) v. 15. 5. 1966 zu dem Sonderrecht der katholischen Gemeinschaften im Irak in: Maǧallat ad-dîwân at-tadwîn al-qânûnî [Sammlung der Entscheidungen des Amtes für Rechtskodifizierung] 5 (1966) [Nr 2], 52–55.

[34] Vgl. dazu *Aghababoff-Greenfield*, Ann. Dir. Comp. Stud. Leg. 15 (1941), 309 bis 312; *Greenfield*, in: RvglHwB I, 447–452; *Gräf*, Die neue Auffassung der muslimischen Familie in der modernen iranischen Gesetzgebung betreffs Ehe, Scheidung und Erbfolge, in: Deutsche Landesreferate zum 7. Internationalen Kongreß für Rechtsvergleichung, 1967, 59–79 (77 f.).

hängig von dem Grad ihrer Verwandtschaft zu dem Erblasser – in zwei Gruppen:

1. Die koranischen Quotenerben („ḏawu 'l-farâid"; bei *Aghababian* „héritiers légitimaires");
2. die allgemeinen oder „Resterben" („'asabât"; bei *Aghababian* „héritiers universels").

Als unmittelbar auf dem Koran (Q. IV, 12–16, 175) beruhend gehen die Quotenerbrechte allen anderen Erbrechten vor. Die den Erblasser überlebenden Verwandten können zum Teil sowohl als Quoten- als auch als Resterben zur Erbfolge berufen werden[35]. *Art. 905 I Iran. ZGB* lautet:

„Chaque héritier légitimaire, appelé à la succession, prélève sa part légitimaire et le reste est devolu aux héritiers universels." [36]	Jeder Quotenerbe, der zur Erbschaft berufen ist, erhält seine Quote vorweg, und der Rest fällt den allgemeinen Erben zu.

Quotenerbin zu $1/2$ ist in Ermangelung anderer Quotenerben gemäß *Art. 899 Ziff. 3 Iran. ZGB* die einzige Schwester des Erblassers, die entweder beide Eltern oder auch nur den Vater mit ihm gemeinsam hat[37]. Die Bestimmung lautet:

„Trois espèces d'héritiers ont pour part légitimaire la moitié de la succession, à savoir:	Drei Gruppen der Erben erhalten als Erbquote die Hälfte des Nachlasses:
3. La soeur germaine ou consanguine si elle est seule." [38]	3. Die leibliche [vollblütige] Schwester oder die von demselben Vater [wie der Erblasser] abstammende Schwester, wenn sie die einzige ist.

Da der Sohn des Bruders eines Erblassers nicht zu den Quotenerben zählt (vgl. Art. 896, 899, 900, 902–904 Iran. ZGB)[39], steht der Schwester der Erblasserin in casu $1/2$ des Nachlasses als Quotenerbin zu.

b) Resterben

Erschöpfen die Anteile der Quotenerben den Nachlaß nicht, so fällt der Rest den allgemeinen oder Resterben („'asabât") zu[40]. Da in casu noch $1/2$ des Nachlasses zu verteilen bleibt, ist zu untersuchen, an wen dieser „Rest" fällt. *Art. 862 Iran. ZGB* bestimmt:

---

[35] Vgl. dazu statt aller *Pritsch,* Grundzüge des islamischen Intestaterbrechts, in: Deutsche Landesreferate zum 3. Internationalen Kongreß für Rechtsvergleichung, 1950, 149–165 (150, 152–156, 163–165).

[36] *Aghababian* aaO II 79.

[37] Vgl. dazu *Greenfield,* RvglHwB I 449; *Pritsch* aaO 153.

[38] *Aghababian* aaO II 79.

[39] Vgl. dazu *Greenfield,* RvglHwB I 499; *Pritsch* aaO 153 f.

[40] Vgl. *Pritsch* aaO 154, 164; *Greenfield,* RvglHwB I 449–451.

„Les personnes qui héritent pour cause de parenté sont de trois ordres:

2. Tous les autres ascendants, les frères et soeurs et leurs descendants." [41]

Die Personen die aufgrund Verwandtschaft erben, zerfallen in drei Ordnungen:

2. Alle anderen Aszendenten, die Brüder und Schwestern und deren Abkömmlinge.

Gemäß Art. 862 Ziff. 2 Iran. ZGB gehören somit die Schwester und der Sohn des Bruders der Erblasserin zur zweiten Ordnung der erbberechtigten Verwandten. Erben der ersten Ordnung (Kinder und Eltern) der Erblasserin haben sie nicht überlebt.

Nach islamischem Recht schließt jedoch auch innerhalb derselben Ordnung ein dem Erblasser dem Grade nach näher verwandter Deszendent des Erblassers oder eines Aszendenten des Erblassers grundsätzlich jeden entfernteren Deszendenten aus. Das bedeutet, Geschwisterkinder (in casu der Neffe) erben nur dann, wenn keine Geschwister den Erblasser überleben[42]. *Art. 925 I 1 Iran. ZGB* lautet:

„Dans toutes les dévolutions prévues par les articles précédents, si le défunt ne laisse ni frères ni soeurs, les enfants de ses frères et soeurs les remplaceront, par droit de représentation, et concourront avec les ascendants survivants." [43]

In all den Erbanfällen gemäß den vorhergehenden Artikeln treten, falls der Erblasser keine Brüder oder Schwestern hinterlassen hat, die Kinder seiner Brüder oder Schwestern an deren Stelle gemäß dem Recht der Repräsentation und konkurrieren mit den überlebenden Aszendenten.

Art. 887 Iran. ZGB (soweit erforderlich) bestimmt:

„L'exclusion [de l'héritage] est de deux sortes:
La première consiste en ce que l'héritier est complètement privé du droit de succéder. Ainsi le neveu est totalement exclu par la présence d'un frère ou d'une soeur du défunt ..." [44]

Es gibt zwei Arten der Ausschließung von der Erbschaft:
Die erste besteht darin, daß dem Erben das Recht zur Erbfolge vollständig genommen wird. So wird der Neffe durch das Vorhandensein eines Bruders oder einer Schwester des Erblassers vollständig [von der Erbschaft] ausgeschlossen ...

Aus Art. 887, 925 Iran. ZGB folgt somit, daß der Neffe der Erblasserin auch nicht als Resterbe zur Erbfolge berufen ist. Den verbleibenden Nachlaßteil ($^1/_2$) erbt somit die Schwester der Erblasserin als Resterbin gemäß Art. 862 Ziff. 2 Iran. ZGB.

---

[41] *Aghababian* aaO II 77.
[42] Vgl. *Greenfield,* RvglHwB I 452; *Pritsch* aaO 164.
[43] *Aghababian* aaO II 81.
[44] *Aghababian* aaO II 78.

3. Ergebnis

Nach iranisch-islamischem Recht (Art. 862 Ziff. 2, 899 Ziff. 3 Iran. ZGB) wird die Schwester der Erblasserin Alleinerbin. Der Neffe der Erblasserin wird gemäß Art. 887, 925 I Iran. ZGB durch die Schwester der Erblasserin von der Erbfolge ausgeschlossen.

Da wir jedoch dem am wahrscheinlichsten geltenden Recht folgen[45], ist das Erbrecht des iranischen ZGB in casu nicht anzuwenden.

C. GESAMTERGEBNIS

I. Gemäß dem deutsch-iranischen Niederlassungsabkommen v. 1929 bestimmt sich die Erbfolge nach Frau Edith S. geb. Sch. nach iranischem Recht.

II. Nach iranischem interpersonalen Privatrecht bestimmt sich die Erbfolge nach dem Recht der Religionsgemeinschaft des Erblassers.

III. Iranisch-evangelisches Erbrecht ist nicht zu ermitteln.

IV. Grundsätzlich wenden christliche Gemeinschaften im Orient, soweit sie kein eigenes Familien- oder Erbrecht besitzen, das Recht anderer christlicher Gemeinschaften an. Da iranisch-gregorianisches und iranisch-katholisches Intestaterbrecht existiert, ist auf die Erbfolge nach Frau S. das Recht dieser Gemeinschaften anzuwenden.

V. Nach iranisch-gregorianischem und -katholischem Erbrecht ist die Erblasserin von ihrer Schwester Charlotte T. und von ihrem Neffen Jürgen Sch. zu je 1/2 beerbt worden.

VI. Die Frage, ob deutsches Recht als lex fori wegen der Nichtfeststellbarkeit des iranisch-evangelischen Erbrechts anzuwenden ist, kann dahinstehen; denn auch nach deutschem Recht erben die Schwester und der Neffe der Erblasserin zu je 1/2.

VII. Daß im Iran bei Normenmangel des Rechts einer Religionsgemeinschaft islamisches Recht als „droit du pays" angewendet wird, kann nicht gänzlich ausgeschlossen werden.

VIII. Nach iranisch-islamischem Recht wird die Schwester der Erblasserin Alleinerbin (Art. 862 Ziff. 2, 899 Ziff. 3 Iran. ZGB). Der Neffe der Erblasserin wird gemäß Art. 887, 925 I Iran. ZGB durch die Schwester der Erblasserin von der Erbfolge ausgeschlossen.

IX. Da wir jedoch dem am wahrscheinlichsten geltenden Recht folgen, ist das Erbrecht des iranischen ZGB nicht anzuwenden.

---

[45] Vgl. *Kegel*, Ermittlung, 175–177; *Kegel*, IPR, 182; *Müller*, Länderbericht Deutschland, in: Die Anwendung ausländischen Rechts im IPR, 71–73.

Nr. 34

Polen

1. Erbstatut und Ehegüterrechtsstatut nach polnischem Kollisionsrecht.

2. Zum polnischen intertemporalen und interlokalen Erbrecht und Ehegüterrecht.

3. Zum gesetzlichen Erbrecht der Kinder und des überlebenden Ehegatten in „Kongreßpolen".

4. Zum Ehegüterrecht in „Kongreßpolen".

Köln 43/69 vom 4. 8. 1969

RECHTSGUTACHTEN

Das Amtsgericht Wesel hat in der Nachlaßsache S. um ein Gutachten über polnisches internationales und materielles Erbrecht gebeten.

SACHLAGE

Am 29. November 1927 verstarb in Leysin, Kanton Vaud/Schweiz der Kaufmann P. S. Er war polnischer Staatsangehöriger und hatte seinen Wohnsitz in Lodz/Polen. Er hielt sich zur Kur wegen einer Knochentuberkulose in der Schweiz auf.

Der Erblasser wurde überlebt von

1. seiner Ehefrau M. geb. F., die heute in Fürstenwalde-West/DDR lebt, sowie
2. von seinen aus dieser Ehe hervorgegangenen Kindern I. Th. S., geboren am 10. November 1916 in Zgierz/Polen, heute wohnhaft in Fürstenwalde-West/DDR; G. S., geboren am 21. Februar 1919 in Lodz/Polen, heute wohnhaft in Rees, dem Antragsteller. J. Z. S., geboren am 27. November 1920 in Lodz/Polen, heute wohnhaft in Mannheim-Seckenheim, und H. K. geb. S., geboren am 28. Februar 1924 in Lodz/Polen, heute wohnhaft in Fürstenwalde-West/DDR.

Der Erblasser hat keine letztwillige Verfügung hinterlassen. Sein Sohn G. S. beantragt die Erteilung eines gemeinschaftlichen, gegenständlich beschränkten Erbscheins dahin, daß der Erblasser von seiner Ehefrau zu $^1/_4$-Anteil und von seinen vier Kindern zu je $^3/_{16}$-Anteil des Nachlasses beerbt worden ist. Der Erbschein wird zur Geltendmachung von Lastenausgleichsansprüchen im Wert von 3 000,– DM benötigt.

ANFRAGE

Das Gericht bittet um ein Gutachten über folgende Fragen:
1. Welches Erbrecht ist anzuwenden?
2. Wer sind nach dem anzuwendenden Recht die gesetzlichen Erben?

RECHTSLAGE

A. ERBFOLGE

I. Deutsches internationales Privatrecht

Aus Art. 24 Abs. 1, 25 S. 1 EGBGB ist der Grundsatz herzuleiten, daß jeder nach den Gesetzen des Staates beerbt wird, dem er im Zeitpunkt seines Todes angehört hat (Heimatrecht)[1]. Da der Erblasser Pole war, verweist das deutsche IPR auf *polnisches Recht.*

Gemäß Art. 27 EGBGB ist eine Rück- oder Weiterverweisung des vom deutschen IPR berufenen polnischen Rechts zu beachten.

II. Polnisches internationales Privatrecht

Seit dem 1. Juli 1966 ist in Polen das Gesetz vom 12. November 1965 über das Internationale Privatrecht in Kraft[2]. *Art. 34* dieses Gesetzes bestimmt:

„Nachlaßsachen bestimmen sich nach dem Heimatrecht des Erblassers im Zeitpunkt des Todes."[3]

Bis zum 1. Juli 1966 galt das Gesetz vom 2. August 1926, betr. das für internationale Privatrechtsverhältnisse geltende Recht[4]. Maßgebend war *Art. 28 Abs. 1:*

„In Nachlaßsachen findet das Heimatrecht des Erblassers Anwendung, dem er im Zeitpunkt seines Todes unterworfen war."[5]

---

[1] *BGHZ* 45, 351 (Belgien); *BayObLG* NJW 1967, 447 (Italien); *Soergel-Kegel,* BGB Bd. V, 9. Aufl. 1961, Vorbem. 3, 4 vor Art. 24 EGBGB; *Palandt-Lauterbach,* BGB, 28. Aufl. 1969, Bem. 2 zu Art. 24 EGBGB.

[2] *Dziennik Ustaw* v. 17. 11. 1965, Nr. 46 Pos. 290; deutsche Übersetzung in WGO 7 (1965), 378–382 und bei *Geilke* in: *Ferid-Firsching,* Internationales Erbrecht 1969 IV, Polen, Texte, 185–187.

[3] *Geilke* in: *Ferid-Firsching* aaO 187.

[4] *Dziennik Ustaw* v. 13. 10. 1926, Nr. 101 Pos. 581; deutsche Übersetzung in ZOstrecht 1926, 1090–1096; ZIR 39 (1928) 191–201; *Makarov,* Quellen des internationalen Privatrechts, I, Gesetzestexte, 2. Aufl. 1953, Polen, 4–20; *Geilke,* in: *Ferid-Firsching* aaO 57–58.

[5] *Geilke* in: *Ferid-Firsching* aaO 57.

Das neue Gesetz hat hinsichtlich des Erbstatuts also keine Änderung gebracht. Es kann daher hier offen bleiben, ob auf den Erbfall von 1927 intertemporal das neue oder das alte IPR-Gesetz anzuwenden ist. In jedem Fall gilt das Heimatrecht des Erblassers beim Tode.

Das polnische IPR verweist somit auf das eigene, *das polnische materielle Erbrecht.*

III. Polnisches materielles Erbrecht

1. Intertemporales Recht

Seit dem 1. Januar 1965 gilt das neue polnische Zivilgesetzbuch (poln. ZGB) vom 23. April 1964[6]. Übergangsbestimmungen sind in den Einführungsvorschriften zum poln. ZGB enthalten[7]. Der hier maßgebende *Art. LI* lautet:

> „In Erbschaftssachen findet das im Zeitpunkt des Todes des Erblassers maßgebliche Recht Anwendung, falls die nachfolgenden Vorschriften nichts Abweichendes bestimmen." [8]

Die nachfolgenden Vorschriften bestimmen nur für Testamente, Erbverzichtsverträge, die Erbfolge in landwirtschaftliche Hofstellen u. ä. etwas Abweichendes, nicht aber für die allgemeine gesetzliche Erbfolge, um die es hier geht.

Da der Erblasser am 29. November 1927 gestorben ist, ist *intertemporal* das damals geltende Recht anzuwenden.

2. Interlokales Recht

In Polen wurde das Erbrecht erst nach dem Zweiten Weltkrieg, und zwar mit Wirkung vom 1. Januar 1947 durch das Erbrechtsdekret vom 8. Oktober 1946 vereinheitlicht[9]. Vorher galt in Polen gebietsweise verschiedenes Erbrecht: in „Kongreßpolen" der französische Code Civil Napoléon, in den südpolnischen Landesteilen österreichisches Recht, in Ostpolen russisches Recht, in Westpolen, den damals preußischen Landesteilen, deutsches Recht und schließlich in den Gemeinden Zips (Sipź) und Arwa (Orawa) ungarisches Recht[10]. Die *interlokal* maßgebende Teilrechtsordnung be-

---

[6] *Dziennik Ustaw* v. 18. 5. 1964, Nr. 16 Pos. 92; deutsche Übersetzung in Heft 69 der *Berichte des Osteuropa-Instituts an der Freien Universität Berlin*, 1965, 7–256 und auszugsweise bei *Geilke* in: *Ferid-Firsching* aaO 95–137.

[7] *Dziennik Ustaw* v. 18. 5. 1964, Nr. 16 Pos. 93; deutsche Übersetzung in Heft 69 der *Berichte des Osteuropa-Instituts* aaO 257–277 sowie auszugsweise bei *Geilke* in: *Ferid-Firsching* aaO 137–146.

[8] *Geilke* in: *Ferid-Firsching* aaO 142.

[9] *Dziennik Ustaw* v. 20. 11. 1946, Nr. 60 Pos. 328.

[10] *Geilke* in: *Ferid-Firsching* aaO Polen, Grdz., 18–19 und hierzu die Karte im

stimmt sich nach dem polnischen Gesetz vom 2. August 1926 über das auf inländische Privatbeziehungen anzuwendende Recht [11]. Danach richtet sich das *interlokale Personalstatut* des Erblassers nach dem Wohnsitz im Zeitpunkt des Todes. Maßgebend sind:

Art. 27 Abs. 1:

„In Nachlaßsachen ist das Recht anzuwenden, dem der Erblasser im Zeitpunkt des Todes persönlich unterworfen war."

Art. 1:

„Die persönliche Fähigkeit eines polnischen Bürgers ist nach dem an seinem Wohnsitz geltenden Recht zu beurteilen." [12]

Der Erblasser hatte seinen letzten Wohnsitz in Lodz/Polen. Ob er in der Schweiz, wo er sich zur Kur aufhielt, nach polnischer Rechtsauffassung einen neuen Wohnsitz begründet hatte, mag auf sich beruhen; denn gemäß Art. 3 Abs. 1 S. 3 des genannten Gesetzes würde dann der letzte *polnische* Wohnsitz, also ebenfalls Lodz entscheiden.

Art. 3 Abs. 1 S. 3:

„Der im Ausland wohnende polnische Bürger ist dem Recht unterworfen, das an seinem letzten Wohnort in Polen gilt." [13]

Lodz liegt in *„Kongreßpolen"* [14]. Dort galten seit dem 1. Mai 1808 der französische Code Civil Napoléon und – mit besonderen Vorschriften für das Ehegattenerbrecht – das Zivilgesetzbuch von 1825.

Interlokal ist daher das französische Partikularrecht in Polen maßgebend.

3. *Das Erbrecht in Kongreßpolen*

a) Erbrechtliche Stellung der Kinder

Die einschlägigen Bestimmungen des französischen Code Civil Napoléon lauten:

Anhang, 11; *Geilke* in: *Bergmann-Ferid*, Internationales Ehe- und Kindschaftsrecht, 3. Aufl. 1952 IV, Polen, 1–2; *Scherzer*, Polen, in: *Schlegelberger's* Rechtsvergleichendes *Handwörterbuch*, I 1929, Länderberichte, 162; *Geilke*, Zur polnischen Rechtsgeographie, JbOstR 1963, 105–176 (106–134 mit 3 Karten); *Korkisch*, Das Privatrecht im ehemals polnischen Staatsgebiet, RabelsZ 12 (1938/39) 850–879 (851–855).

[11] *Dziennik Ustaw* 1926, Nr. 101 Pos. 550; in deutscher Übersetzung bei *Geilke* in: *Ferid-Firsching* aaO IV, Polen, Texte, 56 (auszugsweise) und *Makarov* aaO I, Polen, 25 ff.

[12] *Geilke* in: *Ferid-Firsching* aaO 56.

[13] *Geilke* in: *Ferid-Firsching* aaO 56.

[14] Zur Geographie: *Geilke* in: *Ferid-Firsching* aaO Polen, Anhang, 11; *Geilke*, JbOstR aaO 173.

Art. 731:

„Les successions sont déférées aux enfants et descendants du défunt, à ses ascendants et à ses parents collatéraux, dans l'ordre et suivant les règles ci-après déterminées."

Die Erbschaften fallen den Kindern und Abkömmlingen des Erblassers, dessen Aszendenten und Seitenverwandten in der Ordnung und nach den Regeln an, die hier bestimmt sind.

Art. 732:

„La loi ne considère ni la nature ni l'origine des biens pour en règler la succession."

Das Gesetz berücksichtigt bei der Bestimmung der Erbfolge weder die Natur noch den Ursprung der Güter.

Art. 745:

„Les enfants ou leurs descendants succèdent à leurs père et mère, aïeules, ou autres ascendents, sans distinction de sexe ni de primogéniture, et encore qu'ils soient issus de différents mariages.

Ils succèdent par égales portions et par tête, quand ils sont tous au premier dégré et appelés de leur chef; ils succèdent par souche, lorsqu'ils viennent tous ou en partie par représentation."

Die Kinder oder deren Abkömmlinge beerben ihre Eltern, Großeltern oder übrigen Aszendenten, ohne Unterschied des Geschlechts oder der Erstgeburt, auch wenn sie aus verschiedenen Ehen stammen.

Sie erben zu gleichen Teilen und nach Köpfen, wenn sie alle im ersten Grade stehen und vermöge eigenen Rechtes berufen sind; sie erben nach Stämmen, wenn sie alle oder zum Teil vermöge der Erbvertretung zur Erbfolge gelangen[15].

Die vier Kinder des Erblassers erben mithin vorbehaltlich der Rechtsstellung des überlebenden Ehegatten je $1/4$ des Nachlasses.

b) Erbrechtliche Stellung des überlebenden Ehegatten

Die Ehegatten können gemäß Art. 231 ZGB durch einen Ehevertrag bestimmen, welche Rechte der überlebende Ehegatte an dem Vermögen des verstorbenen Ehegatten haben soll. Sofern ein derartiger Ehevertrag nicht getroffen worden ist, gilt Art. 232 ZGB, der bestimmt, daß dem überlebenden Ehegatten ein dem Erbteil eines jeden Kindes gleichkommender Teil zusteht, wobei der überlebende Ehegatte bei der Erbteilung wie ein Kind mitgezählt wird. Er erhält jedoch diesen Teil nicht zu Eigentum, sondern nur zu lebenslänglichem Nießbrauch. Er hat das Wahlrecht unter den gleichen Teilen, d. h. er kann den Erbschaftsteil, den er für sich in Anspruch nehmen möchte, nach eigenem Ermessen bezeichnen. Eine Auslosung findet nicht statt[16].

---

[15] *Die Zivilgesetze der Gegenwart,* I Frankreich Code Civil 1932, 206, 207, 210. An der ursprünglichen Fassung dieser Bestimmungen hat sich nichts geändert.

[16] *Meyer,* Das Erbrecht des überlebenden Ehegatten in Kongreßpolen, ZOstR 1933, 233–238 (234).

Die polnische Rechtsprechung behandelt den überlebenden Ehegatten als *Erben:*

„Nach der in Rechtsprechung und Rechtslehre herrschenden Meinung ... ist der überlebende Ehegatte gemäß Art. 232 des polnischen Zivilgesetzbuches, der den in Art. 723 und 767 des Code Civil enthaltenen Grundsatz geändert hat, nicht nur gewöhnlicher Nießbraucher, sondern zugleich auch Erbe nach dem verstorbenen Ehegatten, und alle den Nachlaß betreffenden Grundsätze finden auf ihn Anwendung; er übernimmt den Nachlaß des anderen Ehegatten ipso iure im Augenblick des Todes des Erblassers; er kann diese Erbschaft ausschlagen oder sie bedingungslos oder auch mit Rechtswohltat der Inventarerrichtung annehmen und haftet im Verhältnis zu seinem Nutzen für die Schulden und Lasten des Nachlasses." [17]

Ob im Hinblick auf diese Rechtsprechung der überlebende Ehegatte in einem *deutschen Erbschein* neben den Kindern als Erbe anzuführen ist, bleibt jedoch zweifelhaft. Im Schrifttum ist das vereinzelt bejaht worden [18].

Gegen die Bezeichnung des überlebenden Ehegatten als *Erben* sprechen indes verschiedene Gesichtspunkte: Zwar ähnelt seine Rechtsstellung der eines gesetzlichen Erben insbesondere insoweit, als er wie jener für die Nachlaßverbindlichkeiten haftet; zudem entsteht seine Rechtsstellung unmittelbar kraft Gesetzes [19]. Doch erhält hier der überlebende Ehegatte weder Eigentum an den Nachlaßgegenständen noch ein Verfügungsrecht über den Nachlaßteil, auf den sich sein Nießbrauch bezieht. Er ist lediglich Nutzungsberechtigter. Nur wenn keine Kinder vorhanden sind, hat er allein bzw. neben sonstigen Verwandten die Rechtsstellung und damit die Verfügungsbefugnis eines gesetzlichen Erben [20].

Die Rechtsstellung des überlebenden Ehegatten nach kongreßpolnischem Erbrecht gleicht etwa der Verwaltung und Nutznießung des überlebenden Ehegatten im deutschen Höferecht. Die gemäß § 14 HöfeO ipso iure entstehende Rechtsstellung ist kein Erbrecht und wird daher im Erbschein als *Verwaltungs- und Nutznießungsrecht* vermerkt [21]. Ebenso ist bezüglich der Fassung eines Erbscheins über die Erbfolge nach kongreßpolnischem Recht zu verfahren: Einerseits darf der Nießbrauch der Witwe im Erbschein nicht völlig außer acht gelassen werden, da er die Verfügungsmacht der Erben einschränkt und andernfalls zugunsten der Erben der Rechtsschein er-

---

[17] Urteil des *Obersten Gerichts* vom 29. Mai 1935, deutsche Ubersetzung in ZOStR 1936/37, 714.

[18] *Meyer,* Anmerkung zu der zitierten Entscheidung des *Obersten Gerichts,* ZOstR aaO 715.

[19] *Meyer,* ZOstR 1933, 234 f.

[20] *Meyer,* ZOstR 1933, 235; *Ostrowicz,* Das Eherecht Polens, in: *Leske-Loewenfeld,* Das Eherecht der europäischen Staaten und ihrer Kolonien, 2. Aufl. 1933, Teil 1, 377–452 (410 Fußn. 124).

[21] *OLG Celle* MDR 1949, 165; *Lange-Wulff,* Höfeordnung, 6. Aufl. 1965, § 18 HöfeO Anm. 251.

zeugt würde, diese seien befugt, über den gesamten Nachlaß zu verfügen[22]. Andererseits darf die Witwe aber auch nicht als Miterbin im Erbschein bezeichnet werden, da sie nicht die Befugnisse einer Miterbin hat und andernfalls der Rechtsschein zugunsten der Witwe erzeugt würde, sie sei befugt, wie eine Miterbin über den Nachlaß zu verfügen. Die Rechtsstellung der Witwe ist daher im Erbschein als *Nießbrauch* zu kennzeichnen[23]. Der Erbschein muß weiterhin einen Hinweis auf das kongreßpolnische Recht enthalten[24].

4. Zwischenergebnis

Nach allem ergibt sich für die Erbfolge, um die es hier geht: Der Erblasser ist von seinen vier Kindern I. Th. S., G. S. – dem Antragsteller –, J. Z. S. und H. K. geb. S. zu je 1/4-Anteil beerbt worden. Der überlebenden Ehefrau M. S. geb. F. steht an 1/5-Anteil des Nachlasses die lebenslängliche Nutzung zu. Dieses Nutzungsrecht der Ehefrau ist im Erbschein als Nießbrauch (an 1/5-Anteil) zu vermerken.

B. ABWICKLUNG DES GÜTERSTANDES

Da der Erblasser von seiner Ehefrau überlebt worden ist, muß noch geprüft werden, in welchem Güterstand die Eheleute lebten und ob ein güterrechtlicher Ausgleich stattfindet, der – ähnlich § 1371 Abs. 1 BGB – erbrechtliche Folgen hat.

I. Internationales Privatrecht

Zweifelhaft ist, ob im Verhältnis der Bundesrepublik zu Polen das Haager Ehewirkungsabkommen vom 17. Juli 1905 (RGBl. 1912, 453, 475) gilt, das seit dem 24. August 1912 in Deutschland in Kraft ist (RGBl. II 140)[25]. M. E. hat der zweite Weltkrieg die Fortgeltung des Abkommens mit den

---

[22] Abzulehnen ist daher die Ansicht von *Greif*, Der Nießbrauch des überlebenden Ehegatten nach schweizerischem, italienischem und französischem Recht im Erbschein nach § 2369 BGB, MDR 1965, 447–448 (448) und *Palandt-Keidel* aaO Bem. 4a zu § 2353 BGB, die die Rechtsstellung des überlebenden Ehegatten im Erbschein überhaupt nicht erwähnen wollen.

[23] *Ferid-Firsching* aaO I 1969, Deutschland, Grdz., 27; *Kegel*, IPR, 2. Aufl. 1964, 368; *Mezger*, Die Beerbung von Franzosen in Deutschland, JZ 1956, 303–309 (307); *Drewes*, Die Gütergemeinschaft des polnischen Rechts und ihre erbrechtliche Wirkung, JW 1927, 1187–1188 (1188).

[24] *OLG Düsseldorf* NJW 1963, 2227 (2230); *Palandt-Keidel* aaO Bem. 3 zu § 2369 BGB.

[25] Näher *Soergel-Kegel* aaO Randnr. 1 in Anhang zu Art. 16 EGBGB.

Feindstaaten nicht berührt. Doch wird die Fortgeltung von der Rechtsprechung überwiegend verneint[26].

1. Haager Ehewirkungsabkommen

Nach Art. 2 des Haager Ehewirkungsabkommens unterliegen die Wirkungen der Ehe auf das Vermögen der Ehegatten dem Heimatrecht des Mannes bei Heirat, hier also polnischem Recht. Obschon das Abkommen darüber schweigt, ist anzunehmen, daß nach Art. 2 das Heimatrecht des Mannes bei Heirat einschließlich seiner späteren Änderungen gilt, soweit diese intertemporal anzuwenden sind.

Das Abkommen ist als Sachnormverweisung gemeint und beruft unmittelbar materielles Recht[27].

2. Deutsches internationales Privatrecht

Folgt das Gericht der Meinung der Rechtsprechung und verneint es die Fortgeltung des Haager Ehewirkungsabkommens, dann greifen die allgemeinen deutschen Kollisionsnormen ein, hier Art. 15 Abs. 1, 2 HS 1 EGBGB. Danach unterliegt das eheliche Güterrecht dem Heimatrecht des Ehemannes bei Heirat[28], hier also polnischem Recht. Das deutsche IPR verweist somit auf das polnische Recht, bei Heirat samt seinen späteren Änderungen.

Insofern führen Art. 2 des Haager Ehewirkungsabkommens und Art. 15 EGBGB zum selben Ergebnis, und es kann offen bleiben, ob das Abkommen anzuwenden ist. Ein Unterschied könnte sich nur aus einer Rückverweisung ergeben: sie ist nach Art. 27 EGBGB zu beachten, nach dem Abkommen nicht.

3. Polnisches internationales Privatrecht

Das polnische Gesetz vom 12. November 1965 über das Internationale Privatrecht enthält selbst keine Übergangsbestimmungen. Doch bestehen keine Bedenken, die intertemporal-rechtlichen Grundsätze des bisher maßgeblichen Gesetzes vom 2. August 1926 über das auf internationale Privatbeziehungen anzuwendende Recht heranzuziehen, nach denen dieses Gesetz nicht auf die vor seinem Inkrafttreten abgeschlossenen Sachverhalte anzuwenden war[29].

---

[26] Z. B. *BayObLGZ* 1960, 370 (375 a. E.) (Italien); vgl. *Soergel-Kegel* aaO und Vorbem. 11–14, 16 vor Art. 7 EGBGB.

[27] *Soergel-Kegel* aaO Randnr. 33 zu Art. 27 EGBGB.

[28] *RGZ* 91, 403, 407 (Rußland); *BGH* FamRZ 1954, 110 (Schweiz); *Soergel-Kegel* aaO Randnr. 1 zu Art. 15 EGBGB; *Palandt-Lauterbach* aaO Anm. 2 zu Art. 15 EGBGB.

[29] *Ostrowicz* in: *Leske-Loewenfeld* aaO 444 mit Nachweisen in Fußn. 244; *Aller-*

Da hier die Ehe des Erblassers im Jahre 1927 – durch Tod – aufgelöst worden ist, gilt intertemporal für diese Ehe das vorerwähnte IPR-Gesetz von 1926. Maßgebend ist:

Art. 14 § 1:

„Für die persönlichen und vermögensrechtlichen Beziehungen der Ehegatten zueinander ist das Recht ihres Heimatstaates maßgebend.“ [30]

Da der Erblasser und – davon kann ausgegangen werden – auch seine Ehefrau polnische Staatsangehörige waren bzw. sind, beruft das polnische IPR das eigene, das *polnische materielle Ehegüterrecht.*

II. Polnisches materielles Ehegüterrecht

1. Intertemporales Recht

Seit dem 1. Januar 1965 gilt der Familien- und Vormundschaftskodex, Gesetz vom 25. Februar 1964[31]. Vorher galt der Familienkodex, Gesetz vom 27. Juni 1950, der am 1. Oktober 1950 in Kraft getreten war[32] und seinerseits das Dekret über das Ehegüterrecht vom 29. Mai 1946, in Kraft getreten am 1. Oktober 1946[33], abgelöst hatte. Diese Gesetze oder ihre Einführungsgesetze enthielten Übergangsbestimmungen lediglich für noch bestehende Ehen, die sie jeweils dem *neuen* Rechtszustand unterwerfen[34]. Diejenigen Güterstände, die bereits durch Tod beendet waren, blieben dagegen nach *dem Recht* zu beurteilen, das *während ihres Bestehens* gegolten hatte. Die Abwicklung dieser alten Güterstände geschah ebenfalls nach altem Recht.

Der Güterstand, um den es hier geht, war durch den Tod des Erblassers 1927 beendet. Intertemporal ist also das *damals* geltende Recht maßgebend.

2. Interlokales Recht

Vor der Vereinheitlichung des Ehegüterrechts durch das Ehegüterrechtsdekret vom 29. Mai 1946 galt in Polen gebietsweise verschiedenes Recht

---

hand, Probleme des jüdisch-polnischen Eherechts, ZOstR 1930, 449–472 (457–460). Vgl. auch zum heutigen Recht *Uschakow,* Das neue polnische Gesetz über das internationale Privatrecht, ROW 1966, 198–206.

30 *Makarov* aaO Polen, 10.

31 *Dziennik Ustaw* v. 5. 3. 1964 Nr. 9 Pos. 308.

32 *Dziennik Ustaw* v. 22. 8. 1950 Nr. 34 Pos. 308.

33 *Dziennik Ustaw* 1946 Nr. 31 Pos. 196.

34 So Art. V, VIII des Gesetzes vom 25. 2. 1964 über die Einführungsbestimmungen zum Familien- und Vormundschaftskodex; Art. XVIII des Einführungsgesetzes zum Familienkodex 1950 und Art. X, XI des Dekrets über das Ehegüterrecht vom 29. 5. 1946; vgl. *Mainczyk,* Das Ehegüterrecht Polens, Diss. Köln 1966, 22 f., 40, 59 f.; *Geilke* in: *Bergmann-Ferid* aaO Bd. IV, Polen, 53 f.

(oben A III 2). Das Gesetz vom 2. August 1926 über das auf inländische Privatbeziehungen anzuwendende Recht (oben A III 2) bestimmt die interlokal maßgebliche Teilrechtsordnung in

Art. 15 Abs. 1:
„Für die persönlichen und vermögensrechtlichen Beziehungen der Ehegatten zueinander gilt dasjenige Recht, dem die Eheleute hinsichtlich ihrer Person unterstehen ..." [35]

Gemäß Art. 1 dieses Gesetzes (Wortlaut oben A III 2) wird das für die Person geltende Recht von dem Wohnsitz bestimmt. Da davon ausgegangen werden kann, daß die Eheleute S. ihren letzten gemeinschaftlichen Wohnsitz in Lodz hatten, gilt „kongreßpolnisches" Recht (näher zur Geographie oben A III 2).

3. Ehegüterrecht in „Kongreßpolen"

Das gesetzliche Güterrecht „Kongreßpolens" ist in dem polnischen Zivilgesetzbuch von 1825 geregelt. Es beruht auf dem System der Verwaltungsgemeinschaft. Das Vermögen der Frau ist der Verwaltung und Nutznießung des Mannes unterworfen[36].

Die Bestimmungen über den gesetzlichen Güterstand berühren das Erbrecht der Kinder und die Rechtsstellung des überlebenden Ehegatten nicht. Sofern nicht in einem Ehevertrag die Rechte des überlebenden Ehegatten besonders geregelt werden, Art. 231 ZGB (näher oben A III 3 b), verbleibt es bei der Zuweisung eines lebenslänglichen Nießbrauchs hier an $^1/_5$-Anteil des Nachlasses an den überlebenden Ehegatten[37].

C. ERGEBNIS

Die Erbfolge in den Nachlaß des Erblassers P. S. richtet sich nach polnischem materiellen Recht (A I–II).

Intertemporal und interlokal ist das beim Tode des Erblassers im Jahre 1927 in „Kongreßpolen" geltende französische Partikularrecht maßgebend. Danach ist der Erblasser von seinen vier Kindern I. Th. S., G. S., J. Z. S. und H. K. geb. S. zu je $^1/_4$-Anteil beerbt worden. Der überlebenden Ehefrau M. S. geb. F. steht die lebenslängliche Nutzung an $^1/_5$-Anteil des Nachlasses zu. Dieses Nutzungsrecht ist im Erbschein zu vermerken (A III).

Der gesetzliche Güterstand hat keinen Einfluß auf die Erbfolge (B).

---

[35] *Makarov* aaO Polen, 32.
[36] Näheres bei *Ostrowicz* in: *Leske-Loewenfeld* aaO 406 f.
[37] Vgl. *Ostrowicz* in: *Leske-Loewenfeld* aaO.

2. TESTAMENT

Nr. 35

Ägypten

1. Das ägyptische Kollisionsrecht unterstellt die Erbfolge dem Heimatrecht des Erblassers.

2. Ein ägyptischer Erblasser kann über sein Vermögen bis zu einem Drittel des Gesamtnachlasses verfügen. Er kann jedoch nur die gesetzlich vorgesehenen Erben einsetzen.

3. Zur Testamentsform im ägyptischen Recht.

Hamburg G 9/69 vom 18. 8. 1969

Das Amtsgericht Langen bittet in der Erbschaftssache Saleh Amin E. um Auskunft über Internationales Privatrecht und ägyptisches Erbrecht.

Der ägyptische Staatsangehörige Saleh Amin E. ist am 23. 4. 1967 in Langen, seinem letzten ständigen Wohnsitz, gestorben.

Am 25. 9. 1967 stellte der amerikanische Staatsangehörige und Muslim Hamid Kamal E. unter Vorlage eines Schreibens des Erblassers vom 27. 2. 1967 beim Amtsgericht Langen Antrag auf Erteilung eines Erbscheins für die in Deutschland befindlichen Vermögensteile.

Die ägyptischen Hinterbliebenen des Erblassers bestreiten, daß Hamid K. E. einen erbrechtlichen Anspruch hat. Zur Begründung verweisen sie auf das Urteil des erstinstanzlichen Gerichts Kairo vom 5. 6. 1967, in dem ihnen – nach den Regeln des islamischen Erbrechts – bestimmte Anteile am Nachlaß zugesprochen werden. Der Antragsteller Hamid K. E. befindet sich nicht unter den dort genannten Erben.

Das Gericht fragt an:

1. Kann ein ägyptischer Erblasser, der seinen letzten Wohnsitz in Deutschland hatte, über sein in Deutschland befindliches Vermögen testieren?

2. Welche Formerfordernisse müssen dabei gewahrt sein?

3. Kennt das ägyptische Erbrecht die bedingte Erbeinsetzung bzw. das Institut der Vor- und Nacherbschaft?

I. Anwendbares Recht

1. Deutsches Internationales Privatrecht

a) *Staatsvertragliche Regelungen* zwischen Deutschland und Ägypten zum Erbrecht existieren nicht[1].

b) Es sind deshalb die *allgemeinen Kollisionsnormen* maßgebend.

aa) *Materiell* wird nach Art. 25 Satz 1 EGBGB ein Ausländer, der seinen Wohnsitz in Deutschland hat, nach den Gesetzen des Staates beerbt, dem er zur Zeit seines Todes angehört. Da der Erblasser im vorliegenden Fall ägyptischer Staatsangehöriger war, ist ägyptisches Recht als Erbstatut anzuwenden, wenn dieses die Verweisung annimmt[2].

bb) Die *Form* des Testaments bestimmt sich gemäß Art. 1 des „Übereinkommens über das auf die Form der letztwilligen Verfügungen anwendbare Recht", dem die BRD beigetreten ist[3], nach dem „inneren" Recht (d. h. ohne Rücksicht auf das betreffende Kollisionsrecht) des Ortes, an dem der Erblasser letztwillig verfügt hat (lit. a), oder des Staates, dessen Staatsangehörigkeit der Erblasser im Zeitpunkt, in dem er letztwillig verfügt hat, oder im Zeitpunkt seines Todes besessen hat (lit. b), oder des Ortes, an dem der Erblasser im Zeitpunkt, in dem er letztwillig verfügt hat, oder im Zeitpunkt seines Todes seinen Wohnsitz gehabt hat (lit. c), oder des Ortes, an dem der Erblasser im Zeitpunkt, in dem er letztwillig verfügt hat, oder im Zeitpunkt seines Todes seinen gewöhnlichen Aufenthalt gehabt hat (lit. d), oder aber, soweit es sich um unbewegliches Vermögen handelt, des Ortes, an dem sich dieses Vermögen befindet (lit. e).

Aus den Akten läßt sich nicht eindeutig entnehmen, wo das Testament errichtet wurde. Sollte es in Deutschland errichtet worden sein, so käme als Ortsrecht deutsches Recht zur Anwendung. Sollte indessen das Testament in einem aus Beirut geschriebenen Brief enthalten sein, so käme als Recht des *Errichtungsortes* libanesisches Recht zum Zuge.

Die Beantwortung der Frage kann offen bleiben, da ägyptisches Recht als das Recht des Staates, dessen Staatsangehörigkeit der Erblasser E. besaß, gemäß Art. 1 lit. b des Übereinkommens zur Anwendung kommt, falls die Formvoraussetzungen nach diesem Recht erfüllt sind.

---

[1] *Ferid-Firsching,* Internationales Erbrecht, 1967, Bd. I „Deutschland" Randnr. 72, s. v. „Ägypten".

[2] *Soergel-Kegel,* BGB Bd. V, 9. Aufl. 1961, vor Art. 24 Randnr. 35; *Palandt-Lauterbach,* BGB, 28. Aufl. 1969, Art. 24 EGBGB Anm. 3.

[3] BGBl. 1965 II 1144, in Kraft seit dem 1. 1. 1966, abgedruckt bei *Palandt-Lauterbach* aaO Anhang zu Art. 24–26 EGBGB.

2. *Ägyptisches Internationales Privatrecht*

Das ägyptische Zivilgesetzbuch enthält in den Bestimmungen Art. 10–28 Kollisionsregeln. *Art. 17 I* befaßt sich mit dem Erbstatut:

„Die Erbfolge, die Testamente und andere Verfügungen von Todes wegen sind dem Heimatrecht des Erblassers, des Testierenden und des Verfügenden im Zeitpunkt des Todes unterworfen.“ [4]

Das ägyptische Kollisionsrecht unterstellt damit das Erbstatut dem Heimatrecht des Erblassers, nimmt also die Verweisung des deutschen IPR an.

II. Ägyptisches Erbrecht

1. Das in Ägypten für alle Angehörigen des Islam gültige *materielle* Erbrecht ist die hanafitische Ausprägung der bereits im Koran (Sure IV 11, 12, 176) weitgehend geregelten Materie. Als stark von religiösen Vorstellungen geprägtes Recht läßt das islamische Erbrecht dem Erblasser nur einen sehr geringen Verfügungsspielraum; zudem sind die Anteile eines Teils der Erbberechtigten nach einem komplizierten Quotensystem genau festgelegt. Eine Möglichkeit für den Erblasser, diese Quoten zu verändern oder insoweit andere als die gesetzlich vorgesehenen Erben einzusetzen, besteht nicht. Auf dieser Basis erfolgte für Ägypten die Kodifizierung des Erbrechts in Gesetz Nr. 77 vom 6. August 1943[5]. Der Erblasser kann durch eine letztwillige Verfügung lediglich über ein Drittel der gesamten Erbmasse (nach Abzug der Schulden) bestimmen. Sollte der im Testament verfügte Teil ein Drittel überschreiten, so liegt es in der Hand der Erben, ob sie diese Schmälerung ihres Anteils hinnehmen oder aber die Aushändigung des überschießenden Teils an den Bedachten verhindern wollen.

Art. 37 des Gesetzes Nr. 71 von 1946 lautet:

„Das Vermächtnis über ein Drittel (des Vermögens) zugunsten eines Erbberechtigten oder Nichterben ist gültig und ohne Berücksichtigung der Zustimmung der Erben zu vollziehen.

Das Vermächtnis über mehr als ein Drittel ist gleichfalls gültig, wird aber bezüglich des (über das Drittel) hinausgehenden Teils nicht vollzogen, außer im Fall der Zustimmung der geschäftsfähigen Erben ... nach dem Tode des Testators.“ [6]

---

[4] Text bei *Makarov* Quellen des IPR, 2. Aufl. Bd. I [1961] s. v. Ägypten.

[5] Abgedruckt in: Répertoire permanent de la législation égyptienne, Alexandria 1965, Bd. VIII s. v. „Succession“, S. 87 ff.

[6] Abgedruckt in: Répertoire permanent ... „Succession“, S. 109. Vgl. auch *Hafif,* Ahkam al-wasiya, Kairo 1962, 206 f.; *Hartmann,* Die Religion des Islam, 1944, 88; *Spies-Pritsch,* Klassisches islamisches Recht, in: Handbuch der Orientalistik, 1. Abt. Erg.-Bd. III, 1964, 230/231; Art. 583 Nr. 3 Code Qadri Pascha.

Im vorliegenden Fall kommt es demnach darauf an, ob die dem Antragsteller Hamed Kamal E. vermachten Gegenstände im Rahmen des einen Drittels der gesamten Erbmasse liegen und deshalb auch ohne Zustimmung der Erben ausgehändigt werden dürfen. Dabei ist auch das in Ägypten und in anderen Ländern befindliche Vermögen in die Bemessung einzubeziehen.

Übersteigt allerdings der dem Antragsteller zugewandte Teil der Erbmasse ein Drittel, so kann er den überschießenden Teil nur zugesprochen bekommen, wenn die Erben sich damit einverstanden erklärt haben. Das ist hier nicht der Fall.

2. Regelungen über die *Form* einer letztwilligen Verfügung sind im ägyptischen „Testamentsgesetz" von 1946 enthalten. Art. 2 dieses Gesetzes lautet:

> „1. Das Testament kann in schriftlicher oder mündlicher Form gefaßt werden. Ist der Testator unfähig, sich in der einen oder anderen Weise auszudrücken, so kann das Testament mit den Mitteln (sonstiger) verständlicher Zeichen abgefaßt werden.
>
> 2. . . .
>
> 3. In Bezug auf Geschehnisse, die sich seit dem Jahre 1911 ereignet haben, sind solche Klagen (auf Feststellung der Existenz oder des Widerrufs eines Testaments) nur zulässig, wenn der Klagvortrag durch öffentliche oder vom Erblasser selbst mit der Hand geschriebene und unterzeichnete Urkunden bestätigt wird oder wenn das Testament oder sein Widerruf die beglaubigte Unterschrift des Testators trägt." [7]

Ein Testament ist also nach ägyptischem Recht grundsätzlich schon dann formgültig, wenn auf irgendeine Weise – in Sonderfällen sogar durch Zeichen – der Wille des Testators zum Ausdruck gekommen ist[8]. Die in Art. 2 Abs. 3 des „Testamentsgesetzes" enthaltenen besonderen Erfordernisse werden in Ägypten als rein prozessuale Beweisvorschriften qualifiziert, welche die Gültigkeit der letztwilligen Verfügung nicht berühren, sondern lediglich über die Zulässigkeit der auf das Testament gegründeten Klage entscheiden[9]. Diese im ägyptischen Recht als bloße Verfahrensvorschriften gewerteten Normen könnten als materiellrechtliche i. S. des deutschen Rechts anzusehen sein.

Grundlage einer Entscheidung dieser Frage ist die Prüfung, welche Funktion diese ausländische Vorschrift tatsächlich erfüllt. Hier steht außer Zweifel, daß die Erschwerung der Beweisführung dem Schutze der berufenen Erben und damit auch der im islamischen Recht verankerten Erb-

---

[7] Text in: Répertoire aaO s. v. Statut personnel, Successions et testaments, S. 105.

[8] *Hafif*, Ahkam al-wasiya, Kairo 1962, 67 ff.

[9] *'Izzuddin 'Abdallah*, Al-qanun ad-dauli al-hass, Bd. II, 6. Aufl. Kairo 1969, 361 f.; *Hafif* aaO 74 ff.

folge dienen soll. Die prozessual verstandenen Schutzvorschriften führen zum gleichen Ergebnis wie materiell gefaßte Formvorschriften: Der nicht „beweisbare" Anspruch aufgrund eines formrichtigen Testaments wird undurchsetzbar.

Die ägyptische Prozeßform über den Beweis durch Testament hat der inländische Richter deshalb als materiellrechtliche Formvorschrift zu berücksichtigen[10]. Im vorliegenden Fall wird das Gericht im einzelnen zu prüfen haben, ob die in Art. 2 des „Testamentsgesetzes" genannten Formvoraussetzungen bei dem vom Antragsteller vorgelegten Testament, das den Akten nicht beiliegt, erfüllt sind. Dabei ist zu berücksichtigen, daß nach der ägyptischen Rechtslehre eine handschriftliche Verfügung, die den Namen des Testators trägt, ausreicht[11].

Besondere Kennzeichnungen wie „Testament" oder „Mein letzter Wille" sind nicht erforderlich. Ein holographisch abgefaßter Brief erfüllt darum auch die in Art. 2 Abs. 3 „Testamentsgesetz" genannten Voraussetzungen.

III. Beantwortung der Fragen des Gerichts

Zu Frage 1: Der ägyptische Erblasser kann über sein in Deutschland befindliches Vermögen in gleicher Weise verfügen wie über sein Vermögen im Heimatstaat Ägypten, nämlich bis zu einem Drittel des Gesamtnachlasses.

Zu Frage 2: Er hat dabei bestimmte, in Art. 2 des ägyptischen „Testamentsgesetzes" festgelegte Formvorschriften zu beachten. Es genügt jedoch auch, wenn diese Formvorschriften eingehalten werden.

Zu Frage 3: Das ägyptische Erbrecht gibt dem Erblasser keine Möglichkeit, andere als die gesetzlich vorgesehenen Erben einzusetzen. Eine bedingte Erbeinsetzung ist daher ebenso ausgeschlossen wie Vor- und Nacherbschaft.

Nr. 36

Italien

1. Maßgebendes Recht für die Erbfolge nach einem Südtiroler, der 1928 ein Testament errichtet hatte.

2. Die Testamentsanfechtung richtet sich bei einem Statutenwechsel nicht nach dem Errichtungs-, sondern nach dem Erbstatut.

3. Zur Testamentsauslegung und -anfechtung wegen Irrtums nach italienischem Recht.

München G 1999-8.9. vom 2. 1. 1969

---

[10] Vgl. zu diesem Problem *Raape*, IPR, 5. Aufl. 1961, 225 f.

[11] *Hafif* aaO 77.

Das Amtsgericht Rosenheim hat mir in der Nachlaßsache K. – E. folgenden

SACHVERHALT

unterbreitet:

Am 22. 7. 1929 verstarb in Riedering Emil Graf K. – E., der in der Gemeinde Kiens (heutige Provinz Bozen) heimatberechtigt war. Der Erblasser hatte am 27. 6. 1928 ein handschriftliches Testament errichtet, in dem er seine am 18. 9. 1940 verstorbene Ehefrau zur Alleinerbin einsetzt. Der Bruder des Erblassers hat das Testament am 13. 6. 1966 angefochten. Zur Begründung bringt er vor, die als Erbin eingesetzte Ehefrau habe im Zeitpunkt der Testamentserrichtung bereits den Keim einer sich erst später voll auswirkenden Geisteskrankheit in sich getragen. Dem Erblasser sei diese Tatsache nicht bekannt gewesen. Hätte er davon Kenntnis gehabt, so hätte er, da die Frau keine Nachkommen hatte, eine andere letztwillige Verfügung getroffen oder doch zumindest seinen Bruder oder dessen Sohn zum Nacherben eingesetzt. Es sei das Anliegen des Erblassers gewesen, den Familienbesitz an die Familienangehörigen weiterzugeben. Wenn er gewußt hätte, daß die Ehefrau, die in einer Heilanstalt für Geisteskranke verstarb, nicht durch Testament den Familienbesitz an seine Angehörigen habe weitergeben können, hätte er sie nicht zur Alleinerbin eingesetzt. Der die Anfechtung erklärende Bruder des Erblassers macht geltend, er habe die Anfechtung erst am 13. 6. 1966 ausgesprochen, weil er erst am 14. 6. 1965 vom Erbfall unterrichtet worden sei.

Der Nachlaß besteht im wesentlichen aus der Hälfte eines Anwesens in Riedering (Deutschland). Bei den Akten befindet sich ein medizinisches Gutachten, aus dem sich ergibt, daß die Ehefrau geisteskrank war, was allerdings im Zeitpunkt der Testamentserrichtung für einen Laien nicht zu erkennen war.

Das den Akten anliegende Testament enthält neben der Einsetzung der Ehefrau eine Aufschlüsselung des Vermögens. Der Erblasser begründet – abgesehen von lebensphilosophischen Überlegungen – die Einsetzung seiner Ehefrau mit deren labilem Zustand; er wolle ihr die materielle Lebensgrundlage sichern.

Das Amtsgericht Rosenheim bittet um ein Gutachten zur Frage

a) ob der Verstorbene italienischer Staatsangehöriger war;

b) ob italienisches Recht anzuwenden ist, bejahendenfalls der Codice Civile von 1865 oder derjenige von 1942;

c) ob der Anfechtende nach italienischem Recht zur Anfechtung berechtigt ist;

d) wenn ja, ob die Anfechtung fristgerecht erfolgte;

e) worauf sich die Anfechtung stützen kann.

A. DAS ANWENDBARE RECHT

1. Der kollisionsrechtliche Grundsatz

Gem. Art. 25 S. 1 EGBGB gilt: Die Beerbung eines Ausländers bestimmt sich nach dem Recht des Staates, dessen Staatsangehöriger er im Zeitpunkt des Todes ist. Es ist daher zu klären, welche Staatsangehörigkeit der Erblasser besaß.

2. Der Statutenwechsel des Erblassers

a) Änderung der Staatsangehörigkeit

Der Erblasser war in Kiens (Comune di Chienes), Provinz Bozen, Südtirol, heimatberechtigt. Dieses Gebiet gehört zu den Teilen Österreichs, die durch den Vertrag von St. Germain (in Kraft getreten am 16. 7. 1920) an Italien abgetreten wurden. Nach dem Art. 70 des genannten Vertrages erwarben diejenigen, die in einem an Italien abgetretenen Gebiet „heimatberechtigt" (im Sinne des früheren österreichischen Staatsrechts) waren, die italienische Staatsangehörigkeit vorbehaltlich einer Option für Österreich. Eine derartige Option ist nicht dargetan und offenbar auch nicht erfolgt. Der Erblasser hatte daher am 16. 7. 1920 die österreichische Staatsangehörigkeit verloren und die italienische erworben [1].

b) Änderung des maßgebenden Rechts

Bei dem dargestellten Statutenwechsel des Erblassers hat es aber nicht sein Bewenden. Der Wechsel der Staatsangehörigkeit wird von einem Wechsel des maßgebenden Rechts überlagert, der sich jedoch mit jenem zeitlich nicht deckt. In den nach dem ersten Weltkrieg durch Italien erworbenen Gebieten galt das österreichische ABGB noch bis zum 1. 7. 1929. Der Erblasser hat das Testament demnach als italienischer Staatsangehöriger unter der Geltung des österreichischen Rechts errichtet. Vom 1. 7. 1929 wurde durch königliches Dekret vom 4. 11. 1928 das altitalienische Recht, d. h. der Codice Civile von 1865 eingeführt [2].

3. Renvoi

Da sich aus der italienischen Staatsangehörigkeit, die der Erblasser im Todeszeitpunkt hatte, die Maßgeblichkeit des italienischen Rechts ergibt, ist zu prüfen, ob das italienische Recht wegen des deutschen Grundstücks auf das deutsche Recht als die lex rei sitae zurückverweist (Art. 27 EGBGB).

---

[1] Vgl. hierzu die von der Forschungsstelle für Völkerrecht und ausländisches öffentliches Recht herausgegebene Sammlung: Geltende Staatsangehörigkeitsgesetze, Band „Italien", 170 ff.; außerdem *Ferid,* Der Neubürger im IPR, 1949, 79.

[2] Vgl. hierzu *Donnersberg,* Über die Einführung des italienischen Privat- und Prozeßrechtes in den neuen Provinzen, BlIPR 4 (1929) 118.

Dies ist nicht der Fall: Entsprechend der allgemeinen Bedeutung, welche der Staatsangehörigkeit als Anknüpfungsmoment im italienischen internationalen Privatrecht zukommt, erklärt Art. 23 der Einführungsbestimmungen (disposizioni preliminari) des Codice Civile von 1942 das Recht desjenigen Staates für maßgebend, dem der Erblasser zur Zeit seines Todes angehörte.

Art. 23 disp. prel. lautet:

„Le successioni per causa di morte sono regolate, ovunque siano i beni, dalla legge dello Stato al quale apparteneva, al momento della morte, la persona della cui eredità si tratta."

Die Erbfolge richtet sich nach dem Recht des Staates, dem der Erblasser zur Zeit seines Todes angehörte, gleich, wo sich die Erbmasse befinden möge.

Es verbleibt daher die Maßgeblichkeit italienischen Rechts.

4. Das sog. privilegium Germanicum (Art. 25 S. 2 EGBGB)

Zu prüfen ist noch, ob nicht im Hinblick auf eine mögliche deutsche Staatsangehörigkeit eines Teiles der Erben die Vorschrift des Art. 25 Satz 2 EGBGB Anwendung zu finden hat, wonach Deutsche erbrechtliche Ansprüche auch dann geltend machen können, wenn sie nur nach deutschen Gesetzen begründet sind.

Dies ist jedoch im vorliegenden Falle zu verneinen, denn die Bestimmung des Art. 25 Satz 2 kommt nur zur Anwendung, wenn der Heimatstaat des Erblassers mit letztem Wohnsitz in dem betreffenden Staate versterbende Deutsche erbrechtlich anderen Gesetzen als den deutschen unterwirft, indem er etwa die Erbfolge nicht nach dem Staatsangehörigkeitsprinzip, sondern nach dem letzten Domizil beurteilt, oder aber auch die Erbfolge in Grundstücke, die im Sterbestaat gelegen sind, nach der lex rei sitae und nicht nach dem Staatsangehörigkeitsprinzip bemißt.

Italien steht nun, wie oben in Ziff. 3 gezeigt, erbrechtlich völlig auf dem Staatsangehörigkeitsprinzip. Ein mit letztem Wohnsitz in Italien versterbender Deutscher würde daher – auch hinsichtlich seines in Italien belegenen Nachlasses – von italienischen Gerichten nur nach deutschem Recht erbrechtlich beurteilt werden.

Es kommt mithin auch nicht insoweit deutsches Recht hinsichtlich des inländischen Nachlasses zur Anwendung, als die Erben deutsche Staatsangehörige sind.

5. Form des Testaments

Gem. Art. 11 I EGBGB ist das Testament dann formgültig, wenn nach dem Erbstatut (italienisches Recht) oder nach dem Errichtungsstatut (deutsches Recht) die Form gewahrt ist.

6. Der intertemporale Konflikt

Mit der Maßgeblichkeit italienischen Rechtes für die Beerbung hat das italienische Recht auch hinsichtlich der intertemporalen Rechtskonflikte zu bestimmen, die sich im vorliegenden Falle ergeben. Vom heutigen Rechtszustand ausgehend, der auf dem 1942 in Kraft getretenen neuen Codice Civile beruht, ergibt sich zunächst eine Rechtsänderung bei Inkrafttreten dieses Codice im Jahre 1942 (bei einzelnen Büchern bereits in den Jahren 1940 und 1941). Vorher galt der italienische Codice Civile von 1865.

Für den intertemporalen Konflikt stellt Art. 11 Codice Civile den Grundsatz auf:

„La legge non dispone che par l'avvenire; essa non ha effetto retroattivo."

Das Gesetz verfügt nur für die Zukunft; es hat keine Rückwirkung.

Von dem Grundsatz der Nichtrückwirkung gibt es jedoch eine wichtige Ausnahme, die in Art. 137 der Übergangsbestimmungen (Disposizioni per l'attuazione del Codice Civile e disposizioni transitorie) niedergelegt ist. Diese Bestimmung lautet:

„Non possono essere promosse nè proseguite azioni per la dichiarazione di nullità, per vizio di forma, per incapacità a ricevere o per altre cause, di disposizioni testamentarie e di donazioni che sono valide secondo il codice. La nullità ammessa anche da questo non può essere pronunziata se non nei limiti da esso previsti."

Es können nicht erhoben und nicht weiter verfolgt werden Klagen auf die Nichtigkeitserklärung von testamentarischen Verfügungen und von Schenkungen, die nach dem Codice wirksam sind, wenn es sich handelt um Formmängel, um mangelnde Erbfähigkeit oder um andere Gründe.
Eine auch vom Codice vorgesehene Nichtigkeit kann nur ausgesprochen werden in den von ihm vorgesehenen Grenzen.

Die Bedeutung der mitgeteilten Übergangsvorschrift liegt darin, daß die Nichtigkeit und die Vernichtbarkeit einer Verfügung von Todes wegen nur dann möglich sein soll, wenn die Voraussetzungen des Codice Civile von 1942 vorliegen, der gegenüber dem Codice Civile von 1865 die Möglichkeit einer Nichtigkeit oder Vernichtbarkeit eingeschränkt hat. Die Frage, ob das vorliegende Testament nach dem alten Codice Civile hätte angefochten werden können und nach dem neue Codice Civile nicht (und umgekehrt), wird bei der Anfechtung wegen Irrtums nicht akut: Der Codice Civile von 1942 hat in Art. 624 die Anfechtbarkeit eines Testamentes so geregelt, wie Lehre und Rechtsprechung den Art. 828 des Codice Civile von 1865 verstanden. Art. 624 gibt daher nur den damaligen Meinungsstand wieder. Es kann somit wegen der Identität der alten und neuen Regelung die Frage dahingestellt bleiben, ob Art. 137 der Überleitungsbestimmungen die Anwendung des alten oder neuen Rechts gebietet. Wenn im folgenden von der Auslegung des Art. 624 Codice Civile 1942 die Rede ist, geschieht dies aus Gründen der Einfachheit, präjudiziert aber nicht die Lösung der intertemporalen Frage.

7. *Maßgeblichkeit des im Zeitpunkt der Errichtung des Testaments geltenden Rechts*

Da das italienische Recht festlegte, daß das österreichische Recht bis zum 1. 7. 1929 fortgelten sollte, hat es auch die Frage zu beantworten, wie ein Testament hinsichtlich eines Willensmangels zu bewerten ist, das unter österreichischem Recht errichtet wurde.

Ausdrückliche Übergangsvorschriften hinsichtlich der Gültigkeit von vor dem Rechtswechsel nach dem bisherigen lokalen (früher österreichischen) Recht errichteten Verfügungen von Todes wegen finden sich im königlichen Dekret vom 4. 11. 1928 nur insoweit, als die außergerichtlichen oder in Privaturkunde errichteten Testamente ihre Gültigkeit verloren, wenn der Erblasser zwei Jahre nach der Einführung des italienischen Codice starb und das Testament nicht mindestens ein holographisches war. Damit waren die sog. „allographischen" Testamente des österreichischen Rechtes gemeint, welche durch mündliche Erklärung vor mehreren Zeugen zustande kommen konnten. Für den hier interessierenden Fall, nämlich die Bedeutung von Willensmängeln bei Testamenten, gab es dagegen keine ausdrücklichen Übergangsvorschriften. Das Übergangsrecht ist vielmehr den allgemeinen Grundsätzen intertemporalen Rechtswechsels zu entnehmen, wie sie sich in Italien in Rechtsprechung und Lehre (die vor allem die französische und deutsche Lehre wiedergibt) herausgebildet haben.

Die italienische Rechtsprechung hatte vor allem Gelegenheit, zur Frage Stellung zu nehmen, ob eine nach dem österreichischen Recht erlaubte, aber nach dem italienischen Recht verbotene Verfügung von Todes wegen (Erbvertrag, gemeinschaftliches Testament) Bestand haben könne, wenn sie unter dem österreichischen Recht errichtet worden war. Die Mehrzahl der Urteile[3] hat die Gültigkeit derartiger Verfügungen anerkannt. Diese Rechtsprechung ist Ausfluß des Grundsatzes der Nichtrückwirkung der Gesetze, die ihrerseits mit dem Prinzip der wohlerworbenen Rechte und dem Vertrauensschutz begründet wird.

Es ist hier nicht der Ort, das Für und Wider der schwierigen und zum Teil ungeklärten Fragen abzuwägen, die bei intertemporalen Konflikten auftauchen. Vertritt man die Ansicht, daß aus der oben dargestellten italienischen Rechtsprechung der Grundsatz abzuleiten ist: „Die materielle Gültigkeit des Testaments einschließlich der Anfechtungsmöglichkeit be-

---

[3] Vgl. die Grundsatzentscheidung des *Appellationsgerichtes Triest* vom 4. 7. 1938, Giurisprudenza Italiana 1938, I, 2, 445.

stimmt sich nach dem im Zeitpunkt der Vornahme maßgebenden Recht", so gelangt man zur Anwendbarkeit österreichischen Rechts.

Dabei verbleibt es aber nicht: Das österreichische Kollisionsrecht folgt dem Prinzip der Nachlaßspaltung; die Erbfolge in ein Grundstück – mithin auch die Anfechtung eines Testaments – bestimmt sich nach der lex rei sitae. Es kommt somit zu einer *Weiterverweisung auf deutsches Recht, das diese annimmt.*

Der Gutachter neigt jedoch dazu – ohne daß er damit dem Gericht seine Meinung aufzwingen will und darf –, aus der italienischen Rechtsprechung den gegenteiligen Schluß zu ziehen: Weil bei dem Testament, das ein einseitiges Rechtsgeschäft ist (atto unilaterale), Personen, die Rechte erworben haben können oder deren Vertrauen geschützt werden muß, begrifflich nicht denkbar sind, fehlt es an dem Rechtsgrund für das Verbot der Rückwirkung. Ein Bedürfnis, das Vertrauen des Erblassers in die Verfügung von Todes wegen zu schützen, besteht, zumindest bei Willensmängeln, nicht. Irrtum ist das *unbewußte* Auseinanderfallen von Vorstellung und Wirklichkeit. Bei mangelndem Bewußtsein ist es aber nicht vorstellbar, daß der Erblasser auf eine bestimmte Rechtslage vertraut. Vom Recht der Zeit der Errichtung auszugehen, würde auch heißen, das Testament des Charakters einer *letztwilligen* Verfügung zu entkleiden, die erst im Zeitpunkt des Todes Wirkung entfalten soll[4]. Gegen die Auffassung, das Recht der Vornahmezeit anzuwenden, sprechen auch Gründe der Praktikabilität. Die Frage der Anfechtungsberechtigung, der Form (Erklärung oder Klage wie in den romanischen Ländern) und der Frist wird unnötig kompliziert, wenn man vom Errichtungsstatut ausgeht, ohne daß schutzwürdige Interessen dafür sprechen. Außerdem ist es häufig recht ungewiß, ob eine Berücksichtigung des Willensmangels dem Willen des Erblassers günstig oder ungünstig ist. Es ist daher davon auszugehen, daß sich die Anfechtbarkeit des Testaments nach dem *Erbstatut*, also dem italienischen Recht bemißt[5].

B. DIE FORMELLE UND MATERIELLE GÜLTIGKEIT DES TESTAMENTS

I. Form

Gegen die Formgültigkeit des Testaments bestehen keine Bedenken, da es den deutschen Formvorschriften entspricht.

II.

Schließt sich das Gericht der Auffassung an, daß das Errichtungsstatut (österreichisches Recht) die Frage der Anfechtbarkeit regelt, so kommt es

---

[4] Vgl. *Roubier*, Le droit transitoire, 2. Aufl. Paris 1960, 313.

[5] Vgl. *Scheuermann*, Der Statutenwechsel im internationalen Erbrecht, Diss. München 1968, 171 f.

zu einer Verweisung auf deutsches Erbrecht. Dessen Anfechtungsregelung ist nicht Gegenstand des vorliegenden Gutachtens. Für den Fall, daß sich das Gericht die Auffassung des Gutachters zu eigen macht, ist die Darstellung des italienischen Rechts geboten, die unter III. gebracht wird.

III. Die materielle Gültigkeit des Testaments nach italienischem Recht

Bevor untersucht wird, ob und unter welchen Voraussetzungen das Testament angefochten werden kann, muß geklärt werden, ob sich ein Wille des Erblassers, so wie er behauptet wird, durch Auslegung des Testaments ermitteln läßt.

1. Die Auslegung des Testaments

Der Wille des Erblassers ist im Testament eindeutig wiedergegeben: Seine Ehefrau soll Alleinerbin sein. Es bleibt daher nur der Weg zu untersuchen, ob im italienischen Recht die Verwertung von Tatsachen zulässig ist, die sich unabhängig vom Willen des Erblassers erst *nach* seinem Tode ereignen, die aber der Erblasser, wenn er sie im Zeitpunkt der Testamentserrichtung vorausgesehen hätte, bei seiner Willensbildung berücksichtigt hätte. Die Frage der ergänzenden Testamentsauslegung, die einen hypothetischen Erblasserwillen zum Gegenstand hat, wird, soweit ersichtlich, im italienischen Schrifttum nicht in dieser Schärfe gestellt. Aus den einschlägigen Normen, die die Auslegung von Rechtsgeschäften betreffen, sowie aus dem italienischen Testamentsverständnis lassen sich jedoch Grundsätze für die hier interessierenden Fragen gewinnen.

a) Das italienische Erbrecht enthält keine besonderen Regeln für die Auslegung von Testamenten. Vielmehr verweist Art. 1324 CC auf die allgemeinen Vertragsvorschriften. Er lautet:

„Salvo diverse disposizioni di legge, le norme che regolano i contratti si osservano, in quanto compatibili, per gli atti unilaterali tra vivi aventi contenuto patrimoniale.“	Vorbehaltlich der verschiedenen gesetzlichen Vorschriften gelten die die Verträge regelnden Normen auch für die vermögensrechtlichen einseitigen Rechtsgeschäfte unter Lebenden, soweit sie mit deren Wesen vereinbar sind.

Art. 1324 beschränkt die Verweisung auf die einseitigen Rechtsgeschäfte unter Lebenden. Dennoch besteht Einigkeit darüber, daß die Vorschriften, die sich auf die Auslegung von Verträgen beziehen, auch für Testamente gelten, soweit nicht der erbrechtliche Charakter entgegensteht. Unter diesen Vorschriften verdient besondere Erwähnung Art. 1362 CC, der bestimmt, daß bei der Auslegung eines Vertrages die gemeinsame Willensrichtung der Parteien zu erforschen und nicht am buchstäblichen Sinn der Worte festzuhalten ist (vgl. § 133 BGB). Diese Norm ist für die Testamentsauslegung dahingehend zu modifizieren, daß zu ermitteln ist „soltanto l'intenzione del testatore" (nur die Absicht des Testators)[6].

b) Bei der Ermittlung dieses Willens ist zu beachten, daß allein maßgebend das ist, was der Erblasser als seinen Willen im Testament schriftlich niedergelegt hat. Es ist daher nicht die Aufgabe der Testamentsauslegung, einen Willen zu rekonstruieren, der nicht schriftlich niedergelegt wurde. Andererseits ist es nicht unzulässig, außerhalb des Geschriebenen liegende Elemente heranzuziehen, um das *Geschriebene* aufzuklären. Nur mit dieser Einschränkung dürfen objektive Gegebenheiten zur Auslegung herangezogen werden[7]. Diese starke Formalisierung des Erblasserwillens ist in dem starken Mißtrauen der romanischen Rechtsordnungen gegenüber den potentiellen Erben begründet, die das Testament zu Fall bringen möchten. Diese Einstellung ist, wie *Barassi*[8] zugibt oft schwer zu verwirklichen. Daraus ergebe sich aber die Notwendigkeit, nicht zu „divagare nel campo irreale dell' ipotetico" (sich im irrealen Feld von Hypothesen zu verlieren)[9].

c) Aus dem Gesagten ergibt sich für das vorliegende Testament: Der Erblasser hat – wobei der Gutachter nicht der Würdigung durch das Gericht vorgreifen kann – mit keinem Wort gesagt, daß die Frau nur dann Alleinerbin werden soll, wenn sie in der Lage ist, das Vermögen selbst durch eine Verfügung von Todes wegen in der Familie zu erhalten. Auch enthält das Testament keine Wendung, aus der mittels außerhalb des Testaments liegender Umstände eine derartige Willensrichtung ermittelt werden könnte. Durch Auslegung läßt sich daher ein nicht auf die Einsetzung der Ehefrau gerichteter Wille des Erblassers nicht herleiten.

2. *Anfechtung des Testaments*

a) Aus der bereits aufgezeigten Bedeutung des Erblasserwillens ergibt sich auch, inwieweit die Anfechtung einer letztwilligen Verfügung wegen eines Irrtums des Erblassers möglich ist. Dies zeigt Art. 624 CC, der lautet:

„La disposizione testamentaria può essere impugnata da chiunque vi abbia interesse quando è l'effeto di errore, di violenza o di dolo.

L'errore sul motivo, sia esso di fatto o di diritto, è causa di annullamento della disposizione testamentaria, quando il motivo risulta dal testamento ed è il

Eine testamentarische Verfügung kann von jedem Interessenten wegen Irrtums, Zwangs oder arglistiger Täuschung angefochten werden.

Der Irrtum über einen Beweggrund, gleichgültig, ob er tatsächlicher oder rechtlicher Natur ist, begründet die Anfechtbarkeit einer testamentarischen

---

[6] So *Cicu*, Le successioni, Mailand 1947, 371.
[7] Vgl. hierzu *Cicu* aaO 371.
[8] Le successioni per causa di morte, 3. Aufl. Mailand 1947, 374.
[9] *Barassi* aaO.

solo che ha determinato il testatore a disporre.
L'azione si prescrive in cinque anni dal giorno in cui si è avuta notizia della violenza, del dolo o dell'errore."

Verfügung, wenn der Beweggrund aus dem Testament ersichtlich ist und der einzige war, der den Erblasser zu der Verfügung bestimmt hat.
Die Anfechtungsklage verjährt fünf Jahre, nachdem der Anfechtungsberechtigte von dem Irrtum, dem Zwang oder der arglistigen Täuschung *Kenntnis* erlangt hat.

Gem. Art. 624 Abs. 2 CC sind also zwei Voraussetzungen erforderlich, damit die Anfechtung wegen eines Motivirrtums erfolgreich ist:

aa) Das Motiv muß sich aus dem Testament ergeben und

bb) es muß für die vom Erblasser getroffene Verfügung bestimmend gewesen sein.

b) Hierzu sind folgende Bemerkungen veranlaßt:

aa) Es genügt nicht, daß der Erblasser ein bestimmtes Motiv hatte. Die Existenz des Motivs muß sich vielmehr aus dem Testament durch die Auslegung des Erblasserwillens ergeben; daß das Motiv ausdrücklich genannt wird, ist nicht nötig. Immerhin ist erforderlich, daß das Testament *Indizien* enthält, aus denen auf ein bestimmtes Motiv geschlossen werden kann; hierfür dürfen auch außerhalb des Testaments liegende Umstände herangezogen werden[10].

bb) Das Motiv muß die Triebfeder für die Verfügung von Todes wegen gewesen sein. In formaler Hinsicht ist nicht erforderlich, daß der Kausalnexus im Testament seinen Niederschlag gefunden hat. Dagegen werden materiell an den Zusammenhang zwischen Motiv und Verfügung strenge Anforderungen gestellt. So hat der italienische *Kassationshof* in einer Entscheidung vom 18. 5. 1963 n. 1290 (Foro Italiano 1963 I 863) festgestellt, daß nötig ist

„... la certezza che la volontà del testatore sia stata dominata dalla rappresentazione di un fatto non vero o diverso dal vero, in modo che se ne debba dedurre che, se il fatto fosse stato percepito e conosciuto nella sua verità, quella disposizione non sarebbe stata fatta."

... die Sicherheit, daß der Erblasserwille von der Vorstellung eines Umstandes beherrscht wurde, der nicht wahr oder von der Wahrheit verschieden war, so daß der Schluß gezogen werden muß, daß der Erblasser, wenn er den Umstand wahrgenommen und richtig erkannt hätte, diese Verfügung nicht getroffen hätte.

---

[10] Vgl. *Cicu* aaO 385; *Giannattasio*, Delle Successioni, Turin 1961, Art. 624, S. 185; *Azzariti-Martinez*, Successioni per causa di morte e donazioni, 3. Aufl. Padua 1959, 411.

Waren bei der Errichtung der Verfügung von Todes wegen mehrere Motive bestimmend, so reicht es nicht aus, daß der Erblasser bei *einem* Motiv die Umstände falsch bewertete. Vielmehr ist nötig, daß das Motiv „determinante“ (bestimmend)[11] war, es muß der „movente particolare e di fatto“ (besondere und tatsächliche Beweggrund) gewesen sein[12]. Sind von einem Motivbündel ein Motiv irrig, die anderen aber zutreffend bewertet, so kommt eine Anfechtung nicht in Betracht[13].

cc) Die dargelegten Grundsätze, angewandt auf den unterbreiteten Sachverhalt, ergeben, immer ohne daß der Gutachter der tatsächlichen Würdigung durch das Gericht vorgreifen will und kann, folgendes:
Aus dem Testament läßt sich ein Motiv des Inhalts, daß der Erblasser sein Vermögen in der Familie halten wollte, auch nicht andeutungsweise herleiten. Im übrigen wäre dieses Motiv für den Willen des Erblassers nicht (allein) bestimmend gewesen, da die Frau vor allem deshalb bedacht wurde, um ihr die materielle Lebensgrundlage zu sichern.

Ergebnis: Das Testament kann nicht angefochten werden, da es an einem Anfechtungsgrund fehlt.

3. Im übrigen sei darauf hingewiesen, daß die Bestimmung des Bruders als Nacherbe nach italienischem Recht nicht möglich gewesen wäre. Das italienische Recht verbot (Art. 899 CC 1865) und verbietet (Art. 692) grundsätzlich jede Nacherbfolge (sostituzione fedecommissaria), da ihm jede Art von Vermögensbindung – wie den meisten romanischen Rechten – suspekt ist. Der behauptete Erblasserwille wäre daher juristisch nicht realisierbar gewesen.

Nr. 37

Mexiko

1. Nach mexikanischem internationalen Erbrecht richtet sich die Beerbung nach dem Recht des Ortes, an dem sich Nachlaßgegenstände gleich welcher Art befinden.

2. Zur Formgültigkeit letztwilliger Verfügungen nach mexikanischem Recht.

Hamburg G 131/69 vom 3. 9. 1969

Das Amtsgericht Hamburg bittet in der Nachlaßsache M. um Auskunft über mexikanisches Erbrecht.

Aus den Akten ergibt sich, daß die mexikanische Erblasserin ihren letzten Wohnsitz in Mexico-City hatte und am 9. 8. 1968 in Hamburg ver-

[11] Vgl. *Cicu* aaO 385.

[12] So Prima Raccolta Completa de la Giurisprudenza sul Codice Civile (1865), Bd. 4, Mailand 1915, Art. 828 Anm. 7.

[13] *Cass.* 18. 3. 1937, Giurisprudenza Italiana 1937 I 401.

storben ist. Sie hat folgende letztwillige Verfügungen hinterlassen, die sämtlich in Mexiko errichtet worden sind (mangels näherer Angaben wird davon ausgegangen, daß es sich bei dem Errichtungsort jeweils um Mexico-City handelt):

1. ein notarielles Testament vom 14. 7. 1960;
2. ein notarielles Testament vom 7. 3. 1961, unter dessen Nr. 8 ausdrücklich das Testament vom 14. 7. 1960 widerrufen wird und unter dessen Nr. 7 die „Asociación de ayuda social de la colonia alemana" in Mexiko zum „albacea y ejecutor" ernannt wird;
3. ein eigenhändiges Schriftstück in spanischer Sprache vom Mai 1965, das einen anderen Testamentsvollstrecker benennt, eine andere Verteilung ihres Nachlasses enthält und den Vermerk enthält: „Hoy pensando no esta todavia echo";
4. ein zum Teil mit der Schreibmaschine, zum Teil eigenhändig geschriebenes Schriftstück vom 18. 4. 1966, das von der Verwendung eines bestimmten Schecks im Falle des Todes der Erblasserin handelt und das den vom Oktober 1966 datierten handschriftlichen Zusatz der Erblasserin trägt: „Conforme";
5. ein handschriftlich verfaßtes Schriftstück vom Oktober 1966, das den durchgestrichenen Vermerk „conforme" enthält sowie die Worte „no esta echo. estoy pensando".

Die Erblasserin hat bewegliches Nachlaßvermögen in der Bundesrepublik Deutschland hinterlassen.

Gefragt wird, ob nach den Testamenten der Erblasserin das von der „Asociación de ayuda social de la colonia alemana" erbetene Testamentsvollstreckerzeugnis erteilt werden kann und welchen Inhalt dieses Zeugnis zu haben hat.

I. Das anwendbare Recht

1. *Das deutsche IPR* verweist gemäß Art. 24, 25 EGBGB auf mexikanisches Recht, dessen Kollisionsnormen wegen einer nach Art. 27 EGBGB zu beachtenden Rückverweisung zu prüfen sind.

Für die Form der letztwilligen Verfügungen der Erblasserin genügt nach Art. 1 lit. a des Haager Testamentsabkommens die Beobachtung der in Mexico-City geltenden Gesetze.

2. Angesichts der bundesstaatlichen Gliederung der Vereinigten Staaten von Mexiko ist zunächst zu prüfen, *welches mexikanische IPR* hier die Frage nach einer Rückverweisung zu beantworten hat, ein bundeseinheitliches IPR oder das IPR des Bundesdistrikts, in dem die Erblasserin ihren letzten Wohnsitz hatte.

a) Von einem *einheitlichen mexikanischen IPR* kann nach den dem Institut vorliegenden Stellungnahmen in der mexikanischen Literatur allenfalls insoweit gesprochen werden, als es sich um die Rechtsverhältnisse von Ausländern handelt.

Art. 50 der Ley de nacionalidad y nacionalización vom 19. 1. 1934 ordnet nämlich an, daß in bezug auf Ausländer der Código civil para el distrito y territorios federales vom 30. 8. 1928 (C. civ. fed.) den Charakter eines Bundesgesetzes hat[1]. Immerhin ist auf Art. 121 II der mexikanischen Bundesverfassung hinzuweisen.

Art. 121 II:

Los bienes muebles e inmuebles se regirán por la ley del lugar de su ubicación.	Bewegliche und unbewegliche Vermögensgegenstände unterliegen dem Recht ihres Lageortes.

Diese Bestimmung regelt jedoch, wie sich aus dem Zusammenhang des Artikels ergibt, nur die innerhalb der mexikanischen Staatsgrenzen auftretenden Kollisionsfälle.

b) Es ist daher von dem *IPR des Bundesdistrikts* auszugehen.

3. Nach *Art. 14 C. civ. fed.* beansprucht dieses Gesetzbuch auf die in seinem Geltungsbereich befindlichen beweglichen und unbeweglichen Gegenstände angewandt zu werden[2]. In dieser Vorschrift kommt der das mexikanische Kollisionsrecht allgemein beherrschende Grundsatz der territorialen Geltung von Gesetzen zum Ausdruck[3].

Gestützt auf diesen Grundsatz und auf die in der Literatur zum mexikanischen IPR mehr oder weniger deutlich hervortretenden Meinungen, vertritt das Institut in seinen Rechtsauskünften ständig die Auffassung, daß die in Art. 14 C. civ. fed. enthaltene Vorschrift zur allseitigen Kollisionsnorm auszudehnen ist und in dieser Form auch im Bereich des Erbrechts zur Anwendung gebracht werden muß. Die Beerbung einer Person richtet sich also nach dem Recht des Ortes, an dem sich Nachlaßgüter gleich welcher Art befinden[4]. Es sind daher – soweit das in Deutschland befindliche Nachlaßvermögen in Rede steht – die materielle Gültigkeit der Testamente, die Einsetzung des Testamentsvollstreckers sowie dessen Befugnisse kraft Rückverweisung nach deutschem Recht zu beurteilen.

---

[1] Im mexikanischen Schrifttum ist allerdings streitig, ob der genannte Art. 50 nicht bloß auf dem Papier steht oder die mexikanische Bundesverfassung verletzt; vgl. *Alberto G. Arce*, Derecho internacional privado, 5. Aufl. Guadalajara 1965, 73 f.; *Bayitch-Siqueiros*, Conflict of Laws: Mexico and the United Staates, Miami 1968, 42 ff.

[2] Deutsche Übersetzung von Art. 14 C. civ. fed. bei *Makarov*, Quellen des IPR, 2. Aufl. I, 1953, Mexico, 10.

[3] Besonders deutlich neuerdings *Rafael de Pina*, Elementos de derecho civil mexicano I, 4. Aufl. 1966, 112: „Las leyes se dictan para un territorio determinado y *tienen su límite dentro del mismo*" (Hervorhebung nicht im Original).

[4] Vgl. *Bayitch-Siqueiros* aaO 26 f., 157 ff.; *Arce* aaO 185 f.; *Rafael Rojina Villegas*, Compendio de derecho civil I 1962, 50 ff., 57 f.

II. Die Formgültigkeit der letztwilligen Verfügungen nach mexikanischem Recht

Die Prüfung der von der Erblasserin errichteten letztwilligen Verfügungen nach dem am Errichtungsort geltenden mexikanischen Recht ergibt folgendes:

1. Das notarielle Testament vom *14. 7. 1960* ist formgültig errichtet worden, jedoch ausdrücklich durch das Testament vom 7. 3. 1961 widerrufen worden.
2. Das notarielle Testament vom *7. 3. 1961* ist formgültig errichtet worden (sog. testamento público abierto – Artt. 1511 ff. C. civ. fed.).
3. Die Verfügung der Erblasserin vom *Mai 1965* ist nicht endgültig, wie die Erblasserin selbst auf dem Schriftstück vermerkt hat.
4. Die Verfügung der Erblasserin vom *18. 4. 1966* entspricht schon deswegen nicht den für eigenhändige Testamente geltenden Formvorschriften, weil sie entgegen Art. 1551 C. civ. fed. nicht vollständig handschriftlich entrichtet worden ist, sondern zum Teil mit Schreibmaschine geschrieben. Sie ist auch nicht in zwei Exemplaren gefertigt worden, von denen eines hätte in amtliche Verwahrung gegeben und welche beide hätten mit dem Fingerabdruck der Erblasserin versehen und in versiegelten Umschlägen verwahrt werden müssen (Art. 1553 ff. C. civ. fed.). Sie ist daher nicht formgültig.

III. Das Testamentsvollstreckerzeugnis

Infolge der Rückverweisung auf deutsches Recht (oben I a. E.) ist im vorliegenden Fall trotz der ausländischen Staatsangehörigkeit der Erblasserin kein sog. Fremdrechtserbschein gemäß § 2369 BGB zu erteilen, sondern ein sog. Eigenrechtserbschein gemäß § 2353 BGB, allerdings unter Beschränkung auf das in Deutschland belegene Vermögen[5]. Da auf das Testamentsvollstreckerzeugnis die Vorschriften über den Erbschein entsprechende Anwendung finden (§ 2368 III BGB), kann für das in Deutschland belegene Vermögen ein deutsches Testamentsvollstreckerzeugnis erteilt werden.

IV. Ergebnis

Für den in Deutschland belegenen Nachlaß ist ein Testamentsvollstreckerzeugnis aufgrund des in Mexico-City am 7. 3. 1961 errichteten notariellen Testaments und unter Anwendung deutschen Erbrechts zu erteilen.

---

[5] Vgl. *Palandt-Keidel*, BGB, 28. Aufl. 1969, Anm. 1 b) zu § 2353 BGB und Anm. 2 b) zu § 2369 BGB.

Nr. 38

Schweiz

1. Zuständigkeit Schweizer Behörden zur Eröffnung des Nachlaßverfahrens.

2. Zur professio iuris im schweizerischen internationalen Erbrecht.

Hamburg G 213/69 vom 30. 9. 1969

Die Rechtsanwälte R., S. und K. in Esslingen a. N. bitten um Auskunft über Schweizer internationales Erbrecht.

Das Ehepaar Roman und Annemarie R. hat seit 1953 seinen ständigen Wohnsitz in der Schweiz, seit 1968 im Kanton Tessin. Beide Ehegatten sind deutsche Staatsbürger und haben nicht die Absicht, Schweizer zu werden. Die Ehefrau hat im Tessin ein Grundstück, und beide Eheleute besitzen im Tessin wie auch in Deutschland befindliche Wertpapiere. Das Ehepaar hat einen in der Schweiz wohnhaften erwachsenen Sohn.

Am 11. 5. 1962 hat das Ehepaar in Esslingen a. N. handschriftlich ein gemeinschaftliches Testament errichtet, in dem die Gatten einander gegenseitig zu Erben einsetzen und der zuletzt Sterbende den Sohn als Erben einsetzt. Ebenso soll der Sohn Erbe sein, wenn die Gatten gleichzeitig sterben. Das Testament enthält einen ebenfalls handschriftlichen Nachtrag vom 12. 9. 1963, in Genf errichtet, worin die Gatten die Erbfolge dem deutschen Recht unterstellen.

Gefragt wird, ob die schweizerischen Behörden verpflichtet sind, die testamentarische Verfügung anzuerkennen, wonach im Erbfall deutsches Recht anzuwenden ist.

I. Zuständigkeit der schweizerischen Behörden

1. Nach Art. 25 NAG vom 25. 6. 1891 erfolgt die Eröffnung des Erbgangs stets für die Gesamtheit des Vermögens am letzten Wohnsitz des Erblassers. Soweit nicht Staatsverträge etwas anderes bestimmen, gilt dieser Grundsatz immer, wenn eine Person mit letztem Wohnsitz in der Schweiz stirbt, ohne Rücksicht auf deren Staatsangehörigkeit oder auf das für die Erbfolge maßgebende Recht[1]. Ein einschlägiger Staatsvertrag zwischen Deutschland und der Schweiz besteht nicht.

[1] *Stauffer,* Das internationale Privatrecht der Schweiz aufgrund des Bundesgesetzes betreffend die zivilrechtlichen Verhältnisse der Niedergelassenen und Aufenthalter vom 25. Juni 1891/10. Dezember 1907 (1925) 109 f.; *Tuor-Picenoni,* (Berner) Kommentar zum Schweizerischen Zivilgesetzbuch, 2. Aufl. Bd. III, Das Erbrecht, 2. Abteilung, 1959/64, Art. 538 N. 2–4, 20.

2. Im Sinne von Art. 23 NAG fällt unter die Eröffnung der Erbschaft die Gesamtheit der Maßregeln, welche die Sicherung des Nachlasses und des Erbganges und auch den Vollzug der Erbfolge zum Zwecke haben, d. h. die gesamte formelle Nachlaßbehandlung, alles was das Schweizer Zivilgesetzbuch unter Erbgang versteht[2].

II. Anwendbares Recht

1. Die *Erbfolge* richtet sich vor Schweizer Behörden grundsätzlich nach dem Recht des letzten Wohnsitzes des Erblassers (Art. 22 I NAG). Von diesem Grundsatz macht Art. 22 II NAG eine Ausnahme:

> „Durch letztwillige Verfügung oder durch Erbvertrag kann jedoch jemand die Erbfolge in seinem Nachlaß dem Rechte seines Heimatkantons unterstellen."

Diese Vorschrift findet gemäß Art. 32 NAG „auf die Ausländer, welche in der Schweiz ihren Wohnsitz haben, entsprechende Anwendung". Daraus wird allgemein abgeleitet, daß ein Ausländer mit Wohnsitz in der Schweiz die Erbfolge in seinen Nachlaß testamentarisch dem Recht des Staates unterstellen kann, dem er angehört (sog. professio iuris)[3]. Dem durch professio iuris bestimmten Erbstatut untersteht der gesamte mobile und immobile Nachlaß ohne Rücksicht auf die Lage der einzelnen Nachlaßgegenstände[4].

2. Um rechtswirksam zu sein, muß die professio iuris ausdrücklich in einem *formgültigen Testament* erfolgen. Formgültig ist nach Art. 24, 32 NAG eine letztwillige Verfügung, wenn sie dem Recht des Errichtungsortes oder demjenigen des Wohnsitzortes zur Zeit der Errichtung des Aktes oder zur Zeit des Ablebens des Erblassers oder demjenigen des Heimatrechts des Erblassers entspricht. Im vorliegenden Fall genügt es demnach, daß das Testament den deutschen Formvorschriften entspricht.

3. Für das Nachlaß*verfahren* gilt Schweizer Recht, das sog. Eröffnungsstatut[5]. Zum Verfahren gehört die gesamte formelle Nachlaßbehandlung,

---

[2] Entscheidungen des *Schweizer Bundesgerichts* 32 I (1906) 489 (497 f.); 33 I (1907) 124 (125); 81 II (1955) 319 (326); *Anliker*, Die erbrechtlichen Verhältnisse der Schweizer im Ausland und der Ausländer in der Schweiz, 1933, 226; *Tuor-Picenoni* aaO Art. 538 N. 5 ff.

[3] *Mölich*, Die erbrechtliche Stellung der Schweizer in Deutschland und der Deutschen in der Schweiz, 1913, 65 ff.; *Stauffer* aaO 105 f.; *Petitpierre*, Le droit applicable à la succession des étrangers domiciliés en Suisse, 1929, 11 ff.; *Anliker* aaO 230; *Ferid-Firsching*, Internationales Erbrecht I, 1957 ff., Schweiz, Grundzüge C III 3; *Escher-Escher*, (Zürcher) Kommentar zum Schweizerischen Zivilgesetzbuch, 3. Aufl. Bd. III, Das Erbrecht, 1. Abteilung, 1959, Art. 472 N. 8; *Tuor-Picenoni* aaO Art. 538 N. 20; *Vischer*, IPR, in: Schweizerisches Privatrecht Bd. I, 1969, 510 ff. (641).

[4] *Vischer* aaO 639 f.

[5] *Vischer* aaO 642.

insbesondere die Eröffnung der Erbschaft gemäß Art. 537 ZGB und die Ausstellung des Erbscheins; die Fristen zur Ausschlagung, zur Anerkennung eines öffentlichen Inventar, zur Annahme unter öffentlichem Inventar, zur amtlichen Liquidation; die Formen der Ausschlagung, das öffentliche Inventar und seine Wirkungen; die amtliche Liquidation[6].

III. Ergebnis

Wenn einer der beiden Testatoren mit letztem Wohnsitz in der Schweiz stirbt, sind die Behörden am letzten Wohnsitz zur Abhandlung des gesamten Nachlasses zuständig. Sie sind an die Rechtswahlklausel im Testament gebunden, d. h. sie müssen Fragen des materiellen Erbrechts nach deutschem Recht beurteilen; für das Verfahren gilt Schweizer Recht.

Nr. 39

Südafrika

1. Internationales Erbrecht von Südafrika.

2. Testamentsform: Haager Abkommen und südafrikanisches materielles Recht.

3. Bindungswirkung gemeinschaftlicher Testamente im deutschen und südafrikanischen internationalen Privatrecht.

4. Bindungswirkung gemeinschaftlicher Testamente nach südafrikanischem materiellen Recht („massing").

5. Testamentsvollstreckung nach südafrikanischem Recht. Vereinbarkeit der Bestimmung eines „executor" mit Bindungswirkung eines deutschen gemeinschaftlichen Testaments.

Köln 82/68 vom 22. 1. 1969

Das Amtsgericht Düsseldorf hat in der Nachlaßsache I. um ein Gutachten über internationales und Testamentserbrecht von Südafrika gebeten.

SACHLAGE

Die Erblasserin Meta I. verstarb am 24. Januar 1968 in Johannesburg, Südafrika. Zur Zeit ihres Todes war sie südafrikanische Staatsangehörige.

Die Erblasserin stammt aus Deutschland und war ursprünglich Deutsche. Sie wurde 1883 in Hammelburg geboren. 1907 heiratete sie dort Moritz I.

---

[6] *Vischer* aaO 643.

Aus der Ehe sind zwei Kinder hervorgegangen: der 1908 in Hagen geborene Paul I. und die 1909 in Hagen geborene Ilse, jetzt verheiratete D. Im Jahre 1934 verstarb Moritz I. in Hagen. Nach dem Tode ihres Ehemannes verlegte die Erblasserin ihren Wohnsitz nach Johannesburg, Südafrika. Auch ihre Kinder wohnen heute dort. Am 10. 1. 1952 wurde ihr die südafrikanische Staatsbürgerschaft verliehen.

Bereits am 1. 2. 1928 hatte die Erblasserin in Hagen zusammen mit ihrem Mann ein privatschriftliches gemeinschaftliches Testament errichtet, mit dem Inhalt:

„Hagen i. W., den 1. Februar 1928,
Neumarktstraße 24

Wir, die Eheleute Moritz I., setzen uns gegenseitig zu Erben ein. Nach dem Tode des Überlebenden soll der beiderseitige Nachlaß an unsere Kinder fallen. Demgemäß ist der Überlebende von uns der alleinige Erbe des zuerst Verstorbenen, während unsere Kinder für den gesamten Nachlaß als Erben des zuletzt verstorbenen Ehegatten eingesetzt sind.

Moritz I.

Dieses Testament soll auch als mein Testament gelten.

Hagen (Westfalen), den 1. Februar 1928.
Neumarktstraße 24

Meta I. geb. S."

Am 25. November 1964 hat die Erblasserin in Johannesburg ein weiteres maschinenschriftliches Testament errichtet. Das Testament besteht aus drei Seiten deren jede von der Erblasserin und zwei Zeugen unterzeichnet ist. Das Testament hat den Wortlaut (die deutsche Übersetzung wird, soweit erforderlich, im Gutachten gegeben):

„LAST WILL

I, the undersigned,

Meta I. (Widow),

Johannesburg, do hereby revoke all former Wills, Codicils and other Testamentary Dispositions made by me and being of sound and disposing mind, memory and understanding, declare this to be my Last Will and Testament.

1.

I appoint my son, *Paul I.*, to be the Executor of this my Will and Administrator of all my Estate and effects, giving and granting him all such power and authority or allowed in Law and especially that of assumption; should, however, my said son predecease me or be unable or unwilling to accept or continue the Trust, or die before the completion of the Trust, then I appoint my daughter, *Ilse D.*, (married out of community of property to *Heinz D.*), as such Executor and Administrator.

2.

I desire and direct that my Executor and Administrator appointed in this my Will shall not be required to lodge with the Master of the Supreme Court or any other official whatsoever, any security for the due administration of my Estate, whether under the Administration of Estates Act, the Trust Act, or any Act or Law which may hereafter be passed in connection with the giving of security by any Executor, Administrator or Trustee in connection with the winding up of an Estate, or the administration of any funds invested for the benefit of minors or any persons concerned, or otherwise.

3.

I appoint my said son, *Paul I.*, to be the heir of two-thirds and my said daughter, *Ilse D.*, to be the heiress of one-third of the whole of my Estate and effects, whether movable or immovable, real or personal, and whether in possession, reversion, remainder or expectancy, and wheresoever situate, nothing excepted left by me at my death; should my said son, *Paul I.*, not survive me, then I give and bequeath the aforementioned two-thirds of my Estate to his wife, *Irma I.*; should my said daugther, *Ilse D.*, not survive me, then I give and bequeath the aforementioned one-third to my said son, *Paul, I.*, or should he also have predeceased me then to his wife, the aforementioned *Irma I.* Furthermore, should none of *Paul I.*, *Irma I.* and *Ilse D.* survive me, then I appoint my grandchildren to be the heirs in equal shares of such rest and residue of my Estate.

4.

I reserve to myself at any and all times hereafter the right to make such alterations or additions to this my Will as I may think fit, desiring that all such alterations and additions so made whether at the foot hereof or by a separate deed under my signature shall be as valid and effectual as though inserted herein.

Thus done and signed at *Johannesburg* on this the 25th day of November 1964, in the presence of the undersigned witnesses who have signed in my presence and in the presence of each other.

As Witnesses:

1. . . .

2. . . .

M. I."

Aufgrund des Testaments wurden dem Sohn Paul I. vom „Supreme Court of South Africa" am 29. 3. 1968 die „Letters of Executorship" (Testamentsvollstreckerurkunde) erteilt:

„Letters of Executorship. No. 2824/68
These are to certify that *Paul I.* of:

... *Johannesburg* has been duly appointed *executor* and is hereby authorised as such to liquidate and distribute the Estate of the late *Meta I.* who died at *Johannesburg* on the 24th January, 1968

[Unterschrift]

Asst. Master of the Supreme Court of South Africa.
29 March, 1968"

Paul I. hat die Erteilung eines gemeinschaftlichen Erbscheins für Wiedergutmachungszwecke beantragt.

ANFRAGE

Das Amtsgericht Düsseldorf bitte um ein Gutachten über die Rechtslage.

RECHTSLAGE

A. INTERNATIONALES PRIVATRECHT

I. Deutsches internationales Privatrecht

Zwischen Deutschland und Südafrika besteht kein Staatsvertrag, der sich mit der Frage des anzuwendenden Erbrechts befaßt. Es gelten daher die allgemeinen deutschen Kollisionsnormen.

Aus den Art. 24, 25 EGBGB folgt der Grundsatz, daß ein Ausländer nach dem *Recht seines Heimatstaates im Todeszeitpunkt* beerbt wird[1].

Nach diesem Erbstatut beurteilt sich die Rechtsstellung der gesetzlichen oder testamentarischen Erben, der Vermächtnisnehmer und Pflichtteilsberechtigten, der Testamentsvollstrecker und Nachlaßverwalter[2].

Da die Erblasserin zur Zeit ihres Todes südafrikanische Staatsangehörige war, verweist das deutsche Kollisionsrecht auf das *Recht von Südafrika*[3]. Jedoch beruft es nicht unmittelbar die fremden materiellen Nor-

---

[1] *BGHZ* 45, 351; *BayObLG* NJW 1967, 477; *Kegel*, IPR, 2. Aufl. 1964, 354; *Raape*, IPR, 5. Aufl. 1961, 412.

[2] *Kegel* aaO 359. Wegen der Bindungswirkung des gemeinschaftlichen Testaments siehe aber unten C I 2 c.

[3] Ihre deutsche Staatsangehörigkeit wird die Erblasserin nach § 25 RuStAG mit der Einbürgerung verloren haben. Davon wird hier ausgegangen. Sollte ausnahmsweise die Erblasserin die deutsche Staatsangehörigkeit beibehalten haben, dann bliebe internationalprivatrechtlich die südafrikanische maßgeblich, wenn man genügen läßt, daß die Erblasserin bei ihrem Tode wegen ihres gewöhnlichen Aufenthalts in Südafrika zu diesem Staat die engere Beziehung hatte. *Für* Maßgeblichkeit der *engeren Beziehung* und an erster Stelle des gewöhnlichen Aufent-

men, sondern zunächst die fremden Kollisionsnormen (IPR-Verweisung). Eine *Rück- oder Weiterverweisung* ist daher gemäß Art. 27 EGBGB zu beachten.

II. Internationales Privatrecht von Südafrika

Die Südafrikanische Republik besteht aus mehreren Teilgebieten mit ursprünglich nicht vollkommen übereinstimmenden Rechtsordnungen[4]. Doch ist das Recht im wesentlichen einheitlich.

Vgl. *Hahlo-Kahn*, The Union of South Africa (1960), S. 729:

„As has been shown, in vast tracts the law is uniform throughout the Union, and here South Africa can be regarded as one „country" in the conflicts sense, i. e., *a territorium legis or rechtskring.*"

Wie gezeigt, ist in großen Zügen das Recht in der Union einheitlich, und hier kann Südafrika als *ein* Land im Sinne des IPR, das heißt als ein Rechtsgebiet oder Rechtskreis, angesehen werden.

Einheitlich ist insbesondere die Regel des internationalen Erbrechts: Es wird *zwischen* dem *„beweglichen" und dem „unbeweglichen"* Nachlaß unterschieden.

1. Beweglicher Nachlaß

Für den *beweglichen Nachlaß* ist das Recht des Staats maßgeblich, in dem der Erblasser seinen Wohnsitz *(„domicil")* hatte. Nicht ganz eindeutig ist, ob es auf den Wohnsitz bei *Testamentserrichtung* oder zur *Zeit des Todes* ankommt (die Frage kann hier bezüglich des ersten Testaments bedeutsam sein)[5]. Die herrschende Meinung scheint aber – wie sonst im „common law" – regelmäßig auf den *Zeitpunkt des Todes* abzustellen[6].

---

halts bei deutsch-ausländischer Doppelstaatsangehörigkeit: *Ferid* RabelsZ 23 (1958) 498–514; *Soergel-Kegel*, BGB, Bd. V, 9. Aufl. 1961, Art. 29 Randnr. 29. Vgl. *Beitzke* JZ 1959, 124; *Makarov*, Deutsches Staatsangehörigkeitsrecht, 1966, 16; *Neuhaus*, Grundbegriffe des IPR, 1962, 142 f. und FamRZ 1967, 315. *Dagegen* für Maßgeblichkeit des *deutschen* Rechts bei deutsch-ausländischer Doppelstaatsangehörigkeit die bei *Soergel-Kegel* aaO Fußn. 7 Genannten und *OLG Düsseldorf* FamRZ 1961, 380 = MDR 1961, 773 = NJW 1961, 1583; *KG* FamRZ 1961, 483, 484 = StAZ 1962, 41; *LG Lübeck* SchlHA 1963, 120; *OLG Celle* FamRZ 1963, 365; *OLG Oldenburg* FamRZ 1964, 630 = StAZ 1965, 47 (nicht eindeutig); *BayObLGZ* 1964, 385, 388 a. E. f. = FamRZ 1965, 95, 96 = JR 1965, 227 = StAZ 1965, 73; *OLG Celle* StAZ 1967, 187; *OLG Frankfurt* OLGZ 1968, 376, 378 = StAZ 1968, 271 (allerdings mit Hilfsbegründung der engeren Beziehung); *Gamillscheg* RabelsZ 27 (1962) 585–587.

[4] Vgl. *Kegel* aaO 15.

[5] Im ersteren Sinne: *Lee-Honoré-Price*, The South African Law of Property, Family Relations and Succession (1954), S. 186 f. mit Nachweisen; ferner *Estate of Mangan*, High Court of South Rhodesia [das südrhodesische ist vom südafrika-

Das südafrikanische Recht unterscheidet wie das englische zwischen dem durch Geburt erworbenen *„domicil of origin"* und dem später gewählten *„domicil of choice"*. Der Erwerb des letzteren hat eine objektive und eine subjektive Voraussetzung *(„factum et animus"):* Der Betreffende muß an dem neuen Ort seine *„residence"* – d. h. sich dort niedergelassen – haben. Außerdem muß er den *„animus manendi"* haben, d. h. die Absicht ständig zu bleiben[7]. An den Nachweis sind strenge Voraussetzungen geknüpft, da die Vermutung für die Beibehaltung des „domicil of origin" spricht. Hier kann es jedoch keinen Zweifel geben, daß die Erblasserin endgültig nach Johannesburg in Südafrika umgesiedelt ist; sie hat die südafrikanische Staatsangehörigkeit erworben, ihre Kinder leben in Südafrika, und sie hat – soweit ersichtlich – niemals die Absicht geäußert, nach Deutschland zurückzukehren.

Da also die Erblasserin im maßgeblichen Zeitpunkt ihres Todes ihr „domicil" in Südafrika hatte, bleibt, jedenfalls soweit der bewegliche Nachlaß betroffen ist, das Recht dieses Staates anwendbar.

2. Unbeweglicher Nachlaß

Unbewegliches Vermögen vererbt sich nach dem Recht des Lageortes[8]. Damit scheint das südafrikanische Recht auch für in Deutschland belegenes unbewegliches Vermögen auf deutsches Recht zurückzuverweisen. Doch ist Sinn dieser Verweisung: Man selbst wendet aus ursprünglich öffentlichen, heute Verkehrs- und Ordnungsinteressen auf inländische Grundstücke das eigene Recht an. Das gleiche billigt man dem ausländischen Staat zu, aber *nur soweit* er denselben Interessen Rechnung trägt und *ebenfalls eine* solche Unterscheidung vornimmt. So bleibt die Entscheidung über Beweglichkeit oder Unbeweglichkeit einer zum Nachlaß gehörigen Sache grundsätzlich dem Belegenheitsstaat überlassen[9]. Es handelt sich insofern um eine *„bedingte Verweisung"*.

---

nischen Recht stark beeinflußt], 1915 S. R. 147 [zitiert bei *Kahn*, South African Law Journal 74 (1957) 53].

[6] *Hahlo-Kahn* aaO 754; eingehend *Kahn*, Choice of Law in Succession in the South African Conflicts of Law, 73 S. A. L. R. (1956) 303–318, 392–401, 74 S. A. L. R. (1957) 43–60 [S. 52–54 mit Nachweisen]. Zu der oben zitierten Entscheidung des S. Rh. H. Ct. sagt Kahn (S. 53):

„... the judgement is, with all due respect, confused, and cannot with confidence be cited as authority."	... die Entscheidung ist – mit allem nötigen Respekt – verworren und kann nicht ruhigen Gewissens als Autorität zitiert werden.

[7] *Hahlo-Kahn* aaO 733.

[8] Unstreitig; vgl. *Kahn* aaO 74 S. A. L. J. 54.

[9] *Hahlo-Kahn* aaO 751. Für das übrige „common law" vgl. *Rabel*, Conflict of Laws, Bd. 4, 1958, S. 15; *BGHZ* 24, 352 (355).

Bei in Deutschland belegenem Vermögen ist diese Bedingung *m. E. nicht erfüllt.* Denn hier tritt die Anwendung deutschen Erbrechts auf deutsche Grundstücke zugunsten der Nachlaßeinheit zurück: Erbrechtlich werden unbewegliche Sachen wie *bewegliche behandelt*[10]. Auch insofern bleibt es daher bei der Anwendung südafrikanischen Rechts.

Diejenigen Autoren, die eine Rückverweisung annehmen und die – dem deutschen Recht in dieser Form unbekannte – Unterscheidung zwischen „beweglichem" und „unbeweglichem" Vermögen durchführen wollen, werden Wiedergutmachungsansprüche, um die es hier geht, dem *beweglichen* Vermögen zurechnen und daher zum selben Ergebnis kommen[11].

B. DIE FORMGÜLTIGKEIT DER TESTAMENTE

I. Internationales Privatrecht

In Staatsverträgen enthaltene internationalprivatrechtliche Normen haben Vorrang vor den Bestimmungen des EGBGB[12].

In der Bundesrepublik Deutschland ist am 1. 1. 1966 das Haager Abkommen über das internationale Privatrecht der Form „testamentarischer Verfügungen vom 5. 10. 1961" in Kraft getreten[13].

Nach Art. 6 S. 2 ist dieses Abkommen

„... auch dann anzuwenden, wenn die Beteiligten nicht Staatsangehörige eines Vertragsstaates sind oder das aufgrund der vorangehenden Artikel anzuwendende Recht nicht das eines Vertragsstaates ist."

Es ist also *„loi uniforme"* und ändert unser Kollisionsrecht schlechthin.

Nach seinem Art. 8 wird das Abkommen nur auf solche Erbfälle angewendet, die *nach seinem Inkrafttreten am 1. 1. 1966* eingetreten sind. Da hier die Erblasserin am 28. Januar 1968 verstorben ist, ist die Voraussetzung erfüllt.

Entsprechend Art. 1 ist eine letztwillige Verfügung formgültig,

„wenn diese dem innerstaatlichen Recht entspricht:

a) des Ortes, an dem der Erblasser letztwillig verfügt hat, oder

b) eines Staates, dessen Staatsangehörigkeit der Erblasser im Zeitpunkt, in dem er letztwillig verfügt hat, oder im Zeitpunkt seines Todes besessen hat, oder

---

[10] Näher *Kegel* aaO 130 f. Anders die h. M.; z. B. *BGH* FamRZ 1967, 473, allerdings ohne die Frage zu prüfen.

[11] Vgl. *Neuhaus,* RabelsZ 19 (1954) 556–568.

[12] *RGZ* 105, 340 (341); *Soergel-Kegel* aaO vor Art. 7 Randnr. 9.

[13] Bekanntmachung vom 29. 12. 1965, BGBl. 1966 II 11. Das Abkommen ist abgedruckt in BGBl. 1965 II 1145–1151; Ratifizierungsgesetz vom 27. August 1965, BGBl. II 1144.

c) eines Ortes, an dem der Erblasser im Zeitpunkt, in dem er letztwillig verfügt hat, oder im Zeitpunkt seines Todes seinen Wohnsitz gehabt hat, oder
d) des Ortes, an dem der Erblasser im Zeitpunkt, in dem er letztwillig verfügt hat, oder im Zeitpunkt seines Todes seinen gewöhnlichen Aufenthalt gehabt hat, oder
e) soweit es sich um unbewegliches Vermögen handelt, des Ortes an dem sich dieses befindet."

Für das *gemeinschaftliche Testament vom 1. 2. 1928* führen die Anknüpfungen der Buchstaben a, b (1. Alternative), c (1. Alternative) und d (1. Alternative) zum *deutschen Recht.* Wenn das Testament den deutschen Formvorschriften genügt, brauchen die anderen Anknüpfungen nicht mehr geprüft zu werden.

Beim *Testament vom 25. 11. 1964* führen die Anknüpfungen der Buchstaben a-d jeweils zur Maßgeblichkeit *südafrikanischen Rechts.*

Nach dem Sinne des Abkommens wird es genügen, wenn die Testamentsform dem materiellen Recht dieses betreffenden Staates entspricht, so daß eine eventuelle Rück- oder Weiterverweisung jedenfalls in diesem Fall nicht zu prüfen ist [14].

II. Materielles Testamentsformrecht

1. Testament vom 1. 2. 1928

Das Testament vom 1. 2. 1928 entspricht den Formvorschriften des maßgeblichen deutschen Rechts (vgl. §§ 2247, 2267 BGB).

2. Testament vom 25. 11. 1964

Die Formerfordernisse eines Testamentes werden in der Südafrikanischen Republik durch den „Wills Act" von 1953 bestimmt. Dessen § 2 lautet (Fassung von 1964 in Statutes of the Republic of South Africa, Bd. 6, Succession, S. 31–36):

„Subject to the provisions of section three –

(a) no will executed on or after the first day of January, 1954, shall be valid unless –

1. the will is signed at the end thereof by the testator or by some other person in his presence and by his direction; and

Vorbehaltlich der Bestimmungen des Paragraphen 3 [betr. Soldaten-Testamente] –

(a) ist ein nach dem 1. 1. 1954 errichtetes Testament nur gültig, wenn –

1. es an seinem Ende vom Testator oder jemand anderen in seinem Beisein und auf sein Geheiß unterzeichnet ist und

---

[14] Vgl. *Soergel-Kegel* aaO Art. 27 Randnr. 33 und Art. 11 Randnr. 5 für die Bestimmungen des EGBGB.

2. such signature is made by the testator or by such other person or is acknowledged by the testator and, if made by such other person, also by such other person, in the presence of two or more competent witnesses present at the same time; and

3. such witnesses attest and sign the will in the presence of the testator and of each other and, if the will is signed by such other person, in the presence also of such other person; and

4. if the will consists of more than one page, each page other than the page on which it ends, is also signed by the testator or by such other person and by such witnesses anywhere on the page; and

5. if the will is signed by the testator by the making of a mark or by some other person in the presence and by the direction of the testator, a magistrate, justice of the peace, commissioner of oaths or notary public certifies at the end thereof that he has satisfied himself as to the identity of the testator and that the will so signed is the will of the testator, and if the will consists of more than one page, each page other than the page on which it ends, is also signed, anywhere on the page, by the magistrate, justice of the peace, commissioner of oaths or notary public who so certifies;

(b) . . ."

2. die Unterschrift des Testators oder des anderen bei gleichzeitiger Anwesenheit zweier oder mehrerer fähiger Zeugen vollzogen oder vom Testator und, wenn sie von einem anderen stammt, auch von diesem anerkannt wird und

3. die Zeugen das Testament im Beisein des Testators, eines jeden von ihnen und – wenn die Unterschrift von einem anderen stammt – auch dieser Person unterzeichnen und

4. falls das Testament aus mehr als einer Seite besteht, außer der letzten Seite auch jede andere Seite an irgendeiner Stelle vom Testator oder der anderen Person und den Zeugen unterzeichnet ist und

5. im Falle, daß das Testament vom Erblasser durch Handzeichen oder in seinem Beisein und auf sein Geheiß von einem anderen unterzeichnet ist am Ende ein Magistrat, Friedensrichter, Vereidigungsbeamter oder Notar bescheinigt, daß er sich von der Identität des Testators überzeugt hat und daß das unterzeichnete Testament das Testament des Erblassers ist und, falls das Testament aus mehr als einer Seite besteht, außer der letzten Seite auch jede andere Seite irgendwo von dem bescheinigenden Magistrat, Friedensrichter, Vereidigungsbeamten oder Notar unterzeichnet ist.

(b) . . .

Diese Voraussetzungen sind von dem Testament erfüllt. Es ist am Schluß und auf jeder Seite von der Erblasserin und zwei Zeugen unterschrieben. Die Schlußklausel lautet (englischer Text oben):

„So geschehen und unterzeichnet in Johannesburg an diesem 25. November 1964 im Beisein der unterzeichneten Zeugen, welche in meinem Beisein und im Beisein eines jeden von ihnen unterzeichnet haben."

Das Testament ist somit *formgültig*.

C. MATERIELLES ERBRECHT

I. Erbeinsetzung

1. Inhalt der Testamente

Bei dem gemeinschaftlichen Testament vom 1. 2. 1928 handelt es sich um ein sogenanntes „Berliner Testament". Der Auslegungsregel des § 2269 BGB zufolge ist die *Witwe I.*, die jetzige Erblasserin, *alleinige Erbin ihres* verstorbenen *Ehemannes* geworden. Die *Kinder* hatten zu Lebzeiten ihrer Mutter keine Rechte am Nachlaß ihres Vaters (ausgenommen den von ihnen anscheinend nicht geltend gemachten Pflichtteilsanspruch); sie sind jedoch als *Erben* des gesamten Nachlasses *ihrer Mutter* eingesetzt und zwar, da insofern nichts bestimmt ist, *zu gleichen Teilen.*

Unter Nr. 3 ihres Testaments vom 25. 11. 1964 trifft die Erblasserin eine abweichende Regelung (englischer Text oben):

> „Ich setze meinen genannten Sohn Paul I. als Erben zu $^2/_3$ und meine genannte Tochter Ilse D. als Erbin zu $^1/_3$ meines gesamten Nachlasses ein; sei er beweglich oder unbeweglich, in meinem Besitz oder Gegenstand von Anwartschaften und Ansprüchen und wo auch immer belegen; nichts, das ich bei meinem Tode hinterlasse, soll ausgenommen werden. [Es folgen hier nicht interessierende Ersatzbestimmungen]."

Danach sollen also nicht beide Kinder Erben zu je $^1/_2$, werden, sondern der *Sohn zu* $^2/_3$ und die *Tochter nur zu* $^1/_3$.

2. Bindungswirkung des gemeinschaftlichen Testaments vom 1. 2. 1926

a) Deutsches Recht

Es ist davon auszugehen, daß die Ehegatten ihre Verfügung im gemeinschaftlichen Testament jeweils mit Rücksicht darauf getroffen haben, daß der andere Ehegatte ebenso verfügte. Der Widerruf solcher wechselbezüglicher Verfügungen ist nur unter den Voraussetzungen des § 2271 BGB möglich. Dadurch, daß die Witwe die Erbschaft nach ihrem Manne angenommen hat, ist – von den seltenen und hier nicht zutreffenden Fällen des § 2294 BGB abgesehen – die *Einsetzung der Kinder* als ihrer Erben zu gleichen Teilen *nach deutschem Erbrecht unwiderruflich geworden.* Spätere entgegenstehende letztwillige Verfügungen sind unwirksam.

b) Südafrikanisches Recht

Nachdem nun die Erblasserin als südafrikanische Staatsbürgerin gestorben ist, *beurteilt sich* der gesamte Erbfall *nach* dem *südafrikanischen Erbstatut,* also *grundsätzlich auch Inhalt, Wirkung und Auslegung des*

Testaments von 1926[15]. Auch das südafrikanische Recht beurteilt die Wirkung des Testaments nach dem Erbstatut (dem Recht des letzten Wohnsitzes)[16]. Nur bei der Feststellung des Erblasserwillens – also der Auslegung des Testaments – berücksichtigt es die Rechtsordnung, die der Erblasser bei Abfassung des Testaments im Sinn hatte[17].

Ein *gemeinschaftliches Testament* mit und ohne gegenseitige Bindungswirkung *kennt auch* das *Recht von* Südafrika („joint" – oder „mutual wills")[18]. Die Bindung wird herbeigeführt durch die letztwillige *Verschmelzung („massing") der im Todeszeitpunkt vorhandenen beiderseitigen Vermögensmassen* oder bestimmter Bruchteile hiervon. Sie tritt ein, wenn der Überlebende das ihm Zugewandte annimmt; schlägt er es aus, kann er sich von der Bindungswirkung befreien[19].

Die rechtliche Konstruktion ist nicht ganz eindeutig. Jedoch scheint man anzunehmen, daß der *zuerst* Versterbende über das gesamte zusammengelegte Vermögen verfügt und dem Überlebenden ein zugunsten der Letztbegünstigten beschränktes Recht einräumt[20]. Die Folge ist, daß mit dem ersten Erbfall die Letztbegünstigten ein dingliches Recht an dem Nachlaß, ein schuldrechtliches, teils auch dingliches[21], am Vermögen (oder Vermögensteil) des Überlebenden erwerben. Das Recht des überlebenden Ehegatten am Nachlaß und ab Annahme der Erbschaft auch an seinem eigenen („massed") Vermögen ist „usufructuary" (nießbraucherisch) oder „fiduciary" (treuhänderisch [in verschiedenen Ausgestaltungen möglich und unserer Vor- und Nacherbfolge vergleichbar])[22].

Weil das südafrikanische Recht die Wirkungen des gemeinschaftlichen Testaments bereits mit dem Tode des Erstversterbenden eintreten läßt, sind die darin enthaltenen letztwilligen Bestimmungen für das vom Überlebenden *später erworbene* – also beim ersten Erbfall nicht zusammengelegte („massed")-*Vermögen,* anders als nach deutschem Recht, ohne Belang. Über dieses kann *frei verfügt* und eventuelle frühere Verfügungen können frei widerrufen werden[23].

Beurteilt man hier also auch die Bindungswirkung des gemeinschaftlichen Testaments vom 1. 2. 1926 nach *südafrikanischem Recht,* so ergibt

---

[15] Vgl. *Soergel-Kegel* aaO vor Art. 24 Randnr. 47.

[16] Vgl. *Hahlo-Kahn* aaO 754 und oben A II 1.

[17] *Kahn* aaO 74 S. A. L. R. 43.

[18] Vgl. *Hahlo-Kahn* aaO 644; allgemein auch *IPG* 1965-66 Nr. 60 (Hamburg), 693 mit weiteren Nachweisen.

[19] Vgl. *Meyerowitz,* The Law and Practice of Administration of Estates, 1966, 37–39; *Hahlo-Kahn* aaO 644–647; *Wille,* Principles of South African Law, 5. Aufl. 1961, 290–292; *Lee-Honoré* aaO 195 f.

[20] So *Lee-Honoré* aaO 196.

[21] Vgl. Adm. Act (1965/1967) § 37.

[22] Vgl. *Wille* aaO 290; *Meyerowitz* aaO 291; *Lee-Honoré* aaO 217; *Hahlo-Kahn* aaO 646.

[23] Unstreitig; für alle *Meyerowitz* aaO 37.

sich, daß eine *Bindungswirkung* – entgegen dem Willen der Testierenden – *allenfalls hinsichtlich* des *beim ersten Erbfall vorhandenen* beiderseitigen *Vermögens* eingetreten ist. Dabei tritt die weitere Schwierigkeit auf, daß die Erblasserin beim Tode ihres Mannes 1934 dem Grundsatz des § 2269 BGB zufolge dessen *unbeschränkte Erbin* geworden ist, während nach *südafrikanischem Recht* eine schon mit dem ersten Erbfall eingetretene, zugunsten der Letztbegünstigten *beschränkte Rechtsinhaberschaft* Grund und Voraussetzung für die Bindung des Überlebenden ist[24].

c) Wahl des für die Bindung maßgeblichen Rechts

Ob für die Bindungswirkung das Heimatrecht des Testators zur Zeit seines Todes oder zur Zeit der Vornahme maßgebend ist, ist streitig[25].

Dem Zeitpunkt der Testamentserrichtung gebührt Vorrang. Die Bindungswirkung des gemeinschaftlichen Testaments ist zwar keine Frage seiner Gültigkeit. Ebenso wie das Parteiinteresse aber die allseitige Anwendung des Art. 24 Abs. 3 S. 1 Halbs. 1 EGBGB verlangt[26], muß aus Gründen des Vertrauensschutzes über die Bindung des Erblassers an das gemeinschaftliche Testament sein Heimatrecht *bei Vornahme* des Geschäfts entscheiden[27].

Demnach unterliegt der *Erbfall* zwar *südafrikanischem Recht;* die letztwilligen Bestimmungen im Testament vom 25. 11. 1964 sind jedoch *insoweit unwirksam,* als sie einen *nach deutschem Recht* (§ 2271 BGB) *unzulässigen Widerruf* einer wechselseitigen Verfügung des gemeinschaftlichen Testaments *enthalten.*

---

[24] Nach deutschem Recht haben dagegen die Letztbegünstigten zu Lebzeiten des Überlebenden weder Recht noch Anwartschaft; vgl. *Erman-Hense,* BGB, 4. Aufl. 1967, Bd. 2, § 2269 Anm. 2, S. 1543.

[25] Für Heimatrecht bei *Errichtung: Ferid-Firsching,* Internationales Erbrecht, Bd. 1, Deutschland, Grdz. Randnr. 39 f.; *Staudinger-Raape,* BGB, 9. Aufl. 1931, Art. 24, Anm. F III (S. 680); *Raape,* IPR, 5. Aufl. 1961, 433 f.; *Erman-Marquordt,* BGB, 4. Aufl. 1967, Art. 24, 25 EGBGB, Anm. 4 e; *Soergel-Kegel* aaO vor Art. 24 Randnr. 43; *Kegel* aaO 363; *BayObLGZ* 1960, 478, (486–488); *BayObLGZ* 1961, 4 (13 f.). Unklar: *Palandt-Lauterbach,* BGB, 27. Aufl. 1968, Art. 24 EGBGB Anm. 3 u. 5. Danach wird entgegen der in Vorauflagen vertretenen Ansicht die allseitige Anwendbarkeit des Art. 24 Abs. 3 EGBGB bejaht; welche Schlüsse aus der Bindungswirkung zu ziehen sind, bleibt offen.

Für Heimatrecht beim *Tode: OLG Frankfurt* NJW 1954, 111; *Neuhaus-Gündisch,* Gemeinschaftliche Testamente amerikanischer Erblasser, RabelsZ 21 (1956) 556 f.; IPG 1965–66 Nr. 60 (Hamburg) 691 (obiter) mit weiteren Nachweisen Fußn. 4.

[26] Vgl. *Soergel-Kegel* aaO vor Art. 24 Randnr. 40; neuerdings auch *Palandt-Lauterbach* aaO.

[27] Vgl. die eingehende Begründung in *BayObLGZ* 1960, 486–488, die sich auf die analoge Anwendung des – zuvor zur allseitigen Kollisionsnorm erklärten (S. 485) – Art. 24 Abs. 3 S. 1 und der intertemporalen Regelung des Art. 214 Abs. 2 EGBGB stützt.

II. Testamentsvollstreckung

1. Allgemeines

Wie allgemein nach „common law" wird auch nach südafrikanischem Recht der Nachlaß regelmäßig über eine Mittelsperson, einen „executor" abgewickelt, der entweder im Testament benannt ist (Testamentsvollstrecker) oder aber, z. B. bei Intestaterbfolge vom Gericht ernannt wird („executor dative" – Nachlaßverwalter)[28].

Aufgabe eines „executor" ist es, Aktiva einzuziehen, Schulden abzuwickeln, den Nachlaß zu sichern und zu verteilen. Zu diesem Zweck geht der ganze Nachlaß – bewegliches und unbewegliches Vermögen – auf ihn über[29]. Der „administrator" dagegen entspricht nach südafrikanischem Sprachgebrauch etwa dem englischen „trustee", seine Funktionen gehen weiter und dauern länger an als die des „executor"[30].

Der „executor" ist allein verwaltungs- und (mit Beschränkungen) verfügungsberechtigt und Inhaber des *„legal title"* („legal dominium"). Er hat aber den am Nachlaß Berechtigten gegenüber nur die Stellung eines *Treuhänders*[31]. Obgleich nicht Eigentümer im strengen gesetzlichen („legal") Sinne, sind die *„Erben" und „Vermächtnisnehmer"* mit gewissen Schutzrechten ausgestattet und haben einen Anspruch gegen den „executor" auf Auskehrung des ihnen Zugewandten. Die Natur ihrer rechtlichen Stellung – ob dinglich oder obligatorisch – ist freilich stark umstritten[32].

2. Die Bestimmung des „executor" im Testament

Mit der Einsetzung eines „executor" befassen sich die folgenden Stellen des Testaments (englischer Text oben):

„1. Ich ernenne meinen Sohn, Paul I., zum Vollstrecker dieses meines Testamentes und zum Verwalter („administrator") meines gesamten Vermögens und räume ihm jede Befugnis ein, die vom Gesetz vorgesehen oder zugelassen ist, insbesondere die der Annahme ... [Es folgt die Ersatzeinsetzung der Tochter].

2. [enthält die Befreiung von der Verpflichtung zur Sicherheitsleistung]."

Danach ist der *Sohn der Erblasserin* zum *„executor"* ernannt. Das Testament spricht allerdings auch von ihm als „administrator". Das ist jedoch anscheinend nicht im rechtstechnischen Sinne gemeint.

---

[28] Vgl. *Meyerowitz* aaO 62 f.; *Hahlo-Kahn* aaO 657–659; *Wille* aaO 248 f. Rechtsgrundlage ist der Administration of Estates Act 1965 i. d. F. v. 1967, wo alle weiteren Einzelheiten geregelt sind.

[29] *Wille* aaO 248 f.

[30] *Hahlo-Kahn* aaO 659; *Wille* aaO 253.

[31] *Hahlo-Kahn* aaO 662; *Wille* aaO 249.

[32] Vgl. *Wille* aaO 251.

Die „administration" ist wie der englische „trust" auf Dauer angelegt und schließt sich an die Testamentsvollstreckung an: der „executor" übergibt in diesem Fall das Vermögen nach Abschluß der Verwaltung nicht den Erben, sondern dem „administrator". Nachweise oben.

Das Testament enthält lediglich einfache Erbeinsetzungen; der „executor" hat offenbar keine über die Abwicklung des Nachlasses hinausgehenden Aufgaben zu erfüllen. Der Sohn ist daher nur *„executor"*.

Bei den Akten befinden sich auch nur die „letters of executorship", nicht die „letters of administration", die anderenfalls erforderlich wären; vgl. Adm. Act., § 1. Vielleicht ist die „administration" vorsorglich für eventuelle, unter der letzten Ziffer vorbehaltene Zusätze zum Testament aufgenommen worden.

Zur Amtsausübung bedarf ein „executor" der gerichtlichen Ernennung[33]. Sie ist hier ausweislich der bei den Akten befindlichen „letters of executorship" erfolgt.

3. Befugnisse des „executor" in Deutschland

Im deutschen Schrifttum findet sich die Meinung, eine solche Nachlaßabwicklung nach „common law" sei mit dem deutschen Sachstatut nicht in Einklang zu bringen. Erbfälle aus dem anglo-amerikanischen Rechtskreis seien in Deutschland daher in jedem Fall nach deutschem Recht abzuwickeln[34]. Dem kann jedoch nicht gefolgt werden. *Gottheiner*[35], auf dessen Ausführungen hier verwiesen werden kann, hat die Argumente Wenglers im einzelnen zutreffend widerlegt. Danach erscheint die Erbschaftsverwaltung des „common law" mit dem deutschen Sachstatut vereinbar.

Die Ansicht, das Amt des „personal representative" oder „executor" sei notwendig auf das Gebiet desjenigen Staates begrenzt, in dem er gerichtlich ernannt sei (hier Südafrika)[36], beruht auf einer Mißdeutung der Tatsache, daß er im Bereich des „common law" oftmals nicht außerhalb dieses Gebietes tätig werden kann. Das hat dann aber seinen Grund darin, daß die *anderen Staaten* ihn in ihrem Bereich nicht anerkennen, hauptsächlich, um ihre eigenen Nachlaßgläubiger zu schützen[37]. Das deutsche Recht kennt eine solche grundsätzliche Beschränkung ausländischer Testamentsvollstrecker oder Nachlaßverwalter jedoch nicht[38].

---

[33] *Meyerowitz* aaO 62.

[34] *Wengler*, Fragen des deutschen Erbscheinsrechts für Nachlässe, auf die englisches Intestaterbrecht anwendbar ist, JR 1955, 41–43; *Firsching*, Testamentsvollstrecker – executor – trustee, DNotZ 1959, 354–373; *ders.* in Staudinger, BGB, Erbrecht, 10./11. Aufl. 1960, § 2368, Anm. 34 (S. 1952 f.); *ders.*, „Deutsch-amerikanische Erbfälle, 1965, 135.

[35] Die Anwendung des englischen Erbrechts auf Nachlässe in Deutschland, RabelsZ 21 (1956), 36–72.

[36] *Firsching* aaO.

[37] Vgl. für die USA: 31 *Am. Jur.* 2 d aaO § 684 (S. 284).

[38] Vgl. auch *Schwenn*, NJW 1952, 1113–1116 (1114).

4. Vereinbarkeit mit dem gemeinschaftlichen Testament

Ist die Einsetzung eines solchen „executor" wegen Widerspruchs zu den (bindenden) Bestimmungen des gemeinschaftlichen Testaments unwirksam?

Nach deutschem Recht könnte der überlebende Testator eines gemeinschaftlichen Testaments bindend gewordene Zuwendungen an die Letztbegünstigten nur unter den Voraussetzungen der §§ 2271 Abs. 3, 2289 Abs. 2, 2338 BGB durch Einsetzen eines Testamentsvollstreckers beschränken.

Das *deutsche Recht* ist jedoch *allein für* die Gültigkeit des gemeinschaftlichen Testaments und für seine *Bindungs*wirkung maßgebend. *Im übrigen* bestimmt sich *der gesamte Erbfall nach südafrikanischem* Recht als dem letzten Heimatrecht. Danach ist eine *Abwicklung des Erbfalles anders als über* einen *„executor"* grundsätzlich *nicht möglich.* Es handelt sich um einen Fall von Normenwiderspruch, der im Wege der *Angleichung* zu lösen ist[39]. Hier empfiehlt sich eine Angleichung im *deutschen materiellen Recht.* Denn mit der Bindung des überlebenden Gatten an das gemeinschaftliche Testament bezweckt der deutsche Gesetzgeber: der Überlebende soll nicht eigenwillig den Willen des Erstverstorbenen durchkreuzen dürfen, dem er durch die Miterrichtung des gemeinschaftlichen Testaments zugestimmt hat[40].

Gilt deutsches Recht für die Abwicklung des Nachlasses, dann verwaltet in der Regel der Erbe selbst den Nachlaß; mehrere Erben verwalten ihn gemeinsam (§ 2038 BGB). Daher ist der überlebende Gatte durch die Bindungswirkung des gemeinschaftlichen Testaments gehindert, den oder einen Schlußerben zu beschränken, indem er einen Testamentsvollstrecker ernennt[41].

Gilt aber statt deutschen Rechts ein Recht, das im Regelfall dem oder den Erben die Nachlaßverwaltung vorenthält und sie einem vom Erblasser ernannten Testamentsvollstrecker oder einem vom Gericht bestellten Nachlaßverwalter überträgt, wie hier das südafrikanische Recht, dann durchkreuzt der überlebende Gatte den Willen des Erstverstorbenen *nicht* schon dadurch, daß er dem oder einem Schlußerben die Nachlaßverwaltung entzieht, sondern höchstens dadurch, daß er einen Testamentsvollstrecker ernennt, der dem mutmaßlichen Willen des Erstverstorbenen widerspricht.

Das ist für den hier ernannten Sohn der Erblasserin nicht anzunehmen. Zwar ist er Partei. Aber im englisch-amerikanischen Recht ist üblich, daß der oder ein Haupterbe vom Erblasser zum Testamentsvollstrecker er-

---

[39] Hierzu *Kegel* aaO 106–114.

[40] Vgl. *Lange*, Lehrbuch des Erbrechts, 1962, 423 (Vertrauensschutz) mit Nachweisen in Fußn. 3; *Kegel*, Festschr. Jahrreiß, 1964, 149–154 (ebenso).

[41] *Lange* aaO 421 Fußn. 4.

nannt oder vom Gericht zum Nachlaßverwalter bestellt wird. Die Interessenkollision wird ausgeglichen durch die strenge Treuhänder-Haftung des Testamentsvollstreckers und Nachlaßverwalters, in Südafrika – wie in den USA – auch durch strenge Überwachung durch das Nachlaßgericht[42].

Im vorliegenden Fall war daher die Erblasserin durch das gemeinschaftliche Testament vom 1. 2. 1928 nicht gehindert, ihren Sohn zum Testamentsvollstrecker zu ernennen. Indem sie ihn zum „executor" bestimmte, hat sie nur die Person des gesetzlich vorgesehenen Testamentsvollstreckers festgelegt; eine über die gesetzlichen Erfordernisse des Erbstatuts hinausgehende Beschränkung liegt hierin nicht.

Hätte sie eine echte „administration" angeordnet – eine Dauertestamentsvollstreckung –, so wäre diese Anordnung allerdings ungültig. Nach dem oben II 2 Gesagten ist das aber nicht geschehen.

III. Ergebnis

Die Kinder der Erblasserin sind zu gleichen Teilen Erben nach südafrikanischem Recht geworden; die Bestimmung des Sohnes zum „executor" ist wirksam.

D. ERBSCHEIN

I. Internationale Zuständigkeit

Die internationale Zuständigkeit deutscher Gerichte zur Erteilung eines Erbscheins für Ansprüche nach dem Bundesentschädigungsgesetz ergibt sich bei Anwendung eines fremden Rechts nach herrschender Ansicht aus § 2369 BGB[43].

II. Inhalt

Es ist ein gegenständlich beschränkter (Fremdrechts-)Erbschein gemäß §§ 2369 BGB, 181 BEG zu erteilen.

Schwierigkeiten ergeben sich daraus, daß der deutsche Erbschein die Rechtslage nach südafrikanischem Recht wiedergeben soll. Denn er kann nur „Erben", nicht „Vermächtnisnehmern" erteilt werden (§ 2353 BGB), und er bekundet nur Erbrechte, nicht Vermächtnisse (§§ 2363–2365 BGB)[44]. Diese Begriffe passen aber nicht ohne weiteres für das südafrikanische

---

[42] Vgl. Administration of Estates Act 1956, insbesondere z. B. §§ 35, 47, 48.

[43] Vgl. *Soergel-Kegel* aaO vor Art. 24 Randnr. 68; *Staudinger-Firsching*, BGB, Erbrecht, 10./11. Aufl. 1960, § 2369, Randnr. 7, 35.

[44] Vgl. *Schwenn*, NJW 1952, 1113–1116.

Recht, wo der Nachlaß auf den „executor" übergeht und die „Erben" nur Ansprüche gegen diesen haben. Da sie aber *wirtschaftlich* unseren Erben am nächsten stehen, können sie *im Erbschein als Erben,* der *„executor"* als *Testamentsvollstrecker* bezeichnet werden[45]. Nur muß man, um hierdurch entstehende Ungenauigkeiten auszugleichen, im Erbschein darauf hinweisen, *nach welchem Recht* geerbt wird[46].

Der Erbschein könnte demnach lauten:

„Die am 24. Januar 1968 in Johannesburg, Südafrika verstorbene Meta I., geb. S., ist nach dem Recht der Südafrikanischen Republik beerbt worden von

1. ihrem Sohn Paul I.,
2. ihrer Tochter Ilse D., geb. I., zu je $^1/_2$.

Testamentsvollstreckung ist angeordnet.

Dieser Erbschein gilt nur für den in Deutschland belegenen Nachlaß. Er darf nur für Wiedergutmachungszwecke verwandt werden."

E. ERGEBNIS

1. Der *Erbfall unterliegt* bezüglich des beweglichen und des in Südafrika und – nach hier vertretener Ansicht – auch des in Deutschland belegenen unbeweglichen Nachlasses dem *Recht der Südafrikanischen Republik* (A).
2. Beide *Testamente* sind *formgültig* (B).
3. Die *Bindungswirkung des gemeinschaftlichen Testaments* vom 1. 2. 1928 richtet sich nach deutschem Recht (C I 2).
4. Erben sind die Kinder der Erblasserin zu gleichen Teilen (C I 1 u. C III).
5. Die Einsetzung eines „executor" ist wirksam (C II).
6. Es ist ein Fremdrechtserbschein zu erteilen, in den aufzunehmen sind:
   a) die Kinder der Erblasserin als Erben zu je $^1/_2$,
   b) die Anordnung der Testamentsvollstreckung,
   c) ein Hinweis, daß südafrikanisches Recht gilt,
   d) die Beschränkung auf den in Deutschland belegenen Nachlaß (§ 2369 BGB),
   e) die Beschränkung auf Wiedergutmachungsansprüche (§ 181 BEG)

   (oben D mit Erbscheinsentwurf).

---

[45] Vgl. *Gottheiner* aaO 67; *Schwenn* aaO 1113.

[46] *Raape* aaO 452; *Schwenn* aaO 1116; *BayObLGZ* 1961, 21 (Nr. 2).

3. TESTAMENTSVOLLSTRECKUNG

Siehe Nr. 39 (Südafrika)

4. AUSSCHLAGUNG

Nr. 40

Dänemark

Zulässigkeit und Form einer Erbausschlagung nach dänischem Recht.

Kiel 3/69 vom 16. 4. 1969

Das Amtsgericht Tönning bittet mit Schreiben vom 22. 2. 1969 unter Übersendung der Kopie einer mit „Erbverzicht" überschriebenen Erklärung in der Grundbuchsache Oldenswort 610 um Erstattung eines Rechtsgutachtens.

Der Urkunde ist folgender *Sachverhalt* zu entnehmen:

Am 24. September 1959 verstarb der Landmann H. F. L., offenbar in Dänemark. Er wurde überlebt von seiner Ehefrau A. D. L., geb. G., früher wohnhaft Sønderhav pr. Kollund, jetzt Kaer pr. Sonderburg, und den gemeinsamen Kindern A. M. T., geb. L., und J. B. L. Am 30. März 1965 erklärte die Witwe L. schriftlich, daß sie auf die Erbschaft nach ihrem verstorbenen Ehemann zugunsten ihrer beiden Kinder verzichte. Die Urkunde trägt außer der Unterschrift der Frau L. die eines Rechtsanwalts mit der Erläuterung „als Zeuge" sowie den Beglaubigungsvermerk des „notarius publicus" L. aus Sonderburg. Ferner ist zur Unterschrift von Frau L. hinzugesetzt „H., 14. April 1965 H. J. B. L.".

Das Amtsgericht Tönning bittet um Erstattung eines Rechtsgutachtens darüber, ob der vorliegende Erbverzicht nach dänischem Recht ausreicht.

1. Erkennbares Ziel der von Frau L. abgegebenen Erklärung ist es, daß sie nicht Erbin nach ihrem verstorbenen Mann wird. Es handelt sich also

um Ausschlagung im Sinne des deutschen Rechts (§§ 1942ff. BGB), nicht um einen Erbverzicht, der zu Lebzeiten des Erblassers mit diesem vereinbart ist (§ 2346 BGB); die Erklärung ist in der Urkunde falsch bezeichnet.

2. Das materielle dänische Erbrecht ist im Erbgesetz vom 31. Mai 1963 kodifiziert[1]. Nach seinem § 72 trat das Gesetz am 1. April 1964, in Kraft, nach § 73 käme es für die Anwendbarkeit alten bzw. neuen Rechts auf den Zeitpunkt des Todes an, soweit aus den §§ 75–78 nichts anderes erfolgt.

§ 76 I bestimmt:

„Erbrechtliche Rechtsgeschäfte, die die Erfordernisse des Gesetzes im Hinblick auf Geschäftsfähigkeit und Form nicht erfüllen, sind gültig, wenn sie vor Inkrafttreten des Gesetzes errichtet worden sind und dem bisher geltenden Recht entsprechen."

Daraus ergibt sich, daß für erbrechtliche Rechtsgeschäfte, die *nach* Inkrafttreten des neuen Gesetzes vorgenommen werden, auch das neue Recht gilt, es also insoweit auf den Todeszeitpunkt nicht ankommt. Bestimmungen des neuen Gesetzes über die Ausschlagung wären also anwendbar.

3. Das Erbgesetz von 1963 enthält jedoch solche Bestimmungen nicht. Ein mit dem Erblasser zu vereinbarender Erbverzicht dagegen ist in § 31 ausdrücklich vorgesehen. Er ist an keine Form gebunden[2].
Gleichwohl wird im dänischen Recht auch die Ausschlagung einer Erbschaft als zulässig angesehen[3].

Dasselbe galt auch schon vor dem Inkrafttreten des neuen Erbgesetzes[4].

4. Eine bestimmte Form wird für die Ausschlagungserklärung nicht verlangt, sie kann sogar mündlich wirksam abgegeben werden[5]. Anderson aaO erwähnt die Formfreiheit nicht ausdrücklich, nennt aber bei der Behandlung der Unterschiede von Ausschlagung und Erbverzicht keine Abweichung in der Form. Der Wirksamkeit der von Frau L. abgegebenen Erklärung stehen daher keine Bedenken hinsichtlich der gewählten Form entgegen.

5. Ferner verlangt das dänische Recht nicht, daß die Ausschlagung innerhalb eines bestimmten Zeitraumes nach dem Todeszeitpunkt erklärt wird[6]. Lediglich die Befreiung von der Haftung für Nachlaßschulden tritt nicht ein, wenn nicht die Ausschlagung vor einem bestimmten Stadium des Nach-

---

[1] Deutscher Text in *Ferid-Firsching*, Internationales Erbrecht, Loseblattsammlung, „Dänemark".

[2] Vgl. *Danielsen-Gaarden-à Roqvi*, Arveloven, Kopenhagen 1967, 127; *Andersen*, Arveret, Kopenhagen 1967, 189.

[3] *Andersen* aaO 274.

[4] Vgl. z. B. *Bentzon*, Den Danske Arveret, 3. Aufl. Kopenhagen 1931, 272.

[5] So ausdrücklich *Bentzon* aaO.

[6] So *Bentzon* aaO unter ausdrücklichem Hinweis auf die abweichende Regelung im deutschen Recht (§ 1944 BGB).

laßverfahrens (dän. „skifte") erklärt wird[7]. Allerdings vertritt Bentzon[8] die Auffassung, daß eine Ausschlagung, ähnlich wie im deutschen Recht nach § 1943 BGB, nicht mehr möglich sei, wenn der Erbe die Erbschaft angenommen hat. Jedoch ist die vollständige Passivität des Erben keine Annahme der Erbschaft[9]. Wahrscheinlich hatte bis zu der Ausschlagungserklärung Frau L. überhaupt keinen Willen hinsichtlich der Annahme oder Ausschlagung bekundet. Im einzelnen kann dieser Frage nicht weiter nachgegangen werden, weil zu diesem Punkt keine Angaben gemacht worden sind. Logische Voraussetzung dürfte jedoch sein, daß die Erklärung vor der Beendigung der Auseinandersetzung der Miterben abgegeben wird, denn durch diese erledigt sich das Erbrecht und für eine Ausschlagung wäre kein Raum; außerdem würde die Entgegennahme des auf ihn entfallenden Anteils durch einen Miterben immer auch die Annahme der Erbschaft bedeuten. Die Erklärung würde sich unter solchen Voraussetzungen als auf eine Übertragung des durch Erbschaft erlangten Vermögens gerichtet darstellen.

6. Die Ausschlagung kann gültig erklärt werden gegenüber den Miterben, gegenüber einem der Miterben, gegenüber dem Nachlaßgericht (skifteret) oder – für sämtliche Erben – gegenüber dem Testamentsvollstrecker[10]. Aus der Unterschrift des (H.) J. B. L. auf der Ausschlagungsurkunde ist zu entnehmen, daß dieser die Erklärung entgegengenommen hat, sie also jedenfalls gegenüber einem der Miterben abgegeben und damit wirksam geworden ist.

ERGEBNIS

Die Erklärung der Frau L. ist als eine auch nach dänischem Recht zulässige Erbausschlagung zu werten. Sie ist frist- und formgerecht abgegeben und durch Entgegennahme durch einen der Miterben wirksam geworden.

---

[7] *Andersen* aaO 275.
[8] *Bentzon* aaO 272 f.
[9] *Bentzon* aaO 273.
[10] *Andersen* aaO 274.

VII. Internationales Verfahrensrecht

1. INTERNATIONALE ZUSTÄNDIGKEIT

Siehe auch Nr. 3 (Frankreich); Nr. 17 (Portugal); Nr. 23 (Norwegen); Nr. 24 (Schweiz); Nr. 38 (Schweiz)

Nr. 41

Griechenland

Sühneversuch und Rechtshängigkeit im griechischen Scheidungsverfahren.

Hamburg G 6/69 vom 24. 1. 1969

Die Rechtsanwälte F., Dr. F. und Dr. H. in Hamburg bitten in der Ehesache P. ./. P. um Auskunft über internationales und griechisches Zivilprozeßrecht.

1. Die Klägerin ist Deutsche und besitzt auch die griechische Staatsangehörigkeit; sie ist evangelisch-lutherischer Konfession. Der Beklagte ist Grieche und griechisch-orthodoxer Konfession. Die Parteien haben 1961 in Athen nach griechisch-orthodoxem Ritus geheiratet. Im gleichen Jahr wurde dem Paar eine Tochter namens Sophia geboren.

Im Juli 1967 verließ die Ehefrau die eheliche Wohnung in Athen, nahm ihre Tochter mit und ließ sich in Hamburg nieder.

2. Am 11. 12. 1967 reichte der Ehemann beim erzbischöflichen Ordinariat in Athen einen Sühneantrag ein. Dieser Antrag wurde der in Deutschland lebenden Ehefrau nicht zugestellt.

Am 9. 1. 1968 erhob die Ehefrau Scheidungsklage in Hamburg. Sie wurde dem Ehemann auf diplomatischem Wege am 13. 3. 1968 zugestellt.

Am 20. 3. 1968 reichte der Ehemann seinerseits Klage vor dem Landgericht Athen auf Ehescheidung ein, die der Ehefrau am 19. 6. „durch Aushändigung des zuständigen Gerichts diplomatisch zugestellt" wurde.

3. Schon am 11. 1. 1968 beantragte der Ehemann beim Landgericht Athen, der Ehefrau wegen böswilligen Verlassens ihres Mannes und wegen Gefährdung der griechisch-orthodoxen Erziehung des Kindes, zu der sich die Frau bei der Eheschließung verpflichtet habe, das Kind Sophia zu entziehen. Der Antrag, auf dem das Landgericht Athen einen Erörterungstermin auf den 8. 2. 1968 ansetzte, wurde der Ehefrau erst am 15. 3. 1968 in neugriechischer Sprache per Post durch das griechische Konsulat in Ham-

burg zugeleitet. Inzwischen hatte das Landgericht Athen am 9. 2. 1968 ein Versäumnisurteil erlassen, durch das der Ehefrau das Kind entzogen wurde. Dieses Urteil ist bisher der Ehefrau nicht zugestellt worden.

Es wird gefragt,

1. ob das deutsche Gericht für das Scheidungsverfahren international zuständig ist;
2. welches der beiden Scheidungsverfahren, das Hamburger oder das Athener, vorrangig ist;
3. wie die in Athen ergangene Sorgerechtsentscheidung angegriffen bzw. ihre Vollstreckung verhindert werden kann.

I. Internationale Zuständigkeit für die Scheidung

1. Aus dem *Staatsvertrag* zwischen der Bundesrepublik Deutschland und dem Königreich Griechenland über die gegenseitige Anerkennung und Vollstreckung von gerichtlichen Entscheidungen, Vergleichen und öffentlichen Urkunden in Zivil- und Handelssachen vom 4. 11. 1961 (BGBl. 1963 II 110), der am 18. 9. 1963 in Kraft getreten ist (BGBl. 1963 II 1278), ergibt sich die Zuständigkeit für die Ehescheidung weder für das deutsche noch das griechische Gericht[1].

2. Im *autonomen* deutschen Recht – dessen zuständigkeitsbegründende Regeln durch den Staatsvertrag nicht ausgeschlossen werden – wird die durch § 606 II 1 ZPO an sich gegebene ausschließliche Zuständigkeit des deutschen Gerichts durch § 606 a ZPO (für den Fall, daß die Ehegatten ihren gemeinsamen gewöhnlichen Aufenthalt zuletzt im Ausland hatten) ihrer Ausschließlichkeit entkleidet. Aus dem analog anzuwendenden § 606 b I ZPO – wonach die Zuständigkeit deutscher (und daher auch ausländischer) Gerichte keiner näheren Begründung bedarf, wenn einer der Ehegatten Staatsangehöriger des Gerichtsstaates ist – ergibt sich, daß in casu neben dem deutschen auch das griechische Gericht für die Ehescheidung international zuständig ist[2].

II. Welches Scheidungsverfahren geht vor?

1. Der zu I 1 erwähnte *Staatsvertrag* bestimmt in Art. 18 I:

„Ist eine Sache vor dem Gericht eines Staates rechtshängig und wird die Entscheidung in dieser Sache in dem anderen Staat anzuerkennen sein, so hat ein Gericht dieses Staates in einem Verfahren, das bei ihm wegen desselben Gegen-

[1] Vgl. Art. 2 des Staatsvertrages: Anerkennung der Entscheidungen des anderen Vertragsstaates in Ehesachen nur bei gewöhnlichem Aufenthalt beider Parteien im Urteilsstaat.

[2] Vgl. zur internationalen Zuständigkeit in Ehesachen *Neuhaus*, FamRZ 1958, 13 f. und FamRZ 1964, 511.

standes und zwischen denselben Parteien anhängig wird, die Entscheidung abzulehnen."

Es kommt also darauf an, in welchem Staat die Ehescheidungsklage zuerst rechtshängig geworden ist. Zu welchem *Zeitpunkt* vor einem Gericht die Rechtshängigkeit eintritt, beurteilt sich nach dem Recht des Staates, dem das betreffende Gericht angehört[3].

2. Nach *griechischem Recht* muß dem gerichtlichen Scheidungsverfahren ein *Sühneversuch* vor dem Bischof vorausgehen, wenn beide Ehegatten der griechisch-orthodoxen Konfession angehören[4] und wenn nicht eine der Parteien im Ausland wohnt[5].

Die Scheidungsklage ist gegebenfalls erst dann zulässig, wenn der Bischof entweder den Sühneversuch für gescheitert erklärt – durch eine Bescheinigung, die vom Gericht nicht auf ihre Glaubwürdigkeit nachgeprüft werden darf – oder wenn seit dem Antrag auf einen Sühneversuch drei Monate verstrichen sind, ohne daß der Bischof sich geäußert hat[6].

Die Notwendigkeit des Sühneverfahrens ist eine Konzession des Staates an die Kirche, der zwar die Eheschließung weitgehend überlassen ist, die bei der Scheidung aber grundsätzlich ausgeschaltet ist, da die im Anschluß an das zivile Scheidungsverfahren vorgesehene geistliche Scheidung keine selbständige Bedeutung hat, sondern stets erfolgen muß, wenn die zivile Scheidung ausgesprochen ist[7].

Das Sühneverfahren scheint im wesentlichen nur noch im Sühneantrag zu bestehen[8], der keine Scheidungsgründe vorzutragen braucht[9]. Er ist rechtlich eine bloß formelle Voraussetzung für die Erhebung der Scheidungsklage[10].

Aus dieser Entwicklung hat das höchste Gericht Griechenlands den Schluß gezogen, daß die Rechtshängigkeit im Scheidungsverfahren nicht schon mit dem Sühneantrag eintritt, sondern erst mit Klageerhebung vor Gericht. Diese wurde in folgendem Zusammenhang entschieden: Nach Art.

---

[3] *LG Stuttgart,* Zwischenurteil vom 25. 4. 1963 IPRspr. 1962/63 Nr. 197; *Schnitzer,* Handbuch des Internationalen Privatrechts, Bd. II, 4. Aufl. 1958, 863.

[4] Vgl. *LG Piräus* 3354/1954 (EEN 22/260), wonach der Versöhnungsversuch beim Bischof nicht erforderlich ist, wenn nur eine der Parteien griechisch-orthodox und die andere römisch-katholisch ist.

[5] *Toussis,* Oikogeneiakon dikaion (Familienrecht) 3. Aufl. 1964, 378 f. unter Berufung auf das Urteil des *LG Athen,* 4937/1954 (EEN 22, 598). Das Gesetz 671/1943 über die Verfassung der Kirche von Griechenland, auf das die Jurisdiktion des Bischofs sich gründet, gilt im Ausland nicht; *Markianos,* Griechische Rechtsprechung zum Familien- und Erbrecht des ZGB 1946–1959, RabelsZ 25 (1960) 69 ff. (80).

[6] *Markianos* aaO 80 f. (mit Nachweisen).

[7] *Gogos-Aubin,* Das IPR im griechischen ZGB von 1940, RabelsZ 15 (1949/50) 240 ff. (272).

[8] Vgl. *Gogos-Aubin* aaO 272.

[9] *OLG Athen* 5211/1952, Themis 64, 165, vgl. *Markianos* aaO 81 Nr. 68.

[10] Vgl. *OLG Athen* 5211/1952.

1448 des griechischen ZGB erlischt für gewisse Scheidungsgründe das Recht auf Scheidung nach Ablauf eines Jahres, seitdem der verletzte Ehegatte von dem Scheidungsgrund Kenntnis erhalten hat (und in jedem Fall nach zehn Jahren seit Eintritt des Scheidungsgrundes). Ein Kläger glaubte die Frist gewahrt zu haben, indem er innerhalb Jahresfrist den Antrag auf ein Sühneverfahren beim zuständigen Bischof stellte. Das Gericht aber entschied in letzter Instanz, daß nur durch Erhebung der Klage vor Gericht die Frist gewahrt sei; durch den Sühneantrag wurde der Ablauf der Frist nicht unterbrochen[11]. Die Athener Klage ist also nicht vor dem 20. 3. 1968 rechtshängig geworden.

4. Nach *deutschem* Recht ist die in Hamburg erhobene Klage mit ihrer Zustellung am 13. 3. 1968 rechtshängig geworden (§§ 253, 263 ZPO).

5. Im *Ergebnis* besteht demnach für das Hamburger Gericht keine Veranlassung, die Scheidungsklage der Frau wegen vorgängiger Rechtshängigkeit des Streitgegenstandes in Athen abzuweisen.

III. Kann das Athener Versäumnisurteil in Deutschland vollstreckt werden?

1. Nach dem *Staatvertrag* ist das Athener Versäumnisurteil vom 9. 2. 1968, das mehr als einen Monat früher ergangen ist, als die Beklagte die Ladung zum Termin erhielt, in Deutschland nicht gemäß Art. 1 I 1 vollstreckbar, da Art. 3 Nr. 2b entgegensteht.

2. Auch nach *autonomem* deutschen Recht ist die Vollstreckung wegen Verstoßes gegen § 328 I Nr. 2 ZPO ausgeschlossen.

IV. Ergebnis

1. Nach deutschem internationalem Zivilprozeßrecht ist sowohl das LG Hamburg als auch das LG Athen für die Ehescheidung zuständig.
2. Das Hamburger Verfahren ist früher rechtshängig geworden als das Athener Verfahren.
3. Das Athener Versäumnisurteil vom 9. 2. 1968 ist in Deutschland nicht vollstreckbar.

Nr. 42

Italien

1. Zur Gerichtsbarkeit italienischer Gerichte hinsichtlich Ansprüche aus Vertragsverletzungen aus einem von einem deutschen und einem italienischen Unternehmen abgeschlossenen Lizenzvertrag.

2. Zum vertraglichen Ausschluß der italienischen Gerichtsbarkeit.

München G 2373-9.10. vom 29. 10. 1969

[11] *Areopag* 362/1959, EEN 26, 797; gl. M. *Balis,* Oikogeneiakon dikaion (Familienrecht; 1956) 108; a. M. *Toussis* aaO 367.

Herr Rechtsanwalt Hermann M. in Augsburg schildert folgenden

SACHVERHALT

Die Firma A. St. in Göggingen, Bayern, wird von der Firma M. B & Co. aus Fagagna, Italien, vor dem Gericht in Udine, Italien, auf Schadensersatz wegen Bruch eines Lizenzvertrages in Anspruch genommen.

Die Firma A. St. führt aus, der Lizenzvertrag sei von der italienischen Firma M. B. & Co. zwar unterzeichnet worden, nicht aber vom deutschen Lizenzgeber, da der italienische Lizenznehmer nicht mit der vorgesehenen Produktion begonnen habe.

Es wird um eine gutachtliche Äußerung zur Rechtsfrage der Zuständigkeit des italienischen Gerichts gebeten. Insbesondere soll geklärt werden, ob es möglich ist, in Hinblick auf die Bestimmungen des vorgesehenen Lizenzvertrages die italienische Gerichtsbarkeit auszuschließen. Die maßgebenden Bestimmungen des in Aussicht genommenen Lizenzvertrages, der vom italienischen Vertragspartner bereits unterzeichnet wurde, lauten:

§ 5:

„...

(4) Für die Auslegung dieses Vertrages ist der deutsche Urtext ausschlaggebend.

(5) Gerichtsstand ist Augsburg bzw. die Kammer für Patent- bzw. Handelsstreitsachen beim Landgericht München.

(6) Es gilt ausschließlich deutsches Recht.“

VORBEMERKUNG

1. Die durch den vorliegenden Fall angesprochene auslandsrechtliche Problematik bedingt es, zunächst auf die in Italien getroffene gesetzliche Regelung der Gerichtsbarkeit italienischer Gerichte einzugehen (A); des weiteren ist zu klären, ob und in welchem Umfang diese Regelungen durch private Vereinbarung oder durch zwischenstaatliches Vertragsrecht eingeschränkt werden (B); schließlich ist noch kurz darzustellen, welche verfahrenstechnischen Möglichkeiten die italienische Prozeßordnung bietet, die Unzuständigkeit italienischer Gerichte geltend zu machen (C).

2. Vor dem Ergehen einer Sachentscheidung durch ein italienisches Gericht erscheint es dagegen noch nicht geboten zu sein, auf die Frage der *Anerkennung und Vollstreckung* der italienischen Entscheidung einzugehen.

Einschlägig ist hier das deutsch-italienische Abkommen über die Anerkennung und Vollstreckung gerichtlicher Entscheidung in Zivil- und Handelssachen vom 9. März 1936 (RGBl. 1937 II S. 145); das Abkommen war nach Austausch der Ratifikationsurkunden am 19. Juni 1937 in Kraft getreten (vgl. Bekanntmachung vom 18. Mai 1937 – RGBl. II S. 145 – nebst der Verordnung zur Ausführung des deutsch-italienischen Abkommens über die Anerkennung in Zivil- und Handelssachen vom 18. März 1937), wurde durch die kriegerischen Ereignisse suspendiert und durch den Notenwechsel zwischen der Bundesrepublik Deutschland und der italienischen Regierung vom 20. November 1952 mit Wirkung vom 1. Oktober 1952 wieder in Kraft gesetzt (vgl. Nr. 1 der Bekanntmachung über die Wiederanwendung deutsch-italienischer Vorkriegsverträge vom 23. Dez. 1952 – BGBl. II S. 986).

3. Ebenso kann vorerst die Frage zurückgestellt werden, ob die Rechte der deutschen Partei durch „flankierende" Maßnahmen deutscher Gerichte geschützt werden können. Die Rechtshängigkeit des Prozeßgegenstandes bei einem ausländischen Gericht hindert zwar grundsätzlich nicht daran, die Sache vor einem inländischen Gericht – etwa durch ein negatives Feststellungsbegehren – anhängig zu machen. Doch dehnt Art. 11 des gen. deutsch-italienischen Vollstreckungsabkommens praktisch die *Einrede der Rechtshängigkeit* auf beide Staaten aus[1]. Die Vorschrift lautet in der maßgeblichen italienischen und deutschen Fassung:

Art. 11:

„Le Autorità giudiziarie di ciascuno dei due Stati devono, a richiesta di parte, astenersi dal decidere sulle contestazioni per le quali già sia pendente un processo innanzi alle Autorità giudiziarie dell'altro Stato, purchè queste ultime siano competenti a norma della presente convenzione."

Die Gerichte jedes der beiden Staaten haben auf Antrag einer Partei die Entscheidung über Ansprüche abzulehnen, wegen derer vor einem nach diesem Abkommen zuständigen Gericht des anderen Staates bereits ein Verfahren anhängig ist.

Damit fallen die Voraussetzungen für eine Feststellungsklage in Deutschland über den Prozeßgegenstand des italienischen Verfahrens mit den Voraussetzungen für die Nichtanerkennung eines italienischen Urteils in der Sache zusammen, so daß hier schon das Rechtsschutzbedürfnis für eine Klage fraglich werden könnte, die etwa die Feststellung begehrt, daß ein Lizenzvertrag zwischen den Parteien nicht zustande gekommen ist. Im Zusammenhang mit dem am 10. November 1969 in Udine anstehenden Termin zur mündlichen Verhandlung brauchen jedoch diese Frage und insbesondere die durch Art. 2 des deutsch-italienischen Abkommens über die Anerkennung und Vollstreckung gerichtlicher Entscheidungen angesprochenen Probleme noch nicht erörtert zu werden.

---

[1] Vgl. hierzu *Bülow-Arnold,* Internationaler Rechtsverkehr in Zivil- und Handelssachen, Italien Bd. II, S. 449.7 Anm. 11.

A. DIE REGELUNG DER GERICHTSBARKEIT ITALIENISCHER GERICHTE

I. Zur terminologischen Klärung der Begriffe

Anders als das deutsche Zivilprozeßrecht, das besondere Regeln über die internationale Zuständigkeit nicht kennt, sondern im allgemeinen Streitverfahren die Vorschriften über die örtliche Zuständigkeit analog anwendet (anders im Eheverfahren und der freiw. Gerichtsbarkeit), trennt der italienische Codice di Procedura Civile von 1942 (CPC) zwischen *„giurisdizione"* und *„competenza"* („competenza per materia e valore" bzw. „competenza per territorio")[2]. Die Regeln der „giurisdizione" bestimmen, wer beklagte Partei vor italienischen Gerichten sein kann; es handelt sich mithin um die *internationale* Zuständigkeit oder Gerichtsbarkeit italienischer Gerichte. Die Frage der „competenza" betrifft demgegenüber die *sachliche bzw. örtliche* Zuständigkeit italienischer Gerichte. Beide Begriffe sind auseinanderzuhalten. Die „giurisdizione" ist in den Art. 1 ff. CPC geregelt, die „competenza" in den Art. 18ff. CPC. In jedem Rechtsstreit mit auslandsrechtlichem Einschlag ist an erster Stelle die „giurisdizione" zu prüfen. Auch im vorliegenden Fall konzentriert sich die Problematik auf diese Frage.

II. Zur „giurisdizione" des Gerichts in Udine im vorliegenden Fall

Die maßgebliche Vorschrift ist in Art. 4 CPC enthalten; die Bestimmung lautet:

Art. 4 (Giurisdizione rispetto allo straniero).	Deutsche Übersetzung, soweit einschlägig:
Lo straniero può essere convenuto davanti ai giudici della Repubblica:	Ein Ausländer kann vor Richtern der Republik verklagt werden:
1. se quivi è residente o domiciliato anche elettivamente o vi ha un rappresentante che sia autorizzato a stare in giudizio a norma dell'art. 77, oppure se ha accettato la giurisdizione italiana, salvo che la domanda sia relativa a beni immobili situati all'estero;	1. wenn er seinen Wohnsitz oder gewöhnlichen Aufenthalt in Italien hat, oder einen Repräsentanten hat, der nach Maßgabe des Art. 77 C. P. C. bevollmächtigt ist, oder der italienischen Gerichtsbarkeit zustimmt, sofern sich die Klage nicht auf unbewegliches Vermögen im Ausland bezieht.
2. se la domanda riguarda beni esistenti nella Repubblica o successioni ere-	2. wenn die Klage auf dem Gebiet der Republik befindliche Sachen oder den

[2] Vgl. hierzu Überblick bei *Cappelletti-Perillo*, Civil procedure in Italy, 1965, 32.

ditarie di cittadino italiano o aperte nella Repubblica oppure obbligazioni quivi sorte o da eseguirsi;

3. se la domanda è connessa con altra pendente davanti al giudice italiano, oppure riguarda provvedimenti cautelari da eseguirsi nella Repubblica o relativi a rapporti dei quali il giudice italiano può conoscere;
4. se, nel caso reciproco, il giudice dello Stato al quale lo straniero appartiene può conoscere delle domande proposte contro un cittadino italiano.

Nachlaß eines Inländers oder einen Nachlaß, der im Inland eröffnet wurde, betrifft oder *es sich um Verbindlichkeiten handelt, die im Gebiet der Republik entstanden oder zu erfüllen sind.*

3. nicht einschlägig; betrifft Klageverbindung, Streitverkündung und einstweilige Anordnungen.
4. nicht einschlägig; Retaliationsvorschrift gegen ausländische Zuständigkeitsnormen, die weiter als die italienischen gefaßt sind.

1. Art. 4 Abs. 1 CPC:

Art. 4 Abs. 1 CPC gliedert sich in drei Tatbestände, die für die Begründung italienischer Gerichtsbarkeit im vorliegenden Falle nur am Rande bedeutsam werden.

a) *Wohnsitz* oder *gewöhnlicher Aufenthalt* bzw. *Niederlassung* der deutschen Partei in Italien sind im vorliegenden Fall nicht gegeben. Diese nach dem maßgeblichen italienischen Recht auszulegenden Begriffe werden in Art. 43 Abs. 1 bzw. 2 CPC näher definiert. Wohnsitz ist demnach der Ort, an dem eine Person den Mittelpunkt ihrer Interessen und Angelegenheiten errichtet; Aufenthalt wird definiert als Ort, wo eine Person gewöhnlich lebt[3].

Nach herrschender italienischer Auffassung findet Art. 4 CPC, der seinem Wortlaut nach nur von natürlichen Personen ausgeht, auch auf juristische Personen Anwendung[4].

Als Domizil gilt der satzungsgemäße Sitz der Gesellschaft („sede") oder der Ort der tatsächlichen Niederlassung (vgl. Art. 46 Codice Civile). Die Frage, ob eine Gesellschaft, die ihren satzungsgemäßen und tatsächlichen Sitz im Ausland hat, aber eine Niederlassung in Italien besitzt, von Art. 4 Abs. 1 1. Tatbestand CPC erfaßt wird, ist weithin akademischer Natur und ohne große praktische Bedeutung, da hier meist die Vorschrift des Art. 4 Abs. 1 2. Tatbestand CPC („rappresentante che sia autorizzato a stare in giudizio") eingreift[5].

---

[3] Vgl. hierzu *Cappelletti-Perillo* aaO 86.

[4] Vgl. *Andrioli,* Commento al Codice di Procedura Civile, 3. Aufl. 1954, 20 f. und *Giuliano,* La Giurisdizione Civile Italiana e lo Straniero, 1961, 59. *Morelli,* Diritto Processuale Civile Internazionale, 2. Aufl. 1954, 135–140, befürwortet eine analoge Anwendung.

[5] Vgl. *Andrioli* aaO 26; *Morelli* aaO 139 f.; *Cappelletti-Perillo* aaO 93.

b) Der zweite Tatbestand des Art. 4 Abs. 1 begründet die italienische Gerichtsbarkeit über eine Partei mit Sitz, Wohnsitz oder Aufenthalt im Ausland, die sich aber bei der Erfüllung ihrer Geschäfte *in Italien eines Agenten bedient,* der bevollmächtigt ist, für und wider die vertretene Partei Prozesse zu führen. Da es sich hier um eine Vollmacht „ad negotia" handelt, kann die einem italienischen Anwalt von einer ausländischen Partei erteilte Vollmacht, ihre Rechte vor italienischen Gerichten zu wahren, nicht die italienische Gerichtsbarkeit über die ausländische Partei begründen. Die in Art. 83 Abs. 1 CPC näher geregelte Prozeßvollmacht („procura alle liti") fällt nicht unter die von Art. 4 Abs. 1 CPC verfolgten Vollmachtsbeziehungen[6].

Nicht jede Vollmacht „ad negotia" bedingt das Recht, Prozesse zu führen. Dieses Recht kann grundsätzlich nur aus einer ausdrücklichen, in Schriftform erteilten Vollmacht hergeleitet werden, soweit es sich nicht um einstweilige, dringliche Prozeßhandlungen handelt, die sich durch die Sachbefugnis des Bevollmächtigten rechtfertigen.

Vgl. Art. 77 Abs. 1 CPC:

„Il procuratore generale e quello preposto a determinati affari non possono stare in giudizio per il preponente, quando questo potere non è stato loro conferito espressamente per iscritto, tranne che per gli atti urgenti e per le misure cautelari."

Art. 77 Abs. 2 CPC sieht hier allerdings zwei wesentliche Ausnahmen vor. Nach Art. 77 Abs. 2 CPC wird einmal vermutet, daß der Auftraggeber, der in Italien weder Wohnsitz noch Aufenthalt hat, seinen Beauftragten ermächtigt hat, Prozesse für und wider den Auftraggeber zu führen. Weiter gilt der Zweigstellenleiter (institore) eines ausländischen Betriebs in Italien für befugt, für und wider die Partei alle Prozesse zu führen, die sich auf die Zweigniederlassung in Italien beziehen.

Vgl. Art. 79 Abs. 2[6a]*:*

„Tale potere si presume conferito al procuratore generale di chi non ha residenza o domicilio nella Repubblica e all'institore."

Im einzelnen gehen die Lehrmeinungen darüber auseinander, ob es sich hier um eine widerlegbare Vermutung handelt, oder eine zwingende Norm vorliegt, der gegenüber auch eine ausdrückliche Einschränkung der Vollmacht durch den Auftraggeber bedeutungslos wäre[7].

Da die dem Gutachter überlassenen Unterlagen nicht erkennen lassen, daß die beklagte deutsche Partei Zweigniederlassungen oder Agenturen

[6] Vgl. *Cappelletti-Perillo* aaO 87.

[6a] Vgl. auch *Cappelletti-Perillo* aaO 86 f.

[7] Siehe hierzu Überblick bei *Onofrio*, Commento al Codice di Procedura Civile, 1957, 156.

in Italien besitzt, braucht auf diese Streitfrage derzeit noch nicht eingegangen zu werden. Es war nur der Vollständigkeit halber auf diese, eine italienische Gerichtsbarkeit unter Umständen begründenden Tatsachen zu verweisen.

c) Schließlich sieht Art. 4 Abs. 1 CPC noch die *Zustimmung der ausländischen Partei* zur italienischen Gerichtsbarkeit vor. Der Ausländer, der der italienischen Gerichtsbarkeit zustimmt, bleibt an die Zustimmung gebunden. Die Zustimmung kann nach Art. 37 Abs. 2 CPC ausdrücklich oder stillschweigend erteilt werden. Die stillschweigende Zustimmung kann aus dem Umstand hergeleitet werden, daß die ausländische Partei es versäumt hat, das Nichtvorliegen der italienischen Gerichtsbarkeit rechtzeitig zu rügen; jedoch herrscht in der Lehre Einigkeit darüber, daß die mangelnde internationale Zuständigkeit italienischer Gerichte nicht schon in der Klageerwiderung gerügt werden muß[8].

Im Versäumnisverfahren kann eine stillschweigende Zustimmung der ausländischen Partei zur italienischen Gerichtsbarkeit nicht angeführt werden[9].

2. Art. 4 Abs. 2 CPC:

Diese Vorschrift enthält neben den nachlaßrechtlichen Regeln, die hier nicht weiter interessieren, drei Tatbestände, an die die italienische Gerichtsbarkeit geknüpft werden kann:

- das Vermögen (beni), auf das sich die Klage bezieht, ist in Italien belegen,
- das Schuldverhältnis, auf das sich die Klage bezieht, ist in Italien entstanden,
- das Schuldverhältnis, auf das sich die Klage bezieht, ist in Italien zu erfüllen.

a) Zur Belegenheit des Vermögens

Ob auch Patente, Lizenzen, Warenzeichen usw. unter die Vorschrift des Art. 4 Abs. 2, 1. Tatbestand fallen, ist nach der Rechtslehre streitig. *Calamandrei*[9a] rechnet zu dem Vermögen („beni") im Sinne von Art. 4 Abs. 2 CPC auch die res incorporales wie Copyright und Patentrechte.

Die neuere und wohl herrschende Lehrmeinung geht davon aus, daß die res incorporales Sondervorschriften unterliegen. Maßgebender Anknüpfungspunkt ist hier die *Registrierung.* Italienische Gerichtsbarkeit ist hier unabhängig von Staatsangehörigkeit, Wohnsitz und Aufenthalt der Par-

---

[8] Vgl. *Morelli* aaO 116 f. – insbes. die auf S. 116 Anm. 1 angeführte Literatur.
[9] Vgl. *Giuliano* aaO 10 und *Cappelletti-Perillo* aaO 87.
[9a] Istituzioni di Diritto Processuale Civile (1943) 64.

teien gegeben, wenn das Warenzeichen oder das Patent in Italien registriert worden ist[10].

Hieraus erschließt sich, daß ein in Deutschland registriertes Patent nicht die italienische Gerichtsbarkeit begründen kann. Die Ausübung des deutschen Patents in Italien ist im vorliegenden Fall „chose in action" und kann als solche einen Gerichtsstand ebenfalls nicht begründen[11].

b) Abschluß- und Erfüllungsort der vertraglichen Verpflichtungen

aa) Qualifikation

Die Bestimmung der die italienische Gerichtsbarkeit begründenden Tatsachen findet nach konstanter Rechtsprechung des Kassationshofes aufgrund der *lex fori* statt; demnach hat italienisches Recht darüber zu bestimmen, was als Erfüllungsort und Abschlußort anzusehen ist. Nach der in diesem Punkt nahezu einhelligen italienischen Rechtslehre[12] soll die Bestimmung des Abschluß- und erst recht des Erfüllungsortes eines Vertrages oder einer vertraglichen Verpflichtung unter Zugrundelegung der Rechtsordnung erfolgen, die *materiellrechtlich* auf den Vertrag oder die Forderung anzuwenden ist. Es wäre demnach unter Anwendung des italienischen internationalen Privatrechts (Art. 25 Einführungsgesetz zum Codice Civile) das für den Vertrag sachlich anwendbare Recht (lex causae) festzustellen und anschließend aufgrund der anwendbaren Rechtsordnung der Abschluß oder Erfüllungsort zu bestimmen.

Die italienischen Gerichte haben jedoch diese Lösung abgelehnt. Vielmehr geht eine gesicherte und ständige Rechtsprechung davon aus, daß nicht die lex causae, sondern die lex fori anzuwenden ist[13].

Wegen der großen Bedeutung der *Entscheidung der Vereinigten Sektionen des Kassationshofes* vom 13. 4. 1965 für den deutsch-italienischen Rechtsverkehr ist auf diesen Spruch ausführlicher einzugehen.

Der Entscheidung lag folgender Sachverhalt zugrunde: Eine deutsche Firma (Käuferin) hatte mit einer italienischen Firma (Verkäuferin) in Deutschland einen Kaufvertrag abgeschlossen. Nachdem die italienische Firma die verkaufte Ware abgeschickt hatte, klagte die italienische Firma gegen die deutsche Firma auf Zahlung des Kaufpreises vor einem italienischen Gericht. Die deutsche Firma bestritt die internationale Zuständigkeit des italienischen Gerichts mit der Begründung, auf den Vertrag habe

---

[10] Vgl. *Cappelletti-Perillo* aaO 87 insbes. Anm. 42.

[11] Vgl. *Morelli* aaO 118; *Cappelletti-Perillo* aaO 87.

[12] Vgl. z. B. *Morelli* aaO 121; *Liebman*, Rivista diritto internazionale privato e processuale I, 1965, 660 ff. mit umfangreichen bibliographischen Hinweisen.

[13] So das Urteil der *Vereinigten Sektionen des Kassationshofes* vom 13. 4. 1965, Nr. 664, Foro Italiano 1965 I 1016 ff.; Giurisprudenza Italiana 1965 I, 1 S 1166 ff. mit Anm. von *Franchi;* Urteil vom 28. 7. 1965, Nr. 1803, Rivista diritto internazionale privato e processuale II 1966, 137 ff.; Urteil vom 24. 5. 1966, Nr. 1324, Rivista diritto internazionale privato e processuale II 1966, 884 ff.

nach Art. 25 der Einführungsbestimmungen zum Codice Civile deutsches Recht Anwendung zu finden („das Gesetz des Ortes, an welchem der Vertrag abgeschlossen worden ist"); da aufgrund der §§ 269 und 270 BGB der Wohnsitz und die gewerbliche Niederlassung des Gläubigers in keinem Fall als Erfüllungsort angesehen werden könnten, nicht einmal dann, wenn Gegenstand der Forderung eine Geldsumme sei, fehle italienischen Gerichten die Gerichtsbarkeit. Da Art. 4 Abs. 2 CPC selbst keinen Hinweis gebe, wie die darin enthaltenen Begriffe zu verstehen sind, müsse zu deren Bestimmung auf das Gesetz Bezug genommen werden, welches den Vertrag regelt, d. h. auf die lex causae, und das sei im vorliegenden Fall deutsches Recht.

Das oberste italienische Gericht führte demgegenüber in seiner Begründung der italienischen Gerichtsbarkeit aus: Da es sich bei den von Art. 4 Abs. 2 CPC gestellten Bedingungen für die Begründung der italienischen Gerichtsbarkeit um Kriterien handelt, die nur unter Zuhilfenahme von Rechtsbegriffen bestimmt werden können, gelte der allgemeine Grundsatz, daß die Bedeutung der Begriffe, die in einer Rechtsnorm enthalten sind, aus der Rechtsordnung, der die Rechtsnorm angehört, entnommen werden muß. Die Abgrenzungsbegriffe müssen deshalb in dem Sinne verstanden werden, der ihnen nach italienischem Recht zukommt. Die Frage der Gerichtsbarkeit stelle eine präjudizielle Frage dar und das Gericht müsse in jedem Fall diese Frage, wie die anderen prozeßrechtlichen Voraussetzungen, als erste prüfen. Erst wenn geklärt ist, daß die prozeßrechtlichen Voraussetzungen gegeben sind, dürfe sich der Richter die Frage vorlegen, ob der in der Klage geltend gemachte Anspruch durch eine Rechtsnorm geschützt ist bzw. welches Recht darauf Anwendung zu finden habe. Die Anwendung von Art. 25 der Einführungsbestimmungen zum Codice Civile setze bereits das Vorliegen italienischer Gerichtsbarkeit voraus.

Mag auch die Argumentation des Kassationshofes in einzelnen Punkten bedenklich und von der italienischen Lehre bestritten sein, so stellt sie doch wohl positives Richterrecht dar [14].

bb) Zur Bestimmung des Entstehungsortes des Schuldverhältnisses nach italienischem Recht

Die Rechtsprechung des Kassationshofes führt im vorliegenden Fall dazu, daß im Hinblick auf die Abgrenzung der italienischen Gerichtsbarkeit der Entstehungsort des Schuldverhältnisses nicht nach seiner lex causae (deutsches Recht), sondern nach italienischem Recht *(lex fori)* zu bestimmen ist.

Die Schwierigkeit des vorliegenden Falles liegt darin, daß das Entstehen eines Schuldverhältnisses zwischen den Parteien streitig ist. Das

[14] So auch neuerdings wieder *Broggini,* Gerichtsstandsvereinbarungen im deutsch-italienischen Handelsverkehr, AWD 1969, 93 (96).

italienische Gericht müßte deshalb bei der Überprüfung seiner internationalen Zuständigkeit der Frage der Begründetheit der Klage insoweit vorgreifen, als festzustellen ist, ob, wie und wo ein Schuldverhältnis entstanden ist. Eine gutachtliche Stellungnahme zu dieser Frage würde zum gegenwärtigen Zeitpunkt bezugslos im Raum schweben, da die deutsche Partei ja behauptet, es sei kein Lizenzvertrag zustande gekommen. Es kann deshalb der allgemeine Hinweis genügen, daß nach italienischer Ansicht bei Verträgen, die im Korrespondenzwege abgeschlossen wurden, der Ort als Entstehungsort der Schuldverhältnisse gilt, an welchem die Annahme zur Kenntnis des Antragsteller gelangt [15].

Italienische Gerichtsbarkeit wäre hiernach gegeben, wenn die italienische Partei nachzuweisen vermag, daß sie der deutschen Partei gegenüber den Antrag auf Abschluß des Lizenzvertrages gestellt habe, und daß ihr die Annahme des Antrages durch die deutsche Partei in Italien zugegangen sei.

cc) Zur Bestimmung des Erfüllungsortes des Schuldverhältnisses

Die italienischen Gerichte, namentlich der Kassationshof, befürworten eine extensive Auslegung der internationalen Zuständigkeit aufgrund des Erfüllungsortes. Im einzelnen gilt folgendes:

Die Rechtsprechung geht vom Bestehen der italienischen Zuständigkeit gegenüber einem Ausländer aufgrund des forum destinatae solutionis auch in den Fällen aus, bei denen die gerichtlich geltend gemachte Forderung nicht innerhalb des italienischen Staatsgebietes zu erfüllen ist, wohl aber andere, aus demselben Rechtsverhältnis entspringende Forderungen.

So hat der *Kassationshof* in seiner Entscheidung vom 18. 9. 1959 (Urteil Nr. 2591) entschieden, daß es bei Verträgen, aus denen zweiseitige Verbindlichkeiten entstehen, für die Begründung der italienischen Jurisdiktion genüge, wenn *eine* dieser Verbindlichkeiten in Italien erfüllt werden muß und zwar auch dann, wenn gerade die andere Verbindlichkeit Gegenstand der anhängigen Klage ist [16].

Dieser Grundsatz scheint heute – trotz der Kritik der Lehre [17] – unstreitig zu sein [18]. Einzelne abweichende Urteile [19] haben sich nicht durchzusetzen vermocht.

---

[15] Vgl. hierzu die insbesondere für den deutsch-italienischen Rechtsverkehr interessante Entscheidung des *Kassationshofes* vom 18. 8. 1959 (Urteil Nr. 2528) und *Happacher*, Die internationale Zuständigkeit der italienischen Gerichte bei Klagen aus einem Schuldverhältnis, AWD 1966, 338 (340).

[16] Vgl. hierzu *Happacher* aaO 340 und *Broggini* aaO 96.

[17] Vgl. etwa *Morelli* aaO 121; *Giuliano* aaO 21 ff.; *Ubertazzi*, Foro Padano 1949 I, 190 ff.; *Franchi*, Giurisprudenza italiana 1966 I, 1 S. 1431 ff.

[18] Vgl. Urteil des *Kassationshofes* vom 16. 5. 1963, Nr. 1242, Giurisprudenza italiana 1966 I, 1 S. 1432 ff. mit Anm. von *Franchi;* Urteil vom 5. 3. 1965, Nr. 370,

Unter den Begriff der „obbligazione" im Sinne von Art. 4 Abs. 2 CPC fallen bei vertraglichen Verbindlichkeiten nicht nur die vertraglichen Leistungspflichten, sondern auch Ersatzverpflichtungen wegen Nichterfüllung oder Schlechterfüllung [20].

In Verbindung mit der Regelung in Art. 1182 Codice Civile, wonach die Verpflichtung zur Zahlung einer Geldsumme am Domizil des Gläubigers erfüllt werden muß, ergibt sich für Schadensersatzforderungen aus dem behaupteten Lizenzvertrag italienische Gerichtsbarkeit.

Im übrigen gilt bezüglich der italienischen Gerichtsbarkeit über Schadensersatzforderungen von Italienern an Ausländern folgender Grundsatz: Ein Schadensersatzanspruch gilt als in Italien entstanden und damit der italienischen Jurisdiktion unterworfen, wenn sich irgend eines seiner Elemente in Italien verwirklicht hat; in diesem Zusammenhang ist bereits ausreichend, daß in Italien durch eine schädigende Handlung außerhalb Italiens Gewinn entgangen ist [21].

III. Zusammenfassung der die italienische Gerichtsbarkeit begründenden Tatumstände

1. Art. 4 Abs. 1 CPC scheidet als die italienische Gerichtsbarkeit begründende Norm aus, sofern die beklagte deutsche Partei in Italien

(1) keine Niederlassung und
(2) keine Agentur unterhält und
(3) durch rechtzeitige Rüge der italienischen Jurisdiktion eine stillschweigende Zustimmung zur italienischen Gerichtsbarkeit ausschließt.

2. Dagegen könnten die von der italienischen Rechtsprechung sehr extensiv ausgelegten Tatbestände des Art. 4 Abs. 2 CPC im vorliegenden Fall italienische Gerichtsbarkeit begründen.

Da über die Ausübung des deutschen Patentrechtes in Italien erst durch den von der italienischen Klägerin angestrebten Prozeß entschieden wird, kann die für Italien erteilte Lizenz nicht als „beni esistenti nella Repubblica" die Gerichtsbarkeit italienischer Gerichte für den angestrebten Prozeß begründen. Die Klägerin wird deshalb aller Wahrscheinlichkeit nach behaupten, daß die aus den Beziehungen zwischen den Parteien hervor-

---

Rivista diritto internazionale privato e processuale I 1965, 357 ff.; Urteil vom 29. 7. 1965, Nr. 1935, Rivista diritto internazionale privato e processuale II 1966, 145 ff.

[19] Z. B. *Corte Appello Milano, sezione IV*, 18. 3. 1952, Foro Padano 1952 I, 835 ff.

[20] Vgl. *Morelli* aaO 121.

[21] Vgl. *Cappelletti-Perillo* aaO 88; *Giuliano* aaO 29 ff. unter Hinweis auf die Entscheidung des *Tribunale di Roma* vom 7. 4. 1959 in der Sache *Ente Petrolifero Italia Medio Oriente ./. The British Petroleum Co., Ltd.*

gegangenen Verbindlichkeiten entweder in Italien entstanden oder dort zu erfüllen sind. In der Klagebegründung der italienischen Partei ist im einzelnen noch nicht näher aufgeführt, auf welche Rechtsbeziehungen sich ihre Forderungen stützen. Nach dem derzeitigen Stand der Ermittlungen sind hier wohl folgende Unterscheidungen angebracht:

a) Rückgabe des für den Erwerb der Herstellungslizenz gezahlten Betrages in Höhe von Lire 2 340 000:

Nach Art. 1182 Codice Civile, wonach die Verpflichtung zur Zahlung einer Geldsumme am Domizil des Gläubigers erfüllt werden muß, ist der Erfüllungsort dieser Verbindlichkeit in Italien und folglich diesbezüglich italienische Gerichtsbarkeit gegeben.

b) Schadensersatz in Höhe von Lire 50 000 000: Aus der Klagevorschrift ergibt sich, daß dieser Betrag geschuldet sein soll „wegen Nichterfüllung des Vertrages durch den Beklagten und Auflösung des Vertrages durch dessen Schuld".

aa) In Italien entstanden ist dieser (behauptete) vertragliche Anspruch nur dann, wenn die italienische Partei behauptet und nachweist, daß ihr die deutsche Annahmeerklärung zu ihrem Vertragsangebot in Italien zugegangen ist und somit – nach der insoweit maßgeblichen italienischen Rechtsauffassung – der Vertrag in Italien geschlossen worden sei. Da hier bei der Prüfung der italienischen Gerichtsbarkeit praktisch schon die Begründetheit des vertraglichen Anspruchs zu erörtern wäre, wird die Klägerin vermutlich behaupten, italienische Gerichtsbarkeit sei gegeben, da der in Geld zu entrichtende Schadensersatzanspruch in Italien zu erfüllen sei (Art. 1182 Codice Civile).

bb) Vorsorglich sei darauf hingewiesen, daß sich auch für einen nicht vertraglichen Schadensersatzanspruch die italienische Gerichtsbarkeit aus Art. 4 Abs. 2 CPC herleiten läßt, da nach der extensiven Auslegung, die diese Vorschrift durch die italienische Rechtsprechung erfahren hat, eine Schadensersatzforderung dann bereits als in Italien entstanden gilt, wenn der italienischen Partei dort Gewinne entgangen sind.

B. ZUM VERTRAGLICHEN AUSSCHLUSS DER ITALIENISCHEN GERICHTSBARKEIT

Da sich bei der Klage eines Italieners gegen einen Ausländer aus Art. 4 CPC – abgesehen von Streitigkeiten, die sich auf im Ausland belegene Immobiliarwerte beziehen – praktisch immer italienische internationale Zuständigkeit ableiten läßt, gewinnt die *vertragliche Prorogation* eines ausländischen Gerichts große Bedeutung.

I. Aber auch hier hat der Gesetzgeber in den meisten Fällen dem Ausschluß italienischer Gerichtsbarkeit einen Riegel vorgeschoben.

Die maßgebliche Vorschrift ist in Art. 2 CPC enthalten:

Art. 2 (Inderogabilità convenzionale della giurisdizione).

„La giurisdizione italiana non può essere convenzionalmente derogata a favore di una giurisdizione straniera, nè di arbitri che pronuncino all'estero, salvo che si tratti di causa relativa ad obbligazioni tra stranieri o tra uno straniero e un cittadino non residente nè domiciliato nella Repubblica e la deroga risulti da atto scritto."

Vertragliche Unabänderlichkeit der Jurisdiktion.

Die italienische Jurisdiktion kann nicht vertraglich zugunsten einer ausländischen Jurisdiktion oder zugunsten von Schiedsrichtern, die im Ausland urteilen, ausgeschlossen werden, es sei denn, es handele sich um eine Streitsache aus einem Schuldverhältnis zwischen Ausländern oder einem Ausländer und einem Inländer, der im Inland weder seinen Wohnsitz noch seine geschäftliche Niederlassung hat, und es erfolge eine schriftliche Vereinbarung.

Hieraus ergibt sich, daß die in Art. 4 CPC sehr weit ausgedehnte italienische Zuständigkeit nur dann zugunsten eines ausländischen Gerichts vertraglich abbedungen werden kann, wenn die Vereinbarung zwischen Ausländern oder zwischen einem Ausländer und einem im Ausland lebenden Italiener geschlossen wird. Diese Voraussetzungen sind im vorliegenden Fall nicht erfüllt.

II. Gerichtsstandsvereinbarungen, die gegen Art. 2 CPC verstoßen, sind nach italienischer Auffassung nichtig[22].

Dies gilt auch dann, wenn der Staat, zu dessen Gunsten prorogiert wurde, die Gegenseitigkeit verbürgt. Die italienische Regelung beruht darauf, daß die dortige Rechtsordnung die inländische Zuständigkeit aufgrund öffentlichen allgemeinen Interesses an der Durchführung der betreffenden Prozesse vor italienischen Gerichten annimmt[23].

---

[22] Vgl. *Cass.* 19. 6. 1928, TWG 1929, 243; *Trib. Genova* 15. 10. 1949, Foro It. Rep. 1949 und die den deutsch-italienischen Rechtsverkehr betreffende, schon oben erwähnte Entscheidung des *Kassationshofes* vom 18. 8. 1959 (Urteil Nr. 2528).

[23] Vgl. *Morelli* aaO 180 ff. Nach *Satta,* Commentario al Codice di procedura civile, Bd. I, 1959, 61 f. liegt im Urteil der rechtliche Charakter der Rechtsordnung; jede Abdingbarkeit der Gerichtsbarkeit würde Abdingbarkeit der Rechtsordnung bedeuten. Hierzu kritisch *Broggini* aaO 93 f.

III.

Schließlich setzt sich Art. 2 CPC in Italien auch gegenüber Art. 1, 2 des eingangs zitierten deutsch-italienischen Abkommens vom 9. 3. 1936 durch, das vertragliche Prorogation eines ausländischen Gerichts zuläßt. Der *Kassationshof* führte in seiner schon mehrfach angeführten Entscheidung vom 18. 8. 1959 (Urteil Nr. 2528) u. a. aus, daß sich dieses Abkommen nur auf die gegenseitige Anerkennung und Vollstreckung der in den beiden Staaten ergangenen Urteile beziehe. Die Vorschriften der Art. 1 und 2 des Abkommens über die Jurisdiktion stellten insbesondere nur eine Voraussetzung für die Anerkennung und Vollstreckung der in einem der beiden Staaten ergangenen Urteile in dem anderen Staat dar, hätte aber nicht eine Änderung der in den beiden Staaten geltenden Bestimmungen über die internationale Zuständigkeit bewirkt, da zwischen den innerstaatlichen Rechtsnormen über die Jurisdiktion und den Bestimmungen des Abkommens über die Anerkennung und Vollstreckung von Urteilen keine Übereinstimmung und auch kein gegenseitiges notwendiges Abhängigkeitsverhältnis bestünde[24].

IV. Zusammenfassung

a) Die deutsche Partei kann sich in Italien nicht darauf berufen, daß sie mit der italienischen Klägerin einen deutschen Gerichtsstand vereinbart hat; auf die sehr strittige Frage, in welcher Form nach italienischem Recht eine derartige Gerichtsstandsvereinbarung zu treffen ist[25] braucht deshalb im vorliegenden Fall nicht eingegangen zu werden.

b) Der Vollständigkeit halber ist darauf zu verweisen, daß die vertragliche Abbedingung des italienischen Gerichtsstandes im deutsch-italienischen Rechtsverkehr nicht völlig bedeutungslos ist; sie kann sich bei der Frage der Anerkennung des italienischen Urteils in Deutschland auswirken – ein Problem, das noch einer späteren Erörterung bedarf.

C. PROZESSUALE FRAGEN

Der deutsche Gutachter muß sich hier auf Grundsätzliches beschränken.

I. Das Fehlen italienischer Gerichtsbarkeit kann in jedem Stadium des Verfahrens und noch vor dem Kassationshof gerügt werden. Allerdings kann der ausländischen Partei, die nicht rechtzeitig rügt, unterstellt werden, sie habe der Jurisdiktion italienischer Gerichte zugestimmt.

---

[24] In der Entscheidung vom 18. 9. 1959 (Urteil Nr. 2591) hat der *Kassationshof* dieselbe Auffassung vertreten.

[25] Vgl. hierzu neuerdings *Broggini* aaO 99 f.

II. Wird vor einem italienischen Gericht dessen internationale Zuständigkeit gerügt, so entscheidet das Gericht über diese Frage durch Beschluß („sentenza", im Gegensatz zur „ordinanza" und dem „decreto", den beiden anderen Entscheidungformen italienischer Gerichte), Art. 279 Abs. 2 (1) CPC. Dieser Beschluß kann selbständig angefochten werden, Art. 340 Abs. 1 CPC. Es besteht jedoch auch die Möglichkeit, daß die durch den Beschluß beschwerte Partei es bei der Entscheidung des Gerichts beläßt und sich ihre Rechte für das Berufungsverfahren vorbehält. Zusätzlich hat jede Partei bis zum Ergehen einer Sachentscheidung das Recht, jederzeit den Kassationshof („Corte di cassazione") mit der Frage der Gerichtsbarkeit zu befassen („regolamento di giurisdizione"), Art. 41 Abs. 1 CPC. Das öffentliche Interesse an Fragen der Gerichtsbarkeit in Italien kommt schließlich darin zum Ausdruck, daß in gewissen Fällen auch der Staat – ohne Partei in anhängigen Verfahren zu sein – das Recht hat, die Frage der italienischen Gerichtsbarkeit dem Kassationshof vorzulegen, Art. 41 Abs. 2 CPC[26].

D. ERGEBNIS

1. Wegen der extensiven Auslegung der italienische Gerichtsbarkeit begründenden Tatumstände in Art. 4 CPC durch die italienische Rechtsprechung (vgl. oben A) und wegen des sehr weit gehenden Verbots der Vereinbarung eines ausländischen (nichtitalienischen) Gerichtsstands in Art. 2 CPC (vgl. oben B), sind die Aussichten auf eine erfolgreiche Anfechtung der internationalen Zuständigkeit des Gerichts in Udine im vorliegenden Fall sehr gering.
2. Trotzdem sollte die deutsche Partei die internationale Zuständigkeit des italienischen Gerichts rügen, um den Anschein einer Zustimmung zur italienischen Gerichtsbarkeit zu vermeiden, damit sie ihrer Rechte bei der Überprüfung der Anerkennung der italienischen Entscheidung in Deutschland nach dem deutsch-italienischen Vollstreckungsabkommen von 1937 nicht verlustig geht.
3. Welche der ihr gebotenen Möglichkeiten die deutsche Partei wahrnimmt, um die italienische Gerichtsbarkeit anzufechten (vgl. oben C), ist Frage der Prozeßtaktik und hängt schließlich davon ab, welche Sachentscheidung vom italienischen Gericht erwartet wird. Der deutsche Gutachter kann hier dem die deutsche Partei vertretenden italienischen Anwalt am Gerichtsort nicht vorgreifen.

---

[26] Vgl. zu den Möglichkeiten, die italienische Gerichtsbarkeit anzufechten, zusammenfassend *Cappelletti-Perillo* aaO 98 f.

2. ANERKENNUNG AUSLÄNDISCHER URTEILE IN VERMÖGENSRECHTLICHEN ANGELEGENHEITEN

Nr. 43

USA (Alabama)

Das Erfordernis der Gegenseitigkeit gem. § 328 Abs. 1 Nr. 5 ZPO ist im Verhältnis der Bundesrepublik Deutschland zum Staate Alabama zu bejahen.

Hamburg G 62/69 26. 6. 1969

Das Landgericht Tübingen bittet in der Zwangsvollstreckungssache Bundesrepublik Deutschland gegen F. um Auskunft über deutsches und amerikanisches internationales Zivilprozeßrecht.

Am 3. 8. 1963 verursachte der Beklagte, ein deutscher Stabsunteroffizier, mit seinem Pkw bei Guntersville (Alabama, USA) einen Verkehrsunfall, indem er mit einem entgegenkommenden Fahrzeug zusammenstieß. Die Insassen dieses Fahrzeugs – ein amerikanisches Ehepaar mit Wohnsitz im Staate Alabama – erhoben vor einem Gericht in Alabama Klage auf Ersatz des erlittenen Schadens. Am 31. 3. 1965 verurteilte das Gericht den Beklagten durch zwei Urteile, an den Kläger Richard W. 2000 $ und an die Klägerin Lois W. 500 $ zu zahlen.

Der Beklagte hatte sich zur Zeit des Unfalls in Alabama befunden, um dort an einem Lehrgang der U. S. Army Ordnance Guided Missile School in Redstone (Alabama) teilzunehmen. Als das amerikanische Gericht am 31. 3. 1965 seine Urteile erließ, war der Beklagte bereits wieder nach Deutschland zurückgekehrt. Jedoch war er in dem Verfahren durch einen Anwalt vertreten.

Gefragt wird, ob die amerikanischen Urteile in der Bundesrepublik anzuerkennen sind.

I. Staatsvertrag

Eine staatsvertragliche Regelung der Anerkennung und Vollstreckung von Gerichtsentscheidungen besteht zwischen den Vereinigten Staaten und der Bundesrepublik Deutschland nicht. Der Freundschafts-, Handels- und Schiffahrtsvertrag vom 29. 10. 1954, der am 14. 7. 1956 in Kraft getreten ist (BGBl. 1956 II 448, 763), sowie das Protokoll dazu (BGBl. 1956 II 502) enthalten in Art. VI bzw. Nrn. 6 und 7 nur Vorschriften über die Anerkennung und Vollstreckung von Schiedssprüchen.

II. § 328 ZPO

Die Anerkennung eines amerikanischen Urteils beurteilt sich deshalb nach der allgemeinen Vorschrift des § 328 ZPO. Von den in Absatz 1 dieser Vorschrift aufgezählten Anerkennungsvoraussetzungen ist im vorliegenden Fall allein die Verbürgung der Gegenseitigkeit (§ 328 I Nr. 5) problematisch. Die Gegenseitigkeit ist dann verbürgt, wenn die Anerkennung eines deutschen Urteils in dem Staat, dessen Urteil in Deutschland vollstreckt werden soll, auf keine wesentlich größeren Schwierigkeiten stößt als die Anerkennung eines ausländischen Urteils in Deutschland. Dabei genügt es, daß die Gegenseitigkeit für ein Urteil der im konkreten Falle fraglichen Art begründet ist (partielle Gegenseitigkeit)[1].

Im folgenden ist daher zu prüfen, ob das Urteil eines deutschen Gerichts, das den Beklagten zur Zahlung eines bestimmten Geldbetrages verurteilt, im Staate Alabama (erheblich) schwieriger zu vollstrecken ist als das vorliegende Urteil in Deutschland.

III. Amerikanisches Recht

1. Bundesrecht und „Uniform Law"

Die Vereinigten Staaten sind kein einheitliches Rechtsgebiet (abgesehen von wenigen Rechtsmaterien, die bundesrechtlich und damit einheitlich geregelt sind); vielmehr hat jeder Einzelstaat sein eigenes internationales und materielles Privat- und Prozeßrecht[2]. Das gilt auch hinsichtlich der Rechtsnormen, welche die Anerkennung ausländischer Entscheidungen regeln[3].

---

[1] Vgl. *BGH* 30. 9. 1964, BGHZ 42, 194 (196). Die ältere Rechtsprechung kann nach dieser Grundsatzentscheidung als überholt angesehen werden.

[2] *Parker,* Das Privatrecht der Vereinigten Staaten von Amerika, 1960, 1 f.; *Ferid-Firsching,* Internationales Erbrecht III, 1961, „USA" Grundzüge C I Randnr. 35 c.

[3] *Peterson,* Die Anerkennung ausländischer Urteile im amerikanischen Recht, 1964, 19, 21 ff.; *Krohn,* Anerkennung und Durchsetzung deutscher Urteile sowie von Schiedsvereinbarungen und Schiedssprüchen in den USA: Monatsschrift der Vereinigung der deutschen Auslandsbeamten 1963, 101 ff.; *Bülow-Arnold,* Internationaler Rechtsverkehr in Zivil- und Handelssachen (Stand 1960) Vereinigte Staaten von Amerika E 991 92; *Deutsch,* Die Anerkennung ausländischer Urteile in den Staaten der USA: ZZP 71 (1958) 321 ff.; *Haidenberger,* Vollstreckung deutscher Urteile in den Vereinigten Staaten, NJW 1958, 1117 ff.

Die National Conference of Commissioners on Uniform State Laws hat zwar ein Modellgesetz ausgearbeitet, das die Anerkennung und Vollstreckung ausländischer Urteile betrifft, soweit diese auf eine Geldsumme lauten. Aber dieser „Uniform Foreign Money-Judgments Recognition Act" ist einstweilen nur von einigen wenigen Staaten angenommen worden, zu denen Alabama nicht gehört[4]. Die Vereinigten Staaten sind daher von einer Rechtseinheit auf diesem Gebiet noch weit entfernt[5]. Ob die Gegenseitigkeit verbürgt ist, muß also für jeden amerikanischen Einzelstaat gesondert geprüft werden[6].

2. Recht des Staates Alabama

Wie in den meisten amerikanischen Einzelstaaten ist auch in Alabama die Anerkennung ausländischer Gerichtsentscheidungen nicht gesetzlich geregelt. Folglich kann die Frage, ob im vorliegenden Fall die Gegenseitigkeit verbürgt ist, nur mit Hilfe der Rechtsprechung in Alabama beantwortet werden. Da diese Rechtsprechung sehr spärlich und wenig entwickelt ist, sollen zunächst die allgemeinen Grundsätze dargestellt werden, die sich in den Gliedstaaten der amerikanischen Union bezüglich der Anerkennung ausländischer Gerichtsentscheidungen herausgebildet haben und denen offenbar auch die Rechtsprechung in Alabama folgt.

Die Frage, ob ausländische Urteile ohne Nachprüfung in sachlicher Hinsicht anzuerkennen sind oder nicht, wird in den USA nicht einheitlich beurteilt. Die moderne Tendenz geht dahin, ausländische Urteile in sachlicher Hinsicht nicht zu überprüfen[7].

Geprüft werden jedoch

a) die Endgültigkeit („finality") des Urteils;
b) die internationale Zuständigkeit („jurisdiction") des ausländischen Gerichts;
c) die Ordnungsmäßigkeit des ausländischen Verfahrens;
d) die Vereinbarkeit des Urteils mit dem ordre public (der „public policy") des anerkennenden Staates;
e) teilweise auch die Gegenseitigkeit („reciprocity")[8].

---

[4] Vgl. Uniform Laws Annotated Bd. 9 B (1966), Nachtrag 1967 S. 16; *Note*, Mich. L. Rev. 64 (1965/66) 308 ff. Der Uniform Enforcement of Foreign Judgments Act – Uniform Laws Annotated Bd. 9 A (1965) 475 ff. – betrifft nur die Anerkennung und Vollstreckung inneramerikanischer Urteile.

[5] Zu den Bemühungen um eine einheitliche Regelung vgl. *Schaaf*, The Recognition of Judgments from Foreign Countries – A Federal-State Clause for an International Convention: Harvard Journal on Legislation 3 (1965) 379 ff.

[6] Vgl. *Peterson* aaO 103.

[7] Vgl. American Jurisprudence Bd. 30 A (1958 mit Nachtrag 1965) „Judgments" §§ 244, 249.

[8] Vgl. American Jurisprudence aaO §§ 245 ff.; *Peterson* aaO 81 ff.; *Bülow-Arnold* aaO 991–93 ff.

Offenbar geht auch die Rechtsprechung in Alabama davon aus, daß ausländische Urteile in sachlicher Hinsicht nicht nachzuprüfen sind, sondern daß eine Nachprüfung nur bezüglich der angeführten Gesichtspunkte zu erfolgen hat[9].

Zu den einzelnen Erfordernissen ist zu bemerken:

a) Die *„finality"* eines Urteils bedeutet die Unabänderlichkeit in derselben Instanz[10].

b) Die *„jurisdiction"* steht einem ausländischen Gericht nach amerikanischer Auffassung bei einer auf Geldzahlung gerichteten Klage gegen eine natürliche Person grundsätzlich nur dann zu, wenn der Beklagte seinen Wohnsitz im Urteilsstaat hat oder wenn ihm die Klage in diesem Staat persönlich zugestellt worden ist oder wenn er sich auf den Prozeß eingelassen hat[11]. Sofern einem ausländischen Gericht nach amerikanischer Auffassung über den Beklagten „jurisdiction" zustand, hat die Rechtsprechung in Alabama im Einklang mit der Praxis anderer Staaten auch Versäumnisurteile anerkannt[12].

c) Die *Ordnungsmäßigkeit* des ausländischen Verfahrens bedeutet, daß eine angemessene Bekanntgabe der Klage („proper notice") erfolgt sein muß, daß dem Unterlegenen rechtliches Gehör gewährt worden sein muß und daß das Urteil nicht durch Arglist („fraud") erschlichen sein darf[13].

d) Die *„public policy"* wird in amerikanischen Entscheidungen nicht selten als Grund für die Nichtanerkennung ausländischer Urteile genannt[14]. Jedoch ergibt eine Analyse der einschlägigen Urteile, daß der „public policy" kaum jemals ausschlaggebende Bedeutung zukommt. Im ganzen zeigt die amerikanische Rechtsprechung gegenüber fremden Auffassungen eine weitgehende Toleranz[15].

e) Die *„reciprocity"* entspricht dem deutschen Begriff der „Gegenseitigkeit"[16].

---

[9] Vgl. *Christian & Craft Grocery Co. v. Coleman*, 27 So. 786 (1900); *Wells v. Wells*, 161 So. 794 (1935).

[10] *Peterson* aaO 62; Restatement Conflict of Laws (1934 mit 1948 Supplement) § 435.

[11] Vgl. *Goodrich-Scoles*, Handbook of the Conflict of Laws, 4. Aufl. 1964, 114 ff.; *Stumberg*, Principles of Conflict of Laws, 3. Aufl. 1963, 69 ff.; *Ehrenzweig*, A Treatise on the Conflict of Laws, 1962, 88 ff. Man spricht hier im Gegensatz zu Fällen einer dinglichen oder quasi-dinglichen Klage, in denen die Belegenheit der Sache im Gerichtsstaat eine „jurisdiction in rem" begründet, von „jurisdiction in personam" (vgl. *Peterson* aaO 40 ff., 93; *Goodrich-Scoles* aaO 102 ff.).

[12] Vgl. *Christian & Craft Grocery Co. v. Coleman* aaO; *Peterson* aaO 91 (mit weiteren Nachweisen in N. 340); American Jurisprudence aaO § 277.

[13] Vgl. *Peterson* aaO 89, 92 f.; *Goodrich-Scoles* aaO 397 f.

[14] Vgl. die Nachweise bei *Perterson* aaO 141 f.

[15] Vgl. *Peterson* aaO S. 97 (mit N. 370), 98, 104; *Goodrich-Scoles* aaO § 211, S. 398 ff.; *Ehrenzweig* aaO 202 f.

[16] Vgl. American Jurisprudence aaO § 258; *Peterson* aaO 103.

IV. Vergleichung

Vergleicht man die Bedingungen, von denen die Gerichte in Alabama die Anerkennung ausländischer (deutscher) Urteile abhängig machen mit den in § 328 ZPO genannten Bedingungen, so ergibt sich folgendes:

a) Die Voraussetzung, daß das anzuerkennende Urteil *endgültig* („final") sein muß, ist grundsätzlich nicht strenger als die deutsche Voraussetzung der Rechtskraft[17].

b) Die in Alabama geforderte *„jurisdiction"* entspricht im wesentlichen der durch § 328 I Nr. 1 postulierten Zuständigkeit. Es werden von den Gerichten in Alabama nämlich jedenfalls der Gerichtsstand des Wohnsitzes (vgl. § 13 ZPO) und der vereinbarte Gerichtsstand (vgl. §§ 38, 39 ZPO) anerkannt. Dies reicht aus, um die Gegenseitigkeit zu bejahen[18].

c) Eine mangelnde *„Ordnungmäßigkeit"* des Verfahrens – also das Versäumnis einer angemessenen Bekanntgabe der Klage, die Verweigerung des rechtlichen Gehörs und die Einwendung, das Urteil sei durch „fraud" erlangt – ist auch nach deutschem Recht zu beachten[19]. Es besteht deshalb auch insoweit kein Grund, die Gegenseitigkeit zu verneinen[20].

d) Der Vorbehalt des *ordre public* findet sich auch im deutschen Recht (§ 328 I Nr. 4 ZPO). In der amerikanischen Praxis spielt dieser Vorbehalt keine größere Rolle als bei uns. Selbst wenn die Gerichte in Alabama jedoch gelegentlich einem deutschen Urteil, das sich nach deutscher Auffassung mit dem deutschen ordre public verträgt, wegen Verstoßes gegen die public policy die Anerkennung versagen sollten, wäre nicht schon deshalb die Gegenseitigkeit zu verneinen[21].

e) Das Erfordernis der *„reciprocity"* findet sich auch im deutschen Recht (§ 328 I Nr. 5 ZPO).

f) Schließlich wird die Gegenseitigkeit auch nicht dadurch ausgeschlossen, daß – anders als nach § 722 ZPO – nach dem Common Law ein ausländisches Urteil nicht als solches für vollstreckbar erklärt wird, sondern die Vollstreckbarkeit nur durch eine *neue Klage* („action upon the judg-

---

[17] Vgl. *BGHZ* 42, 200; *Peterson* aaO 62 f.

[18] Vgl. *BGHZ* 42, 199 f.: Der *BGH* hat in dieser Entscheidung die Gegenseitigkeit als verbürgt angesehen, im Verhältnis zur Südafrikanischen Union, die wie Alabama zum Rechtskreis des Common Law gehört und die Anerkennung ausländischer Entscheidungen von ähnlichen Bedingungen abhängig macht wie Alabama. Der BGH hat es dort ausdrücklich für unerheblich erklärt, daß der deutsche Katalog internationaler Gerichtsstände umfangreicher ist als derjenige der Republik Südafrika und daß folglich manche deutschen Urteile in Südafrika nicht anerkannt werden.

[19] Vgl. *BGHZ* 42, 202 f., 204 f.

[20] Vgl. *BGH* aaO; *Peterson* aaO 104.

[21] Vgl. *BGHZ* 42, 203 f.

ment") erreicht werden kann[22]. Denn es handelt sich insoweit um einen bloß formalen Unterschied[23].

V. Ergebnis

Die Bedingungen, unter denen die Gerichte in Alabama deutsche auf Zahlung erkennende Urteile anerkennen, bedeuten im Vergleich zu den deutschen Anerkennungsvoraussetzungen grundsätzlich keine oder doch jedenfalls keine wesentliche Erschwerung. Die Gegenseitigkeit im Verhältnis zwischen der Bundesrepublik Deutschland und dem Staat Alabama ist deshalb zu bejahen.

---

[22] Zu dieser Methode der Durchsetzung fremder Urteile vgl. *Goodrich-Scoles* aaO Chapter 15 Nr. 204 (mit kritischer Stellungnahme und Hinweis auf Reformbestrebungen).

[23] Vgl. *BGHZ* 42, 205.

3. ANERKENNUNG AUSLÄNDISCHER URTEILE IN EHESACHEN

Siehe auch Nr. 16 (Indonesien/Niederlande)

Nr. 44

Jugoslawien

1. **Kollisionsnormen für Ansprüche zwischen jugoslawischen Eheleuten und für Ansprüche zwischen einem jugoslawischen Kind und seinen Eltern.**
2. **Zum Unterhaltsanspruch der Ehefrau während bestehender Ehe, für die Vergangenheit, bei verschuldetem Getrenntleben und nach Ehescheidung.**
3. **Zum Unterhaltsanspruch des Kindes bei bestehender Ehe und nach Ehescheidung der Eltern.**
4. **Zur Anerkennung eines jugoslawischen Scheidungsurteils und einer von einem jugoslawischen Gericht getroffenen Unterhaltsregelung.**
5. **Zur Rechtskraftwirkung eines jugoslawischen Scheidungsurteils auf die Unterhaltsklagen der Ehefrau und des Kindes vor einem deutschen Gericht.**

Köln 63/69 vom 12. 11. 1969

Das Landgericht Bielefeld hat in dem Rechtsstreit B. ./. B. um ein Gutachten über jugoslawisches internationales und materielles Familienrecht gebeten.

SACHLAGE

Der Beklagte, jugoslawischer Staatsangehöriger, verließ vor acht Jahren Jugoslawien und lebt seither in Deutschland. Seine Ehefrau, die Klägerin zu 1) und das am 24. 2. 1960 geborene eheliche Kind, die Klägerin zu 2), beide ebenfalls jugoslawische Staatsangehörige, blieben in Jugoslawien zurück. Sie verlangen von dem Beklagten Unterhalt. Nach Anhängigkeit des Unterhaltsprozesses erhob der Beklagte am 17. 7. 1967 Ehescheidungsklage vor dem Kreisgericht in Subotica/Jugoslawien.

Die Klägerinnen haben behauptet, die Klägerin zu 1) sei gesundheitlich nicht mehr in der Lage, einer Erwerbstätigkeit nachzugehen, und könne daher sich und die Klägerin zu 2) nicht unterhalten.

Die Klägerinnen haben beantragt,
den Beklagten zu verurteilen,

1. an die Klägerin zu 1) 235.– DM und an die Klägerin zu 2) 65.– DM jeweils nebst 4 % Zinsen seit dem 1. 5. 1967 zu zahlen,
2. an die Klägerinnen vom 1. 6. 1967 an einen am 1. jedes Monats fälligen Unterhalt zu zahlen, und zwar an die Klägerin zu 1) in Höhe von 235.– DM und an die Klägerin zu 2) in Höhe von 65.– DM monatlich.

Der Beklagte hat beantragt,
die Klage abzuweisen.

Er hat vorgetragen, nach jugoslawischem Recht dürfe eine Unterhaltsregelung nur in dem anhängigen Scheidungsprozeß getroffen werden. Seine Unterhaltspflichten habe er im übrigen bisher stets erfüllt. Schließlich könne in Jugoslawien eine dreiköpfige Familie von umgerechnet ca. 100.– DM monatlich leben.

Das Amtsgericht Bielefeld hat mit Urteil vom 29. 12. 1967 der Klage stattgegeben. Gegen das am 2. 2. 1968 zugestellte Urteil hat der Beklagte durch einen Schriftsatz, der am 1. 3. 1968 eingegangen ist, Berufung eingelegt.

Durch Urteil vom 18. 6. 1968 hat das Kreisgericht Subotica/Jugoslawien die Ehe zwischen dem Beklagten und der Klägerin zu 1) aus Verschulden beider Parteien geschieden und den Beklagten verurteilt, der Klägerin zu 2) rückwirkend vom 17. 7. 1967 monatlich 150.– N. Dinar Unterhalt zu zahlen. Das Urteil ist nach erfolgloser Berufung des Beklagten und der Klägerin zu 1) rechtskräftig geworden.

Der Beklagte ist der Ansicht, seine Unterhaltspflicht sei durch das jugoslawische Scheidungsurteil abschließend geregelt. Einen darüber hinausgehenden Unterhalt könnten die Klägerinnen nicht verlangen.

Der Beklagte beantragt,
das angefochtene Urteil abzuändern und die Klage abzuweisen.

Die Klägerinnen beantragen,
die Berufung zurückzuweisen.

Die Klägerin zu 1) ist der Ansicht, das Scheidungsurteil habe ihren Unterhaltsanspruch unberührt gelassen. Ihr stehe nach jugoslawischem Recht zumindest ein angemessener Unterhaltsbetrag zu, den der Beklagte zu zahlen habe.

ANFRAGE

Das Landgericht Bielefeld bittet um Auskunft über das anzuwendende jugoslawische Unterhaltsrecht, insbesondere zu folgenden Fragen:

1. Regelt sich der Unterhaltsanspruch der in Jugoslawien lebenden Jugoslawin gegen den in der Bundesrepublik Deutschland lebenden jugo-

slawischen Ehemann, deren Ehe in der Zwischenzeit in Jugoslawien geschieden ist, nach Art. 11 oder Art. 67 Ehegrundgesetz vom 3. 4. 1946?

2. Seit welchem Zeitpunkt (Verzug, Klageerhebung?) kann die Ehefrau im Prozeß Unterhalt verlangen?
3. Ab welchem Zeitpunkt wirkt das Scheidungsurteil auf den Unterhaltsanspruch der nicht schuldlos geschiedenen Ehefrau zurück (Art. 67 Ehegrundgesetz vom 3. 4. 1946): ab Klageerhebung im Scheidungsrechtsstreit, ab Urteil erster Instanz, ab Rechtskraft des Scheidungsurteils?
4. Seit welchem Zeitpunkt wirkt die Regelung des Scheidungsurteils auf den Unterhaltsanspruch des Kindes? Richten sich die Unterhaltsansprüche des Kindes danach allein nach dem Scheidungsurteil?

RECHTSLAGE

A. DAS ANWENDBARE RECHT

I. Deutsches internationales Privatrecht (IPR)

Eine staatsvertragliche Regelung liegt nicht vor. Insbesondere sind die Normen des Haager Übereinkommens vom 24. 10. 1956[1] hier nicht anwendbar, da Jugoslawien – soweit ersichtlich – diesem Übereinkommen bisher nicht beigetreten ist und die Klägerin zu 2) ihren gewöhnlichen Aufenthalt in Jugoslawien und damit nicht in einem Vertragsstaat hat[2].

Aus Art. 14 Abs. 1 EGBGB, der unstreitig zu einer allseitigen Kollisionsnorm zu erweitern ist, ergibt sich der Grundsatz, daß die persönlichen Ehewirkungen von Ehegatten mit gemeinsamer Staatsangehörigkeit nach deren Heimatrecht zu beurteilen sind[3]. Zu den persönlichen Beziehungen im Sinne des Art. 14 EGBGB gehören auch die gegenseitigen Unterhaltsansprüche der Eheleute[4]. Mithin beruft das deutsche IPR zur Regelung des Unterhaltsanspruchs der Klägerin zu 1) gegen den Beklagten jugoslawisches Recht.

Für das Rechtsverhältnis zwischen Eltern und ehelichem Kind, und damit auch für die Unterhaltsansprüche des Kindes, gibt gemäß Art. 19 EGBGB, der ebenfalls unstreitig zu einer allseitigen Kollisionsnorm zu

---

[1] Haager Übereinkommen über das auf Unterhaltsverpflichtungen gegenüber Kindern anwendbare Recht, BGBl. 1961 II 1013, 1962 II 16.

[2] Vgl. Art. 1 und 6 des Übereinkommens.

[3] *RGZ* 147, 385; *OLG München* NJW 1955, 227; *Soergel-Kegel*, BGB Bd. V, 9. Aufl. 1961, Art. 14 EGBGB Randnr. 1; *Palandt-Lauterbach*, BGB, 28. Aufl. 1969, Art. 14 EGBGB Anm. 2.

[4] *RGZ* 62, 400; *LG Düsseldorf* MDR 1952, 623; *Soergel-Kegel* aaO Art. 14 EGBGB Randnr. 18.

erweitern ist, das Heimatrecht des Vaters Maß[5]. Damit verweist das deutsche IPR auch bezüglich des Unterhaltsanspruchs der Klägerin zu 2) gegen den Beklagten auf jugoslawisches Recht.

Beide Verweisungen gelten vorbehaltlich einer gemäß Art. 27 EGBGB zu beachtenden Rückverweisung[6].

II. Jugoslawisches IPR

Das jugoslawische IPR enthält keine Bestimmungen zur Regelung der Frage, nach welchen Gesetzen die persönlichen Beziehungen zwischen Ehegatten zu beurteilen sind. Das gleiche gilt für das Verhältnis zwischen Eltern und Kindern.

Das jugoslawische Schrifttum geht von dem Grundsatz aus, daß für die persönlichen Beziehungen zwischen Eheleuten das jugoslawische Eherecht maßgibt, es sei denn, beide Ehegatten sind Ausländer[7]. Demnach ist auf den Unterhaltsanspruch der Klägerin zu 1) gegen den Beklagten jugoslawisches materielles Familienrecht anzuwenden.

Auch für das Verhältnis zwischen Eltern und Kindern hat das jugoslawische Schrifttum eine Kollisionsnorm entwickelt. Danach ist für ein jugoslawisches Kind, wenn es in Jugoslawien lebt, stets jugoslawisches Recht anzuwenden[8].

Demnach ist auch der Unterhaltsanspruch der Klägerin zu 2) nach jugoslawischem materiellen Familienrecht zu beurteilen.

Eine Rückverweisung auf das deutsche Recht findet nicht statt.

B. JUGOSLAWISCHES MATERIELLES FAMILIENRECHT

I. Unterhaltsanspruch der Ehefrau

1. Unterhalt während bestehender Ehe

a) Grundsatz

Die persönlichen Rechtsbeziehungen zwischen Ehegatten regelt das Grundgesetz über die Ehe vom 3. 4. 1946[9]. Der für den Unterhaltsanspruch

---

[5] *RGZ* 162, 329; *LG Düsseldorf* MDR 1952, 298; *Erman Marquordt*, BGB Bd. II, 4. Aufl. 1967, Art. 19 EGBGB Anm. 2; *Soergel-Kegel* aaO Art. 19 EGBGB Randnr. 1.

[6] *Soergel-Kegel* aaO Art. 14 EGBGB Randnr. 40 und Art. 19 EGBGB Randnr. 50 jeweils mit Nachweisen aus der Rechtsprechung.

[7] *Eisner*, Medunarodno privatno pravo, 1953, 298 f.; *Blagojević*, Medunarodno privatno pravo, 1950, 296; *Tchirkovitch*, Les dispositions du droit international privé du Code de la famille Yugoslave, Rev. crit. d. i. p. 1952, 221 (231 f.).

[8] *Blagojević* aaO 307; *Tchirkovitch* aaO 237.

[9] Text: *Sluzbeni list* 1946 Nr. 29; Änderungen und Ergänzungen in *Sluzbeni list* 1946 Nr. 37, 1948 Nr. 36, 1951 Nr. 11, 1957 Nr. 52, 1959 Nr. 30.

des Ehegatten während bestehender Ehe maßgebende Art. 11 des Ehegrundgesetzes lautet:

Art. 11:

„Ein Ehegatte, der keine Mittel zum Leben hat und arbeitsunfähig oder arbeitslos ist, hat das Recht auf Unterhalt seitens seines Ehegatten, insofern dieser dazu in der Lage ist.“ [10]

Der andere Ehegatte ist „in der Lage, Unterhalt zu leisten“, wenn seine Einkünfte die Aufwendungen übersteigen, welche er für den eigenen Unterhalt sowie den Unterhalt der unterhaltsberechtigten Familienangehörigen regelmäßig zu erbringen hat [11]. Den Maßstab für die Höhe des Unterhaltsanspruchs bildet grundsätzlich der Lebensstandard der Eheleute vor dem Getrenntleben [12].

b) Unterhalt für die Vergangenheit

Der Unterhaltsanspruch der Ehefrau ist zeitlich begrenzt durch den auch in Jugoslawien geltenden Grundsatz „in praeteritum non vivitur“. Das Grundgesetz über die Ehe bestimmt dies zwar nicht ausdrücklich; es entspricht jedoch der einhelligen Meinung in Rechtsprechung und Literatur Jugoslawiens, daß Unterhalt für die Vergangenheit nicht verlangt werden kann [13]. Da eine Vorschrift, die die Geltendmachung des Unterhaltsanspruchs bereits seit Eintritt des Verzuges gestattet, nicht besteht, kann der bedürftige Ehegatte erst für die Zeit *ab Klageerhebung* Unterhalt verlangen.

c) Unterhaltslage bei verschuldetem Getrenntleben

In Rechtsprechung und Schrifttum Jugoslawiens ist bestritten, ob das Unterhaltsrecht des bedürftigen Ehegatten davon abhängt, daß er an der Zerrüttung der Ehe und damit an dem Getrenntleben keine Schuld trägt. Nach der überwiegenden Ansicht steht das Unterhaltsrecht dem bedürftigen Ehegatten nicht zu, wenn er die Auflösung des gemeinsamen Haushalts verschuldet hat [14]. Mithin hatte die Klägerin zu 1) gegen den Beklagten während bestehender Ehe keinen Unterhaltsanspruch, wenn feststeht, daß

---

[10] Deutsche Übersetzung bei *Bergmann*, Internationales Ehe- und Kindschaftsrecht, Bd. III, 3. Aufl. 1957, Stichwort „Jugoslawien“, 18.

[11] *Blagojević*, Das Eherecht der Föderativen Volksrepublik Jugoslawien, in: *Leske-Loewenfeld*, Rechtsverfolgung im internationalen Verkehr, 3. Aufl. I/1 1. Lieferung 1963, 91; *Prokop*, Komentar osnovnom zakonu o braku, I, 2. Aufl. 1959, 66 f.

[12] *Blagojević* in: *Leske-Loewenfeld* aaO 91; *Prokop* aaO 67.

[13] *Bergmann* aaO 18 Fußn. 2; *Bakić*, Porodica i porodićnopravni odnosi u Jugoslaviji, 1960, 169; *Begovitj*, Prodićno pravo, 3. Aufl. 1957, 182; *Prokop* aaO 68.

[14] *Bergmann* aaO 18 Fußn. 2; *Blagojević* in: *Leske-Loewenfeld* aaO 91; *Prokop* aaO 64–66 mit zahlreichen Nachweisen.

1. die Ehe zerrüttet war und die Zerrüttung von der Klägerin zu 1) zumindest mitverschuldet wurde,
2. diese Zerrüttung der Grund für das Getrenntleben der Ehegatten war.

2. Unterhalt nach Ehescheidung

Gesetzliche Grundlage für einen Unterhaltsanspruch des geschiedenen Ehegatten ist Art. 67 des Ehegrundgesetzes; die Vorschrift lautet:

Art. 67:

„Der unversorgte Ehegatte, der arbeitsunfähig oder arbeitslos ist, an der Ehescheidung aber keine Schuld trägt, hat das Recht zu fordern, daß ihm durch das Scheidungsurteil ein gewisser Betrag als Lebensunterhalt zu Lasten des anderen Ehegatten im Verhältnis zu dessen Möglichkeiten zugesprochen wird." [15]

Ein Unterhaltsanspruch entfällt daher, wenn der bedürftige Ehegatte schuldig geschieden wird, ganz gleich, ob er allein oder beide Ehegatten Schuld an der Scheidung tragen [16].

Fraglich ist jedoch, von welchem Zeitpunkt an der schuldig geschiedene Ehegatte, der während der Ehe unterhaltsberechtigt war, gemäß Art. 67 Ehegrundgesetz keinen Unterhalt mehr verlangen kann. Ob insoweit das Scheidungsurteil ab Klageerhebung, ab Urteil erster Instanz oder ab Rechtskraft wirkt, ist gesetzlich nicht geregelt. Im jugoslawischen Schrifttum wird – soweit ersichtlich – hierauf ebenfalls nicht näher eingegangen, sondern lediglich ausgeführt, daß diese Unterhaltsregelung für die Zeit *nach Ehescheidung* gilt [17]. Dies deutet darauf hin, daß es auf den Zeitpunkt ankommt, in dem die Auflösung der Ehe wirksam wird. Auch der Sinn des Art. 67 Ehegrundgesetz erfordert eine solche Auslegung: Die Veränderung der Unterhaltsrechtslage soll durch die Scheidung der Ehe bedingt sein und kann daher erst dann eintreten, wenn die Scheidung *wirksam* ist. Wirksam aufgelöst ist die Ehe aber erst in dem Zeitpunkt, in dem das Scheidungsurteil *rechtskräftig* wird. Dies entspricht der Rechtslage im Falle der Todeserklärung eines Ehegatten: Auch dort gilt, sofern ein Todestag nicht festgesetzt worden ist, die Ehe erst mit *Rechtskraft* der Gerichtsentscheidung als aufgelöst [18].

Daher werden erst mit Rechtskraft des Scheidungsurteils die Unterhaltsbeziehungen zwischen den Ehegatten durch Art. 67 Ehegrundgesetz geregelt.

II. Unterhaltsanspruch des Kindes

Für die Unterhaltspflicht der Eltern gegenüber ihren Kindern gibt das Grundgesetz über die Beziehungen zwischen Eltern und Kindern vom 1. 2.

---

[15] Deutsche Übersetzung bei *Bergmann* aaO 28.

[16] *Blagojević* in: *Leske-Loewenfeld* aaO 115.

[17] *Blagojević* in: *Leske-Loewenfeld* aaO 114 f.

[18] *Bergmann* aaO 25 Fußn. 1; *Blagojević* in: *Leske-Loewenfeld* aaO 103.

1947 Maß[19]. Die hier einschlägigen Art. 32 Abs. 1, 33, 38 dieses Gesetzes lauten:

Art. 32 Abs. 1:

„Die Eltern sind verpflichtet, ihre Kinder zu unterhalten, wie auch diese verpflichtet sind, ihre Eltern zu unterhalten."

Art. 33:

„Personen, denen die Unterhaltspflicht obliegt, sind in der Reihenfolge ihrer Erbberechtigung zur Unterhaltsleistung verpflichtet.

Obliegt die Unterhaltspflicht mehreren Personen zugleich, so wird sie unter ihnen entsprechend ihren Möglichkeiten aufgeteilt."

Art. 38:

„Wer zum Unterhalt einer anderen Person verpflichtet ist, kann mit Ausnahme der Eltern betreffend ihre Unterhaltspflicht gegenüber ihren Kindern, seiner Pflicht wahlweise durch Zahlung bestimmter Beträge, Aufnahme der zu unterhaltenden Person bei sich oder Sicherstellung des Unterhalts in anderer Art nachkommen.

Der Unterhaltsberechtigte kann aus gerechtfertigten Gründen auf Leistung des Unterhalts durch Zahlung von Geldbeträgen klagen." [20]

Der Beklagte und die Klägerin zu 1) sind mithin der Klägerin zu 2) unterhaltspflichtig. Sie erfüllen gemäß Art. 33 ihre Unterhaltspflicht entsprechend ihrer Leistungsfähigkeit nebeneinander, da sie gemäß Art. 13 des jugoslawischen Erbrechtsgesetzes vom 24. 5. 1955 in gleicher Weise erbberechtigt nach der Klägerin zu 2) sind. (Die Verweisung der Art. 24, 25 EGBGB auf das jugoslawische Erbrecht wird von Art. 155 des jugoslawischen Erbrechtsgesetzes angenommen.) Ist die Klägerin zu 1) nicht in der Lage, zum Unterhalt des Kindes beizutragen, so muß der Beklagte allein für den gesamten Unterhalt aufkommen[21]. Das unterhaltsberechtigte Kind kann gemäß Art. 38 Abs. 2 bei berechtigten Gründen – hier verschiedener Wohnsitz von Kind und Vater – die Leistung des Unterhalts in Geld verlangen.

Nach Scheidung der Ehe zwischen den unterhaltspflichtigen Ehegatten gelten die Art. 32 ff. des Gesetzes über die Beziehungen zwischen Eltern und Kindern fort. Zusätzlich greifen jedoch die Art. 65 Abs. 1 und 66 Satz 1 des Ehegrundgesetzes ein. Diese Vorschriften lauten:

Art. 65 Abs. 1:

„Im Ehescheidungsurteil entscheidet das Gericht über die Obhut, die Erziehung und den Lebensunterhalt der gemeinsamen Kinder."

---

[19] Text: *Sluzbeni list* 1947 Nr. 104.

[20] Übersetzung bei *Bergmann* aaO 47 f.

[21] *OG Woiwodina*, Gz 759/55 b. Smole 1958 Nr. 736, S. 176, mitgeteilt bei *Bergmann* aaO 47 Fußn. 5.

Art. 66 Satz 1:

„Die Höhe des Beitrages für den Lebensunterhalt und die Erziehung der Kinder bestimmt das zuständige Gericht im Verhältnis zu den Möglichkeiten eines jeden der Elternteile.“ [22]

Mithin sind auch nach der Scheidung die finanziellen Möglichkeiten der Eltern der Maßstab für die Höhe ihrer Unterhaltsbeiträge. Der Unterhalt des Kindes soll durch die Scheidung möglichst nicht geschmälert werden. Insgesamt ist hinsichtlich der Höhe des Unterhalts von der Lage auszugehen, in der sich das Kind während der Dauer der Ehe befand [23].

C. AUSWIRKUNGEN DES JUGOSLAWISCHEN SCHEIDUNGSURTEILS AUF DEN UNTERHALTSPROZESS IN DEUTSCHLAND

I. Anerkennung des jugoslawischen Urteils

Auswirkungen auf den Unterhaltsprozeß in Deutschland hat das jugoslawische Scheidungsurteil nur, wenn es in Deutschland anerkannt wird.

Eine staatsvertragliche Regelung der Anerkennung jugoslawischer Urteile in der Bundesrepublik liegt nicht vor [24]. Die Anerkennung richtet sich daher nach Art. 7 FamRÄndG und § 328 ZPO. Da Art. 7 FamRÄndG nur für die Scheidung als solche gilt, auf die in dem Scheidungsurteil enthaltene Unterhaltsregelung aber allein § 328 ZPO anzuwenden ist [25], muß die Frage der Anerkennung des Urteils hinsichtlich der Scheidung und hinsichtlich der Unterhaltsregelung getrennt geprüft werden.

1. Anerkennung der Scheidung

Art. 7 FamRÄndG setzt voraus, daß keiner der in § 328 Abs. 1 Nr. 1–4 ZPO genannten Ausschließungsgründe vorliegt [26]. Da das jugoslawische Gericht gemäß § 606 Abs. 1 ZPO international zuständig war, scheidet § 328 Abs. 1 Nr. 1 ZPO aus. Ebenso fehlen die Voraussetzungen der in § 328 Abs. 1 Nr. 2–4 ZPO enthaltenen Ausschließungsgründe. Auf die ge-

---

[22] Übersetzung bei *Bergmann* aaO 28.

[23] Vgl. *Blagojević* in: *Leske-Loewenfeld* aaO 113.

[24] Insbesondere sind die Vorschriften des Haager Übereinkommens vom 15. 4. 1958 über die Anerkennung und Vollstreckung von Entscheidungen auf dem Gebiet der Unterhaltspflicht gegenüber Kindern – BGBl. 1961 II 1005 – hier nicht anwendbar, da Jugoslawien diesem Übereinkommen – soweit ersichtlich – bisher nicht beigetreten ist; vgl. die Aufzählung der Vertragsstaaten im Fundstellennachweis B, Beil. BGBl. II 164.

[25] *Kegel*, IPR, 2. Aufl. 1964, 303.

[26] *Kegel* aaO 274; *Kleinrahm*, Die Anerkennung ausländischer Entscheidungen in Ehesachen, 1966, 26.

mäß § 328 Abs. 1 Nr. 5 ZPO erforderliche Gegenseitigkeit der Anerkennung wird in Art. 7 § 1 Abs. 1 Satz 2 FamRÄndG ausdrücklich verzichtet.

Mithin sind die Voraussetzungen für eine Anerkennung der Scheidung erfüllt. Eine besondere Feststellung der Anerkennung durch die Landesjustizverwaltung ist, da es sich um eine Gerichtsentscheidung des Heimatstaates beider Ehegatten handelt, nicht erforderlich (Art. 7 § 1 Abs. 1 Satz 4 FamRÄndG).

2. Anerkennung der Unterhaltsregelung

Der Ausschließungsgrund des § 328 Abs. 1 Nr. 1 ZPO liegt hier ebenfalls nicht vor, da das jugoslawische Gericht gemäß § 23a ZPO zur Entscheidung über den Unterhaltsanspruch der Klägerin zu 2) international zuständig war. Weiterhin scheiden die in § 328 Abs. 1 Nr. 2–4 ZPO enthaltenen Ausschließungsgründe aus. Da Art. 7 FamRÄndG für die Unterhaltsregelung nicht gilt, kommt es hier allein darauf an, ob im Verhältnis zwischen der Bundesrepublik und Jugoslawien die *Gegenseitigkeit* im Sinne des § 328 Abs. 1 Nr. 5 ZPO verbürgt ist.

Die Gegenseitigkeit ist als verbürgt anzusehen, wenn die Anerkennung und Vollstreckung eines deutschen Urteils in Jugoslawien auf *„keine wesentlich größeren Schwierigkeiten"* stößt als die Anerkennung und Vollstreckung eines jugoslawischen Urteils in der Bundesrepublik[27]. Es ist nicht erforderlich, daß alle Gerichtsurteile des einen Staates im anderen Staat anerkannt und vollstreckt werden; ausreichend ist vielmehr die sog. „partielle Verbürgung", d. h. das Bestehen im wesentlichen gleichwertiger Voraussetzungen für die Anerkennung und Vollstreckung von Urteilen gleicher Art[28].

Demnach sind zur Klärung der Frage, ob die Gegenseitigkeit verbürgt ist, die Vorschriften beider Rechtsordnungen über die Anerkennung ausländischer Entscheidungen miteinander zu vergleichen. Die maßgeblichen jugoslawischen Vorschriften enthält das Einführungsgesetz zur Zivilprozeßordnung vom 8. 12. 1956[29]. Art. 17–19 dieses Gesetzes lauten:

Art. 17:

„Entscheidungen ausländischer Gerichte in Ehesachen, in Sachen, die Beziehungen zwischen Eltern und Kindern oder die Annahme an Kindes Statt betreffen, sowie andere Entscheidungen dieser Gerichte über den Personenstand (Status-Sachen), werden anerkannt, wenn die folgenden Bedingungen erfüllt sind:

1. wenn nach den in unserem Staate geltenden Bestimmungen über die Zuständigkeit das ausländische Gericht in dieser Sache verfahren konnte;

---

[27] *BGHZ* 42, 194 (196); *Baumbach-Lauterbach* aaO § 328 Anm. 6; *Zöller*, Zivilprozeßordnung, 10. Aufl. 1968, § 328 Anm. 5f.

[28] *BGHZ* 42, 196f.

[29] Text: *Sluzbeni list* Nr. 4/1957.

2. wenn der Person, gegen welche die Entscheidung ergangen ist, die Ladung oder die Anordnung, aufgrund deren das Verfahren eingeleitet worden ist, persönlich zugestellt wurde, oder wenn sich die betreffende Person in irgendeiner Weise auf das Verfahren eingelassen hat;
3. wenn eine Bestätigung des zuständigen ausländischen Gerichts oder eines anderen zuständigen Organes über die Rechtskraft und die Vollstreckbarkeit der Entscheidung nach dem Recht des Staates, in welchem sie ergangen ist, vorliegt;
4. wenn die Gegenseitigkeit gegeben ist."

Art. 18:

„Sind die im vorstehenden Artikel festgelegten Voraussetzungen erfüllt, so kann dennoch die ausländische Entscheidung nicht anerkannt werden,

1. wenn infolge von Verfahrensmängeln die Person, gegen welche die Entscheidung ergangen ist, am Verfahren nicht teilnehmen konnte;
2. wenn die Anerkennung der Entscheidung im Widerspruch zu der öffentlichen Ordnung Jugoslawiens stehen würde.

Bezieht sich die Entscheidung des ausländischen Gerichts auf den Personenstand (Status) eines jugoslawischen Staatsangehörigen, so wird sie nur unter der Voraussetzung anerkannt, daß sie dem jugoslawischen Gesetz, das bei der Entscheidung derartiger Rechtsbeziehungen anzuwenden wäre, nicht widerspricht. Betrifft die Entscheidung des ausländischen Gerichts den Status eines ausländischen Staatsangehörigen, so ist es erforderlich, daß sie von dem Staate, dessen Staatsangehöriger der Betroffene ist, anerkannt wird."

Art. 19:

„Jeder, der hieran ein rechtliches Interesse hat, ist berechtigt, die Anerkennung von Entscheidungen ausländischer Gerichte in Status-Sachen zu beantragen.

Für die Entscheidung über die Anerkennung ist der Einzelrichter des Kreisgerichts zuständig, in dessen Amtsbereich die Anerkennung der Entscheidung durchzuführen ist.

Das Gericht hat sich auf die Prüfung zu beschränken, ob die Voraussetzungen der Artikel 17 und 18 dieses Gesetzes gegeben sind. Zu diesem Zwecke kann das Gericht von dem ausländischen Gericht, welches die Entscheidung, deren Anerkennung beantragt ist, erlassen hat, eine Erklärung anfordern.

Gegen den Beschluß des Gerichts ist die Beschwerde an das höhere Gericht zulässig.

Ist über die Anerkennung einer ausländischen Entscheidung nicht ein Beschluß gemäß den Bestimmungen der vorstehenden Absätze erlassen worden, so kann jedes Gericht im Zivilprozeßverfahren über die Anerkennung einer solchen Entscheidung als Vorfrage entscheiden, jedoch nur mit Rechtswirkung für dieses Verfahren." [30].

---

[30] Deutsche Übersetzung bei *Bergmann* aaO 37.

Vergleicht man diese Vorschriften mit denen des deutschen Rechts, so ergibt sich folgendes:

a) Art. 17 Nr. 1 – internationale Zuständigkeit des ausländischen Gerichts – entspricht dem § 328 Abs. 1 Nr. 1 ZPO.
b) Art. 17 Nr. 2 und Art. 18 Abs. 1 Nr. 1 – Wahrung der prozessualen Rechte der unterlegenen Partei – entsprechen dem § 328 Abs. 1 Nr. 2 ZPO.
c) Art. 17 Nr. 3 – Bestätigung der Rechtskraft und Vollstreckbarkeit – hat zwar im deutschen Recht kein ausdrückliches Gegenstück; jedoch wird unter „Urteil" im Sinne des § 328 ZPO nur eine solche Entscheidung verstanden, die den Prozeß rechtskräftig entscheidet[31].
d) Art. 17 Nr. 4 – Gegenseitigkeit – entspricht dem § 328 Abs. 1 Nr. 5 ZPO. Ebenso wie nach deutschem Recht ist seit dem Inkrafttreten des Einführungsgesetzes zur Zivilprozeßordnung im Jahre 1957 nach jugoslawischem Recht die „materielle Gegenseitigkeit" ausreichend[32]. Einer „diplomatischen Gegenseitigkeit", d. h. einer durch Staatsvertrag vereinbarten Gegenseitigkeit oder einer im Amtsblatt veröffentlichten Regierungserklärung über die Gegenseitigkeit, bedarf es mithin nicht mehr[33].
e) Art. 18 Abs. 1 Nr. 2 – Vorbehalt des ordre public – entspricht dem § 328 Abs. 1 Nr. 4 ZPO.
f) Art. 18 Abs. 2 Satz 1 – Übereinstimmung mit dem jugoslawischen Heimatrecht in Statussachen – entspricht dem § 328 Abs. 1 Nr. 3 ZPO.

Insgesamt läßt sich sagen, daß die Anerkennung eines deutschen Urteils in Jugoslawien auf „keine wesentlich größeren Schwierigkeiten" stößt als die Anerkennung eines jugoslawischen Urteils in Deutschland[34]. Soweit im deutschen Schrifttum die gegenteilige Ansicht vertreten wird[35], kann dies nur darauf beruhen, daß dort die Ersetzung des Erfordernisses der „diplomatischen Gegenseitigkeit" durch das der „materiellen Gegenseitigkeit" im Einführungsgesetz zur neuen jugoslawischen Zivilprozeßordnung von 1956 noch nicht berücksichtigt ist.

Nach allem ist die Gegenseitigkeit im Verhältnis zwischen der Bundesrepublik Deutschland und Jugoslawien als verbürgt anzusehen. Die in dem jugoslawischen Scheidungsurteil getroffene Unterhaltsregelung wird daher in der Bundesrepublik anerkannt.

---

31 *Baumbach-Lauterbach* aaO § 328 Anm. 1 B.
32 *Bergmann* aaO 38; *Blagojević* in: *Leske-Loewenfeld* aaO 119 Fußn. 3.
33 *Bergmann* aaO 38; *Blagojević* in: *Leske-Loewenfeld* aaO 119 Fußn. 3.
34 *Blagojević* in: *Leske-Loewenfeld* aaO 119 Fußn. 3.
35 *Baumbach-Lauterbach* aaO § 328 Anh.; *Bülow-Arnold*, Der internationale Rechtsverkehr in Zivil- und Handelssachen, Stand August 1960, Nr. 953, S. 15.

II. Rechtskraftwirkungen des jugoslawischen Urteils

Welche Auswirkungen das jugoslawische Scheidungsurteil auf die Unterhaltsklagen der Klägerinnen hat, hängt davon ab, ob und inwieweit diesem Urteil sachliche Rechtskraftwirkungen zukommen. Dies richtet sich, da die Wirkungen einer in Deutschland anerkannten ausländischen Entscheidung nach dem Recht des ausländischen Gerichtsstaats zu beurteilen sind, nach jugoslawischem Recht[36]. Die hier einschlägige Bestimmung enthält Art. 322 Abs. 1, 2 der jugoslawischen Zivilprozeßordnung vom 23. 1. 1957[37]. Die Vorschrift lautet:

Art. 322 Abs. 1, 2:

„Ein Urteil, das nicht weiter durch Beschwerde oder Revision angefochten werden kann, wird rechtskräftig, soweit es über den Klage- oder Widerklageanspruch entscheidet.

Während des gesamten Verfahrens achtet das Gericht von Amts wegen darauf, ob die Sache durch rechtskräftiges Urteil entschieden ist. Wird festgestellt, daß ein Prozeß über den Anspruch anhängig wurde, über welchen schon rechtskräftig entschieden worden ist, hat es die Klage zu verwerfen."[38]

Demnach kommt dem jugoslawischen Urteil sachliche Rechtskraft zu. Ihr Umfang reicht soweit, wie über den mit der Klage geltend gemachten Anspruch entschieden ist, d. h. der Urteilstenor bestimmt den Umfang der Rechtskraft. Im einzelnen ist das anfragende Gericht wie folgt gebunden:

1. Unterhaltsklage der Ehefrau

Das jugoslawische Gericht hat zwar nicht über den Unterhaltsanspruch der Ehefrau entschieden[39], so daß der Unterhaltsanspruch als solcher von der Rechtskraft des Urteils nicht erfaßt wird. Es hat jedoch die Scheidung der Ehe *aus Verschulden beider Ehegatten* ausgesprochen und damit rechtskräftig und für das anfragende Gericht bindend eine Voraussetzung für den Unterhaltsanspruch der Klägerin zu 1), nämlich deren Schuldlosigkeit an der Scheidung, verneint. Für die Zeit nach Rechtskraft des Scheidungsurteils kann daher der Klägerin zu 1) kein Unterhalt zugesprochen werden.

---

[36] *OLG Saarbrücken* NJW 1958, 1046; *Kegel* aaO 378 f.; *Riezler*, Internationales Zivilprozeßrecht, 1949, 520.

[37] Text: *Sluzbeni list* Nr. 4/1957.

[38] Deutsche Übersetzung in: *Berichte des Osteuropa-Instituts an der Freien Universität Berlin*, Heft 33: Zivilprozeßordnung der Föderativen Volksrepublik Jugoslawien, 1967, 85.

[39] Dies ergibt sich aus dem Tenor des in den Akten befindlichen jugoslawischen Urteils.

Bei der Entscheidung, ob der Klägerin zu 1) auch für den Zeitraum zwischen Erhebung der Unterhaltsklage und Rechtskraft des Scheidungsurteils wegen verschuldeten Getrenntlebens kein Unterhaltsanspruch zusteht, ist das anfragende Gericht ebenfalls an den rechtskräftigen Schuldspruch des Scheidungsurteils gebunden. Das anfragende Gericht muß daher davon auszugehen, daß die Klägerin zu 1) an der Zerrüttung der Ehe nicht schuldlos war. Es ist lediglich noch aufzuklären, ob die von der Klägerin zu 1) mitverschuldete Zerrüttung der Ehe der Grund für das Getrenntleben der Ehegatten jedenfalls in dem Zeitraum zwischen Erhebung der Unterhaltsklage und der Rechtskraft des Scheidungsurteils war. Kann das bejaht werden, so ist die Unterhaltsklage auch für diesen Zeitraum abzuweisen.

2. Unterhaltsklage des Kindes

Über den Unterhaltsanspruch der Klägerin zu 2) für den Zeitraum zwischen Erhebung der Unterhaltsklage in Deutschland und Erhebung der Scheidungsklage am 17. 7. 67 in Jugoslawien hat das jugoslawische Urteil nicht entschieden, so daß seine sachliche Rechtskraft insoweit einer Entscheidung des anfragenden Gerichts nicht entgegensteht.

Soweit es um den Unterhaltsanspruch der Klägerin zu 2) für den Zeitraum nach Erhebung der Scheidungsklage geht, ist jedoch das anfragende Gericht gemäß § 322 der jugoslawischen ZPO an die Unterhaltsregelung des Scheidungsurteils gebunden. Daher kann das Gericht, sofern es nicht schon insoweit das Rechtsschutzbedürfnis für die Unterhaltsklage der Klägerin zu 2) verneint [40], für den Zeitraum nach Erhebung der Scheidungsklage allenfalls zu einem mit der jugoslawischen Unterhaltsregelung inhaltlich übereinstimmenden Sachurteil kommen [41].

D. ERGEBNIS

1. Unterhaltsstatut ist das jugoslawische Recht.
2. Nach jugoslawischem Recht steht dem Ehegatten, der keine Mittel zum Leben hat und arbeitsunfähig ist, ein Unterhaltsanspruch gegen seinen Ehegatten zu, sofern dieser leistungsfähig ist. Der Unterhalt kann rückwirkend nur seit Klageerhebung geltend gemacht werden. Seine Höhe richtet sich nach dem Lebensstandard der Ehegatten vor dem Getrenntleben.
3. Dem Ehegatten, der die Auflösung des gemeinsamen Haushalts verschuldet hat, steht ein Unterhaltsanspruch nicht zu.

---

[40] So z. B. *Beitzke*, RabelsZ 30 (1966) 642 (660); *Riezler* aaO 521.

[41] *BGH* NJW 1964, 1626 = MDR 1964, 587.

4. Nach Rechtskraft des Scheidungsurteils kann der nicht schuldlos geschiedene Ehegatte Unterhalt nicht mehr verlangen.
5. Eltern sind ihren Kindern unterhaltspflichtig. Bei Leistungsunfähigkeit des einen Elternteils muß der andere Elternteil im Rahmen seiner Fähigkeiten für den gesamten Unterhalt aufkommen. Lebt der unterhaltspflichtige Ehegatte von seinem Kind getrennt, so kann dieses auf Leistung des Unterhalts in Geld klagen.
6. Sowohl die in dem jugoslawischen Urteil ausgesprochene Scheidung als auch die Unterhaltsregelung werden in der Bundesrepublik anerkannt.
7. Die sachliche Rechtskraft des jugoslawischen Urteils bindet das anfragende Gericht soweit, wie das Urteil über das Klagebegehren entschieden hat. Das Gericht ist daher an den Ausspruch des Verschuldens beider Ehegatten an der Scheidung sowie an die Entscheidung über den Unterhaltsanspruch des Kindes seit Erhebung der Scheidungsklage gebunden.

Nr. 45

Libanon/Ägypten

1. Anerkennung eines deutschen Ehescheidungsurteils im Libanon.

2. Einfluß des Erwerbs einer weiteren Staatsangehörigkeit auf die für die Ehescheidung gültigen Gesetze.

3. Libanesisches interkonfessionelles Recht: Einfluß des Übertritts nur eines Ehegatten zu einer anderen Religionsgemeinschaft auf das für die Ehescheidung gültige Recht.

Heidelberg 203/69 vom 14.7.1969

Das Landgericht Heilbronn bittet das Institut für ausländisches und internationales Privat- und Wirtschaftsrecht der Universität Heidelberg in der Ehescheidungssache Ch. gegen Ch. um Auskunft über libanesisches und internationales Zivilprozeß- und Ehescheidungsrecht. Dem Auskunftersuchen liegt folgender Sachverhalt zugrunde:

Die Parteien haben am 27. 1. 1943 vor dem maronitischen Patriarchat in Heliopolis/Ägypten die Ehe miteinander geschlossen. Sie besaßen zu diesem Zeitpunkt beide die ägyptische Staatsangehörigkeit und gehörten der maronitischen Religionsgemeinschaft an.

In den Jahren 1952/53 siedelten die Parteien nach Beirut/Libanon über und erwarben die libanesische Staatsangehörigkeit. Im Jahre 1955 trennten sich die Parteien. Der Kläger ging im Jahre 1959 nach Deutschland, wo er mit Ausnahme des Jahres 1961, das er in Frankreich verbrachte, bis heute lebt. Der Ehemann ist am 24. 5. 1967 in Schwäbisch Hall zur Evangelischen Kirche übergetreten.

Aus der Ehe der Parteien sind zwei Kinder hervorgegangen, der am 16. 11. 1943 geborene Paul und die am 2. 1. 1951 geborene Mona. Die Parteien leben seit 1955 getrennt. Zwischen den Parteien besteht keine Verbindung mehr.

Es wurde vergeblich versucht, der Beklagten die Ehescheidungsklage unter ihrer letzten Adresse in Beirut zuzustellen. Daraufhin bewilligte das Landgericht Heilbronn die öffentliche Zustellung der Klage, die durchgeführt wurde.

Es soll die Frage beantwortet werden:

„ob Ehescheidungen deutscher Gerichte vom libanesischen Staat im Hinblick auf libanesische Staatsangehörige für den Fall anerkannt werden, daß der gewöhnliche Aufenthaltsort des Mannes im Inland gelegen und dieser evangelischer, die Frau maronitischer Konfession ist."

A. INTERNATIONALPROZESSRECHTLICHE FRAGE

Es ist zu prüfen, ob das Landgericht Heilbronn zur Scheidung der Ehe international zuständig ist.

Nach § 606 b ZPO kann dann, wenn keiner der Ehegatten die deutsche Staatsangehörigkeit besitzt, in der Sache nur entschieden werden, wenn u. a. der gewöhnliche Aufenthaltsort des Mannes oder der Frau im Inland gelegen ist und nach dem Heimatrecht des Mannes die von dem deutschen Gericht zu fällende Entscheidung anerkannt werden wird [1].

I. Das Merkmal des gewöhnlichen Aufenthalts ist dann gegeben, wenn sich jemand an einem bestimmten Ort längere Zeit, wenn auch nicht ununterbrochen, aber doch hauptsächlich aufzuhalten pflegt. Es muß sich um den tatsächlichen Mittelpunkt seines Daseins handeln, an dem er regelmäßig seine Wohnung oder sein sonstiges Nacht- und Ruhequartier hat [2].

Da der Kläger seit 1959 mit nur einjähriger Unterbrechung seinen Wohnsitz in Deutschland hat, kann davon ausgegangen werden, daß er hier auch seinen gewöhnlichen Aufenthalt im Sinne der Vorschrift hat.

---

[1] Die Prüfung nach dem Heimatrecht des Mannes verstößt nach h. M. nicht gegen den Gleichberechtigungsgrundsatz, vgl. etwa *Baumbach-Lauterbach*, ZPO, 29. Aufl. 1966, § 606 b Vorbem. 8; anderer Ansicht, *Sturm*, Zur Gleichberechtigung im deutschen internationalen Privatrecht, in Rechtsvergleichung und Rechtsvereinheitlichung, Festschrift zum fünfzigjährigen Bestehen des Instituts für ausländisches und internationales Privat- und Wirtschaftsrecht der Universität Heidelberg, 1967, 155 ff.

[2] So etwa *Stein-Jonas-Pohle-Schlosser*, ZPO, 19. Aufl. 1968, § 606 Anm. II 1; vgl. auch *OLG Düsseldorf* 28. 6. 1944, DR 1944, 628.

II. Weiterhin ist erforderlich, daß die von dem deutschen Gericht zu fällende Entscheidung vom Heimatstaate des Mannes anerkannt werden wird. Dabei genügt es nicht, wenn deutsche Scheidungsurteile im Heimatstaat des Mannes prinzipiell anerkannt werden; es muß vielmehr gerade das erstrebte Urteil aller Voraussicht nach Anerkennung finden, wobei es genügt, wenn die Anerkennung mit großer Wahrscheinlichkeit erwartet werden kann[3].

Nach diesen Gesichtspunkten ist zu prüfen, ob ein Urteil des deutschen Gerichts vom Heimatrecht des Klägers anerkannt werden würde.

1. Der Kläger besaß ursprünglich die ägyptische Staatsangehörigkeit. Später erwarb er die libanesische. Es ist zu untersuchen, ob er dadurch Doppelstaater wurde oder die ägyptische Staatsangehörigkeit verloren hat. Die Frage des Verlustes der ägyptischen Staatsangehörigkeit durch Erwerb einer fremden Staatsangehörigkeit ist in Art. 11 des Gesetzes Nr. 160 vom 13. Sept. 1950[4] geregelt. Dieser lautet:

„(I) Kein Ägypter kann eine fremde Staatsangehörigkeit erwerben, es sei denn, daß ihm vorher durch Dekret die Zustimmung hierzu erteilt wurde.

(II) Der Ägypter, der eine fremde Staatsangehörigkeit ohne vorherige Zustimmung erwirbt, gilt in jeder Hinsicht und in allen Fällen weiter als Ägypter, es sei denn, daß ihm die ägyptische Regierung nach den Vorschriften des Artikels 15 die Staatsangehörigkeit aberkennt."

Da aus dem Sachverhalt nicht hervorgeht, ob dem Kläger die ägyptische Staatsangehörigkeit aberkannt wurde, ist es zumindest möglich, daß er durch den Erwerb der libanesischen Staatsangehörigkeit Doppelstaater wurde und blieb. Auch das libanesische Staatsangehörigkeitsrecht steht dieser Möglichkeit nicht entgegen, da es den Erwerb seiner Staatsangehörigkeit nicht von dem vorherigen Verlust der fremden abhängig macht[5].

Es ist daher zu prüfen, welches Recht im Falle einer doppelten Staatsangehörigkeit als das Heimatrecht im Sinne des § 606 b ZPO anzusehen ist. Die Frage der Anknüpfung bei Doppel- oder Mehrstaatern ist streitig. Während Raape sich für eine abstrakte grundsätzliche Lösung ausspricht[6] und z. B. an das Recht des Wohnsitzes anknüpfen will, knüpft Kegel an das Recht des Staates an, zu dem die betreffende Person die engsten Beziehungen hat[7], und stellt hierzu eine Reihenfolge von Kriterien auf, nach denen sich die Hilfsanknüpfung bestimmen soll: gewöhnlicher Aufenthalt, letzter gewöhnlicher Aufenthalt, schlichter Aufenthalt, letzter schlichter

---

[3] Vgl. *Gamillscheg*, Anmerkung zu *LG Hannover* 19. 4. 1961, JZ 1963, 23; *Stein-Jonas-Pohle-Schlosser* aaO § 606 b Anm. III 1 b.

[4] Von diesem Gesetz ist wegen des Zeitpunktes der Einbürgerung im Libanon auszugehen.

[5] Vgl. *Bergmann*, Internationales Ehe- und Kindschaftsrecht, Libanon, S. 1 f; A. *al-Ḫaṭīb*, al-Aḥwāl aš-šaḫṣiya, Beirut 1962, S. 243.

[6] Vgl. *Raape*, IPR, 5. Aufl. 1961, 56.

[7] *Kegel*, IPR, 2. Aufl. 1964, 156.

Aufenthalt, zuletzt erworbene Staatsangehörigkeit usw. Diese Lösung erscheint praktikabel. Sie hat auch in die Rechtsprechung Eingang gefunden[8].

Sie gilt allerdings nur, wenn keine der Staatsangehörigkeiten die deutsche ist[9].

Da der Kläger seinen letzten Wohnsitz im Libanon hatte, die später erworbene Staatsangehörigkeit die libanesische ist und – soweit ersichtlich – zu Ägypten keine Beziehungen mehr bestehen, ist auch für den Fall, daß der Kläger Doppelstaater ist, nur die libanesische Staatsangehörigkeit maßgebend. Es ist daher zu prüfen, ob das libanesische Recht das deutsche Ehescheidungsurteil anerkennen wird.

2. Die Frage der Anerkennung und Vollstreckbarkeit ausländischer Urteile ist im Libanon durch ein in neuerer Zeit erlassenes Gesetz geregelt[10].

Nach Art. 2 dieses Gesetzes wird hinsichtlich der Anerkennung ausländischer Urteile – ähnlich wie etwa in Frankreich – zwischen Leistungsurteilen und Statusurteilen unterschieden. Art. 4 Abs. 1 bestimmt für die Statusurteile, daß sie auch ohne Exequatur Wirksamkeit entfalten, es sei denn, sie sind Gegenstand eines Streites. Eine weitere Ausnahme vom Grundsatz der Anerkennung ausländischer Statusentscheidungen ohne Exequatur enthält Abs. 2, wonach Eintragungen und Berichtungen in standesamtlichen Registern des Exequaturs bedürfen, da sie als Vollstrekkungsmaßnahme und nicht als Anerkennungsmaßnahme gelten. Die Erteilung des Exequaturs bezüglich eines Scheidungsurteils ist auch dann erforderlich, wenn einer der Ehegatten sich wieder verheiraten will. Schließlich bedarf ein Scheidungsurteil immer dann des Exequaturs, wenn ein ausländisches weltliches Gericht an Stelle eines libanesischen religiösen Gerichts entschieden hat. Es wird jedoch erteilt, wenn das weltliche Gericht das religiöse Recht angewendet hat, das das libanesische religiöse Gericht hätte anwenden müssen[11].

Es ist somit festzustellen, daß im vorliegenden Fall die Erteilung eines Exequaturs durch ein libanesisches Gericht erforderlich wäre.

3. Das Exequatur wird unter folgenden Voraussetzungen erteilt:

a) Es muß das international zuständige Gericht entschieden haben. Ist die Zuständigkeit nicht allein durch die Staatsangehörigkeit des Klägers begründet worden, so beurteilt sich diese Frage nach dem Gesetz des Gerichtsstaates, hier also deutschem Recht. Da die Zuständigkeit nach

---

[8] Vgl. *OLG Hamburg* 30. 9. 1958, IPRspr. 1958/59 Nr. 122, S. 427.

[9] Vgl. Raape, Kegel aaO.

[10] Ges. Nr. 73/67 v. 19. 12. 1967, abgedruckt in: Maǧmūʿāt at-tašrīʿ al-libnānī, hrsg. v. S. *Abī Nādir,* Bd. 5, S. 85 ff.

[11] Vgl. zu letzterem Fall Art. 30 des Ges. v. 2. 4. 1951; P. *Gannagé,* Observations sur l'éffets des jugements étrangers de divorce dans un système juridique non laicisé, Revue critique de droit international privé 1958, 675, 678 ff.

§ 606b ZPO in vorliegendem Fall auf den gewöhnlichen Aufenthalt abstellt, ist diese Voraussetzung hier erfüllt.

b) Das Urteil muß grundsätzlich rechtskräftig sein.

c) Dem Beklagten bzw. dem später Verurteilten muß die Klagschrift zugestellt worden sein, und seine Verteidigungsrechte dürfen auch in sonstiger Weise nicht beeinträchtigt worden sein.

d) Das Urteil muß in einem Staat ergangen sein, der grundsätzlich auch libanesische Urteile anerkennt (Gegenseitigkeit).

e) Der libanesische ordre public darf nicht verletzt worden sein [12].

Auch die Voraussetzungen unter b), d) und e) liegen vor, bzw. es ist davon auszugehen, daß sie durch das Verfahren von einem deutschen Gericht eingehalten werden. Hinsichtlich der Voraussetzung unter c) ist allerdings fraglich, ob die im vorliegenden Fall durchgeführte öffentliche Zustellung der Klageschrift genügt.

Schließlich bestimmt Art. 7 des Ges. v. 19. 12. 1967, daß der libanesische Richter grundsätzlich bei der Erteilung des Exequaturs keine „révision au fond", d. h. keine Überprüfung des Urteils in materieller Hinsicht vornehmen darf. Eine Ausnahme hiervon wird vor allem dann gemacht, wenn libanesische Urteile in dem betreffenden Land nicht vollstreckt werden können [13].

Es kann daher erwartet werden, daß das Urteil des Landgerichts Heilbronn im Libanon anerkannt wird. Die internationale Zuständigkeit dieses Gerichtes i. S. von § 606b ZPO ist damit gegeben.

B. INTERNATIONALPRIVATRECHTLICHE FRAGE

1. Nach Art. 17 EGBGB sind für die Scheidung der Ehe die Gesetze des Staates maßgebend, dem der Ehemann zur Zeit der Erhebung der Klage angehört. Nach dem oben zu § 606b ZPO Ausgeführten gilt als Heimatrecht des Mannes hier das libanesische Recht, unabhängig davon, ob der Kläger beim Erwerb der libanesischen Staatsangehörigkeit die ägyptische verloren hat oder ob er Doppelstaater ist.

Auch für einen eventuellen Klageantrag auf Trennung von Tisch und Bett ist Art. 17 EGBGB maßgebend. Dem deutschen Recht ist das Rechtsinstitut der Trennung der Ehe zwar unbekannt und es enthält darüber keine Regelung. Da aber Art. 17 EGBGB die einzige Vorschrift ist, die etwas über die Auflösung der Ehe besagt und da Ausländern der notwendige Rechtsschutz vor deutschen Gerichten nicht versagt werden kann, müssen, soweit nach Art. 17 EGBGB ausländisches Scheidungsrecht anzu-

---

[12] Vgl. Art. 6 des Gesetzes Nr. 73/67 v. 19. 12. 1967.

[13] Art. 6 Abs. 4 des Gesetzes Nr. 73/67 v. 19. 12. 1967.

wenden ist, darunter auch die ausländischen Vorschriften fallen, die den Ausspruch der Trennung von Tisch und Bett vorsehen. In Anwendung der Vorschriften des ausländischen Rechts können deutsche Gerichte dann auf Trennung von Tisch und Bett erkennen. Dies ergibt sich insbesondere daraus, daß die Trennung in manchen Ländern die einzige Möglichkeit ist, Ehepartner von ihren ehelichen Pflichten zu entbinden, wenn die Ehe zerbrochen ist. Die Trennung ist insofern mit der deutschen Scheidung vergleichbar[14].

Allerdings kann die Anwendung der Vorschrift des Art. 17 Abs. 4 EGBGB als einer besonderen Ausgestaltung des in Art. 30 EGBGB statuierten ordre public nicht außer Betracht bleiben. Auf Trennung kann deshalb im Inland nur erkannt werden, wenn kumulativ nach ausländischem Gesetz die Trennung und nach deutschem die Scheidung zulässig wäre[15].

2. Es ist jedoch zu prüfen, ob das libanesische Recht auf ein anderes Recht weiterverweist[16].

Nach libanesischem Recht ist eine Scheidung nach dem Heimatrecht beider Ehegatten durchzuführen, falls sie eine gemeinsame Staatsangehörigkeit besitzen[17].

Jedoch könnte hier anderes gelten, da Heimatrecht des Klägers und der Beklagten früher ägyptisches Recht war.

Nach Art. 19/2 des Gesetzes vom 2. 4. 1951 ist ein nach der Eheschließung erfolgter Wechsel der Staatsangehörigkeit ohne Einfluß auf das anzuwendende Recht. Eine Entscheidung der *Cour de Cassation libanaise* schränkt diesen Grundsatz jedoch dahin ein, daß ein Wechsel der Staatsangehörigkeit beider Ehegatten auch das auf die Ehe anwendbare Recht ändert[18].

Eine Anmerkung zu diesem Urteil[19] stimmt der Entscheidung mit der Einschränkung zu, daß die Staatsangehörigkeit nicht aus Gründen der Gesetzesumgehung gewechselt wurde. Da für letzteres keine Anhaltspunkte vorhanden sind, findet eine Weiterverweisung nicht statt und es bleibt bei der Anwendung libanesischen Rechts.

3. *Interkonfessionelle Frage*

Die libanesische Rechtsordnung kennt kein allgemeines staatliches Familienrecht. Vielmehr ist weitgehend das religiöse Recht der anerkann-

---

[14] Vgl. *BGH*, 22. 3. 1967, BGHZ 47, 327 ff. = JZ 1967, 671 m. Anm. *Heldrich* = NJW 1967, 2109 ff. mit ausführlichen Hinweisen auf die früher entgegengesetzte Rechtsprechung; *Soergel-Kegel*, BGB Bd. V, 9. Aufl. 1961, Art. 17 EGBGB Randnr. 17.

[15] *BGH* aaO, *Soergel-Kegel* aaO.

[16] Vgl. Art. 27 EGBGB.

[17] Vgl. *Naim*, al-Muğaz fil-qānūn ad-dawlī al-ḫāṣ, 2. Aufl. 1963, 126, 129.

[18] Urt. v. 26. 1. 1959, Journal du Droit International 1961, 174; zum Wechsel der Staatsangehörigkeit vgl. *Gannagé* aaO 687 ff.; *Tyan*, Précis de droit international privé, Paris 1966, 181 ff.; *Naim* aaO 128.

[19] aaO 178.

ten Religionsgesellschaften anzuwenden, denen die betreffenden Personen angehören[20].

Zum Zeitpunkt der Eheschließung und des Erwerbs des libanesischen Personalstatuts gehörten die Parteien der katholischen maronistischen Kirche an. Später ist der Kläger zum evangelischen Glauben übergewechselt. Es ist daher zu prüfen, ob dieser Konfessionswechsel nach den libanesischen Gesetzen anerkannt wird. Nach Art. 41 Abs. 1 eines Gesetzes betreffend die Registrierung von Personenstandsakten v. 7. 12. 1951 muß jeder Antrag auf Konfessionswechsel an das Standesamt zur Berichtigung des Registers geleitet werden. Diesem Antrag ist eine Bescheinigung des Oberhauptes der (neuen) Konfession beizufügen, aus der sich ergibt, daß der Betreffende in die Religionsgemeinschaft aufgenommen wird. Zum eigentlichen Übertritt muß der Betreffende mit zwei Zeugen beim Standesbeamten erscheinen, um seinen Übertritt zu erklären, worüber ein Protokoll aufgenommen wird. Nach Abs. 2 dieser Vorschrift muß dieses Verfahren bei Personen, die im Ausland leben, vor dem zuständigen Konsulat durchgeführt werden.

Nach dem Inhalt der Akten kann wohl davon ausgegangen werden, daß ein solches Verfahren nicht stattgefunden hat.

Es ist jedoch fraglich, ob diesem Verfahren überhaupt konstitutive Bedeutung zukommt oder ob es sich nur um reine Formvorschriften handelt. Eine frühere Vorschrift, die ebenfalls den Konfessionswechsel regelte[21], war nämlich so gefaßt, daß zunächst jedem Geschäftsfähigen der Übertritt zu einer anderen Religionsgemeinschaft durch einfache Willenserklärung gestattet wurde und das standesamtliche Berichtigungsverfahren lediglich als Kannvorschrift gefaßt war. Es spricht daher viel dafür, daß auch das neue Gesetz eine Unterscheidung zwischen eigentlicher Übertrittserklärung, der zivilrechtliche Wirkung zukommt, und dem standesamtlichen Berichtigungsverfahren als Formvorschrift zuläßt.

Wäre das der Fall, so könnte der Übertritt des Klägers im vorliegenden Fall für die Frage der Rechtsanknüpfung als ausreichend angesehen werden, da insoweit für die Form Art. 11 EGBGB anwendbar wäre.

Die Entscheidung der Frage kann jedoch für den vorliegenden Fall dahingestellt bleiben, da auf eine Ehescheidung nach libanesischem Recht das Recht, nach welchem die Ehe geschlossen wurde, anzuwenden ist. Dieses Recht würde sich nur dann ändern, wenn beide Ehegatten die Konfession wechselten und dies nicht geschieht, um das Recht zu umgehen[22].

---

[20] Vgl. P. *Gannagé*, in: Le Droit Libanais, Paris 1963, Bd. 1, 53 ff.; *A. al-Ḫaṭīb*, az-Zawāǧ, Beirut 1960, 7 ff.

[21] Arrêté Nr. 60 v. 13. 3. 1936, Art. 11; vgl. F. *Šbāṭ*, Tanẓīm al-aḥwāl aš-šaḫṣiya li-ġayri l-muslimīn, Kairo 1966, 17 f.

[22] Vgl. Art. 23 des Arrêté Nr. 60 L/R v. 13. 3. 1936 und die Anmerkung zum oben zitierten Urteil der *Cour de Cassation* aaO 178.

Art. 23 aaO lautet auf Deutsch:

„I. Wechselt einer der Ehegatten seine Religionsgemeinschaft, so bleiben die Ehe sowie die Urkunden, die die persönliche Rechtsstellung (Personalstatut) betreffen, dem Rechte unterstellt, nach dem die Ehe geschlossen bzw. die Urkunden errichtet wurden.

II. Wechseln beide Ehegatten die Religionsgemeinschaft, so werden die Ehe sowie die Urkunden, die die persönliche Rechtsstellung (Personalstatut) betreffen, dem Rechte der neuen Religionsgemeinschaft vom Zeitpunkte des Eintrags des Verlassens der alten Religionsgemeinschaft in den Personenstandsregistern unterstellt.

III. (betr. Kinder)"

Auf die Scheidung der Ehe ist daher maronitisches Recht anzuwenden[23].

C. MATERIELLRECHTLICHE FRAGE

Für die orientalisch-katholischen Religionsgemeinschaften, zu denen die Maroniten gehören, gilt die familienrechtliche Regelung, die durch ein apostolisches Motu proprio des Papstes Pius XII. vom 22. März 1949 erlassen wurde. Gemäß Canon 2/2 dieser Regelung ist die Ehe ihrer Natur nach unauflösbar. Weder eine Zivil- noch eine religiöse Instanz kann das Band der Ehe auflösen, wenn die Ehe rechtsgültig geschlossen und vollzogen ist (Canon 107). Allein der Tod eines der Ehegatten gewährt dem überlebenden Teil das Recht, eine neue Ehe einzugehen. Diese Grundsätze werden nur im Falle des Paulinischen Privilegiums bzw. bevor die Ehe vollzogen wurde, wenn bestimmte Umstände vorliegen, durchbrochen. Beide Ausnahmefälle sind im vorliegenden Fall nicht gegeben. Nach Art. 117 ist nur eine Trennung von Tisch und Bett möglich. Die Art. 118 und 120 enthalten hierfür verschiedene Gründe, z. B. Ehebruch, Übertritt des Partners zu einer nichtkatholischen Religion. Die Ehe der Parteien kann somit nicht geschieden werden.

Diese Frage der Trennung ist jedoch vom Gericht nicht gestellt worden; sollte der Kläger einen entsprechenden Antrag stellen, so müßte vorliegendes Gutachten insoweit ergänzt werden.

ZUSAMMENFASSUNG

1. Ein deutsches Scheidungsurteil bedarf zu seiner Wirksamkeit im Libanon des Exequaturs. Hierzu ist keine „révision au fond" erforderlich. Damit ist die internationale Zuständigkeit des deutschen Gerichts gemäß § 606 b ZPO gegeben.

---

[23] Vgl. *Naim* aaO.

2. Nach libanesischem Recht ist auf die Scheidung das Recht der Eheschließung anzuwenden. Der spätere Religionswechsel nur eines der Ehepartner hat hierauf keinen Einfluß.
3. Auf die Scheidung der Ehe ist die von Papst Pius XII. durch ein apostolisches Motu proprio erlassene familienrechtliche Regelung anzuwenden, die für die orientalisch-katholischen Religionsgemeinschaften, zu denen die Maroniten gehören, gilt. Nach dieser ist eine Scheidung der Ehe nicht möglich.
4. Auf die Möglichkeit einer Ehetrennungsklage wird hingewiesen.

Nr. 46

Marokko

1. Anerkennung eines deutschen Ehescheidungsurteils in Marokko.

2. Auf die Scheidung einer Ehe eines Marokkaners jüdischen Glaubens mit einer Französin ist das jüdische Recht, wie es in Marokko gehandhabt wird, anzuwenden.

Heidelberg 209/69 vom 9. 6. 1969

Frau B. J. bittet das Institut für ausländisches und internationales Privat- und Wirtschaftsrecht der Universität Heidelberg um Auskunft über internationales und marokkanisches Zivilprozeß- und Ehescheidungsrecht. Dem Auskunftersuchen liegt folgender Sachverhalt zugrunde:

Ein marokkanischer Staatsangehöriger jüdischen Glaubens, der seinen Wohnsitz in der Bundesrepublik Deutschland hat, möchte seine Ehe scheiden lassen.

Er schloß am 17. 11. 1947 vor einem französischen Standesamt in Marokko die Ehe mit einer französischen Staatsangehörigen. Die religiöse Trauung vollzog ein Rabbiner, vor dem auch ein Ehegüterrechtsvertrag abgeschlossen wurde. Die Ehe wurde später, nachdem Marokko die staatliche Souveränität erlangt hatte, von einer marokkanischen Behörde bestätigt. Die Ehefrau behielt ihre französische Staatsangehörigkeit bei.

Aus der Ehe gingen drei Kinder im Alter von heute 20, 17 und 11 Jahren hervor. Die Ehefrau befindet sich mit den Kindern in Marokko.

Als Scheidungsgründe möchte der Ehemann böswilliges Verlassen durch die Ehefrau, Beleidigung und Mißhandlung geltend machen.

Es wird um Beantwortung folgender Fragen gebeten:

1. Kann ein deutsches Gericht die Ehe scheiden, bzw. wird dieses Urteil im Heimatland des Ehemannes anerkannt?
2. Welches Recht ist auf die Ehescheidung anzuwenden?

A. INTERNATIONALPROZESSRECHTLICHE FRAGE

Es ist zu prüfen, ob ein deutsches Gericht für die Scheidung der Ehe zuständig ist.

Neben der örtlichen Zuständigkeit, die sich aus § 606 ZPO ergibt, ist hier vor allem fraglich, ob ein deutsches Gericht die internationale Zuständigkeit besitzt.

Nach § 606 b ZPO kann dann, wenn keiner der Ehegatten die deutsche Staatsangehörigkeit besitzt, in der Sache nur entschieden werden, wenn u. a. der gewöhnliche Aufenthaltsort des Mannes oder der Frau im Inland gelegen ist und nach dem Heimatrecht des Mannes die von dem deutschen Gericht zu fällende Entscheidung anerkannt werden wird[1].

I. Das Merkmal des gewöhnlichen Aufenthalts ist dann gegeben, wenn sich jemand an einem bestimmten Ort längere Zeit, wenn auch nicht ununterbrochen, aber doch hauptsächlich aufzuhalten pflegt. Es muß sich um den tatsächlichen Mittelpunkt seines Daseins handeln, an dem er regelmäßig seine Wohnung oder sein sonstiges Nacht- und Ruhequartier hat[2].

Nach dem Sachverhalt, der von „Wohnsitz" spricht, kann wohl davon ausgegangen werden, daß der Ehemann seinen gewöhnlichen Aufenthalt in der Bundesrepublik hat.

II. Weiterhin ist erforderlich, daß die von dem deutschen Gericht zu fällende Entscheidung vom Heimatstaate des Mannes erkannt werden wird. Dabei genügt es nicht, wenn deutsche Scheidungsurteile im Heimatstaat des Mannes prinzipiell anerkannt werden; es muß vielmehr gerade das erstrebte Urteil aller Voraussicht nach Anerkennung finden, wobei es genügt, wenn die Anerkennung mit großer Wahrscheinlichkeit erwartet werden kann[3]. Nach diesen Gesichtspunkten ist zu prüfen, ob ein Urteil des deutschen Gerichts in Marokko anerkannt würde.

1. Das marokkanische IPR unterscheidet zwischen Ausländern und Staatenlosen auf der einen Seite und marokkanischen Staatsangehörigen auf der anderen.

Rechtsquellen für Franzosen, sonstige Ausländer und Staatenlose sind drei Gesetze, die für die ehemaligen Zonen getrennt galten[4].

---

[1] Die Prüfung nach dem Heimatrecht des Mannes verstößt nach h. M. nicht gegen den Gleichberechtigungsgrundsatz, vgl. etwa *Baumbach-Lauterbach*, ZPO, 29. Aufl. 1966, § 606 b Vorbem. B; vergl. aber auch oben Nr. 45 Fußn. 1.

[2] So etwa *Stein-Jonas-Pohle-Schlosser*, ZPO, 19. Aufl. 1968, § 606 Anm. II 1; vgl. auch *OLG Düsseldorf* 28. 6. 1944, DR 1944, 628.

[3] Vgl. *Gamillscheg*, Anmerkung zu *LG Hannover* 19. 4. 1961, JZ 1963, 23; *Stein-Jonas-Pohle-Schlosser* aaO § 606 b Anm. III 1 b.

[4] Dahir v. 12. 8. 1913 (französische Zone), Dahir v. 1. 6. 1914 (spanische Zone), Dahir v. 15. 1. 1925 (Zone von Tanger), abgedruckt bei Bergmann, Internationales Ehe- und Kindschaftsrecht, Bd. IV, Marokko, Lfg. 1969, 18 ff.

Die Gesetze stimmen in den für das Kollisionsrecht bedeutsamen Vorschriften im wesentlichen überein. Von Bedeutung ist vor allem das in der ehemaligen französischen Zone erlassene Dahir vom 12. 8. 1913, da im Anschluß hieran durch die Rechtsprechung Rechtssätze international-privatrechtlichen Inhalts entwickelt wurden[5].

Läßt sich aufgrund des geschriebenen oder von der Rechtsprechung entwickelten marokkanischen Rechts keine Lösung finden, so greifen die marokkanischen Gerichte hilfsweise auf französisches Kollisionsrecht zurück[6].

2. Hinsichtlich der Anerkennung ausländischer Urteile besteht zwischen der Bundesrepublik Deutschland und Marokko kein Abkommen[7].

Zur Frage der Vollstreckung und Anerkennung ausländischer Zivilurteile enthält das marokkanische internationale Verfahrensrecht zwei Bestimmungen, Art. 290 D. P. C. (Dahir de procédure civile) und Art. 19 D. C. C. (Dahir sur la condition civile).

Art. 290 D. P. C. lautet:

„Urteile ausländischer Gerichte und Verfügungen ausländischer Behörden und Beamter sind in Marokko nicht vollstreckbar, es sei denn, sie sind durch die Rechtsprechung zum Dahir vom 12. August 1913 für vollstreckbar erklärt worden, unbeschadet gegenteiliger Bestimmungen, die in zwischenstaatlichen Verträgen enthalten sein könnten."

Es ist jedoch davon auszugehen, daß diese Bestimmung nur Leistungsurteile betrifft. Zwar fehlt hierzu ein ausdrücklicher Hinweis in der verfügbaren Literatur und Rechtsprechung. Die Tatsache jedoch, daß die Bestimmung von Vollstreckung redet, spricht dafür, daß sie auf Statusurteile nicht anzuwenden ist[8].

Nach Art. 19 D. C. C. werden Urteile ohne „révision au fond" exequiert.

Art. 19 D. C. C. lautet:

„Die im Ausland gefällten Urteile von Gerichten von Staaten, die auf ihre gerichtlichen Privilegien in Marokko verzichtet haben, werden ohne révision au fond für vollstreckbar erklärt, wenn die Gegenseitigkeit verbürgt ist."[9]

Art. 19 D. C. C. findet schon deshalb im vorliegenden Fall keine Anwendung, weil Deutschland nicht zu den Mächten gehört, die früher in Marokko gerichtliche Privilegien besessen haben.

---

[5] Vgl. *Serick*, Bemerkungen zum marokkanischen Recht, in Jus et lex, Festgabe zum 70. Geburtstag von Max Gutzwiller, Basel 1959, 400 f.

[6] *Serick* aaO 401.

[7] *Bergmann* aaO 8.

[8] Vgl. zu der in dieser Hinsicht gleichen Unterscheidung im französischen Recht *Raape*, IPR, 5. Aufl. 1961, 300 Fußn. 85.

[9] Vgl. dazu *Decroux*, Droit Privé, Bd. 2: Droit International Privé, Rabat/Paris 1963 (im folgenden: Decroux aaO) S. 358; derselbe, Exéquatur et exécution des decisions judiciaires au Maroc, Revue Marocaine de Droit, 1956, 193 ff.

Die demnach fehlende Regelung für Statusurteile kann dadurch ersetzt werden, daß französisches Recht hilfsweise herangezogen wird. Ebenso wie in Frankreich ist daher davon auszugehen, daß Statusurteile ohne révision au fond grundsätzlich anerkannt werden[10].

Umstritten ist allerdings, ob dies auch für eine in einem Scheidungsurteil ergangene Sorgerechtsentscheidung gilt[11]. Die Entscheidung der Frage kann für den vorliegenden Fall jedoch dahingestellt bleiben.

Die Tatsache, daß Statusurteile grundsätzlich anerkannt werden, bedeutet jedoch nicht, daß solche Urteile in jedem Fall unbeschränkt wirken. Sie werden vielmehr durch den Richter überprüft, wenn etwa der im Ausland geschiedene Ehegatte in Marokko wieder heiraten will und der Standesbeamte die Eheschließung verweigert[12].

3. Eine Anerkennung ist nur dann zu erwarten, wenn im ergangenen Urteile folgende Grundsätze beachtet sind:

a) Das ausländische Gericht muß zuständig gewesen sein, und zwar nach den Zuständigkeitsvorschriften des marokkanischen Rechts. Das marokkanische Recht enthält keine ausdrücklichen Vorschriften über die internationale Zuständigkeit. Auch Literatur und Rechtsprechung behandeln die Frage nicht. Zur Bestimmung der internationalen Zuständigkeit muß daher auf allgemeine Grundsätze über die örtliche Zuständigkeit im marokkanischen Recht und auf französisches internationales Verfahrensrecht zurückgegriffen werden.

Nach allgemeinem Prozeßrecht bestimmt der Gerichtsstand des Beklagten die örtliche Zuständigkeit. Gerichtsstand ist der wirkliche Wohnsitz, der gewählte Wohnsitz oder der Aufenthaltsort (vgl. Art. 23 D. P. C.). Da es sich im vorliegenden Fall um eine Scheidungsklage handelt, bestimmt sich der Gerichtsstand nach dem Gericht des ehelichen Wohnsitzes bzw. des Aufenthaltsortes der Parteien[13]. Diese Regel des innerstaatlichen Rechts muß auf internationales Recht transformiert werden[14].

aa) Zunächst ist zu prüfen, nach welchem Recht der die internationale Zuständigkeit begründende Wohnsitz zu beurteilen ist. Nach h. M. im französischen Recht ist der Wohnsitz hier ein maßgebliches Kriterium für die internationale Zuständigkeit, folglich gehört er zum Verfahrensrecht und bestimmt sich daher nach lex fori, d. h. der französische Richter wendet immer französisches Recht an, wenn er das Urteil überprüft[15].

---

[10] Hierfür spricht auch Art. 21 des Entwurfs des neuen „Dahir sur la condition civile", nach dem eine formlose Anerkennung für Urteile in Statussachen vorgesehen ist, vgl. *Schütze*, Vollstreckung ausländischer Urteile in Afrika, 1966, 28; *Decroux* aaO 360.

[11] Dazu *Reinl*, Die Anerkennung ausländischer Eheauflösungen, Diss. Würzburg 1966, 13.

[12] Vgl. *Reinl* aaO. [13] *Decroux* aaO 232. [14] *Decroux* aaO.

[15] Vgl. zur anderen Meinung, nach der der Wohnsitz ein Bestandteil des Per-

Das marokkanische Recht enthält – soweit ersichtlich – keine Regelung dieser Frage. Nach Ansicht von Decroux[16] ist der Wohnsitz nach dem Recht der Institution, für die er als maßgebliches Kriterium gilt, zu bestimmen. Da der Wohnsitz im vorliegenden Fall für die Begründung der Zuständigkeit – als einer Frage des Verfahrensrechts – erheblich ist, ist er nach der lex fori, also nach marokkanischem Recht zu beurteilen. Auch wenn man den Wohnsitz als Bestandteil des Personenstatus ansieht, kommt man zu demselben Ergebnis, da auf den ehelichen Wohnsitz das Heimatrecht der Parteien, also marokkanisches und französisches Recht, anzuwenden ist[17].

bb) Da der Ehemann Jude ist und in Marokko eine interpersonale Verweisung auf das jeweilige religiöse Recht stattfindet[18], ist auf die Entscheidung der Frage jüdisches Recht anzuwenden.

Es ist somit zu prüfen, wie das jüdische, hilfsweise das französische Recht den ehelichen Wohnsitz bei Getrenntleben der Ehegatten bestimmen.

Nach französischem Recht teilt die Ehefrau den Wohnsitz des Mannes, soweit dieser vom Mann gewählte Wohnsitz nicht gegen das Erfordernis der Stabilität (stabilité) verstößt, und wenn er tatsächlich und ernstgemeint (réel et sérieux) ist, und nicht deshalb gewählt wurde, um einen bestimmten Gerichtsstand zu erreichen[19].

Das jüdische Recht enthält keine ausdrückliche Regelung. Da dieses Recht jedoch sehr patriarchalisch aufgebaut ist, kann davon ausgegangen werden, daß auch danach der Ehemann den ehelichen Wohnsitz bestimmt. Hierfür spricht auch, daß nach jüdischem Recht die Frau zur Beiwohnung verpflichtet ist. Da ihre Weigerung dem Mann unter bestimmten Voraussetzungen einen Scheidungsgrund gibt, wird hieraus allgemein geschlossen, daß die Frau auch verpflichtet ist, ihrem Manne an den von diesem gewählten Wohnsitz nachzufolgen[20].

Auch hier wird man jedoch die zum französischen Recht gemachte Einschränkung gelten lassen müssen, daß der Wohnsitz nicht gewählt worden sein darf, um eine Zuständigkeit zu begründen.

Es kann somit festgestellt werden, daß der eheliche Wohnsitz durch den Ehemann bestimmt wird. Es ist nun Tatfrage, ob die Voraussetzungen, unter denen dem Ehemann dieses Recht zusteht, im vorliegenden Fall ge-

---

sonenstatus ist und daher zum Kollisions- und nicht zum Verfahrensrecht gehört, *Dalloz*, Répertoire de Droit International, hrsg. von *Ph. Francescakis*, Paris 1968, Divorce et Séparation de Corps, 623.

[16] AaO 232. [17] Vgl. *Decroux* aaO 89.

[18] Vgl. *Raape* aaO 158; *Serick* aaO 401 f.

[19] *Dalloz* aaO.

[20] Vgl. *E. Malka*, Essai sur la condition juridique de la femme juive, Paris 1952, 50.

geben sind. Sollte das der Fall sein, so wäre das deutsche Gericht nach marokkanischem Recht international zuständig.

b) Es ist aber zu untersuchen, ob sich eine Nichtanerkennung nicht daraus ergeben könnte, daß in Deutschland kein religiöses, sondern ein staatliches Gericht entscheidet. Indessen ist auch nach marokkanischem Rechte die Zuständigkeit eines weltlichen Gerichts gegeben, da die „Tribunaux modernes" für jüdische Marokkaner grundsätzlich dann zuständig sind, wenn der Prozeßgegner Ausländer (insbes. Franzose) ist[21].

c) Das ausländische Gericht muß weiter das nach marokkanischem IPR maßgebliche Recht angewendet haben. Nach marokkanischem IPR wird auf eine Scheidung einer Ehe, bei der der eine Teil Ausländer oder Franzose ist, das Recht des Staates angewandt, dem der klagende Ehegatte angehört[22].

Dieses Recht bestimmt nicht nur, ob eine Scheidung überhaupt möglich ist, sondern auch, aus welchen Gründen die Ehe geschieden werden kann. Da der klagende Ehemann Marokkaner ist, käme somit marokkanisches Recht und, im Wege interpersoneller Verweisung jüdisches Recht zur Anwendung.

Zum gleichen Ergebnis gelangt man bei der Heranziehung des deutschen IPR. Nach Art. 17 Abs. 1 EGBGB sind für die Scheidung der Ehe die Gesetze des Staates maßgebend, dem der Ehemann zur Zeit der Erhebung der Klage angehört. Danach verweist auch das deutsche IPR auf marokkanisches und weiter auf jüdisches Recht; eine Rückverweisung findet demnach nicht statt.

Das deutsche Ehescheidungsurteil würde daher auch aus diesem Gesichtspunkt keinen Grund zur Nichtanerkennung enthalten.

d) Weiterhin muß das Verfahren prozeßordnungsgemäß durchgeführt werden, d. h. es müssen bestimmte elementare Verfahrensgrundsätze (rechtliches Gehör usw.) beachtet worden sein, es darf keine Gesetzesumgehung vorgelegen haben und der marokkanische ordre public darf nicht verletzt sein[23].

Es kann davon ausgegangen werden, daß auch diese Bedingungen durch ein Scheidungsverfahren vor einem deutschen Gericht erfüllt werden.

Es ist somit zu erwarten, daß das deutsche Scheidungsurteil in Marokko anerkannt wird.

4. Eine andere Frage ist, welche Rechtswirkungen sich aus der Scheidung durch das weltliche Gericht für die religiöse Bindung der Ehegatten

---

[21] Vgl. *Serick* aaO 399; *Decroux* aaO 231; *Cour d'Appel de Rabat* 18. 2. 1959, Revue Marocaine de Droit 1960, 461.

[22] *Decroux* aaO 219 f., 225 f.; *P.-Louis Rivière*, Traité de Droit Marocain, Caen o. J., S. 334, Nr. 230; zu der insoweit abweichenden Haltung des französischen IPR vgl. *Reinl* aaO 18 f.

[23] Vgl. zu diesen Voraussetzungen im einzelnen *Reinl* aaO 17 ff.

ergeben. Dies hängt vor allem davon ab, ob in dem zwischen den Parteien abgeschlossenen Ehevertrag durch den Ehemann die Verpflichtung übernommen wurde, im Falle einer Scheidung durch ein weltliches Gericht die Verstoßung auszusprechen, wie es häufig geschieht. Die Ehefrau hat in diesem Falle möglicherweise einen klagbaren Anspruch auf Vornahme des Verstoßungsaktes. Die Frage der nachfolgenden Verstoßung wäre jedoch nur dann von Interesse, falls einer der Ehegatten wieder in religiöser Form heiraten will. Sie kann für die vorliegende Frage dahingestellt bleiben[24].

Nach allem besitzt das deutsche örtlich zuständige Gericht die internationale Zuständigkeit zur Durchführung des Ehescheidungsverfahrens, wenn die vorgetragenen Tatsachen ergeben, daß der Wohnsitz des Ehemannes in Deutschland den oben dargestellten Voraussetzungen entspricht.

B. INTERNATIONALPRIVATRECHTLICHE FRAGE

Aus dem unter A 3c Ausgeführten ergibt sich, daß auf die Scheidung marokkanisches, und im Wege interpersonaler Verweisung jüdisch-marokkanisches Recht anzuwenden ist.

C. MATERIELLRECHTLICHE FRAGE

Während das jüdische Recht dem Ehemann früher das Recht gab, die Frau aus der Ehe zu „entlassen", hat man diese Befugnis heute eingeschränkt. Nach neuerer Rechtsprechung müssen Gründe vorliegen, die die Scheidung der Ehe zulassen, und die sich aus der Religion oder den Interessen der Gesellschaft ergeben, oder die beim Ehemann selbst liegen[25].

Beispielhaft sei hier aufgezählt: Vergehen gegen die Religion; Ablehnen der Beiwohnung durch die Frau (geschieht dies aus Abneigung, so kann die Ehe sofort geschieden werden, geschieht es aus „Rebellion", so muß eine Frist von einem Jahr abgewartet werden); skandalöses oder ungebührliches Verhalten.

Bei der Subsumtion des Tatsachenvortrages ist zu beachten, daß von Zeit zu Zeit Beschlüsse des Konzils der marokkanischen Rabbiner (sog. Takamets) ergehen, die formell Empfehlungen zur Auslegung des jüdischen Rechts enthalten und praktisch Gesetzescharakter besitzen[26].

---

[24] Vgl. dazu *Decroux* aaO 236 f.

[25] Vgl. *Zagouri,* Le divorce d'après la loi Talmudique, 1958, 51 ff., und *Serick* aaO 410.

[26] *Bergmann* aaO 18.

Zu diesen weit gefaßten Scheidungsgründen kommt noch der, daß der Ehemann bei der Frau Mängel entdeckt, die vor der Eheschließung nicht erkennbar waren und schwerwiegend sind. Hierzu zählt der Talmud allein 142 Gründe auf[27].

Da der vorgelegte Sachverhalt zur Frage des Ehescheidungsgrundes keine näheren Angaben enthält, müssen wir uns insoweit auf diese allgemeinen Hinweise beschränken.

ZUSAMMENFASSUNG

1. Es ist zu erwarten, daß das Urteil eines deutschen Gerichts in der vorliegenden Sache dann in Marokko anerkannt wird, wenn der Wohnsitz des Ehemannes in Deutschland die oben genannten Voraussetzungen erfüllt. Vor allem darf die Verlegung des Wohnsitzes nach Deutschland nicht mit der Absicht erfolgt sein, um die Zuständigkeit der deutschen Gerichte zu begründen.
2. Auf die Scheidung der Ehe ist jüdisch-marokkanisches Recht anzuwenden, nach dem ein bestimmter Scheidungsgrund vorliegen muß.

Nr. 47

USA (New York)

Für die Anerkennung einer ausländischen Ehescheidung durch den Staat New York ist nicht erforderlich, daß eine Partei im Scheidungsstaat domiziliert war; vielmehr genügt es, daß die eine Partei vor dem ausländischen Gericht persönlich erschienen und die andere Partei anwaltlich vertreten war.

Hamburg G 152/69 vom 30.6.1969

Herr Rechtsanwalt Jürgen K. in Hamburg bittet in einer Scheidungssache um Auskunft über amerikanisches internationales Zivilprozeßrecht.

Die Parteien sind amerikanische Staatsbürger. Sie haben am 14.9.1935 in Harvard (Illinois) geheiratet. In den USA haben sie zuletzt – von 1962 bis 1964 – in New York gelebt. 1964 gingen sie nach Brüssel, von dort 1966 nach Hamburg, wo der Beklagte seitdem als Cheftechniker der deutschen Tochtergesellschaft einer amerikanischen Ölgesellschaft arbeitet.

Gefragt wird, ob ein deutsches Scheidungsurteil in den USA anerkannt werden wird.

---

27 Vgl. *Serick* aaO 410.

1. Allgemeines

Nach § 606b Nr. 1 ZPO setzt die internationale Zuständigkeit der deutschen Gerichte in einem Falle wie dem vorliegenden u. a. voraus, daß nach dem Heimatrecht des Mannes die von dem deutschen Gericht zu fällende Entscheidung anerkannt werden wird.

Da der Ehemann amerikanischer Staatsbürger ist, wird auf das Recht der Vereinigten Staaten von Amerika verwiesen. Diese sind jedoch – von wenigen Rechtsmaterien abgesehen, die bundesrechtlich und damit einheitlich geregelt sind – kein einheitliches Rechtsgebiet; vielmehr hat jeder Einzelstaat sein eigenes internationales und materielles Privat- und Prozeßrecht[1]. Das gilt auch hinsichtlich der Rechtsnormen, welche die Anerkennung ausländischer Entscheidungen regeln[2].

2. Konkretisierung der deutschen Verweisungsnorm

Da es für die Anerkennung ausländischer Entscheidungen in den Vereinigten Staaten an einer bundesrechtlichen Regelung fehlt, muß die Verweisung auf das Recht der Vereinigten Staaten „konkretisiert", d. h. es muß die maßgebende Teilrechtsordnung bestimmt werden. Nach der deutschen Rechtsprechung geschieht dies durch eine Unteranknüpfung an den Wohnsitz – hilfsweise den letzten Wohnsitz – in den Vereinigten Staaten[3]. Die herrschende Lehre kommt über eine Unteranknüpfung an die Gliedstaatenangehörigkeit[4] zum gleichen Ergebnis. Denn nach der amerikanischen Bundesverfassung (14. Amendment § 1 Satz 1) hängt die Gliedstaatenangehörigkeit von dem „domicil" in einem Gliedstaat ab[5]. Da die Parteien zuletzt in New York gelebt haben, verweist das deutsche IPR also auf das Recht dieses Staates.

3. Anerkennung ausländischer Scheidungsurteile durch den Staat New York

Die New Yorker Rechtsprechung nimmt gegenüber ausländischen Scheidungsurteilen eine ungewöhnlich liberale Haltung ein. Während die Ge-

---

[1] *Parker*, Das Privatrecht der Vereinigten Staaten von Amerika, 1960, 1 f.; *Ferid-Firsching*, Internationales Erbrecht III, 1967, „USA" Grundzüge C I Randnr. 350.

[2] *Peterson*, Die Anerkennung ausländischer Urteile im amerikanischen Recht, 1964, 19, 21 ff.

[3] *RG* 21. 11. 1929, RGZ 126, 353 = IPRspr. 1930 Nr. 136; *BGH* 19. 3. 1958, BGHZ 27, 47 (51) = IPRspr. 1958–1959 Nr. 1, S. 2; weitere Nachweise bei *Soergel-Kegel*, BGB Bd. V, 9. Aufl. 1961, Randnr. 111 vor Art. 7 EGBGB Fußn. 70. Vgl. auch *IPG* 1965–66 Nr. 24 (Hamburg), 254–257 Fußn. 12.

[4] Vgl. *Neuhaus*, Die Grundbegriffe des IPR (1962) 214; *Raape*, IPR, 5. Aufl. 1961, 150; *Melchior*, Die Grundlagen des deutschen IPR, 1932, § 310.

[5] *Paudler v. Paudler*, 185 F. 2d 901 (5th Cir. 1950), cert. denied 341 U. S. 920 (1951).

richte in den anderen nordamerikanischen Gliedstaaten für die Anerkennung einer ausländischen Scheidung fordern, daß mindestens eine Partei im Scheidungsstaat domiziliert war[6], läßt es die New Yorker Rechtsprechung genügen, daß die eine Partei vor dem ausländischen Gericht persönlich erschienen und die andere Partei anwaltlich vertreten war. Trifft dies zu, so wird ein ausländisches Scheidungsurteil in New York selbst dann anerkannt, wenn es auf einen dem New Yorker Recht nicht bekannten Scheidungsgrund gestützt worden ist[7]. Nach diesen Grundsätzen ist im vorliegenden Fall mit der Anerkennung eines deutschen Urteils in New York zu rechnen.

Allerdings läßt sich derzeit noch nicht abschließend beurteilen, ob die New Yorker Rechtsprechung ihre liberale Haltung gegenüber ausländischen Ehescheidungen beibehalten wird. Die sehr weitgehende Anerkennungsfreudigkeit der New Yorker Praxis erklärt sich nämlich daraus, daß eine Scheidung nach dem bisherigen New Yorker Recht nur wegen Ehebruchs zugelassen war[8], so daß die Gerichte sich dazu gedrängt sahen, das als zu starr empfundene Scheidungsrecht durch die „Hintertür" zu liberalisieren[9]. Inzwischen hat der Gesetzgeber in New York dem Reformbedürfnis durch eine Erweiterung der Scheidungsgründe Rechnung getragen. Die neuen Vorschriften sind am 1. 9. 1967 in Kraft getreten[10].

Im Zusammenhang mit dieser Reform des Scheidungsrechts hat der New Yorker Gesetzgeber auch eine die Anerkennung fremder Scheidungen betreffende Vorschrift erlassen, die ebenfalls am 1. 9. 1967 in Kraft getreten ist. Die Vorschrift (Domestic Relations Law § 250) lautet:

---

[6] Vgl. *Goodrich-Scoles*, Handbook to the Conflict of Laws, 4. Aufl. 1964, 255 ff.; *Stumberg*, Principles of Conflict of Laws, 3. Aufl. 1963, 292; *Ehrenzweig*, A Treatise on the Conflict of Laws, 1962, 247; American Jurisprudence 2d Bd. 24, 1966 „Divorce and Separation" §§ 947 ff., 964 ff.; *Schwatka*, Calif. L. Rev. 40 (1952) 93 ff.; *Grasmann*, Die Anerkennung ausländischer Scheidungsurteile in den USA als Voraussetzung der deutschen Zuständigkeit, FamRZ 1964, 345 (349 f.).

[7] Siehe *Rosenstiel v. Rosenstiel* und *Wood v. Wood*, 209 N. E. 2d 709 (1965) = 13 A. L. R. 3d 1401, abgedruckt in RabelsZ 32 (1968) 527 ff. mit Anm. von *Rheinstein*. Allerdings muß stets den lokalen Zuständigkeitsvorschriften des Scheidungsgerichts Genüge getan sein. So hat der *New Yorker Supreme Court* (Appellate Division) einem mexikanischen Scheidungsurteil die Anerkennung versagt, das ohne den vom örtlichen Recht vorgeschriebenen sechsmonatigen Aufenthalt der Klägerin in dem betreffenden mexikanischen Staat ergangen war (*Gorie v. Gorie*, Urteil vom 17. 11. 1966, 35 Law Week 2034).

[8] Vgl. N. Y. Domestic Relations Law § 170, abgedruckt in *McKinney's* Consolidated Laws of New York Annotated, Bd. 14 (1964 mit Nachtrag 1968/1969).

[9] Vgl. Comment, U. Pa. L. Rev. 114 (1965/1966) 771 (772, 779).

[10] Vgl. N. Y. Domestic Relations Law §§ 170, 211, 215 ff.; *Note*, N. Y. L. Forum 12 (1966) 105 ff.; *Note*, Harv. J. on Legislation 4 (1966) 149 ff.; *Comment*, Duke L. J. 1967, 956 ff.; *Comment*, Col. L. R. 67 (1967) 1320 ff.; Kurzinformation, RabelsZ 31 (1967) 334.

„Proof that a person obtaining a divorce from the bonds of matrimony in another jurisdiction was
(a) domiciled in this state within twelve months prior to the commencement of the proceedings therefor, and resumed residence in this state within eighteen months after the date of his departure therefrom, or
(b) at all times after his departure from this state, and until his return maintained a place of residence within this state, shall be prima facie evidence that the person was domiciled in this state when the divorce proceeding was commenced."

Der Nachweis, daß eine Person, die in einem anderen Rechtsgebiet eine Scheidung vom Eheband erlangt hat,
(a) innerhalb der letzten 12 Monate vor Beginn des Scheidungsverfahrens in diesem Staat [New York] domiziliert war und innerhalb von 18 Monaten nach dem Datum ihrer Abreise wieder ihren Aufenthalt in diesem Staate [New York] nahm oder
(b) zu jeder Zeit nach ihrer Abreise aus diesem Staat [New York] und bis zu ihrer Rückkehr einen Aufenthaltsort innerhalb dieses Staates [New York] beibehielt, ist ein prima-facie-Beweis dafür, daß die Person bei Beginn des Scheidungsverfahrens in diesem Staat [New York] domiziliert war.

Die Vorschrift entspricht dem § 2 des von der „National Conference of Commissioners on Uniform State Laws" ausgearbeiteten Modellgesetzes über die Anerkennung von Entscheidungen im Ausland (Uniform Divorce Recognition Act).

Dieses von der National Conference im Jahre 1948 gebilligte Gesetz gilt heute in Kalifornien, Montana, Nebraska, New Hampshire, North Dakota, Rhode Island, South Carolina, Washington und Wisconsin[11].

Da New York den § 1 dieses Modellgesetzes, den der § 2 als bloße Beweisschrift ergänzen soll, nicht übernommen hat, läßt sich die Tragweite der Vorschrift, welcher nun der materielle Unterbau fehlt, nur schwer abschätzen[12].

Der § 1 des Uniform Divorce Recognition Act lautet:

„A divorce from the bonds of matrimony obtained in another jurisdiction shall be of no force or effect in this state, if both parties to the marriage were domiciled in this state at the time the proceeding for the divorce was commenced."

Eine in einem anderen Rechtsgebiet erlangte Scheidung vom Eheband ist in diesem Staat kraft- und wirkungslos, wenn beide Ehepartner bei Beginn des Scheidungsverfahrens in diesem Staat domiziliert waren.

Von hier aus überrascht es nicht, daß die Vorschrift kritisiert und bereits ihre Aufhebung gefordert wird[13]. Es bleibt also abzuwarten, wie die New

[11] Vgl. Uniform Laws Annotated, Bd. 9 A, 1965, S. 457.

[12] Vgl. hierzu im einzelnen *Note*, N. Y. L. Forum 12 (1966) 105 (109 ff.): *Comment*, Duke L. J. 1967, 956 (991 ff.); *Comment*, Col. L. Rev. 67 (1967) 1320 ff.

[13] Vgl. *Note*, N. Y. L. Forum 12 (1966) 105 (116); *Comment*, Duke L. J. 1967, 956 (995).

Yorker Rechtsprechung diese Vorschrift auslegen wird. Bis das höchste Gericht des Staates New York – der Court of Appeals – hierzu Stellung nimmt, ist weiterhin von den Grundsätzen auszugehen, die der New Yorker Court of Appeals in der Sache Rosenstiel v. Rosenstiel fixiert hat[14]. Die New Yorker Untergerichte haben die Gültigkeit dieser Grundsätze bisher nicht in Frage gestellt, sondern behandeln die Entscheidung Rosenstiel v. Rosenstiel mit Selbstverständlichkeit als weiterhin maßgebend, allerdings ohne auf die Problematik einzugehen, die durch die Schaffung des neuen § 250 Domestic Relations Law entstanden ist[15].

4. Ergebnis

Es darf damit gerechnet werden, daß ein deutsches Scheidungsurteil im Staate New York anerkannt werden wird.

---

[14] Vgl. *Foster*, Recognition of Migratory Divorces – *Rosenstiel v. Section* 250, N. Y. U. L. Rev. 43 (1968) 429 ff.

[15] Vgl. *Hambleton v. Palmer*, 283 N. Y. S. 2 d 404, 408 (Urteil vom 28. 9. 1967); *Rudnick v. Rudnick*, 285 N. Y. S 2 d 996, 1001 (Urteil vom 22. 12. 1967); *Goldberg v. Goldberg*, 291 N. Y. S. 2 d 482, 484 (1968); *Spindel v. Spindel*, 283 F. Supp. 797, 813 (1968).

4. ANERKENNUNG AUSLÄNDISCHER ENTSCHEIDUNGEN DER FREIWILLIGEN GERICHTSBARKEIT

Siehe auch Nr. 1 (Großbritannien/England); Nr. 24 (Schweiz); Nr. 29 (Großbritannien/England/Schottland)

Nr. 48

Indien/England

1. Das indische internationale Adoptionsrecht entnimmt das anwendbare Recht – englischem Recht folgend – den Regeln über die gerichtliche Zuständigkeit.

2. Zur Anerkennung ausländischer Entscheidungen der freiwilligen Gerichtsbarkeit (englische adoption order) in Deutschland.

Hamburg G 168/68 vom 18. 12. 1969

Das Amtsgericht Singen/Hohentwiel bittet in der Vormundschaftssache M. um Auskunft über deutsches und internationales Adoptionsrecht.

Ulrich Karl M. wurde am 2. 10. 1960 in Gottmadingen als uneheliches Kind der deutschen Staatsangehörigen Brunhilde M. geboren. Das Kreisjugendamt Konstanz ist Vormund des Kindes. Die Kindesmutter wanderte 1964 nach England aus und heiratete dort den indischen Staatsangehörigen Kantilal R. Im Jahre 1966 nahm sie das Kind, das inzwischen bei den Großeltern in Gottmadingen gelebt hatte, zu sich nach England. Dort haben die Eheleute R. beim Brentford County Court einen Adoptionsbeschluß (adoption order) beantragt und erhalten. Zu dieser „Adoption" war weder die Einwilligung des Amtsvormundes erklärt noch die vormundschaftsgerichtliche Genehmigung erteilt worden.

Das Gericht fragt an, ob der Adoptionsbeschluß in Deutschland anzuerkennen ist, obwohl weder der Amtsvormund noch das Vormundschaftsgericht der Adoption zugestimmt haben.

I. Maßgebendes Recht

Die Anerkennung ausländischer Akte der freiwilligen Gerichtsbarkeit wird in Deutschland sehr unterschiedlich beurteilt je nachdem, ob in der Sache nach deutschem Internationalem Privatrecht fremdes oder deutsches

Recht maßgebend ist. Deshalb sei hier zunächst die Frage des anwendbaren Rechts geklärt.

1. Deutsches Internationales Privatrecht

Rechtsprechung und Lehre haben aus Art. 22 I EGBGB den allgemeinen Grundsatz entwickelt, daß sich die Annahme an Kindes Statt nach den Gesetzen des Staates richtet, dem der Annehmende zur Zeit der Adoption angehörte. Haben die gemeinsam annehmenden Eheleute verschiedenes Heimatrecht, so muß die Adoption die Voraussetzungen beider Heimatrechte erfüllen [1].

Da der annehmende Kantilal R. die indische Staatsangehörigkeit besitzt, ist insoweit – vorbehaltlich einer Rück- oder Weiterverweisung, die gegebenenfalls gemäß Art. 27 EGBGB zu beachten ist – das indische Recht Adoptionsstatut. War die Kindesmutter im Zeitpunkt der Adoption noch deutsche Staatsangehörige, so ist daneben auch das deutsche Recht Adoptionsstatut.

Da das Kind zum Zeitpunkt der Adoption (noch) die deutsche Staatsangehörigkeit besaß, ist nach Art. 22 II EGBGB jedenfalls die Einwilligung des Kindes und der Kindesmutter gemäß deutschem Recht erforderlich.

2. Indisches Internationales Privatrecht

Das indische Kollisionsrecht beruht auf den in der englischen Rechtsprechung entwickelten Grundsätzen, die allerdings in Indien weitgehend kodifiziert worden sind und gelegentlich auch in der Praxis eine selbständige Fortbildung erfahren haben.

a) Soweit ersichtlich, ist hinsichtlich des auf eine *Adoption* anzuwendenden Rechts in Indien bislang weder eine ausdrückliche Kollisionsnorm geschaffen worden, noch hat die Rechtsprechung Regeln entwickelt, die von denen des englischen Kollisionsrechts abweichen. Unter diesen Umständen ist davon auszugehen, daß ein indisches Gericht auf die einschlägige englische Rechtsprechung zurückgreifen würde [2]. Das englische Kollisionsrecht verbindet die Frage des anzuwendenden Rechts mit der Frage der gerichtlichen Zuständigkeit, d. h. das englische Gericht wendet sein eigenes Recht an, wenn es in einer Adoptionsache zuständig ist [3].

---

[1] *Soergel-Kegel*, BGB Bd. V, 9. Aufl. 1961, Randnr. 34 zu Art. 22 EGBGB; *Palandt-Lauterbach*, BGB, 28. Aufl. 1969, Anm. 4c zu Art. 22 EGBGB und dortige Nachweise.

[2] *Rama Rao*, Conflict of Laws in India: RabelsZ 23 (1958) 259 ff. (262); *Dixit-Ranganath*, Private International Law, Dhawar 1960, 100.

[3] *Dicey-Morris*, The Conflict of Laws, 8. Aufl. 1967, 457 ff.; *Graveson*, The Conflict of Laws, 6. Aufl. 1969, 399 ff.; vgl. *Neuhaus*, Urteilsanmerkung, JZ 1954, 703.

Nach den englischen Kollisionsregeln ist ein englisches Gericht grundsätzlich dann für eine Adoption zuständig (und damit das englische materielle Recht anwendbar), wenn der Annehmende in England domiziliert ist und er wie auch das Kind in England gewöhnlichen Aufenthalt haben[4]. Nach diesen in Zuständigkeitsregeln „versteckten" Kollisionsvorschriften des englischen Rechts, die soweit ersichtlich auch für das indische Kollisionsrecht maßgebend sind, ist demnach das englische Recht Adoptionsstatut, falls die Eheleute R. im Zeitpunkt der Adoption in England domiziliert waren und sie ebenso wie das Kind dort ihren gewöhnlichen Aufenthalt hatten.

b) Der Begriff des *Domizils* wird in Indien ebenfalls im Anschluß an das englische Recht bestimmt und entspricht weder dem Wohnsitz noch dem Aufenthalt im deutschen Recht. Es wird zwischen dem durch Geburt erworbenen „domicile of origin" (Domizil des ehelichen Vaters bzw. der unehelichen Mutter zur Zeit der Geburt des Kindes) und dem „domicile of choice" unterschieden, das eine volljährige Person dadurch erwerben kann, daß sie sich in einem anderen Land mit der Absicht niederläßt, dort für immer oder für unbestimmte Zeit zu verbleiben (animus manendi) und nicht in das Land des bisherigen Domizils zurückzukehren (animus non revertendi). Für den Fortbestand eines Domizils, insbesondere des Ursprungsdomizils, besteht eine Vermutung.

In Indien sind die englischen Domizilregeln – mit kleinen, hier nicht interessierenden Abweichungen – für den Bereich des Internationalen Erbrechts in sec. 7 ff. des Indian Succession Act 1925 kodifiziert worden; im übrigen gelten aber die Grundsätze des englischen Rechts[5].

Da der Brentford County Court einen Adoptionsbeschluß erlassen hat, dieses Gericht aber ohne ein englisches Domizil der Annehmenden nicht zuständig gewesen wäre, dürfte davon auszugehen sein, daß dieses Gericht im vorliegenden Fall den Erwerb eines englischen Domizils geprüft und bejaht hat. Hierbei wird allerdings vorausgesetzt, daß der Brentford County Court einen endgültigen Adoptionsbeschluß („final adoption order") und nicht lediglich eine „provisional adoption order" erlassen hat.

c) Im *Ergebnis* verweist das indische Kollisionsrecht hier also für die Adoption durch den Ehemann R. auf das englische Recht weiter.

---

[4] Siehe sec. 1 (1) und (5) Adoption Act, 1958 sowie *Dicey-Morris* aaO 457 (rule 67); *Graveson* aaO 400.

[5] Etwa: *D. P. Joshi v. The State of Madhya Bharat and another,* [1955] A. I. R. S. C. 334; aus dem Schrifttum *Rama Rao* 274; *Dixit-Ranganath* 14 unter Berufung auf die englische Entscheidung *Moorehouse v. Lord* (1863), 10 H. L. C. 285, 286 = 11 E. R. 1036, 2: „The present intention of making a place a person's permanent home can exist only where he has no other idea than to continue there without looking forward to any event certain or uncertain which might induce him to change his residence."

II. Allgemeines zur Anerkennung ausländischer Akte der freiwilligen Gerichtsbarkeit

Das deutsche Recht enthält keine geschriebene Norm über die Anerkennung ausländischer Entscheidungen aus dem Bereich der freiwilligen Gerichtsbarkeit. Eine unmittelbare Anwendung des § 328 ZPO ist nicht möglich, weil diese Vorschrift Entscheidungen der streitigen Gerichtsbarkeit betrifft [6]. Allgemein wird angenommen, daß Entscheidungen von Gerichten oder Behörden des Staates, dessen Recht (nach deutschem IPR) in der Sache maßgebend ist, in Deutschland anzuerkennen sind [7].

Handelt es sich hingegen um die Entscheidung eines anderen Staates, so gehen die Meinungen auseinander. Soweit in der Sache deutsches Recht maßgebend ist, wurde früher die Anerkennung ausländischer rechtsgestaltender Akte überwiegend abgelehnt [8]. Dagegen soll nach *Dölle* [9] die Anerkennung in solchen Fällen nicht von vornherein ausgeschlossen sein. Vielmehr sei in Anlehnung an gewisse dem § 328 ZPO zugrunde liegende Prinzipien die Anerkennung unter folgenden Voraussetzungen möglich: Zunächst müsse das die Entscheidung erlassende Gericht nach deutschem Recht abstrakt (d. h. international, nicht unbedingt örtlich und sachlich) zuständig gewesen sein. Alsdann sei zu prüfen, ob die fremde Entscheidung zu einem Ergebnis gelange, das dem deutschen Recht gemäß ist. Ferner müsse darauf geachtet werden, ob die entscheidende ausländische Behörde derjenigen deutschen Behörde gleichgestellt werden könne, die im Inland gegebenenfalls tätig geworden wäre.

Dölle stützt seine Ansicht weitgehend auf ein Urteil des *Bundesgerichtshofs,* wo entgegen der bis dahin herrschenden Auffassung ausgesprochen wird, daß die *Entmündigung* eines Deutschen im Ausland unter bestimmten Voraussetzungen anerkannt werden könne, da den deutschen Gerichten und Behörden keine ausschließliche Zuständigkeit für die Entmündigung eines deutschen Staatsangehörigen zukomme [10].

---

[6] *Kegel,* IPR, 2. Aufl. 1964, 380; *Dölle,* Über einige Kernprobleme des internationalen Rechts der freiwilligen Gerichtsbarkeit: RabelsZ 27 (1962/63) 201–244 (235) mit Hinweisen auf Literatur und Rechtsprechung in Fußn. 102.

[7] *Dölle* aaO 236 und dortige Nachweise.

[8] Vgl. etwa noch für Entmündigungen und Todeserklärungen Deutscher, Legitimationen und Adoptionen durch Deutsche bzw. die Abwicklung der Nachlässe Deutscher im Ausland *Raape* IPR, 4. Aufl. 1955, 176 f., 186 f., 364, 370, 412 f., sowie die Hinweise bei *Pinckernelle-Spreen,* Deutscher Bericht zum IX. Internationalen Kongreß des Lateinischen Notariats, DNotZ 1967, 195 ff. (196 ff.).

[9] AaO 237.

[10] *BGH* 7. 12. 1955, BGHZ 19, 240 ff. (242 f.) = IPRspr. 1954–55 Nr. 4.

Der Bundesgerichtshof stellt dort[11] folgende Voraussetzungen für die Anerkennung einer im Land des gewöhnlichen Aufenthalts erfolgten Entmündigung eines Deutschen auf:

a) Die Entmündigung darf nicht gegen die guten Sitten oder gegen den Zweck eines deutschen Gesetzes verstoßen (Art. 30 EGBGB).
b) Der gesetzliche Tatbestand, auf den die Entmündigung gestützt wird, muß auch nach deutschem Recht einen Entmündigungsgrund bilden.
c) Die Entmündigung muß – mindestens in letzter Instanz – in einem gesetzlich geregelten Verfahren durch ein mit unabhängigen Richtern besetztes Gericht ausgesprochen sein.
d) Die rechtlichen und tatsächlichen Wirkungen der Entmündigung dürfen von denen einer Entmündigung in Deutschland nicht erheblich zum Nachteil des Entmündigten abweichen.

Der Bundesgerichtshof hebt hervor, daß den Interessen eines Deutschen im Ausland in aller Regel besser gedient ist, falls eine Entmündigung unter den genannten Voraussetzungen anerkannt wird, als wenn man auf dem Postulat der ausschließlichen Zuständigkeit der deutschen Gerichte beharren und die Anerkennung grundsätzlich verweigern würde.

Entsprechend hat das *Bayerische Oberste Landesgericht* sich kürzlich dafür ausgesprochen, ausländische *Adoptionen* unter bestimmten Voraussetzungen selbst dann anzuerkennen, wenn deutsches Recht Adoptionsstatut ist[12].

Das Gericht lehnt ausdrücklich die früher herrschende Auffassung ab, daß dem § 66 II FGG zu entnehmen sei, Deutschland beanspruche für die Adoption durch einen Deutschen die ausschließliche internationale Zuständigkeit. Unter Berufung auf die vorerwähnte Entscheidung des Bundesgerichtshofs macht das Gericht (unter II 2) die Anerkennung einer ausländischen Adoption, an der ein Deutscher als Annehmender beteiligt ist, davon abhängig, daß

a) dieses Gericht international zuständig war,
b) die Adoption nach dem angewendeten (ausländischen) Recht endgültigen rechtlichen Bestand hat,
c) der ausländische Staatsakt einem inländischen bestätigten Adoptionsvertrag in den Rechtsfolgen gleichzustellen ist und
d) der ausländische Staatsakt nicht infolge der unrichtigen Anwendung des fremden Rechts gegen die guten Sitten oder gegen den Zweck eines deutschen Gesetzes verstößt und auch nicht zu erheblichen Nachteilen für einen an der Adoption beteiligten deutschen Staatsangehörigen führt.

---

[11] 244 f.

[12] *BayObLG* 18. 12. 1968, BayObLGZ 1968, 331 = NJW 1969, 376 ff. = FamRZ 1969, 225.

Bei dem Erfordernis zu b) hat das Gericht anscheinend an § 723 II 1 ZPO gedacht, der die Vollstreckung eines ausländischen Urteils erst dann zuläßt, wenn es nach dem ausländischen Rechte die Rechtskraft erlangt hat. Zu bemerken ist, daß dieses Erfordernis für Fälle wie den vorliegenden eine weitere Gewähr dafür bietet, daß „provisional adoption orders" der angelsächsischen Rechte nicht anerkannt werden, was sich im übrigen auch aufgrund ihrer von einem deutschen Adoptionsvertrag unterschiedlichen Rechtsfolgen verbietet.

Zusammenfassend kann man – in Anlehnung an die analog anwendbaren §§ 328 I Nrn. 1–4 und 723 II 1 ZPO sowie an die beiden angeführten höchstrichterlichen Entscheidungen – ausländische Akte der freiwilligen Gerichtsbarkeit, wenn in der Sache nach deutschem IPR deutsches Recht maßgebend war, unter folgenden Voraussetzungen in Deutschland anerkennen:

a) Die ausländische *Behörde,* welche die Maßnahme getroffen hat, muß nach deutschem Recht international zuständig gewesen sein.
b) Das ausländische *Verfahren* muß einem deutschen gleichwertig und die getroffene Maßnahme nach dem ausländischen Recht endgültig sein.
c) Das *materielle Ergebnis* darf nicht zum Nachteil eines deutschen Beteiligten wesentlich vom deutschen Recht abweichen.
d) *Die Anerkennung* darf nicht gegen den deutschen ordre public verstoßen.

III. Die Anerkennung der englischen Adoption Order

1. Falls das Gericht der hier abgelehnten *älteren Auffassung* folgen will, wonach die deutschen Gerichte bei deutschem Adoptionsstatut ausschließlich international zuständig sind [13], so kann die vorliegende adoption order in Deutschland nicht anerkannt werden. Denn neben dem (in Ansehung des annehmenden Kantilal R. maßgeblichen) englischen Recht ist das deutsche materielle Recht (in Ansehung der Ehefrau R.) Adoptionsstatut.

Um der Adoption Wirksamkeit in Deutschland zu verschaffen, müßte daher zusätzlich zum englischen Adoptionsbeschluß noch ein Annahmevertrag nach §§ 1741 ff. BGB abgeschlossen werden. Tatsächlich aber dürfte das anfragende Gericht schwerlich eine Handhabe besitzen, um die Eheleute R. zu veranlassen, zusätzlich jetzt noch einen deutschen Adoptionsvertrag abzuschließen.

Der vorliegende Fall zeigt deutlich, daß die Prätention deutscher ausschließlicher Zuständigkeit bei der gemeinschaftlichen Annahme eines

---

[13] Siehe hierzu die Nachweise in der Entscheidung des *BayObLG* v. 18. 12. 1968 aaO 378 (linke Spalte).

Kindes durch Ehegatten verschiedener Nationalität zu kaum lösbaren Schwierigkeiten führt und den Interessen des Kindes nicht gerecht wird. Denn eine „hinkende", nämlich nur in England wirksame Adoption liegt sicherlich nicht im Interesse des Kindes.

2. Das mißliche Ergebnis einer „hinkenden" Adoption ließe sich durch die *Kompromißlösung* vermeiden, daß man die englische „Adoption Order", was die gerichtliche Bestätigung angeht, wie einen Annahmevertrag behandelt. In der Tat findet sich in Rechtsprechung und Schrifttum die Auffassung, die gerichtliche Bestätigung werde nicht dadurch gehindert, daß die Adoption nach den (kumulativ) maßgebenden ausländischen Recht nicht durch bestätigten Vertrag erfolgt, sondern durch Staatsakt[14].

Sollte das Gericht diesen Ausweg vorziehen, so müßten die in Art. 22 EGBGB normierten Einwilligungen vorliegen. Nach deutschem Recht bedarf es zunächst kraft der ausdrücklichen Vorschrift des § 1747 BGB der Einwilligung der Kindesmutter. Diese Einwilligung liegt bereits vor. Wie sich aus sec. 1. Adoption Act, 1958 ergibt, muß dem englischen Adoptionsbeschluß ein ausdrücklicher Antrag der Kindesmutter vorausgegangen sein. Überdies bedürfte es auch nach sec. 3 des vorgenannten Gesetzes der ausdrücklichen Zustimmung der Kindesmutter zur Adoption. Mithin kann davon ausgegangen werden, daß die Kindesmutter die Einwilligung gegenüber dem englischen Adoptionsgericht erklärt hat. Diese Erklärung entsprach jedenfalls den englischen Formvorschriften und damit den Vorschriften des Ortes, an dem die Erklärung abgegeben wurde. Sie ist daher auch nach deutschem Recht als formwirksam anzusehen, Art. 11 I 2 EGBGB.

Zu fordern ist weiterhin die Einwilligung des Kindes selbst. Zwar verlangt das deutsche Recht eine solche Einwilligung nicht ausdrücklich. Dies unterbleibt aber nur deshalb, weil das deutsche Recht den Abschluß eines Annahmevertrages und damit die Mitwirkung des Anzunehmenden voraussetzt. Handelt es sich aber wie hier um eine Adoption durch Staatsakt, so fehlt die Einwilligung. Daß sie gefordert werden muß, wird bestätigt durch die vergleichbare Regelung der Ehelichkeitserklärung im deutschen Recht, die ebenfalls durch Verfügung der Staatsgewalt (§ 1723 BGB) erfolgt und für welche die Einwilligung des Kindes erforderlich ist, § 1726 BGB. Da das Kind noch nicht 14 Jahre alt ist, tritt an die Stelle der Einwilligung des Kindes jene des gesetzlichen Vertreters, die der Genehmigung des Vormundschaftsgerichtes bedarf, §§ 1750, 1728 BGB[15].

---

[14] *Soergel-Kegel* aaO Randnr. 41 zu Art. 22; *Palandt-Lauterbach* aaO Anm. IV c zu Art. 22 EGBGB; *Wengler*, Zur Adoption deutscher Kinder durch amerikanische Staatsangehörige, NJW 1959, 127 ff. (130); *AG Hamburg* 28. 5. 1963, StAZ 1965, 157.

[15] Siehe zum Erfordernis der Einwilligung seitens des Vormundes bei ausländischer Adoption eines deutschen Kindes durch Hoheitsakt *BayObLG* 25. 7. 1956, BayObLGZ 1956, 285.

Da der englische Adoptionsbeschluß bereits erlassen wurde, fragt es sich, ob diese Einwilligungen nachgeholt werden können.

Auszugehen ist davon, daß der englische Adoptionsbeschluß weder im ganzen unwirksam noch – da die Adoption durch Staatsakt keinen Vertragscharakter hat – in der Schwebe ist. Vielmehr ist der Adoptionsbeschluß wirksam, jedoch können sich seine Wirkungen mangels der nach Art. 22 II EGBGB vorgesehenen Einwilligungen nicht auf den deutschen Rechtsbereich erstrecken, sie beschränken sich auf den Bereich des englischen Rechts. Damit kommt dem Art. 22 II EGBGB hier eine ähnliche Bedeutung zu, wie sie § 328 ZPO für die Anerkennung von Urteilen ausländischer Gerichte hat. Da es sich bei der Adoption durch ausländischen Hoheitsakt nicht um eine unwirksame, sondern um eine auf das Hoheitsgebiet des ausländischen Staates beschränkte Adoption handelt, besteht grundsätzlich kein Hindernis, durch Nachholung der Einwilligung des gesetzlichen Vertreters und der vormundschaftsgerichtlichen Genehmigung dem Adoptionsakt auch Wirkung für den deutschen Rechtsbereich zu verschaffen [16].

Diese Kompromißlösung vermeidet zwar das Ergebnis einer „hinkenden" Adoption; sie vermag jedoch nicht zu überzeugen. Der Amtsvormund und das Bestätigungsgericht sind bei ihren Erhebungen weitgehend auf die Ermittlungen der ausländischen Behörden angewiesen und können sich keinen persönlichen Eindruck von dem Beteiligten verschaffen. Ihre Tätigkeit muß daher mehr oder weniger formeller Natur bleiben.

3. Wendet man die oben in Anlehnung an die Entscheidungen des Bundesgerichtshofs vom 7. 12. 1955 und des Bayerischen Obersten Landesgerichts dargelegte *neuere Auffassung* auf den vorliegenden Adoptionsbeschluß an, so ergibt sich folgendes:

a) Der Prüfung der *Internationalen Zuständigkeit* des englischen Adoptionsgerichts sind die deutschen Regeln zur internationalen Zuständigkeit zugrunde zu legen. Diese Regeln sind allerdings, wie bereits oben erwähnt, umstritten. Die *deutschen* Gerichte sind auf dem Gebiet der freiwilligen Gerichtsbarkeit ohne Frage zunächst dann international zuständig, wenn nach deutschem IPR das deutsche materielle Recht anwendbar ist.

Ausländischen Gerichten wird – auch nach der älteren Auffassung – die internationale Zuständigkeit dann zugebilligt, wenn das betreffende ausländische Recht nach deutschem IPR Sachstatut ist.

Der zunächst einleuchtende Grundsatz einer Abhängigkeit der Gerichts- von der Rechtszuständigkeit ist jedoch zu eng. Das zeigt sich deutlich, wenn – im vorliegenden Fall gem. Art. 22 Abs. I EGBGB – neben deut-

---

[16] *BayObLG* 25. 7. 1956, IPRspr. 1956/57 Nr. 136 (a); *OLG Karlsruhe* 29. 8. 1956, IPRspr. 1956/57 Nr. 136 (b) und dortige Nachweise; *Beitzke*, StAZ 1953, 97; *Müller*, NJW 1955, 1061.

schem kumulativ auch ausländisches (hier englisches) materielles Recht anwendbar ist. Ist nämlich die Anwendbarkeit deutschen Sachrechts nach Art. 22 Abs. I EGBGB Anknüpfungsmoment für die deutsche internationale Zuständigkeit, so ist kein Grund ersichtlich, warum die in dieser Kollisionsnorm zugleich ausgesprochene kumulative Anwendbarkeit ausländischen (hier englischen) Rechts nicht eine konkurrierende Zuständigkeit der englischen Gerichte begründen soll. Denn man kann den Anspruch eigener Zuständigkeit schwerlich aus der Rechtsanwendungsregel des Art. 22 Abs. I EGBGB herleiten, wenn man mit der Prätention eigener ausschließlicher internationaler Zuständigkeit diese Norm zugleich mißachtet.

Die ältere Auffasuung meint, dem § 66 II FGG entnehmen zu müssen, daß die Bundesrepublik für die Adoption durch einen Deutschen die ausschließliche internationale Zuständigkeit beansprucht. Dieser Erweiterung des § 66 FGG von einer ursprünglich nur die örtliche Zuständigkeit regelnden Vorschrift in einen Rechtssatz der internationalen Zuständigkeit ist das Bayerische Oberste Landesgericht in dem bereits mehrfach erwähnten Beschluß vom 18. 12. 1968 mit überzeugenden Argumenten entgegengetreten [17]. Zu Recht weist das Gericht darauf hin, daß der BGH für die dem § 66 FGG vergleichbare Bestimmung des § 648 II ZPO entschieden hat, daß letztere Vorschrift keine ausschließliche deutsche internationale Zuständigkeit für die Entmündigung eines im Ausland wohnenden Deutschen begründe [18].

Für die gleiche Auslegung des § 66 FGG spricht auch die sich aus §§ 36 II, 38, 39, 43 I, 47 und 73 II FGG ergebende Rechtslage. Die genannten Vorschriften sind vor allem deshalb hier von Bedeutung, weil die deutschen Gerichte im Falle einer Adoption nicht lediglich den Annahmevertrag nach §§ 65ff. FGG bestätigen. Vielmehr ist bei der Adoption eines noch nicht 14jährigen Deutschen, abgesehen von der Mitwirkung des gesetzlichen Vertreters, die vormundschaftsgerichtliche Genehmigung erforderlich. Was aber die gerichtliche Zuständigkeit für die Erteilung der vormundschaftsgerichtlichen Genehmigung angeht, so beurteilt sich diese nicht nach § 66 FGG, sondern nach §§ 43 I, 36 II FGG. Daß demnach die für die Zuständigkeit in Vormundschaftssachen geltenden Vorschriften Anwendung finden, ist deshalb bedeutsam, weil aus § 47 FGG keineswegs hergeleitet wird, die deutschen Gerichte nähmen eine ausschließliche Zuständigkeit für die Anordnung einer Vormundschaft über deutsche Staatsangehörige in Anspruch. Für das Anwendungsgebiet des § 47 FGG ist vielmehr anerkannt, daß das Mündelinteresse entscheidend ist [19].

---

[17] AaO 378. [18] Siehe *BGH* 7. 12. 1955, BGHZ 19, 240 (244).
[19] *BayObLG* 18. 12. 1968 aaO 378 u. dortige Nachweise.

Dieser Vergleich mit anderen Zuständigkeitsregeln der freiwilligen Gerichtsbarkeit dürfte erweisen, daß selbst bei ausschließlicher Anwendbarkeit deutschen Sachrechts nach den Vorschriften des deutschen IPR nicht die Prätention ausschließlicher Zuständigkeit der deutschen Gerichte erhoben werden kann. Hinsichtlich der Anerkennung der Entmündigung eines Deutschen im Ausland hat der Bundesgerichtshof in der erwähnten Entscheidung vom 7. 12. 1955[20] hervorgehoben, daß es anachronistisch sei, starr und uneingeschränkt an der Anwendung des (deutschen) Heimatrechts für die Entmündigung und am Postulat ausschließlicher Zuständigkeit der deutschen Gerichte festzuhalten. Denn häufig sei heute im Gegensatz zu den Verhältnissen zur Zeit des Inkrafttretens des BGB der gewöhnliche Aufenthaltsort zum tatsächlichen räumlichen Mittelpunkt der Lebensbeziehungen und insbesondere der rechtlichen und wirtschaftlichen Beziehungen geworden. Diese Erwägungen sind auch hier am Platz. Denn gerade im Falle unehelicher Kinder, die von ihrer Mutter zusammen mit deren Ehemann im Ausland adoptiert werden, soll das ausländische Domizil, soweit voraussehbar, zum ständigen Mittelpunkt aller ihrer Lebensbeziehungen, insbesondere auch ihrer familiären, rechtlichen und wirtschaftlichen Beziehungen werden. Die Anerkennung der ausländischen Adoption soll also einen bereits bestehenden tatsächlichen Zustand gleichsam legalisieren. Erschwert man aber die Anerkennung durch den Anspruch ausschließlicher Zuständigkeit der deutschen Gerichte, so wird die wünschenswerte und dem Wohl des Kindes dienende Begründung familienrechtlicher Beziehungen auch zum Ehemann, der die Versorgung des Kindes mitträgt, beeinträchtigt. Mit Recht hebt deshalb das Bayerische Oberste Landesgericht in dem mehrfach erwähnten Beschluß vom 18. 12. 1968[21] hervor, daß der Anspruch ausschließlicher deutscher Zuständigkeit in Fällen wie dem vorliegenden dem Wohl des Kindes abträglich sei.

Das Bayerische Oberste Landesgericht meint allerdings einschränkend in dem vorgenannten Beschluß, daß man möglicherweise Interessen der Beteiligten gefährde, sofern man ausländischen Gerichten (konkurrierend mit deutschen) die internationale Zuständigkeit auch dann zuerkenne, wenn ein Deutscher ein deutsches Kind im Ausland adoptiert. Deshalb müsse, so hebt das Gericht[22] hervor, von Fall zu Fall entschieden werden, ob eine im Ausland vorgenommene Adoption im Inland anzuerkennen sei.

Diese Ausführungen des Bayerischen Obersten Landesgerichts lassen nicht klar erkennen, ob das Gericht etwa einem ausländischen Adoptionsgericht die internationale Zuständigkeit dann absprechen will, wenn sich zwar die Beteiligten in dem betreffenden ausländischen Staat ständig aufhalten, das ausländische Adoptionsverfahren jedoch ihre Interessen – insbesondere jene eines deutschen Adoptivkindes – nicht ausreichend

---

[20] AaO 244. [21] AaO 378. [22] AaO 378.

schützt. Dem Bayerischen Obersten Landesgericht ist wohl im Ergebnis darin beizupflichten, daß in einem solchen Falle die ausländische Adoption nicht in Deutschland anerkannt werden kann. Zu versagen ist aber dann die Anerkennung nicht mangels internationaler Zuständigkeit, sondern deshalb, weil eine oder mehrere der übrigen für die Anerkennung zu fordernden Voraussetzungen nicht erfüllt sind.

Diese Klarstellung scheint angebracht, weil selbst dieser im übrigen richtungweisende Beschluß des Bayerischen Obersten Landesgerichts eine Tendenz erkennen läßt, das Anerkennungskriterium der internationalen Zuständigkeit zu überlasten – nämlich die Frage der Zuständigkeit mit anderen Anerkennungsvoraussetzungen zu verquicken:

Zuständigkeitsregeln sollen dafür Sorge tragen, daß ein Gericht entscheidet, das dem betreffenden Lebensverhältnis nahe und daher „forum conveniens" ist. Abgesehen von den Regeln, welche den Instanzenzug bestimmen, setzen Zuständigkeitsregeln die Gleichwertigkeit der zur Auswahl stehenden Gerichte voraus. Sie knüpfen an generelle Kriterien wie Belegenheit, Aufenthalt oder Wohnsitz an, die ein „sachnahes" Gericht gewährleisten. Lediglich diese Funktion sollte auch den Regeln der internationalen Zuständigkeit zugewiesen werden. Ob im konkreten Fall das vom Gericht beobachtete Verfahren zu Bedenken Anlaß gibt, etwa die Interessen der Beteiligten nicht ausreichend geschützt werden oder die vom Gericht getroffene Entscheidung verfehlt ist, hat nichts mit der Zuständigkeit des Gerichts zu tun. Deshalb sollte man auch im internationalen Bereich den Zuständigkeitsregeln nicht die Funktion aufbürden, über die Bestimmung des „sachnächsten" oder mehrerer gleichermaßen „sachnaher" und daher konkurrierend zuständiger Gerichte hinaus auch noch zu verbürgen, daß das gerichtliche Verfahren und die zu erwartende Entscheidung bedenkenfrei sind.

Eine solche Verkennung der Funktion der Zuständigkeitsregeln dürfte mit im Spiele sein, soweit die ältere Auffassung den deutschen Gerichten und Behörden die ausschließliche internationale Zuständigkeit vorbehalten will. Man erhebt die Prätention ausschließlicher eigener Zuständigkeit, weil man an der Qualität ausländischer Gerichte zweifelt und befürchtet, andernfalls verfehlte oder unrichtige ausländische Entscheidungen anerkennen zu müssen. Den Zuständigkeitsregeln wird damit eine Abwehrfunktion unterschoben. Für diese Aufgabe aber sind diese schon aufgrund ihres generellen, nicht auf den Einzelfall abstellenden Charakters ungeeignet. Das erweist ein Vergleich mit der Vorbehaltsklausel des Art. 30 EGBGB. Diese Abwehrnorm schließt die Anwendung ausländischen Rechts nur dann und nur insoweit aus, als die Anwendung ausländischen Rechts im *konkreten Fall* zu unerträglichen Ergebnissen führt. Den an *generelle* Kriterien anknüpfenden Zuständigkeitsregeln hingegen fehlt diese Flexibilität. Das zeigt sich deutlich im vorliegenden Fall. Wenn die ältere Auffassung aus § 66 II FGG die starre Prätention deutscher ausschließlicher internationaler Zuständigkeit herleitet, so dürften damit, wie oben dargestellt, die Interessen des Kindes Ulrich Karl M. (R.) beeinträchtigt werden. Hieraus erhellt, daß Zuständigkeitsregeln wegen ihres pauschalen Charakters als Abwehrnormen ungeeignet sind.

Für die Prüfung der internationalen Zuständigkeit des Brentford County Court ist es daher unerheblich, ob in dem Adoptionsverfahren den Interessen der Beteiligten, insbesondere des Kindes Ulrich Karl, ausreichend Rechnung getragen worden ist.

Nach Auffassung des Instituts zwingen diese Überlegungen dazu, den Wohnsitz oder gewöhnlichen Aufenthalt des Annehmenden im Gerichtsstaat als Anknüpfungsmoment für die internationale Zuständigkeit genügen zu lassen. Diese Voraussetzung ist hier erfüllt.

Zusammenfassend ist deshalb festzustellen, daß der Brentford County Court international zuständig war, den vorliegenden Adoptionsbeschluß zu erlassen.

b) Verfahren – Endgültigkeit

(1) Das englische Adoptions*verfahren* ist dem deutschen gleichwertig, wie die Ausführungen unten zu c (2) zeigen werden.

(2) Ob der Adoptionsbeschluß des Brentford County Court *endgültig* ist, kann mangels näherer Sachverhaltsangaben nicht festgestellt werden. Das englische Recht kennt nämlich neben der endgültigen Adoption („final adoption order", sec. 1–11 Adoption Act 1958) auch eine „vorläufige Adoption" („provisional adoption order", sec. 53). Letztere wird dann ausgesprochen, wenn der Annehmende sich zwar in England aufhält, dort aber nicht domiziliert ist und beabsichtigt, das Adoptivkind später an den Ort seines Domizils mitzunehmen. Da im vorliegenden Fall der Annehmende die indische Staatsangehörigkeit besitzt, wäre es immerhin denkbar, daß er zu einem späteren Zeitpunkt nach Indien zurückkehren will und daher lediglich einen „vorläufigen Adoptionsbeschluß" beantragt hat.

c) Gleichwertigkeit des Ergebnisses

(1) Zu den *Wirkungen* der englischen adoption order ist folgendes zu sagen:

Nach englischem Recht werden durch einen Adoptionsbeschluß die familienrechtlichen Beziehungen zwischen den leiblichen Eltern und dem Adoptivkind aufgehoben und dafür zwischen Annehmenden und Adoptivkind ein Rechtsverhältnis begründet, das jenem zwischen Eltern und ihren legitimen Kindern entspricht.

Sec. 13 Adoption Act 1958:

„Upon an adoption order being made, all rights, duties, obligations and liabilities of the parents or guardians of the infant in relation to the future custody, maintenance and education of the infant, including all rights to appoint a guardian and (in England) to consent or give notice of dissent to marriage, shall be extinguished, and all such rights, duties, obligations and liabilities shall vest in and be exercisable by and enforceable against the adopter as if the infant were a child born to the adopter in lawful wedlock: and in respect of the matters aforesaid (...) the infant shall stand to the adopter exclusively in the position of a child born to the adopter in lawful wedlock.

(2) In any case where two spouses are the adopters, the spouses shall in respect of the matters aforesaid, and for the purpose of the jurisdiction of any court to make orders as to the custody and maintenance of and right of access to children, stand to each other and to the infant in the same relation as they would have stood if they had been the lawful father and mother of the infant and the infant shall stand to them in the same relation as to a lawful father and mother."

Um Adoptivkindern ehelichen Kindern gleichzustellen, wurde übrigens eine Reihe früherer Gesetze abgeändert oder jedenfalls dahin interpretiert, daß der im Gesetzestext verwandte Begriff „Kind" auch Adoptivkinder umfasse. Dies gilt u. a. für den National Assistance Act, der Unterhaltsansprüche des Adoptivkindes gegenüber seinen Adoptiveltern begründet. Ferner für den Fatal Accidents Act, den Family Allowances Act, den National Insurance Act und für den Inheritance (Family Provision) Act, 1938. Während nach dem früheren englischen Adoptionsrecht, nämlich unter dem Adoption of Children Act, 1926, Adoptivkinder hinsichtlich ihres Erbrechts hinter ehelichen Kindern zurückstanden, haben sie heute – gemäß sec. 16 seq. Adoption Act, 1958 – grundsätzlich die gleichen Rechte wie eheliche Kinder[23].

(2) Was die *Voraussetzungen* der Adoption angeht, wurde bereits oben (III 2) dargelegt, daß die Kindesmutter in die Adoption eingewilligt hat.

Hinsichtlich der Zustimmung des Kindes ist § 1751 BGB zu berücksichtigen. Diese Vorschrift will sicherstellen, daß die Adoption eines Kindes nicht gegen dessen Willen in der Form erfolgt, daß sie ohne Einschaltung einer neutralen Instanz und ohne Beaufsichtigung seitens eines Gerichts vorgenommen wird. Deswegen läßt das deutsche Recht die Interessen des Kindes durch einen gesetzlichen Vertreter wahrnehmen, der im Einzelfall die Zweckmäßigkeit der Adoption zu beurteilen hat und dessen Beurteilung des weiteren gemäß § 1751 BGB durch das Vormundschaftsgericht nachzuprüfen ist.

Das englische Adoptionsverfahren trägt den Interessen des Kindes in ähnlicher Weise Rechnung.

Da die Adoption nicht durch Vertrag, sondern durch Gerichtsbeschluß erfolgt, wird im englischen Adoptionsverfahren dem Kinde ein „Prozeß-

---

[23] Siehe zum vorstehenden auch *Bromley*, Family Law, 3. Aufl. 1966, 411 ff.

pfleger", nämlich ein „guardian ad litem" bestellt. Dieser hat im Adoptionsverfahren die Interessen des Kindes wahrzunehmen.

Siehe *sec. 9 (7) Adoption Act, 1958:*

„For the purpose of any application in England for an adoption order, the court shall, subject to Adoption Rules, appoint some person to act as guardian ad litem of the infant upon the hearing of the application with the duty of safeguarding the interests of the infant before the court."

Der Aufgabenbereich eines solchen „guardian ad litem" ergibt sich aus den „Adoption Rules", wobei im vorliegenden Fall die County Court Adoption Rules, 1959 einschlägig sind. Danach hat der „guardian ad litem" – der nicht mit einem Elternteil des Kindes identisch sein darf – die dem Adoptionsantrag beigefügten Unterlagen zu prüfen, die am Adoptionsverfahren Beteiligten zu hören und Hausbesuche bei den Adoptanten zu machen. Hierbei soll er u. a. die Motive der Kindesannahme sowie die Lebensgewohnheiten und die wirtschaftlichen Verhältnisse der Adoptanten erforschen. Über die Ergebnisse seiner Ermittlungen hat er dem Adoptionsgericht zu berichten, und durch entsprechende Anträge im Adoptionsverfahren hat er dafür zu sorgen, daß die „Adoption Order" nur dann erlassen wird, wenn dies den Interessen des Kindes entspricht[24].

Das Adoptionsgericht hat im englischen Adoptionsverfahren den „guardian ad litem" zu überwachen und die von ihm eingereichten Unterlagen nachzuprüfen, wobei es keineswegs auf die Angaben des „guardian ad litem" angewiesen ist, sondern weitere Ermittlungen fordern oder selbst anstellen kann. Maßgebend für seine Entscheidungen ist stets das Wohl des Kindes.

Siehe *sec. 7 Adoption Act 1958:*

„(1) The court before making an adoption order shall be satisfied;

(a) that every person whose consent is necessary under this Act, and whose consent is not dispensed with, has consented to and understands the nature and effect of the adoption order for which application is made, and in particular in the case of any parent understands that the effect of the adoption order will be permanently to deprive him or her of his or her parental rights;

(b) that the order if made will be for the welfare of the infant; and

(c) that the applicant has not received or agreed to receive, and that no person has made or given or agreed to make or give to the applicant, any payment or other reward in consideration of the adoption except such as the court may sanction.

(2) In determining whether an adoption order if made will be for the welfare of the infant, the court shall have regard (among other things) to the health of the applicant, as evidenced, in such cases as may be prescribed, by the cer-

[24] Siehe die Adoption (County Court) Rules 1959, [S. I. 1959 No. 480/L. 4]; vgl. auch *Josling*, Adoption of Children Act, 5. Aufl. 1959, 35 ff.

tificate of a fully registered medical practitioner, and shall give due consideration to the wishes of the infant, having regard to his age and understanding.

(3) The court in an adoption order may impose such terms and conditions as the court may think fit, and in particular may require the adopter by bond or otherwise to make for the infant such provision (if any) as in the opinion of the court is just and expedient."

Im Ergebnis darf man sagen, daß der „guardian ad litem" und das englische Adoptionsgericht ihrer Funktion nach mit dem gesetzlichen Vertreter eines Kindes im deutschen Adoptionsverfahren und mit dem deutschen Vormundschaftsgericht vergleichbar sind, indem sie wie diese die Einwilligung in die Adoption durch eine neutrale, die Interessen des Kindes wahrnehmende Instanz sichern.

Da also Voraussetzungen wie Wirkungen der englischen adoption order im wesentlichen jenen eines bestätigten deutschen Adoptionsvertrages entsprechen, weicht das Ergebnis der adoption order nicht wesentlich zum Nachteil eines deutschen Beteiligten vom deutschen Recht ab.

d) Ordre public

Es sind keine Anhaltspunkte dafür ersichtlich, daß die Adoption gegen den deutschen ordre public verstößt. Insbesondere besteht kein Verdacht, daß die Adoption aus sachfremden Gründen – etwa nur zur Namenserteilung – herbeigeführt worden sei.

IV. Ergebnis

Die „Adoption Order" des Brentford County Court kann in Deutschland anerkannt werden, falls es sich um eine „final adoption order" handelt.

Nr. 49

USA (New York)

1. Zur Anerkennung einer New Yorker Sorgerechtsentscheidung in Deutschland.

2. Zur Befugnis deutscher Gerichte, diese ausländische Entscheidung abzuändern oder aufzuheben.

München G 2387-9.11. vom 29.12.1969

A. SACHVERHALT

Der US-amerikanische Staatsangehörige Herman C. B. schloß am 14. 5. 1961 in States Island, New York, USA, mit der deutschen Staatsangehörigen Irene M. S.-B. die Ehe. Aus der Ehe ging der am 10. 12. 1962 geborene

Bryan B. hervor. Irene M. B. verließ am 13. 1. 1967 die eheliche Wohnung und ging mit ihrem Kind, das die US-amerikanische Staatsangehörigkeit besitzt, nach Deutschland. Sie lebt seit dieser Zeit mit dem Kind bei ihrer Mutter in München. Am 23. 11. 1967 erhob sie Klage auf Scheidung gegen ihren Ehemann.

Am 10. 10. 1967 erließ der Supreme Court, County of Richmond, New York, USA, unter dem Index No. SP 66/67 auf den Antrag des Ehemanns ein Judgment (Urteil) mit folgendem Tenor:

„Ordered, Adjudged and Decreed that the custody of Bryan B., minor child of the Petitioner and the Respondent, be awarded to the Respondent provided that the Respondent brings the said minor child to the City of New York within 60 days after a copy of this judgment has been mailed to the Respondent by registered mail, and it is further
Ordered, Adjudged, and Decreed that the foregoing award of custody of the said minor child to the Respondent shall be without prejudice against the Petitioner to contest the fitness of the Respondent to retain custody permanently on further application to this Court and it is further
Ordered, Adjudged, and Decreed that the custody of Bryan B., minor child of the Petitioner and the Respondent, be awarded to the Petitioner if the Respondent falls to bring the said minor child to the City of New York within 60 days after a copy of this judgment has been mailed to the Respondent by registered mail."

Es wird hiermit angeordnet, erkannt und entschieden, daß die elterliche Gewalt über Bryan B., minderjähriges Kind des Antragstellers und der Antragsgegnerin, auf die Antragsgegnerin übertragen wird, vorausgesetzt die Antragsgegnerin bringt das minderjährige Kind innerhalb von 60 Tagen nach Erhalt einer Abschrift dieses Urteils durch Einschreibebrief in die Stadt New York, und es wird ferner
angeordnet, erkannt und entschieden, daß die vorgenannte Übertragung der elterlichen Gewalt über das minderjährige Kind auf die Antragsgegnerin den Antragsteller nicht hindern soll, die Eignung der Antragsgegnerin zur dauernden Innehabung der elterlichen Gewalt durch neuen Antrag bei diesem Gericht zu bestreiten und es wird ferner
angeordnet, erkannt und entschieden, daß die elterliche Gewalt über Bryan B., minderjähriges Kind des Antragstellers und der Antragsgegnerin, dem Antragsteller übertragen wird, wenn die Antragsgegnerin es unterläßt, das bezeichnete minderjährige Kind innerhalb von 60 Tagen nach Erhalt einer Abschrift dieses Urteils durch Einschreibebrief in die Stadt New York zu bringen.

Die Entscheidung erfolgte aufgrund mündlicher Verhandlung, zu der Irene M. B. durch persönliche Übergabe der Antragsschrift durch den deutschen Prozeßbevollmächtigten des Antragstellers Herman C. B. geladen worden, aber nicht erschienen war. Die Antragsgegnerin hatte die Vertagung eines früheren Termins erreicht und den Erhalt der Antragsschrift und der Nachricht von der Vertagung schriftlich bestätigt.

Herman C. B. hat am 5. 6. 1968 beim Amtsgericht München – Vormundschaftsgericht – den Antrag gestellt, der Mutter die elterliche Gewalt zu entziehen und dem Antragsteller zu übertragen. Er hat diesen Antrag mit Schriftsatz vom 6. 6. 1968 dahin abgeändert, daß der ursprüngliche Antrag nur vorsorglich gestellt werde, primär nunmehr gemäß § 1632 II BGB i. V. § 33 FGG beantragt werde, die Herausgabe des Minderjährigen anzuordnen und zu verfügen, daß im Weigerungsfalle die Wegnahme des Minderjährigen durch den Gerichtsvollzieher erfolge. Er hat daneben mit Schriftsatz vom 20. 6. 1968 Antrag auf vorläufige Verkehrsregelung gestellt.

Eine Klage zum Landgericht München, gemäß § 722 ZPO die Vollstreckung aus der US-amerikanischen Entscheidung für zulässig zu erklären, wurde zurückgenommen.

Das Amtsgericht München – Vormundschaftsgericht – hat aufgrund dieses Sachverhalts am 4. 11. 1968 folgenden Beschluß erlassen:

Es wird die Erholung eines Rechtsgutachtens zu folgenden Fragen angeordnet:

1. Kann das Gericht im Hinblick auf die Entscheidung des amerikanischen Gerichts vom 10. 10. 1967 noch über die elterliche Gewalt entscheiden?

2. Ist gegebenenfalls eine Abänderung der amerikanischen Entscheidung möglich?

3. Findet für eine eventuelle Entscheidung über die elterliche Gewalt bzw. Änderung derselben sowie für die Anträge auf Herausgabe und Regelung des persönlichen Verkehrs amerikanisches oder deutsches Recht Anwendung?

4. Falls amerikanisches Recht anzuwenden ist: Welche Regeln des amerikanischen Rechts sind der Entscheidung zugrundezulegen?

B. VORBEMERKUNG

Der Antragsteller begehrt nach dem geschilderten Sachverhalt nunmehr hauptsächlich den Erlaß eines Beschlusses nach § 33 FGG, d. h. die Vollstreckung der ausländischen Sorgerechtsentscheidung und erst in zweiter Linie die Übertragung der elterlichen Gewalt.

Über den Wortlaut der Anfrage des ersuchenden Gerichts hinaus besteht daher Veranlassung, nicht nur über die Möglichkeit einer Abänderung der US-amerikanischen Sorgerechtsentscheidung, sondern insbesondere auch über die Wirkungen einer möglichen Anerkennung der ausländischen Entscheidung, vor allem die Vollstreckbarkeiten zu referieren.

C.

I. Die Anerkennung des „Judgment" in der Bundesrepublik

1. Die Ausgangslage

a) Die Anwendbarkeit des § 328 ZPO

§ 328 ZPO regelt die Anerkennung von Urteilen ausländischer Gerichte. Dabei ist unter Urteil i. S. der Vorschrift jede gerichtliche Entscheidung zu verstehen, die einem zwischen den Parteien schwebenden Prozeß auf ein beiden Parteien gehörgebendes Verfahren rechtskräftig entschieden hat[1].

Aus dieser Begriffsbestimmung folgt, daß ein Urteil nur insoweit vorliegt, als über einen Streit entschieden worden ist, der funktionell der deutschen streitigen Gerichtsbarkeit gleichsteht[2].

Akte der freiwilligen Gerichtsbarkeit fallen daher grundsätzlich nicht unter diese Vorschrift[3]. Dies hat zur Folge, daß im vorliegenden Fall zunächst das *Qualifikationsproblem* zu lösen ist, ob die amerikanische Sorgerechtsentscheidung ein Urteil i. S. des § 328 ZPO darstellt, oder vielmehr ein Akt der freiwilligen Gerichtsbarkeit ist.

Zu der Frage, welche Maßstäbe zum Zweck der Abgrenzung der beiden Jurisdiktionszweige anzulegen sind, ist bisher in der deutschen Rechtsprechung und Praxis eine generelle Regel noch nicht ausdrücklich entwickelt worden. *Dölle*, DNotZ Sonderheft Deutscher Notartag 1961, 41; *derselbe* RabelsZ 27 (1962/63), 235; *BGH* JZ 54, 244; *BayObLG* FamRZ 59, 364 (370) lassen jedoch erkennen, daß die Qualifikation anhand der inländischen Abgrenzung zwischen freiwilliger und streitiger Gerichtsbarkeit zu erfolgen hat. Eine ausländische Entscheidung ist daher für die Zwecke der Qualifikation so zu behandeln, als ob sie gemäß der lex fori des Anerkennungsstaates ergangen wäre. Daraus ergibt sich, daß die Qualifikation von der *Funktion* der ausländischen Entscheidung auszugehen hat. Für den vorliegenden Fall folgt daraus, daß die amerikanische Sorgerechtsregelung kein Urteil i. S. des § 328 ZPO ist. Sorgerechtsregelungen stellen nach deutscher Auffassung Ausübung freiwilliger Gerichtsbarkeit dar.

---

[1] Vgl. *Baumbach-Lauterbach*, ZPO, 18. Aufl., Anm. 1 B zu § 328 ZPO.

[2] Vgl. *Stein-Jonas-Schönke-Pohle*, ZPO, 18. Aufl., Nr. III 1 zu § 328 ZPO.

[3] So die ganz herrschende Meinung: vgl. u. a. *Baumbach-Lauterbach* aaO; *Riezler*, Internationales Zivilprozeßrecht, 1949, 529; *Staudinger-Raape*, Art. 19 EGBGB Anm. B 5a; *Wieczorek*, § 328 ZPO, Anm. B II 6; *Rosenberg*, Lehrbuch des deutschen Zivilprozeßrechts, 9. Aufl. 1961, § 149 II 1 a; *RG* Jhr. 38, 1518.

b) Die Voraussetzungen für die Anerkennung ausländischer Entscheidungen der freiwilligen Gerichtsbarkeit

Das Fehlen einer dem § 328 ZPO entsprechenden Vorschrift in FGG besagt nicht, daß deswegen eine Anerkennung der amerikanischen Entscheidung ausgeschlossen ist: Folge des Fehlens einer gesetzlichen Bestimmung ist allerdings, daß sich für die Anerkennung ausländischer Entscheidungen der freiwilligen Gerichtsbarkeit erst langsam feste Regeln entwickeln[4].

Im allgemeinen werden rechtsgestaltende ausländische Entscheidungen der freiwilligen Gerichtsbarkeit in der Bundesrepublik anerkannt[5]. Dabei ist davon auszugehen, daß § 328 ZPO einen allgemeinen Grundsatz zum Ausdruck bringt, der auch auf nichtstreitige Entscheidungen zur Anwendung zu bringen ist, soweit sie privatrechtliche Beziehungen zum Gegenstand haben[6].

Die analoge Anwendung des § 328 ZPO gilt jedoch nur mit Einschränkungen. Nach der herrschenden Auffassung, wie sie etwa bei *BayObLG* aaO zusammengestellt ist und schon in *BayObLGZ* 1958, 33 zugrundeliegt, ist die Verbürgung der *Gegenseitigkeit* jedenfalls bei Personensorgeentscheidungen *nicht zu verlangen,* da die Vorschriften der ZPO nur insoweit im FGG herangezogen werden können, als es sich um einen allgemeinen Rechtsgedanken handelt, der in der ZPO lediglich seinen Niederschlag gefunden hat. Dies ist im Hinblick auf die verfehlte Konstruktion des Gegenseitigkeitsprinzips jedoch nicht der Fall[7].

Demnach ist mit dem *BayObLG* aaO für die Anerkennung einer ausländischen Sorgerechtsentscheidung zu fordern:

a) Die Entscheidung darf nach der lex fori des erlassenden Gerichts nicht ipso jure nichtig sein;
b) sie darf nicht entgegen einer ausschließlichen deutschen internationalen Zuständigkeit erlassen worden sein;
c) sie darf nicht gegen den deutschen ordre public verstoßen.

Zu diesen vom BayObLG herausgearbeiteten Voraussetzungen wird noch hinzuzutreten haben, daß den Beteiligten *rechtliches Gehör* gewährt worden ist. Wie oben bereits gezeigt, ist nach deutscher Auffassung die Gewährung rechtlichen Gehörs für den Urteilsbegriff des § 328 ZPO wesentlich. Dies gilt aber auch für das Verfahren der freiwilligen Gerichtsbarkeit[8].

---

[4] Vgl. *Soergel-Kegel,* BGB Bd. V, 9. Aufl. 1961, Randnr. 314 vor Art. 7 EGBGB.

[5] Vgl. *BayObLG* Beschl. v. 18. 12. 1968, NJW 69, 376 ff. (377) mit zahlreichen Nachweisen.

[6] So ausdrücklich *BayObLG,* FamRZ 59, 364 ff. (370 III 1 a); vgl. ferner *Dölle* aaO 41.

[7] Vgl. kritisch *Riezler* aaO 553 m. w. N.

[8] Vgl. *Keidel,* FGG, 7. Aufl., Anm. 10 a zu § 12 FGG.

c) Die Anerkennung im vorliegenden Fall

Gemäß Art. 19 EGBGB, der zur allseitigen Kollisionsnorm zu erweitern ist[9], war wegen der US-amerikanischen Staatsangehörigkeit des Vaters das materielle Recht der Vereinigten Staaten – d. h. das jeweils interlokal anwendbare Sachrecht – zur Entscheidung über die elterliche Gewalt berufen. Falls ein Staat, dessen Rechtsordnung nach deutschem IPR maßgeblich ist, einen Akt der freiwilligen Gerichtsbarkeit erlassen hat, geht die allgemeine Meinung dahin, daß der Akt immer anzuerkennen sei[10].

Das Erfordernis der „internationalen Zuständigkeit" des ausländischen Staates sei in diesem Falle nicht vorhanden[11] – oder aber – was im Ergebnis dasselbe ist – der Heimatstaat sei immer international zuständig[12]. Dieser Meinung ist zu folgen. Sie kann sich insbesondere auf die zutreffende Erwägung stützen, daß diejenige Rechtsordnung, der nach unserem IPR ein Rechtsverhältnis allgemein unterliegen soll, auch sinnvollerweise eine hierzu gehörende Rechtsfrage durch einen Hoheitsakt regeln darf, da sie ja dieselbe Materie auch durch Gesetz regeln könnte.

Die US-amerikanische (New Yorker) Sorgerechtsentscheidung ist demnach im Inland anzuerkennen, soweit sie nicht gegen den *deutschen ordre public* (Art. 30 EGBGB, § 328 Abs. 1 Ziff. 4 ZPO) verstößt und keine Verletzung des Grundsatzes der Gewährung rechtlichen Gehörs vorliegt. Beide Vorbehalte gelten auch für die Anerkennung der internationalprivatrechtlich maßgebenden Rechtsordnung, da es sich hierbei um Mindestanforderungen handelt, die in jedem Fall zur Wahrung der inländischen Rechtsprinzipien beachtet werden müssen. Wie sich aus den Ausführungen bei *Riezler* aaO 545 ergibt, ist der ordre-public-Begriff bei der Anerkennung ausländischer Hoheitsakte der gleiche wie in Art. 30 EGBGB. Nach der hierzu entwickelten Rechtsprechung des Reichsgerichts ist eine Entscheidung eines ausländischen Gerichts daher nur dann nicht möglich, wenn die Entscheidung in ihrem Ergebnis „unmittelbar die Grundlagen des deutschen staatlichen und wirtschaftlichen Lebens angreift". Dabei sind, wie *Kegel*[12a] feststellt, besonders die Grundsätze „materiellprivatrechtlicher Gerechtigkeit zu beachten".

Entscheidendes Gewicht kommt hierbei dem Grad der Inlandsbeziehung zu. Je engere Beziehungen im konkreten Fall zur Bundesrepublik bestanden, um so eher wird eine Verletzung des ordre public anzunehmen sein[13].

---

[9] Vgl. *Soergel-Kegel* aaO Art. 19, Randnr. 1 mit Nachweisen.

[10] Vgl. u. a. *BayObLG* 1959, 8; ferner *Keidel*, FGG, 9. Aufl., § 33 Randnr. 55.

[11] So u. a. *Neuhaus*, FamRZ 59, 483; ohne Prüfung der internationalen Zuständigkeit des ausländischen Gerichts bejahen auch *Dölle*, RabelsZ 27 (1962) aaO 236 f. und *Raape*, IPR, 5. Aufl. 1961, 143 die Anerkennung dieser Entscheidungen.

[12] Sog. „Statuszuständigkeit", vgl. *Soergel-Kegel* aaO vor Art. 7 Randnr. 22.

[12a] IPR, 2. Aufl. 1964, 187.

[13] Vgl. *Soergel-Kegel* aaO Art. 30 Randnr. 16 mit Nachweisen.

Die Antragsgegnerin hat ausgeführt, daß das US-amerikanische „Urteil" gegen den ordre public verstoße, da sie hierdurch gezwungen werden sollte, nach New York zurückzufahren. Diese – beachtenswerte – Erwägung rechtfertigt jedoch im Ergebnis nicht die Anwendung des deutschen ordre public. Hinter der New Yorker Entscheidung kann nämlich die durchaus vertretbare Überlegung stehen, es sei für das Kindeswohl am besten, wenn die Mutter in New York die elterliche Gewalt innehabe, da dann der Kontakt des Kindes zu beiden Elternteilen gewährleistet sei. Wenn aber diese Regelung nicht erreicht werden könne, sei das Kind beim Vater am besten aufgehoben, da die Erziehung eines US-amerikanischen Kindes in den Vereinigten Staaten im Interesse des Kindes geboten erscheint. Überdies ist gerade im vorliegenden Fall bei der Annahme eines Verstoßes gegen den ordre public Zurückhaltung geboten. Da sowohl der Vater als auch das Kind die US-amerikanische Staatsangehörigkeit besitzen, ist die Inlandsbeziehung relativ gering und ein für den inländischen Rechtsbereich schlechthin untragbarer Verstoß [14] nicht erkennbar.

Wie oben bereits ausgeführt, wird bei Akten der freiwilligen Gerichtsbarkeit heute nach h. M. nicht vorausgesetzt, daß Zustellung und Einlassung nach Maßgabe des § 328 Abs. I Ziff. 2 ZPO erfolgt sind. An die Stelle des Erfordernisses dieser – allenfalls für den Zivilprozeß angängigen – starren Regelung ist die Voraussetzung der Gewährung rechtlichen Gehörs getreten. Wie sich aus den Gründen der US-amerikanischen Entscheidung ergibt, hatte die Antragsgegnerin von dem Sorgerechtsverfahren Kenntnis. Sie hat auch um Vertagung des ersten Termins gebeten, ist aber gleichwohl zu dem nun angesetzten Termin nicht erschienen. Es wurde ihr daher in ausreichendem Maße Gelegenheit gegeben, ihre Einwände gegen den Antrag vorzubringen. Da aber auch nach deutscher Auffassung die Gewährleistung rechtlichen Gehörs nur die Möglichkeit der Anhörung eröffnen will, sind auch insoweit keine Bedenken ersichtlich.

II. Die Rechtsfolge der Anerkennung

1. Grundsatz

Folge der Anerkennung ist, daß dem ausländischen Akt unmittelbar Rechtswirkungen im Inland zukommen, ohne daß hierfür ein weiteres Tätigwerden eines inländischen Organs erforderlich wäre.

Der Umfang der anzuerkennenden Wirkung richtet sich nach h. M. nach dem Recht des Staates, dessen Gericht den Akt erlassen hat [15].

Diese Ansicht ist – jedenfalls, wenn das Gericht wie hier, sein eigenes Recht angewandt hat – zutreffend, da andernfalls der ausländische Ho-

---

[14] *LG Düsseldorf*, MDR 54, 615.

[15] Vgl. *Riezler* aaO 512; *Rosenberg*, 7. Aufl., 512.

heitsakt u. U. denaturiert würde. Der Antragsteller hat damit grundsätzlich auch für den deutschen Rechtsbereich die alleinige elterliche Gewalt über das Kind der Parteien, wobei sich Umfang und Grenzen des Sorgerechts nach US-amerikanischem und hierbei interlokalrechtlich nach New Yorker Recht richten.

2. Die Vollstreckung der ausländischen Entscheidung im Inland

a) Die Sorgerechtsentscheidung des New Yorker Gerichts ist *rechtsgestaltender Natur.* Sie hat nur den Übergang des Sorgerechts zur Folge, enthält aber unmittelbar keine Verpflichtung der Antragsgegnerin, den Minderjährigen an den Antragsteller herauszugeben. Sie hat daher keinen vollstreckungsfähigen Inhalt. Die Lage ist damit eine völlig andere als in dem vom *BGH,* JZ 54, 244 entschiedenen Fall, in dem es um die Frage ging, ob und auf welche Weise der Beschluß eines österreichischen Gerichts im Inland vollstreckt werden kann, in dem angeordnet worden war, daß ein Kind geschiedener Ehegatten von dem einen Ehegatten an den anderen zu übergeben sei. Mangels einer inhaltlichen Vollstreckbarkeit der US-amerikanischen Entscheidung ist somit auf die Problematik, ob eine Klage auf Vollstreckbarkeit nach § 722 ZPO erforderlich ist (so *BGH* aaO) oder ob unmittelbar nach § 33 FGG vollstreckt werden kann (so anscheinend *Keidel,* § 33 FGG Rdnr. 58), nicht weiter einzugehen. Völlig fehl am Platz ist jedenfalls im vorliegenden Fall die Vollstreckungsgegenklage gegen einen ausländischen, materiell-rechtlich zu qualifizierenden Akt der freiwilligen Gerichtsbarkeit.

b) Vollstreckt werden könnte demnach nur eine neue Entscheidung, die expressis verbis die Verpflichtung der Antragstellerin zum Gegenstand hat, das Kind herauszugeben. Für die internationale Zuständigkeit der deutschen Gerichte und für das einer derartigen Entscheidung zugrunde zu legende Recht gilt grundsätzlich dasselbe wie für eine das US-amerikanische Urteil abändernde Entscheidung. Auf diese Frage soll daher nachstehend zusammenhängend eingegangen werden.

2. Die Möglichkeit einer Abänderung des US-amerikanischen Urteils durch die Entscheidung eines deutschen Gerichts

Ausgangspunkt für die weiteren Erörterungen ist zunächst, daß eine ausländische Entscheidung im Anerkennungsstaat keine größere Wirkung haben kann, als ihr nach der lex fori des erlassenden Gerichts zukommt, was hier deshalb von Bedeutung ist, als nach amerikanischer Auffassung Sorgerechtsentscheidungen nicht res judicata sind[16].

---

[16] 40 Harvard Law Review 1029; *Foster* 39 New York Law Review 625.

Für New Yorker Sorgerechtsentscheidungen ist die Abänderbarkeit ausdrücklich in § 70 des „Domestic Relations Law" (Familienrechtsgesetz) ausgesprochen. Diese Bestimmung lautet im hier entscheidenden Teil:

„A husband or wife, being an inhabitant of this state, living in a state of separation, without being divorced, who has a minor child, may apply to the supreme court for a writ of habeas corpus to have such minor child brought before such court; and on the return thereof, the court, on due consideration, may award the natural guardianship, charge and custody of such child to either parent for such time, under such regulations and restrictions, and with such provisions and directions, as the case may require, and may at any time thereafter vacate or modify such order . . ."

Der Ehemann oder die Ehefrau, der (oder die) Einwohner dieses Staates ist, der (oder die) von seinem (ihrem) Ehegatten getrennt lebt und ein minderjähriges Kind hat, kann beim Supreme Court eine Anordnung beantragen, daß das minderjährige Kind vor das Gericht gebracht wird; das Gericht kann daraufhin – nach gebührender Überlegung – das Recht auf die Personen- und Vermögenssorge einem der Ehegatten so lange und unter solchen Auflagen und Einschränkungen übertragen, wie es der Fall erfordern mag und *kann zu jeder Zeit danach die Anordnung aufheben oder abändern . . .*

In der deutschen Literatur ist die Frage der Aufhebung oder Abänderung, soweit ersichtlich, bisher noch nicht behandelt worden, was wohl darauf zurückzuführen ist, daß § 328 ZPO, der bisher den hauptsächlichen Anlaß zu Stellungnahmen gab, den Begriff einer rechtskräftigen Entscheidung voraussetzte, was nicht nur formelle, sondern auch materielle Rechtskraft bedeutete. Für den Bereich der Akte der freiwilligen Gerichtsbarkeit, die zwar einer formellen Rechtskraft fähig sind, aber keine materielle Rechtskraft bewirken, ist daher nichts abzuleiten.

Indirekt ist jedoch die Möglichkeit einer Abänderung ausländischer Akte der freiwilligen Gerichtsbarkeit, die in materielle Rechtskraft nicht erwachsen, von *BayObLG* FamRZ 59, 364 bejaht worden. In dem damals entschiedenen Fall lag bereits eine ausländische Sorgerechtsregelung vor. Das *BayObLG* verneinte nun zwar eine neuerliche Entscheidung, jedoch nicht deshalb, weil die ausländische grundsätzlich eine nachfolgende deutsche ausschließt, sondern allein deshalb, weil im konkreten Fall das Rechtsschutzbedürfnis fehlte. Das Gericht führte aus, daß das Rechtsschutzbedürfnis für eine neue Sorgerechtsentscheidung dann zu verneinen sei, wenn sich diese inhaltlich mit der bereits vorhandenen, in Deutschland anerkannten ausländischen decke, aaO 369 rechte Spalte, 371 linke Spalte. Damit folgt das *BayObLG* einer Praxis, die dem Grundsatz nach, wie abrundend festzustellen ist, auch in den Vereinigten Staaten befolgt wird. So stellt *Ehrenzweig,* FamRZ 55, 84 ff. fest, daß nach amerikanischer international-prozeßrechtlicher Auffassung Sorgerechtsentscheidungen ausländischer Staaten zwar generell mit einer Anerkennung rechnen können, daß sich die amerikanischen Gerichte aber eine Änderung der Sorgerechtsverhältnisse nach weitem Ermessen vorbehalten.

Einer neuen, das New Yorker Urteil abändernden Entscheidung steht daher *nicht die materielle Rechtskraft* der ausländischen Sorgerechtsregelung oder eine Bindung ähnlicher Art *entgegen.*

III. Verfahrensrechtliche und materiell-rechtliche Grundlagen für eine Sachentscheidung des anfragenden Gerichts

1. Internationale Zuständigkeit

Sowohl eine Anordnung der Herausgabe wie auch eine neue Sorgerechtsentscheidung durch das anfragende Gericht setzen die internationale Zuständigkeit der deutschen Gerichte als Verfahrensvoraussetzung voraus. Die Verteilung der elterlichen Gewalt gehört als gerichtliche Regelung des Rechtsverhältnisses zwischen Eltern und Kindern in den Anwendungsbereich der §§ 43 Abs. I i. V. m. 36 Abs. I FGG. Diesen Vorschriften kommt nach allgemeiner Auffassung auch für die internationale Zuständigkeit Bedeutung zu[17].

Anstelle des Wohnsitzes wird dabei allgemein wegen der bestehenden Fürsorgepflicht und dem fiktiven Inhalt des Wohnsitzbegriffs auf den gewöhnlichen oder schlichten Aufenthalt abgestellt (vgl. *BayObLG* aaO). Die deutschen Vormundschaftsgerichte sind daher international zuständig, wenn ausländische Kinder sich im Inland aufhalten[18]. Das anfragende Gericht ist daher im vorliegenden Fall international zuständig.

2. Das anzuwendende Recht

a) Die kollisionsrechtliche Ausgangslage

Der Gesamtkomplex der elterlichen Gewalt ist Teil des Eltern-Kinderverhältnisses. Maßgeblich ist daher das von Art. 19 S. 1 EGBGB bestimmte Statut[19]. Demnach findet zunächst eine Verweisung auf das Recht der Vereinigten Staaten statt, des näheren auf das Recht von New York und zwar auch hinsichtlich des Bestehens oder Nichtbestehens eines Herausgabeanspruchs bei bereits erfolgter Übertragung der elterlichen Gewalt[20].

b) Rückverweisung auf deutsches Recht

aa) Ausgangslage

Die in Art. 19 EGBGB enthaltene Verweisung ist Gesamtverweisung, d. h. es werden nicht nur die Sachnormen, sondern auch die ausländischen

---

[17] Vgl. z. B. *BayObLG* v. 16. 1. 1959 = FamRZ 1959, 364 ff.

[18] Vgl. *Soergel-Kegel* aaO Art. 19 EGBGB Randnr. 36 mit Nachweisen.

[19] Vgl. *Soergel-Kegel* aaO Art. 19 EGBGB Randnr. 10.

[20] Vgl. *Soergel-Kegel* aaO Art. 19 EGBGB Randnr. 16.

Kollisionsnormen berufen[21]. Vor einer endgültigen Anwendung des Sachrechts von New York ist daher zu prüfen, ob dessen Kollisionsrecht auf das deutsche Recht zurückverweist.

bb) Das Kollisionsrecht der USA

Bei der Betrachtung des amerikanischen Kollisionsrecht ist davon auszugehen, daß eine bundeseinheitliche Regelung nicht vorhanden ist. Die Regeln des amerikanischen Konfliktsrechts entstammen vielmehr dem als Richterrecht ausgebildeten common law, das staatsrechtlich betrachtet einzelstaatliches Recht ist. Inhaltlich haben sich freilich vielfach einheitliche Regeln herausgebildet, da die Gerichte der Einzelstaaten bei Fehlen eigener Präzedenzentscheidungen die Rechtsprechung der Schwesterstaaten heranziehen[22].

Den Versuch einer Zusammenfassung dieser Regeln des common law hat das *Restatement* of the law of conflict of laws 1934, eine private, aber hochangesehene Arbeit des American Law Institute, gemacht. Das Recht der „Custodianship" ist in der neueren Zeit überarbeitet worden und nunmehr in Tentative Draft Nr. 4, 1957 niedergelegt. Eine Kollisionsregel stellt das Restatement in sec. 144 lediglich für die unmittelbar kraft Gesetzes bestehende custody auf. Die Regel lautet:

„The law of the state of a child's domicil determines the right to its custody."	Das Recht des Domizilstaates des Kindes bestimmt das Recht zur Personensorge.

Daß unter diese Vorschrift die Frage, nach welchem Recht sich die Möglichkeit einer gerichtlichen Änderung der custody richtet, nicht fällt, ergibt sich aus der Kommentierung (a) zu dieser Regel:

a. „This Section deals with the law governing the right to a child's custody in the absence of a court decree on the subject."	a. Diese Vorschrift gibt das Recht an, welches bei Fehlen einer Gerichtsentscheidung die custody über das Kind beherrscht.

Mit der gerichtlichen Regelung der custody befassen sich sec. 144 a und 151. Die Vorschriften lauten:

Sec. 144 a:

„A state has judicial jurisdiction to determine the custody of a child or to appoint a guardian of the person of a child or incompetent under the circumstances states in § 117."	Ein Staat hat jurisdiction, die custody über ein Kind zu regeln, ... wenn die Voraussetzungen des § 117 vorliegen.

---

[21] Vgl. *Soergel-Kegel* aaO Randnr. 50 zu Art. 19 EGBGB.

[22] Vgl. hierzu etwa *Peterson,* Die Anerkennung ausländischer Urteile im amerikanischen Recht, 1964, 20/21.

Sec. 151:

„A person who has been awarded custody or appointed guardian of a child or incompetent under the circumstances stated in § 117 will be accorded such powers in another state as would have been given him if he had been appointed there."

Einer Person, der die custody ... unter den Voraussetzungen des § 117 zugesprochen wurde, wird sie auch in einem Drittstaat zuerkannt und zwar in dem gleichen Umfang, als ob sie ihr dort zugesprochen worden ist.

§ 117 lautet schließlich:

„A state can exercise through its courts jurisdiction to determine the custody of children or to create the status of guardian of the person only if the domicil of the person placed under custody of guardianship is within the state."

Ein Staat hat zur Übertragung der custody ... jurisdiction nur dann, wenn die unter custody gestellte Person in dem Staat domiziliert ist.

Die vorstehend mitgeteilten Regeln lassen bereits erkennen, ohne daß bisher auf die amerikanische Judikatur näher eingegangen wurde, daß eine materielle Kollisionsregel für das auf die Übertragung der elterlichen Gewalt anwendbare Recht fehlt und sie durch eine Jurisdiktionsnorm ersetzt wird. Bevor die genauere Ausprägung der Regeln im einzelnen dargestellt wird, bedarf es daher einer Klärung, welche kollisionsrechtliche Bedeutung diese Regeln überhaupt haben.

cc) Die Bedeutung der Normen über die Jurisdiktion für das Kollisionsrecht

Bevor auf die Frage eingegangen wird, inwieweit die Regeln des Restatement in New York befolgt werden, bedarf es einer Klärung der Frage, inwieweit eine Jurisdiktionsregel geeignet ist, über die kollisionsrechtliche Lage überhaupt etwas auszusagen. Die Jurisdiktionsregeln sind Teil des Prozeßrechts und sagen daher grundsätzlich über das anwendbare Recht nichts aus. Mit diesem Grundsatz ist die Problematik jedoch im vorliegenden Fall nicht entschieden. Aus den vorstehend mitgeteilten Regeln des Restatement, die die allgemeine Praxis der Gerichte und der Statutes wiedergeben, folgt, daß bei Bejahung der jurisdiction das Gericht auch immer das Recht anwendet, aus dem es seine jurisdiction herleitet. Soweit daher den Gerichten die jurisdiction zur Vornahme einer Sorgerechtsregelung gegeben ist, liegt auch das anwendbare Recht fest. In der Regel wird deshalb die kollisionsrechtliche Frage überhaupt nicht aufgeworfen, sondern lediglich geprüft, ob das Gericht, dem die jurisdiction zukam, nach dem für es maßgeblichen statute seines Staates gehandelt hat.

In der deutschen Literatur und Rechtsprechung ist aus dieser gegenseitigen Abhängigkeit von Sach- und Verfahrensnorm die Folgerung gezogen worden, daß in der Jurisdiktionsnorm zugleich eine versteckte Kollisionsnorm enthalten sei. Diese Theorie wurde zunächst von *Neuhaus* JZ 54, 704 für den Fall vertreten, daß die Jurisdiktionsnorm ausschließlich auf die jurisdiction eines Drittstaates verweist. Weitergehend will offenbar *Wengler,* RabelsZ 22 (1957) 751 eine Verweisung auch dann annehmen, wenn sich aus der Jurisdiktionsnorm mehrere jurisdictions alternativ ergeben. Ausdrücklich wurde die letztere Auffassung von *KG* vom 31. 7. 1956 = NJW 60 S. 248 vertreten und auch das *BayObLG* hat sich ihr, allerdings ohne weitere Begründung, in der Entscheidung vom 22. 3. 1957 = *BayObLG* 57, 123 angeschlossen. Kritisch gegen die Annahme einer Rückverweisung im Falle alternativer jurisdiction mehrerer Staaten äußert sich *Beitzke* NJW 60, 248. Beitzke kann aber im Ergebnis nicht gefolgt werden, da er die im amerikanischen Recht begründete Abhängigkeit des anzuwendenden Sachrechts von den Regeln des Prozeßrechts zu sehr vom deutschrechtlichen Standpunkt aus würdigt. Die Problematik liegt ja gerade darin, daß das amerikanische Recht Kollisionsregeln nicht aufstellt. Die Theorie von der versteckten Kollisionsnorm nimmt daher in Wahrheit eine Angleichung vor, die ihren Grund in der Systemverschiedenheit der deutschen und amerikanischen Rechtsordnung hat. Diese Angleichung ist erforderlich, da sonst die kollisionsrechtliche Frage im Raum schweben bliebe und niemals das anwendbare Sachrecht gefunden werden könnte.

Als Ergebnis ist daher festzuhalten, daß die Jurisdiktionsregel zugleich eine versteckte Kollisionsregel enthält. Maßgeblich ist daher die lex fori desjenigen Staates, dessen jurisdiction begründet ist, vgl. *KG* aaO. Ist daher die jurisdiction eines deutschen Gerichts begründet, so wird auch deutsches Recht als lex fori zur Anwendung berufen.

dd) Die New Yorker Haltung zur Custody Jurisdiction

(1) Im Rahmen der Frage, ob das New Yorker Kollisionsrecht im weiteren Sinne mittels seiner Normen über die Jurisdiction auf das deutsche Recht zurückverweist, kommt es nach den einleitenden Bemerkungen nicht darauf an, ob das New Yorker Recht die ausschließliche „jurisdiction" deutscher Gerichte annimmt, und somit seine eigene „jurisdiction" verneint. Es genügt vielmehr eine konkurrierende „jurisdiction" um eine Rückverweisung zu rechtfertigen. Mithin kann die Erörterung auf Grund welcher Voraussetzungen der Supreme Court seine „jurisdiction" bejaht hat, ob dabei die Ausführungen des New Yorker Anwalts in seinen „Memorandum" an das Gericht zutreffend waren und ob sich diese Voraussetzungen in der Zwischenzeit gewandelt haben, offen bleiben. Es kommt allein darauf an, ob die deutschen Gerichte zur Entscheidung über die elterliche Gewalt – sei es hinsichtlich einer Abänderung der New Yorker Regelung, sei es zur Anordnung der Herausgabe – „jurisdiction" haben.

(2) Die allgemeine Regel der US-amerikanischen Konfliktslehre geht dahin, daß „jurisdiction" haben die Gerichte des „domicile" des Kindes, des gewöhnlichen und tatsächlichen Aufenthaltes („where the child is residing and present") oder schließlich das Gericht vor dem beide Elternteile erscheinen[23].

Demnach hätten deutsche Gerichte Jurisdiktion, da der gewöhnliche und tatsächliche Aufenthalt des Kindes nunmehr in Deutschland ist. Die New Yorker Gerichte sind schon relativ bald von dem früher das Kindschaftsrecht beherrschenden Domizilprinzip abgewichen und zu dem von der Lehre geschilderten Ergebnis gelangt. Die führende Entscheidung (sog. „leading case") für die „jurisdiction" bei Aufenthalt des Kindes im Gerichtsstaat (ohne dort domiziliert zu sein) ist *Finlay v. Finlay* 240 NW 429 = 148 NE 624 aus dem Jahre 1925; dort wird ausgeführt:

„State's jurisdiction to regulate custody of infants found within its territory does not depend on domicile of parents; its origin being in protection due to the incompetent or helpless, and residence of child is sufficient."

Die Jurisdiktion eines Staates, das Sorgerecht über Kinder und Minderjährige zu regeln, die sich innerhalb seines Gebietes befinden, hängt nicht vom „domicile" der Eltern ab (Anm.: von dem sich wiederum das „domicile" des Kindes ableitet). Sie hat ihren Ursprung in dem Schutz, der dem Bedürftigen und Hilflosen zukommt. Aus diesem Grunde genügt der Aufenthalt obgleich das „domicile" woanders liegen mag.

Die Entscheidung bejaht somit generell eine „jurisdiction" der deutschen Gerichte zur Regelung der elterlichen Gewalt. Die Einschränkungen, die die zitierte New Yorker Entscheidung macht, und aufgrund derer letztlich trotz des Aufenthalts des Kindes die „jurisdiction" verneint wird, betreffen lediglich die Art des Verfahrens. Es wird ausgeführt, daß für eine *Klage* eines Ehegatten gegen den anderen Ehegatten „jurisdiction" nicht bestehe, da der Rechtsstreit lediglich die Eltern betreffe und somit nicht das Kindeswohl im Vordergrund stehe. „Jurisdiction" bestehe jedoch für einen *Antrag* an den Kanzler (chancellor, entspricht insoweit in seinen Aufgaben dem deutschen Vormundschaftsrichter), der dafür zu sorgen habe, was das beste für das Kind ist und nicht einen Rechtsstreit zwischen den Eltern zu entscheiden hat. Im Hinblick auf die in der deutschen freiwilligen Gerichtsbarkeit vorherrschende Offizialmaxime und das regelmäßige Fehlen einer Gegenüberstellung der Parteien als Kläger und Beklagter greift die geschilderte Beschränkung der „jurisdiction" der Gerichte des bloßen Aufenthaltsortes des Kindes im vorliegenden Fall nicht ein.

[23] Vgl. *Goodrich-Scoles,* Conflict of Laws, 4. Aufl., St. Paul 1964, Sec. 136.

Die Entscheidung *Finlay v. Finlay* ist verschiedentlich bestätigt worden, u. a. in *Ex parte People ex rel. Cox et al.* 124 NY S. 2d 511 (1953); der entscheidende Satz lautet:

„The jurisdiction of court to regulate Custody of infants found within its territory is not dependent upon domicile of petitioner."	Die Jurisdiktion des Gerichts, die elterliche Gewalt über Kinder zu regeln, die sich in seinem Territorium befinden, hängt nicht vom „domicile" des Antragstellers ab.

Das New Yorker Recht räumt somit den deutschen Gerichten im vorliegenden Fall „jurisdiction" ein und verweist damit zugleich auf das deutsche materielle Recht.

Abrundend darf Unterfertigter dem ersuchenden Gericht noch mitteilen, daß englische Gerichte, die sich in letzter Zeit öfter mit Sorgerechtsregelungen über Kinder zu befassen hatten, die an sich rechtswidrig und entgegen einer konkreten Gerichtsanordnung von den USA nach England gebracht worden waren, im selben Sinne entschieden haben, obgleich dort die Rechtsprechung noch weit mehr von der klassischen „domicile – jurisdiction" geprägt wird, als dies in den Vereinigten Staaten der Fall ist. Bei *Dicey-Moris,* 8. Aufl. 1967 ist diese neueste Rechtsprechung angeführt und wird wie folgt zusammengefaßt:

„A custody order made by a foreign court does not prevent the court from making such custody orders in England in respect of the infant as, having regard to his welfare, it thinks fit."	Ein Beschluß eines ausländischen Gerichts über die elterliche Gewalt hindert das Gericht nicht, einen Beschluß hierüber in England zu erlassen, soweit es dies im Hinblick auf das Wohl des Kindes für angebracht hält.

Das Kindeswohl ist damit auch zur bestimmenden Komponente der kollisionsrechtlichen Regeln geworden.

D. ERGEBNIS

1. Die New Yorker Sorgerechtsentscheidung ist in Deutschland anzuerkennen. Sie äußert damit im Inland unmittelbar rechtliche Wirkungen mit der Folge, daß der Vater und Antragsteller auch in der Bundesrepublik die elterliche Gewalt inne hat.
2. Zur Entscheidung über einen Antrag des Vaters auf Anordnung der Herausgabe des Kindes sind die deutschen Gerichte international zuständig. Das New Yorker Recht verweist insoweit auch im vollen Umfang auf das deutsche materielle Recht zurück, so daß das anfragende Gericht nach deutschem Recht zu entscheiden hat, ob der Anspruch auf Herausgabe erzwungen werden kann.

3. Deutsche Gerichte sind schließlich aufgrund des Aufenthalts des Kindes in Deutschland auch international zuständig, etwa auf Antrag der Mutter die New Yorker Entscheidung aufzuheben oder abzuändern. Voraussetzung und Inhalt einer neuen Entscheidung beurteilen sich hierbei ebenfalls kraft Rückverweisung durch das New Yorker Recht nach deutschem Recht.

5. ANERKENNUNG AUSLÄNDISCHER ÖFFENTLICHER URKUNDEN

Nr. 50

Schweiz

1. Maßgebliches Recht für Rangrücktritt an deutschem Grundstück.

2. Vertretung einer schweizerischen Kommanditgesellschaft.

3. Nachweis von Eintragungsbewilligung und Vertretungsbefugnis gegenüber dem Grundbuchamt durch beglaubigte Urkunden eines schweizerischen Notars.

München G 2255-9.5 vom 15.7.1969

Das Amtsgericht Naila bittet um ein Gutachten zu folgendem

SACHVERHALT

Im Grundbuch des Amtsgerichts Naila für Selbitz ist für eine Schweizer Kommanditgesellschaft mit Sitz in Wald (Kanton Zürich) eine Briefgrundschuld eingetragen.

Mit vom Züricher Notariat Wald beglaubigter Urkunde trat der persönlich haftende Gesellschafter der KG für diese hinter eine Briefgrundschuld einer deutschen Bank zurück und bewilligte die Eintragung des Rangrücktritts in das Grundbuch.

Dem Gericht liegt ferner ein Zeugnis – offenbar das Original – des Handelsregisteramts des Kantons Zürich vor, aus dem das Bestehen der KG hervorgeht und in dem bezeugt ist, daß der Unterzeichner Komplementär ist.

Das Amtsgericht möchte wissen:

ob der beantragte Rangrücktritt im Grundbuch eingetragen werden kann, insbesondere:

- ob der Nachweis des Bestehens und der Vertretungsbefugnis der Fa. K. & Co. nach Schweizer Recht erbracht ist,
- ob für die Rangrücktrittserklärung Schweizer Recht angewandt werden muß,

– ob die Erklärungen des Notariats Wald der Form des § 29 GBO und damit für eine Eintragung im Grundbuch für Selbitz, Amtsgericht Naila, genügen.

A. DAS AUF DEN RANGRÜCKTRITT ANZUWENDENDE RECHT

I. Das maßgebende Recht

1. Im internationalen Sachenrecht herrscht die lex rei sitae. Das gilt insbesondere auch für dingliche Rechte an Grundstücken[1]. Die lex rei sitae, hier also das deutsche Recht, entscheidet darüber, ob das Recht dinglich ist[2]. Da es sich um eine Grundschuld an einem deutschen Grundstück handelt, unterliegt sie also deutschem Recht.

2. Die lex rei sitae gilt demnach für die Erfordernisse, die an eine wirksame Verfügung darüber gestellt werden. Sie gilt aber auch für die Form dinglicher Verfügungen[3]. Das ergibt sich aus Art. 11 Abs. 2 EGBGB, wonach bei Verfügungen über ein Recht an einer Sache weder die Ortsform noch das Wirkungsstatut maßgebend sind. Somit ist auf den Rangrücktritt, sowohl was seine formelle als auch was seine materielle Gültigkeit angeht, deutsches Recht anzuwenden.

II. Der Inhalt des anzuwendenden Rechts

Nach deutschem Recht bedarf die Einigung bei einem Rangrücktritt materiell-rechtlich aber keiner Form (vgl. § 873 BGB). Die erforderliche Zustimmung des Eigentümers (§ 880 Abs. 1 S. 2 BGB) ist formgemäß erfolgt.

B. DIE VERTRETUNG DER KOMMANDITGESELLSCHAFT

I. Das anzuwendende Recht

Wer die schweizerische KG wirksam vertreten konnte, bestimmt nicht die lex rei sitae, vielmehr ist diese Frage gesondert anzuknüpfen.

Welches Recht für die Vertretungsmacht einer Handelsgesellschaft maßgebend ist, wird man nach dem Recht des Sitzes der Hauptverwaltung zu

---

[1] Vgl. etwa *Raape*, IPR, 5. Aufl. 1961, 630; *Bärmann*, Die Freizügigkeit der notariellen Urkunde, AcP 159 (1960) 1 (33 m. w. Nachw.).

[2] Vgl. *Soergel-Kegel*, BGB Bd. V (9. Aufl. 1961), Randnr. 270 vor Art. 7 EGBGB.

[3] Vgl. *Soergel-Kegel* aaO Randnr. 276 vor Art. 7 EGBGB.

bestimmen haben[4]. Demnach ist, da die Verwaltung der Gesellschaft sich offenbar in der Schweiz befindet, Schweizer Recht anwendbar.

Eine Rückverweisung findet nicht statt[5].

II. Die Vertretungsbefugnis nach Schweizer Recht

Nach schweizerischem Recht sind bei einer Kommanditgesellschaft die persönlich haftenden Gesellschafter zur Vertretung befugt (Art. 603 OR). Einschränkungen müssen in der Satzung aufgeführt und in das Handelsregister eingetragen werden (Art. 596 Abs. 2 Nr. 5 OR). Da das nicht der Fall ist, ist der unterzeichnende persönlich haftende Gesellschafter vertretungsberechtigt, die Gesellschaft also auch wirksam vertreten worden.

C. DIE VORAUSSETZUNGEN FÜR DIE EINTRAGUNG

Im vorliegenden Fall handelt es sich demnach nur darum, ob die Formen erfüllt sind, die eine Grundbucheintragung nach § 29 GBO voraussetzt.

Nachgewiesen werden muß nach deutschem Verfahrensrecht durch öffentlich beglaubigte Urkunde

- die *Eintragungsbewilligung* (§§ 29 Abs. 1 S. 1, 19 GBO), und
- das *Bestehen und die Vertretungsbefugnis* auf seiten des Grundschuldgläubigers (§§ 29 Abs. 1 S. 2 i. V. m. 32 Abs. 2 GBO).

I. Die Eintragungsbewilligung

Allgemein anerkannt ist, daß es sich bei einer schweizerischen notariellen Beglaubigung der Sache nach um eine öffentlich beglaubigte Urkunde i. S. des § 29 GBO handelt. Problematisch ist bloß, ob und gegebenenfalls wann die ausländische Beglaubigung im deutschen Verfahren verwandt werden kann.

1. Übereinstimmung besteht darüber, daß § 29 GBO eine Verfahrensvorschrift ist, die die Form der öffentlich beglaubigten Urkunde zu Beweiszwecken verlangt. Daher steht es im *Ermessen* des Grundbuchbeamten, ob er bei einer ausländischen notariellen Urkunde Nachweise der Echtheit – insbes. eine Legalisation oder Beglaubigung – veranlagen will oder nicht[6]. Teilweise wird dazu betont, daß diese weiteren Nachweise in der

[4] Vgl. *Soergel-Kegel* aaO Randnr. 42 zu Art. 10 EGBGB m. Rspr.-Nachweisen.

[5] Vgl. *Schnitzer*, IPR Bd. 1 4. Aufl., 328 f.

[6] So schon *KG* DNotV 1931, 29; *Meikel-Imhof-Riedel*, GBO, 6. Aufl. 1968, Randnr. 81; *Horber*, GBO, 10. Aufl. 1968, Anm. 8 b.

Regel in Betracht kämen, während andere für eine „weitherzigere" Ausübung des Ermessens eintreten[7]. Jedoch braucht auf diese Frage nicht weiter eingegangen zu werden, da es sich dabei ausschließlich um deutsches Verfahrensrecht handelt.

Bemerkt sei freilich, daß es hierbei um die Frage der Echtheit der Urkunde selbst geht, zu der das Rechtsgutachten des Unterfertigten an sich nichts beitragen kann. Es kann nur aufzeigen, wie zu verfahren ist.

2. Als Nachweise sind im vorliegenden Falle in Betracht zu ziehen:
- eine *Apostille* (Echtheitsbestätigung) aufgrund des Haager Übereinkommens vom 5. 10. 1961 zur Befreiung ausländischer öffentlicher Urkunden von der Legalisation[8];
- eine *Beglaubigung* nach dem deutsch-schweizerischen Vertrag über die Beglaubigung öffentlicher Urkunden vom 14. 2. 1907[9], der immer noch gültig ist;
- die *Legalisation* aufgrund von § 2 des Gesetzes vom 1. 5. 1878[10].

a) Eine *Apostille* aufgrund des Haager Übereinkommens kann nicht verlangt werden, da es noch nicht im Verhältnis zur Schweiz gilt. Nach Art. 1 findet es nämlich nur zwischen Vertragsstaaten Anwendung. Daher braucht auch nicht die Frage entschieden zu werden, ob für eine Schweizer notarielle Urkunde eine Apostille einer Beglaubigung nach dem deutsch-schweizerischen Beglaubigungsvertrag vorzuziehen ist[11]. Das ist deswegen nicht unzweifelhaft, weil nur solche Verträge zwischen den Vertragsstaaten des Übereinkommens außer Kraft treten, die ein „Mehr" an Beglaubigungsformalitäten voraussetzten[12].

b) Einer *Legalisation* bedarf es dann nicht, wenn der deutsch-schweizerische Beglaubigungsvertrag von 1907 eingreift.

Die maßgeblichen Bestimmungen dieses Vertrages lauten:

Art. 1:

„Die von Gerichten des einen Teiles (mit Einschluß der Konsulargerichte) aufgenommenen, ausgestellten oder beglaubigten Urkunden bedürfen, wenn sie mit dem Siegel oder Stempel des Gerichts versehen sind, zum Gebrauch in dem Gebiete des anderen Teiles keiner Beglaubigung (Legislation).

Zu den bezeichneten Urkunden gehören auch die von dem Gerichtsschreiber unterschriebenen Urkunden, sofern diese Unterschrift nach den Gesetzen des Teiles genügt, dem das Gericht angehört."

---

[7] Vgl. etwa *Reithmann*, DNotZ 1956, 475 f.

[8] BGBl. 1965 II 875; Text auch bei *Meikel-Imhof-Riedel* aaO unter Randnr. 81 zu § 29 GBO.

[9] RGBl. 1907 I 411; Text auch bei *Bülow-Arnold*, Internationaler Rechtsverkehr in Zivil- und Handelssachen, S. 575.

[10] RGBl. 1878, 89.

[11] So z. B. *Weber*, DNotZ 1967, 471 (Fußn. 16)

[12] Vgl. *Ferid*, RabelsZ 27 (1962/63) 413 ff.

Art. 2:

„Urkunden, die von einer der in dem beigefügten Verzeichnis aufgeführten obersten und höheren Verwaltungsbehörden des einen der beiden Teile aufgenommen, ausgestellt oder beglaubigt und mit dem Siegel oder Stempel der Behörde versehen sind, bedürfen zum Gebrauch in dem Gebiet des anderen Teiles keiner Beglaubigung (Legislation).

Das Verzeichnis kann im beiderseitigen Einverständnis jederzeit auf dem Verwaltungswege durch Bekanntmachung geändert oder ergänzt werden."

Der Vertrag erwähnt die notarielle Urkunde also nicht, so daß sie nicht unmittelbare Befreiung vom Legalisationszwang genießt. Jedoch bedarf nach allgemeiner Meinung[13] die Urkunde des schweizerischen Notars dann keiner Legalisation, wenn die Unterschrift des Notars entweder nach Art. 1 oder nach Art. 2 des Beglaubigungsvertrages *beglaubigt* worden ist.

Die für die Beglaubigung zuständige schweizerische Verwaltungsbehörde ist die Staatskanzlei des Kanton Zürich. Ob in der Schweiz alle Gerichte die erwähnte Beglaubigung vornehmen oder nur bestimmte Stellen (in der BRD der Landgerichtspräsident) zuständig sind, ergibt sich aus den dem Unterfertigten zugänglichen Quellen allerdings nicht.

3. Das Amtsgericht kann demnach eine Beglaubigung der notariellen Beglaubigung durch die zuständige Schweizer Stelle verlangen. Einer Legalisation bedarf es in keinem Falle.

II. Der Nachweis der Vertretungsbefugnis

1. Der Nachweis der Vertretungsbefugnis wird durch die Vorlage eines Zeugnisses über die Eintragung im Handelsregister gem. § 32 GBO *erleichtert.* Daraus ergibt sich nicht nur, daß stets ein Nachweis auf andere Weise nicht ausgeschlossen ist, sondern auch, daß es nicht darauf ankommt, ob das Schweizer Handelsregisteramt etwa einem deutschen Gericht i. S. des § 32 GBO gleichzustellen ist. Vielmehr ist für ausländische juristische Personen und Handelsgesellschaften § 32 GBO überhaupt nicht anwendbar[14].

2. Ausreichend, aber auch erforderlich ist wiederum nur, daß das Zeugnis als öffentliche Urkunde i. S. des § 29 GBO verwandt werden kann[15]. Für die Entscheidung, welche Behörden öffentliche Urkunden ausstellen, ist das Recht des Staates maßgebend, in dem die Urkunde aufgenommen

---

[13] *Féaux de la Croix,* Die Anerkennung Schweizer Notariatsurkunden im deutschen Rechtsverkehr, Dt. Justiz 1937, 1732 (1733); *Bülow,* Die Legalisation öffentlicher Urkunden, DNotZ 1955, 9 (33); ferner die Mitteilung in DNotZ 1965, 387.

[14] So auch *Meikel-Imhoff-Riedel* aaO Anm. 55 zu § 32 GBO m. w. Nachw.

[15] *Meikel-Imhoff-Riedel* aaO.

wurde. Auch ausländische Urkunden sind öffentliche, wenn sie die Voraussetzungen des § 415 ZPO erfüllen[16].

Das Handelsregister (Art. 927–943 OR) wird in der Schweiz bei den vom Kanton bestimmten Amtsstellen – also einer Behörde – geführt. Im Kanton Zürich vom dortigen Handelsregisteramt. Das Handelsregister und die Erteilung von Auszügen daraus haben in der Schweiz und in der BRD die gleichen Funktionen. In der Schweiz selbst würde im vorliegenden Fall ein Auszug aus dem Handelsregister genügen, um die Vertretungsmacht bei der Grundbucheintragung nachzuweisen[17]. Das folgt aus Art. 965 i. V. m. Art. 9 ZGB.

Daher handelt es sich hier um eine öffentliche Urkunde.

3. Die Urkunden der kantonalen Handelsregisterämter sind jedoch nur dann von der Legalisation befreit, wenn sie entweder von einem Gericht oder der Staatskanzlei des Kantons beglaubigt worden sind (Art. 1, 2 des Beglaubigungsvertrages).

Ob das Gericht diese Beglaubigung aber überhaupt verlangen will, steht – wie oben ausgeführt – auch hier wieder in seinem Ermessen.

D. ZUSAMMENFASSEND ERGIBT SICH SOMIT:

1. Der Rangrücktritt unterliegt deutschem, die Vertretung der Kommanditgesellschaft schweizerischem Recht.
2. Das Gericht kann eine Beglaubigung des Zeugnisses des Handelsregisteramtes und der notariellen Urkunde verlangen, wenn es das für erforderlich hält. Ob das Gericht von dieser Befugnis Gebrauch macht, ist eine Ermessensfrage (vgl. § 438 ZPO).

---

16 So schon *BayObLGZ* 25, 24.

17 Vgl. *Homberger*, ZGB, Art. 965 ZGB Anm. 48.

SACHREGISTER

(Seitenzahlen ohne vorgängige Landesbezeichnung beziehen sich auf deutsches Recht)

GESETZESREGISTER

Bundesrepublik Deutschland

Ägypten

Algerien

Argentinien

Australien/Victoria

Bulgarien

Dänemark

Frankreich

Griechenland

Großbritannien

Indien

Indonesien

Irak

Iran

Israel

Italien

Japan

Jugoslawien

Libanon

Libyen

Marokko

Mexiko

Niederlande

Norwegen

Österreich

Polen

Portugal

Schweden

Schweiz

Spanien

Südafrika

Syrien

Thailand

Tunesien

Türkei

Uruguay

USA

USA/Massachusetts

USA/Michigan

USA/New York

Vietnam

Religiöses Recht

Staatsverträge, multilaterale

Staatsverträge, bilaterale

MATERIALIEN ZUM AUSLÄNDISCHEN UND INTERNATIONALEN PRIVATRECHT

1 | **Das Zivilgesetzbuch von Griechenland (1940) mit dem Einführungsgesetz**
Übersetzt und eingeleitet von Demetrius Gogos
1951. VIII, 308 Seiten. Brosch. DM 39.60

2 | **Quellen des internationalen Privatrechts**
Zusammengestellt von A. N. Makarov
Loseblattausgabe. 2. Auflage
Band I: Gesetzestexte. 1954. XXXVI, 1248 Seiten. Lw. DM 158.–

3 | **Internationale Rechtsprechung zum Genfer Einheitlichen Wechsel- und Scheckrecht**
Herausgegeben und eingeleitet von E. von Caemmerer
Im Institut bearbeitet von Malte von Bargen unter Mitwirkung von Günther Späth
1954. XX, 528 Seiten. Brosch. DM 51.–, Lw. DM 55.–

4 | **Quellen des internationalen Privatrechts**
Zusammengestellt von A. N. Makarov
Loseblattausgabe 2. Auflage
Band II: Texte der Staatsverträge
1960/1961, LIV, 1079 Seiten. Lw. DM 166.–

5 | **Vorschläge und Gutachten zur Reform des deutschen internationalen Eherechts**
Vorgelegt im Auftrag der Eherechtskommission des Deutschen Rates für Internationales Privatrecht von Wolfgang Lauterbach
1962. XI, 186 Seiten. Brosch. DM 22.–, Lw. DM 26.–

6 | **Italienisches Zivilgesetzbuch (1942)**
nebst Einführungs-, Durchführungs- und Übergangsvorschriften
Eingeleitet von Gerhard Luther, Hamburg. Übersetzung des Gesetzestextes von Hans Lackner, Bozen – Erwin Langer, Meran – Mariano San Nicolò, München – Josef Raffeiner, Bozen, – Otto Vinatzer, Bozen. Bearbeitet von H. J. Becher, Bad Godesberg.
2. Auflage 1968. XXVIII, 623 Seiten. Brosch. DM 51.–, Lw. DM 57.–

7 | **Vorschläge und Gutachten zur Reform des deutschen internationalen Kindschafts-, Vormundschafts- und Pflegschaftsrechts**
Vorgelegt im Auftrag der Familienrechtskommission des Deutschen Rates für Internationales Privatrecht von Wolfgang Lauterbach
1966. XIII, 271 Seiten. Brosch. DM 35.–, Lw. DM 40.–

WALTER DE GRUYTER & CO., BERLIN
J. C. B. MOHR (PAUL SIEBECK) TÜBINGEN

Kolibri 360 GmbH
Ferdinand-Jühlke-Straße 7
99095 Erfurt, Deutschland
produktsicherheit@kolibri360.de